U0455767

［明］张居正 著

張居正全集

【二】

经部
四书直解 下
史部
通鉴直解 上

长江出版传媒
崇文書局

目录

卷之二

卷之三

卷之四

卷之五

卷之六

卷之七

卷之八

卷之九

卷之十

卷之十一

卷之十二

卷之十三

卷之十四

四书直解　下

赖文婷　点校

孟子

卷一

梁惠王上

孟子见梁惠王。

梁惠王，名罃。本魏侯，都大梁，僭称王，谥曰惠。

孟子在当时以道自重，不见诸侯。适梁惠王卑礼厚币以招贤者，乃是一个行道的机会，因往见之。

王曰：“叟！不远千里而来，亦将有以利吾国乎？”

叟，是长老之称，如今称老先生一般。

惠王一见孟子，尊称之说：“叟！你自邹至梁，不惮千里之远而来，有何计策可以利益寡人之国乎？”

孟子对曰：“王何必曰利？亦有仁义而已矣。”

孟子对说：“王欲图国事，何必开口就说一‘利’字？治国之道，亦有仁义而已矣。仁者，心之德，爱之理；义者，心之制，事之宜：这是人君君国子民、立纲陈纪的大道理。舍此不言而言利，岂予千里见王之心哉？”

“王曰：‘何以利吾国？’大夫曰：‘何以利吾家？’士庶人曰：‘何以利吾身？’上下交征利，而国危矣。万乘大国，弑其君者必千乘之家。千乘

之国，弑其君者必百乘之家。万取千焉，千取百焉，不为不多矣。苟为后义而先利，不夺不餍。”

这一节是说求利之害。

征，是取。乘，是车数。万乘，是天子之国。千乘，是诸侯之国。千乘之家，是天子的公卿。百乘之家，是诸侯的大夫。餍，是满足的意思。

孟子说：“我所以谓王不当言利者，盖以王乃一国之主，人之表率。王若惟利是求，说‘何以利吾国’，则此端一倡，人皆效尤。为大夫的便计算说：‘何以利吾家？’为士庶人的便计算说：‘何以利吾身？’上取利于下，下取利于上，上下交相征利，而弑夺之祸起，国从此危矣。将见万乘之国，弑其君者必是千乘之家；千乘之国，弑其君者必是百乘之家。盖地位相近，则凌夺易生，必然之势也。夫公卿于天子，万乘之中十取其一，而得千乘焉；大夫于诸侯，千乘之中十取其一，而得百乘焉：所得不为不多矣。若以义为后，而以利为先，则纵欲贪饕，何有止极？不弑其君而尽夺之，其心固未肯自以为餍足也。国岂有不危者哉？夫求利之端一开于上，而弑夺之祸遂成于下，则利之为害，甚可畏矣！王岂可以此为言乎？”

“未有仁而遗其亲者也，未有义而后其君者也。”

这一节是说仁义未尝不利。

遗，是弃。后，是不着紧的意思。

孟子又说：“我谓治国之道在仁义者，盖以仁义有自然之利故也。今夫人君之治国家，不过欲人皆孝于亲、忠于君而已。人而不仁，固有遗弃其亲而不顾者。诚能好仁，则天性之爱自笃于所亲；凡所以承颜顺志、左右就养者，皆其情之不容已者也，几曾见有好仁之人而肯遗弃其亲者乎？人而不义，固有背慢其君而不敬者。诚能好义，则敬事之念自先于所尊；凡所以纾忠尽力、奔走服役者，皆其分之无所逃者也，几曾见有好义之人而肯背慢其君者乎？夫使举国之人，个个是忠臣孝子，都来亲戴其上，国家之利孰大于此？而皆自仁义中得之，则仁义曷尝不利乎？王欲图治，固不必舍此而他求矣。”

“王亦曰仁义而已矣，何必曰利？”

孟子重言以结上文两节之意，说道：“求利有莫大之害，行仁义有莫大之利。则天理人欲之间，关系治乱安危，非细故矣。王欲为国，亦惟曰仁义而已矣，何必言利以启危亡之祸哉！”

按，当时王道不明，人心陷溺。列国游士，争以功利之说阿顺时君，干进苟合。而孟子独举仁义为言，所以遏人欲之横流，存天理于既灭，其有功于世道大矣！七篇之中，无非此意。读者宜详味焉。

孟子见梁惠王。王立于沼上，顾鸿雁麋鹿，曰：“贤者亦乐此乎？”孟子对曰：“贤者而后乐此。不贤者虽有此，不乐也。”

沼，是池。鸿，是雁之大者。麋，是鹿之大者。

孟子见梁惠王，正遇惠王在苑囿中游赏，立于池沼之上。忽见孟子，有惭愧的意思。因看着那鸿雁麋鹿问孟子说：“吾闻贤德之君，修身勤政，不事佚游，岂亦以此台池鸟兽为乐乎？”孟子对说：“遇景赏玩，人之常情；虽贤德之君，亦曷尝不以此为乐。但惟贤者而后能乐此。盖君有贤德，则民心欢感，和气流通，故能享此台池鸟兽之乐。若夫不贤之君，民心离而国势蹙，虽有此台池鸟兽，不能享其乐也。是好乐虽同，而有能享不能享之异，惟视民心之得失何如耳。”孟子此言，既以释惠王之惭，亦欲因其机而引之于当道也。

“《诗》云：‘经始灵台，经之营之。庶民攻之，不日成之。经始勿亟，庶民子来。王在灵囿，麀鹿攸伏。麀鹿濯濯，白鸟鹤鹤。王在灵沼，于牣鱼跃。’文王以民力为台为沼，而民欢乐之，谓其台曰灵台，谓其沼曰灵沼，乐其有麋鹿鱼鳖。古之人与民偕乐，故能乐也。”

《诗》，是《大雅·灵台》之篇。经，是量度。营，是谋为。攻，是治。亟，是速。麀鹿，是牝鹿。伏，是驯伏。濯濯，是肥泽。鹤鹤，是洁白的模样。牣，是充满。古之人，指文王说。偕乐，是同乐。

孟子承上文说：“我谓贤者而后乐此，惟周文王为然。《诗·大雅·灵台》之篇说：‘文王始作灵台，方经度营谋，众百姓每已都来攻治，不数日之间就完成了。在文王之心，惟恐劳民，每戒令不要急速；而民心自然乐于供役，竭力争先，如子趋父事一般。其台既成，台下有囿。文王在于灵囿，则见麀鹿驯伏而不惊，濯濯而肥泽；白鸟鹤鹤而鲜洁，若是其可爱焉。囿中有沼。文王在于灵沼，则但见鱼之跳跃者充满于池中，若是其众多焉。’诗之所言如此。夫文王用民之力为台为沼，宜乎百姓劳而生怨矣。今乃不惟不以为劳，而反欢乐之，称其台叫作‘灵台’，称其沼叫作‘灵沼’，言其成就之速，恰似神灵之所为一般。又乐其囿中有麋鹿，沼中有鱼鳖，而叹美之无已。夫民乐文王之乐如此，其故何哉？盖由文王平日能施行仁政，爱养下民，使百姓每都饱食暖衣，安居乐业。所以百姓每都欢欣爱戴，亦乐其有此台池鸟兽，而文王因得以享其乐也。此非‘贤者而后乐此’之明征哉？”

“《汤誓》曰：‘时日害丧，予及女偕亡。’民欲与之偕亡，虽有台池鸟兽，岂能独乐哉？”

《汤誓》，是《商书》篇名。时字，解作是字。害字，解做何字。

孟子又说：“我所谓‘不贤者虽有此不乐’，观于夏桀之事可见。昔桀尝自言：‘吾有天下，如天之有日，日亡吾乃亡耳。’民怨其虐，因就其言而指日说：‘此日何时亡乎？若亡，则我宁与之俱亡。’盖欲其亡之速也。夫为君者独乐，而不恤其民，致使下民违怨诅咒，欲与之俱亡。当此之时，一身且不能保，虽有台池鸟兽，安能晏然于上而独享其乐哉？此我所以说‘不贤者虽有此不乐’也。”抑游观之乐，圣王不废；然至于游于佚，则又切切戒之。故台沼虽设，而文王方且视民如伤，不遑暇食，则其忧勤之心可想矣。夏桀荒于宴乐，遂至琼宫瑶台，竭天下之财力以自奉，从民之怨，不亦宜乎？明主所宜深念也。

梁惠王曰：“寡人之于国也，尽心焉耳矣。河内凶，则移其民于河东，移其粟于河内。河东凶亦然。察邻国之政，无如寡人之用心者。邻国之民不加少，寡人之民不加多，何也？”

河内、河东，都是魏地。凶，是年岁饥荒。

昔梁惠王自负其恤民之政，因夸示于孟子说：“人君治国，以恤民为先，而恤民以救荒为急。若寡人之治国也，其于恤民之事，可谓竭尽其心而无以加矣。有时河内饥荒，河东收成，则使河内之民少壮者都移居河东地方就食；却将河东的粮食转运于河内，以养赡那老幼之不能迁移者。或遇河东饥荒，河内收成，则移民于河内，移粟于河东也，照依前法而行。我遍察邻国之政，非无岁凶的时节，然皆漫无料理，未有如寡人这样用心者，宜乎民之去邻国而归寡人也。乃今邻国之民较之于我不见其加少，寡人之民较之于彼不见其加多，其故何哉？”夫移民移粟，虽荒政之所不废，然不过一时权宜之术而已。惠王遽以是为尽心，欲求胜于邻国，其所见者小矣。

孟子对曰：“王好战，请以战喻。填然鼓之，兵刃既接，弃甲曳兵而走，或百步而后止，或五十步而后止。以五十步笑百步，则何如？”曰：“不可。直不百步耳，是亦走也。”曰：“王如知此，则无望民之多于邻国也。”

喻，是比喻。填然，是鼓声。直字，解作但字。

孟子因梁惠王以恤民自负，乃设喻以晓之，说：“王平素好战斗之事，请即以战为比喻。夫战者，两军相当，填然鼓之；兵刃既接，胜败分矣。那败的抛弃了甲胄，拖曳着兵器，脱身逃走。或有走到百步之远而后止者，或有走到五十步而后止者。那走到五十步的，就笑那百步的人，以为无勇，则王以为何如？”惠王说：“不可。这走五十步的但未至于百步耳，同一败走也，乌可以近而笑远乎？”孟子遂就其明而通之，说：“王若知五十步不可以笑百步，则无望民之多于邻国矣。盖治国以王道为要，犹战者以克敌为能。今邻国不恤其民，而吾王能行小惠，固为差胜；然其不能行王道，则一而已矣。比之战者，特五十步之走耳，乌可以此而笑彼哉？王诚能力行王政，则民不求多而自多，国不期富而自富矣。”

“不违农时，谷不可胜食也；数罟不入洿池，鱼鳖不可胜食也；斧斤以时入山林，材木不可胜用也。谷与鱼鳖不可胜食，材木不可胜用，是使民养生丧死无憾也。养生丧死无憾，王道之始也。”

农时，是耕耘收获之时。罟，是鱼网。数罟，是密网。洿池，是洼下聚水的去处。憾字，解做恨字。

孟子又说:“治国莫要于王政，而王政必先于养民。为治之初，法制未定，且因天地自然之利，而尽樽节爱养之宜。如农时乃五谷所自出，必爱惜民力，勿妨其务农之时，则民得尽力于南亩，而五谷不可胜食矣。洿池乃鱼鳖所聚，必禁绝密网，勿使入于洿池之中，则川泽不竭于渔，而鱼鳖不可胜食矣。山林乃材木所生，必限制斧斤，直待草木零落之时方许其入，则萌蘖得有所养，而材木不可胜用矣。谷与鱼鳖不可胜食，材木不可胜用，则饮食宫室有所资，而民之养生者得遂其愿；祭祀棺椁有所备，而民之丧死者得尽其情。是使民养生丧死，两无所憾也。养生丧死无憾，则民心得而邦本固，法制自此而可立，教化自此而可兴矣。王道之始事如此。”

“五亩之宅，树之以桑，五十者可以衣帛矣。鸡豚狗彘之畜，无失其时，七十者可以食肉矣。百亩之田，勿夺其时，数口之家可以无饥矣。谨庠序之教，申之以孝悌之义，颁白者不负戴于道路矣。七十者衣帛食肉，黎民不饥不寒，然而不王者，未之有也。”

树，是栽种。庠、序，俱是学名。申，是丁宁反复的意思。颁白，是老人头发半白半黑者。背上驮着叫作负，头上顶着叫作戴，皆用力劳苦之事。黎民，是少壮黑发之民。

孟子又说:“因天地自然之利，而行樽节爱养之政，不过王道之始事耳。兹欲使百姓家给人足，各遂其生，各复其性，须定为经制。一夫与田百亩，外又有五亩宅舍。宅舍周围墙下，都叫他种植桑树，以供蚕事，则丝帛有出，而五十非帛不暖者，可以衣帛矣。鸡豚狗彘之畜，不要误了它孕字之时，则生息繁盛，而七十非肉不饱者，可以食肉矣。百亩之田，不妨碍他耕耘收获的时候，则民得尽力农亩，一家数口都有养赡，可无饥馁之患矣。这都是养民之事。民得其养，则教化可施。必着实举行那庠序中的条教，就中所教，有孝悌两端尤为紧切，又丁宁告语以致其申重之意，则民知爱亲敬长，乐为代劳，那年高颁白之人，无有负戴于道路者矣。这是教民之事。夫教养兼举，而治化大行，以至于七十者衣帛食肉，黎民不饥不寒，则人心无不爱戴，四方无不归往。如是而不能一统天下，以至于王者，理之所未有也。”此是王道之成，人君必如是而后为尽心耳。彼一时之小惠，岂足道哉？

“狗彘食人食而不知检，涂有饿莩而不知发；人死，则曰：‘非我也，岁也。’是何异于刺人而杀之，曰：‘非我也，兵也。’王无罪岁，斯天下之民至焉。”

检，是节制。莩，是饿死的人。发，是发仓廪以赈济。

孟子又说：“王不举行王道，既无常产与民，又使狗彘得以食人之食，而不知爱惜减省；至于途有饿莩，又不知急发仓廪以行赈贷。如是，而民饥以死者，乃王之罪，非关岁凶也。王乃曰：‘非我也，岁也。’是何异以兵器刺人而杀之，乃曰：‘非我也，兵也。’夫操兵在人，杀人乃操兵者之罪；养民在君，民不加多，乃君失政之罪也。王诚不归罪于岁凶，而勉行王道，则天下之民皆将闻风而来归矣，岂但加多于邻国而已哉？”夫天灾流行，国家代有。惟平时有三年九年之蓄，临时有议赈蠲租之政，则水旱不能为灾，而移民移粟可无用矣。此孟子告惠王之意也。

梁惠王曰：“寡人愿安承教。”

梁惠王因孟子说行小惠不如行王道，宜罪己不宜罪岁凶，有感于心，遂虚己以请，说：“寡人愿安心以受教。”盖望其尽言而无隐也。

孟子对曰：“杀人以梃与刃，有以异乎？”曰：“无以异也。”

梃，是杖。

孟子因梁惠王有求教之诚，遂因其机而先问之说：“杀人者，或用梃杖，或用兵刃，这两件有以异乎？”王说：“梃之与刃，其器虽不同，而同一致人于死，无以异也。”

“以刃与政，有以异乎？”曰：“无以异也。”

孟子又问说：“杀人者，或以虐政，或以兵刃，这两件有以异乎？”王又说：“政之与刃，其事虽不同，而同一致人于死，无以异也。”

曰：“庖有肥肉，厩有肥马，民有饥色，野有饿莩，此率兽而食人也。

孟子因梁惠王说虐政之杀人同于兵刃，遂直言以匡正之，说："今王厚敛于民，以养禽兽；只见得庖厨中有肥肉，厩房中有肥马，而穷民有饥馁之色，野外有饿死之人。此何以异于驱禽兽而食人乎？然则王以虐政杀人，直与兵刃无异矣。何不反求而亟图之乎？"

"兽相食，且人恶之；为民父母，行政不免于率兽而食人，恶在其为民父母也？

孟子又承上文说："率兽食人，乃虐政之大者。其失人心而促国脉，皆在于此，不可不急改也。且如兽本异类，其自相吞噬，与人无预，人之见者，犹且恶之。况人君乃民之父母，民皆赖以为生者；乃今恣行虐政，至于率兽而食人，其视赤子之躯命，反兽类之不如矣。残忍如此，何在其为民之父母也哉？"

"仲尼曰：'始作俑者，其无后乎！'为其象人而用之也。如之何其使斯民饥而死也？"

俑，是从葬的木偶人。

"古之葬者，束草为人以为从卫，叫作刍灵，略似人形而已。中古更易以俑，则有面目机发，能转动跳跃，如活人一般。故孔子恶之，说：'始初作俑以从葬者，此人不仁甚矣，其无后乎？'夫仲尼所以深恶作俑之人者为何？盖因其用生人之形为送死之具，意涉于残忍故也。夫象人以从葬，非真致人于死也，而仲尼犹且恶之如此；况实以虐政残民，使民饥饿而死。其为不仁尤甚于作俑者矣，如之何其可哉？"

孟子之意，盖欲启发惠王不忍人之心，而引之以志于仁，故其言之激切如此。然由此章而观，人君之所自奉者，不过庖肉厩马而已，而其弊遂至于率兽食人，使厚敛之虐，同于操刃。不仁之祸，浮于作俑；则奢欲之为害，岂不大哉！明主能以此言而体察民情，必且恻然动念，凡所以约己裕民者，当无所不至矣。

梁惠王曰："晋国，天下莫强焉，叟之所知也。及寡人之身，东败于齐，长子死焉；西丧地于秦七百里；南辱于楚。寡人耻之，愿比死者壹洒

之。如之何则可？”

梁惠王问孟子说：“吾晋国在先世时，地广兵众，论其强盛，天下诸侯之国无过之者，这是叟所明知也。及传至寡人之身，则东与齐战，兵败而长子被杀；西为秦人所侵，丧失河内外之地凡七百里；南又为楚人所辱，不能与抗。是寡人贻辱于晋国之先君也，寡人耻之。今欲为先人一洗此辱，不知作何样经画乃可？愿明以告我也。”

孟子对曰：“地，方百里而可以王。”

孟子对说：“王莫说丧败之后国势弱小，不足有为。若还有志自强，就是地方百里的小国，亦可以王于天下，岂但雪耻而已哉？”

“王如施仁政于民，省刑罚，薄税敛，深耕易耨，壮者以暇日修其孝悌忠信，入以事其父兄，出以事其长上，可使制梃以挞秦楚之坚甲利兵矣。”

易，是用功到。耨，是锄草。

孟子又说：“所谓‘百里可王者’如何？王若施行仁政以及于民：于刑罚则省之，而用法以宽；于税敛则薄之，而取民有制。使百姓每得安其生业，尽力于农亩：春而深耕，布种得好；夏而易耨，锄治得到。那少壮的百姓，又以闲暇的时候，讲明孝悌忠信的道理，入以此事其父兄，出以此事其长上。衣食既足，礼让自兴。那百姓每戴上恩德，人人都有个亲上死长的义气。遇着敌国外患，必能出力报效，敢勇当先。虽以秦楚之强国，坚甲利兵，天下莫能当者；可使斩木为梃以挞之，而取胜于万全矣，况其他乎！臣所谓‘百里可王者’以此。王能勉行仁政，又何以弱小为患哉？”

“彼夺其民时，使不得耕耨以养其父母，父母冻饿，兄弟妻子离散。”

彼，指敌国而言。

孟子又说：“我谓‘制梃可以挞秦楚之坚甲利兵’者，非恃我能胜彼，彼固有可乘之衅也。彼国烦刑重敛，行政不仁，把百姓每务农的时候都被他妨误了，使不得深耕易耨，尽力农事，以养其父母。致使其父母冻饿，而衣食无所仰给；兄弟妻子离散，而室家不能相保。此惟救死而恐不赡，何暇修孝悌忠信之行哉？”

“彼陷溺其民，王往而征之，夫谁与王敌？”

承上文说：“彼国暴虐其民，使之冻饿离散，就如陷之于阱、溺之于水的一般，其结怨于民也深矣！吾王趁着此时，率吾尊君亲上之民，往正其罪。彼民方怨恨其上，一闻王师，都欣然乐归于我，谁肯为他出力用命，而与王拒敌者哉？此我所以说‘可使制梃以挞秦楚之坚甲利兵’也。”

“故曰：‘仁者无敌。’王请勿疑。”

孟子又总结上文说：“王能发政施仁，则天下之人莫不归心。不仁者陷溺其民，则虽本国之民，不为用命。是以古语有云：‘仁者无敌。’盖言民心所归，则强弱大小非所校也。我所谓‘百里可王’、‘制梃可挞秦楚之甲兵’者，亦有见于此耳。王请勿以予言为疑，而断然以发政施仁为务，虽以梁，王可也，尚何先人之耻不可雪哉？”

按，此章惠王之志，在于报怨；而孟子之论，在于救民。盖能救民，则不必报怨，而自足以克敌；不能救民，而徒志于报怨，将兵连祸结，而丧败滋多矣。是以帝王之道，贵在自治，不以小忿而忘远图，正此意也。

孟子见梁襄王。出，语人曰：“望之不似人君，就之而不见所畏焉。卒然问曰：‘天下恶乎定？’吾对曰：‘定于一。’”

梁襄王，是梁惠王之子。卒然，是急遽的模样。

孟子见梁襄王，知其不足与有为，乃出而告人说道：“容貌词气，乃德之符。我今见王，远而望之，不似为人君的气象；近而就之，不见有可畏之威。且卒然而问我说：‘当今天下诸侯纷纷战争，何时平定？’我对说：‘必待天下一统，则自然平定，无有战争矣。’”

“‘孰能一之？’对曰：‘不嗜杀人者能一之。’”

嗜，是心所好尚。

孟子又述其问答之言，说道：“王问我说：‘今之诸侯，各君其国，各子其民，谁能一统天下？’我对说：‘今天下惟争地争城，日以战斗为事，所以四分五裂，不能相一。惟是仁德之君，不好杀人者，则四方之民归之，而天下可一矣。’”夫天以好生为德，人君奉天子民，惟在常存好生之心而已。创业之君，常存此心，则可以结人心而成混一之功。守成之君，常存此心，则可以寿国脉而保无疆之祚。孟子此言，真万世人君之要道也。

“‘孰能与之？’对曰：‘天下莫不与也。王知夫苗乎？七、八月之间旱，则苗槁矣。天油然作云，沛然下雨，则苗浡然兴之矣。其如是，孰能御之？今夫天下之人牧，未有不嗜杀人者也。如有不嗜杀人者，则天下之民皆引领而望之矣！诚如是也，民归之，由水之就下，沛然谁能御之？’”

与，是归往。周时七八月，即今五六月。槁，是枯槁。油然，是云盛的模样。沛然，是雨盛的模样。浡然，是忽然兴起。御字，解作止字。牧，是牧养。君以养民为职，故叫作人牧。领，是颈。

梁襄王又问孟子说：“当今列国分土而治，民各有主，谁肯舍其主而来归乎？”孟子说：“当今天下的百姓，无不愿得所依赖而归往之也。王知夫禾苗乎？当夫七八月之间，天气亢旱，禾苗枯槁，正是望雨之时；天忽油然作云，沛然下雨，将见苗之枯槁者，随即浡然兴起，发生甚速，谁得而御止之乎？方今天下之君，以牧民为职者，都只以争地争城为事，驱民战斗，忍视其肝脑涂地，略无顾惜；未见有不嗜杀人者也。如有不嗜杀人之主出于其间，则天下之民欣然向慕，就如旱苗之望雨一般，莫不延颈举首，都愿戴之以为君矣。望之如此其切，则其相率归附，不远千里而至，其势殆如流水之就下，沛然奔赴，谁得而阑阻之哉？此所以说‘天下莫不与’也。”

夫好生恶死，人心所同。战国之君，虽至不道，岂有嗜杀人者？特以甘心战斗，视民之死而不恤，故孟子以嗜杀人警之。盖凡淫威虐政，可以戕民生者，皆嗜杀人者也。君人者能省刑薄敛，务以厚民之生，则民心归，而治平可常保矣。

齐宣王问曰：“齐桓、晋文之事，可得闻乎？”孟子对曰：“仲尼之徒，无道桓、文之事者，是以后世无传焉，臣未之闻也。无以，则王乎？”

齐桓公、晋文公，皆春秋时伯诸侯者，能尊周室、攘夷狄，后世称其功。然先诈力而后仁义，圣贤所不道也。

齐宣王有志于伯功，乃问孟子说：“在先五伯，惟齐桓、晋文为盛；二君所行之事，可使寡人得闻其概乎？”孟子对说：“臣所受学，传自仲尼。仲尼之徒，羞称五伯，无有言及桓、文之事者；所以后世之人不传其事，臣无从而闻之。既无所闻，则无可言矣。王若必欲臣言不已，其惟王天下之道乎？盖王道乃圣门常言，而臣得之传闻者也。王若能取法王道，则伯不足道矣。”

曰：“德何如，则可以王矣？”曰：“保民而王，莫之能御也。”

齐宣王又问说：“人君之德如何则可以王天下？”孟子对说：“天之立君，惟欲其保养斯民而已。若能修德行仁，以保安百姓，使之得所，则天下之民皆爱之如父母，而戴之为君师。其王天下也，孰得而御之哉？”

曰：“若寡人者，可以保民乎哉？”曰：“可。”曰：“何由知吾可也？”曰：“臣闻之胡龁曰：王坐于堂上，有牵牛而过堂下者，王见之，曰：‘牛何之？’对曰：‘将以衅钟。’王曰：‘舍之！吾不忍其觳觫，若无罪而就死地。’对曰：‘然则废衅钟与？’曰：‘何可废也？以羊易之！’不识有诸？”

胡龁，是齐臣。新钟铸成，杀牲取血以涂其衅郄，叫作衅钟。觳觫，是恐惧的模样。

齐宣王因孟子说保民可以致王，遂将自己问说：“若寡人者，也可以保安百姓否乎？”孟子对说：“可。”齐宣王问说：“你何由知道我可以保民？”孟子对说：“臣曾闻王之臣胡龁说：王一日坐于堂上，有人牵牛行过于堂下。王看见，问说：‘牵这牛将欲何往？’牵牛者对说：‘新铸钟成，将杀此牛，取血以涂其衅郄也。’王说：‘舍之，我不忍见此牛这样战惧觳觫，其状恰似无罪而往就死地一般，诚可怜也！’牵牛者说：‘王既不忍杀这牛，则将废衅钟之事乎？’王说：‘衅钟也是国之大事，何可废也？但取个羊来换他，则钟得以衅，而牛亦可全矣。’臣所闻胡龁之言如此，不知果有此事否也？”

曰:“有之。”曰:“是心足以王矣。百姓皆以王为爱,臣固知王之不忍也。”

爱,是吝惜的意思。

齐宣王因孟子述胡龁之言,乃承认说:“以羊易牛,诚有此事。”孟子遂就善念而开导之,说:“王天下之道,不必他求,即王这一点不忍杀牛之心,便可以怀保万民,兼济四海,而成兴王之业矣。但百姓每识见短浅,只见王爱此一牛,都道是吝惜财费而然。臣却知王之心,乃由觳觫之状,触目有感,一念恻怛之发,全出于不忍也。能由此一念而遂充之,于致王何有哉?”

夫宣王爱牛之心,偶发于一时之感,而孟子遂许其可以保民而王者,盖此一念骤发之仁,最为真切;若推之于民,则凡以利用厚生、拯灾恤患者,将无所不至,而四海皆其度内矣。有保民之责者,能识此不忍之端而扩充之,则仁不可胜用已。

王曰:“然。诚有百姓者。齐国虽褊小,吾何爱一牛?即不忍其觳觫,若无罪而就死地,故以羊易之也。”

褊,是狭。

齐宣王以羊易牛,其心出于不忍,而其迹有似于吝惜。闻孟子之言,乃遂应以为然,说道:“以羊易牛,其迹似吝,诚有如百姓之所讥者;但我之心实不如是。齐国虽褊小,一牛之费能有几何?吾何爱焉?只为见其觳觫之状,若无罪而就死地,心中不忍,故以羊易之耳。此心惟夫子知之,而百姓不知也。”

曰:“王无异于百姓之以王为爱也,以小易大,彼恶知之?王若隐其无罪而就死地,则牛羊何择焉?”王笑曰:“是诚何心哉?我非爱其财而易之以羊也。宜乎百姓之谓我爱也。”

异,是怪。隐,是痛。择,是分别。

孟子欲宣王察识其不忍之心,乃反复诘问之,说:“百姓以王为爱,王亦无怪其然也。盖羊小而牛大,以小易大,迹本可疑,百姓何足以知之?王若果是不忍牛之觳觫,若无罪而就死地,则牛羊一般有生,一般无罪，何所分别而以羊易牛乎？诚有难于自解者矣。”孟子设此难王，正欲使其反求诸己而得其本心也。宣王亦无以自明，乃笑而应之说道：“是诚何心哉？我非爱惜一牛之费，而胡为易之以羊也。不忍于牛而独忍于羊，即我亦有不能自知者。百姓之以我为爱，不亦宜乎！”

曰：“无伤也。是乃仁术也，见牛未见羊也。君子之于禽兽也，见其生，不忍见其死；闻其声，不忍食其肉。是以君子远庖厨也。”

孟子因宣王不能自得其本心，又为之分解说道：“以小易大，虽难解于百姓之疑，然亦无伤也。盖仁虽无所不爱，而见闻感触之时，亦自有斟酌变通之术。今王既能全觳觫之牛，而又不废衅钟之礼，于难处之中，得善处之法，是乃仁之术也。何也？盖时当见牛，则此心已发而不可遏；时未见羊，则其理未形而无所妨，故以羊易牛，得以两全而无害，所谓仁术者如此。大凡君子为仁，莫不有术。其于禽兽也，见其生，则不忍见其死；闻其声，则不忍食其肉。则固其恻隐之真心。然祭祀燕飨，礼亦不可废者。则身远庖厨，使其死不接于目，声不闻于耳，固所以预养不忍之心，而广其为仁之术也。吾王以羊易牛，正合于君子之道。若能察识此心而扩充之，何不可保民之有哉？”

王说，曰：“《诗》云：‘他人有心，予忖度之。’夫子之谓也。夫我乃行之，反而求之，不得吾心。夫子言之，于我心有戚戚焉。此心之所以以合于王者，何也？”

《诗》，是《小雅·巧言》之篇。夫子，指孟子说。戚戚，是心中感动的意思。

齐宣王因孟子之言，有感于心，乃欢喜说道：“人藏其心，难可测度。我闻《诗经》有云：‘他人有心，予忖度之。’这两句说话，正夫子之谓也。夫以羊易牛，乃我所行的事；及反之吾心，求以小易大的缘故，自家茫然也，不知是何念头。夫子乃能推究来由，说是见牛未见羊之故。将我前日不忍的初心，不觉打动，戚戚然，宛如堂下觳觫的形状复在目前一般。此非夫子能忖度之，则我亦何自而得其本心哉？然这一点心，自我看来，极是微小，能济甚事？夫子却说足以致王，不知其所以合于王道者，果何在乎？”

曰：“有复于王者，曰：‘吾力足以举百钧，而不足以举一羽；明足以察秋毫之末，而不见舆薪。’则王许之乎？”曰：“否。”“今恩足以及禽兽，而功不至于百姓者，独何与？然则一羽之不举，为不用力焉；舆薪之不见，为不用明焉；百姓之不见保，为不用恩焉。故王之不王，不为也，非不能也。”

复，是禀白。秋毫，是毛之冗细而难见者。舆薪，是以车载着薪木。“今恩”以下，是孟子之言。

孟子因宣王未知爱牛之心可以保民，乃设辩以提省之，说道：“今人有禀白于王者，说：‘我有力能举三千斤之重，而于一羽之轻却不能举；明能察见秋毫之末，而于舆薪之大却不能见。’王亦将信其言而许之乎？”齐宣王答说：“不然。人未有举重而不能举轻、见小而不能见大者也。”孟子遂晓之说：“王既知此，则知保民而王无难事矣。盖物与人异类，用爱颇难；民则与我相亲，加恩甚易。今王不忍一牛之死，是恩足以及禽兽，就如能举百钧、察秋毫一般；而德泽乃不加于百姓，是一羽之不举、舆薪之不见也。恩能及于所难，而独不能及于所易，其故何欤？然则一羽之不举，只是不曾去用力，一用力，则举之何难？舆薪之不见，只是不曾去用明，一用明，则视之何难？百姓之不见保，只是不曾去用恩，一用恩，则保之何难？夫既不用恩保民，何由能成王业？故王可以王而不王者，乃能为而不为，非欲为而不能也。若肯为之，则取诸爱牛之心，推广之有余矣。保民而王何难哉？”孟子于宣王，既发其爱物之心，而使之察识；又示以仁民之术，而望其扩充。所以引之于王道者，意独至矣。

曰：“不为者与不能者之形何以异？”曰：“挟泰山以超北海，语人曰：‘我不能。’是诚不能也。为长者折枝，语人曰：‘我不能。’是不为也，非不能也。故王之不王，非挟泰山以超北海之类也；王之不王，是折枝之类也。”

形，是形状。以物夹腋下，叫作挟。超，是越过。

齐宣王问孟子说：“夫子谓我之不王是不为，非是不能。这不为与不能的形状，如何分别？”孟子对说：“泰山至大，北海至广。挟着泰山去跳过北海，乃天下所必无之事。以此与人说我不能，这个真是不能，非不为也。奉长者之命，而折取草木之枝，有何难事？以此与人说我不能，这个是不肯为耳，非不能也。不为者与不能者之形，其不同如此。今王有不忍之心，自可以保民而王天下。然而不王者，非挟泰山以超北海之类，而阻于不能；王之不王，乃折枝之类，而由于不为也。”盖恩由仁达，患无此心耳。有是心以及物，则物蒙其爱；有是心以及人，则人被其泽，夫何难哉？有保民之任者，亦在察识此心而扩充之耳。

“老吾老，以及人之老；幼吾幼，以及人之幼。天下可运于掌。《诗》云：‘刑于寡妻，至于兄弟，以御于家邦。’言举斯心加诸彼而已。故推恩足以保四海，不推恩无以保妻子。古之人所以大过人者无他焉，善推其所为而已矣。今恩足以及禽兽，而功不至于百姓者，独何与？”

老，是尊事的意思。吾老、人之老，都指父兄说。幼，是抚育的意思。吾幼、人之幼，都指子弟说。运于掌，是说近而易行，如运动手掌一般。《诗》，是《大雅·思齐》之篇。刑，是法。寡妻，是谦称寡德之妻。御字，解作治字。

孟子又告齐宣王说：“我谓王不难于致王者，无他，亦有见于推恩之甚易耳。且如我有父兄，我能尊事之，即推这老老之心以及于民，使百姓每都得以尊事其父兄；我有子弟，我能慈爱之，即推这幼幼之心以及于民，使百姓每都得以慈爱其子弟。如此，则举天下之老者、幼者，无一人不被我之恩泽。以之措置一世，就如运动手掌一般，何难之有？《诗·大雅·思齐》之篇说：‘文王之德，为法于寡妻，施及于兄弟，又能统御乎家邦。’盖言文王能以仁心，施之于家而家齐，施之于国而国治，总不外于此心之运用而已。故为人君者，诚能推此心以施恩，则包含遍覆，虽四海之大，可以保之而无难；不能推此心以施恩，则众叛亲离，虽妻子至近，亦不可得而保矣，况四海乎？考之上古帝王，其功业隆盛，所以大过于人而非后世所能及者，别无他道，只是善推此心。由亲亲推之，以及于仁民；由仁民推之，以及于爱物。施为先后之间，能不失其当然之序而已矣。今王恩足以及禽兽，而功乃不至于百姓，则是倒行而逆施，与古人之善推所为者大相反矣。是果何为也哉？王其反求诸心可也。”

“权，然后知轻重。度，然后知长短。物皆然，心为甚。王请度之！”

权，是秤锤，所以称物之轻重者。度，是丈尺。度，是称量的意思。

孟子因宣王昧于推恩，要他心里自家裁度，复晓之说道：“物有轻重，必须用秤称之而后可知。物有长短，必须用丈尺量之而后可知。凡物皆是如此，未有舍权度而能知轻重长短者也。若人之一心，万理毕具；于凡应事接物之际，尤不可无权度以称量之，更有甚于物者。盖物无权度，不过一物之差而已。设使心无权度，则事到面前，茫然不知是非利害之所在，其颠倒错乱，有不可胜言者，岂但一物之失而已哉？今王不忍一牛而忍于百姓，是其爱物之心反重且长，仁民之心反轻且短，差谬甚矣！王请自家称量，民与物孰重而孰轻？爱民与爱物，当孰长而孰短？庶吾心之权度不差，而施恩必自有其序矣，尚何百姓之不可保哉？”此可见人君一心，万化之原，必权度不差，而后能推行有序。凡斟酌治道，鉴别人才，以至于赏罚举措，皆当以此心之权度为准，而审察之也。

“抑王兴甲兵、危士臣、构怨于诸侯，然后快于心与？”王曰：“否。吾何快于是？将以求吾所大欲也。”

士，是战士。构，是两相构结。

孟子诘问齐宣王说：“吾王爱物之心重且长，而爱民之心反轻且短，则此心之权度，必有所由蔽而失其准者。岂是要兴动甲兵，驱战士武臣于危亡之地，而构结仇怨于诸侯，然后快足于心与？不忍一牛之死，而忍万民之命，王试度之，则其长短轻重，较然可知矣。”齐王对说：“不然。这三件都不是好事，吾何为求快于此？所以不得已而为之者，将用以战胜攻取，求得吾心中所大欲也。”

曰：“王之所大欲，可得闻与？”王笑而不言。曰：“为肥甘不足于口与？轻暖不足于体与？抑为采色不足视于目与？声音不足听于耳与？便嬖不足使令于前与？王之诸臣，皆足以供之，而王岂为是哉？”曰：“否。

吾不为是也。”曰:“然则王之所大欲可知已。欲辟土地，朝秦、楚，莅中国而抚四夷也。以若所为，求若所欲，犹缘木而求鱼也。”

便嬖，是近习嬖幸之人。居上临下叫作莅。缘，是攀缘。

孟子闻宣王求大欲之言，因探问之说:“王之所大欲如何？可使臣得闻之与？”齐王有难于自言者，但笑而不言。孟子又设问说:“王所大欲，岂为肥甘之味不足于口与？轻暖之衣不足于体与？抑或为华采之色不足观视于目与？声音之美不足听闻于耳与？近习嬖幸之人不足备使令于前与？凡此数者，王之诸臣皆足以供应之而不缺，王岂为是而汲汲以求之耶？”齐王应之说:“不然。这几件都是小事，吾不为是而求之也。”孟子说:“王所欲既不在是，则王之所大欲可知已。王必是要开广土地，朝服秦、楚，临御中国，安抚四夷，使天下一统，然后王之大欲始遂耳。然求是大欲，必有大道。乃兴兵结怨以求之，以如是之所为，求如是之所欲，譬如攀缘树木而求水中之鱼，岂有可得之理哉？”

王曰:“若是其甚与？”曰:“殆有甚焉。缘木求鱼，虽不得鱼，无后灾。以若所为，求若所欲，尽心力而为之，后必有灾。”曰:“可得闻与？”曰:“邹人与楚人战，则王以为孰胜？”曰:“楚人胜。”曰:“然则小固不可以敌大，寡固不可以敌众，弱固不可以敌强。海内之地，方千里者九，齐集有其一。以一服八，何以异于邹敌楚哉？盖亦反其本矣。”

邹、楚，是二国名。

齐宣王因孟子说他兴兵以图大欲，如缘木求鱼，疑其过当。乃问说:“缘木求鱼乃必不可得之事。今我兴甲兵，求大欲，虽未可遽得，岂至如此之甚乎？”孟子对说:“王疑我所言为甚，不知以此较彼，则王之所为，比那缘木求鱼更加甚焉。盖缘木求鱼，虽不能够得鱼，后来却无灾祸；使以那兴兵构怨之所为，求遂那霸王之大欲，尽心竭力为之，到后来非惟无功，且将招灾取祸，有必不可免者矣。”宣王因问:“后灾之说，可得而闻之乎？”孟子说:“这个事理甚明，但王未加察耳。且如邹国与楚国交战，以王评论他两家，那家取胜？”宣王说:“楚人必胜。”孟子说:“王既知此，则可见战之胜败，不在兵刃既接之后，比权量势，有可预推者矣。盖以国之小者与大国战，其势固不敌也；以兵之寡者与夫众战，其势固不敌也；以力之弱者与强国战，其势固不敌也：此其事理，岂不章章较著哉？今海内之地，大约以每方千里计之，凡有九区。集合齐地而算之，不过千里，余皆列国所有。是于天下九分之中，才得其一分耳。今王欲以齐千里之一分，而服海内之八分，其强弱、众寡、小大，势不相当，就如以邹敌楚一般，必不能胜矣。岂不可为之寒心哉？我所谓必有后灾者如此。王必欲臣服海内，何不反其本而求之，以仁心而行仁政乎？盖能反其本，则小大、众寡皆所不计，而所欲者将不求而自至矣。"

"今王发政施仁，使天下仕者皆欲立于王之朝，耕者皆欲耕于王之野，商贾皆欲藏于王之市，行旅皆欲出于王之涂，天下之欲疾其君者皆欲赴愬于王，其若是，孰能御之？"

商、贾，都是做买卖的人；居则为商，行则为贾。愬，是告诉。

孟子告齐宣王说："我所谓反本者，不可他求，在行仁政而已。今王诚能推爱物之心，以行保民之政，为之兴利远害，为之厚生正德；凡法制品节之施，皆根之至诚恻怛之意，则不但本国之民被其泽而心悦，将见风声所达，无远弗届。使天下做官的，皆欲立于王之朝，以行其道；务农的皆欲耕于王之野，以安其业；商贾知关市之不征，皆欲藏于王之市；行旅知道途之无滞，皆欲出于王之途；天下有苦其君之暴虐，而求解倒悬之苦者，皆欲来告诉于王。民之归仁，其不约而同如此。其势殆犹水之就下，沛然孰能御之。由是而土地可辟，秦、楚可朝，莅中国而抚四夷，无不遂王所欲矣。何必兴兵结怨为哉？"

王曰："吾惛，不能进于是矣。愿夫子辅吾志，明以教我。我虽不敏，请尝试之。"曰："无恒产而有恒心者，惟士为能。若民则无恒产因无恒心。苟无恒心，放辟邪侈，无不为已。及陷于罪，然后从而刑之，是罔民也。焉有仁人在位，罔民而可为也？"

惛，是昏昧。恒产，是百姓每常久的产业。恒心，是人所常有的善心。不知而误堕其中，叫作陷。罔，是欺罔。

齐宣王闻孟子发政施仁之言，有感于心，遂诚心以求教说："王天下之大道，诚不外于仁政。但我资质昏昧，无所知识，不能遽进于此道。愿夫子辅导我之志意，凡政如何而发，仁如何而施，明白教我。我虽不敏，请尝试而为之，一一见之于施行，以求不负夫子之教焉。”孟子对说：“仁政莫先于养民，养民莫先于制产。盖礼义生于富足，故人惟有衣食之常产，斯有礼义之常心。若不假于常产，而自然能有恒心者，惟是那从事学问、习知礼义的士人方能如此。若寻常小民，没有常产，使无所资藉，为饥寒所陷溺，因就没有礼义之常心矣。苟无礼义之心，则将恣情纵欲，荡然于礼法之外；凡放纵淫辟、敧邪侈肆，一切不善之事，无所不为，而犯罪者众矣。为人君者，平时不能制常产以养民，及至陷民于有罪之地，然后从而加之以刑，则是欺愚民无知而陷害之，非罔民而何？若此者，不仁甚矣！安有仁人在位，以爱养百姓为心者，而肯为此罔民之事乎？吾王欲行仁政，其于制民之产，诚有不容缓者矣。”

“是故明君制民之产，必使仰足以事父母，俯足以畜妻子，乐岁终身饱，凶年免于死亡。然后驱而之善，故民之从之也轻。”

畜，是养。驱，是驱使向前。

孟子告齐宣王说：“民无恒产，因无恒心，以至于无所不为：盖恒产所系之重如此。故明君之为治，必度地居民，计口授田。使一岁所出，上面足以奉事父母，下面足以畜养妻子。丰年收成好，用度有余，可饱食终身；或遇年岁凶荒，也有积蓄糊口，可以免于死亡。盖民之相生相养如此，然后驱使他去为善，他心无所累，从上教化自然省力。”此所谓‘民有恒产因有恒心’者也。

“今也制民之产，仰不足以事父母，俯不足以畜妻子；乐岁终身苦，凶年不免于死亡。此惟救死而恐不赡，奚暇治礼义哉？”

承上文说：“明君之治民如此。如今制民之产不遵古法，使民不得尽力于农亩，而徒困于征求。上不足以奉事父母，下不足以畜养妻子。虽当丰乐之岁，尚且迫于饥寒，终身受苦；一遇凶年，便转于沟壑，而不免于死亡。百姓当这等时候，皇皇然救死犹恐不足，那有闲工夫去讲习礼义哉！”此所谓‘无恒产因无恒心’也。

“王欲行之，则盍反其本矣。”

“夫观恒心之有无系于恒产如此，王若欲发政施仁，而行保民之道，则何不反求其本，以制民常产为先务哉？”夫民生之苦乐系于君，而君身之安危系于民。民乐生，则爱戴归向而君安；民疾苦，则忧愁思乱而君危。是明君治天下，必使家给人足，人人有乐生之心，然后祸乱不作，而治安可永保也。

“五亩之宅，树之以桑，五十者可以衣帛矣。鸡豚狗彘之畜，无失其时，七十者可以食肉矣。百亩之田，勿夺其时，八口之家可以无饥矣。谨庠序之教，申之以孝悌之义，颁白者不负戴于道路矣。老者衣帛食肉，黎民不饥不寒，然而不王者，未之有也。”

这一节是制民常产之法。

孟子又说：“制民常产之法无他，只是将小民田里树畜之利，与他定个经制而已。如一夫既受田百亩，外又有五亩宅舍。其宅舍周围墙下，叫他种植桑树以供蚕事，则丝帛有出，而五十非帛不暖者可以衣帛矣。鸡豚狗彘之畜，不要误了它孕字之时，则孳育繁息，而七十非肉不饱者可以食肉矣。百亩之田，不要妨误他耕耘收获的时候，则民得尽力于农亩，而八口之家都有养赡，可无饥馁之患矣。恒产既制，则恒心可生。由是设为庠序，而慎重教化之事。又就其中，把孝悌两端申重反复，极其告谕之详，则民知爱亲敬长，乐为代劳，那年高颁白之人，无有负戴于道路者矣。人君定制立法，致使老者得以衣帛食肉，而又无负戴之劳；黎民不饥不寒，而又知孝弟之义；则教养兼举，治化大行。由是而土地可辟，秦、楚可朝，莅中国而抚四夷，不难矣。谓不能王于天下者，理之所未有也。我所谓保民而王，莫之能御者，正以此耳。区区霸功，何足道哉？”

按，此章齐王所问者霸功，而孟子则告以王道。至论王道之要，则不过推不忍之心以行保民之政而已。故即齐王不忍一牛之心，反覆发明其可以致王之理，而以制民常产终焉。有志于三代之治者，宜深念也。

卷二

梁惠王下

庄暴见孟子，曰："暴见于王，王语暴以好乐，暴未有以对也。"曰："好乐何如？"孟子曰："王之好乐甚，则齐国其庶几乎？"

庄暴，是齐臣。庶几，是可近于治的意思。

齐臣庄暴一日来见孟子，说道："暴昔者进见于王，王自以其情直告于暴，道己喜好音乐。暴于此时，既不敢谓其所好为是，又不敢谓其所好为非，固未有以对也。不知好乐何如？果有害于治乎？抑无害于治乎？"孟子对说："好乐无伤，特患王好之未甚耳。使王知音乐之理可通于治，能以一念欣喜之情，推而广之，直至于一国和平而后已焉，则齐国骎骎然有兴起之势，而庶几可望于治矣。汝何不以此而对王乎？"

他日见于王，曰："王尝语庄子以好乐，有诸？"王变乎色，曰："寡人非能好先王之乐也，直好世俗之乐耳。"曰："王之好乐甚，则齐其庶几乎！今之乐犹古之乐也。"

孟子以好乐之甚启发庄暴，因暴不能复问以达其意，他日乃入见于王而问之说："王曾语庄子以好乐，有是言乎？"齐王自知其所好之不正，不觉惭愧，乃勃然变色而应之说："乐固不同，有先王之乐，有世俗之乐。寡人之所好者，非能好那《咸》、《英》、《韶》、《濩》，古先圣王所作之乐也；但好世俗之乐，新声俚曲，取适一时之听闻而已，何足为夫子道哉？"孟子遂迎其机而导之说："王无谓世俗之乐为不足好，特患王之好乐未甚耳！诚使好之之甚，不徒嗜其音而深会其意，务使欢欣交畅，和气充周，则平心宣化之治皆由此出，而齐国庶几其可望于治矣。何独古乐之可好也？盖先王之乐，固此声音，此和理也；世俗之乐，亦此声音，此和理也：今乐与古乐，一而已矣。吾王欲审其所好，惟在甚不甚之间耳。何至以今乐为惭乎？"然今乐、古乐其实不同。孟子之言，特欲开导齐王之善心，而劝之使与民同乐，故其言如此。

曰："可得闻与？"曰："独乐乐，与人乐乐，孰乐？"曰："不若与人。"曰："与少乐乐，与众乐乐，孰乐？"曰："不若与众。"

齐王因问孟子说："好乐之所以通于治道者，其说可得闻乎？"孟子欲引之与民同乐，乃先以常情提醒之，说："作乐为乐，一也。有独自为乐者，有与人共乐者，王以为孰乐乎？"齐王说："独自为乐，其乐止于一己而已；若要彼此交欢，情意舒畅，固不若与人之为乐也。"孟子又问说："与人共乐，一也。有与少为乐者，有与众为乐者，王以为孰乐乎？"齐王说："与少为乐，其乐止于数人而已；若要人人欢洽，和气流通，固不若与众之为乐也。"夫独乐不若与人，与少乐不若与众，此事理之至明者。人惟蔽于己私，是以惟知独乐，而不能推以与人同耳。使齐王能推好乐之心以及一国之众，则可谓好之甚矣，而齐安有不治者哉？此孟子委曲诱导之深意也。

"臣请为王言乐。今王鼓乐于此，百姓闻王钟鼓之声、管籥之音，举疾首蹙频而相告曰：'吾王之好鼓乐，夫何使我至于此极也？父子不相见，兄弟妻子离散。'今王田猎于此，百姓闻王车马之音，见羽旄之美，举疾首蹙频而相告曰：'吾王之好田猎，夫何使我至于此极也？父子不相见，兄弟妻子离散。'此无他，不与民同乐也。"

钟鼓、管籥，都是乐器。疾首蹙頞，是愁苦的模样。羽旄，是旌旗之类。

孟子开导齐宣王说："王既知独乐不若与人，与少乐不若与众，则好乐之公私得失从可知矣。臣请为王一一陈之于前，可乎？今王为鼓乐之乐于此，百姓每听得王所击钟鼓之声，所吹管籥之音，举皆疾首蹙頞，私相告诉说：'吾王之好鼓乐，奈何使我辈到这等穷困之地：以父子不得相见，以兄弟妻子离散；其颠连如此，而略不关心乎？'今王为田猎之乐于此，百姓每闻王车马驰骤之音，见王羽旄缤纷之美，举皆疾首蹙頞，私相告诉说：'吾王之好田猎，奈何使我辈到这等穷困之地：以父子不得相见，以兄弟妻子离散；其流移如此，而略不体念乎？'夫鼓乐、田猎，王之所乐也。百姓每见了却这等嗟怨者，岂有他故？良由王独乐其身，而不能推此心以安养下民，使之与己同乐，故其愁苦之情有所感触，自不觉其嗟怨之若此耳。王如好乐，岂可独乐而不恤其民哉？”按，此疾首蹙颈数语，说小民愁苦情状，宛然可掬。人君能以此轸念民瘼，常若见其愁痛之色，闻其嗟怨之声，则所以振救之者，当无不至，而自不忍于独乐矣。

“今王鼓乐于此，百姓闻王钟鼓之声、管籥之音，举欣欣然有喜色而相告曰：‘吾王庶几无疾病与？何以能鼓乐也？’今王田猎于此，百姓闻王车马之音，见羽旄之美，举欣欣然有喜色而相告曰：‘吾王庶几无疾病与？何以能田猎也？’此无他，与民同乐也。

这一节是与民同乐之事。

孟子又告齐宣王说：“吾王独乐而不恤其民，固宜有以致民之怨矣。今王鼓乐于此，百姓每闻王钟鼓之声、管籥之音，举皆欣欣然有欢喜之色，而相告说：‘吾王庶几身其康强而无疾病与？不然，何以能为此鼓乐之乐也？’今王田猎于此，百姓每闻王车马之音，见羽旄之美，举皆欣欣然有欢喜之色，而相告说：‘吾王庶几身其康强而无疾病与？不然，何以能为此田猎之乐也？’夫一般的鼓乐，一般的田猎，百姓每见了却这等欣幸者，岂有他故？良由王能推好乐之心以与民同乐，使之各得其所。故其爱戴亲附，自不觉其欣幸之若此耳。”

“今王与百姓同乐，则王矣。”

“夫观民情之忧喜惟系于好乐之公私如此。今王诚能推好乐之心以及于民，使之各安其生，各乐其业，则天下之民皆将引领望之，闻风而来归矣。有不可以统一海内而成王业哉？我所谓‘好乐甚则齐其庶几’者，盖如此。今乐、古乐，又何择焉？”

由此章而观，民情得所则喜，失所则悲。喜则欣欣相告，有盛世熙皞气象；悲则疾首蹙颈，为衰世乱离光景。一念之公私少异，而民情之苦乐、国家之治乱因之。是以古圣王之于民，务生养安全，不使有一夫之不获，诚知所重也。愿治者宜深省于斯。

齐宣王问曰:“文王之囿方七十里,有诸?”孟子对曰:“于传有之。”曰:“若是其大乎?”曰:“民犹以为小也。”曰:“寡人之囿方四十里,民犹以为大,何也?”曰:“文王之囿方七十里,刍荛者往焉,雉兔者往焉。与民同之,民以为小,不亦宜乎?”

囿,是蓄育鸟兽之所。刍,是草。荛,是薪。

战国之君,习于骄侈,多以宫室苑囿为乐。故齐宣王问孟子说:“我闻文王之囿,其周围凡七十里之广,果有之乎?”孟子对说:“古书所载,诚有此说。”齐王又问:“文王之囿,乃如此其大乎?”孟子说:“自王视之,若以为大;当时之民,犹嫌其为小也。”齐王说:“寡人有囿,周围仅四十里,比于文王之囿,固甚狭矣。乃百姓每犹嫌其为大,何也?”孟子对说:“文王之囿,虽有七十里之广,而未尝以为己私。囿中之草木,不禁民樵采,凡取草的、取薪的,都往于其中焉;囿中之鸟兽,不禁民射猎,凡逐雉的、逐兔的,都往于其中焉。举凡囿中所有,无一物不与百姓同之。是以一国之民而共此七十里之囿,物之所产有限,民之取用无穷。其以为小,不亦宜乎?”按,《书》称“文王不敢盘于游畋”,其囿必不如是之大。孟子不辨其规制之广狭,但言其利民之公心。盖能与民公其利,则必不以苑囿为己私,而纵游畋之乐,可知矣。

“臣始至于境,问国之大禁,然后敢入。臣闻郊关之内,有囿方四十里,杀其麋鹿者如杀人之罪。则是方四十里为阱于国中,民以为大,不亦宜乎?”

国外百里为郊;郊外为关。阱,是掘地为坑,以掩取禽兽者。

孟子又告齐宣王说:“文王之囿,惟其公之于民,故民以为小。若王之囿,民以为大者,岂无其故哉?臣始初来到王之境上,不敢遽入,先问了国之大禁,知所避忌,然后敢入。臣闻说国门之外、郊关之内,有囿方四十里,不许百姓每出入。若有人擅入其中,杀伤麋鹿者,就与杀人同罪。夫人之所畏,莫甚于死。今杀一麋鹿,就以杀人之罪加之,则是以方四十里之地为坑阱于国中,而故陷民于死地也。其为民害如此,民之视此苑囿就如陷阱一般,其以为大,不亦宜乎?”夫囿一而已,在文王以为民利,而齐王遂以为民害。盖古人之囿,但用为讲武之地,而志不在于从禽，故其利常归之民。后世则专供游猎之娱，故其利擅之于上，而麋鹿为重，民命为轻矣。明主好尚，可不谨哉。

齐宣王问曰："交邻国有道乎？"孟子对曰："有。惟仁者为能以大事小，是故汤事葛，文王事昆夷。惟智者为能以小事大，故大王事獯鬻，句践事吴。"

葛，是成汤时国名。昆夷，是西方之夷。獯鬻，即今北虏。句践，是越王名。

齐宣王问孟子说："邻国壤地相接，容有以强凌弱、以小谋大者。兹欲交好于邻国，果有道乎？"孟子对说："讲信修睦，国之大事，诚有这个道理。大凡为大国的，多恃其强盛，侵凌小国。惟是那仁者，度量宽洪，诚意恻怛，全无计较尔我之私，他为能以大事小，而尽其抚字之道。求之古人：若成汤是大国，反事葛伯；文王是大国，反事昆夷。虽是他犯上无礼，也都包容，不与计较。这便是以大事小，成汤、文王之所以为仁也。为小国的，多不审己量力，挑衅大国。惟是那智者，通晓义理，酌量时势，有知彼知己之明，他为能以小事大，而尽其恭顺之道。求之古人：太王为獯鬻所迫，而至于迁都；句践为吴所败，而请为臣妾。虽被他侵凌役属，也只含忍，不敢抗拒。这便是以小事大，太王、句践之所以为智也。吾王欲交邻国，能自处以仁智之道，则事大恤小，无一之不善矣，邻国安有不睦者哉？"

"以大事小者，乐天者也。以小事大者，畏天者也。乐天者保天下，畏天者保其国。《诗》云：'畏天之威，于时保之。'"

天，指理说。《诗》，是《周颂·我将》之篇。

孟子又告齐宣王说："交邻之道，固在于事大而恤小矣。然大之当事，小之当恤，莫非天理之所当然，在仁智亦惟各尽其道而已。故自以大事小者而言，忘其势之在己，而诚心爱人，这是有优容之大度，而自然合理，能乐天者也；自以小事大者而言，顺其势之在人，而安分自守，这是有敬慎之小心，而不敢违理，能畏天者也。仁者惟其乐天，故其心与天为一，而包涵遍覆，无一物之不容。四海虽大，皆在吾怙冒之中矣，有不足以保天下乎？智者惟其畏天，故能听天所命，而制节谨度，无一时之敢忽。敌国虽强，而在我无可乘之衅矣，有不足以保其国乎？《诗经》有云：‘人能畏上天之威严，不敢违逆，于是可保守天命而不失。’这两句说话，正畏天者保其国之谓也。而乐天者保天下，从可知矣。夫以心之所存，不外于一理，而国与天下由此而可保焉。则交邻之道，诚莫善于此矣。王可不思所以自尽哉！”

王曰：“大哉言矣！寡人有疾，寡人好勇。”对曰：“王请无好小勇。夫抚剑疾视，曰：‘彼恶敢当我哉！’此匹夫之勇，敌一人者也。王请大之。”

气禀有偏，叫作疾。抚剑，是用手按剑。

齐宣王闻孟子之言，有感于心，因叹之说：“夫子论仁智交邻之道，能事大恤小，便可以保国保天下，可谓大哉言矣。寡人也有心向慕，但生来有一件病痛：性气粗暴，偏好刚勇。遇小国不恭，常不能包容；遇大国侵凌，常不能忍耐。如何做得这仁智之事。”孟子对说：“好勇无伤，但要知所抉择耳。盖勇有小有大，王请勿好那小勇，激于一时之怒，便按剑在手，张目疾视，说：‘何人敢与我为敌哉！’这是匹夫之勇，凭恃其血气，仅可以敌一人者也，何足为好？王如好勇，请于帝王之大勇好之。振其天德之刚，发于义理之正，务使气慑万人，威加一世，而不徒恃区区之小忿焉，则仁智皆所优为矣，何至以好勇为病矣？”当是时，列国纷争，率以勇力相尚，未有能除暴救民、倡大义于天下者。故孟子于齐王，因其机而导之如此。昔商纣力能格兽，天下咸苦其残；项王举鼎拔山，卒为汉高所蹙：然则匹夫之勇，诚非帝王之所宜尚也。

“《诗》云：‘王赫斯怒，爰整其旅。以遏徂莒，以笃周祜，以对于天下。’此文王之勇也。文王一怒而安天下之民。”

这一节，是引《诗》而言文王之大勇。

赫，是赫然盛怒的模样。爰字，解作于字。旅，是众。遏，是止。徂，是往。莒字，《诗经》作旅字。文王时，密国之人恃强侵凌阮国，直至共地；文王因举兵往伐其众，所以说“以遏徂旅”。笃，是厚。祜，是福。对，是答。

孟子又告齐宣王说："臣谓吾王当以大勇为好，盖尝观于文王之事矣。《诗·大雅·皇矣》之篇有云：'密人违距王命，侵阮而往至于共。王乃赫然奋怒，于是整顿师旅，以止遏密人徂共之众，使不得侵扰邻国。于以抑强扶弱，而笃厚周家之福；于以安抚天下百姓，而答其仰望之心。'《诗》之所言如此。这是兴兵伐密，文王之所以为勇也。文王赫然一怒，除了密人之乱，由是四方诸侯，强不敢凌弱，众不敢暴寡，而天下之民都赖之以为安。其勇何如其大哉！"

"《书》曰：'天降下民，作之君，作之师。惟曰其助上帝宠之，四方有罪无罪，惟我在。天下曷敢有越厥志？'一人衡行于天下，武王耻之。此武王之勇也，而武王亦一怒而安天下之民。"

这一节是引《书》而言武王之大勇。

宠，是宠任。越字，解作过字。衡行，是不顺道理而行。耻，是愤怒的意思。

孟子又告齐宣王说："臣所谓大勇，不但征之于文王，又尝观于武王之事矣。《周书·泰誓》之篇有云：'天降下民，不能自理，于是立之君，使之主治；不能自教，于是立之师，使之教训。其意但要为君、师者替天行道，以辅助上帝之所不及，故授以至尊之位，而宠异之于四方也。今我既受天之命，作民君、师，则凡天下有罪者，惟我得诛之；无罪者，亦惟我得安之。天下何敢有过越其心志、而作乱以虐民者乎？'《书》之所言如此。当时商纣以一人而肆于民上，凶暴淫泆，横行天下；武王辄引以为己罪，不胜愤耻，因举兵以讨之。这是武王之所以为勇也。武王亦惟一奋其怒，除了商纣之暴，遂能绥定四方，而天下之民都赖之以为安。其勇又何如其大哉！"

"今王亦一怒而安天下之民，民惟恐王之不好勇也。"

"夫观文、武之大勇惟在于除暴安民如此。当今之世，暴虐无道者多矣。吾王诚能法文、武之所为，亦奋然一怒，于以除残去暴，而救安天下之民；则天威所加，民皆欣然望救，就如拯己于水火一般，惟恐王之不好勇耳：此正臣所谓帝王之大勇异于匹夫者也。何可以好勇为病乎？”

按，此章前论仁智主于事大恤小，后论大勇主于除暴安民，其意若相反者。然究而论之，仁者虽能恤小，必不肯养乱以残民；智者虽能事大，而必思自强以立国。所谓大勇，岂有出于仁智之外哉？宋臣司马光以仁、明、武为人君三大德，盖有见也。

齐宣王见孟子于雪宫。王曰：“贤者亦有此乐乎？”孟子对曰：“有。人不得，则非其上矣。不得而非其上者，非也。为民上而不与民同乐者，亦非也。”

雪宫，是齐国离宫名。

齐宣王馆孟子于雪宫，而就见之。因夸其礼遇之盛，问孟子说道：“宫室之乐，在人君则宜有之；贤者亦有此乐乎？”孟子对说：“王既以此处臣，是贤者亦宜有之矣。然好乐人心所同，不问贤者与庶民，皆欲得之。盖庶民自有庶民之乐。若使庶民不得其所乐，则以为人君独享其乐，而不恤民穷，皆将非怨其上矣。夫不得其乐而非其君上者，是不安为下的本分，固不是。为民上而独享其乐以致民怨望者，是失其为君的道理，也不是。所以人君当推己之乐以公之于民，不但当与贤者共之而已。”

“乐民之乐者，民亦乐其乐；忧民之忧者，民亦忧其忧。乐以天下，忧以天下，然而不王者，未之有也。”

孟子又说：“不与民同乐，则民怨；能与民同乐者，民岂有不感乎？且如安居粒食，民之乐也。人君能看得如自己的乐事一般，务为之经营区处，使各遂其有生之愿，则民之得有其乐者莫不怀感；一见君可乐之事，便欣欣然喜色相告，而为君乐之，亦如乐在于己也。饥寒困穷，民之忧也。人君能看得如自己的苦事一般，务为之设法救护，使无有失所之虞，则民之得去其忧者亦莫不怀感；一见君可忧之事，便戚戚然心中不宁，而为君忧之，亦如痛切其身也。夫乐民之乐，民亦乐其乐，是乐不以一人，而乐以天下。忧民之忧，民亦忧其忧，是忧不以一人，而忧以天下。忧乐相通，上下无间，天下之人，莫不倾心归附于我，其有不成王业而王天下者，有是理乎？”可见人君之于民，语其势，则尊卑悬绝；论其情，则休戚相关。人君欲常享其乐，而不致有可忧之事者，其必加意于民而已。三代而后，若汉文帝议赈民之诏曰："方春和时，草木群生之物，皆有以自乐；而吾民鳏寡孤独穷困之人，或阽于危亡而莫之省忧，为民父母其何如？"斯庶几与民同忧乐者矣。

"昔者齐景公问于晏子，曰：'吾欲观于转附、朝儛，遵海而南，放于琅邪，吾何修而可以比于先王观也？'"

景公，是齐之先君。晏子，是景公之臣，名婴。转附、朝儛，都是山名。遵，是循。放，是至。琅邪，是齐东南境上邑名。

孟子劝齐宣王与民同乐，因举其先世行事以告之，说："臣谓公乐可以致王，不敢远征诸古，即齐之先君亦有行之者。昔日齐景公问于其臣晏子说：'省方观民，先王所重。我今欲观于转附、朝儛二山，遵海滨而南行，直至琅琊境上。思昔先王游观，当时以为盛典，后世以为美谈；吾当何修何为，而可以比于先王之行事也？'"

"晏子对曰：'善哉问也！天子适诸侯曰巡狩，巡狩者，巡所守也。诸侯朝于天子曰述职，述职者，述所职也。无非事者。春省耕而补不足，秋省敛而助不给。夏谚曰："吾王不游，吾何以休？吾王不豫，吾何以助？一游一豫，为诸侯度。"

适，是往。省，是巡视。敛，是收获。夏谚，是夏时俗语。豫，是行乐的意思。度，是法则。

晏子因景公之问，遂赞美之，说道："游观之典不行久矣。吾君独有志于复古，欲法先王之所为，善哉问也！试以先王之法言之：天子十二年一适诸侯之国，叫作巡狩。谓之巡狩者，是巡察诸侯所守之境政事之修废也。诸侯六年一朝于天子之国，叫作述职。谓之述职者，是陈述自己所受之职业，以待天子之黜陟也。天子诸侯，一往一来，都有事干，未有无事而空行者。而又春秋循行郊野：春焉省民之耕，察其中牛种有不足的，则发仓廪以补之；秋焉省民之敛，察其中收获有不及的，则发仓廪以助之。天子行此于畿内，诸侯行此于国中，其惓惓为民之心又如此。故夏时谚语有云：'吾王有游豫之乐，然后吾民得蒙休助之泽。若吾王不来郊野一游，则补助之政不行，吾民那得蒙上之休；吾王不来郊野一豫，则吾民之不足不给者，那得蒙上之助？吾王一游一豫，皆有恩惠以及民；而四方诸侯，都来取法，莫敢无事慢游以病其民者。’斯世斯民，何其幸乎！观夏谚所云，则知王者补助之政为不虚矣。先王游观之善若此，乃吾君今日所当法也。”

“今也不然：师行而粮食，饥者弗食，劳者弗息。睊睊胥谗，民乃作慝。方命虐民，饮食若流。流连荒亡，为诸侯忧。”

睊睊，是侧目而视的模样。胥字，解作相字。慝，是怨恶。方命，是违逆上命。诸侯，是附庸之国，县邑之长。

晏子告齐景公说：“先王之一游一豫，都是为民，固足以为诸侯之法矣。乃今时之国君则不然：但是游观，则军旅随行；既有军旅，便有粮食，是以供给烦难，骚动百姓。百姓每饥者不得食，劳者不得息；皆怒目相视而口出谤言，愁苦不胜而心怀怨忿。夫天子之命诸侯，本欲其上宣德意，下安民生也。今乃上违天子之命，下虐无罪之民；靡费饮食，如水之流，无有穷极。是乃纵于逸乐，流连荒亡，徒为所属诸侯之忧而已，岂若先王之省方观民、可为法则者乎？”

“从流下而忘反，谓之流。从流上而忘反，谓之连。从兽无厌，谓之荒。乐酒无厌，谓之亡。先王无流连之乐、荒亡之行，惟君所行也。”

从流下，是放舟随水而下。从流上，是挽舟逆水而上。无厌，是不知止足。

晏子承上文说：“所谓流连荒亡者，其义何如？盖人君之为乐，有恣情快意、流荡而无节者，就如放舟随水、顺流而忘返的一般，这叫作流。有拂人从欲、留恋而不舍者，就如挽舟上水、逆流而忘返的一般，这叫作连。以从兽为乐，而不知止足，把几务都荒废了，这叫作荒。以饮酒为乐，而不知止足，把政事都失误了，这叫作亡。此今时之弊也。若先王之游观，非巡狩则述职，非省耕则省敛，何尝有流连之乐、荒亡之行乎？夫游观一也，在先王如彼，在今时如此。这两件，一善一恶，分明易见，惟在君所行何如耳。若能戒今时之弊，而不致慢游以病民，则何先王之不可及哉？王能绎思晏子之言，则必能公其乐以得民矣。”

“景公悦，大戒于国，出舍于郊。于是始兴发补不足，召大师，曰：‘为我作君臣相说之乐。’盖《徵招》、《角招》是也。其诗曰：‘畜君何尤？’畜君者，好君也。”

大戒，是大出命令。舍，是止宿。兴发，是开发仓廪。《招》，是舜乐名。乐有五声：三曰角，为民；四名徵，为事，故因以取义。诗，是乐歌。畜字，解作止字。尤，是罪过。好，是忠爱的意思。

“景公一闻晏子之言，心中感悦。欣然以今时之弊为必可去，先王之法为必可行。乃大申命令，晓告国人，示以更化图新之意。乃不敢安处深宫，出而住居郊外，察问民间疾苦。于是始兴发仓廪，以补助其不足。其于晏子之言，果一一见之行事矣。既乃召太师而命之说：‘君臣相得，自古为难。我今喜得晏子，而闻其善言；晏子亦喜得我，以行其志：君臣相悦如此。尔当把这欢乐之情，宣诸于音乐，以彰一时明良之盛焉。’其所作之乐，即今所传《徵招》、《角招》是也。盖徵音属事，而景公料理国事，事已治矣，故被之徵音，叫作《徵招》；角音属民，而景公补助斯民，民已安矣，故被之角音，叫作《角招》。其乐中歌词说道：‘畜君何尤。’盖言晏子能畜止其君之欲，不至于招尤而取罪也。夫人臣之罪，莫大于逢君之恶。今能畜止其君之失，使不至于流连荒亡，正是望其君为尧、舜之君，忠爱之至者也。好君如此，且当感悟君心，引之当道，夫何罪过之有哉？观景公能悦晏子之言，遂有事治民安之效如此。王能行臣之言，与民同乐，岂有不足以致王者乎？”

按，孟子于齐王，劝之与民同乐，则示以君民一体之情；劝之远法先王，则证以君臣相悦之盛。盖必君臣相得，谏行而言听，然后膏泽下究，政善而民安耳。使或君臣之间，志意未合，则弊政日积，善言不闻；求以保民致治，岂不难哉！明主所宜深念也。

齐宣王问曰：“人皆谓我毁明堂。毁诸？已乎？”孟子对曰：“夫明堂者，王者之堂也。王欲行王政，则勿毁之矣。”

明堂，是天子所居，以朝见诸侯之所。

昔周天子建明堂于泰山下，在今山东泰安州地方；周室既衰，地为齐有。时人以天子既不复巡狩，而齐为侯国，非所宜居，理当拆毁。故齐宣王问孟子说："人皆谓我毁明堂，果当毁乎？抑且止而不毁乎？"孟子对说："明堂乃王者所居，以出政令之所，是则王者之堂而非诸侯之堂也。王若有心要行王政，便可王天下；可王天下，便可以居此堂，亦不必毁矣。"此孟子歆动齐王，使行王道也。

王曰："王政可得闻与？"对曰："昔者文王之治岐也，耕者九一，仕者世禄，关市讥而不征，泽梁无禁，罪人不孥。老而无妻曰鳏，老而无夫曰寡，老而无子曰独，幼而无父曰孤。此四者，天下之穷民而无告者。文王发政施仁，必先斯四者。《诗》云：'哿矣富人，哀此茕独。'"

岐，是周之旧国，在今陕西凤翔府岐山县地方。九一，是周时井田之制，九分中只取百姓一分。讥，是察问。征，是起税。泽梁，是水泽中取鱼之处。孥，是妻子。鳏，是鱼名，鱼目不闭，故以比人之忧愁不寐者。告，是告诉。哿，是可。茕独，是穷困孤苦之人。

齐宣王问孟子说："夫子说寡人能行王政，则明堂可以不毁。不识王政如何？可使寡人得与闻乎？"孟子对说："王政莫善于文王。在先文王之治岐邑，于耕田的百姓，则行九一之法，而敛从其薄；于仕者的子孙，则有世禄之赏，而报从其厚；于关市但盘察奸细，而不征商贾之私货；于泽梁则任民取利，而不为禁令以自专；于犯罪之人，刑法止及其本身，而不连累其妻子：文王之发政施仁如此。乃其中则尤有加意者。盖人之老年无妻的叫作鳏夫，老年无夫的叫作寡妇，老年无子的叫作独夫，少年无父的叫作孤子。这四样人，艰难困苦，乃天下之穷民而无所告诉者。文王发政施仁，虽于人无所不济，遇此等尤加爱惜，务使之各得其所焉。《诗经》上《小雅·正月》之篇有云：'富人还可，惟茕独之人，情有可哀。'夫惟可哀，此文王所以必先之也。文王之治岐如此。此王政之善，所以开周家之基业者。王欲行王政，可不以文王为法乎？"

王曰："善哉言乎！"曰："王如善之，则何为不行？"王曰："寡人有疾，寡人好货。"对曰："昔者公刘好货，《诗》云：'乃积乃仓，乃裹糇

粮，于橐于囊，思戢用光。弓矢斯张，干戈戚扬，爰方启行。’故居者有积仓，行者有裹粮也，然后可以爰方启行。王如好货，与百姓同之，于王何有？”

公刘，是后稷之曾孙。积，是堆积。糇，是干粮。橐、囊，俱布袋之类；无底为橐，有底为囊。戢，是安集。戚扬，是斧钺。爰，是于。何有，是不难的意思。

孟子述文王治岐之政以告齐王，王遂叹美之说：“善哉！夫子此言。真可谓治国之良图也！”孟子说：“闻善贵于能行。王既以为善，则何为不见之行事乎？”齐王说：“寡人非不欲行，但天性有一种病痛：好积财货。惟好货，故取民无制，而不能行此王政耳。”孟子对说：“好货与王政无妨。昔者公刘也曾好货。观《诗经·大雅·笃公刘》篇有云：‘公刘处西戎之间，国势微弱。后来能力行富民之政，其民田有露积，家有仓廪，既富且强。于是裹糇粮于橐囊，而为迁都之计，思以集和其人民，光大其国家。乃张我弓矢与干戈戚扬，启行而往迁于豳焉。’由《诗》之言观之，可见公刘能推好货之心以及于民，能使民之居者有积仓，行者有糇粮；然后可以爰方启行，而保民立国如此也。王如好货，亦能仿公刘之遗意，而导利以厚下，约己以裕民，与百姓同之，使亦有积仓裹粮之富，则天下之民皆归向之。其于王天下何难之有？夫好货一也，私之于一己，则为专利；公之于百姓，则为施仁。然则王之于货，惟审其所好之公私，而不当以之为病矣。”

王曰：“寡人有疾，寡人好色。”对曰：“昔者太王好色，爱厥妃。《诗》云：‘古公亶父，来朝走马。率西水浒，至于岐下。爰及姜女，聿来胥宇。’当是时也，内无怨女，外无旷夫。王如好色，与百姓同之，于王何有？”

太王，是公刘九世孙，周武王曾祖，名亶父，号古公。至武王即帝位，始追上尊号为“太王”。率，是循。浒，是水之涯岸。姜女，是太王之妃。聿，是语词。胥，是相。宇，是居。旷，是孤单的意思。

齐王自揣不能行王道，又对孟子说：“寡人不但好货，更有一件病痛：喜好女色。惟其好色，故心志蛊惑，用度奢侈，不能行此王政耳。”孟子对说:“好色亦无妨于王政。昔者太王也曾好色，爱其妃姜女。观《诗经·大雅·绵》之篇有云:‘古公亶父为狄人所侵，不得已欲迁国避难。乃于明朝策马而走，顺着西河的边岸，径到岐山之下;爰及其妃姜女同来，与之相择地方，建造城邑，以为居止之所。’由《诗》之言观之，可见太王也喜爱那姜女，而以配匹为重也。但太王不独自有配匹而已。当这时节，举国之中，女子都得嫁其夫，而内无怨女;男子都得娶其妇，而外无旷夫。盖由太王能推好色之心以及于民，故能男女各遂其愿，婚姻各及其时如此也。王如好色，诚能仿太王遗意，而与百姓同之，保全其室家，完聚其夫妇，使无怨女旷夫之叹，则天下之民皆将乐归于我，于王天下何难之有?夫能推好色之心便可以王天下，则好色又何足为病乎?”

按，此章孟子于齐王，因其毁明堂，而劝之以行王政;因其好货色，而劝之以体民情。盖货财妻子之念，人心所同。但在上者，知有己而不知有民，于是有府库充盈，而闾阎不免于空竭;嫔嫱众盛，而妇子不免于流离者矣。诚体民情，则必能行王政;能行王政，则自可以朝诸侯而王天下矣，此明堂之所以不必毁也。

孟子谓齐宣王曰:“王之臣，有托其妻子于其友而之楚游者。比其反也，则冻馁其妻子，则如之何?”王曰:“弃之。”

馁，是饿。

齐宣王怠于政事。孟子欲劝王有为，先引起他事以发问，说道:“朋友有相周之义。设使王之臣有以其妻子寄托于所厚之友，而自往游于楚国者。及至回还之日，始知其妻子一向冻馁，衣食不足。王之臣当所何如以处其友耶?”齐王说:“受人之托而负义如是，非可交之友也，当弃绝之。”盖朋友以义合，不义则当绝也。

曰:“士师不能治士，则如之何?”王曰:“已之。”

士师，是掌刑之官。士，是士师的属官。

孟子又问说:“士师以明刑为职。设使为士师者不能统理其所属之士，使刑狱不当，职业不修。王当何如以处之耶?”齐王说:“立人之朝，而瘝旷如是，非可用之臣也，宜罢去之。”盖人臣各有职任，失职则当去也。

曰："四境之内不治，则如之何？"王顾左右而言他。

孟子又问说："如今四境以内，皆王之所统理。乃政教不修，人民不宁，是谁之任？又当何如以处之耶？"孟子此言，盖欲齐宣王反己自责，虚心下问，以讲求治国之道，其望之者深矣。王乃耻于闻过，而顾视左右以释其愧，更言他事以乱其辞，其不足以有为可知矣。此齐之所以止于齐，而不能成一统之业也。

孟子见齐宣王，曰："所谓故国者，非谓有乔木之谓也，有世臣之谓也。王无亲臣矣，昔者所进，今日不知其亡也。"

乔木，是高大之木。世臣，是累世勋旧之臣。亲臣，是君所亲信之臣。昔者，是昨日。亡，是走失。

孟子因齐宣王待下疏薄，一日进见而讽之，说："大凡人君继世而有国，其基业相承，历年久远，如高大的树木、累世的旧臣，都是有的。但故国所以见称，却不是为着有这乔木，便叫作故国，正以有累世旧臣之谓耳。盖乔木有无，何足轻重？惟是那老成故旧之臣，世受国恩，义同休戚，国运赖之以匡扶，人心赖之以系属，这才是故国之所重，而人主不可一日无者也。然他日之世臣，本是今日之亲臣。以今观之，王已无亲臣矣。盖亲臣日在左右，视如腹心，时刻少他不得。王昨日所进用的人，今日有走去而尚不知者，则无亲信之臣可知。既无亲臣，安望他日有世臣乎？然则齐何以保其故国矣？"

王曰："吾何以识其不才而舍之？"曰："国君进贤，如不得已，将使卑逾尊、疏逾戚，可不慎与？"

舍，是舍置。不得已，是势不能已的意思。逾，是逾越。戚字，解作亲字。

齐王因孟子讥已无亲臣，自家解说："此等亡去的，都是不才之人，我始初不知而误用之，故不以其去为意耳。我今当何如可以预知其不才，遂舍之而不用，使所用皆贤乎？"孟子对说："人君用人，与其悔之于后，莫若谨之于始。是以国君进贤，当那将用未用之际，其难其慎，审之又审，恰似势之所迫，不得不用他一般，其谨如此。所以然者，盖以尊尊亲亲乃国家体统之常。设使今日所尊者未必贤，日后必别求那卑而贤者用之，是使卑者得以搀越尊者，失尊卑之序矣；今日所亲者未必贤，日后必别求那疏而贤者用之，是使疏者得以搀越亲者，失亲疏之等矣。一举措之间，而所关于国体者甚大，是安可以不慎乎？始进能慎，则所进皆贤，而不才者不得以幸进，自可以无后日之悔矣。王何以不知人为患哉？”

“左右皆曰贤，未可也。诸大夫皆曰贤，未可也。国人皆曰贤，然后察之；见贤焉，然后用之。左右皆曰不可，勿听。诸大夫皆曰不可，勿听。国人皆曰不可，然后察之；见不可焉，然后去之。”

孟子告齐宣王说：“国君进贤，固所当慎，而慎之何如？盖人才之用舍，不可徇一己之私情，当付之众人之公论。且如有人于此，左右近侍俱道其贤，吾未敢遽以为然也；举朝大夫俱道其贤，吾未敢遽以为然也。何也？诚恐其有私誉也。至于通国之人俱以为贤，宜若可信矣。但世间有一等的同流合污，为众所悦，以致虚誉者，原来不是好人。安知国人之所谓贤，非此之类欤？于是又从而察之，或听其言，或观其行，必看得真真实实是有才德的人，然后进而用之：其不肯轻用如此。又或有在我左右的人都说道此人不贤，不遽信也；众大夫每也都说此人不贤，不遽信也。何也？诚恐其有私毁矣。至于通国之人俱谓不贤，宜若可信矣。但世间又有一等的特立独行，与世不合，以招谤毁者，终不失为好人。安知国人之所不可，非此之类欤？于是又从而察之，或探其心术，或考其行事，必看得的的确确是不贤的人，然后从而去之：其不肯轻去如此。夫其一用舍之间，既遍访于人，又精察于己，虽或跻之尊亲之列，而其从容详审、筹处迟疑，真若有万不得已者。如此乎慎之至也，又安有不才而误用之者耶？王欲知用人之当慎，则宜以是为法矣。”

“左右皆曰可杀，勿听。诸大夫皆曰可杀，勿听。国人皆曰可杀，然后察之；见可杀焉，然后杀之。故曰国人杀之也。”

孟子又告齐宣王说：“人君进退人才，固当审察公论以求至当矣。至于用刑，也不可不谨。有人于此，左右都说他可杀，不要遽然听信；众大夫每都说他可杀，也不要遽然听信。何也？诚恐其有私怨也。至于通国之人俱以为可杀，其言宜可信矣。但世间也有一等的人，无罪无辜，而虚被恶名者。安知国人之所谓可杀者，非此之类欤？于是又从而察之，或验其罪状，或审其情实，必看得情真罪当，是可杀的人，然后从而杀之。决断虽在于君，而公论实出于国人，所以说是国人杀之。明其犯众人之公恶，而非一己之私也。以此用刑也，就如不得已而然者，又何其慎之至乎！”

“如此，然后可以为民父母。”

承上文说：“人君用舍刑杀，一惟决于众论之公如此。则是民之所好好之，民之所恶恶之。就如父母之于赤子，求中其欲，而惟恐拂其情的一般，不可以为民之父母乎？民心得，则邦本固，而宗社其永安矣。尚何故国之不可保哉？”此可见人君用人行政，当以公论为准。内不专任一己之独见，外不偏徇一人之私情。至虚至公，无意无必，然后好恶之私不作，而爱憎之说不行，贤者必用，而政无不举矣。明主宜致审于斯焉。

齐宣王问曰：“汤放桀，武王伐纣，有诸？”孟子对曰：“于传有之。”曰：“臣弑其君可乎？”曰：“贼仁者谓之贼。贼义者谓之残。残贼之人，谓之一夫。闻诛一夫纣矣，未闻弑君也。”

贼，是害。残，是伤。

齐宣王问孟子说：“世传汤放桀于南巢，武王伐纣于牧野，果有此事否乎？”孟子对说：“南巢之放，载在《汤誓》；牧野之战，纪于《武成》，传记盖有此说矣。”齐宣王又问说：“桀、纣，君也；汤、武，臣也。以臣弑君，于理可乎？”孟子对说：“君臣大分，岂可逾越？但汤、武乃奉天伐暴，与称兵犯顺之事不同。盖天生民而立之君者，为其能尽仁义之道，以为斯民共主也。惟害仁之人，其存心凶暴淫虐，灭绝天理，故谓之贼。害义之人，其行事颠倒错乱，伤败彝伦，故谓之残。残贼之人，天命已去，人心已离，只是一个独夫，不得为天下之共主矣。所以《书经》上说独夫纣。盖纣自绝于天，故天命武王诛之，为天下除残贼。吾闻诛一夫纣矣，未闻其为弑君也。观于武王，则汤之伐桀亦犹是耳。”《易》曰：“汤、武革命，应乎天而顺乎人。”正谓此也。

孟子见齐宣王，曰:“为巨室，则必使工师求大木。工师得大木，则王喜，以为能胜其任也。匠人斫而小之，则王怒，以为不胜其任矣。夫人幼而学之，壮而欲行之，王曰‘姑舍女所学而从我’，则何如？”

巨室，是高大的宫室。工师，是匠作之长。胜，是担当得的意思。斫，是斫削。夫人，指贤人说。

孟子因齐宣王不能任贤图治，一日进见而讽之，说:“人君任贤以治国，就如用木以治室一般。王欲建造高大的宫室，谓非大木不可。则必遣命工师，多方采取以充其用。假如工师采得大木，则王欣然而喜，说道可以做梁做柱，能胜巨室之任了。倘或匠人误加斧斤，斫削短小，则王艴然大怒，怪他损坏了这美材，不能胜巨室之任矣。是王之用木，惟欲其大，不欲其小如此。至于贤人，为国家之桢干。当其幼时，诵读讲明，都是圣贤的道理、帝王的事功，正欲待其壮年遭时遇主，一一见之施行，以期不负其所学也。吾王不思大用以尽其材，却乃教他说:‘你且舍置汝之所学而从我所好。’夫贤人所学者，乃修、齐、治、平之具；而王之所好者，不过权谋功利之私而已。今要他舍所学以从王，则是贤人之学甚大，而王顾欲其小之也。夫不忍斫小一木之材，而乃欲贬损大贤之用，则何其任贤不如任木也哉！王诚比类而观之，则知任贤图治之要矣。”

“今有璞玉于此，虽万镒，必使玉人雕琢之。至于治国家，则曰‘姑舍女所学而从我’，则何以异于教玉人雕琢玉哉？”

玉在石中，叫作璞。镒，是二十两。

孟子讽齐宣王说道:“王任贤而欲小用之，使贤者不得行其志，岂是治国家的道理？且如今有璞玉于此，虽价值万镒，十分爱重的，也不能自以己意为之雕琢，必求惯能治玉之人，使雕琢之。盖玉必雕琢而后能成器，亦必良工而后能雕琢。故治玉者，未有不付之人者也。至于国家之当治，就如万镒之玉；贤者之能治国家，能如玉人之能治玉一般。王如得贤而用之，则必举国而听之可也。今乃说‘姑舍汝之所学而从我之所好’，则何王之治国家乃异于教玉人雕琢玉哉？盖国家几务繁多，责任重大，一切要整顿料理，兴起治功，非是涵养有素、抱负不凡的贤人，岂能胜任？既得其人，尤须推心委任，一一付托于他，使得展布发摅，乃能致理。今以玉则一听于玉人，以国家则不肯专听于贤者，是爱国家不如爱玉也，王亦未之思乎？”

大抵用贤之道，惟在纯心。必人君专心求治，念念在于国家，然后能虚心任贤，事事付之能者。成汤昧爽丕显，旁求俊彦；高宗恭默思道，梦赉良弼：此所以登于至治，而逸于得人也。人君欲用贤以治国家者，宜三复于斯。

齐人伐燕，胜之。宣王问曰：“或谓寡人勿取，或谓寡人取之。以万乘之国伐万乘之国，五旬而举之，人力不至于此。不取必有天殃，取之何如？”

昔燕王哙让国于其相子之，国人大乱。齐人因乘其衅而伐之。燕士卒不战，城门不闭，遂大胜燕。宣王乃问计于孟子，说：“燕国既破，其土地人民尽当为我所有矣。或言利不可贪，劝寡人说莫取；或言机不可失，劝寡人说取之。众论不一，莫知适从。自寡人论之，齐与燕同一万乘之国也，以万乘之国伐万乘之国，势均力敌；乃不待旷日持久，只五十日内就收战胜之功，纵使将勇兵强，人力众盛，未必成功之速遽至于此。殆天意有在，阴助而默相之耳。天既以燕予我，我反弃而不取，必受其殃。兹欲从而取之，可与不可，夫子以为何如？”齐王本意在于取燕，特欲借孟子一言以自决耳。

孟子对曰：“取之而燕民悦，则取之。古之人有行之者，武王是也。取之而燕民不悦，则勿取。古之人有行之者，文王是也。”

孟子对说：“天意之予夺难知，民心之从违易见。王欲取燕，亦惟决诸民心而已。诚使取燕而燕民喜悦，都欣然归附，则是天之所废，不可兴也；王其顺民心取之，亦可。古之人有行此事的，是周武王。盖武王当纣恶贯满盈之后，人心皆已归周，所以有牧野之师，可取而取，武王无容心也。王能如是，是亦武王而已矣。使或取燕而燕民不悦，犹思恋故主，则是天命未改，未可图也；王其顺民心而勿取，乃可。古之人有行此事的，是周文王。盖周文王当纣恶未稔之初，人心犹不忘商，所以执事殷之节。不可取而不取，文王亦无容心也。王能如是，是亦文王而已矣。然则燕之可取与否，吾王但当视民心之向背何如耳。众论纷纷，何足据乎？”

“以万乘之国伐万乘之国，箪食壶浆，以迎王师，岂有他哉？避水火也。如水益深，如火益热，亦运而已矣。”

箪，是竹器。食，是饭。汤酒之类，都叫作浆。运，是转动的意思。

孟子告齐宣王说：“民心可以仁感，而不可以威劫。今齐与燕俱万乘之国也，以万乘之国而伐万乘之国，若使并力固守，其势足以相抗。乃燕之百姓，一闻齐师之来，便不战而服，都盛着箪食壶浆迎犒王师。这岂有他意？特以燕政暴虐，民被其害，如在水火中一般，忍受不过，故避之而望救于齐耳。王如发政施仁以慰其望，则燕人之心始安矣。若恃其强力，更为暴虐，如水之深者益深、火之热者益热，则燕民愈不能堪。今之望救于齐者，将转而望救于他人矣，齐岂得而强取之哉？可见得国有道，惟在得民，而民罔常怀，怀于有德。王欲取燕，亦求其所以安民者而已。”

齐人伐燕，取之。诸侯将谋救燕。宣王曰：“诸侯多谋伐寡人者，何以待之？”孟子对曰：“臣闻七十里为政于天下者，汤是也。未闻以千里畏人者。”

齐人前欲取燕，孟子告以当顺民心，齐人不听，竟乘燕国破败，利其有而取之。于是列国诸侯，皆有不平之心，相约起兵，将谋伐齐以救燕。齐王闻而恐惧，乃问计于孟子，说：“自寡人取燕之后，诸侯多谋举兵来伐寡人者，事势至此，有何计策可以设备而预待之乎？”孟子对说：“臣曾闻古之帝王，有以七十里之小国，遂能伐暴救民，行政于天下，而万邦无不归服者，商王成汤是也。今齐国地方千里，堂堂一大国，乃惧怕诸侯伐己，则是以千里而畏人，怯亦甚矣！臣实未之闻也。王何不以之自反乎？”

“《书》曰：‘汤一征，自葛始。’天下信之。‘东面而征，西夷怨；南面而征，北狄怨。曰：“奚为后我？”’民望之，若大旱之望云霓也。归市者不止，耕者不变。诛其君而吊其民，若时雨降，民大悦。《书》曰：‘徯我后，后来其苏！’”

这一节正是成汤为政于天下的事。

葛，是国名。奚字，解作何字。霓，是虹霓，云合则雨，虹见则止，以比民望王师之切的意思。弔，是抚恤。徯，是等待。苏，是复生。

孟子说："臣谓汤以七十里为政于天下，观于《书》之所言可见矣。《书经·仲虺之诰》有云：'汤初与葛为邻。葛伯无道，汤乃举兵伐之，是汤之征伐，自葛国始。那时天下之人，都信其志在救民，不是为暴。汤若往东面征讨，则西夷之人怨望；若往南面征讨，则北狄之人怨望。都说道："我等受害一般，王何为不先来征我之国乎？"'这时节，百姓每冀望王师之来，又恐其不来；就如大旱之时望着云合而雨，又恐虹见而止也：其望之之切如此。及王师既至，商贾各安于市，而交易者不止；农夫各安于野，而耕耘者不变。但诛戮其有罪之君，抚安其无罪之民，就如大旱之后，甘雨应时而降，民皆喜色相庆，欣然大悦。《书经》上载着百姓之言说：'我等困苦无聊，专等我君来救。我君一来，我等方得苏息，真是死而复生一般。'观《书》所言，则知成汤能以七十里而王于天下者，惟其行仁政以救民，而有以慰斯民之望耳。王今伐燕，未能行仁政以慰民心，则所以致诸侯之兵者，岂无自哉？"

"今燕虐其民，王往而征之，民以为将拯己于水火之中也，箪食壶浆，以迎王师。若杀其父兄，系累其子弟，毁其宗庙，迁其重器，如之何其可也？天下固畏齐之强也，今又倍地而不行仁政，是动天下之兵也。"

拯，是救。系累，是执缚的意思。重器，是宝器。畏，是忌。

孟子告齐宣王说："汤以七十里为政于天下，而齐乃以千里畏人者，何耶？盖燕国无道，暴虐其民，如在水火中一般。王兴师往伐，以正其罪，燕之百姓以为将救我于水火之中，欣然以箪食壶浆迎犒王师，亦不异大旱之望云霓矣。王必如汤之伐罪弔民，发政施仁乃可。今乃残杀其父兄，系缚其子弟，拆毁他祖先的宗庙，搬取他珍宝的重器，如水益深，如火益热，使燕民大失所望，如之何而可以如此也？夫天下诸侯，固已忌齐之强而欲并力以图之，特未有可乘之衅耳。今并取燕国，增了一倍之地；又不能举行仁政，以慰燕民之望，而服诸侯之心。故诸侯之忌愈深，伐齐之谋遂合。是天下之兵，王实有以鼓动之也，能不以千里而畏人乎？"

“王速出令，反其旄倪，止其重器，谋于燕众，置君而后去之，则犹可及止也。”

旄，是老人。倪，是小儿。置，是立。

孟子说：“王既已动诸侯之兵矣，为今之计，将如之何？王须是急发号令，晓谕国人，将掳略的老小尽数遣还，将欲迁的重器即便停止。子哙已死，燕国无君，则谋于燕之群臣百姓，择一贤者以为君，而后引兵而去之。如是，则燕乱已定，诸侯不得以救燕为名；齐不为暴，诸侯不得以伐暴为名。虽已兴师，尚可以及其未发而使之中止也。王欲求所以待诸侯者，其惟如是而已。”夫当战国之时，皆急功利、尚权谋。而孟子之所为齐王言者，一出于正，可以观圣贤之学术与王政之大端也。

邹与鲁鬨。穆公问曰：“吾有司死者三十三人，而民莫之死也。诛之，则不可胜诛；不诛，则疾视其长上之死而不救。如之何则可也？”孟子对曰：“凶年饥岁，君之民老弱转乎沟壑，壮者散而之四方者几千人矣；而君之仓廪实、府库充，有司莫以告，是上慢而残下也。曾子曰：‘戒之，戒之！出乎尔者，反乎尔者也。’夫民今而后得反之也，君无尤焉！”

鬨，是战斗之声。穆公，是邹君。转，是饥饿展转而死。残，是残虐。尤，是怪责的意思。

昔邹国与鲁国交兵战斗，为鲁所败。穆公因问于孟子说：“民以用命为顺。不用命者，国有常刑。今我国与鲁接战，众有司对敌而死者三十三人，乃百姓每曾无一人赴救有司而死者。此等顽民，将要杀之，则人众不可尽诛；将要不杀，似这等怨恨长上、疾视其死而不救，法令何由而行乎？或诛或宥，当何如处之而为当也？”孟子对说：“民不用命，不当责之于民，惟当反之于己。盖凶年饥岁，君之百姓老弱不能动移的，则饥饿展转、倒死于沟壑；其少壮的，就食他邦，散走于四方者不知其几千人矣。这时节，人人都望救于君上，如死中求生一般。而君之仓廪有余粟，府库有余钱，有司曾不肯告之于君，散财发粟以赈救之。是君与有司暴慢不仁，而残虐下民也。上既虐下，下有不疾怨其上者乎？曾子有言：‘为民上者，当戒之戒之！施恩得恩，施怨得怨。出自尔身者，即反报尔身者也。’由此言观之，君与有司视民之死而不救，民怨久矣，到如今才得还报，所以视有司之死而不救也。一施一报，乃理之常，君何可归咎于民？亦反求诸己而已。”

“君行仁政，斯民亲其上、死其长矣。”

承上文说：“民心疾怨，虽有司不恤其民，亦由君之不行仁政也。若君能以爱民为心，而举行仁政，务恤其饥寒，救其疾苦；则有司皆体君之心为心，而无有不爱其民者矣。有司既爱其民，则为之民者，自然情义相关：居常则亲其上，爱戴而不忘；遇难则死其长，捐躯而不悔矣。何至疾视其死而不救哉？此君所以当反己，而不可过责于民也。”

大抵君民之情，本同一体。民有财，则当供之于君；君有财，则当散之于民。丰凶敛散，上下相通。故虽水旱灾荒，不能为害，而国与民常相保也。后世人主，以府库为私藏，有司以聚敛为能事，民心一散，不可复收。虽使积藏如丘山，何救于败亡之祸乎？明主不可不鉴也。

滕文公问曰：“滕，小国也，间于齐、楚。事齐乎？事楚乎？”孟子对曰：“是谋非吾所能及也。无已，则有一焉：凿斯池也，筑斯城也，与民守之。效死而民弗去，则是可为也。”

滕，是国名，在今山东兖州府地方。文公，是滕国之君。

滕文公问于孟子，说道：“小国势孤力弱，必须依托大国乃能自安。今滕国方五十里，乃至小之国也，又夹在齐楚两大国之间。分当事之，而力不能以兼事；欲就中抉择，则将事齐乎？抑事楚乎？不知孰可依托以安吾国也？夫子其为我谋之。”孟子对说：“凡事倚靠他人的，不可取必；而惟主张在我的，乃可自尽。齐、楚皆大国也，事齐则见怒于楚，事楚则见怒于齐，必不能两全而无害，这计策非吾所能及也。若必欲言之而不已，则别有一说：惟是自守而已。夫高城深池，所以卫国。必凿斯池也，筑斯城也，与民守之。而为之民者，亦感君平日之恩，出力报效，虽至于危亡困迫，亦舍死而不肯去。上下相依，患难相保，庶几可以自全，此则事理之可为者耳。若事齐事楚，岂吾所能必哉？”盖保国资乎地险，守险在于人和；而固结人心之道，则又在于施仁之有素。若平时不知恤民，则人心离散，一遇患难，皆委而去之矣。欲知有国之长计者，宜致审于斯焉。

滕文公问曰："齐人将筑薛，吾甚恐。如之何则可？"孟子对曰："昔者大王居邠，狄人侵之，去之岐山之下居焉。非择而取之，不得已也。"

薛，是国名，与滕相近。邠，即今陕西邠州。岐山，在今陕西凤翔府地方。

时齐欲取薛，滕文公恐其逼己，因问计于孟子说："滕与薛同处于齐之西境，势相依倚，就如唇齿一般。今齐人恃其强大，将要取薛之地筑以为城。薛亡，则滕之势益孤，而齐之侵陵益迫，此诚危急存亡之秋，寡人深以为惧，不知当如之何而可免于吞并之患也？"孟子对说："敌国外患，从古有之。昔者太王居邠，与北狄为邻。狄人时来侵扰，太王力不能御，遂弃了邠地，去到岐山之下，重建都邑而居之。这时候仓皇迁徙，非谓邠地不如岐山之美，有所拣择而取之也；盖由迫于狄人之难，无可奈何，只得迁徙以图存耳。今滕迫近齐患，诚不得已而图自全之策，则法太王之所为可也。"

"苟为善，后世子孙必有王者矣。君子创业垂统，为可继也。若夫成功，则天也。君如彼何哉？强为善而已矣。"

创，是造。统，是统绪。继，是继续。彼，指齐说。强，是勉强。

承上文说："太王迁国于岐，虽出一时避难之权，而周家兴王之业，实由此起。使为君者果能修德行仁，如太王之所为，则虽暂时失国，后来子孙，必有应运而兴，如周之文、武，为王于天下者，此天理之必然者也。然人君创基业于前，垂统绪于后，但能为所当为，而不失其正，使后世子孙可继续而行耳。若夫兴起王业，而成一统之功，则上天自有主张，岂人力之可必乎？今齐强滕弱，势固不敌，君将奈彼何哉？为君计者，只宜勉强为善，尽其在我，听其在天而已矣；此外，则非意虑之所能及也。"夫滕文之意，在免祸于目前；而孟子却教以为善，使之积德于身后。盖目前之计，且可侥幸于一时；而积善以贻子孙，乃所以为国家长远之虑也。小国尚然，而况处全盛之世者，可不务增修其德，以绵宗祀于无穷也哉！

滕文公问曰："滕，小国也。竭力以事大国，则不得免焉，如之何则可？"孟子对曰："昔者大王居邠，狄人侵之。事之以皮币，不得免焉；事

之以犬马，不得免焉；事之以珠玉，不得免焉。乃属其耆老而告之曰：‘狄人之所欲者，吾土地也。吾闻之也：君子不以其所以养人者害人。二三子何患乎无君？我将去之！’去邠，逾梁山，邑于岐山之下居焉。邠人曰：‘仁人也，不可失也。’从之者如归市。或曰：‘世守也，非身之所能为也，效死勿去。’君请择于斯二者。”

属，是会集。逾，是过。梁山，在今陕西西安府乾州地方。

滕文公问孟子说：“滕乃小国，间于齐楚之中，虽致敬尽礼，竭力以奉事之，犹不免于侵陵之患。不知何以为计，而后可免乎？”孟子对说：“寡不敌众，弱不胜强；为今日计，惟当避难以图存耳。昔周太王住在邠国，与狄为邻，狄人时来侵犯。初奉之以皮币，不得免焉；再奉之以犬马，亦不得免焉；又奉之以珠玉，亦不得免焉，必欲攻取其国而后已。太王乃会集邠民中的耆老而谕之说：‘吾今奉事狄人，亦已至矣，犹不得免其侵陵之患。是狄人所欲者，不在吾皮币、犬马、珠玉，而在吾土地也。夫土地本生物以养人，今为争地以战，杀人盈野，是反以养人的害人矣。我闻说君子以爱人为心，不以所养人者害人。吾固不忍与之争地，害及尔等。尔二三子莫谓我去之后便无君长，以为忧患；但使有人抚安尔等，是即尔之君长也。我今要舍去此地，迁于他方，以图免患矣。’乃离了邠地，经过梁山，至岐山之下，作邑而居，以避狄难焉。此时邠民感太王平日之恩，相与说道：‘吾君乃仁人也，我辈赖以为安，何忍舍之？’于是相率从之迁于岐下，就如赶集做市的一般。土地虽失，人民如故，此乃迁国以图存者，固一计也。或又说，国家土地，原是先代传来贻与子孙世守的，非我一身所得专主。纵遭患难，只宜尽力死守，不可舍而他去，使先人基业自我不传：此谓守正以殉国者，又一计也。夫此二者，在太王所处，是一时的权宜；在或人所言，是正经的道理。为君今日之计，只是看自己力量，做得那一件，便于此二者之间，拣择而取之。尽其在我，而听天所命，事理可为，不过如此。若夫侥幸苟免之计，岂吾所能及哉？”

鲁平公将出，嬖人臧仓者请曰：“他日君出，则必命有司所之。今乘舆已驾矣，有司未知所之，敢请。”公曰：“将见孟子。”曰：“何哉？君所为轻身以先于匹夫者，以为贤乎？礼义由贤者出，而孟子之后丧逾前丧。

君无见焉！”公曰：“诺。”

平公，是鲁君。嬖人，是亲幸之臣。臧仓，是人姓名。国君所乘的车辇，叫作乘舆。驾，是驾马。之，是往。逾，是过。诺，是应词。

当时乐正子仕于鲁国，曾于平公面前称道其师孟子之贤。一日孟子至鲁，平公将要出朝而往见之。时有嬖幸之臣臧仓请问平公，说：“人君举动，关系非轻，往常吾君驾出，则必传命有司，示以所往之地，使知向导。今乘舆已驾马将行，有司未知何往，敢此命请。”平公说：“我将往见孟子。”臧仓遂拦阻，说道：“吾君乃千乘之尊，孟子一匹夫而已，何故吾君不自尊重，而轻身以先加礼于匹夫？岂道他是有德之贤人乎？夫贤者举动必循乎礼，作事必合乎义，这礼义宜从贤者身上做将出来。我闻孟子前时丧父，其礼甚简；后来葬母，却极其丰厚，过于前丧。则是厚母薄父，不知有礼义之大道，何得为贤？君勿轻身而往见也。”于是平公惑于其言，应之曰：“诺。”遂止而不往见焉。

夫往见孟子者，乃平公一念好贤之心，只因臧仓阻之，遂以不果。可见谗说易行，君心易惑。此明主任贤不可不专，听言不可不审也。

乐正子入见，曰：“君奚为不见孟轲也？”曰：“或告寡人曰：‘孟子之后丧逾前丧。’是以不往见也。”曰：“何哉，君所谓逾者？前以士，后以大夫；前以三鼎，而后以五鼎与？”曰：“否。谓棺椁衣衾之美也。”曰：“非所谓逾也，贫富不同也。”

乐正子，是孟子的门人。鼎，是调和五味之器，古时祭祀燕飨皆用之。

鲁平公既惑于嬖人臧仓之言不见孟子，乐正子乃入见平公而问之说：“吾君欲往见孟轲，乘舆已驾，何故忽然中止？”平公说：“我初间仰慕其贤，所以欲见。今有人告寡人说：‘孟子后丧母，前丧父，其治母之丧胜过父丧。’夫父母之恩，同一罔极，今乃厚母薄父，此是不知礼义之人，恶得为贤？所以不见。”乐正子又问说：“君所谓后丧逾前丧者，指他那一事说？莫不是谓其前葬父用士礼，后葬母用大夫之礼；前祭父用三鼎，后祭母用五鼎，如此之厚薄不同与？”平公说：“吾所谓逾者，不谓是，谓其葬母之棺椁衣衾美过其父也。”盖礼数厚薄，乃朝廷之名分，固不可以强同；而棺椁衣衾，则人子于父母皆得以自尽，于此而有厚有薄，所以为逾耳。乐正子又分解说："这不是逾，是贫富不同也。盖孟子前为士，其家贫，贫则力不能厚，故不免于薄；后为大夫，其禄富，富则力能从厚，故不以俭其亲。丧具厚薄，称家有无，乃所谓礼，非所谓逾也。君以此谓其非贤，不亦过乎？"

夫孟子之贤，闻于天下。乃嬖人一言，遂能沮平公用贤之意，而使鲁不得为善国，则谗言之为害甚矣！人君听言，其尚知所辨哉。

乐正子见孟子，曰："克告于君，君为来见也。嬖人有臧仓者沮君，君是以不果来也。"曰："行，或使之；止，或尼之。行、止，非人所能也。吾之不遇鲁侯，天也。臧氏之子，焉能使予不遇哉？"

克，是乐正子的名。尼，是阻。

乐正子因臧仓谮孟子于鲁君，既已辩白其诬，乃遂往见孟子，说："我昔日以夫子之贤荐于鲁君，鲁君以我之言为然，已是命驾出朝，来见夫子。被嬖人臧仓造为谮毁之言，阻住鲁君，君以此遂不果来也。小人之能害正如此，奈何？"孟子说："这也不是臧仓之过。凡人之遇主而行者，或有人在君前称道其贤，使之见用。其不遇而止者，或有人在君前阻遏其进，使之不通。这行止虽系于人，而主张实在于天；行固非人所能使，止亦非人所能尼也。我今不遇鲁侯，你道是臧仓阻之；自我看来，还是时衰运否，天意不欲平治鲁国，故使我不遇也。彼臧氏之子，不过一嬖人而已，安能以人力害我，而使我不遇于鲁君乎？然则我今不遇，但当安命可也，岂可归咎于人哉？"

此可见圣贤出处，关时运之盛衰：盛则明良合而为泰，衰则上下不交而为否。否泰之分，乃国运治乱兴亡所系。所以君子、小人，进退都有天数，非人力也。但士君子可以言天，而人主不可言天。人主以造命为职，惟尊用贤才以挽回气数，则国家之泰运可常保矣。

卷三

公孙丑上

公孙丑问曰："夫子当路于齐，管仲、晏子之功，可复许乎？"孟子曰："子诚齐人也，知管仲、晏子而已矣。"

公孙丑，是孟子的弟子。当路，是官居要地。

公孙丑问孟子说："先年齐国贤相，桓公时有管仲，景公时有晏子，都能致君泽民，功业显著，后来无有能继之者。设使夫子今日得居要路，而秉齐国之政，似他这等功业，还可复自期许，克继前人否乎？"盖战国之世，崇尚伯功，多推尊管、晏，故公孙丑之言如此。孟子答说："自古豪杰之士以道德功业显闻当世者，岂止是管仲、晏子二人？惟二人相齐有功，故齐国之人习于闻见，多有称道之者。今子亦以管仲、晏子为言，子真齐人也，但知有管仲、晏子而已，岂知圣贤经纶康济之业，光明俊伟，有高出于管、晏之上者乎？然则子之期待我者亦浅矣。"夫伯者之佐，非不有高世之才，特其志于功利，而不纯乎道德，是以见小欲速，规模狭隘，而为圣门之所羞称如此。故论治者，宜以唐、虞、三代为法。

"或问乎曾西曰：'吾子与子路孰贤？'曾西蹵然曰：'吾先子之所畏也。'曰：'然则吾子与管仲孰贤？'曾西艴然不悦，曰：'尔何曾比予于管仲？管仲得君如彼其专也，行乎国政如彼其久也，功烈如彼其卑也，尔何曾比予于是！'"

曾西，是曾参之孙。蹵然，是不安的模样。先子，指曾参说。畏，是敬畏。艴，是怒色。

孟子又辟公孙丑说："汝但知齐有管仲、晏子，不知管、晏事功，固圣门弟子所羞称者也。昔者或人问曾西说：'圣门有子路者，吾子自度与他孰为高下？'曾西蹵然不安说：'子路在圣门，闻过则喜，见义必行，学已造乎正大高明之域，乃吾先祖所敬畏而推让者也，我何敢与之比方乎？’或人又问说：‘汝既不敢比子路，然则自度比管仲孰为高下？’曾西艴然不悦，说：‘你何乃比我于管仲？凡人出而用世，有做不成功业的，多因得君不专，行政不久。管仲辅相桓公，桓公委心信任，君臣之间，志同意合，其得君那等样专；独操国柄四十余年，大小政务都出其手，其行政那等样久。若是大有抱负的，乘此机会，便须有大功业做将出来。今考其功业，不过九合诸侯，假仁义以成霸功而已，其功烈则那等卑陋而无足观也。管仲之为人如此，固我之所深鄙者，你何乃比我于此人乎？’”盖有圣贤之学术，斯有帝王之事功。管仲识量褊浅，不知有圣贤大学之道，故其功业所就止于如此，所以曾西鄙之而不为也。

曰：“管仲，曾西之所不为也，而子为我愿之乎？”曰：“管仲以其君霸，晏子以其君显。管仲、晏子，犹不足为与？”曰：“以齐王，由反手也。”

以，是赞成的意思。霸，是诸侯之长。反手，是转手。

孟子又答公孙丑说：“观曾西与或人问答之言，则管仲之功烈，乃曾西之所不屑为者也。曾西既所不为，而子乃为我愿之，岂以我为不及曾西乎？其待我亦浅矣！”公孙丑犹未之达也，复辩之说：“管仲相桓公，尊周攘夷，以为盟主，而诸侯皆奉其命，是能致其主以为霸于天下也。晏子相景公，布德缓刑，以修内治，而一时盛称其贤，是能致其主以显名于当世也。二子之功烈卓然如是，而夫子犹以为不足为，不知更何以加于此乎？”孟子答说：“管仲辅君以霸，晏子辅君以显，虽亦有功于齐，然未能致主于王道也。如使我当路于齐，而得君行道，则将使天下之民举安，而以齐王于天下，如转手之无难矣，岂特以其君霸、以其君显而已哉！此吾之所以卑管、晏而不为也。”

曰：“若是，则弟子之惑滋甚。且以文王之德，百年而后崩，犹未洽于天下；武王、周公继之，然后大行。今言王若易然，则文王不足法与？”曰：“文王何可当也！由汤至于武丁，贤圣之君六七作。天下归殷久矣，久则难变也。武丁朝诸侯、有天下，犹运之掌也。纣之去武丁未久也，其故家遗俗，流风善政，犹有存者；又有微子、微仲、王子比干、箕子、胶

鬲，皆贤人也，相与辅相之，故久而后失之也。尺地莫非其有也，一民莫非其臣也，然而文王犹方百里起，是以难也。”

滋，是加益。洽，是溥遍。武丁，即高宗。微子、微仲，是纣之庶兄。比干、箕子，是纣之叔父。胶鬲，是纣之贤臣。

公孙丑因孟子说“齐王犹反手”，疑其自许太过，遂辩说：“夫子说管、晏不足为，弟子已不能无疑；乃欲说齐王犹反手之易，信如此言，弟子之惑转益甚了。且以周文王有大圣之德，又在位寿考百年而后崩，其施泽于民不为不久；然三分天下，才得其二，其德泽尚未遍及于天下也。直待武王伐暴救民，周公制礼作乐，克继其后，然后九州一统，教化大行。则王业成就，固若此之难矣！今乃说齐王如反手之易一般，则虽圣如文王，也不足法欤？”孟子晓之说：“文王是有周基命之主，其德至盛，何可当也！但古今时势难易不同，文王适遭其难耳。盖商家之天下，自成汤开创，以至于武丁中兴，中间如太甲、太戊、祖乙、盘庚，贤圣之君凡六七作；其累世德泽，深入于人，天下之归殷久矣。久则人心固结，难以遽变。故当武丁之时，国运虽衰，王业未改；一加振作，遂能朝诸侯而有天下，如运掌一般。及纣之时，去武丁年代未久，其世臣故家，礼义遗俗，与夫前哲之流风，保民之善政，尚有存者。又有微子、微仲、王子比干、箕子、胶鬲，这都是有才德的贤人，相与同心戮力，匡救其缺失而辅相之。故纣虽无道，国不遽亡，必待日久而后失之也。是文王所遇之时，其难如此。况当时天下大势尚然一统，无尺地不是商家之土，无一民不是商家之臣。然而文王谨守侯邦，由方百里之地而起，安能与商为敌？是文王所处之势，其难又如此。惟其时势皆难，故虽以文王之德，而终身不能成一统之功者，以此故耳。若今之时势，则异乎是矣。岂可谓文王不足法哉？”

“齐人有言曰：‘虽有智慧，不如乘势。虽有镃基，不如待时。’今时则易然也。”

慧，是聪明。镃基，是锄田的器具。时，是耕种的时候。

孟子又答公孙丑说：“吾谓‘以齐王犹反手’者，岂真以文王为不足法哉？盖以时势而论，则文王处其难，而齐处其易耳。齐人尝有言说道：

‘人虽有才智聪明，足以办事，然势有未便，则智慧亦无所施；不如乘着可为之势，因而展布，可以建立功业。人虽有镃基，可以治田，然时有未至，则镃基亦无所用；不如待到耕种之时，因而力作，可以成就稼穑。’观齐人之言，则知王天下者，必有资于时势矣。兹以齐之势，当今之时，与文王之所处不同，欲图兴王之业，真有至易而无难者，所以说‘以齐王犹反手’也。”

“夏后、殷、周之盛，地未有过千里者也，而齐有其地矣；鸡鸣狗吠相闻，而达乎四境，而齐有其民矣。地不改辟矣，民不改聚矣，行仁政而王，莫之能御也。”

孟子指齐国之势，以明其易王，说道：“昔夏后、殷、周之盛时，王畿之地不过千里。今齐地亦方千里，则固已有其地矣。且民居稠密，鸡鸣犬吠之声，自国都以至四境，处处相闻，则齐已有其民矣。夫土地不广，须更开拓；今地方千里，则不待改辟而地已广矣。人民不众，须更招集；今民居稠密，则不待改聚而民已众矣。地辟民聚，泽可远施，以之鼓舞人心，兴起事功，最为容易。若乘此而行仁政，则人民之归附益众，土地之开辟益广，其一统而王天下，谁得而禁止之哉？”盖齐有可乘之势，故易于致王如此也。

“且王者之不作，未有疏于此时者也；民之憔悴于虐政，未有甚于此时者也。饥者易为食，渴者易为饮。”

疏，是稀。憔悴，是困苦的模样。

孟子又告公孙丑说：“我谓齐之易王者，不但以其有可乘之势，而且幸其当可为之时。盖自文武造周以来，至今七百余年，没有个圣君出而抚世，是王者之不作，未有稀阔于此时者也。今之诸侯，恣行残虐，流毒百姓。百姓每财尽力竭，不得安生，其憔悴于虐政，未有甚于此时者也。当此之时，若能举行仁政，以收拾人心，则民之感戴，就如那饥饿的人，但得食便以为美，而易为食；枯渴的人，但得饮便以为甘，而易为饮。其于致王，何难之有哉？”是时之易为又如此。

“孔子曰：‘德之流行，速于置邮而传命。’”

马递叫作置，步递叫作邮，即如今驿递铺兵一般。

孟子又说：“得时乘势，固易于行仁，而况仁政之行，本自速者。孔子有云：‘人君之德政，出乎身而加乎民，其流行之机，速于置邮而传命。盖置邮传命，虽是甚速，尚须论其道里，责以程期，而后可至；若德之流行，则沛然旁达，一日而遍乎四海。比之置邮传命，岂不更速矣乎？’观于此言，则德之感人，有不赖时势而裕如者，而况时势之可乘乎？此我所以决齐之易王也。”

“当今之时，万乘之国行仁政，民之悦之，犹解倒悬也。故事半古之人，功必倍之，惟此时为然。”

倒悬，是形容困苦至极的模样。古人，指文王。

孟子又答公孙丑说：“德之流行固为甚速，然未有背时违势而能成功者。乃当今之时，乱极思治，时则易矣。齐国万乘，地广民稠，势又易矣。于此而一行仁政，以慰民心，则民心欢悦，就如替他解救下倒悬一般，其感人之速，入人之深，又不但如饥食渴饮而已。夫古人如文王，积德百年，而犹未洽于天下，只为处时势之难故也。其在今日所行之事，不须全学古人，但行得他的一半，即可以长驾远驭，其成功加倍于古人矣。此惟在今时为然。盖其时势既易，而德行自速，是以用力少而成功多也。吾谓‘以齐王犹反手’者以此。而子以管、晏之功为我愿，岂为知我者哉？”

公孙丑问曰：“夫子加齐之卿相，得行道焉，虽由此霸王，不异矣。如此，则动心否乎？”孟子曰：“否。我四十不动心。”

异，是怪异。

公孙丑因孟子说霸王事业太容易了，恐其力不能任，又设问说：“论天下之事易，当天下之事难。以夫子之道德，诚使遇合于齐，加以卿相之位，得志行道焉，虽从此而建功立业，小则以霸，大则以王，皆所优为而无足怪矣。但这等地位，其任至大，其责至重，夫子处此也，容有所疑惑恐惧而动其心否乎？”孟子答说：“否。我从四十岁的时节，道明而无所疑，德立而无所惧，此心久已不动了。若今日加我以大任，固将从容运量而有余，夫何动心之有？”这“不动心”三字，是孟子生平学问得力处，而其大本大原，却从知言养气中来，盖善学孔子而有得者也。

曰：“若是，则夫子过孟贲远矣。”曰：“是不难，告子先我不动心。”

孟贲，是齐之勇士，力能生拔牛角者。告子，名不害，是当时辩士。

公孙丑说：“人心难制而易动。夫子当大任而能不动心如此，则其气力足以负荷一世，比之孟贲之勇仅能举一器一物之重者，相去远矣。”孟子说：“心能不动，这也不足为难。即如告子为人，虽其见道未真，他未及四十岁，已能先我不动心了。则此果何足为难哉？”大凡人心有所管摄，则不动甚易；无所管摄，则不动甚难。告子未为知道，而能强制其心，尚能使之不动，况以道义管摄之乎？此事心者所当知也。

曰：“不动心有道乎？”曰：“有。”

公孙丑又问孟子说：“夫子之不动心与告子之不动心，则既闻之矣。敢问心之不动，亦有道乎？”孟子答说：“人以一心而应天下之事，若心中没个主张，则卒然临之，未有不惊；纷然而来，未有不扰者。惟其中有定主，然后能无所恐惧、疑惑而动其心。此可见不动心之有道也。”

“北宫黝之养勇也，不肤挠，不目逃。思以一毫挫于人，若挞之于市朝。不受于褐宽博，亦不受于万乘之君。视刺万乘之君，若刺褐夫。无严诸侯。恶声至，必反之。”

北宫黝，是个勇士。肤挠、目逃，都是退缩、恐惧的模样。挫，是挫辱。挞，是捶挞。褐，是毛布。宽博，是宽大之衣。严，是畏惮。反，是还。

孟子又说：“所谓不动心之有道者，且不论当大任的，只观那勇士每亦自可见。勇士中有北宫黝者，其养勇也，挺身而斗，其肌肤不畏刺而挠屈；怒目而视，其目睛不畏刺而逃避：盖自恃其勇而不肯示怯于人也。推其心，不必大有挫辱才不肯受，纵使一毫之微受挫于人，看来就似挞之于市朝一般，有不胜其愧耻之甚者。不论事之大小，人之贵贱，一味要求胜。不惟不肯受辱于褐宽博之夫，亦不肯受辱于万乘之诸侯；视刺万乘之诸侯，便与刺褐夫的一样容易，殊不见有诸侯之可畏惮者。如以恶声加之，则必以恶声报之。身可杀而志不可挫，盖以必胜人为主也。惟其主于必胜，此其心之所不动耳。吾所谓不动心有道者，此其一也。"

"孟施舍之所养勇也，曰：'视不胜犹胜也。量敌而后进，虑胜而后会，是畏三军者也。舍岂能为必胜哉？能无惧而已矣。'"

孟施舍，是古人姓名。会，是合战。

孟子又告公孙丑说："我谓不动心有道，不但于北宫黝见之。又闻古之勇士有孟施舍者，其人之养勇也，尝自负说：'战胜非难，敢战为难。我之于敌，莫说既胜了他才能不惧，便遇着劲敌在前，战不能胜，自我看来，也如胜了他的一般，更不计较强弱胜败而有惧心也。设使度量敌人之强弱而后敢进兵，计虑在己之能胜而后敢合战，这是逡巡退缩，畏怕三军之众者也。一有畏心，虽胜不足以为武矣。'观舍此言，岂是他有百战百克之勇，能保得自家必胜哉？只是他胸中胆气素定，不见得三军为众，一身为寡，而勇往直前，能无恐惧而已矣。惟其无惧，则生死利害皆不足以挠其中。此以无惧为主，而能不动心者也。"

"孟施舍似曾子，北宫黝似子夏。夫二子之勇，未知其孰贤，然而孟施舍守约也。"

贤，是胜。约，是简要。

孟子说："北宫黝、孟施舍之养勇，固皆能不动其心矣。若论其所守，则亦有不同。盖孟施舍以无惧为主，是专务守己者，看他气象，却似曾子平日凡事反求诸己的一般；北宫黝以必胜为主，是专务敌人者，看他气象，却似子夏平日凡事笃信圣人的一般：然此特其气象之相似耳。若论二子之勇，都是血气用事的，他两人不相上下，也定不得谁胜。但就中较量，则孟施舍之所守，为得其要焉。盖黝务敌人，是求在人者也，求在人，则有时而不可必；舍专守己，是求在己者也，求在己则无往而不自由：此舍之所守为得其要，而非黝之所能及也。若进而求诸义理之勇，则舍与黝又何足道哉？"

“昔者曾子谓子襄曰：‘子好勇乎？吾尝闻大勇于夫子矣：自反而不缩，虽褐宽博，吾不惴焉；自反而缩，虽千万人，吾往矣。’”

子襄，是曾子弟子。夫子，指孔子说。缩字，解作直字。惴，是恐惧的意思。

孟子又告公孙丑说：“孟施舍之勇虽似曾子，然但以气胜，非以理胜也。昔者曾子因子襄好勇，教他说道：‘子好勇乎？勇有大小，那血气之小勇，何足为好？我尝闻义理之大勇于夫子矣。夫子有言：人之所恃以常伸而不屈者，莫过于理。设使自家反己，理有不直，就是衣褐宽博至微之人，也敌他不过，岂得不惴然恐惧乎？使或自家反己，其理本直，纵有千万人之众，我也理直气壮，当奋然而往，与之相抗而不惧矣。这乃所谓大勇，而为子之所当好者也。’观于此言，则曾子之勇，比之于孟施舍，又自不同矣。”

“孟施舍之守气，又不如曾子之守约也。”

承上文说：“孟施舍之勇，所以能无惧者，只是守得自家一身之气，比于北宫黝为差胜耳。却又不如曾子之反身循理，所守尤得其要也。盖气有时而或屈，理则无往而不伸，此曾子之勇所以不可及耳。”孟子之不动心，其原盖出于此。

曰：“敢问夫子之不动心，与告子之不动心，可得闻与？”“告子曰：‘不得于言，勿求于心。不得于心，勿求于气。’不得于心，勿求于气，可；不得于言，勿求于心，不可。夫志，气之帅也；气，体之充也。夫志，至焉；气，次焉。故曰：‘持其志，无暴其气。’”

帅，是主将。充，是充满。无暴，是善养的意思。

公孙丑又问孟子说：“北宫黝、孟施舍与曾子之所以不动心者，则既闻之矣。敢问夫子之不动心与告子之不动心，其道亦可得闻与？”孟子答说：“欲知告子之不动心，只观其所言，便见他主意所在。他尝说：‘人于言语间，理有不达，却要用心思索以求通解，是心以言而动也；必舍置其言，而不必反求其理于心。人于处事时，心有不安，却要用力修为，以求妥当，是心又以气而动也；必制住此心，而不必更求其助于气。’观告子之言，则其所以先我不动心者可知矣。然自我言之，心为本，气为末；彼谓‘不得于心，勿求于气’者，是专以根本为急，而末在所缓，犹之可也。至如理寓于言，而言发于心，不得于言，正宜反求于心也。他却说勿求于心，则不惟所言之理终有不通，而吾之本心亦如槁木死灰，自丧其虚明之体，内外胥失之矣，夫岂可乎？何也？盖志以主宰乎一身，而役使乎气，是气的将帅。气以充满乎一身，而听命于志，是志的卒徒。虽有本末缓急，而其实不可偏废。是志固第一紧要，而气即次之矣。所以说，人固当持守其志，使卓然于内，以为一身之主宰；亦当善养其气，使充满于身，以为吾志之运用。此内外本末交相培养之道也。彼谓‘不得于心，勿求于气’者，但知强持其志，岂能无暴其气乎？其为不可则一而已。然则告子先我不动心，亦岂知制心之要者哉？”

“既曰‘志，至焉；气，次焉’，又曰‘持其志，无暴其气’者，何也？”曰：“志壹则动气，气壹则动志也。今夫蹶者趋者，是气也，而反动其心。”

蹶，是跌倒。趋，是快走。

公孙丑未达志至、气次之义，又问说：“天下之理，分数有轻重，则工夫有缓急。夫子既说志为至极，气为次之，则志重于气，人但当持守其志可矣；却又说无暴其气，而气亦在所当养者，何也？”孟子说：“志气本是相须，持养不可偏废。如志之所在专一，则四肢百骸，皆随其运用，固足以动乎气。然使气之所在专一，则心思意念，或不及管摄，而志亦反为其所动矣。何以见得气能动志？今夫人之步履至于倾跌，奔走至于急遽，这蹶者、趋者，都是仓卒之间，气失其平所致；若与心无干，而反能震动其心，使之惊惕而不宁，这岂非气一动志之验乎？夫志壹动气，可见志为至极；而气壹亦能动志，可见气即次之矣。此所以既持其志，又必无暴其气也。子何以此为疑哉？”大抵志动气者理之常，气动志者事之变。志固难持，而气亦未易养也。且如溺声色，则耳目易荒；嗜盘游，则精力易耗；喜怒过当，则和平之理易伤；起居不时，则专一之度或爽：诸如此类，皆谓之暴其气，不但一蹶一趋足以摇动其心而已。养气者不可不知。

“敢问夫子恶乎长？”曰：“我知言，我善养吾浩然之气。”“敢问何谓浩然之气？”曰：“难言也。”

长，是高过乎常人的意思。浩然，是盛大流行的模样。

公孙丑又问孟子说：“夫子之不动心所以异于告子者，有何所长而能然乎？”孟子答说：“我之所以异于告子者，只是两件学问：告子说‘不得于言，勿求于心’，是不能知言也；我能穷究天下之言，而于是非得失之指归，能悉知其一定之理。告子说‘不得于心，勿求于气’，是不能养气也；我能善养吾身之气，而于盛大流行之体用，能复全其本然之初。惟知言，则遇事有真见，而心无所疑；惟养气，则临事有担当，而心无所惧。吾之所以异于告子而能不动心者如此。”公孙丑又问说：“气便是气，如何叫作浩然之气？夫子既善养之，必有可得而名言者，请试言之。”孟子说：“凡物之有形有声者，便可指其形声而言之。惟这浩然之气，充满于身，而听命于志，无形可见，无声可闻，有难以言语形容者。我虽能善养之，不能为子言之也。”观此，则孟子之实有是气可知矣。不然，亦何其体验之真切如此哉！

“其为气也，至大至刚，以直养而无害，则塞于天地之间。”

大，是宏大。刚，是坚劲。直，是顺其自然。塞，是充满的意思。

孟子说：“浩然之气虽是难言，然求之赋与之初，验之扩充之后，则其体段亦有可见者。盖这气在人，不是狭小柔弱的。自其含弘而言，则浑浑融融，太和之内，无物不容，而非形骸所能限量，何如其至大乎！自其强毅而言，则凛凛烈烈，奋激之下，百折不回，而非物欲所能屈挠，何如其至刚乎！这等样刚大，乃人有生之初所得于天地之正气，其体段本自如此，但人不能善养之耳。诚能顺其自然，以直养之，而不使有一毫作为之害，则刚大之本体无亏，而磅礴之真机自运。上际乎天，下蟠乎地，盈天地之间，无非此气之充塞矣。”夫以天地之大，而此气充满于其间，其浩然为何如哉？盖吾身之气，本与天地之气相为流通，故养而无害，则塞乎天地。若一为私意所累，便觉得狭小柔弱，充拓不去了。《书》称“帝德广运”，其功业至于格上下、光四表，何莫而非此气之运用乎？

“其为气也，配义与道；无是，馁也。”

配，是合。义，是人心之裁制。道，是天理之自然。馁，是气不充体，如饥饿的模样。

孟子又告公孙丑说：“人能善养刚大之气，而塞于天地之间，则是气也，岂空虚汗漫、无所附着者哉？乃与道义相辅而行者也。盖道义虽具于人心，而不能自行；惟养成此气，则见义所当为的，便奋然必为，而吾心之裁制因之以果决；见道所当行的，便挺然必行，而天理之自然得之以深造。气因道义而发愤，道义得气而赞成，两相配合，无所疑惮；而凡利害祸福，出于道义之外者，皆不足以动其心矣。若无是气，则体有不充，索然自馁，纵欲行夫道义，也都逡巡退缩，且疑且惧，而不足以有为矣，其何以配之哉？夫天地间莫大于道义，而此气有以配之，则其所谓浩然者可见矣。功用之大如此，人可无善养之功哉？”

“是集义所生者，非义袭而取之也。行有不慊于心，则馁矣。我故曰告子未尝知义，以其外之也。”

集，是积聚。袭，是不由正道，掩袭于外的意思。慊，是快足。

孟子说：“浩然之气，养之固足以配道义矣。然方其养之之始，这气何由而生？必由平日工夫，事事合义，日复一日，积聚既多，则心无愧怍，而此气自然发生于中。是乃集义所生者，不是一事偶然合义，便可感激奋励，掩袭于外而取之也。若平时无集义之功，只是一事偶合，则行出来的必有亏欠，心中岂能快足？心既不慊，则气亦从此不振，而索然馁矣。是岂可掩袭而取乎？夫心之慊与不慊，由于义之集与不集，则是义本心中自有之理，而不在于外明矣。我故说告子不曾识义，正为他说义在于外而不在于心故也。既以义为外，则必不能集义以生气。其先我不动心者，不过悍然不顾以袭取之而已，岂真不动心者哉？”按，孟子所谓集义以生气，正曾子所谓“自反而缩，则千万人吾往”。盖人能事事合义，自反常直，则此气自然充拓得去，而浩然塞于天地之间。古之圣贤以大勇称者，其工夫正在于此。

“必有事焉而勿正，心勿忘，勿助长也。无若宋人然。宋人有闵其苗

之不长而揠之者，芒芒然归，谓其人曰：‘今日病矣，予助苗长矣。’其子趋而往视之，苗则槁矣。天下之不助苗长者寡矣。以为无益而舍之者，不耘苗者也；助之长者，揠苗者也。非徒无益，而又害之。”

事，是用功。正，是预期其效。助长，是作为以助气之长。闵，是忧。揠，是拔。芒芒，是昏昧无知的模样。病，是疲倦。

孟子说：“气由集义而生，非由义袭而取。则欲气之充者，其用功当何如？必须从事于集义，孜孜汲汲，专一在义上做工夫，庶几功深力到，自然充足。切不可预先期必，一面用功，一面便欲取效，使进修之志，或杂于谋利之私也。如或未充，亦是集义之功未至，但当勿忘其所有事，心心念念，到底在义上做工夫，庶几优游餍饫，自然生长。切不可躁进欲速，作为以助其长，使正大之体反害于矫揉之力也。夫有事勿忘，则气得所养；勿正而勿助长，则气又无所害。集义养气之节度如此，善学者当循此而行，慎无若宋人的模样乃可耳。盖宋人有忧其苗之不长而拔起其根使之骤长者，却乃芒芒然归，对家人说：‘今日我疲倦矣！苗之不长者，我助之长矣。’其子信以为然，趋向田间视之，则见苗已枯槁矣。是宋人自谓助苗以长，而反为苗害也。今天下之养气者，类先有个期必的心，都去做助长的工夫，其不若宋人之助苗长者少矣。不知助之为害，有甚于忘。彼以气为无益而舍之不养者，就如不耘苗的一般，虽无所益，未甚为害；惟是助气之长，正如揠苗的一般，非惟为无益于气，又从而害之矣。盖其忽然而长，既勇猛粗暴，而不能以自制；忽然而馁，则又消沮退怯，而不复能以有为，其害可胜言哉！此可见义可集而不可袭，气可养而不可助。”孟子一生学问，皆从集义中来，其源固出于曾子之大勇；而告子强制其心，正蹈宋人之害者也。养气者其慎辨之。

“何谓知言？”曰：“诐辞知其所蔽，淫辞知其所陷，邪辞知其所离，遁辞知其所穷。生于其心，害于其政；发于其政，害于其事。圣人复起，必从吾言矣。”

诐，是偏曲。淫，是放荡。邪，是邪僻。遁，是逃躲。这四件都是言语之病。蔽，是遮隔。陷，是沉溺。离，是叛去。穷，是困屈。这四件都是人心之病。

公孙丑问说:“夫子之不动心,由于知言、养气。养气之说既闻命矣,如何谓之知言?”孟子答说:“人之言语,皆本于心。其心明乎正理而无蔽,然后其言平正通达而无病。若是任其偏曲之见,说着一边,遗了一边的,叫作诐辞。必其心中见理不透,为私欲之所障蔽故也。我则因其诐辞而知其心之所蔽焉。又有高谈阔论、放荡而无所归宿的,叫作淫辞。此其心中蔽锢已深,为私欲之所迷陷故也。我则因其淫辞而知其心之所陷焉。又有好为异说,新奇诡怪,与正论相背的,叫作邪辞。此必其心中惑于他歧,与正理判然离异故也。我则因其邪辞而知其心之所离焉。又有说得不当,却支吾躲避,屡变以求胜的,叫作遁辞。此必其心屈于正理,自觉其穷极而难通故也。我则因其遁辞而知其心之所穷焉。这四者之病,不但有害于人心而已:既生于其心,则施之礼乐刑政,俱失其中,而有害于政。既发于其政,则凡一举一动,皆不当理,而有害于事。其几相因,断断乎决然而不可易;虽圣人复起,他见得道理分明,不过如此,我知其必从吾言矣。夫既知其发言之所自,而又知其贻害之无穷,吾所谓知言者如此。若告子‘不得于言,勿求于心’,则是冥然罔觉而已,何足以语此哉?此我不动心所以异于告子也。”此可见言出于心,其发于是非邪正之端甚微,而关于理乱安危之机甚大。古之圣王,惟虚心以观理,据理以察言,是以权度不差而聪明不眩也。然则知言之学,图治者岂可忽哉!

“宰我、子贡,善为说辞。冉牛、闵子、颜渊,善言德行。孔子兼之,曰:‘我于辞命,则不能也。’然则夫子既圣矣乎?”曰:“恶!是何言也!”

说辞、辞命,都是言语。夫子,指孟子说。恶,是惊叹辞。

公孙丑闻孟子知言养气之言,乃疑而问说:“当初孔门弟子如宰我、子贡这两人,说的言语皆能合道理,当事情而善为说辞;如冉牛、闵子、颜渊这三人,素有德行,故说着身心上的道理便亲切有味,而善言德行:数子各有所长如此。然在宰我、子贡,兼不得德行;在冉牛、闵子、颜渊,兼不得说辞;惟孔子则言语德行都兼有之。然犹不敢自任,尝说:‘我于辞命之事,则不能也。’今夫子既说‘我能知言’,便是长于言语;又说‘我善养气’,便是长于德行。以众贤所不能兼,而夫子兼之;以圣人所不敢任，而夫子任之。然则夫子岂不能既圣矣乎？”孟子不敢当公孙丑之言，乃惊叹说：“圣人岂是容易说的！子不察我之言，便轻以圣人许之，是何言也！”盖孟子知言养气，虽得之圣学，而亦不敢自比圣人如此。

“昔者子贡问于孔子曰：‘夫子圣矣乎！’孔子曰：‘圣则吾不能，我学不厌而教不倦也。’子贡曰：‘学不厌，智也；教不倦，仁也。仁且智，夫子既圣矣。’夫圣，孔子不居。是何言也！”

孟子因公孙丑尊己为圣，既责其失言，又引子贡之言以晓之，说：“圣人之名，莫说我不敢当，就是孔子也不敢以自任。昔子贡问于孔子说：‘夫子道高德厚，天下莫及，其殆圣人矣乎？’孔子答说：‘圣者，大而化之之称，岂易得到？此非我所能也。我所能者，只是将圣人之道学习于己，汲汲敏求，而不敢有厌斁之意；将圣人之道，教诲他人，循循善诱，而不敢有倦怠之心：此则我之所能而已，岂可谓之圣乎！’然孔子虽不自任，而实有难掩者。子贡乃赞美之说：‘常人为学，始初或能奋励，久则厌心生矣。夫子学而不厌，正是聪明天纵，深知义理之无穷，故能深造而不已，乃夫子之智也。常人设教，始初多能启发，久则倦心生矣。夫子诲人不倦，正是仁心自然，不见物我之有间，故能曲成而不遗，乃夫子之仁也。既仁且智，则是体用兼备，道大德弘，既已优入圣人之域矣！虽欲辞其名，岂可得乎？’子贡之言如此。可见圣人之名，虽实有圣德如孔子者尚不敢居。况我之学远不及于孔子，而子轻拟以为圣，是何言也！”大抵古之圣人，皆有望道未见之心，虽圣而不自以为圣。惟不自圣，此所以益成其圣也。学圣人者，诚不可有自足之心矣。

“昔者窃闻之：子夏、子游、子张，皆有圣人之一体；冉牛、闵子、颜渊，则具体而微。敢问所安？”曰：“姑舍是。”

一体，是一肢。具体，是具有全体。微，是不广大的意思。安，是处。

公孙丑见孟子不敢以圣自居，又问说：“昔者丑尝窃有所闻，孔门弟子个个都学圣人，但其学力不同，所得亦异。如子夏、子游得圣人的文学，子张得圣人的威仪，都有圣人之一体。如冉牛、闵子、颜渊，则气质不偏，义理完具，已得圣人的全体了；但局于形迹，尚未广大，不若圣人大而化之，无限量之可言耳。今夫子既不敢比孔子，不知于这数子，欲何所处乎？”孟子答说：“立志要大，取法要高。这数子虽贤，且都置之而勿言，此非我之所欲处也。”夫以颜、闵之徒犹非其所安，则孟子虽不敢当圣，而愿学圣人之意固有在矣。

曰：“伯夷、伊尹何如？”曰：“不同道。非其君不事，非其民不使；治则进，乱则退：伯夷也。‘何事非君？何使非民？’治亦进，乱亦进：伊尹也。可以仕则仕，可以止则止，可以久则久，可以速则速：孔子也。皆古圣人也。吾未能有行焉，乃所愿，则学孔子也。”

公孙丑又问说：“夫子之学，既不欲以孔门诸子自处也，进而求之，若伯夷、伊尹，都是有道德的人，夫子以之自处何如？”孟子答说：“伯夷、伊尹之道与我不同。试以其出处之大节言之。如上则择君而事之，非可事之君则不事；下则择民而使之，非可使之民则不使；世治便进而仕，世乱便退而隐，超然独立，有高世绝俗之行：此伯夷之道也。如以为得君则事，那一个事的不是我君？得民则使，那一个使的不是我民？世治也进而仕，世乱也进而仕，慨然自任，以救世安民为心：此伊尹之道也。若夫出处不系于一偏，行藏惟安于所遇。时可以仕即仕而用世，时可以止即止而洁身。时可以久留即久留，而不以为迟迟；时可以速去即速去，而不以为悻悻。浑然无迹，无意、必、固、我之私：此则孔子之道也。这三人之所造，皆不思不勉，从容中道，都是前古的圣人，我岂能全体而遂行之哉？但我之心，只愿学孔子。盖伯夷虽圣之清，然偏于清，则不免于窄狭；伊尹虽圣之任，然偏于任，则不免于迁就。惟孔子真神不滞、变化无方，未尝不清而不泥于清，未尝不任而不倚于任，乃万世道德之宗，我之所愿学者也。伯夷、伊尹，道既不同，岂吾之所愿学哉！”夫孟子虽不轻以圣人自居，而尤必以学孔子为愿。可见趋向贵正，立志贵高。为学者当以仲尼为师，图治者尤当以尧、舜为法也。

“伯夷、伊尹于孔子，若是班乎？”曰：“否。自有生民以来，未有孔子也。”曰：“然则有同与？”曰：“有。得百里之地而君之，皆能以朝诸侯，有天下。行一不义、杀一不辜而得天下，皆不为也。是则同。”

班，是齐等。

公孙丑又问孟子说："伯夷、伊尹于孔子，既皆古之圣人，则其人品果是齐等而无高下否乎？"孟子答说："伯夷、伊尹岂可比于孔子！盖凡行造其极，皆谓之圣，而分量大小不同。若孔子之道德事功，就是从古到今，许多圣人都未有如此之盛者，非伯夷、伊尹所得而班也。"公孙丑又问说："孔子虽称独盛，然与夷、尹皆谓之圣人，不知也有同处否？"孟子说："也有同处。盖谓之圣人，则其根本节目之大，自异于人。假如得百里之地而君临之，这三圣人都有经天纬地之才、济世安民之略，能朝服诸侯而一统天下。盖其德既盛，则天与人归，自能得众而得国也。然虽有君天下之德，而初无利天下之心。若使他行一不义之事、杀一无罪之人而可以得天下，这三圣人必不肯为。盖其心既正，则内重外轻，必不苟取而贪得也。此则根本节目之大，三圣人无有弗同者。于此不同，则乌在其为圣人哉！"然观孟子以辅世长民自任，以仁义劝时君，而岩岩气象，虽万钟千驷不可夺。非其所造几于圣人，安能言之亲切如此？

曰："敢问其所以异？"曰："宰我、子贡、有若，智足以知圣人；汙，不至阿其所好。"

汙，是卑下。阿，是私曲。

公孙丑又问说："夷、尹之与孔子，其根本节目之同则既闻之矣，敢问孔子之所以异于夷、尹者何如？"孟子答说："孔子异于群圣，非我一人之私言，比先孔门弟子已有言之者矣。昔宰我、子贡、有若这三人，识见高明，学力至到，其智足以深知圣人，凡所称扬，一一都有的据。假使他自处卑下，故欲推尊其师，亦必实有所见，不至阿私所好而空誉之也。吾谓孔子之尤异，盖亦取信于三子之言耳。"

"宰我曰：'以予观于夫子，贤于尧、舜远矣。'"

予，是宰我的名。贤，是胜过的意思。

孟子引宰我之言说："'自古圣人必以尧、舜为称首。以予观于夫子，胜于尧、舜远矣。盖尧、舜以道治天下，其功业在一时。夫子又推其道，以删述六经，垂教万世，则其功业在万世。以一时之功，较诸万世之功，夫子其不贤于尧、舜乎？’宰我之推尊孔子如此。”

“子贡曰：‘见其礼而知其政，闻其乐而知其德，由百世之后，等百世之王，莫之能违也。自生民以来，未有夫子也。’”

孟子又引子贡之言说：“‘自古圣王，世代久远，其所行之政与其所存之德，固不得见而知之，然亦有可知者。盖礼所以饰政，观其所制之礼，则其所行之政可知。如礼之尚质者其政亦简，礼之尚文者其政亦详是也。乐所以彰德，听其所作之乐，则其所存之德可知。如乐之尽善者必性之之德，乐之未尽善者必反之之德是也。我持此以论前代，由今百世之后，而差等以前百世之王，其政其德，宛在目前，莫能逃吾之见者。然自生民以来，作者虽多，未有如吾夫子之盛者也。盖吾夫子虽生于百世之后，而能集群圣之大成。其政则绥来动和，与天地而同流；其德则祖述宪章，与天地而同大。此所以远过百王而莫之能及也。’子贡之推尊孔子又如此。”

“有若曰：‘岂惟民哉！麒麟之于走兽，凤凰之于飞鸟，泰山之于丘垤，河海之于行潦，类也。圣人之于民，亦类也。出于其类，拔乎其萃。自生民以来，未有盛于孔子也。’”

垤，是蚁穴上土堆。行潦，是路上无源之水。萃，是聚。

孟子引有若推尊孔子之言说道：“‘天地间岂惟民有同类哉？凡物亦皆有之。如麒麟与走兽，一般是走；凤凰与飞鸟，一般是飞；泰山与丘垤，一般是山；河海与行潦，一般是水：其类未尝不同也。至若圣人之与凡民，一般有形有性，亦同类而已。但圣人能践其形，能尽其性，虽与人同类，而卓然高出于人类之上；虽与众聚处，而挺然超拔于群聚之中：此圣人所以异于凡民耳。然圣人固异于凡民，而孔子尤异于群圣。自生民以来，非无出类拔萃的圣人，而孔子道冠百王，德超千古，实未有如其盛者，岂非出类拔萃之尤者哉！’由宰我、子贡、有若之言观之，则孔子之圣，虽自古帝王皆莫能及，而况于伯夷、伊尹乎？此吾所以愿学之也。”

按，《孟子》此章，始言知言、养气，以明不动心之原；末复推尊孔子，以申愿学之意。盖当时霸功甚盛，圣学不明，管、晏之术大行，孔子之道不著。故孟子直以其学于孔子者告公孙丑，所以辨王霸之大端，而扩前圣所未发也。有志于圣学者，宜潜心焉！

孟子曰：“以力假人者霸，霸必有大国。以德行仁者王，王不待大，汤以七十里，文王以百里。”

霸，是诸侯之长。言其势力强大，足以把持天下，如齐桓公、晋文公是也。

孟子说：“古今论治道有二端：一是霸道，一是王道。欲知王霸之异道，亦观其心术而已。若恃其土地、甲兵之力，而假托于救世安民之事，其事虽公，其心实私，这等的叫作霸。霸者必据有大国，然后威势足以制人，名号足以鼓众，天下皆畏而服之，此所以能合诸侯而成霸业也。苟非大国，则无所凭借以立功名，何以成其霸乎？若以大公至正之德，而行其救世安民之仁，心皆实心，政皆实政，这等的叫作王。王者则至诚自足以感动，善政又足以招徕，不待土地之广、甲兵之强，而人心自然悦服，可以朝诸侯而王天下。如成汤起于亳都，地不过七十里而已；文王起于岐周，地不过百里而已。惟以德行仁，遂建有商、周之王业，何待于大国乎？夫王霸之所为皆仁也，顾出于假即为霸，出于诚即为王。心术之诚伪甚微，而治道之纯驳顿异如此。”

“以力服人者，非心服也，力不赡也。以德服人者，中心悦而诚服也，如七十子之服孔子也。《诗》云：‘自西自东，自南自北，无思不服。’此之谓也。”

赡，是足。《诗》，是《大雅·文王有声》之篇。

孟子承上文说：“王霸之心术不同，故人之服之者亦异。霸者以力假仁而人服之，虽外面顺从，却不是真心爱戴；特屈于力之不足，寡不敌众，弱不敌强，故不得已而服之耳。若王者以德行仁而人服之，非是勉强顺从，乃其中心爱慕喜悦，有发于至诚而无所强者。就如七十子之于孔子一般，非有名位势力以联属之，而流离困苦，相从不二，其服之诚如此。《诗·大雅·文王有声》之篇说道：‘王者之化，自西自东，自南自北，无所思而不服。’夫服尽于东西南北，则德之所被者广；服出于心思，则诚之所结者深：此正王者以德服人，而心悦诚服之谓也。彼霸者何足以语此哉？”

按，此章论王霸之辨，只在诚伪之间。同一施仁也，而以力假之则霸，以德行之则王；同一服人也，而以力服之则霸，以德服之则王。其事功纯驳，感人之浅深，不可同日而语。此论王道者，所以必本之诚意也。图治者其审所尚哉！

孟子曰：“仁则荣，不仁则辱。今恶辱而居不仁，是犹恶湿而居下也。如恶之，莫如贵德而尊士，贤者在位，能者在职。国家闲暇，及是时明其政刑，虽大国必畏之矣。”

孟子说：“人情孰不好荣而恶辱！然荣辱无常，惟人所召，在仁与不仁而已。诚使为人君的修德行善，事事皆出于仁，则身尊名显，不期荣而自荣矣；若是骄奢淫佚，事事皆出于不仁，则身危国乱，不期辱而自辱矣。今之人君，皆有恶辱之心，而所为的都是不仁之事，虽欲去辱，势必不能。就如恶湿之人，不能移居高敞，而仍处卑下之地，岂能免于湿乎？故人君惟不恶辱则已，如诚恶辱，则莫如去不仁而为仁。不自挟其贵也，而贵重道德；不自恃其尊也，而尊礼贤士。士之贤而有德的，则使之布列有位，以正君而善俗；士之能而有才的，则使之分任众职，以修政而立事，斯则有治人而可与图治道矣。如幸而国家闲暇，无敌国外患之忧，可以从容有为、次第整理；则趁这时节，务与贤能之臣修明其政事，而使大纲小纪秩然不乱；修明其刑法，而使五刑五用咸适其宜。似这等用人行政，孳孳汲汲，惟务修德以自强，则可谓仁矣。由是人心悦而邦本安宁，国势张而天下无敌，虽强大之国，亦翕然畏服而听命之不暇矣。何荣如之？吾所谓‘仁则荣’者如此。”

“《诗》云：‘迨天之未阴雨，彻彼桑土，绸缪牖户。今此下民，或敢侮予？’孔子曰：‘为此诗者，其知道乎？能治其国家，谁敢侮之！’”

《诗》，是《豳风·鸱鸮》篇。迨，是及。彻，是取。桑土，是桑根之皮。绸缪，是缠绵补葺的意思。

孟子说：“人君欲强仁以求荣，则当及时以图治。昔周公作《鸱鸮》之诗，托为鸟言说道：‘我之为巢，将以蔽风雨而御患害。然使既雨而后为之，则无及矣。必趁此天未阴雨之时，先取那桑根来补葺巢之牖户，使坚好完固，则他日虽遇阴雨，亦不动摇。在下之民，宁或有侮我而击射之者乎？’诗人托为鸟言如此。孔子读而赞之，说：‘为此诗者，其知治国之道乎！盖凡有国家者，其平居无事，正如天未阴雨之时，若能乘其闲暇，汲汲然简任贤才，励精治理，纪纲紊乱的及时整顿，法度废弛的及时修补，使事事周密，无一些罅漏，亦如鸟之绸缪牖户一般，则内政修明，根本牢固。那敌国自将畏服不暇，谁敢有肆其侵侮者乎？’此诗之言所以为知道也。由诗及孔子之言观之，我所谓‘仁则荣’者，益可信矣。”

“今国家闲暇，及是时般乐怠敖，是自求祸也。”

般乐，是乐而忘返，盘旋不已的意思。怠，是惰慢。敖，是恣肆。

孟子又说：“人君图治，不在于扰攘多故之日，而在于安宁无事之时，时固难得而易失也。但今之诸侯，都没有忧深虑远、未雨绸缪之意。见得国家闲暇，无敌国外患之忧，便谓可以久安长治，乃及是时般乐以纵欲，怠敖以偷安；把政事、刑法全不整理，致使国本动摇，人心离散，内忧外患，纷然并起，而败亡随之矣。这祸患却是自己求来的，又将谁咎哉？我所谓‘不仁则辱’者如此。”

“祸福无不自己求之者。《诗》云：‘永言配命，自求多福。’《太甲》曰：‘天作孽，犹可违。自作孽，不可活。’此之谓也。”

永言，是常常思念的意思。

孟子承上文说：“人君当国家闲暇之时，而修德自强，则必受兴隆之福；苟般乐怠敖，则必受败亡之祸：是祸与福，无不自己求之者。求祸得祸，求福得福，皆所自取，岂可诿于偶然之数哉！《诗·大雅·文王》之篇说：‘为人君者，若知天命至重，不可以易承，或修德行仁，克反身克己，长思与之配合而不敢违背，则天心降鉴，福祚无疆，多福之来，乃其所自求者矣。’《商书·太甲》篇说：‘凡祸孽之来，若是天之所作，如水旱灾眚之类出于气数者，犹可以人力挽回而去之；若自作不善而致祸孽，则为恶得祸，乃理之常，必至于死亡而不可救矣。’夫福曰自求，则非无因而得福；孽曰自作，则非无因而致祸。《诗》《书》之言如此，正祸福无不自己求之谓也。吾所谓'仁则荣，不仁则辱'，岂不信哉！"

按，《孟子》此章，论祸福之说甚明，而其大旨以及时修德为要。盖天命无常，惟德是辅。未有修德而反受祸者，亦未有丧德而反获福者。祸福之机，天人之际，明主宜致思焉！

孟子曰："尊贤使能，俊杰在位，则天下之士皆悦而愿立于其朝矣。市，廛而不征，法而不廛，则天下之商皆悦而愿藏于其市矣。"

俊杰，是才德出众之人。廛，是市上的房税。法，是市官的法禁。

孟子说："王政之要，在得人心。而人心之向背，亦视其行政之得失何如耳。且如贤能之士，乃国家所赖以辅治者。使弃而不用，则豪杰解体，而人心失矣。必于贤而有德者，隆礼以尊敬之；能而有才者，分任而器使之。使才德出众之俊杰，皆济济在位，而不肖者不得参与其间，则野无遗贤，朝无幸位。天下之士，凡以俊杰自待的，皆自庆其遭逢之不偶，中心喜悦，而愿立于其朝矣。至于日中为市，亦国家所资以通财用者。使征求太过，则商贾不行，而人心失矣。必于逐末者多，则量取其市地之廛，而不征其货；若逐末者少，则但治以市官之法，而不税其廛。则上不废法，下不病商，天下之商，凡以有无相易者，皆不苦于征求之害，中心喜悦，而愿藏于其市矣。天下之士归之，则上不劳而政自理；天下之商归之，则赋不加而用自足。此用人、理财之大端，王政之首务也。"

"关，讥而不征，则天下之旅皆悦而愿出于其路矣。耕者助而不税，则天下之农皆悦而愿耕于其野矣。廛，无夫、里之布，则天下之民皆悦而愿为之氓矣。"

讥，是盘诘。借民之力以耕公田，叫作助。夫，是夫家之征，即今粮差等项。里之布，是一里二十五家之布，即今布绢等项。周制：民无常业的，罚他出一夫百亩之税、一家力役之征；不种桑麻的，罚他出一里二十五家之布。氓，是民。

孟子说："王政非止一端。如关隘去处，乃行旅之所往来，恐有奸细诈冒，固当盘诘；若因而抽取货物，岂不失了远人之心？必定为关市之法，但讥察异言异服之人，而不征其税，则天下之旅皆悦吾柔远之政，更相传告，而愿出于其途矣。农夫乃王政之本，国家经费多出其力。若又妄取以竭其资，岂不失了农夫之心？必修井田之法，但使通力合作以助耕公田，而不复税其私田，则天下之农皆悦吾恤农之政，更相传告，而愿耕于其野矣。至于夫家之征与一里之布，皆先王所以罚游惰之民者。若市宅之民，已出了廛税的，使之安其常业，不复征其夫里之布；则天下之民皆悦吾厚民之政，更相传告，而愿为吾之民矣。凡此三事，皆王者恐失天下之人心，而曲为之体念；恐竭天下之财力，而曲为之撙节。宁损上以益下，勿瘠人以肥己，真天覆地载之心也。以此致王，不亦宜乎！"

"信能行此五者，则邻国之民仰之若父母矣。率其子弟，攻其父母，自生民以来未有能济者也。如此，则无敌于天下。无敌于天下者，天吏也。然而不王者，未之有也。"

天吏，是奉行天讨之君。

孟子承上文说："王者之政，能使士农商贾、行旅居民无不归心，其明效大验有如此者，特患今之人君不能着实举行耳。诚能以实心行实政，将这五件一一见诸施行，则政事修明，德泽周遍。不但本国之民欢欣鼓舞，戴以为君，即邻国之民亦皆心悦诚服，仰之若父母矣。夫既仰之若父母，则邻国之民就是我之子弟一般；那邻国之君欲率其民以攻我，是率其子弟以攻其父母，谁肯替他出力用命？自生民以来，未有如此而能济事者也。这等样人心归服，则人不能制我，而我常可以制人，天下谁能敌之？无敌于天下者，是乃奉天命而为天吏者也。谓之天吏，则凡逆天害民之国，皆得而诛伐之，可以抚安万民、宰制六合，而王于天下矣。借曰不王天下，岂有是理哉？"

按，《书经》上说："抚我则后，虐我则仇。"盖民心无常，抚之，则邻国之民皆为子弟；虐之，则邦域之内尽为寇仇。其废兴存亡之机，甚可畏也。战国之君，率以诈力相敌，而不知人心一失，为敌滋多。故孟子特举王政之无敌者，谆谆言之。诚有国者所当鉴也！

孟子曰："人皆有不忍人之心。先王有不忍人之心，斯有不忍人之政矣。以不忍人之心，行不忍人之政，治天下可运之掌上。"

孟子说："天地以生物为心。人各得天地之心以为心，故可矜可怜之事一触于外，而恻怛好生之意遂动于中，这叫作'不忍人之心'。是心也，人皆有之，但众人每为物欲所蔽，故不能察识此心，而推之政事之间耳。惟古先圣王，私欲净尽，天理流行，满腔子都是不忍人之心，所以随感而发，行出来的无非不忍人之政。如不忍人失养也，便为之制田里，教树畜，以厚其生；不忍人之失教也，便为之设学校，明礼义，以复其性。皆真心自然，不由矫强。夫有是心而继之以政，则非徒善；行是政而本之于心，则非徒法。由是老吾老以及人之老，幼吾幼以及人之幼。天下虽大，以此心治之而有余矣，岂不如运之掌上而无难哉！夫不忍人之心一也，众人徇欲，则此心愈消而愈微；圣人无欲，则此心愈推而愈大。愈微，则违禽兽不远；愈大，则与天地同流。故能察识而扩充之，则可以复天地之初，而与先王同治矣。"

"所以谓'人皆有不忍人之心'者，今人乍见孺子将入于井，皆有怵惕、恻隐之心。非所以内交于孺子之父母也，非所以要誉于乡党朋友也，非恶其声而然也。"

乍见，是骤然看见。孺子，是孩子。怵惕，是惊动的模样。恻，是伤之切。隐，是痛之深。声，是名声。

孟子又说："天下之人，各一其心，我却谓人皆有不忍人之心者，从何处验之？盖人情于从容闲暇之时，容可安排矫饰；惟是卒然感触，着不得一毫思虑的去处，才是真心。今有人骤然见一无知孺子将入于井，无论亲疏厚薄、智愚贤不肖，皆必为之怵惕而惊动不宁，恻隐而痛伤甚切。盖触于目，激于衷，其真心自然呈露，有不容已者。这不是要交结那孺子的父母，使之感戴而为之；也不是要乡党朋友称誉他的仁德而为之；也不是怕人非议，恶此不仁之名而为之。乃卒然感遇，良心自形，发之骤而无暇思维，动以天而不待勉强，一无所为而为之者也。即此验之，可见不忍人之心果是人人同具，不独先王有之矣。盖人得天地生生之理，满腔子都是此心，故其发见真切如此。推之则舜矜不辜，禹泣无罪，亦不过即此乍见孺子之心，充之以保四海耳。"孟子尝以见牛觳觫之心启齐王，盖与见孺子之意互发。人主能扩充是心，以行如保赤子之政，则仁不可胜用矣，何有于先王之治哉？

“由是观之，无恻隐之心，非人也；无羞恶之心，非人也；无辞让之心，非人也；无是非之心，非人也。恻隐之心，仁之端也；羞恶之心，义之端也；辞让之心，礼之端也；是非之心，智之端也。”

端，是头绪。

孟子承上文说：“人见孺子入井，即有怵惕恻隐之心，又皆发于自然，不待勉强。这等看来，可见好生恤死，人之同情，未有可伤可痛之事交于前，而悲伤哀痛之意不动于中者。若无恻隐之心，则非人类也。观恻隐之心，则羞恶、辞让、是非之心可知。如己有不善，未有不羞耻者；人有不善，未有不憎恶者：此心人人皆有。若无羞恶之心，则非人类也。理所当辞，则必辞使去己；理所当让，则必让以与人：此心亦人人皆有。若无辞让之心，则非人类也。知其为善，则必以为是；知其为恶，则必以为非：此心亦人人皆有。若无是非之心，则非人类也。是人之所以为心，只此四者而已。然此四者之心，所以感而遂通、触而即应者，为何？是皆吾性之所固有，而发之为情者耳。盖性中有仁，其慈爱之真，有蔼然而不容已者。故遇有可伤可痛之事，而恻隐之心自形，此乃仁之端绪也。性中有义，其裁制之宜，有截然而不可紊者。故遇有可耻可憎之事，而羞恶之心自发，此乃义之端绪也。性中有礼，其斋庄恭敬，有自然之品节。故出之即为辞让之心，此乃礼之端绪也。性中有智，其虚灵洞彻，有本然之衡鉴。故出之即为是非之心，此乃智之端绪也。性虽难见，而呈露必有端倪，就如丝虽难理，而寻绎皆有端绪的一般。有是性，则有是情；因其情，可以知其性矣。然则扩充之功，岂可诿哉！”

“人之有是四端也，犹其有四体也。有是四端而自谓不能者，自贼者也。谓其君不能者，贼其君者也。凡有四端于我者，知皆扩而充之矣，若火之始然、泉之始达。苟能充之，足以保四海；苟不充之，不足以事父母。”

四体，是手足。贼，是害。扩，是推广。充，是满。

孟子承上文说：“恻隐、羞恶、辞让、是非之心，固为仁、义、礼、智之端矣，然这四端，非本无而暂有者。人有这心，决然有这四端；就如人有这身，决然有这四体。天下无四体不备之人，则亦岂有四端不具之人乎？既是人皆有之，则扩充之功，人皆能之矣。故有是四端，而自谓不能扩充者，是置其身于不善之地而自害者也；或谓其君不能而不勉之以扩充之功者，是引其君于不善之地而害其君者也。为人臣者，固不忍薄待其君；而爱其身者，又岂可自处其薄哉？但人多为私欲所蔽，不能察识而扩充之耳。若使凡有四端于我者皆能察识此心，知得扩充的道理：如有恻隐之心，则知以其所不忍达之于其所忍，以扩充之以求仁；有羞恶之心，则知以其所不为达之于其所为，而扩充之以行义；至于辞让、是非之心，亦莫不然。则本体昭融，真机活泼，引之而即起，触之而即通，其日新月盛之机，就如火之方炽而不可扑灭，泉之方出而不可壅遏矣。苟能由此方动之机，而遂充满以极其量，则仁无所不爱，义无所不宜，礼无所不敬，智无所不知；举四海之大，皆囿吾一心之中，自足以保之而无难矣。苟为不充，则仁、义、礼、智，终非己有；性分日亏，彝伦攸斁，虽至亲若父母，且不足以事之，而况于四海乎！”夫此一心也，充之，则可以横乎海宇；不充，则不能行于家庭。古之先王所以始于家邦、终于四海者，惟善推其所为而已。齐宣王知爱一牛，而功不加于百姓；梁惠王以土地之故，糜烂其民而战之：皆不能以不忍人之心行不忍人之政者也，何足以语先王之治哉！

孟子曰：“矢人岂不仁于函人哉？矢人唯恐不伤人，函人唯恐伤人。巫、匠亦然。故术不可不慎也。孔子曰：‘里仁为美。择不处仁，焉得智？’夫仁，天之尊爵也，人之安宅也。莫之御而不仁，是不智也。”

矢人，是造箭之人。函人，是造甲之人。巫，是祈禳的。匠，是造棺椁的。御，是止。

孟子说：“恻隐之心，人皆有之。那矢人之心，岂不仁于函人哉？其初一而已矣。但矢人造箭，惟恐箭之不利而不伤人；函人造甲，惟恐甲之不坚而至于伤人。术业既殊，故其存心自不能不异耳。不但这两样人，那巫者以祈禳为事，常利人之生；匠者以造棺为业，常利人之死。是匠者之心，亦岂不仁于巫者之心？乃其术业使之然也。故术之在人，关系甚大。

习于仁，则有仁人之心，而善端日长；习于不仁，则亦有不仁之心，而恶念日增。人之择术，岂可不慎哉！孔子曾说：‘习俗移人，贤者不免。里有仁厚之俗，择居者尚以为美。若人之择术而不处于仁，则本心之明已失，安得为智乎？’观孔子之言，则可以见仁之当处矣。夫仁之为道，论其贵，则为天之尊爵；论其安，则为人之安宅。盖凡天所赋予之善，皆为天爵。而仁乃天地生物之心，居五常百行之上，得之最先，而所统最广，就如爵位尊贵、无所不统的一般，所以说‘天之尊爵’也。凡人所居止之处，皆谓之宅。而仁则有天理自然之安，无人欲陷溺之危，人当常在其中，而不可须臾离者，就如高堂大厦住得安稳的一般，所以说‘人之安宅’也。这‘尊爵’‘安宅’，是已所自有，人皆可居，本非他之所能止者；而乃不知择而处之，则取舍之分不明，而是非之心已失矣，故孔子谓之不智也。观孔子之言，则慎于择术者，可不务于求仁哉？”

“不仁不智，无礼无义，人役也。人役而耻为役，由弓人而耻为弓，矢人而耻为矢也。如耻之，莫如为仁。仁者如射。射者正己而后发，发而不中，不怨胜己者，反求诸己而已矣。”

人役，是为人所役使。

孟子承上文说：“仁、义、礼、智，乃人之四德，本自相因者也。若择术而不处于仁，则物欲日蔽，本心日昏，固谓之不智矣。夫既不智，则不复知礼义为何物，而动必越礼，行必乖义，又将无礼无义矣。四者尽无，则人道已丧，自置其身于卑贱之地，而天下之有德有力者皆得而役使之，岂不为人役乎？既为人役，则虽有愧耻之心，而终不可免。就如业弓之人而耻为弓，业矢之人而耻为矢，虽欲不为弓、矢，不可得也。如知人役之可耻，而必求所以免之，岂有他术哉？亦惟反其不仁而为仁耳。所尊者天爵，始可去卑而为尊；所居者安宅，始可易危而为安：自强之计，无出于此。然仁亦岂待于外求哉？求在我而已矣。盖仁者之于仁，就如射者之于射一般。射者必内正其志，外直其体，然后发矢；若发而不中，不怨那胜己的，惟反求诸身，以为吾志容有不正，吾体容有不直，求所以正之、直之而已。为仁由己而不由人，何以异此！盖仁本固有，一反求而仁无不在。仁统四端，一为仁，而智与礼、义无不该矣，何患为人役哉？此择术者所以必处于仁也。”

按，战国之君，不务行仁，而以力相尚，往往小役大、弱役强，至于辱身亡国而不悟，故孟子谆谆言之。一则曰不仁则辱，如恶之莫如贵德而尊士；一则曰不仁则为人役，如耻之莫如为仁：皆启其羞恶之良，而进之以强仁之事，其旨最为深切。人主所宜深省也。

孟子曰："子路，人告之以有过则喜。禹闻善言则拜。大舜有大焉：善与人同，舍己从人，乐取于人以为善。"

孟子说："古之圣贤，其乐善之诚皆同，而分量之大小则异。昔圣门弟子有子路者，是勇于自修的人。其心惟恐己之不善，失于不知而不能改，故人来说他的过失，便欣然喜受，以为幸而可改也。夏王大禹，是不自满假的人。其心惟恐人之有善，壅于不闻而不能行，故一闻善言，便肃然拜受，以为幸而可行也。一喜一拜，其乐善之心皆出于诚如此。至于大舜，则又有大于禹与子路者。盖子路之喜，犹见不善之在己，未能忘己；禹之拜，犹见善之在人，未能忘人。舜则见得这善是天下公共的道理，非是一人的私物，不把做自己的，也不把做别人的，而与人同其善焉。如有见于己之未善，便舍却自己，而翻然从人，一毫无所系吝；有见于人之善，便乐取于人，而为之于己，一毫无所勉强。人己两忘，形迹俱化，这叫作'善与人同'。其心胸何等开豁！其气象何等浑融！视禹与子路，诚有间矣。此舜之所以为大也。然此一圣二贤，论其分量，则舜优于禹，禹优于子路；论学者所造，则必由子路之克己，而后可以希禹；由禹之下人，而后可以希舜。不然文过饰非，过将日积，而訑訑之声音颜色，士止于千里之外矣，其谁乐告以善哉！此又希圣者所当知也。"

"自耕稼、陶、渔以至为帝，无非取于人者。取诸人以为善，是与人为善者也，故君子莫大乎与人为善。"

陶，是烧造瓦器。渔，是捕鱼。与，是助。

孟子又说："舜之所以大于禹与子路者，固以其取善于人矣。然舜之取于人，不但一时为然，从那侧陋之日，耕于历山，陶于河滨，渔于雷泽，以至登庸而为天子，一生所行，只是取诸人以为善。或闻一善言，或见一善行，不问其出于刍荛、出于岳牧，无不并取而兼用之。其好问好察之心，盖有穷达不移、始终无间者。夫取人之善而为之于己，虽未尝有及物之心，然天下有善的，以见取为荣，自然益励于善；天下有未善的，以不见取为耻，都勉而为善，是乃助人之为善者也。夫使天下之人，皆劝于为善，则视人惟我，视我惟人，无尔我形骸之隔，真有如天之无不覆、地之无不载者。君子之善，孰大于是哉？此舜之所以大于禹与子路也。盖圣人之心，至公至虚。公则小大不遗，而取善之途广；虚则人己两忘，而取善之心融：舜所以能用中于民而成其大者如此。后世以聪明自用者，视天下若无一足以当其心，其究至于恶闻其过，而昌言且不至矣，何由与人为善乎？”

孟子曰：“伯夷，非其君不事，非其友不友，不立于恶人之朝，不与恶人言。立于恶人之朝，与恶人言，如以朝衣朝冠坐于涂炭。推恶恶之心，思与乡人立，其冠不正，望望然去之，若将浼焉。是故诸侯虽有善其辞命而至者，不受也。不受也者，是亦不屑就已。”

涂，是泥。乡人，是乡里间的常人。望望，是去而不顾的意思。浼，是汙。屑，是洁。

孟子说：“古之人有伯夷者，其平生只是一个‘清’字做到极处：上则择君而事，非可事之君则弗事焉；下则择友而交，非可交之友则弗友焉。当是时，国君有不善的，必不肯立于其朝；国人有不善的，必不肯与之言。使其立于恶人之朝，与恶人言，则此心蹴踖不宁，就如着了朝衣朝冠坐于涂炭的一般，有不能一息安者，其恶恶之严如此。推他这恶恶之心，莫说真是恶人不肯近他，就是与乡里常人并立，其冠不正，亦失礼之小耳，他也看作不好的人，必望望然去之，若将汙累及己，而远之惟恐不速也；莫说是恶人之朝不肯就他；虽是诸侯有善其辞命、卑礼屈节来征聘他，他也必不肯受。所以不受者，盖其心视天下无可事之君，亦无可立之朝，故不以就之为洁，而切切于就也。此其立己甚峻，不肯降志而辱身；待人甚严，不肯和光而同俗。伯夷所以为圣之清者如此。”

“柳下惠，不羞汙君，不卑小官，进不隐贤，必以其道。遗佚而不

怨，阨穷而不悯。故曰：‘尔为尔，我为我。虽袒裼裸裎于我侧，尔焉能浼我哉！’故由由然与之偕而不自失焉，援而止之而止。援而止之而止者，是亦不屑去已。”

遗佚，是弃。阨穷，是困穷。悯，是忧。露臂的叫作袒裼，露身的叫做裸裎，都是无礼的模样。由由，是自得的意思。援，是留。

孟子说：“昔鲁大夫有柳下惠者，其为人只是一个‘和’字做到极处，与伯夷相反。故有君可事便委身事之，虽污君而不以为羞；有官可居便安心居之，虽小官而不以为卑。其进而事君居官也，推贤让善，未尝隐人之贤，且直道事人，不肯枉己之道。虽是为人所放弃而身处困穷，其心亦无入不得。遗弃而无所怨尤，困穷而无所忧患，盖其坦夷平易、有超然于进退荣辱之外者如此。其平日尝说：‘人生世间，形骸既分，善恶自别；尔自尔，我自我，原不相关；虽袒裼裸裎无礼于我侧，亦尔之自失耳，能污浼及我哉？’所以不择交游，不立崖岸，由由然与众人并处，而不自失其正焉。虽当欲去之时，有留住他的，他便住了。这等援而止之而止，则是视天下无不可事之君，无不可居之官，而亦无不可处之众。故不以去为洁而切切于去也。此其进退绰然，虽降志辱身而不以为屈；人己有辨，虽和光同俗而不以为非。柳下惠所以为圣之和者如此。”

孟子曰：“伯夷隘，柳下惠不恭。隘与不恭，君子不由也。”

隘，是窄狭。不恭，是不整肃的意思。由，是行。

孟子既述伯夷、柳下惠之为人，遂从而断之说：“君子处世待人，自有个大中至正的道理。才偏着一边，便少了一边，非中道也。如伯夷之清，固是高洁，然却少了和这一边，其弊至于圭角太露，界限太严，看得天下没一个好人；就是衣冠不正这样小节，也便包容不得了，其度量何等窄狭，是失之隘也。柳下惠之和，固是平易，然却少了清这一边，其弊至于不修廉隅，不循礼度，看得世上没有一个不好的人；就是袒裼裸裎这样无礼，也都不计较了，其威仪全不整肃，是失之不恭也。夫伯夷、柳下惠，都是圣人，就他身上来看，不至如此。但学了伯夷，其流必至于隘。隘则可以洁身，不可以容众接物。君子但取其清，弗由其隘也。学了柳下惠，其流必至于不恭。不恭则可以谐众，不可以砥行立节。君子但取其和，弗由其不恭也。盖必清而能通，不至于违世而绝俗；和而能介，不至于同流而合污，乃为中正之道，而君子所当由者耳。学者可不慎哉！”观此言，而孟子愿学孔子之意，隐然在言外矣。

卷四

公孙丑下

孟子曰："天时不如地利，地利不如人和。三里之城，七里之郭，环而攻之而不胜。夫环而攻之，必有得天时者矣；然而不胜者，是天时不如地利也。城非不高也，池非不深也，兵革非不坚利也，米粟非不多也；委而去之，是地利不如人和也。"

环，是围。革，是甲。委字，解作弃字。

孟子说："守国用兵之要有三：时日支干，吉凶占候，叫作天时；山川城郭，险隘可守，叫作地利；民心归附，上下相亲，叫作人和。三者本不可缺一，然以轻重论之，天时虽足取胜，然其理难测，不如地利之可恃；地利虽足自守，然其险有形，又不如人和之可恃也。如何见得天时不如地利？假如三里之城，七里之郭，乃城郭之至小者，若不足以守国矣。然以其少有凭依，故敌人四面环攻，亦不能克。夫环而攻之，旷日持久，其间岂无干支王相、遇着天时之善的？然而终不能克，此可见天时不如地利也。如何见得地利不如人和？且如敌人来攻，我之城非不高也，池非不深也；兵甲足以御敌，非不坚利也；米粟足以养兵，非不饶裕也。然必上下同心，方可固守。假使民心怨叛，不肯效死，将这城池、兵粮委弃而去，君亦安得而保有之？此可见地利不如人和也。"要之，人和既得，则天时、地利交相为用；人和既失，则天时地利皆无足赖矣。信乎！有国家者以得人心为本也。

"故曰：域民不以封疆之界，固国不以山溪之险，威天下不以兵革之利。得道者多助，失道者寡助。寡助之至，亲戚畔之。多助之至，天下顺之。以天下之所顺，攻亲戚之所畔，故君子有不战，战必胜矣。"

域，是限制。至，是极处。

孟子承上文说："观地利不如人和，则知国家所重，惟在得民心而已。

所以说人君要限制居民，不在封疆境界；要固守社稷，不在山川险阻；要战胜攻取、威服天下，不在兵甲坚利：只看民心向背何如耳。诚能行仁义之道，而恩惠浃洽，则民心有所固结，莫不亲上死长，乐为效力，而扶助之者多矣。如或失仁义之道，而举措乖方，则民心无所系属，莫不幸灾乐祸，涣然瓦解，而扶助之者寡矣。寡助之君，既失了人心，其极必至于众叛亲离，虽亲戚至近，也都知其败亡，相率背而去之矣，况其远者乎！多助之君，既得了人心，其极必至于近悦远来，虽天下至大，也都慕其德教，翕然顺而从之矣，况其近者乎！人心之向背相悬，而国家兴废存亡，其机已决于此矣。若以天下所顺之君攻亲戚所叛之国，则彼之人民皆为吾用，彼之富强皆为吾资；不战则已，战未有不胜者。盖由吾得人和，而彼失之也。然则域民固国之道，地利尚不足言，况天时乎！”孟子见当时列国分争，皆以天时地利为重，而不知爱恤其民，故其言深切著明如此。及其论得民之有道，在于所欲与聚，所恶勿施，此又得人和之本也。为民上者不可不知！

孟子将朝王。王使人来曰：“寡人如就见者也，有寒疾，不可以风。朝将视朝，不识可使寡人得见乎？”对曰：“不幸而有疾，不能造朝。”明日，出弔于东郭氏。公孙丑曰：“昔者辞以病，今日吊，或者不可乎？”曰：“昔者疾，今日愈，如之何不弔？”

王，是齐宣王。昔者，是昨日。

孟子于齐，处宾师之位，未尝委质为臣。故在齐王，当就见，不当召见；在孟子，可往朝，不可应召：其礼与臣下自不同也。孟子一日将朝齐王。王初不知，乃使人来召孟子，说：“寡人初意，本要自来就见夫子；只因偶有寒疾，不可以当风，故不能来。明早将欲视朝，不识夫子肯来使寡人得一见否？”齐王托疾以召孟子，是以臣礼待之，而非能屈己以下贤者也。孟子知其意之不诚，亦托疾以辞之，说：“我初意本欲朝见，但不幸而有疾，不能造朝。”盖不敢显言其非，而又不欲往应其召，孟子以道自重如此。然又恐齐王不悟，而以为真疾，则此意终无以自明矣，故次日便出弔于齐大夫东郭氏之家。公孙丑疑而问说：“夫子昨日方以疾辞，今日便以弔出，则是明为托疾矣，无乃不可乎？”孟子答说：“昨日有疾，故不能造朝；今日疾愈，可以往吊，如之何不吊乎？”盖孟子之意，正欲使齐王知其非疾，而自悟其召见之非，与孔子不见孺悲、取瑟而歌之意相似。惜乎！门人弟子犹有所未喻也。

王使人问疾，医来，孟仲子对曰：“昔者有王命，有采薪之忧，不能造朝。今病小愈，趋造于朝，我不识能至否乎？”使数人要于路，曰：“请必无归而造于朝。”

采薪，譬如说打草；采薪之忧，是言疾不能采薪，盖谦词也。要，是拦阻。

孟子既出吊于东郭氏，齐王不知，以为真疾，乃使人问之，又遣医来诊视。是徒谓殷勤仪节之间可以虚縻贤者，而不知尊德乐道之诚，正不在此也。乃孟仲子不以实告，而又权辞以对之，说：“昔者以王命来召，适吾夫子有采薪之忧，不能造朝；今病小愈，恐违王命，乃趋造于朝，不识此时能至朝否？”孟仲子既饰辞以对使者，恐孟子不知，乃使数人要之于路，说：“请必无归而造于朝。”欲以实己之言也。夫孟子辞疾出吊之意，本欲使齐王知之，有所感悟。乃公孙丑既疑其不可，而孟仲子又从而为之辞，则孟子以道自重之意，虽其门弟子亦不能知，而况齐王乎！此孟子所以不得不曲明其意也。

不得已而之景丑氏宿焉。景子曰：“内则父子，外则君臣，人之大伦也。父子主恩，君臣主敬。丑见王之敬子也，未见所以敬王也。”曰：“恶！是何言也！齐人无以仁义与王言者，岂以仁义为不美也？其心曰‘是何足与言仁义也’云尔，则不敬莫大乎是。我非尧、舜之道不敢以陈于王前，故齐人莫如我敬王也。”

景丑，是齐大夫。恶，是叹辞。

孟子辞疾出吊，本欲警悟齐王。乃孟仲子不以实对，而要其必朝，则尽失孟子之本心矣！孟子既不能显言其意，又不欲趋造于朝，乃不得已而之景丑氏宿焉。盖欲示意于景丑，而使转闻于齐王耳。景丑乃责备孟子说道：“人之处世，内而家庭，则有父子；外而朝廷，则有君臣：此是天下之大伦，自有生民以来，不可废也。父子以情相爱，故主于恩；君臣以礼相接，故主于敬。人人各有当尽的道理。今丑见王之待子，可谓致敬尽礼矣；乃未见子之所以敬王，其如君臣大伦何哉？”孟子因晓告之，叹息说道：“子以我为不敬王，是何言也？大凡人臣敬君，不在仪节上周旋，只在大道理上明白。如今齐人都无以仁义告王的，岂是以仁义为不美的事？其心以为王但知有功利，志趣卑陋，不足与言仁义云尔。这是以常人待其君，轻忽侮慢，不敬莫大乎此！若我则以尧、舜望于王，平日所言，都是仁义，都是尧舜治天下的道理；若权谋功利，与尧舜之道不相似的，即不敢陈说于王前：是欲吾王扩充仁义，以致唐、虞之盛治也。我不以庸君待王，而以大圣人望于王，则齐臣之中岂有如我之敬王者哉？子乃以我为不敬王，是不知事君之大道矣。”

景子曰：“否，非此之谓也。《礼》曰：‘父召，无诺。’‘君命召，不俟驾。’固将朝也，闻王命而遂不果，宜与夫礼若不相似然。”曰：“岂谓是与？曾子曰：‘晋、楚之富，不可及也。彼以其富，我以吾仁。彼以其爵，我以吾义。吾何慊乎哉？’夫岂不义而曾子言之？是或一道也。天下有达尊三：爵一，齿一，德一。朝廷莫如爵，乡党莫如齿，辅世长民莫如德。恶得有其一以慢其二哉？”

慊，是心有所不足的意思。

孟子以陈善责难为敬，而不以趋走承命为礼，正是以宾师自处之意也。景丑不达，终是以臣礼责备孟子，乃应说：“不然！我以子不敬王者，非此之谓也，谓于礼有未尽耳。《礼经》上说：‘人子闻父有召命，则唯而无诺。’‘人臣闻君有召命，则不俟驾而行。’是急趋君命者，乃礼之当然也。今子本将朝王，既闻王命，乃称疾不往，此与不俟驾之礼若有不相似者。我以子为不敬王，盖以此也。”孟子晓之说：“闻命则趋，固人臣事君之常礼。而以道自重，乃君子立身之大节。吾今所言，岂谓是与？昔曾子尝说：‘晋、楚大国，其富诚不可及矣。然彼以其富，我以吾仁当之；不禄而富，是天下之至富者在我也。彼以其爵，我以吾义当之；不爵而贵，是天下之至贵者在我也。在晋、楚非有余，在我非不足，吾又何慊乎哉？’曾子之言如此。这岂不合于义而言之乎？是别有一种道理超乎势分之外者。这道理为何？盖通天下之所尊的，凡有三样：爵位尊贵的，是一样；

年齿高大的，是一样；道德完备的，是一样。在朝廷之上，以贵临贱，以卑承尊，那时只以爵为重，名分一定，莫敢僭逾，此爵所以为达尊也；在乡党之间，长者居上，少者居下，那时以齿为重，先后次序，莫敢违越，此齿所以为达尊也；至如辅佐一世而成治安之功，长率万民而致雍熙之化，此惟有仁义之德者能之，那时只以德为重，在朝廷不敢与之论爵，在乡党不敢与之论齿，此德所以为达尊也。今王虽富有齐国，南面称孤，其爵诚尊，然不过达尊之一耳；若论齿论德，则我有其二，安得以彼之一而慢我之二哉！然则王之不当召我也，明矣！”

“故将大有为之君，必有所不召之臣；欲有谋焉，则就之。其尊德乐道，不如是不足与有为也。”

孟子承上文说：“我谓王不当召我者，非故自为尊大也，亦以人君图治之要，只在尊德乐道而已。故自古帝王，将欲兴建太平而大有为于天下，则必屈己下贤，隆礼待士，而有所不敢召之臣。如于君德治道欲有所咨询，于民情政体欲有所商榷，则必枉驾就见，而亲访其谋猷，此所谓不召之礼也。夫以王公之尊，岂故屈身于匹夫之贱哉？只为尊敬其德，爱乐其道，欲使仁贤效用、治化有成耳。苟尊德乐道不如是，则任贤之心怠，望治之志荒，乌足与有为哉！此大有为之君所以有不召之臣也。王乃欲召我，岂未欲大有为于天下耶？”

“故汤之于伊尹，学焉而后臣之，故不劳而王。桓公之于管仲，学焉而后臣之，故不劳而霸。今天下地丑德齐，莫能相尚，无他，好臣其所教，而不好臣其所受教。”

丑，是类。尚，是过。

孟子承上文说：“自古大有为之君，行王道而王者，莫如成汤；行霸道而霸者，莫如齐桓公。这二君都有所不召之臣，伊尹、管仲是也。成汤三聘伊尹，知其志在于觉民，即从而受学焉，然后任之为相，号曰‘阿衡’。故伐夏救民之事，伊尹皆以身任之，七十里而为政于天下，汤遂不劳而王矣。桓公一见管仲，知其才可以托国，即从而受学焉，然后任之为相，称曰‘仲父’。故尊王攘夷之事，管仲皆以身任之，九合诸侯而不以兵车，桓公亦不劳而霸矣。一王一霸，功虽不同；要之，尊德乐道、可与大有为则一也。今天下诸侯，以地则相类，以德则相等，莫有能建立王霸之业而超过当时之君者。此无他故，只为列国之君，都以富贵骄人，不肯屈己下士。有一等趋走承顺、为我所教诲的，便喜欢用他，过为亲厚；有一等抱道怀德、我所从受其教诲的，便不喜欢用他，反致疏远。求如汤之于伊尹、桓公之于管仲者，不可复见矣。既无不召之臣，又安能成大有为之业？所以地丑德齐，终莫能相尚也。然则齐王欲大有为，岂可复蹈时君之习，而不以汤、桓为法哉？”

“汤之于伊尹，桓公之于管仲，则不敢召。管仲且犹不可召，而况不为管仲者乎？”

孟子直以不召之臣自任，说道：“汤之于伊尹，桓公之于管仲，都是学而后臣，欲有谋焉则就之，未尝敢召之来见也。夫伊尹为元圣，其不可召，固不待言；至如管仲，一霸者之佐耳，尚且不可召，而况不屑为管仲者，顾可召而见之乎？盖我所志者，伊尹之志；所学者，曾子之学。辅世长民之德，无歉于晋、楚；尧、舜仁义之道，独陈于王前。方将卑管仲于不足为，而顾托疾以召之，是待我不若管仲也，我岂可轻于往见哉？”

孟子此言，非故自为高亢，盖有见于人君治天下之道当如是耳。盖人君与贤者共治，若恃其富贵爵禄，可以奔走天下，则其待士必轻；待士轻，则其任之必不重，士何由行其道乎？故君能降志于其臣，而后士重；士能亢志于其君，而后道行；上可为成汤、伊尹，下不失为桓公、管仲。此《易》之《泰》卦所以取于上下之交也。

陈臻问曰：“前日于齐，王馈兼金一百而不受；于宋，馈七十镒而受；于薛，馈五十镒而受。前日之不受是，则今日之受非也；今日之受是，则前日之不受非也：夫子必居一于此矣。”孟子曰：“皆是也。”

陈臻，是孟子的门人。兼金，是好金。镒，是二十四两。

陈臻见孟子周游列国，辞受不同，遂疑而问说：“前日夫子在齐，齐王馈以兼金百镒，乃固辞之而不受；及在宋，有七十镒之馈，则受之而不辞；在薛，有五十镒之馈，则又受之而不辞。三国之馈同，而夫子之辞受则异。若以前日之不受齐馈为是，则今日受宋、薛之馈，不免为伤廉；若以今日受宋、薛之馈为是，则前日之不受齐馈，不免为矫激。此是彼非，不能两立，夫子必有一件不是的去处，臻不能以无疑也。”孟子晓之说：“辞受乃君子立身之大节。应辞应受，只看道理上如何，不可苟也。我今辞齐之馈，不是矫激，乃辞所当辞；受宋、薛之馈，不是伤廉，乃受所当受。要之，皆当于理而已。子乃以异同为疑，是岂知我者哉？”

“当在宋也，予将有远行。行者必以赆，辞曰‘馈赆’，予何为不受？当在薛也，予有戒心。辞曰：‘闻戒，故为兵馈之。’予何为不受？”

赆，是送行之礼。戒心，是警备的意思。

孟子晓陈臻说：“我谓辞受皆当于理，何以明之？盖君子之居人国，若交以道，接以礼，而峻然拒之，则是绝人于已甚，亦不可也。我当在宋时，将去之他国，有远方之行。夫人有远行，则交游之间每有馈送之仪，以资道途之费，是礼之当然也。宋君致馈之辞，说是为我远行故来馈赆，则馈我为有名矣。彼以礼来，何为却之而不受乎？是我受宋之馈，未为不是也。我当在薛之时，偶遇着军旅之事，方有警戒之心。夫贤人在其境内，则国君当周给之，保护之，使无忧患，是亦礼之当然也。薛君致馈之辞，说是闻我方有戒心，故为兵事来馈，则馈我亦有名矣。彼以礼处我，又何为却之而不受乎？此我受薛之馈，亦未为不是也。夫赐人者礼得，则无愧辞；受人赐者义得，则无愧心。君子盖权之审矣！”

“若于齐，则未有处也。无处而馈之，是货之也。焉有君子而可以货取乎？”

取字，解作致字。

孟子答陈臻说：“我受宋、薛之馈，皆有所为故耳。若前日在齐，则既无远行之役，可以馈赆为辞；又无不虞之警，可以闻戒为辞：是于交际之礼，未有所据也。无所据而馈之，则是不问其义之当否，惟以财货交之而已。众人见利而动，可以货致者有之。至于守义之君子，立身行己，自有法度，岂可以货结其心而收致之乎？知君子不可以货取，则齐王百镒之馈，乃义不当受者。此我之不受，亦所以为是也。臻又何疑焉？”盖君子辞受取予，惟义所在。义所当受，固未尝立异以为高；至于义所不可，则虽一介之微，有不轻于取者，而况于百镒乎？孟子处三国之馈，可以为世法矣！

孟子之平陆。谓其大夫曰："子之持戟之士，一日而三失伍，则去之否乎？"曰："不待三。""然则子之失伍也亦多矣。凶年饥岁，子之民老羸转于沟壑，壮者散而之四方者几千人矣。"曰："此非距心之所得为也。"

平陆，是齐邑。大夫，是治邑之官。士，是军士。伍，是行列。去，是诛。距心，是大夫名。

孟子在齐，曾到平陆地方，见其年岁饥荒，民多死徙。因问其大夫孔距心说道："事无大小，各有职守。似你这执戟的军士，设若于行师之时，一日之间三离其伍，则以军法诛之，否乎？"距心答说："失伍离次，法所必诛。一次即不可宥，何待于三乎？"距心未知孟子发问之意，故直以士之职守为言也。孟子因诘之说："士之失伍，罪固当诛矣。然官之有职，就如士之有伍一般。如今看来，子之失废职守，如军士之失伍者亦多矣。盖国家设官分职，本以为民，必使民无失所，方为称职。如今这凶荒饥馑的年岁，看你这境内百姓饥饿愁苦，生计无聊：有那年老羸病的，不能动移，展转僵仆，死在沟壑之中；有那年力强壮的，抛弃家业，流散四方，苟全旦夕之命，这等的不知几千人矣。子为牧民之官，使百姓这等失所，其为失职，与军士之失伍何异？若断以国法，不知当以何罪治之也？"距心犹未知其罪，乃答说："民之死徙，距心非不知悯恤，但事有不能自由者。如仓廪府库，非奉命不敢发；赋税征输，非奉命不敢缓：此在君上之轸念何如，距心安得而专之乎？今以失伍罪我，则枉矣！"距心之言，盖徒知事权之在上，而不知职任之在己。此孟子所以重责之也。

曰："今有受人之牛羊而为之牧之者，则必为之求牧与刍矣。求牧与刍而不得，则反诸其人乎？抑亦立而视其死与？"曰："此则距心之罪也。"

"牧之"这"牧"字，是指畜养牛羊说。"求牧"这牧字，是指牧放的土地说。

孟子因距心诿罪于上，故责之说："子谓仓廪府库是君上主张，兴发赈贷由不得你，便道不是你的罪，这岂是受人之托、忠人之事者乎？且以畜牧之事譬之。今有人，受了人的牛羊替他牧养，则必问那主人求讨牧放的土地、与那喂养的草料，才好替他收管。假使求牧与刍而不得，还是把这牛羊交还主人，脱身而去乎？抑亦立视牛羊之死而不顾乎？此必反诸其人，无立视其死之理矣。今子受王命而为之治平陆，就如受人之牛羊一般。遇着凶荒，便当力请于王，设法赈济；若请而不许，就如求牧与刍而不得的一般，便当致其事而去之。今既不能养，又不能去，还守着这官，看着百姓饿死，则与立视牛羊之死者无异矣，是谁之过欤？"于是距心惕然省悟，直认其罪，说："我以牧民为职，不得其职而不去，何所逃责？此则距心之罪也。"夫朝廷设官养民，凶年饥岁，民方待哺，岂可委之而去？但既不得尽职，又无空食其禄之理，义不容不去耳！然则为民牧者，固不可立视其民之死；而为之君者，亦岂可不深念邦本，使人臣得行其志哉？

他日，见于王，曰："王之为都者，臣知五人焉。知其罪者，惟孔距心。"为王诵之。王曰："此则寡人之罪也。"

邑中有先君之庙的，叫作都。为都，是治邑。

孟子既以臣之失职责备距心，使之服罪矣；又欲因此警悟齐王。故他日自平陆之齐，来见齐王，就对他说："今之居官食禄、为君牧民者，未尝乏人，然能尽忠补过者亦少矣。即如王之群臣，为治于都邑者，臣知得五人；五人之中，能自知其罪者，独平陆孔距心一人而已。"于是将前日所以切责距心、与距心所以自责的言语，一一为王诵说。盖欲使王知得外边百姓这等流离困苦，做有司的这等掣肘难行，庶几王心有所感悟耳。王果自任其咎，说："人君职在养民，为臣者不过行君之令而致之民耳。使寡人能行仁政，那有司自然奉行，何至失职？今百姓不得其所，有司不得其职，皆缘寡人不能兴发补助，以至于此，非寡人之罪而谁乎？我今知罪矣。"夫孟子一言，而齐之君臣各任其罪如此。使齐王能扩充此心，务损上以益下；齐之大夫能仰体君心，各修职以养民，则齐国庶几于大治矣。惜乎！其悦而不绎，从而不改也。

孟子谓蚳蛙曰:“子之辞灵丘而请士师，似也，为其可以言也。今既数月矣，未可以言与?”蚳蛙谏于王而不用，致为臣而去。齐人曰:“所以为蚳蛙则善矣，所以自为，则吾不知也。”

蚳蛙，是齐大夫。灵丘，是邑名。士师，是理刑的官。致字，解作还字。

齐臣有蚳蛙者，尝辞灵丘大夫之命，而请为士师，盖职掌刑罚而有谏诤之责者也。孟子以职事讽之，说道:“人臣之义，内外远近，惟君所使。子乃辞灵丘而愿为士师，是岂择官而仕乎?其于道理，亦有近似者。盖人臣在疏远之地，则下情多壅于上闻;为亲近之官，则忠言或易于乘间。子今职专理刑，在王左右，则凡刑罚有失中的，可以随时救正，因事纳忠，当言而言，无所忌讳。子之请为士师，殆为此也?今在位已数月矣，王之用刑，岂能事事皆当，无一可言，子尚未可以进言欤?居得言之地，有当言之事，而犹默默无所建明，此吾所未解也。”孟子责望蚳蛙，深切如此。蚳蛙因此感动，乃进谏齐王。王不能用，遂致其职事而去，可谓得进退之义者。然蚳蛙之去，实孟子激之。故齐人遂讥孟子说:“蚳蛙因孟子之言而进谏，其谏为忠说;谏不行而遂去，其去为明决。孟子为蚳蛙曲成其美，则诚善矣。然孟子道既不行，去又不果，其自为身计，乃不若蚳蛙。明于为人，而暗于自为，吾不知其何说也。”盖孟子以臣道处蚳蛙，而以宾师之道自处，其进退之义，自是不同。齐人何足以知此。

公都子以告。曰:“吾闻之也:有官守者，不得其职则去。有言责者，不得其言则去。我无官守，我无言责也，则吾进退，岂不绰绰然有余裕哉?”

公都子，是孟子门人。绰绰，是宽裕的模样。

公都子闻齐人非议孟子之言，遂述以告孟子。孟子晓之说:“君子出处进退，各自有一种道理，齐人岂足以知我哉?吾闻古人有言:人臣分理政事，如礼乐刑罚，各有职掌的，这是以官为守，修其职乃可以居其官耳。若君不信任，事多掣肘而难行，于职业当尽的都不得尽，这等不去，是贪位慕禄而已，所以说不得其职则去。人臣专司谏诤，凡利病得失，皆许直言的，这是以言为责，尽其言乃可以任其责耳。若君不听从，言虽苦口而不入，于议论当行的都不得行，这等不去，是偷合取容而已，所以说不得其言则去。蚳蛙为士师，得以进谏，正是有官守言责者，不合则去，乃人臣进退之义当然也。若我于齐，虽在三卿之中，而不受万钟之禄；既不是分理政事、以官为守的，又不是专司谏诤、以言为责的，人固不得以臣下之职事责望于我，我亦不肯以一身之去就受制于人。道合则留，可以进而进；不合则去，可以退而退：都由得自己主张，岂不绰然宽舒而有余裕哉？齐人安得以蚳蛙之去而议我也。”盖孟子在齐，居宾师之位，与为人臣者不同，故其自处之重如此。至于“官守言责，不得则去”，与周任“陈力就列，不能者止”之说相合，则万世人臣不可易之常道也。

孟子为卿于齐，出吊于滕。王使盖大夫王驩为辅行。王驩朝暮见，反齐、滕之路，未尝与之言行事也。

盖，是齐邑。行事，是出使的事体。

孟子在齐，曾受客卿之职。遇滕国有丧，齐王以孟子为使，往行吊礼；又使盖邑大夫王驩为副使，辅佐其行。这王驩是一个佞幸之臣，孟子平日所不取者，如何可与共事？以故同行在途，王驩虽朝夕进见，往返齐、滕之路相接甚久，孟子竟不肯少假辞色，与之亲昵；就是出使的仪文礼节，也不曾与他计议。其待之之严如此。盖惟恐比之匪人，将至于失己，故宁疏之而不敢亲也。

公孙丑曰：“齐卿之位，不为小矣。齐、滕之路，不为近矣。反之而未尝与言行事，何也？”曰：“夫既或治之，予何言哉？”

公孙丑不知孟子待王驩之意，乃疑而问说：“凡人之相与，若势分悬绝，或周旋不久，则言有不能尽者。今王驩仕为大夫，摄使事以佐夫子，其位不为小矣；自齐至滕，历二国之境，其路不为近矣；名位相次，既非悬隔而不得言，同行日久，又非仓卒而不及言。乃自往至反，终不与之言及行事，此何意也？”孟子于此，有难于明言者。乃托辞答说：“我与彼奉命而出，若事有不治，与之共议可也。今出使仪文礼节，既有从行官属各司其事，治办已停当了；我惟将命而行，自足成礼，何用更与之言哉？”观孟子之言，盖既不肯妄与之交，以流于苟合；又不肯直斥其故，以伤于已甚。可谓不恶而严者矣!

孟子自齐葬于鲁。反于齐，止于嬴。充虞请曰:“前日不知虞之不肖，使虞敦匠事。严，虞不敢请。今愿窃有请也:木若以美然。”曰:“古者棺椁无度。中古棺七寸，椁称之，自天子达于庶人。非直为观美也，然后尽于人心。”

嬴，是县名，在齐南境上。充虞，是孟子弟子。敦，是督理的意思。严，是急迫。称，是相等。

昔孟子为卿于齐，有母之丧，自齐归葬于鲁。既葬，又自鲁而返于齐，到嬴县地方止宿。充虞问说:“前日夫子有母之丧，不知虞之不肖，把匠作事务使虞督率办理。那时夫子方在哀痛迫切之中，虞虽有疑，不敢请问。今事毕从容，愿窃有请焉:向者所用的棺木，却似过于华美，恐用不可太侈，礼不可太过。在夫子必自有说，虞不能无惑也。”孟子答说:“丧葬之从厚，其来久矣。夏、商以前，礼制未备，其棺椁的尺寸随人制造，原无一定之式。至中古时，周公定为丧葬之礼，才有个制度。棺木许厚七寸，椁亦与之相等，自天子至于庶人都是一般，不以尊卑为厚薄。这岂是外面装饰，要人看见华美，相与称夸而已哉?盖人子爱亲之心，本是无穷;而送终之礼，尤为大事，于此不厚，则必贻悔于后日，抱恨于终天，此心如何尽得?故欲其坚厚久远，乃可以尽人子之心耳。然则前日之木，稽之古制而合，及之吾心而安，又何嫌于过美哉?”

“不得，不可以为悦;无财，不可以为悦。得之为有财。古之人皆用之，吾何为独不然?”

不得，是限于法制。悦，是心里快足的意思。

孟子告充虞说:“丧葬之礼，人子孰不欲厚于其亲，使其心快足无所悔恨?然也有不得自尽的:或是限于法制，分有所不得为，只得安守职分，不敢过厚，此不可以为悦也;或是缺于财用，力有所不能为，只得称家有无，不能从厚，亦不可以为悦也。这都是势之所处，不得不然;而原其本心，则有大不能安者矣。若使国家法制既在得为，自己财力又足有为，此正人子可以为悦之时，于此不用其情，乌乎用其情?从古以来，皆用厚葬，人人都是如此。我亦有三年之爱于其父母，何为独不如此，而忍于薄待其亲哉？是棺椁之美，非独自尽其心，亦犹行古之道也。虞也何疑之有？”

“且比化者，无使土亲肤，于人心独无恔乎？吾闻之也：君子不以天下俭其亲。”

比字，解作为字。化者，是死者。恔，是快足的意思。俭，是薄。

孟子又答充虞说：“吾谓送终之礼不可不尽者，为何？盖人子之于父母，常念其罔极之恩，则必思为无穷之计。要使附于身者坚厚久远，不使地下土壤得亲近其肌肤，则死者之体魄安矣。父母既安于地下，则于人子之心，独不快然自足而无所悔恨乎？若礼所得为而不肯自尽，是爱惜财物而薄于其亲矣。吾闻君子送终之礼，必诚必信，惟恐一有不慎，为终身之悔。岂忍惜世间财物，却在父母身上减省，而不尽其心乎？吾之致美于木，亦不忍俭于亲耳，奈何以过厚为疑耶？”然孟子之葬亲，虽得为而未尝越礼，虽有财而未尝过费，惟反诸心之不可解者，求所以自尽而已。彼墨子之徒，以薄为道，则以天下俭其亲；而战国嬴秦之君，至虚地土之藏以为观美：亦岂君子之所谓尽心者耶？

沈同以其私问曰：“燕可伐与？”孟子曰：“可。子哙不得与人燕，子之不得受燕于子哙。有仕于此，而子悦之，不告于王而私与之吾子之禄爵。夫士也，亦无王命而私受之于子，则可乎？何以异于是？”

沈同，是齐臣。子哙，是燕君。子之，是燕相。

是时燕王子哙惑于邪谋，传位于其相子之，国内大乱。齐之君臣欲乘其乱而伐之。故沈同自以己意私问孟子，说：“燕国乱矣，举兵伐之可乎？”孟子据理答说：“燕之罪可伐也。盖燕国受之天子，传之先君，子哙所当世守而勿失者。若未请命于天子，不该将土地人民私授与人。子之位在人臣，若未奉天子之命，不该私受国于其主。譬如有仕宦之人，平日你喜悦他，却不请命于王，就将你的禄秩官爵私自与他；那仕宦的人，也不曾奉有王命，就私受爵禄于你，于理可乎？盖爵禄虽在子，而黜陟予夺皆出于君，私相授受，皆不可也。燕国君臣之授受，何以异于此？以爵禄私相授受，在有国所必诛；以土地私相授受，在王法所必讨：何不可伐之有？”孟子之意，直谓燕有可伐之罪耳。至于所以伐燕者，又必有道，而惜乎沈同之不能再问也。

齐人伐燕。或问曰：“劝齐伐燕，有诸？”曰：“未也。沈同问：‘燕可伐与？’吾应之曰：‘可。’彼然而伐之也。彼如曰：‘孰可以伐之？’则将应之曰：‘为天吏，则可以伐之。’今有杀人者，或问之曰：‘人可杀与？’则将应之曰：‘可。’彼如曰：‘孰可以杀之？’则将应之曰：‘为士师，则可以杀之。’今以燕伐燕，何为劝之哉？”

天吏，是奉行天讨之君。

孟子答沈同之问，止谓燕国君臣有可伐之罪，而非谓齐之可以伐燕也。及齐人兴师伐燕，或人疑其计出于孟子，乃问说：“伐国之事，人所难言。今闻夫子劝齐伐燕，果有是事否？”孟子答说：“我实未曾劝齐伐燕。但谓我为劝者，却有个缘故。前日齐大夫沈同尝来私问我说：‘燕之无道，可伐与？’当时我应他说：‘可伐。’盖燕之君臣，把天子付予、祖宗传下的土地私相授受。这等逆乱纲常、违犯法纪，如何不可伐？彼就以我之言为然，不复再问，而遽伐之也。彼如再问：‘那个可以伐之？’则我必将应之说：‘除非是奉行天命、诛讨有罪的天吏，才可以伐之。苟非天吏，是以暴而易暴，亦不可也。’譬如今有杀人的，或问说：‘这杀人之人可杀与？’则将应之说：‘可。’盖杀人者抵罪，如何不可杀？彼如再问：‘那个可以杀之？’则必将应之说：‘除非是奉行君命、专理刑狱的士师，才可杀之。苟非士师，是以下而专戮，亦不可也。’今燕之君臣，不告于天子而私相授受，其悖乱之罪，诚为可伐。然齐非天吏，亦不请于天子，而兴兵讨伐，其专擅之罪，也与燕国一般；以齐伐燕，是即以燕伐燕也。我何为而劝之哉？”夫兵以义动，师贵有名。向使齐王能以燕国之乱告之天子，声罪致讨，无一毫自利之心，庶几称天吏矣。惟其欲乘人之乱，取以自利，全是战国阴谋，此孟子所以甚言其不可也。

燕人畔。王曰：“吾甚惭于孟子。”陈贾曰：“王无患焉。王自以为与周公孰仁且智？”王曰：“恶！是何言也！”曰：“周公使管叔监殷，管叔以

殷畔。知而使之，是不仁也。不知而使之，是不智也。仁、智，周公未之尽也，而况于王乎？贾请见而解之。”

畔，是背叛。陈贾，是齐大夫。管叔，是周公的兄，名鲜。监，是管理国事。

齐人既伐燕而取之，后来燕人不服，共立燕太子平为王，叛了齐国。齐王乃与群臣说：“向年我欲取燕，孟子劝我当顺民心；及诸侯将谋救燕，孟子又劝我置君而去。我不曾听他的言语。今燕人背叛，是我不用忠言之过，心甚惭愧，无颜面见得孟子，将如之何？”这是齐王悔悟的良心。群臣若能将顺而诱掖之，亦为善之机也。齐臣有个陈贾，是阿谀小人，乃对齐王说：“何必以此为患？臣且问王：王自家忖度，与古之周公孰仁孰智？”齐王惊叹说：“这是何言？周公乃古之圣人，我何敢比他！”陈贾便举周公的事来说：“王以周公为仁且智，非后世可及。不知周公于仁、智，也有不能完全的去处。当时武王克商，立纣子武庚，周公使其兄管叔去监守武庚之国。及成王初年，管叔遂与武庚同谋，以殷叛周。假使周公预知管叔之必叛，故意教他去监国，是驱之使陷于罪，忍心害兄，这便是不仁。假使不知管叔之将叛，误教他去监国，是亲兄之恶，尚然不知，这便是不智。这等看来，仁、智二字，以周公之圣尚且不能兼尽，而况于王乎？燕人之叛，正不必以此为惭也。贾请往见孟子，以周公为辞以解之，王无患矣。”夫齐王之惭，尚有迁善之机；而陈贾之解，反导之以文过之失。小人逢君之恶，其情状类如此。

见孟子，问曰：“周公何人也？”曰：“古圣人也。”曰：“使管叔监殷，管叔以殷畔也，有诸？”曰：“然。”曰：“周公知其将畔而使之与？”曰：“不知也。”“然则圣人且有过与？”曰：“周公弟也，管叔兄也。周公之过，不亦宜乎？”

陈贾欲借周公以释齐王之惭，因往见孟子，问说：“周公何许人也？”孟子答说：“德如周公，乃古之圣人也。”陈贾问说：“闻周公封武庚于殷，使管叔往监其国，管叔反与武庚同谋，以殷叛周。不知果有此事否？”孟子答说：“史书所载，诚有此事。”陈贾乃故意问说：“周公用管叔之时，亦预先知道他将叛而使之与？”孟子答说：“周公若知管叔将叛，岂肯使之？以理度之，必是不曾先知耳。”陈贾因借此发问说：“不知而使之，是不智也。夫子既以周公为圣人，宜乎尽善尽美，无有过失；乃不免用差了人，则圣人且有过与？”陈贾之言及此，自谓可以为齐王解矣。然不知圣人之所处，与常人不同。孟子答说：“圣人岂可轻议！但遇着天理人情照管不到的去处，其迹或涉于过差，而不知其有不得不然者。当亮其身之所处何如耳：周公于管叔为弟，管叔于周公为兄。当初使之监殷，只道他是王室懿亲，故以爱兄之念，诚信而任之，实不料其至于此也。然则周公之过，岂非天理人情之所不能免者乎？若逆料其兄之恶，而以疑贰之心待之，则不宜有此过矣，然岂圣人之所忍哉？”孟子之言，正与孔子观过知仁之意相合。惟其过于爱、过于厚，此所以为圣人也。若世之自陷于有过者，安可借之以自文耶？陈贾乃欲以此释齐王之惭，不惟巧于逢君，抑亦敢于诬圣矣。

“且古之君子，过则改之；今之君子，过则顺之。古之君子，其过也，如日月之食，民皆见之；及其更也，民皆仰之。今之君子，岂徒顺之？又从为之辞。”

孟子知陈贾为齐王文过，乃直折之，说：“凡人不能无过，但所以处过者不同。古之君子应事接物，也有一时意虑不及、偶然差错了的，却能自认其过，改从那好的一边去，不肯护短；如今的人，或偶有差误，本出无心，却惮于更改，就顺着那差的一边去，不肯认错。古之君子，当其有过，明白示人，无一毫遮饰，就如那日月方食的一般，天下之人谁不望见？及其汲汲改图，复于无过，就如日月复明的一般，依旧光明圆满，天下之人谁不瞻仰？这样心事，何等明白正大，即有一时之过，亦安足以病之？至于今之君子，岂徒顺从其过不肯改图？又要假借一段说话弥缝掩饰，以欺人之耳目。此古之君子能立于无过，今之君子所以卒归于有过也。自爱其身者，固当以古人自处；爱人以德者，又岂可以今人待之哉？”

陈贾之意，本欲借周公之过以解齐王之惭，是乃为君文过，而不知其陷君于有过也。故孟子正言以斥之如此。夫圣如成汤，而称其改过之不吝；圣如孔子，而幸其有过之必知。圣人亦何尝自谓其无过哉！惟过而能改，不惮舍己从人，以迁于至善，则非常人之所能及耳。齐之君臣，专以文过饰非为事，此国事所以日非，而终至于乱亡也。

孟子致为臣而归。王就见孟子，曰：“前日愿见而不可得，得侍同朝，甚喜。今又弃寡人而归，不识可以继此而得见乎？”对曰：“不敢请耳，固所愿也。”

孟子为卿于齐，本欲行道。及久于齐而道不行，无虚受其职之理，故致还卿位而归焉。齐王见孟子要去，乃亲自来见，说：“前日夫子未至吾国，寡人仰慕道德，愿一见而不可得。及夫子不弃寡人，千里而来，使寡人得侍贤者之侧，莫说寡人喜悦，即同朝士大夫，莫不甚喜。今又以寡人不足有为，弃之而去。虽夫子高尚之志已不可回，而寡人愿见之心自不容已；不识此别之后，尚可再来使寡人得见否乎？”夫齐王虽不能用孟子于在国之时，而犹欲见孟子于既去之后，其一念好德之诚，尚有未泯者。孟子乃婉辞以对之，说：“我虽去国，私心惓惓，常在王之左右。继见之期，但不敢预以为请耳，然此心固所愿也。”盖孟子严于守己，而又不欲轻于绝人，其汲汲行道之本心，固已见于言外矣。

他日，王谓时子曰：“我欲中国而授孟子室，养弟子以万钟，使诸大夫国人皆有所矜式，子盍为我言之？”

时子，是齐臣。六斛四斗叫作一钟。矜，是敬。式，是法。

孟子虽决于去齐，犹未出境，齐王以为尚可复留。一日，谓时子说：“我待孟子以卿相之位，他不肯留，必谓我尊敬之未至耳。我今欲当国之中，于士民凑集的去处，建造一所房屋与孟子居住；那从游的弟子众多，特与万钟之禄以赡养之。既有居止之安，又有廪给之富，或者可以复留。使我诸大夫及国中之人，都得以亲炙其光辉、瞻仰其仪范，人人得以尊敬而取法。此我之所大愿也。子何不为我告于孟子，备道所以勉留之意，庶几可以援而止之乎？”夫齐王不能尊德乐道，尽用贤之实，而徒欲以宫室廪禄为虚拘之文，宜孟子之终不留也。

时子因陈子而以告孟子，陈子以时子之言告孟子。孟子曰：“然。夫时子恶知其不可也？如使予欲富，辞十万而受万，是为欲富乎？”

齐王欲留孟子，命时子致意。时子难于径达，乃因孟子弟子陈臻转道齐王之语。陈臻亦不知孟子欲去之心，即述时子之言以告之。孟子以道既不行，义在必去，却又难于显言，乃姑答陈臻说："齐王有意留我，其意诚然。然我之当去而不可复留，固自有为，时子岂知之乎？且王以万钟留我，不过以富诱之而已。设使我有欲富之心，则前日位在客卿，常禄十万，尚辞之而不受。今乃受此万钟之养，是辞多而受少也，欲富者固如此乎？况我本非欲富而以是留之，亦非所以待我矣。"盖孟子以道为去就，齐王以禄为优礼，宜不肯复留也。

"季孙曰：'异哉子叔疑！使己为政，不用，则亦已矣，又使其子弟为卿。人亦孰不欲富贵？而独于富贵之中，有私龙断焉。'"

季孙、子叔疑，都是战国以前的人。异，是怪。龙断，是冈垄之高处。

孟子又答陈臻说："我今既辞卿位，若复以万钟留齐，是不得于彼、而求得于此也。与子叔疑何异？当时季孙曾说：'怪哉！子叔疑之为人。使自己居位为政，不见用于其君，也只是奉身而退便了；却又使其子弟为卿，代之秉政，不过志在富贵而已。世人之情，亦孰不欲富贵？但一得一失，自有义、命，何可尽取？乃子叔疑失之于身，复欲得之于子弟，是独于富贵之中，展转营谋，不肯割舍。如登在冈垄高处，左右顾望，惟图专利的一般，不亦怪哉！'今我道既不行，而复受万钟之养，则何以异于此？"盖君子仕止去就，惟视道之行否。其君用之，则忘身殉国，不敢辞难；否则洁己全身，不肯枉己：此圣贤出处之大节也。若乃于富贵利达之中，存患得患失之念，如所谓私龙断者，则乡党自好者不为，岂君子自处之道哉？齐之君臣，不知去就之义，而徒欲以厚禄羁縻贤者，其不知孟子亦甚矣！

"古之为市也，以其所有，易其所无者，有司者治之耳。有贱丈夫焉，必求龙断而登之，以左右望而罔市利。人皆以为贱，故从而征之。征商自此贱丈夫始矣。"

有司，是监市的官。罔，是网罗括取的意思。征，是税。这一节是解上文"龙断"二字之义。

孟子说："季孙以龙断比子叔疑。如何叫作龙断？盖古时设立市场，聚集民间的货物，使彼此更换，以其所有易其所无，两平交易，各得其所。那有司之官，不过替他平物价、理争讼，以法治之而已，初未征其税也。后来有一等贱丈夫，贪得无厌，必求那冈垄最高明的去处，登而望之，左顾右盼，看那一项可以居积，那一处可以兴贩，既欲得此，又欲取彼，把市中财利一网括尽，不肯放过些须。这等专利的小人，个个都贱恶他，乃征取其税，以示裁抑。后世缘此，遂有商税。是征取商人之法，实自此贱丈夫始矣。季孙所谓龙断之说如此。其意盖讥子叔疑自己不用，又为子弟求官，罔利无厌，与龙断无异也。今我既辞十万之禄，复受万钟之养，不得于此而求得于彼，是亦一龙断矣，如之何其可哉？"此孟子所以决于去齐，而时子或未之知也。

孟子去齐，宿于昼。有欲为王留行者，坐而言。不应，隐几而卧。

昼，是齐邑名。古人席地而坐，年长者为之设几。隐几，是凭着几案。

齐王不能用孟子，孟子以道不得行，辞之而去。行到西南境上昼邑地方，暂且止宿，盖去国不忘君之意也。当时有个齐臣，见孟子行得迟缓，意其可以复留，乃不奉王命，而自以其意来见孟子，欲为王留行，是不知留贤之道矣。及既坐而言，孟子只由他自说，竟不答应；且凭着几案而卧，若不曾听闻者，以示绝之之意焉。盖为国留贤，虽是美意，然平时不能左右齐王，成就他用贤之美；临时又不知遵奉王命，道达他留贤之诚。徒欲以一人之口舌，挽回贤者之去志，多见其不知量已。此孟子所以重绝之也。

客不悦，曰："弟子齐宿而后敢言，夫子卧而不听，请勿复敢见矣。"曰："坐。我明语子。昔者鲁缪公无人乎子思之侧，则不能安子思。泄柳、申详，无人乎缪公之侧，则不能安其身。"

客，是为王留行的人。

因见孟子不应其言，以为慢己，乃忿然不悦，说道："夫子之去留，系齐国之轻重，故弟子不敢轻率，斋戒越宿，方敢进言，何等样诚敬。夫子乃卧而不听，明示拒绝。弟子请从此辞，不敢复见矣。"夫齐人不自省悟，而反责望于孟子，是不知留贤之道者。孟子欲晓告之，乃命之坐，说道："子知我之所以不应乎？请明告汝。大凡贤者之去就，视人君之礼遇何如。昔者子思在鲁，缪公深知其贤，以师道尊之，常使人伺候起居，通其诚意，所以能安子思也。若使缪公无人在子思之侧，则其尊贤之意无由自达，子思必见几而作，不能一日安于其国矣。泄柳、申详二子，都是贤者。缪公虽尊之不如子思，然有推贤荐士之臣，常在君侧为之维持调护，所以能安其身也。若使二子无人在缪公之侧，则其君敬贤之礼有时而衰，二子亦必洁身而去，不能一日安其身矣。此可见贤者之居人国，其上必有好贤之君，尊崇听信，寄之以腹心，而后可留；其中必有荐贤之臣，弥缝匡赞，通之以情意，而后可留。盖以道自重，当如是也。今子之来，果王之留我，而使子道其诚耶？抑子请留于王，而为之通其意耶？苟为不然，则非所以处我矣。我之不应，岂为过哉？"

"子为长者虑，而不及子思。子绝长者乎？长者绝子乎？"

长者，是孟子自称。虑，是谋。

孟子承上文说："观子思与泄柳、申详之事，则留贤之道可知矣。子之留我，诚出自王之诚意，如缪公之于子思，则待我以礼，安敢不答？乃今观子之来，未尝出于君上之命，而欲以一人之私意决贤者之去留，是子为长者谋画，视缪公之待子思，不及远矣！我之自处，未尝敢轻于子思。而不以子思待我，这是子绝我乎？却是我绝子乎？夫敬人者，人恒敬之。子之留我不以其道，是先绝我矣；我之卧而不应，岂为先绝子乎？"

盖孟子于齐，道虽不合，未忍遽去。使留行者能以尊贤之义开导齐王，因以齐王之诚勉留孟子，未必不可挽回也。齐人乃欲以己意留之，其见绝于孟子，宜哉！尝即子思、泄柳、申详之事而论之：古之贤士，皆知以道自重，而上亦重之，非其君忘势而下交，则其左右之贤者秉公而推荐，如三子者是已。战国以后，士习日卑，乃有阿时好以结主知，因君侧以求先容者，则泄柳、申详犹耻为之，而况子思乎？观孟子之言，亦足以维士习之变矣。

孟子去齐。尹士语人曰："不识王之不可以为汤、武，则是不明也。

识其不可，然且至，则是干泽也。千里而见王，不遇故去，三宿而后出昼，是何濡滞也？士则兹不悦。”

干泽，是干求恩泽。濡滞，是迟留的意思。

孟子去齐，止于昼邑地方，三宿而后出境。齐人尹士见孟子去不果决，乃私与人讥议，说：“出处乃士人之大节，甚不可苟。故进必择君而仕，不为利禄；退必见几而作，不俟终日：这才是难进易退的道理。今齐王之不可为汤、武，人皆知之。使孟子不知而来见，则智不足以知人，是不明也；使知其不可犹且来见，则志惟在于利禄，是干泽也。且千里而来见王，本欲行道；今不遇而去，便当洁身。却乃迟迟其行，三宿而后出昼，是何其依违于进退之间，若是其濡滞也！以孟子平日的抱负，吾甚敬之。今所为若此，吾甚不悦，不意孟子而有此举动也。”夫尹士之言，似亦知守身之常法者。而圣贤委曲行道之心，则岂硁硁者所能识哉！

高子以告。曰：“夫尹士恶知予哉？千里而见王，是予所欲也。不遇故去，岂予所欲哉？予不得已也。”

高子，是孟子弟子。

高子闻尹士讥切孟子之言，乃述以告孟子。孟子晓之说：“君子之出处去就，若只顾自己高洁，这也不难。惟是爱君忧国，委曲从容，尚有出于常情之外者。尹士之言，乌能知我之心哉？我当初千里而见王，非是逆料王之不可为汤、武而姑就之也，以为道在于我，可以辅世长民。若一见之后，有所遇合，或可佐王以成汤、武之业，而吾道庶几可行，是我之所愿欲也。至于不遇故去，岂是我之本心？只为言不见用，吾既不能舍所学以从人；道不得行，吾又不可居其位而食禄。展转思惟，实不得已而后去耳！夫向日之来，本欲求伸其素志；故今日之去，犹未忍遽替其初心。始终只要行道济时，使天下被汤、武之泽而已，何害其为濡滞哉？尹士恶足以知此。”

“予三宿而出昼，于予心犹以为速，——王庶几改之；王如改诸，则必反予。”

孟子答高子说：“我之去齐，实非本心，盖有甚不得已者。即三宿而后出昼，于我之心，犹以为过于急速，而有不能恝然者焉。何也？盖人情或暂蔽而复明，或始过而终改。王之不能用我，虽是一时迷惑，然犹望其从容悔悟，庶几能改，不至于终迷而不悟也。若使王能知既往之失，痛加省改，则能以王道为必可行，以吾言为必可信，必将追我而反之矣，吾何为而速于去哉？所以三宿出昼而不嫌于濡滞也。”

“夫出昼而王不予追也，予然后浩然有归志。予虽然，岂舍王哉？王由足用为善。王如用予，则岂徒齐民安？天下之民举安。王庶几改之，予日望之。”

孟子承上文说：“我三宿而去昼，犹冀王之追我也。至于出昼之日，已越齐境，而王不见追，则王之心终于不悟，而义不容于不去矣。我到这时节方才有必归之志，浩然长往而不可复止耳。然我虽决去，亦岂忍恝然而舍王哉？盖王之天资朴实，虽有好勇、好货、好色这三件病痛，然其不忍之心，充之可以保民；好乐之心，公之可以治国，犹足引而为善，以建有为之业者。王如用我，使我之道得以大行，则岂徒齐国之民得安？即天下之民，皆可使被治安之泽，而汤、武之功亦不难致矣。王诚反而思之，庶几改过迁善。使王为贤君，齐为善国，岂不美乎？故我虽既去，犹日夜望之也，岂忍终舍王哉？尹士乃以濡滞讥我，亦不知我之心者矣。”

“予岂若是小丈夫然哉？谏于其君而不受，则怒，悻悻然见于其面，去则穷日之力而后宿哉？”尹士闻之曰：“士诚小人也。”

悻悻，是不平的意思。穷字，解作尽字。

孟子承上文说：“我之从容去国，而犹有望于王，盖为世道民生计也。岂是那一等规模促狭、不识大体的小丈夫，一有所匡谏于君，不见听从，即心怀愤恨，悻悻不平之气见于面目；去则驰驱道路，尽一日之力方肯止宿，惟恐其行之不速，涉于濡滞，而无复有所顾恋。这样的人，只管得自家的去就，全无爱君忧国之心。君子忠厚之道，不如是也。我宁受濡滞之名，其忍以小丈夫自处耶！”尹士闻此言，乃自悟其失，说道：“我之所言，但见得去就之际不可不明，岂知贤者行道济时之心、忠君爱国之念，有如此者？我诚小丈夫也。”然则君子之所为，岂常人所能识哉？盖孟子初至齐国，只望齐王能行其道；及不遇而去，又只望齐王能改其失。其忠爱之心与明哲之见，有并行而不悖者，与孔子迟迟去鲁之意正同，视硁硁一节之士，以去就为名者，分量相悬矣。惜乎！齐王竟不能留，而齐终不能治也。

孟子去齐，充虞路问曰："夫子若有不豫色然。前日虞闻诸夫子曰：'君子不怨天，不尤人。'"曰："彼一时，此一时也。"

不豫，是不喜欢的意思。

孟子至齐，不遇而去，其忧世之心，有不觉见于颜面者。门人充虞在途间问说："夫子自去齐以来，忧形于色，似有郁郁不乐的模样。虞窃有疑焉。前日虞曾闻夫子说：'君子之心，无入而不自得。就是不得于天，也不怨天；不合于人，也不尤人。'今夫子不遇于齐，便似有怨尤的意思，与前日之言不合，此则弟子所不识也。"孟子晓之说："不怨、不尤这两句，是我平时诵法孔子的言语。我何尝有怨天尤人之心？但我今日之不豫所以异于前日者，亦自有说。盖君子守身之常法，与用世之微权，各自有一种道理。我前日不见诸侯，不曾想着用世，只是居仁由义，不愧于天，不怍于人，便欣然有以自乐，彼固一时也。其在今日，却要得君行道，辅世长民；然而遭际不偶，则上畏天命，下悲人穷，于心自有不能恝然者，此又一时也。时之所值不齐，而心之忧乐亦异，岂可以一律论哉！"

"五百年必有王者兴，其间必有名世者。由周而来，七百有余岁矣。以其数，则过矣；以其时考之，则可矣。"

名世，是德业闻望可名于一世的贤人。

孟子告充虞说："我之所以不豫者，为何？盖当此之时，圣王不作，吾道不行，有不能释然者耳。大抵圣君贤相，其遇甚难，其出不偶。自来天地间的气运，到五百年贞元会合，则必有继天立极的圣人受命而兴，在天子之位，以开一世之太平。如自尧、舜以至于汤，自汤以至于文、武，都是这等年数。那其间建功立业，也不是一个人做的，又必有德业闻望超出一世的贤人出来辅佐他，以成王者之治。如尧、舜之有禹、皋，汤、武之有伊、吕，也都是这等凑合。此可见天运而人从、君倡而臣和，是乃气数之必然而不可易者也。今自文、武造周以来，到于今七百有余岁了，以五百年的常数算之，已过二百，王者之不作，未有疏于此时者矣。且天运循环，无往不复。以当今战国之时考之，正是乱极思治、可以有为之日，兴道致治，未有易于此时者矣。于此而不得一佐圣王，以成辅世长民之业，仅见一齐王足用为善，而又不遇而去。虽有名世之具，亦终无以自见矣。忧天命而悲人穷，安得无不豫之色哉！”

“夫天未欲平治天下也，如欲平治天下，当今之世，舍我其谁也？吾何为不豫哉！”

孟子又说：“当今之世，数过五百之期，时值可为之日，乃使我不遇于齐，或者天意还未欲平治天下故耳。有如世道不可终否，天心有时而厌乱，将使天下治平，复蒙王者之泽；则辅佐于下者，毕竟要有德业闻望可名一世的人，才做得拨乱反正的事业。当今之世，独我一人足以当之耳，舍我其谁用哉？夫天意未定，则平治尚有可望；其具在我，则遭际亦必有期。吾惟藏器于身，待时而动耳，又何为而不豫哉？”是可见孟子自任之重，故去国而不能无忧；自信之深，故处困而不失其乐。圣贤之存心如此，众人固不识也。

孟子去齐，居休。公孙丑问曰：“仕而不受禄，古之道乎？”曰：“非也。于崇，吾得见王。退而有去志，不欲变，故不受也。”

休、崇，都是地名。

孟子虽为齐卿，未尝受禄，以明其志在行道，不为利禄所縻，而公孙丑未之知也。及孟子去齐居休，乃乘间问说：“君子居其位，则食其禄，宜无可辞之理。向者夫子仕于齐国，而不受其禄，是岂古人之道当如是耶？”孟子答说：“仕不受禄，本非古道；但我之辞禄，盖自有说。当初我来见齐王，本欲行其志也。使王能用我，而可以久居于齐，则虽受其禄，亦无不可。顾吾初至齐国，在崇邑地方得见齐王，谈论之间，已知其不能用我，退而有去志矣。后虽曾有爵位，不过假此暂住，以观王之意向何如，其实欲去之志不欲变改。若遂受其禄，则为职分所羁，而行止久速，不得自由，故虽仕而不受其禄也。盖禄既不受，则脱然于官守之外，而一进一退，绰然有余裕矣。岂可以古道例之耶？”

“继而有师命，不可以请。久于齐，非我志也。”

孟子承上文说：“我于齐既有去志，则义不可以复留矣。乃犹迟迟而行，这是为何？盖我自见王之后，适遇着国内被兵，有兴师之命，此时干戈扰攘，上下戒严。若于危急存亡之秋，而但为洁身自便之计，非惟义所不可，抑亦心所未安，故隐忍而不敢请也。然则我之淹留于齐，乃势有所阻，岂我志之所欲哉？身在齐卿之位，而心怀去国之图，此所以不受其禄也。”

盖孟子之志，欲行仁义之道，以比隆汤、武；而齐王之志，欲窃富强之略，以效法桓、文：此如方圆之不相入矣。道既不合，而乃欲以万钟之禄縻之，岂所以待孟子哉？可见君子之遭时遇主，惟精神志意之感孚为足以尽其用，而爵禄名宠之制御不足以系其心。此又用人者所当知也。

卷五

滕文公上

滕文公为世子，将之楚，过宋而见孟子。孟子道性善，言必称尧、舜。

滕文公，是滕国的诸侯。之字，解作往字。道，是言。

昔滕文公为世子时，将往楚国，修交邻之礼。因平日仰慕孟子，闻得孟子在宋国，乃先过宋而见之。观世子之急于见贤，正是他天性之善，可与入圣的机括。孟子欲从本原上启发他，开口便说个性善。盖人生下来便有个性，乃天所命于人的正理，本有善而无恶。自圣人以至途人，性中个个有仁、个个有义；其不仁不义者，必是物欲害之，而非其本然之性也。当时性学不明，故孟子特举以告世子，欲其先认得本来真性，然后可励其必为之志；而又恐言之无征，必称尧、舜以实之。盖尧、舜之德，虽荡荡巍巍，万世莫及。然其所以为圣者，岂是于人之外更有所加？不过由其本善无恶者充之以造其极耳。称尧、舜之仁，便见得性中同有是仁；称尧舜之义，便见得性中同有是义。仁义不假外求，则尧、舜可学而至也。世之以不善言性、以圣人为绝德而自弃者，其亦弗思甚矣。此孟子所以惓惓于世子也。

世子自楚反，复见孟子。孟子曰："世子疑吾言乎？夫道一而已矣。成覸谓齐景公曰：'彼丈夫也，我丈夫也，吾何畏彼哉？'颜渊曰：'舜何人也？予何人也？有为者亦若是！'公明仪曰：'"文王，我师也。"周公岂欺我哉？'

成覸，是古人姓名。彼，指圣贤说。公明仪，是鲁之贤人。

战国之时，性学不明久矣。世子骤闻孟子性善之说，未能了然；且望以尧、舜之圣，益加疑畏。故自楚国回还，复来见孟子，意以前日之言高远难行，或别有卑近易行之说也。孟子乃告之说："世子此来，得非闻吾之言而有所疑惑乎？吾言固无可疑也。夫性即是道，道之在人，同出于天，同具于心，无古今，无圣愚，一而已矣。若说人性不皆善，尧、舜不易为，则是尧、舜一道，众人又一道，道为有二矣。天下岂有二道哉？试以古人的言语一一验之。昔成覸对齐景公说：‘今之人见说个圣贤，便怵然畏之，不知他也是个丈夫，我也是个丈夫，其性一也。我若自家奋发，也做得到他的地位，吾何畏彼哉？’颜渊尝说：‘古今称圣人必曰虞舜。然舜是何等人？我是何等人？看来性非有二也。我能立志有为，也就和舜是一般，何难之有！’公明仪亦尝说：‘周公是文王之子，事事取法文王，曾说：“文王是我师也”。以今观之，人患不为文王耳。吾性中自有文王，人人可以师法，这是明白简易的道理，周公岂故为大言以欺我哉？’夫此三子之言，正以古今圣贤本无二道，非有高远难行之事，故其说之吻合如此。世子试以三子之言证吾前日之言，则必有恍然觉悟、慨然奋发者矣，而又何疑哉？”

“今滕，绝长补短，将五十里也，犹可以为善国。《书》曰：‘若药不瞑眩，厥疾不瘳。’”

绝字，解作截字。瞑眩，是烦乱的意思。瘳，是病痊。

孟子勉世子说：“即成覸、颜渊、公明仪之言观之，可见道之无二，而圣贤之必可师矣。世子勿以滕国为小，而惮于有为。今若将滕之地界截长补短，几有五十里之大，建国之规模固尚在也。苟能奋发自强，修身立政，以古帝王为法，犹可以拨乱兴衰，为治安之国。但恐安于卑近，不能自克以从善耳。《书经》上说：‘若药不瞑眩，厥疾不瘳。’比喻人君为治，如人有疾病，以苦口之药攻之，必是腹中烦乱一番，方才除得病根；若药不瞑眩，这病如何得好？为人君者，若非克己励精，忍人所不能忍；虚心受谏，容人所不能容，则治无由成，而国亦终于不振矣。世子诚有志于圣贤之道，亦在自勉而已，岂以国小为患哉？”夫滕在战国极称褊小，孟子犹以尧、舜之道期之，况于君临万国，继帝王之统，而能勉强行道，何治之不可成乎？若所引《书经》二语，于治道尤为亲切。盖王者以天下为一身，凡四方水旱兵荒，即是人身的病痛；远近内外许多弊端蠹政，即是人身经络脏腑中致病的根源。若能听逆耳之言，怀恻身之惧，将那蠹弊的去处一一扫除，使阴阳和顺，灾沴不作，就如用苦口之药攻去病根，使气血调畅，身体康宁一般。即此推之，尧、舜之道，亦不外此。图治者可不勉哉！

滕定公薨。世子谓然友曰："昔者孟子尝与我言于宋，于心终不忘。今也不幸至于大故，吾欲使子问于孟子，然后行事。"然友之邹，问于孟子。孟子曰："不亦善乎！亲丧，固所自尽也。曾子曰：'生，事之以礼；死，葬之以礼，祭之以礼：可谓孝矣。'诸侯之礼，吾未之学也。虽然，吾尝闻之矣：三年之丧，齐、疏之服，飦粥之食，自天子达于庶人，三代共之。"

滕定公，是文公之父。世子，即文公。然友，是世子之傅。齐，是齐衰。疏，是粗布。稀粥，叫作飦。

滕文公为世子，既得闻孟子之教，有所感悟。已而遭其父定公之丧，因谓送终大事，不当安于世俗之礼，遂与其傅然友说："昔时我因过宋，得见孟子。他曾与我论尧、舜性善之道，大有启发，我常记念在心，终不能忘。今也不幸有此大变，不知丧葬之礼如何举行，方合于圣人之道。我欲使子往问孟子，求其一一指教，然后行事，庶免于悖礼之失也。"此时孟子在邹，然友即自滕至邹，以世子之言问于孟子。孟子答说："方今王教陵夷，丧礼废坏，世子此问，独有慨然复古之心，不亦善乎！然人子居父母之丧，其哀痛迫切至情根于天性，于凡送终之礼，只要自己竭尽其心，而不忍一毫亏欠，原非人所能强，亦非人所能沮者，宜乎世子于此有不能自已也！曾子尝说：'父母在生之时，左右就养，当事之以礼；既殁之后，衣衾棺椁，当葬之以礼；祭享之时，礿祀蒸尝，当祭之以礼。自始至终，礼无不尽，则心亦无不尽，而可以谓之孝矣！'这是曾子泛论人子之礼，我尝学之。若夫诸侯的丧礼，则我未之学也。然我虽未学此礼，而礼之大经有一定而不可易者，吾亦尝闻之矣。彼子生三年，然后免于父母之怀，故父母之丧，必以三年为定；所服的必定是齐、疏之服；所食的必是飦粥之食：此乃居丧之礼，出于天理人心，不容已的。上自天子，下至庶人，无贵无贱，都是这等。从夏、商、周、三代以来，未之有改也。我之所闻大略如此。世子欲尽其心，亦惟遵行此礼而已。"

然友反命，定为三年之丧。父兄百官皆不欲，曰："吾宗国鲁先君莫之行，吾先君亦莫之行也。至于子之身而反之，不可。且《志》曰：'丧祭从先祖。'"曰："吾有所受之也。"

反命，是复命。父兄，是滕国同姓的老臣。滕与鲁都是文王之后，鲁祖周公为同姓诸侯之长，诸侯皆宗之，故滕以鲁为宗国。《志》，是《记》。

然友归到滕国，将孟子所论三年之丧的说话一一复命于世子。世子以孟子之言为必可行，遂定为三年之丧。盖其良心感悟，勇于从善如此。是时，古礼湮废已久，一旦行之，众心骇然。那父兄百官都哄然不欲，说道："如今称秉礼之国莫如鲁，乃吾滕之宗国，所当取法者也。三年之丧，鲁先君不曾行，吾滕之先君亦不曾行，至于子之身，顾欲行之，以反先君之所为，是祖制可变，而旧章可废也，断然不可！且《志书》上说道：'丧祭之礼，当从先祖。'其意盖说上世以来所行的典礼都有个传受，不是一人创造的，虽或不同，不可改也。今子遽自改之，欲行古礼，而先悖古训，如之何其可哉？"夫周公、滕叔之时，何尝不行三年之丧？今所称先君者，不考之于开国之初，而考之于数传之后；所称从先祖者，不从之于创礼之日，而从之于坏礼之时，积习所溺，其弊至此。何怪古礼之不可复哉！

谓然友曰："吾他日未尝学问，好驰马试剑。今也父兄百官不我足也，恐其不能尽于大事，子为我问孟子。"然友复之邹问孟子。孟子曰："然，不可以他求者也。孔子曰：'君薨，听于冢宰。歠粥，面深墨，即位而哭。百官有司，莫敢不哀，先之也。上有好者，下必有甚焉者矣。君子之德，风也；小人之德，草也。草尚之风必偃。'是在世子。"

冢宰，是六卿之长。歠，是饮。深墨，是颜色深黑，乃哀戚之容。君子，指在上的人说。小人，指在下的人说。尚，是加。偃字，解作仆字。

世子欲行三年之丧，见群臣不从，乃反躬自责，谓然友说："凡人平日所行，人都敬服，然后有所举动，无不信从。若我往日所为，原未尝勤学好问，在道理上究心，只好走马试剑、游戏驰骋，因此不见信于群臣。故今日欲行大礼，内而父兄，外而百官，心里都不满足，说我行不得古礼。这等众志未孚，恐不能尽送终之大事。子为我再问孟子，如何可以厌服人心，勉成此礼？"然友乃又至邹，问于孟子。孟子答说："世子谓群臣不从，由素行之不孚，其言是矣。然送终之礼，实起于哀痛迫切之至情，凡人皆有此心，皆可感动，是不可以他求者，只在世子自尽而已。孔子曾举古礼说：‘君薨之日，为嗣子的以百官之事听于大臣之长，自己居次守丧，歠饮粥汤，面容毁悴，至有深黑之色；即丧次之位，朝夕哭临，于是百官有司莫敢不哀。所以然者，以在上之哀痛，有以先之也。盖在上之人意有所好，则在下者观感而效法之，必有甚于上者。可见在上的君子，其德能感乎人，譬如风一般；在下的小人，其德应上所感，譬如草一般：草上加之以风，无不偃仆。小人被君子之化，无不顺从，此理之必然也。’孔子之言如此。今世子乃在上之君子，若能自尽其哀，则父兄百官莫敢不哀矣。是丧礼之行，只在世子而已，岂可以他求哉？”

然友反命。世子曰：“然，是诚在我。”五月居庐，未有命戒。百官族人可，谓曰知。及至葬，四方来观之，颜色之戚，哭泣之哀，吊者大悦。

庐，是居丧之舍。知，是知礼。

然友闻孟子之言，遂复命于世子。世子悟，说：“孟子此言极是。送终之礼在我，诚当自尽以倡率群臣，不必他求也。”于是断然行三年之丧，凡五个月居庐守丧，不发号令。盖古时诸侯五月而葬，谅阴不言，故世子遵照古礼而行。此时百官族人皆已感悟，称其知礼。及至葬期，四方之人皆来聚观，见世子颜色惨戚，哭泣哀痛，凡诸侯宾客来吊于滕者，亦无不喜其尽礼，而相与悦服焉。

盖天性至亲，人所同具。故丧礼一行，而远近人情翕然称服如此。可见人性之善，无间于古今，而良心之触，莫切于父子。孟子道性善以启发文公，文公触善念而遵修古礼，遂使先王久湮之典，一旦行于小国，而足以感动人心。孰谓尧、舜之道为高远而不可行哉？

滕文公问为国。孟子曰：“民事不可缓也。《诗》云：‘昼尔于茅，宵尔索绹。亟其乘屋，其始播百谷。’

民事，是农事。于，是往取。绹，是绳索。亟字，就是紧急的“急”字。乘，是升。播，是布种。

滕文公嗣位之初，以礼聘孟子至滕。一见孟子，便问治国的道理。

这是他锐意求治，可与有为之机也。孟子欲以行王政劝之，乃先告之说："国之所重在民，民之所重在食。那农家耕种之事，不要看得轻了，乃国家命脉所关，第一件要紧的事务，当汲汲然为之经画区处，不可缓图也。《诗经·豳风·七月》之篇述农家相劝的言语说道：'当此农隙之时，日间则取茅草，夜间则绞绳索，急忙升屋修盖，趁早完工。到了来春，又要从新播种百谷，无暇为治屋之事矣。'夫时方冬月，而预为来春之计。可见农家终岁之间，无一日不勤于畎亩，无一念不在于稼穑，其艰难辛苦一至于此。人君想着这等情状，可不以民之心为心，而重其事乎？"

"民之为道也，有恒产者有恒心，无恒产者无恒心。苟无恒心，放辟邪侈，无不为已。及陷乎罪，然后从而刑之，是罔民也。焉有仁人在位，罔民而可为也？"

恒产，是衣食的常业。恒心，是民所常有的善心。罔民，是说人君陷民于罪，就如张设罗网，掩其不见而取之一般。

孟子又说："国家事务甚繁，我独谓民事不可缓者，何故？盖以民之为道也，有这衣食的常产，便能相生相养，不去为恶，而常有之善心以存；无这常产，便朝不谋夕，无暇为善，而常有之善心以忘，此理之必然者也。苟无常心，则放荡淫僻，邪妄侈肆，举凡是不好的事都做出来，将无所不为，而犯罪者众矣。既陷于罪，岂得不以刑法治之？夫平时不能制民之产，培养他的良心；及其无知犯法，则刑法必加，无所逃避，就如张设网罗，驱之使入其中一般，非罔民而何？若此者，不仁甚矣！焉有仁人在位，以爱养百姓为心者，而乃为此等罔民之事乎？"然则恒产有无所系甚重，为人君者，诚不可不以民事为急也。

"是故贤君必恭俭、礼下，取于民有制。阳虎曰：'为富不仁矣，为仁不富矣。'"

阳虎，即阳货，是鲁大夫季氏家臣。

孟子承上文说："恒产有无所系之重如此。可见民事之当急，而取民不可以无制矣。所以古之贤君，其持己谦恭，不敢以贵而骄；其自奉节俭，不敢以富而侈。惟其谦恭，故能以礼接下，托之以腹心，视之如手足；惟恐一有侮慢，至于失臣下之心也。惟其节俭，故取于民有制，赋税无额外之征，供输无不时之索；惟恐有一烦扰，至于伤小民之生也。此惟贤君乃能如此。若不恭不俭，则侮人夺人，无所不至，岂复能爱惜小民，取之必以其制乎？昔阳虎有言：'天下之事，理欲公私，不容并立。若欲为富，必至罔利害民，就行不得仁了；若欲为仁，只得损上益下，就致不得富了。'"阳虎本是不仁之人，其意主于求富。然就这两句言语看来，有国家的，若罔民而取之无制，便是为富不仁；若能制民恒产，取之有法，便是为仁不富。为君者宜知所择矣。要之，为富固甘于不仁，然财聚而民必散，亦不可以为富；为仁固非以求富，然民足而君亦足，又岂至于独贫？此则不以利为利，而以仁为利，又孟子未发之指也。

"夏后氏五十而贡，殷人七十而助，周人百亩而彻，其实皆什一也。彻者彻也，助者藉也。"

彻，是通融均一的意思。藉字，解作借字。

孟子举三代制产取民之法以告文公，说道："夏家之制，每人一丁受田五十亩，征其五亩之租，叫做贡法。殷家始为井田，其法以田六百三十亩画为九区，每区七十亩，中为公田，其外八家各分一区，使之同治公田，以给国用，而不复税其私田，叫作助法。周家之制，每人一丁受田百亩，近郊乡遂用夏之贡法，十夫共为一沟；远乡都鄙用殷之助法，八家同为一井。耕种则通八家、十家之力，在一处合作；收获则计一井、一沟之入，算亩数平分，叫作彻法。"这三样田制，名虽不同，然究其取民之实，则贡者取五亩之入于五十亩之中，助者取七亩之收于七十亩之外，彻则兼之：都是什分之中取其一分，未尝过重也。然谓之贡者，自下贡上，其义固易明矣。至于彻与助之义，却是为何？盖彻者，始而通力合作，有通融之义；继而计亩均分，有均一之义，故谓之彻也。助者，借八家之力以助耕公田，故谓之助也。其义不同，而总之则皆取民有制，三代之仁政如此。"夫什一之制，轻重适均，公私两便，乃三代之良法，而万世不可更易者。自阡陌既开，列国之赋始不止于什一。而后世暴征横敛，使小民终岁勤动，止足以办公家之税，而无一饱之余，视古法又甚远矣。何怪乎民生日困，而国用益诎也。重邦本者尚念之。

“龙子曰：‘治地莫善于助，莫不善于贡。’贡者，校数岁之中以为常。乐岁，粒米狼戾，多取之而不为虐，则寡取之；凶年，粪其田而不足，则必取盈焉。为民父母，使民盻盻然，将终岁勤动，不得以养其父母，又称贷而益之，使老稚转乎沟壑，恶在其为民父母也？”

龙子，是古之贤人。狼戾，譬如说狼藉，是多余的意思。培壅田禾，叫作粪。盻盻，是恨视的模样。称贷，是借贷起利。

孟子承上文说：“贡与助，虽皆什一取民，然贡法不能无弊，又不如助法之善也。龙子尝说：‘古来治地之法，莫善于殷人之助，莫不善于夏后氏之贡。’何以见贡之不善？盖年岁有丰歉，则收成有多寡，此天时地利，难以预定者也。今夏之贡法，计算数岁之中多少收获，不管他极丰极歉的时候，只就中定下规则，年年征收这些。所以法格于难行，民苦于不便。且如遇着丰年，粒米狼藉，百姓每充然有余，便多取些不为虐害，乃寡取之，只够这些常数；遇着荒年，收获不多，以此为粪田之费尚且不足，却也要这些常数，必满足而后已。是乐岁之寡取，民不为恩；而凶岁之取盈，民实不堪命矣。夫人君为民父母，当勤恤民隐，如保赤子可也。今以取盈之故，使民盻盻然怨咨愁恨，把一年辛苦中所得的尽数输之于官，不得养其父母；又借贷起利以足取盈之数，致使官粮私债，上下逼迫，仰事俯畜，一无所资，那老稚之民，皆转死于沟壑而莫之救矣。百姓每这等困苦，上面的人全不爱惜，又恶在其为民父母也？”夫贡法不善，一至于此。若助法，则随公田所得之多寡而取之，安有此弊哉！即龙子之言观之，可见助法之当行矣。

“夫世禄，滕固行之矣。《诗》云：‘雨我公田，遂及我私。’惟助为有公田，由此观之，虽周亦助也。”

凡人臣有功于国，子孙世世食禄的，叫作世禄。

孟子又告滕文公说：“先王之制，有世禄以养君子，有井田以养小人，这两件乃王政之本也。然世禄取之公田，实与助法相为表里，有不容不并举者。今世禄之制，滕固见今行之，所以厚君子者，固率由先王之旧矣。惟是助法未行，得无以商人之法，非我周之故典乎？不知我周初时也用此法，观之于《诗》可验矣。《周诗·大田》之篇小民祝告于天，说道：‘愿天下雨溉我公田，遂及我私田。’这是小民先公后私之意。然贡法无所谓公田，惟助法有之。以公田之名，而出于周人之诗，这等看来，虽我周盛时，实已兼用助法，其公田足以制禄，其私田足以养民，无非由商之旧制也。周不能改乎商，而滕独可不从周制耶？信乎助法之善。滕当与世禄并行而不废可也。”

“设为庠序学校以教之：庠者养也，校者教也，序者射也。夏曰校，殷曰序，周曰庠，学则三代共之，皆所以明人伦也。人伦明于上，小民亲于下。”

这一节是三代建学之制。

孟子举以告文公说：“为国者诚能制民之产，则民有恒心，而教化可兴矣。于是设为庠、序、学、校，以施立教之方焉。然庠、序、学、校四者，其义为何？盖古之建学以教民为主，而乡饮、乡射之礼，亦皆举于其中。故谓之庠者，取养老之义为名也；谓之校者，取教民之义为名也；谓之序者，取射以序贤之义为名也：这三样都是乡学。其地本非有二，但三代相继，各举一事为名，所以在夏则谓之校，在殷则谓之序，在周则谓之庠，而各有不同如此。惟学则设于国中，以教成材之士，三代皆同此名，无所损益焉。要之，名义虽有沿革，然原其立校之意，都是要讲明人伦之理，以厚风俗而已。盖父子有亲，君臣有义，夫妇有别，长幼有序，朋友有信，这五件是人之大伦，天下古今所同具而共由者。惟教化不明于上，则民志不亲，而争乱之端起矣。所以三代盛王建学立师，将这五伦之理讲解宣示，昭然大明于上，然后天下之民莫不率由于伦理之中，以恩相与，以分相维，而亲睦之俗成于下矣。然则教化所系，岂不大哉！”《书经》上说：“百姓不亲，五品不逊。”可见彝伦之理，有关于百姓之亲而不可一日不明者。然立教之法，虽行于学校，而惇伦之本，则始于朝廷。盖未有皇极不建，而能敷锡于庶民者。此又作君师者所当知也。

“有王者起，必来取法，是为王者师也。《诗》云：‘周虽旧邦，其命惟新。’文王之谓也。子力行之，亦以新子之国。”

孟子承上文说：“助法监于商、周，学校法乎三代，此皆王者之政也。

以滕之褊小，一旦能举行之，虽未必即兴王业，然良法美意足以垂范后来。如有兴王之君受命而起，欲举三代之政，必来考子之所已试者，率而行之，以教养其民。是子之所行，乃王者之师也。况兴王之业，未必不基于此乎！《诗经·文王》篇有云：'周虽旧邦，其命维新。'言周家自后稷、公刘以来，旧为诸侯之国；至于文王，始受天命，而兴王业以新其国。可见修德行仁，不论国之大小，但恐不能行耳。诚能锐然以三代之治为必可复，奋发而力行之，则人心咸悦，天命自归，亦可以建兴王之业、而新子之国矣，岂但为王者师而已哉？子亦何惮而不为也。"按，三代教养之法，乃王政之首务。战国诸侯皆不能行，使其民日苦于兵戈、赋敛之中，而不得被安养渐摩之化。故孟子惓惓为文公告如此。

使毕战问井地。孟子曰："子之君将行仁政，选择而使子，子必勉之！夫仁政，必自经界始。经界不正，井地不均，谷禄不平。是故暴君汙吏必慢其经界。经界既正，分田制禄，可坐而定也。"

毕战，是滕大夫。井地，即是井田。经界，是经画田间的界至。

滕文公一闻孟子之言，遂以井田为必可行，乃使其臣毕战管理井田之事，又使之来问其详。孟子答之说："先王仁天下之政，莫大于井田。今子之君将行仁政，特选择于群臣之中，而使子委任责成，可谓专矣。子必勉力从事，不负付托之重可也。夫治地分田，各有个界限。行仁政的，必先从这上面做起。如通水道，则有沟洫；正阡陌，则有道涂；定疆塍，则有封的土堆，有植的树木：一一要经画明白，不可紊乱。若经界不正，则田之在民无一定之分，那豪强的人都得以兼并侵夺，而井地遂不均矣。赋出于田，无一定之法，那贪暴的官都得以多取自利，而谷禄亦不平矣。井地不均，如何养得野人？谷禄不平，如何养得君子？故明君贤臣要行仁政，必从此始；而暴虐之君、贪污之吏，则恶其不便于多取，必欲慢而废之，无怪乎仁政之不行也。诚能知经界之为先务，而汲汲焉正之，则田有定分，虽欲兼并而不敢；赋有定法，虽欲多取而不能。凡分田以养小人，制禄以养君子，皆可不劳而定矣，仁政焉有不举哉？子当是任，亦于此勉之而已。"

“夫滕，壤地褊小，将为君子焉，将为野人焉。无君子莫治野人，无野人莫养君子。”

壤，是土。褊，是窄狭。

孟子又说：“分田、制禄两件，都是先王之仁政，不论大国小国，皆不可废也。今滕国之土地，截长补短，仅可五十里，亦甚褊小矣。然其中将必有食禄于朝而为君子者焉，必有自食其力而为野人者焉。凡出政令，明法纪，以治野人者，君子之责也。若在上没有君子，则两贱不能相使，谁去立法以治野人？凡供赋税、服力役，以养君子者，野人之分也。若在下没有野人，则两贵不能相事，谁去树艺以养君子？是君子、野人，乃国家所必不可无者。知其不可以相无，则知分田、制禄不可以偏废矣，安得不以经界为仁政之首务哉？”

“请野九一而助，国中什一使自赋。”

野，是远乡地土。九一，是九分中取其一分。国中，是近城地土。什一，是十分中取其一分。赋，是上纳。

孟子承上文说：“观君子、野人之相须，则分田、制禄信不可废矣。然其法当如何而后可以通行？且如郊野之外，土地广阔，可为井田，则请行九一之法：以一里之地画为九区，中一区为公田，使八家助耕，收其所入，此即殷之助法也。郊关之内，比闾相属，难行井田，则请行什一之法：以百亩之田为一夫之业，使输其十亩之入于公家，此即夏之贡法也。能行此二者，则野人之业，取给于所分之田，而豪强者不得兼并；君子之禄，取足于贡赋之入，而贪暴者不得多取。此分田制禄之常制，而周家之所谓彻者，正此法也。”

“卿以下必有圭田，圭田五十亩。余夫二十五亩。”

圭字，解作洁字。余夫，是余丁。

孟子承上文说：“田禄之法，固有定分，然又有出于常制之外者。盖因田制禄，固所以厚君子。然卿以下，其禄渐薄，不有以优之，将祭享不备，而不足以养廉矣。于是有圭洁之田，使供祭祀，皆以五十亩为额焉，是又以济世禄之所不及也。计丁授田，固所以厚野人；然一夫之外，有未成丁之余夫，尚未受田，不有以给之，则恒产有限，而不足以相赡矣。于是有余夫之田二十五亩，以待其壮而更授之百亩，是又以济分田之所不及者也。”夫有一定之数以制田禄，又有额外之给以示仁恩，于是君子、野人各得其分，而仁政无不行矣。

“死徙无出乡，乡田同井，出入相友，守望相助，疾病相扶持，则百姓亲睦。”

徙，是迁居。守望，是防御寇贼。这是详言井田之善，以见助法当行的意思。

孟子说：“分田制禄，固惟助法为善矣。诚使助法既行，则一乡之民各有世业，安土重迁，死而葬者与迁居者皆不肯出其乡矣。盖远乡之田，八家同井，居止既相联属而不可离，情义自相维系而不能已。故出入往来，则道路之中相为伴侣，而无行旅之虞；昼夜防守，则闾里之间相为应援，而无寇盗之忧。遇有疾病，则视其医药，通其有无，以相扶助，而无窘乏之虑。如此，则乡井之民蔼然相与，苦乐患难无往不同，而亲睦之风成矣。井田之制，有以兴民俗如此，不可以见助法之善哉？”

按，此一段即《周礼》比闾族党之法，后世保甲乡约，其意多出于此。但古人以分田为务，使其情义相联，自无涣散；后世不均田制产，使有乐生之具，而欲以一切之法束离散之民，宜其徒为文具而不可行也。

“方里而井，井九百亩，其中为公田。八家皆私百亩，同养公田。公事毕，然后敢治私事，所以别野人也。”

孟子又告毕战说：“井田之法，固所当行矣。然其形体之制何如？盖古者分田制里，先相度地势，每方一里，画为九区，其田如‘井’字的模样。每田百亩为一区，九区共九百亩。中间一区百亩，是供给国家的，叫作公田；外面八区，分与八家百姓，各得田一百亩，是养赡家口的，叫作私田。这公田，就教那八家百姓同出力以治其事。凡耕耘收获之时，必先治公田，公事已毕，才敢去治私田之事。虽通力合作，而实有公私之分；虽彼此均劳，而实有先后之辨。这是为何？盖以分别君子、野人之分，使在上者，食人之食而不为泰；在下者，事上之事而不为劳耳。此井田形体之制，殷之所谓助，周之所谓彻，不出于此。主井地之事者，不可不仿而为之也。”

“此其大略也。若夫润泽之，则在君与子矣。”

润泽，是变通圆活的意思。

孟子承上文说：“井田之法，自诸侯去其旧籍，其详已不可得闻矣。我所言定中外之区，辨公私之等，别君子、野人之分，特其大略如此耳。顾时势之变迁不同，地力之肥硗不一；或宜于古而不宜于今，或利于此而不利于彼，又有不可以拘泥者。若夫变而通之，化而裁之，使合于人情，宜于土俗，不泥先王之法，而亦不失先王之意。这等圆活流通，无所胶滞，则在滕君主持于上，吾子协赞于下，同心共济，各尽其责而已，岂吾言所能悉哉？”

按，井田之制，最为良法，成周所以体国经野，厚下安民，皆本于此。时至春秋战国，如李悝之尽地力，商鞅之开阡陌，尽取先王之法而更张之。后虽有明君贤相，慨然欲行古法，亦无自而考其详矣。惟是什一而赋，使百姓足而君亦足，则井田之遗意在焉。善用法者，不师其迹而师其意可也。

有为神农之言者许行，自楚之滕，踵门而告文公曰：“远方之人，闻君行仁政，愿受一廛而为氓。”文公与之处。其徒数十人，皆衣褐，捆屦、织席以为食。

为神农之言，是战国时农家者流，因炎帝神农氏始为耕稼，遂造作一段言语，托为神农遗教，以惑人心，乃异端之学也。踵门，是足及于门。廛，是民居。氓，是田野之民。捆字，解作扣字，是造屦之法。

昔文公闻孟子之言，即欲分田制禄，以复三代之法。风声传播，远近皆知。那时楚国之人有习学耕稼、托为神农之说的，叫作许行，要乘此机会，以售其学术。即自楚至滕，叩文公之门告说：“吾远方之人，闻君分田制禄，举行仁者之政，心窃慕之，故不惮遥远，特来归附。愿分与一廛之居，为滕国的百姓，庶几得沾仁政之泽也。”文公以其慕化而来，不忍拒绝，即与之一廛，以为居止。但见许行之徒数十人，皆以褐为衣，以明自处于贱，不用尊贵之章服；且捆屦织席，卖之以供食，以明自食其力，不费公家之廪饩也。此不惟言称神农，即一衣一食，已别是一种习尚，实欲以并耕之说沮坏良法耳。

陈良之徒陈相与其弟辛，负耒耜而自宋之滕，曰："闻君行圣人之政，是亦圣人也。愿为圣人氓。"

陈良，是楚国儒者。耒耜，是耕田的器具。

文公既行仁政，归者益多。此时，楚儒陈良有弟子陈相与其弟陈辛，负着耕田的耒耜，自宋至滕，来告文公说："分田制禄之法，乃三代圣人经理天下之善政，闻君有志复古，慨然举行之，是即三代圣人复见于今日矣。吾等生于今时，得遇圣君，何胜庆幸！故移家来附。愿受田而耕，为圣人之民，以沾仁政之泽焉。"陈相兄弟是儒家之徒，其闻风归附，本是仁政所感，非若许行欲售其说也。夫井田之法一行于小国，而远方之民翕然向化如此，足以见王政之可行矣。惜乎！为邪说所惑，而使孟子之言终于不用也。

陈相见许行而大悦，尽弃其学而学焉。陈相见孟子，道许行之言曰："滕君则诚贤君也，虽然，未闻道也。贤者与民并耕而食，饔飧而治。今也滕有仓廪府库，则是厉民而以自养也，恶得贤？"

饔飧，是朝夕的熟食。厉，是病。

许行托为神农之言，以欺世骇俗，这是异端之学，非先王治天下之正道也。乃陈相一见许行，闻其议论可喜，便大悦而慕之，尽弃其平日所学于陈良者，而学许行之学焉。盖邪说之易以惑人如此。陈相既学其道，便非议孟子分别君子、野人之法。乃来见孟子，称道许行的言语，说："滕君在战国之时，能慨然有志于圣人之政，岂不是个贤君？虽然如此，还未闻古圣人的大道，不足以治国家也。盖所谓贤君者，宁劳己以养民，不劳民以自养；常时与民并耕，自食其力，不曾费了百姓的供给；且朝饔夕飧，自甘淡薄，而兼理治人之事，不曾废了国家的政务，这才叫作贤君。今观于滕，有仓廪以贮谷粟，有府库以藏货财，都是取百姓每的脂膏以自奉养，害及于民，而利归于上，不复知有并耕饔飧之事矣，恶得谓之贤哉？”许行之言，混君子、野人于无别，正与孟子相反。而陈相顾称道之，以阴坏孟子之法。异端之变乱是非，害人国家，良可恨。

孟子曰:“许子必种粟而后食乎？”曰:“然。”“许子必织布而后衣乎？”曰:“否。许子衣褐。”“许子冠乎？”曰:“冠。”曰:“奚冠？”曰:“冠素。”曰:“自织之与？”曰:“否。以粟易之。”曰:“许子奚为不自织？”曰:“害于耕。”曰:“许子以釜甑爨，以铁耕乎？”曰:“然。”“自为之与？”曰:“否。以粟易之。”

釜，是煮饭的。甑，是炊食的。爨，是燃火。铁，是田器，如锄犁之类。

许行之说，欲使人君身亲稼穑，而兼治民事，此理势之所必不能者。孟子将折其非，先就把他服食器用不能兼为者以诘之，因问陈相说:“许子必种粟而后食乎？”陈相答以为然。盖许子农家，固必耕而食也。孟子再问:“许子必织布而后衣乎？”陈相答以为否。盖许子穿的是褐，不必织而衣也。孟子又问:“许子戴冠乎？”陈相答说:“戴冠。”又问:“许子所戴何冠？”陈相答说:“是素冠。”孟子就问:“这冠是许子自织之与？”陈相说:“否，许子不能自织，以所种之粟易之耳。”孟子问:“许子何故不自织？”陈相说:“农工各有专务，既要种粟，又要制冠，却不妨了农事？所以不自织也。”孟子又问:“熟食必用釜甑，耕田必用铁器，许子也以釜甑爨、以铁耕乎？”陈相说:“然。”孟子问:“这器物也是许子自为之与？”陈相说:“否。许子恐害于耕也，以所种之粟易之，犹夫冠也。”此可见许子服食器用，多与人同，有无相须，不能独异。一身日用之事且不可以兼为，况治天下而可以兼农夫之事哉？

“以粟易械器者，不为厉陶冶；陶冶亦以其械器易粟者，岂为厉农夫哉？且许子何不为陶冶，舍皆取诸其宫中而用之？何为纷纷然与百工交易？何许子之不惮烦？”曰:“百工之事，固不可耕且为也。”

械器，即上文釜甑、耒耜之属。陶，是治瓦器的。冶，是治铁器的。舍字，解作止字。宫中，譬如说是家里一般。

孟子因陈相之对，复诘之说:“许子以滕有仓廪府库为厉民以自养矣。

今就子之言观之，粟乃农夫之所种，釜甑、耒耜乃陶冶之所为，各治一事，而各适于用者也。农夫以粟易械器，正以济陶冶之所无，非有害于陶冶；陶冶亦以其械器易粟，正以济农夫之所无，岂有害于农夫哉？盖有无相通，则彼此俱利，从古以来都是如此。若必以相易为厉，则许子何不自为陶冶？举凡百工之事，如釜甑耒耜之具，止皆取诸家中而用之，岂不省便？何为纷纷然日以其粟与百工之人交相贸易？何许子之不惮烦如此？”陈相乃答说：“天下之事，专为则易，兼为则难。许子既种粟而食，则百工之事，固不可以耕兼之也。”陈相至此，固已情见辞穷，而不能自解矣。

“然则治天下独可耕且为与？有大人之事，有小人之事。且一人之身，而百工之所为备；如必自为而后用之，是率天下而路也。故曰：或劳心，或劳力。‘劳心者治人，劳力者治于人。治于人者食人，治人者食于人。’天下之通义也。”

大人，是在上的人。小人，是在下的人。

陈相既知农工之不可兼，故孟子即从而折之，谓：“尔说百工之事，不可耕且为，是矣！然则人君之治天下，视百工之制器，烦简劳逸，相去何如？独可耕且为与？盖心无二用，业有专攻，在上的大人自有大人之事，在下的小人自有小人之事，固不可得而兼也。且就一人之身计之，服食器用，百工之所为，无不具备；如皆出于自为而后用之，则既业乎此，又兼乎彼，是率天下之人奔走道路，无时休息，势亦有所不能矣，况以大人而兼小人之事乎？所以古语有云：‘均是人也，或为君子而劳心于上，或为小人而劳力于下。劳心于上者，颁政布教，以治在下之人；若劳力之小人，则惟听君上之治而已。听治于人者，输租纳税，以供在上之食；若治人之君子，则唯受在下之养而已。’然则以劳心而易小人之养，本是大人之事；以劳力而易君子之治，本是小人之事。正犹农夫陶冶，以粟与械器相济，而非所以相病也，此乃天下古今通行的道理，自神农、尧、舜以来，所不能易者。安有所谓并耕之说乎？”盖许行之术，本欲阴坏孟子分田制禄之法。故此一段指陈君子、野人之分，深切著明，彼之邪说将不攻而自破矣。

“当尧之时，天下犹未平。洪水横流，泛滥于天下；草木畅茂，禽兽繁殖，五谷不登；禽兽逼人，兽蹄鸟迹之道交于中国。尧独忧之，举舜而敷治焉。舜使益掌火，益烈山泽而焚之，禽兽逃匿。禹疏九河，瀹济、漯，而注诸海；决汝、汉，排淮、泗，而注之江。然后中国可得而食也。当是时也，禹八年于外，三过其门而不入，虽欲耕，得乎？”

洪水，是大水。横流，是散漫妄行。泛滥，即水横流的意思。繁殖，是众多。登，是成熟。道，是路。敷字，解作分字。九河，河流有九之谓。济、漯、汝、汉、淮、泗，都是水名。疏、瀹、决、排，都是开通的意思。

孟子辟陈相说：“自古圣人，未有与民并耕而治天下者。且以尧之世言之。当尧之时，去洪荒未远，生民之害未尽消除，天下犹未平也。那时洪水滔天，不循着道路而散溢妄行，泛滥于天地之间。于是草木得水而日见长盛；禽兽得草木而日渐众多；五谷为草木所妨，都不成熟；人民为禽兽所逼，多被伤残：所以人烟稀少，但见兽蹄鸟迹的道路交杂于中国。这等世界，百姓何得安生？天下何由平治？尧既为天子，劳心治人，不曰洪水方割，则曰下民其咨，其心独以为忧，有不能一日安者。又以天下之患，非可以一人独理；乃访于侧陋，咨于四岳，得一大舜，遂举以为相，而使之分治焉。尧既以天下之忧为忧，而付托于舜；舜遂以尧之忧为忧，而分任于禹。盖此时洪水为害，草木障蔽，禽兽纵横，虽欲治水，而无所施其力也。乃先命伯益掌火，益将山林薮泽所生的草木用火焚烧，使禽兽失其所依，都去逃躲，无逼人之害，然后治水之功可得而施矣。于是命大禹为司空，使他治水。禹于西北，则疏九河以分其势，又通济水、漯水以会其流，使之皆注于海，而北条之水有所归焉；于东南，则决汝水、汉水，排淮水、泗水，使之皆注于江，而南条之水有所归焉。水有所归，自然不至泛滥，而地皆可耕，然后中国民人可得耕而食矣。那时大禹受舜之命，为天下拯溺，随山浚川，至八年在外，三过其家门而不入，忘身忘家，这等样劳苦。虽欲与民并耕而食，其可得乎？”观于禹，而尧、舜之不暇耕又可知矣。许行并耕之说，何其谬哉！

“后稷教民稼穑、树艺五谷，五谷熟而民人育。人之有道也，饱食、

暖衣，逸居而无教，则近于禽兽。圣人有忧之，使契为司徒，教以人伦：父子有亲，君臣有义，夫妇有别，长幼有序，朋友有信。放勋曰：‘劳之来之，匡之直之，辅之翼之，使自得之，又从而振德之。’圣人之忧民如此，而暇耕乎？”

后稷，是劝农之官。树艺，是种植。司徒，是教民之官。放勋，是帝尧称号。劳，是慰勉。来，是引进。匡字，解作正字。振，是警省的意思。德，是加惠。

孟子叙尧、舜忧民之事说：“水土既平，则民有可耕之地矣。于是又命弃为后稷之官，使之教民稼穑，习耕耘收获之事，以种植五谷。由是五谷成熟，天下之民家给人足，皆相生相养，而无复阻饥之患矣。然民莫不有秉彝之性，若使饱食暖衣、居处安逸而无以教之，又将耽于佚豫，习为邪侈，至于灭性乱伦，而违禽兽不远矣，故圣人又有忧焉。于是以契为司徒之官，而教民以人伦之道。使天下之人，父止于慈，子止于孝，而有恩以相亲；使臣以礼，事君以忠，而有义以相与；夫妇则有分辨，而不相混淆；长幼则有次序，而不相僭越；朋友则以诚信相交，而无有欺诈。盖此五者，皆人所固有之伦，必设法以教之，而后民性可复也。然其立教之方何如？帝尧命契之辞说：‘教民之道，因人而施。有勉强修行者，则慰劳以安之；有回心向道者，则引进以来之：所以嘉其如此。有制行邪僻者，则闲之使归于正；有立心回曲者，则矫之使归于直：所以救其失如此。有树立不定者，则扶助而立之；有进修不前者，则诱掖而行之：所以济其不逮如此。既使之优游厌饫，而自得其本然之性矣。犹恐其放逸怠惰而失之也，又必时时申饬，提振警觉，以加曲成之惠焉。’这等多方造就，教思无穷，然后人伦可明，而百姓可亲也。尧之命契如此。夫水土方平，即思所以养之；衣食既足，又思所以教之。圣人之劳心以忧民，汲汲皇皇，不能一日释如此，而暇于耕乎？所以说，治天下不可耕且为也。”

“尧以不得舜为己忧，舜以不得禹、皋陶为己忧。夫以百亩之不易为己忧者，农夫也。”

易字，解作治字。

孟子承上文说：“尧舜之忧民，固不暇于耕矣。然其所以为民者，亦非事事而忧之也。在尧则以百揆未叙，四门未辟，思举舜而任之，彼时惟以不得舜为忧耳；得舜，则尧之忧民者皆付之于舜矣，尧又何忧之有？在舜，则以水土未平，五刑未饬，思得禹、皋陶而任之，彼时惟以不得禹、皋陶为忧耳；得禹、皋陶，则舜之忧民者皆付之禹、皋陶矣，舜又何忧之有？圣人之劳于求贤如此。则其所忧，乃知人安民之要务，实皆治乱安危之所关，而未尝屑屑于其小也。若乃躬耕百亩之田，闵闵然忧其不治，乃农夫之所有事耳，岂圣人之忧哉？然则圣人之治天下，不惟不暇耕，而亦不必耕矣。"

"分人以财谓之惠，教人以善谓之忠，为天下得人者谓之仁。是故以天下与人易，为天下得人难。"

孟子承上文说："尧、舜之忧，惟在于得人，诚以得人之所系为甚大也。且如忧人之匮乏，而以财物分之，于人亦有所济，这叫作惠。忧人之愚昧，而以善道教之，于人非不尽心，这叫作忠。然天下至广，百姓至众，安得人人而分之？又安得人人而教之？这所及犹有限也。惟是忧天下之不治，而求得贤才以代理，如尧之得舜，舜之得禹、皋陶，则不必分人以财，而牧养有人，惠之所推者自广；不必教人以善，而敷教有人，忠之所被者无穷：这等才叫作仁。仁则不止于小惠、小忠而已。夫仁覆天下，而惟系于得人，则得人岂易言哉？是故天下大器而推以与人，诚若至难；然以圣人之心视之，犹以为易。惟是为天下得人，则必择之至当，选之至公，而后可托以天下，乃为难耳。惟得人之难，此尧、舜所以用心于是，而以不得为忧也。"

"孔子曰：'大哉尧之为君！惟天为大，惟尧则之。荡荡乎，民无能名焉。君哉舜也！巍巍乎，有天下而不与焉。'尧、舜之治天下，岂无所用其心哉？亦不用于耕耳。"

孟子承上文说："欲知尧舜用心之大，观诸孔子之所称，则可见矣。孔子尝称帝尧说：'大哉！尧之为君。以天道之大，而能与之准则，其德荡荡乎广远，民无得而名焉，真是与天为一者也。'又称帝舜说：'君哉舜也！其德巍巍乎高大，虽富有天下，若与己不相关涉，而惟以治天下为忧，真是克尽君道者也。’夫尧称荡荡，舜称巍巍，自古帝王无有如其盛者。则尧、舜之治天下，岂诚漠然于兆民之上，而一无所用其心哉？当其时，民害未除，思得人以除之；民生未遂，思得人以遂之；民行未兴，思得人以兴之：此皆其用心之所在也。但不以百亩为忧，而用之于耕耳。使尧、舜用心于耕，则是以小人之事为事矣，何以成此巍巍、荡荡之功哉？然则并耕之说，可谓无稽之甚矣。”

“吾闻用夏变夷者，未闻变于夷者也。陈良，楚产也，悦周公、仲尼之道，北学于中国。北方之学者，未能或之先也。彼所谓豪杰之士也，子之兄弟事之数十年，师死而遂倍之。”

孟子既辟许行并耕之非，至此乃直责陈相说：“许行之学，诞妄如此，子乃悦而从之，可乎？夫中国所以异于蛮夷者，为其有圣人礼义之教耳。据吾所闻，盖有用中国之教以变蛮夷之俗，而自归于正者；未闻有学于中国，而反为蛮夷所变者也。子之师陈良，生长于楚，本是南夷之人。一旦闻周公、仲尼之道行于中国，悦而慕之，遂来游北方，以求周、孔之学。于凡二圣之制作删述，皆心领而身受之，即北方之士素学周、孔者，其所造诣亦未能或出其上也。彼能用夏变夷，而自拔于流俗如此，可谓才德出众之豪杰也。子之兄弟事之数十年，亦与闻周、孔之道者。乃于师死之日，遂尽弃其学而学于异端之许行，非所谓变于夷者耶？吾未见受变于夷，而可与论先王之道者也。”

“昔者孔子没，三年之外，门人治任将归，入揖于子贡，相向而哭，皆失声，然后归。子贡反，筑室于场，独居三年，然后归。他日子夏、子张、子游以有若似圣人，欲以所事孔子事之，强曾子。曾子曰：‘不可。江汉以濯之，秋阳以暴之，皜皜乎不可尚已！’”

任，是担负的行李。场，是冢傍之地。秋阳，是秋日。暴，是晒。皜皜，是洁白的意思。

孟子责陈相说：“子之忍于倍师，亦未闻孔门弟子之尊师者乎？昔者，孔子既没，其门人在鲁，皆服心丧三年。三年之外，各治行装，将欲散归乡里。入揖子贡为别，相向而哭，莫不极其哀痛，至于失声，然后归去。

门人之追慕其师如此。子贡犹未忍遽去，又反归墓傍，筑室于坛场之上，独居三年，然后归去。子贡之追慕其师又如此。他日，子夏、子张、子游思慕孔子，想见其音容，以有若言行气象有似孔子，欲以所事孔子之礼事之，以慰其思慕之意。因曾子不往，勉强要他。曾子说：'不可！我辈尊师，当论其道德，不当求其形似。吾夫子之道德，极其纯粹，而无一尘之杂，就如江、汉之水洗濯出来的一般；又极其明莹而无一毫之累，就如秋天日色暴晒出来的一般，皜皜乎！举天下之言洁白者，无以加于其上矣。岂有若所能仿佛哉？今乃欲以此尊之，则拟非其伦，而反以卑夫子矣，如之何其可乎？'夫曾子之尊信其师如此，而子之兄弟独忍倍其师，真圣门之罪人也。"

"今也南蛮鴃舌之人，非先王之道。子倍子之师而学之，亦异于曾子矣。"

鴃，是鸟名，南蛮之声与之相似，所以说南蛮鴃舌。孟子责陈相，又说："有若虽非圣人，犹与圣人相似，曾子尚不肯以事孔子者事之。今许行乃南蛮鴃舌之人，其所称述，皆惑世诬民之术，本非中国圣人相传之道，与子之师陈良正大相反。子乃倍子之师而从其所学，亦异乎曾子之尊其师者矣。"盖圣人之道，本不以地而有间，顾人之所从何如。陈良用夏变夷，则进而为中国；陈相去正从邪，则沦而为夷狄。所谓在门墙则挥之，在夷狄则进之者也。司世教者不可不知。

"吾闻出于幽谷，迁于乔木者，未闻下乔木而入于幽谷者。《鲁颂》曰：'戎狄是膺，荆舒是惩。'周公方且膺之，子是之学，亦为不善变矣。"

幽谷，是深涧。乔木，是高树。膺，是击搏的意思。荆，是楚国本号。舒，是楚旁小国。惩，是创。

孟子责陈相，又说："子倍陈良之道，而学于蛮夷之人，其于取舍之间，可谓不知所择矣。《诗经·伐木》篇中有云：'鸟鸣嘤嘤，出自幽谷，迁于乔木。'可见鸟虽微物，犹知出于幽暗之中，而迁于高明之处，吾之所闻如此。未闻有自乔木而下，反入于幽谷者也。今陈良诵法先王，如乔木之高明；许行溺于异端，如幽谷之卑暗。子乃倍陈良而学许行，是下乔木而入于幽谷矣，不亦异乎吾之所闻耶？又观《鲁颂》篇中说：‘周公辅佐王室，于戎、狄则击而逐之，于荆、舒则伐而惩之。’其正夷夏之防如此。今许行蛮夷之人，畔于圣道，乃周公之所击也。子乃舍中国之教而从其学，真所谓变于夷者矣，何其变之不善如此耶？”即孟子之言观之，许行并耕之说必不可从，而陈相倍师之罪，诚有不容逭者矣。盖战国之时，邪说横行，故孟子极力辟之，至斥为夷狄，其严如此。后世佛氏之学，自西域流入中国，世之愚民莫不惑于其教，乃至贤智之士亦阴入其说而不可解。视陈相之变于夷，抑又甚矣！岂非周公之所膺耶？

“从许子之道，则市贾不贰，国中无伪。虽使五尺之童适市，莫之或欺。布帛长短同，则贾相若。麻缕丝絮轻重同，则贾相若。五谷多寡同，则贾相若。屦大小同，则贾相若。”

孟子辟许行并耕之谬，陈相既无以为辞，乃又举其市不二价之术称扬于孟子。说道：“如夫子之言，则许子并耕之说固不可从矣，然其言亦有可取者：如市价一节，从许子之术，则市中货物皆有定价，而无贵贱之分，一国之人无所用其诈伪。虽五尺之童，幼小无知，适市贸易，亦无有增减价值以欺之者矣。盖天下之物，惟是分个等级，则其价相悬而争端易起。今皆一概定价，不论精粗：如布帛只论丈尺，长短同则价相等；麻缕丝絮只论斤两，轻重同则价相等；五谷只论斗斛，多寡同则价相等；屦只取其适足，大小同则价亦相等。物价一定，则人情相安，争端尽息，可以还淳返朴，而复上古之治矣。许子之道如此，何为而不可从耶？”陈相之称许行，徒欲以掩其倍师之失，而不知周公、仲尼之道，正不如此，盖亦惑之甚矣。

曰：“夫物之不齐，物之情也。或相倍蓰，或相什伯，或相千万，子比而同之，是乱天下也。巨屦小屦同贾，人岂为之哉？从许子之道，相率而为伪者也，恶能治国家？”

倍，是加一倍。蓰，是五倍。比，是合。

孟子辟陈相说：“许子欲市价不二，将谓世间的货物都是一般，更无差别；不知天之所生，地之所长，与人之所为，自是参差不齐，精粗美恶，判然各异，乃自然之情也。故其价之悬绝，或相去一倍，或相去五倍，甚至相去什倍，相去百倍，有多至千万倍者：此乃万有不齐之理，岂可强同？今子乃为一切之法，合而同之，是徒为纷纷扰乱天下而已。何以言之？盖物之有精粗，犹其有大小。就将屦这一件来比方：使大者与小者其价相同，人岂肯为其大者？然则精者与粗者其价相同，人岂肯为其精者哉？若从许子之道，是使天下之人相率为滥恶之物以相欺。本欲除伪，适以长伪；本欲息争，适以启争，如之何可以治国家乎？许子之道，固不特并耕为不可从也。”按，许行之术，自附于神农，其说有二：因神农始教稼穑，遂造为并耕之说；因神农始为市井，遂造为一价之说。总是假托上古以阴坏三代之法，乃邪说之尤者。使其得行于滕，不惟一国受敝，而其害将及于天下矣，故孟子极力排之如此。后世治天下者，只当以尧、舜、三代为法，其余百家众技，假托先圣之言，皆不足信也。

墨者夷之因徐辟而求见孟子。孟子曰：“吾固愿见。今吾尚病，病愈，我且往见。夷子不来！”

墨者，是治墨翟之道者。夷之，是人姓名。徐辟，是孟子弟子。

战国之时，杨朱、墨翟之言布满天下。这两家学术都是异端，与儒者之道相悖，故孟子辟而辟之。彼时有治墨翟之道的，叫作夷之，虽是异端之徒，然平时仰慕孟子，欲来求见，乃因徐辟以自通。此其慕道而来，或亦反正之一机也。然未知他的意思诚否何如，故孟子对徐辟说：“夷子之来，我固愿见；只为我尚有疾病，未可以见也。子为我辞夷子，俟吾病愈，吾且往见。夷子不必再来！”这是孟子托辞，欲坚其求见之心，以为施教之地也。

他日，又求见孟子。孟子曰：“吾今则可以见矣。不直，则道不见；我且直之。吾闻夷子墨者，墨之治丧也，以薄为其道也。夷子思以易天下，岂以为非是而不贵也？然而夷子葬其亲厚，则是以所贱事亲也。”

直，是尽言以相正的意思。易天下，是移易天下的风俗。

夷之初因孟子托疾，不得相见。他日，又因徐辟求见孟子。孟子谓徐子说：“夷子再来求见，其意甚诚，吾今则可以见矣。但吾儒之道，与异端不同。苟不尽言以相正，则吾道不明，何以开其蔽锢，救其差失？吾且尽言以规正之。吾闻夷子乃学于墨氏之道者。墨氏之治丧，生不歌，死无服，桐棺三寸而无椁，其为道贵薄而不贵厚者也。夷子思以墨氏之道移易天下之风俗，岂以其薄葬为非是而不贵尚之哉？夫以薄为贵，则以厚为贱，必无两是之理。然而夷子之执亲丧，于葬埋之礼独厚，则是不以墨氏之所贵者事亲，而以墨氏之所贱者事亲也。学其术而不遵用其教，是诚何心哉？”盖人子无不欲厚其亲者，而墨氏以兼爱之故，反薄于亲，此所以为异端之学也。夷子学于墨氏，固其心之所蔽；而不忍从薄，乃其心之所明。故孟子因而诘之，欲其反之本心，而自悟其所学之非耳。

徐子以告夷子。夷子曰：“儒者之道，古之人‘若保赤子’，此言何谓也？之则以为爱无差等，施由亲始。”徐子以告孟子。孟子曰：“夫夷子，信以为人之亲其兄之子，为若亲其邻之赤子乎？彼有取尔也。赤子匍匐将入井，非赤子之罪也。且天之生物也，使之一本，而夷子二本故也。”

差等，是分别等第。匍匐，是伏地而行的模样。

徐子以孟子之言告夷子。夷子犹未悟其非，乃对徐子说：“吾墨子之道，主于兼爱，只是看得父母和他人一般，不分厚薄，学者善师其意而行也，与儒道不相悖戾。且儒者之道，亦未尝不以兼爱为言。《周书》上说：‘若保赤子。’是古之人视百姓与赤子也是一般，斯言果何谓也？由此而观，墨子兼爱之说何尝不是？之则以为天下之人皆所当爱，原无厚薄隆杀之等；特其所施有次序，必由亲始耳。故我厚葬其亲，亦欲推之以厚天下之人，乃施由亲始之说也，岂以所贱事亲哉？”夷子既援儒入墨，以拒孟子之非己；又推墨附儒，以释己厚葬之意，其辞亦遁矣。徐子以其言告孟子。孟子晓之说道：“夷子据‘若保赤子’之言，而自信其爱无差等之说。岂以为人之爱其兄子，就如爱那邻家之赤子乎？不知兄子甚亲，邻家之子甚疏，用爱岂无分别？《周书》所谓‘若保赤子’者，彼自有取义云耳。以为小民无知而犯法，非小民之罪，犹赤子无知，匍匐将入于井，非赤子之罪，欲保民者当如保赤子，不使无辜受戮耳，岂爱无差等之谓乎？且天之生物，受气成形，各本于父母，都使他从这一个根本上发生出来。故爱亲之心，根于天性，非他人所可同耳。如夷子之言，则视其亲与路人略无分别，特其施由亲始，把这根本去处分而为二，此所以溺于兼爱之说，而不自知其非也。若能反求之心，而深知一本之义，则墨氏兼爱之非，不攻而自破矣。”

“盖上世尝有不葬其亲者。其亲死，则举而委之于壑。他日过之，狐狸食之，蝇蚋姑嘬之。其颡有泚，睨而不视。夫泚也，非为人泚，中心达于面目。盖归反蘽梩而掩之，掩之诚是也。则孝子仁人之掩其亲，亦必有道矣。”

上世，是太古之时。委，是弃。壑，是山水所聚处。嘬，是攒食。泚，是汗出。睨，是邪视。蘽，是土笼。梩，是土轝。

孟子晓夷之说：“夷子知厚葬之为是，而不知二本之为非，岂亦未之深思耶？殊不知人惟一本，所以无不爱亲；惟爱亲，所以有此葬礼。试以往古之事验之：盖上世丧礼未制之先，尝有不葬其亲者，其亲死则举而弃之于壑。他日经过其处，见狐狸食亲之肉，蝇蚋攒亲之肤；于是头额之间泚然汗出，但邪视而不忍正视，有不能为情之甚者。是泚也，岂为他人见之有所掩饰而然？乃其哀痛迫切之情，本诸中心而发，见于面目；其良心感触，有不能自已者耳。当此之时，既悔其前日委弃之非，而又思为后日保全之计。于是归取蘽梩，反土以掩其亲之尸，使不至为物所残、为人所见：此后世葬埋之礼所由起也。夫此掩其亲者，若在所当然，则孝子仁人之所以掩覆其亲者，必有厚葬的道理，而不以薄葬为贵矣。夫葬礼之所自起，皆由不忍其亲之一念发之，非以其一本而然乎？使人非一本，则弃亲不葬者胡为有泚？又胡为而掩之以蘽梩？夷子试反而求之，则知以薄为道之非；而墨氏之说，有不可从者矣。”

徐子以告夷子。夷子怃然为间，曰：“命之矣。”

怃然，是茫然自失的模样。为间，是少顷。命，是教。

夷子学于墨氏，而厚葬其亲，其心必有不安于墨者，但溺于其说，不能自拔耳。孟子乃从他良心真切处提醒发明，所以感悟而诱掖之者至矣。徐子以孟子之言一一告语夷子，夷子遂茫然自失。少顷间，说道：“始吾学于墨氏，而不知其非也。今闻夫子之言，乃知天亲果无二本，葬亲果当从厚。夫子固已教我矣。”夫夷子之闻言即悟如此。可见爱亲之良心，人所同具；而异端之道，未有不可反而归正者。故君子之于异端，拒之甚严，而待之亦未尝不恕也。

卷六

滕文公下

陈代曰:“不见诸侯,宜若小然。今一见之,大则以王,小则以霸。且《志》曰‘枉尺而直寻’,宜若可为也。”孟子曰:“昔齐景公田,招虞人以旌。不至,将杀之,‘志士不忘在沟壑,勇士不忘丧其元。’孔子奚取焉?取非其招不往也。如不待其招而往,何哉?”

陈代,是孟子弟子。枉,是屈。直,是伸。八尺叫作寻。田,是田猎。虞人,是守苑囿之官。元字,解作首字。

昔战国时,游说之士多干谒诸侯以取功名,惟孟子以道自重,不肯屈己往见。弟子陈代疑其过于自高,乃以己意问说:“君子以行道济时为急,得君而事,乃其本心。今夫子不肯往见诸侯,固为守身之常法;然以我观之,似是小节不必拘也。今若肯往见诸侯,必尊礼而信用之,大则佐其君拨乱反正,行汤、武之王道;小则佐其君招携怀远,成桓、文之霸功。似这等俊伟光明的事业,只在一见之间,夫子犹不肯委曲就之乎?且古书上说:‘人之处世,若屈的止是一尺,伸的却有八尺,则所失者小,所得者大,在君子宜若可为也。’然则往见诸侯而成王霸之业,是舍小节以就大事,即‘枉尺直寻’之谓也,何为而不可耶?”孟子答说:“我非不欲得君行道,但揆之于义,不当往见耳。不观虞人之于齐景公乎?昔景公出猎,以虞人当有职事,使人持旌节召之。古时人君召见臣下,各有所执以为信;召大夫方用旌节,若召虞人,当用皮冠。那虞人见以旌召他,非其官守,不肯往见。景公怒其违命,将欲杀之。孔子见虞人能守其官,因称他说:‘世间有一等志士,常思固守贫穷,就死无棺椁、弃在沟壑,也不怨恨;有一等勇士,常思捐躯殉国,就战斗而死、不保首领,也不顾避,正此虞人之谓也。’夫孔子何取于虞人而称美之若此?只为他招之不以其物,而守死不往故耳。夫招之不以其物,在虞人小吏尚且不往,况不待诸侯之招而往见,其如屈己何哉?故不见诸侯,乃义不当往,非故自为尊大也。”

“且夫枉尺而直寻者，以利言也。如以利，则枉寻直尺而利，亦可为与？”

孟子承上文说：“君子出处进退之间，不当计较功利，只论义之可否而已。彼谓枉尺直寻在所可为者，乃是在功利上计算，而以所得之多少言之也。一有计利之心，则不论可否，惟利是徇，岂但枉尺直寻甘心为之？虽使枉寻直尺，所屈者多，所伸者少；至于丧节败名可以邀一时之利，亦将不顾而为之欤！不知君子之心，不计其终之直与不直，只论其始之枉与不枉，故惟义之与比，而不肯徇利以忘义也。况利害得失，不惟不当计，亦有不可得而趋避者。一有计利之心，则利未必得而害已随之矣，岂但枉寻直尺而已哉？”

“昔者赵简子使王良与嬖奚乘，终日而不获一禽。嬖奚反命曰：‘天下之贱工也。’或以告王良。良曰：‘请复之。’强而后可。一朝而获十禽。嬖奚反命曰：‘天下之良工也。’简子曰：‘我使掌与女乘。’谓王良，良不可，曰：‘吾为之范我驰驱，终日不获一；为之诡遇，一朝而获十。《诗》云：“不失其驰，舍矢如破。”我不贯与小人乘，请辞。’”

赵简子，是晋国大夫，名鞅。王良，是善御的人。嬖奚，是简子幸臣。乘，是御车。范，是法。诡遇，是随便迎射、不循正道的意思。舍，是发。贯，惯习。

孟子承上文说：“计利忘义，岂特士君子所不当为，即一艺之士亦有不肯为者。昔赵简子使其幸臣嬖奚田猎，命王良与他御车。自朝至暮，不能射得一禽。嬖奚复命说：‘王良乃天下贱工，不善御车，所以不获。’或以此言告王良。王良恐损了他善御之名，乃请再与之御，以试其能。那嬖奚不肯，强之而后往。自晨至食时，就射得十禽。嬖奚乃复命说：‘王良乃天下良工，善于御车，所以多获。’简子说：‘我使王良专与汝乘。’遂以此命王良。王良却又不肯，对说：‘这获禽之多，非射御之正，乃废法曲徇之所致也。盖御者自有法度，射者自有巧力，原不相谋。前者我以御车之法驰驱正路，嬖奚不能左右迎射，故终日不获一禽。今我不由正道，只看禽所从来，迎而遇之，他才会迎着射去，一朝而获十禽。是嬖奚之射，必使御者废法而后可中也。《诗经·车攻》篇有云：“不失其驰，舍矢如破。”是说御车之人不曾失了驰驱之常度，而车中射者发矢必中，就如破物一般，此君子射御之正法也。今必为之诡遇而后获禽，乃小人之所为耳。我不惯与小人乘。请辞。’由此观之，则王良之所以称为善御者，在能循正道，不在诡遇以求获也。射御且然，而况出处大节，其可苟且以就功名之会乎？”

“御者且羞与射者比，比而得禽兽，虽若丘陵，弗为也。如枉道而从彼，何也？且子过矣，枉己者，未有能直人者也。”

比，是阿党。

孟子承上文说：“王良以御得名，嬖奚以射为事，皆不过一艺之微耳。今使御者与射者私相比合，废其驰驱之法而求获禽之利，犹以为小人之事而羞之。推其心，即使一时阿比，而所得禽兽积如丘陵之多，亦所不为也，其守法而不肯徇利如此。况君子以道自守，乃欲计较得失之多寡，而枉道以见诸侯，反御者之不若矣，何为其然哉？且子以利害计算，亦已过矣。君子一身，乃天下之表率，必自处以正，方能正人。夫苟枉己以从人，则轨范不端，本原不正，欲行道济时以成霸王之功，无是理也。夫使枉尺而可以直寻，君子犹且不为，况枉己必不能以直人乎？然则不见诸侯，乃君子自守之大义，不可以小节视之也。”时至战国，士风大坏，纵横游说之徒惟利是图，不顾礼义。故虽从游于孟子者，亦有枉尺直寻之言。岂知圣贤之道，以出处进退为大节，故宁终身不遇，而不肯一屈其身以求用于世，盖必如是而后可以正天下也。后之用人者，诚以进退出处之际观其大节，则枉直不淆，而举措无不当矣。

景春曰：“公孙衍、张仪岂不诚大丈夫哉？一怒而诸侯惧，安居而天下熄。”孟子曰：“是焉得为大丈夫乎？子未学礼乎？丈夫之冠也，父命之。女子之嫁也，母命之，往送之门，戒之曰：‘往之女家，必敬必戒，无违夫子。’以顺为正者，妾妇之道也。”

景春、公孙衍、张仪，都是战国时人。熄，是宁息。顺，是阿谀、苟容的意思。夫子，指女子之夫说。

当时列国分争，游说之士往往以纵横之术窃取权势，震耀一时，公孙衍、张仪尤其著者。故景春羡慕之，问于孟子，说道："我观当时之士，如公孙衍、张仪二子，岂不诚然为大丈夫哉？如何见得？盖方今诸侯力争，天下多事。他若有所愤怒，即能动大国之兵，使诸侯恐惧；他若安居无事，即能解列国之难，使天下宁息。以一人之喜怒，系一世之安危，是何等气焰，非大丈夫而何？"盖景春但见二子权力可畏，遂以大丈夫目之，不知圣贤之所谓大，有出于权力之上者。故孟子晓之说："仪、衍所为如此，安得为大丈夫哉！夫大丈夫之道，与妾妇不同，子岂未曾学《礼》乎？《礼经》上说：丈夫行冠礼，其父醮而训之；女子出嫁，其母亦醮而训之。嫁时送之于门，戒之说：'女今归于夫家，必要敬谨，必要戒慎，惟夫子之命是从，无得违悖。'母命若此。可见以顺从为正者，乃是为妾妇的道理。今二子虽是声势权力炫耀一时，其实有所喜怒，是揣摩诸侯之好恶而顺从其意，乃妾妇者流耳，岂大丈夫之所为哉？"

"居天下之广居，立天下之正位，行天下之大道。得志，与民由之；不得志，独行其道。富贵不能淫，贫贱不能移，威武不能屈。此之谓大丈夫。"

广居，指仁说。正位，指礼说。大道，指义。淫，是放荡。移，是变易。屈，是折挫。

孟子承上文说："吾所谓大丈夫者何如？盖仁统天下之善，乃广居也。彼则存心以仁，兼容并包，而无一毫之狭隘，是居天下之广居矣。礼嘉天下之会，乃正位也。彼则持身以礼，大中至正，而无一毫之偏党，是立天下之正位矣。义公天下之利，乃大道也。彼则制事以义，明白洞达，而无一毫之邪曲，是行天下之大道矣。由是得志，而见用于时，则推仁、义、礼之道而公之于民；如不得志，而隐居在下，则守仁、义、礼之道而行之于己。时而处富贵，虽丰华荣宠不能荡其心；时而处贫贱，虽穷困厄约不能变其节；时而遇威武，虽存亡死生在前不能挫抑其志。这等的人，论学术则精纯粹美，而无权谋功利之私；论设施则正大光明，而无阿顺依违之态：这才是大丈夫之所为也。二子何人，可以此称之哉？"要之，孟子之所谓大者，是在道理上说，其大在己。景春之所谓大者，是在势力上说，其大在人：正君子小人之分也。然所谓大丈夫者，惟孟子足以当之。乃战国之君，溺于功利而不能用，至使仪、衍之流得以逞其喜怒，而操纵诸侯之权，岂非世道之一厄哉？后之用人者，可以鉴矣。

周霄问曰："古之君子仕乎？"孟子曰："仕。《传》曰：'孔子三月无君，则皇皇如也。出疆必载质。'公明仪曰：'古之人三月无君则弔。'"

周霄，是魏国人。无君，是不得仕而事君。皇皇，是有所求而不得的模样。疆，是本国的疆界。质，是执贽以见君，如大夫执雁、士执雉之类。弔，是悯恤的意思。

昔孟子以道自重，不见诸侯。周霄欲讽其出仕，先设问说："古时君子，亦欲得位事君否乎？"孟子答说："君子抱道负德，本欲出而辅世长民，为何不仕？《传记》有云：'孔子若三个月不得君而仕，即彷徨不宁，如有所求而不得；及其失位去国，则必载贽以往。'盖贽是见君的礼仪，若所适之国君有用我者，则执此以见而事之耳。公明仪曾说：'古之人若三月无君，则人皆悯恤而来弔'，以其志不得伸，而慰安之也。"即此而观，可见君臣之义等于天地，虽圣如孔子、贤如公明仪，皆不能忘情于仕如此。则君子之欲仕可知矣。

"三月无君则弔，不以急乎？"曰："士之失位也，犹诸侯之失国家也。《礼》曰：'诸侯耕助，以供粢盛。夫人蚕缫，以为衣服。牺牲不成，粢盛不洁，衣服不备，不敢以祭。''惟士无田，则亦不祭。'牲杀、器皿、衣服不备，不敢以祭，则不敢以宴，亦不足弔乎？"

以，是已甚的意思。黍稷，叫作粢。在器，叫作盛。缫，是治丝。衣服，是祭服。田，是祭田。牲杀，是特杀之牲。宴字，解作安字。

周霄闻孟子之言，遂问说："三月无君，其时未久，遂至于相弔，古人欲仕之心不亦太急乎？"孟子答说："三月无君则吊，非是急于功名，只为情理所在，关系甚切耳。夫士之有位，犹诸侯之有国家；士若失位，就如诸侯失了国家的一般。何也？盖古人最重祭祀，必有田禄之入，方能举祭。《礼经·祭义》上说：'诸侯亲耕籍田，率庶人终亩，待其收获，藏之御廪，以奉祭祀之粢盛。夫人亲蚕、受茧、缫丝，以颁之世妇，使为黼黻文章，以供祭祀之衣服。'是诸侯能备祭祀，以其有国也。假如诸侯失了国家，则牺牲不能成，粢盛不能洁，衣服不能备，就不敢举祭了。虽有尊祖敬宗之心，何以自尽乎？为士的也是如此。《礼记·王制》上说：‘士有田则祭，无田则荐。’假如士失了官位，即无祭田。无田，则牲杀之具、器皿之资、祭祀之服，皆不能全备，也不敢举祭了。既不敢祭，则人子之心，必有戚然悚惧，而不能一息自安者。故三月无君，即废一时之飨，而有亏于奉先之孝矣。这等样情事不堪，亦不足吊乎？是知三月而吊者，非吊其不仕，乃吊其失祭也。子何以谓之太急耶？”

“出疆必载质，何也？”曰：“士之仕也，犹农夫之耕也。农夫岂为出疆舍其耒耜哉？”

周霄闻孟子之言，又问说：“三月无君，不得尽奉先之孝，是诚可吊也。乃若一去其国，必载贽以往，这等急于得君，又是为何？”孟子晓之说：“士之欲仕，本以行道，犹农夫之耕，本以谋食。见君不可无贽，耕田不可无耒耜，其义一也。农夫虽至他处，亦不能不耕；既欲耕，则必用耒耜。岂谓离了本土遂舍其耒耜而不用哉？士虽至他国，未尝不欲仕；既欲仕，则必用贽以见君。亦岂以出疆而不载贽乎？”盖上下之交，固自有道，而进退之际，尤必有礼，士岂有无羔雁之贽而可以见君者哉？然则君子之欲仕而不轻仕，周霄可以自悟矣。

曰：“晋国亦仕国也，未尝闻仕如此其急。仕如此其急也，君子之难仕，何也？”曰：“丈夫生而愿为之有室，女子生而愿为之有家。父母之心，人皆有之。不待父母之命、媒妁之言，钻穴隙相窥，逾墙相从，则父母、国人皆贱之。古之人未尝不欲仕也，又恶不由其道。不由其道而往者，与钻穴隙之类也。”

晋国，即是魏国。韩、赵、魏分晋，谓之三晋，所以都称晋国。仕国，是游宦之国。媒妁，是议婚之人。穴隙，是壁间空隙。

周霄设辞探问，既得君子欲仕之情，至此乃讽之说：“据夫子之言，君子之欲仕，可谓急矣。然晋国亦士君子游宦之国，未尝闻有无君则吊、出疆载贽这样急的。仕果如此其急，则君子亦当易于仕矣，乃又不见诸侯而难于出仕，却是何故？”孟子答说：“君子之心，岂不欲仕而得位？

但出处进退，自有正道，不可苟且。且如男女居室，人之大伦。故丈夫生而愿为之有室，女子生而愿为之有家，这是父母之心，人所同有。然在男女，必待父母有命、媒妁通言，才好婚配而成室家。若不待父母之命、媒妁之言，甚至钻穴隙以相窥，逾墙垣以相从，这等污辱苟合，不惟为父母者贱而恶之，举国之人皆贱而恶之矣。是以古之君子未尝不欲仕，亦如为人父母之心，未尝不愿男女之有室家，但必识去就之义，明进退之礼，又以不由其道为耻。若不得诸侯之招而屈己往见，这便是不由其道，与钻穴隙相窥的一般，人之贱恶又当何如？然则士之不见诸侯，正恶不由其道也，岂以欲仕之急而遂轻于仕哉？盖君臣之大义，虽一时不容少缓；而出处之大节，则一毫不可或逾。苟以欲仕之急而贻可贱之名，即终身不仕，君子有甘心自守者矣，况三月无君耶？”世之为君者，知士之欲仕，而遂其致君泽民之心；又知仕之有礼，而全其直己守道之志，斯上下交而德业成矣。

彭更问曰：“后车数十乘，从者数百人，以传食于诸侯，不以泰乎？”孟子曰：“非其道，则一箪食不可受于人。如其道，则舜受尧之天下，不以为泰。子以为泰乎？”

彭更，是孟子弟子。后车，是随从之车。传，是乘传，即今驰驿便是。泰字，解作侈字，是过分的意思。

孟子在当时应聘列国，车徒甚众，诸侯之廪饩甚丰。弟子彭更疑其过分，乃问说：“今有一介之士，周流列国，后车数十乘，从者数百人，乘传而食于诸侯，岂不过于侈泰乎？”孟子晓他说：“君子之处世，其辞受取舍，只看道理上如何。如道所不当得，则虽一箪之食，极其微细，亦不可受之于人，况传食乎？如道所当得，则虽虞舜以匹夫受尧之禅而有天下，亦不可以为泰。子岂以舜之受尧为泰耶？如不以舜为泰，则士之传食犹其小者，亦不可以泰视之矣。”夫尧、舜之授受，与士人之辞受不同。孟子特举其最大者，以明义之当否耳。

曰：“否。士无事而食，不可也。”曰：“子不通功易事、以羡补不足，则农有余粟，女有余布。子如通之，则梓、匠、轮、舆皆得食于子。于此

有人焉，入则孝，出则悌，守先王之道，以待后之学者，而不得食于子。子何尊梓、匠、轮、舆，而轻为仁义者哉？”

事，是事功。羡，是有余。梓匠，是木工。轮舆，是车工。

彭更对孟子说：“舜受天下于尧，此是他功德隆盛，天与人归，所以有此。吾所谓泰者，非谓是也。盖以一介之士，未事诸侯，上无功于国家，下无功于民庶，而偃然食人之食，略不辞让，则非道之所宜，故疑其泰而以为不可耳。”孟子晓之说：“子以士为无功而食，不知士之功固甚大也。试以农工之事观之。且如农人种粟、女子织布，各有所为之功，与所司之事，不能相兼。若使子不肯通融交易，以此之有余补彼之不足，则农夫必有余粟，而不足于布；女子必有余布，而不足于粟，此势之所必不能行也。子如不免于通融，则我之所不能为者，必待人为之。如造室的梓人、匠人，造车的轮人、舆人，虽一艺之微，皆得以其所有事而易子之食矣。今有士人于此，以先王之道莫大于仁义，而仁义之实不外于孝悌；二者独能入而孝亲、出而悌长，守先王仁义之道于当时，使异端不得淆乱；传先王仁义之道于后世，使后学有所师法，继往开来，有功于世道如此，不特一梓、匠、轮、舆之事也。乃反以为无功，而不得食于子，是何尊重梓、匠、轮、舆，而轻为仁义之士哉？知仁义之不可轻，则士之传食于诸侯，非无事而食者矣。”

曰：“梓、匠、轮、舆，其志将以求食也。君子之为道也，其志亦将以求食与？”曰：“子何以其志为哉？其有功于子，可食而食之矣。”

彭更因孟子之诘，乃变其说以应之，说道：“吾非敢尊梓、匠、轮、舆而轻仁义之士也。诚以梓、匠、轮、舆乃技艺之流，原其本心，固将以艺求食耳，食之可也。若君子为仁义之道，其抱荷甚重，其期待甚高，岂其志亦将以求食与？志非在食，而乃传食于诸侯，此吾所以谓之泰耳，岂可以梓、匠、轮、舆例论乎？”孟子折之，说：“人之所志固自不同，然子以食与人，何必问其志为哉？惟当计其功之多寡，以为廪饩之厚薄。其人果有功于子，于理当食，即当称其事以食之耳。然则君子之志固不在食，而其功则可食也。如以其志而食之，是率天下而为利矣，岂尚贤论功之道哉？”

“且子食志乎？食功乎？”曰：“食志。”曰：“有人于此，毁瓦画墁，其志将以求食也，则子食之乎？”曰：“否。”曰：“然则子非食志也，食功也。”

墁，是墙壁之饰。

孟子承上文诘彭更说：“劳力者食于人，用人之力者食人，此常理也。吾且问子：平时以食与人，果以其志在求食，遂食之乎？抑因其有功于子，乃食之乎？”彭更之辞已屈，又强应说：“食志。盖梓、匠、轮、舆之人，皆有求食之志，吾固因而食之也。”彭更之言，与前所谓无事而食者，已自相背驰矣。故孟子又诘之，说：“子之食人，固因其志矣。设使有人于此，毁败子之屋瓦，画坏子墙壁之饰，不但无功，而且有损于子；乃其人之志，却将以此求食，则子亦肯食之乎？”彭更到此，再说不得食志了，只得答说：“毁瓦画墁，无功有害，不可食也。”孟子遂折他：“毁瓦画墁以无功不食，则子之食人原非为志，还是因其有功而后食之也。既曰食功，则有功于斯道者，亦在所当食矣。乃谓其无事而食，岂非尊梓、匠、轮、舆而轻为仁义者乎？”

夫孟子抱道德、言仁义，使其见用，必可以致帝王之盛治、开万世之太平，其功甚大也。战国之君，但知举尊贤之礼，而不能尽用贤之道，使其志不得行已，非孟子之初心矣。更也犹以泰议之，何其待君子之薄耶！

万章问曰：“宋，小国也。今将行王政，齐楚恶而伐之，则如之何？”

当时宋王偃尝灭滕，伐薛，败齐、楚、魏之兵，欲霸天下，诸侯忌而伐之。故万章问孟子，说道：“宋，小国也，今兴问罪之师，伸弔伐之举，欲行王政于天下，亦可谓有志于复古者。奈齐、楚之君，皆恶而欲伐之。以无道而伐有道，曲直固有分矣。然寡不可以敌众，弱不可以敌强，不知何如而后可乎？”万章之意，若谓行仁无救于成败，而欲问强国之术耳。

孟子曰：“汤居亳，与葛为邻。葛伯放而不祀，汤使人问之曰：‘何为不祀？’曰：‘无以供牺牲也。’汤使遗之牛羊，葛伯食之，又不以祀。汤又使人问之曰：‘何为不祀？’曰：‘无以供粢盛也。’汤使亳众往为之耕，老弱馈食。葛伯率其民，要其有酒食黍稻者夺之，不授者杀之。有童子以黍肉饷，杀而夺之。《书》曰：‘葛伯仇饷。’此之谓也。”

葛，是国名。伯，是爵。放，是放纵。遗、饷，都是馈送。

孟子答万章说：“仁者无敌，王不待大。子岂以宋为小国，不足以行王政乎？试观成汤之事可见矣。昔成汤为诸侯时，居于亳邑，与葛国为邻。葛伯放纵无道，不祀先祖。汤使人问之说：‘国之大事在祀，尔为何不祀？’葛伯对说：‘祀必备物，吾为无以供牺牲也。’汤乃使人送与牛羊，以供其牺牲之用。葛伯自己食之，又不以祀。汤又使人问之说：‘牺牲既备，何为不祀？’葛伯对说：‘祀宜黍稷，吾为无以供粢盛也。’汤乃使亳邑之民往为之耕，以供其粢盛；其老弱之不能耕者，往馈耕者之食。其厚于邻国如此。葛伯乃率其民，看有馈送酒食黍稻的，要而夺之；其不肯与的，从而杀之。有一童子，以黍、肉来饷，葛伯杀而夺取之。故《商书·仲虺之诰》曰：‘葛伯与饷者为仇。’即此杀童子而夺其黍肉之谓也。是汤固施仁于葛，而葛乃自绝于汤，弔伐之师，诚有不容已者矣。”

“为其杀是童子而征之，四海之内皆曰：‘非富天下也，为匹夫匹妇复仇也。’”

富，是利。匹夫匹妇，是指童子的父母。

孟子承上文说：“葛伯杀是馈饷之童子，则不惟绝邻国之好，而且戮无辜之民，其罪大矣！汤为是举兵而征之。四海之内，闻汤之征葛，都说道：‘汤之心非有所利于天下，只为童子以无辜见杀，其父母含冤无所控诉，故往征之，实为匹夫匹妇复仇耳。’盖惟成汤以弔民伐罪为心，故能取信于天下如此。”

“汤始征，自葛载。十一征而无敌于天下。东面而征，西夷怨。南面而征，北狄怨。曰：‘奚为后我？’民之望之，若大旱之望雨也。归市者弗止，芸者不变。诛其君，弔其民，如时雨降，民大悦。《书》曰：‘徯我后，后来其无罚。’”

载，是始。吊，是恤。徯，是待。

孟子承上文说：“当初成汤起兵征伐无道之国，自葛伯始。从此讨罪伐暴，凡十一征，而皆无敌于天下。东面而征，则西夷怨之；南面而征，则北狄怨之，说道：‘我等与彼国之民，都困于虐政，何不先来征我之国？’民之望汤来征，真若大旱之望雨一般，惟恐其不速至也，其未至而望之切如此。夫军旅所至，未有不罢市而辍耕者。乃汤师之来，归市者不止，而商安于市；耕耘者弗变，而农安于野，只是诛戮那虐民之君，抚绥那受虐之民。所以王师一来，就如时雨之降一般，民皆幸其复苏，欢然大悦焉。《商书·仲虺之诰》述当时之民说道：‘我民向在水火之中，待我君来救久矣。我君既来，庶几其无罹暴虐之害乎！’观《书》中所言，则当时之民心可知，其已至而悦之深如此。夫成汤能行王政，大得民心，自能无敌于天下。岂尝闻大国有恶而伐之者？”

“‘有攸不惟臣，东征，绥厥士女。匪厥玄黄，绍我周王见休，惟臣附于大邑周。’其君子实玄黄于匪，以迎其君子；其小人箪食壶浆，以迎其小人。救民于水火之中，取其残而已矣。”

绥，是安。匪，是筐篚。玄黄，是玄色、黄色的币帛。绍，是继。休，是美。大邑周，是商民尊周室之辞。

孟子说：“行王政而王天下者，不独成汤，至于武王亦是如此。当纣之时，周家王业已盛，八百诸侯皆来归服。其中有助纣为恶而不为周臣者，武王以其害及士女，而东征以安之。惟此士女，都用筐篚盛着玄黄币帛而来迎，说道：‘我民苦商之虐政久矣，今继事我周王，庶得蒙其恩泽而见休美乎！’于是心悦诚服而归附于大邑周。其有位而为君子的，则以玄黄之币实于筐篚以迎周之君子。其在野而为小人的，则盛着箪食壶浆以迎周之小人。这是为何？盖以商纣暴虐，民方陷于水火，武王兴兵征伐，以救民于水火之中，惟取其残民者诛之。除残之外，未尝妄有诛戮，故民怀其德，而以类相迎如此。其与成汤之时，民皆徯后来苏者，何以异哉？”

“《太誓》曰：‘我武惟扬，侵于之疆，则取于残，杀伐用张，于汤有光。’”

《太誓》，《周书》篇名。扬，是奋扬。凶残，指纣说。

孟子引《周书·太誓》篇所载武王誓众之词，说道：“我之威武奋扬，侵彼纣之疆界，声罪致讨，取彼凶残而戮之。虽罪止一人，而威加四海，杀伐之功，因以张大。昔成汤尝除暴救民，以安天下。今我亦能取彼凶残，以救民于水火之中，岂不于汤有光乎？’是武王行王政而王天下，亦未闻当时之大国有恶而伐之者也。”

“不行王政云尔；苟行王政，四海之内皆举首而望之，欲以为君。齐楚虽大，何畏焉？”

孟子承上文说：“成汤行王政，而徯后之民皆望汤以为之君；武王行王政，而见休之众皆望武王以为之君如此。今宋惟不行王政，而欲以伯术服人，故见恶于大国云耳。苟能以纯王之心，行纯王之政，若成汤弔民于大旱之后、武王救民于水火之中，则四海之内皆举首而望之，欲以为君，而有后我之怨、玄黄之迎矣。齐、楚虽大，必不能率戴我之民以攻我也，又何畏焉？”盖能行王政，则民心悦服，而无敌于天下；不能行王政，则民心不归，而受制于大国。然则人君欲自强者，亦在于行仁而已。

孟子谓戴不胜曰：“子欲子之王之善与？我明告子。有楚大夫于此，欲其子之齐语也，则使齐人傅诸？使楚人傅诸？”曰：“使齐人傅之。”曰：“一齐人傅之，众楚人咻之，虽日挞而求其齐也，不可得矣。引而置之庄岳之间数年，虽日挞而求其楚，亦不可得矣。”

戴不胜，是宋臣。傅，是教。咻，是喧哗。庄岳，是齐国里名。

当时，宋国之臣戴不胜者，素有志于正君，而未知荐贤为国之道，故孟子告之说：“人臣事君，孰不欲引之于当道？然涵养熏陶，非一日之功；维持匡救，非一人之力也。吾观子之事王，岂不欲使王之为善欤？然正君之道，子容有未知者，我明以告子。且将学语一事来比方。假如有楚大夫于此，厌楚语为南蛮鴃舌之陋，而欲使其子学齐国之语，则将使齐人教之乎？抑使楚人教之乎？”戴不胜说：“欲学齐语，必使齐人教之耳。”孟子说：“学齐语而使齐人教之，诚是矣。倘使居荆楚之地，傅之者止一齐人，而朝夕喧哗咻之者有众楚人，则听闻不专，积习难变，虽日加鞭挞而求其子之齐语，不可得矣。若使引其子而置之齐国，使居庄岳之间，且至数年之久，则所与居者皆齐人，所熟闻者皆齐语，必然化而为齐；虽日加鞭挞而求其子之楚语，亦不可得矣。”由楚大夫教子之事观之，则知人臣之欲正君者，必使直谅多闻之士常接于前，谗谄面谀之言不入于耳，然后可以熏陶德性，变化气质，将日进于善而不自知矣。若小人众而君子独，亦何以成正君之功哉？

“子谓‘薛居州，善士也’，使之居于王所。在于王所者，长幼卑尊皆薛居州也，王谁与为不善？在王所者，长幼卑尊皆非薛居州也，王谁与为善？一薛居州独如宋王何？”

薛居州，是宋之贤臣。长幼卑尊，都是指在朝之臣说。

孟子告戴不胜说道：“子知学语者在于精专，则知正君者成于多助，此非一人之力所能办也。今子谓‘薛居州，宋之善士也’，荐举于朝，使之居于王所，诚得以人事君之忠矣。然使在王所的群臣，长幼卑尊都似薛居州之贤，则所闻皆善言，所见皆善行，王虽欲为不善，其谁与之为不善乎？如使在王所的群臣，长幼卑尊都不似薛居州之贤，则善言不入于耳，善行不接于目，王虽欲为善，其谁与之为善乎？今尔之所举，惟一薛居州，而不如薛居州者甚众，这就是一齐人傅之、众楚人咻之也。吾恐群邪必至于害正，孤忠不能以独立。虽有维持匡救之功，终是一暴十寒而已。即欲引君于善，其如宋王何哉？”故古之大臣欲正其君者，必集众思，广忠益，使君之左右前后无非正人端士，而后君德可成也。若夫用贤之道，则又在人君之信任勿疑。苟谏不行，言不听，虽善士盈朝，亦何益之有哉？

公孙丑问曰：“不见诸侯何义？”孟子曰：“古者不为臣不见。段干木逾垣而辟之，泄柳闭门而不内，是皆已甚。迫，斯可以见矣。”

不为臣，是未曾出仕。段干木，是魏人。泄柳，是鲁人。已甚，是太过。迫，是求见之切。

孟子不肯往见诸侯，故公孙丑问说：“君子以济世安民为心，必得君而事，乃可以行其道。今之不见诸侯，不知果何义也？”孟子答说：“古之为士者，必委质为臣，有官守之责，则当奔走其职，以官而见。若未为臣，则无官守可召，无职事可见，惟当高尚其志，不见诸侯，此古之道也。然所谓不见者，只是以道自重，不肯屈身以往见耳。若有尊贤下士之君，自来求见，则岂有终绝之理乎？昔魏文侯时，有个段干木，是未为臣的；文侯来求见他，乃逾墙而避去。鲁缪公时，有个泄柳，亦是未为臣的；缪公来求见他，乃闭门而不纳。二子之自处如此，是皆立己于太峻，拒人以太严，而为已甚之行者也。不知所贵于士者，岂必以隐为高、往而不返，然后为贤哉？惟君无下贤之诚，故士高不见之，节耳。今二君求见之意既如此其迫切，则二子见之，不为枉道，何必逾垣而避、闭门而不纳哉？是二子者，执礼义而失之太过，君子所不由也。"

"阳货欲见孔子，而恶无礼。'大夫有赐于士，不得受于其家，则往拜其门。'阳货瞰孔子之亡也，而馈孔子蒸豚。孔子亦瞰其亡也而往拜之。当是时，阳货先，岂得不见？"

阳货，是鲁季氏家臣，僭为大夫者。欲见，是欲召见。瞰，是窥。亡，是出在外。先，是先来加礼。

孟子又引孔子之事以晓公孙丑，说道："昔鲁国有阳货者，尝慕孔子之道德，而妄自尊大，意欲召之来见；又恐人说他见贤无礼，乃欲以术致之。他知道《礼经》上说：'大夫有所赐于士，士在家拜受则已；如偶出在外，不曾得拜受于家，必亲往拜谢于大夫之门。'惟时阳货正僭为大夫，孔子为士。因使人探看孔子出外之时，将蒸豚馈之，正要使孔子不得拜受于家，必然往拜其门，可乘此以相见也。孔子虽不逆诈，亦不堕其术中。也探看阳货外出之时，乃往拜之。既答其礼，又不使他得见，可谓曲而尽矣。夫阳货虽非可见之人，然亦有愿见之意，孔子如何终不见之？盖只为当时阳货欲用术以致孔子之见，而不肯先来加礼故耳。若当是时，阳货真能下贤，先加就见之礼，如文侯之于段干木、缪公之于泄柳，则孔子非绝人于太甚者，岂得瞰亡以往，而终不见之哉？盖孔子不当见而不见，与段干木、泄柳之为已甚者不同，此所以为礼义之中正也。"

"曾子曰：'胁肩谄笑，病于夏畦。'子路曰：'未同而言，观其色赧赧然，非由之所知也。'由是观之，则君子之所养可知已矣。"

胁肩，是耸起两肩。谄笑，是强为欢笑。都是勉强媚人的模样。病，是劳。夏畦，是夏月治畦的人。赧赧，是心惭面赤的模样。

孟子说：“礼义者，立身之大闲；污贱者，士人之深耻。尝闻曾子说：‘今有一等人，见人不大礼貌，他乃胁肩谄笑以求媚悦，这等作伪的情状，不胜劳苦，比那暑月治畦的人更甚。’这是极鄙之之辞。子路说：‘凡人彼此契合，方可与之谈论。若素日无交，未知他的意向，便要强与之言，却心惭面赤，赧赧然若无所容的模样。这等人品，非由所知矣。’这是极恶之之辞。夫由此二子之言观之，他既痛恶这等的人，决不肯干这等的事，其胸中涵养，必光明正大，直道不阿。设使诸侯未曾先来加礼，欲要二子去俯首求容，强颜求合，断然不为矣。此可见不为臣不见者，乃士人守身之常法。若世有下贤之君，固不当绝人于已甚，如段干木、泄柳之所为。世无下贤之君，亦必不肯屈已以求容，为曾子、子路之讥也。”

戴盈之曰：“什一，去关市之征，今兹未能。请轻之，以待来年，然后已，何如？”孟子曰：“今有人日攘其邻之鸡者，或告之曰：‘是非君子之道。’曰：‘请损之，月攘一鸡，以待来年然后已。’如知其非义，斯速已矣，何待来年？”

戴盈之，是宋大夫。什一，是十分中取一分。征，是税。已，是止。攘，是物自来而取之。

戴盈之有意革弊而不能决，乃问孟子，说道：“古时井田之法，什而取一，近乃有厚敛于民者矣。古时关市之法，讥而不征，近乃有并征其货者矣。先王之良法无存，斯民之憔悴日甚，国何由治乎？如今欲要复那什一之旧，去那关市之征，轻徭薄赋，与民休息，此吾愿治之本心也。但积习已久，难以骤更；国用所需，未能顿革。目前且把这两件稍从轻减，待至明年，然后尽罢今之弊政，复行古之良法，夫子以为何如？”孟子告之说：“为政在于力行，知过贵于速改。子既有志于革弊，而曰‘姑待来年’，是何异于攘鸡者乎？今有人于此，日日攘取邻家之鸡。或告之说：‘攘取邻鸡，苟得无耻，是非君子之道。’其人不能即改，却说道：‘子言诚是！只是我一时便止不得，请暂且减损，每月止攘一鸡，以待来年然后已。’这等的人，谓之能改过迁善，可乎？今宋之攘取其民，犹攘鸡之不义也。但患不知其非耳，如既知之，便当一旦速除其弊，使百姓早受一日之赐，何故等待来年，如所谓月攘一鸡者哉？”盖为政本以为民，有利于民，则宜速为；有害于民，则宜速去。若曰姑待来年，则必因循怠废，日复一日，终于不能革矣，岂更化善治之道哉？

公都子曰：“外人皆称夫子好辩，敢问何也？”孟子曰：“予岂好辩哉！予不得已也。天下之生久矣，一治一乱。”

公都子，是孟子弟子。生，是生民。

当时杨、墨之言充满天下，孟子欲防卫吾道，不得不辞而辟之，故有疑其好辩者。公都子亦不知孟子之心，乃问说：“夫子一言一论，必皆有为而发。然今在外之人，皆说夫子好为辩论，以求胜于人，是必有故矣。敢问夫子何为如此？”孟子答说：“君子之处世，岂不欲与之相忘于无言？然义理有当发明，事势有当救正，虽欲不言，有不可得者。若我之于今日，岂故好为辩说，哓哓然与人争论哉？乃有不得已于言者耳。所以不得已，为何？盖自上古以来，天下之有民生，非一日矣。气化人事，相为循环，无平不陂，无往不复。当其气化盛，人事得，则天下为之一治；及其气化衰，人事失，则天下为之一乱。反复相寻，未有常治而不乱者，其势然也。”夫由治而之乱，虽圣贤不能止其来。然拨乱而反治，在圣贤岂得辞其责？故虽至艰至大之事，亦有不得已而为者，而况于言乎？

“当尧之时，水逆行，泛滥于中国，蛇龙居之。民无所定，下者为巢，上者为营窟。《书》曰：‘洚水警余。’洚水者，洪水也。使禹治之。禹掘地而注之海，驱蛇龙而放之菹。水由地中行，江、淮、河、汉是也。险阻既远，鸟兽之害人者消，然后人得平土而居之。”

泛滥，是水流横溢。下，是卑地。上，是高地。巢，是架木为居。营窟，是掘地而处。洚水，是无涯之水。菹，是水泽生草之处。江、淮、河、汉，是四水名。险阻，即指洚水说。

孟子承上文说：“所谓一治一乱者，何以征之？昔当帝尧在位之时，洪水滔天，都不循正道，倒流逆行，以致横溢弥漫，遍于中国；况平陆之地，皆为蛇龙所居。天下人民，无有定止。地势卑的，则架木为巢以居；地势高的，则掘地为窟以处，而生民之命急矣。故《虞书》上说：‘洚水警予。’言此洪洞无涯之水，乃是天降灾异以示儆戒。所谓洚水者，即此洪水是也。此时气化乖沴，害及生民，便是一乱。于是帝尧忧之，举舜而敷治；舜乃使禹治之，委任而责成焉。禹思水之性必有所归，乃掘去壅塞，疏通河流，将这泛滥之水注之于海，而不使其横决；以蛇龙之性必有所居，于是驱逐蛇龙，放之菹泽之地，而不使其盘踞。水既归海，则下流不壅，得以顺其轨道而行于地中，即今江、淮、河、汉之水是也。此时水患尽平，险阻既远，不但蛇龙已归菹泽，不为民害；而凡鸟兽之害人者，皆已消除，然后地平天成，四隩可宅。下者不必为巢，上者不必为窟，举天下之民，皆得平土而居，以遂其乐生之愿矣，岂非天下之一治哉！”即此观之，可见水旱之灾，虽圣世不能免。惟当时为君者儆惧于上，为臣者勤劳于下，故能挽回气运，转乱而为治如此。然则救灾拯溺之道，信不可不究心也。

“尧、舜既没，圣人之道衰，暴君代作。坏宫室以为汙池，民无所安息。弃田以为园囿，使民不得衣食。邪说暴行又作。园囿汙池，沛泽多而禽兽至。及纣之身，天下又大乱。”

宫室，指民居说。园囿、汙池，是君上游观之所。沛，是草木所生。泽，是聚水之处。

孟子承上文说：“当尧、舜之时，禹平水土，天下已治矣。及尧、舜既没，圣人仁民爱物之政，湮灭无存。历夏及商，暴虐之君相继而起，都要侈于自奉，不顾民生休戚。将百姓所居之室毁坏以为池沼，使之无所安息；将百姓所耕之田荒弃以为园囿，使之不得衣食。虐政既兴，风俗日坏。其在下之臣民，又肆为邪诐之说、暴慢之行，而害人者众矣。且田土弃为园囿，宫室坏为汙池，则凡生民之所聚者，皆化为水草之区。沛泽日多，禽兽因之而至，百姓何得安生？其害抑又甚矣。浸淫不已，以至于商纣之身，愈为不道，毒痡四海，而天下又大乱焉。乱极思治，非武王、周公，其孰能挽回气化、以安天下也！”

“周公相武王，诛纣伐奄，三年讨其君，驱飞廉于海隅而戮之；灭国者五十；驱虎豹犀象而远之。天下大悦。《书》曰：‘丕显哉！文王谟。丕

承哉！武王烈。佑启我后人，咸以正无缺。'"

奄，是东方国名。是飞廉，是纣之幸臣。丕，是大。谟，是谋。烈，是功烈。咸正无缺，是正大周密的意思。

孟子承上文说："当纣之时，天下大乱。于是武王受命而起，周公为之辅佐，伐暴救民，奉行天讨，以诛独夫之纣。又以奄国之君助纣为虐于外，则兴师伐奄，三年之久，始就诛戮；又以幸臣飞廉助纣为虐于内，则驱之于海隅而戮之；又灭纣之恶党五十余国，而后人害以息。且驱其园囿之中所畜猛兽，如虎、豹、犀、象，皆使之远去，而物害以消。当时天下之民，苦于暴君虐政久矣，一旦睹圣王之泽，莫不欢欣鼓舞，交相庆幸，熙熙然成太平之治焉。故《周书·君牙》篇说道：'丕显哉！文王创业之谟；丕承哉！武王致治之烈。所以建立法制，以佑助开迪我后人者，莫非正大之道，尽善尽美，而无一毫之亏缺也。'盖周公于治定功成之后，制礼作乐，以光文、武之道如此。一代之王业，不由此而兴乎？此又世之一治也。"

"世衰道微，邪说暴行有作，臣弑其君者有之，子弑其父者有之。孔子惧，作《春秋》。《春秋》，天子之事也。是故孔子曰：'知我者其惟《春秋》乎！罪我者其惟《春秋》乎！'"

"有作"的"有"字，与"又"字同。

孟子承上文说："周自文、武、周公以来，天下已治。及传世既久，至平王东迁之后，国运渐衰而不振，王道亦湮而不明。于是纪纲紊乱，风俗陵夷，邪说暴行又乘之而作。其大逆无道之极，至于以臣弑君者有之，以子弑父者有之，天理灭绝，彝伦攸斁如此，是世之一大乱也。孔子生当其时，既不得君师之位，操赏罚之权，以施其拨乱反正之术，甚为世道人心忧惧，乃假《鲁史》旧文作为《春秋》之书，以教后世。这《春秋》所载，皆王者惇典庸礼、命德讨罪之法。如为善者褒，是法之所必赏；为恶者贬，是法之所必罚：乃天子之事也。所以孔子自说：'《春秋》之作，本非得已。世有以心而知我者，谓其以片言之间，而正一王之法，使君臣、父子之伦大明于世，其惟此《春秋》乎！世有以迹而罪我者，谓其以匹夫之贱，而假天子之权，使黜陟赏罚之柄托于微言，其惟此《春秋》

乎！然则此书之作，使君子有所劝而为善，则知我固所深幸；使小人有所惧而不为恶，则罪我亦所不辞矣。’孔子作《春秋》之意如此。虽不得兴治道于一时，而使致治之法垂于万世，岂非天下之一治乎？”

“圣王不作，诸侯放恣，处士横议。杨朱、墨翟之言盈天下。天下之言，不归杨，则归墨。杨氏为我，是无君也。墨氏兼爱，是无父也。无父无君，是禽兽也。公明仪曰：‘庖有肥肉，厩有肥马，民有饥色，野有饿莩。此率兽而食人也。’杨、墨之道不息，孔子之道不著，是邪说诬民、充塞仁义也。仁义充塞，则率兽食人，人将相食。”

圣王，指尧、舜、文、武说。处士，是未仕的人。横议，是肆为议论。

孟子承上文说：“自上古以来，治乱相寻，大略如此。至于今日，则尤有可惧者。盖圣王不作，为日已久；列国诸侯，力政相争，而放恣于法纪之外。于是异端之士，因各以其一家之学横议于其间，如杨朱、墨翟二人，乃其尤者。故杨朱、墨翟之说，布满天下；天下之论学术者，不归于杨，则归于墨，而去圣人之道远矣。夫杨氏之言，主于为我，自一身之外，治乱安危漠然不恤。如此，则天下国家谁与共理？是无君也。墨氏之言，主于兼爱，视天下之人，远近亲疏曾无差等。如此，则天性至亲何异路人？是无父也。无父无君，则人道灭绝，与禽兽何异？横议惑人，一至于此，其害可胜言哉！昔公明仪曾说：‘庖有肥肉，厩有肥马，民有饥色，野有饿莩，此率兽而食人也。’这原是有为而发。乃今观杨、墨之害，则有甚于此者。盖以仁事亲，以义事君，本万世不易之道。自尧、舜以来，传之孔子，而杨、墨以无君无父之教乱之。使杨、墨之道流而不息，则孔子之道蔽而不明；是邪说诬惑人心，而充满天下，以蔽塞仁义也。仁义蔽塞，则人皆无父无君，陷于禽兽。是杨、墨倡禽兽之教以坏人心，即所谓率兽食人者，其祸至于人相残食，而乱臣贼子之祸，接迹于天下矣。其为生民之乱，岂特如春秋之时而已耶？”

“吾为此惧，闲先圣之道，距杨、墨，放淫辞，邪说者不得作。作于其心，害于其事；作于其事，害于其政。圣人复起，不易吾言矣。”

闲，是卫。先圣，指孔子说。距，是绝。放，是驱而远之。淫辞、邪说，都指杨、墨之言说。

孟子既推异端之害，遂以卫道自任，说："杨、墨祸流之深如此，吾为天下忧之，思欲防卫先圣仁义之道，使之著明于世，不为异端所塞。故于杨、墨之学，则深距而痛绝之，以放斥其淫荡无归之辞，使天下之人，晓然知其为非，而邪诐之说不得复起以诬民，此所以卫道也。盖邪说之作，虽发于言论，实本于心术。既作于其心，则见之一身，凡举止应接，必不得其常，而害及于事矣。既害于其事，则措之天下，凡纪纲法度，必不得其理，而害及于政矣。其端甚微，而其害甚大，此理之必然。虽圣人复起，亦必不能易吾之言矣。使不距而放之，则圣道何自而明？天下之乱又何时而已乎？此吾所以不能已于言也。"大抵异端之害，在于学术之偏，而其本始于心术。心术既坏，则发为言语，皆淫邪之辞；施为政事，皆偏私之举，而天下之乱实基于是矣。孟子之辟杨、墨，正为此也。挽回世道者，当以正人心为急。

"昔者禹抑洪水而天下平，周公兼夷狄、驱猛兽而百姓宁，孔子成《春秋》而乱臣贼子惧。《诗》云：'戎狄是膺，荆舒是惩。则莫我敢承。'无父无君，是周公所膺也。"

抑，是止。兼，是并。膺，是击。惩，是创。

孟子既叙三代圣人维世之功，乃总结说道："由往古之事观之，可见治乱相寻，固有定数。而维持救正，则存乎其人。昔大禹排抑洪水，则能拯民之灾，而天下平治；周公兼夷狄，驱猛兽，则能除民之害，而百姓安宁；孔子成《春秋》之书，则明大义于当时，垂法戒于来世，而乱臣贼子有所畏而不敢为恶：是自生民以来，天下所以乱而复治者，皆三圣之功也。况今杨、墨之害，不止如洪水猛兽之灾，盖有惨于夷狄乱贼之祸者。《诗经·鲁颂》有云：'戎狄是膺，荆舒是惩，则莫我敢承。'是说周公于戎狄、荆舒之国，膺击惩创，使之畏威从化，莫敢拒违。圣人所以正夷夏之防，其严如此。今杨、墨之教，无父无君，坏乱纲常，与戎狄无异，正周公之所击而远之者也。有世教之责者，岂可坐视其害，而不求所以息之耶？"

“我亦欲正人心，息邪说，距诐行，放淫辞，以承三圣者。岂好辩哉？予不得已也。能言距杨、墨者，圣人之徒也。”

邪说三句，都指杨、墨说。诐，是偏僻。淫，是浮荡。三圣，即大禹、周公、孔子。

孟子承上文说：“大禹、周公、孔子拨乱之功如此，皆其责之所在，不得已而然也。今我于杨、墨之害，乃不能排而正之，则有负于三圣矣。故当此之时，亦欲讲明仁义之道，以正陷溺之人心；息杨墨之邪说，拒绝其偏僻之行，摈斥其浮荡之辞。如此者，正以承三圣之功，拨乱世而反之正也。然则予之丁宁反覆而不免于多言者，岂好辩哉？邪说之横流方炽，则斥之不容不严；人心之蔽锢已深，则启之不容不力，诚有所不得已而然耳。若使天下之人，有能立为言论，以距杨、墨之说，而斥其‘为我’、‘兼爱’之非者，虽其学之所造未必有得，然能辟邪崇正、以闲先圣之道，则亦禹、周、孔子之徒也。可见异端之教，人人得而辟之，况予有世道之责者，岂得以好辩自嫌而遂已于言耶？外人之论，可谓不谅予心者矣。”

夫当时纵横、名、法之学害圣人之道者，不知其几。而孟子独辟杨、墨者，盖百家之言，害在政治，浅而易见；杨、墨之说，害在心术，深而难知。使非孟子极力辟之，则世道之沦溺，亦不知其所止矣。后人以孟子之功不在禹下，正谓此也。

匡章曰：“陈仲子岂不诚廉士哉？居於陵，三日不食，耳无闻，目无见也。井上有李，螬食实者过半矣。匍匐往将食之，三咽，然后耳有闻，目有见。”孟子曰：“于齐国之士，吾必以仲子为巨擘焉。虽然，仲子恶能廉？充仲子之操，则蚓而后可者也。”

匡章、陈仲子，都是齐人。於陵，是地名。螬，是蛴螬，食果的虫。匍匐，是无力难行的模样。将，是取。咽，是吞。巨擘，是手中大指。

匡章问孟子说：“廉乃士人之美节。然或有外面矫饰，不由中出者；原因贫贱，强自谨守者：这都不是真廉。若仲子之在齐，岂不真廉士哉！盖仲子生富贵之家，而甘处淡泊，避居於陵之地，一介不取；至于三日不食，耳无所闻，目无所见。这等样穷苦，未尝求食于人。适然井上有李，螬食其实者已过半矣，这是人之所弃的，乃匍匐往取而食之，三咽之间，然后耳复有闻，目复有见。仲子居食之清苦如此。夫欲洁其身，而至于不顾其生，岂不诚廉士哉？”孟子晓之说：“当今齐国之士，溺富贵而贪功利者甚多。仲子独以穷约自守，而不溺于流俗，譬如众小指中之大指，吾必以仲子为齐士之巨擘矣。然仲子虽贤，而所守之操，未免有过中失正、不近人情者，仲子亦恶能自遂其廉哉？盖士君子之处世，当居而居，当食而食，惟义所在，不肯苟取，这便是廉，非一无所取之谓也。仲子析义不精，而务为矫激，据他这等的操守，仲子亦必有窒碍而难充者。若要充之以至于尽，除非是似那蚯蚓，一无所求于世而后可也。仲子亦人耳，必不能无居，不能无食，又恶能充其操哉？不能充其操，则亦不得为廉矣。”

“夫蚓，上食槁壤，下饮黄泉。仲子所居之室，伯夷之所筑与？抑亦盗跖之所筑与？所食之粟，伯夷之所树与？抑亦盗跖之所树与？是未可知也。”

槁壤，是干土。黄泉，是浊水。树，是种。

孟子说：“吾谓充仲子之操，必蚓而后可者，为何？盖蚯蚓之为物，上边只吃些干土，不待人而后食；下边只饮些浊水，不待人而后饮：这等才一无所求。若人生世间，岂能如此？仲子居必有室，室必待人而筑；食必以粟，粟必待人而种，这居、食之所从来，岂能逆料其义与不义乎？且今天下之言义者必归之伯夷，言不义者必归之盗跖。今仲子所居之室，其果廉如伯夷者之所筑乎？抑亦贪如盗跖者之所筑乎？所食之粟，果廉如伯夷者之所种乎？抑亦贪如盗跖者之所种乎？如其义即为伯夷，如其不义即为盗跖，其所从来皆未可知也。是仲子既不能无居无食，而又能必其皆出于伯夷，然则仲子亦恶能成其为廉哉？故欲充仲子之操，必如蚓而后可也。”

曰：“是何伤哉？彼身织屦，妻辟纑，以易之也。”曰：“仲子，齐之世家也。兄戴，盖禄万钟。以兄之禄为不义之禄而不食也，以兄之室为不义之室而不居也，辟兄离母，处于於陵。他日归，则有馈其兄生鹅者，己频顣曰：‘恶用是鶃鶃者为哉？’他日，其母杀是鹅也，与之食之。其兄自外至，曰：‘是鶃鶃之肉也。’出而哇之。

辟，是绩。纑，是练麻。世家，是世卿之家。盖，是邑名。频顣，是皱眉不悦的模样。鶃鶃，是鹅声。哇，是吐。

匡章对孟子说："仲子之居食，虽所从来未必尽出于伯夷，是亦何伤其廉洁哉？盖人之处世，只要自己能安贫守约，不取诸人，这便是廉。今仲子之居食，乃是亲身织屦、妻子绩麻以易之，此皆自食其力，非不义而取诸人者，岂必出自伯夷然后为廉哉？"孟子晓之说："尔谓仲子自食其力，遂以为廉乎？不知处仲子之地，亦有不必然者。盖仲子素非贫贱之人，乃是齐之世家也。其兄名戴者，食邑于盖，见有万钟之禄，即使同居共食，谁曰不义？仲子顾以兄之禄为不义之禄，而不屑于食也；以兄之室为不义之室，而不屑于居也。乃避其兄，离其母，挈妻子而处於陵之地。其于天性之亲，亦既薄矣。及他日归家，偶有馈其兄生鹅者，是亦交际的常礼，岂便是不义？乃频顣而言，指其生鹅说：'这鶃鶃乃不义之物，要他何用？'又他日归家，其母亲杀是鹅与仲子食之。其兄适自外至，见而讥之，说：'尔所食的，乃向日所馈鶃鶃之肉也。'仲子一闻兄言，竟出而吐之。仲子所为，其不尽人情如此。夫圣贤所谓廉者，不违亲，不绝俗，未有离人类而自为一道者。仲子欲成一己之小节，而遂废母子、兄弟之大伦。即使能充其操，犹不足道也，况有不能自充其操者乎？"

"以母则不食，以妻则食之；以兄之室则弗居，以於陵则居之：是尚为能充其类也乎？若仲子者，蚓而后充其操者也。"

孟子既述陈仲子之事，遂总断之，说："人生世间，岂能无食无居？至于母之食、兄之居，则尤天性至亲，不待外求者，即食之居之，谁曰不义？今仲子则不然，以母之食，则以为不义而不食；以妻之辟纑所易者，则又从而食之。以兄之居，则以为不义而不居；以於陵之居，则又从而居之。此何为者哉？夫以母之食为不义，则凡食之类皆无有义而可食者矣。以兄之居为不义，则凡居之类皆无有义而可居者矣。仲子舍此而取彼，是尚为能充其不食、不居之类也乎？不能充其类，则必不能充其操矣。吾故谓仲子之操，必似那食槁壤、饮黄泉的蚯蚓，然后可以无求自足，而能充满其不食不居之操也。仲子固禀天地之性而为人者，顾可同于蚯蚓乎？"

大抵君子制行，自有中道。如其非义，虽一介不可苟取；如其义，虽万钟有所不辞。况夫生人之伦莫大于母子兄弟。必避兄离母而后可以为廉，则弃人伦、灭天理，廉不可一日有矣。此学术邪正之辩，故孟子辟之不得不严也。

卷七

离娄上

孟子曰："离娄之明，公输子之巧，不以规矩，不能成方员。师旷之聪，不以六律，不能正五音。尧、舜之道，不以仁政，不能平治天下。"

离娄，是古时明目的人。公输子，名班，是鲁国巧人。师旷，是晋国乐师。古时作乐，截竹为十二管，以审五音。黄钟、大簇、姑洗、蕤宾、夷则、无射为阳，大吕、夹钟、仲吕、林钟、南吕、应钟为阴，阴阳各六，所以叫作六律。五音，是宫、商、角、徵、羽。

孟子见后世之为治者，每以私智自用，而不遵先王之法，故发此论，说道："治天下之道，皆本之于心，而运之以法。法之所在，虽圣人有不能废者。譬如制器，以离娄之明、公输子之巧，使之造作，心思目力何所不精？然必取诸规以为员，取诸矩以为方，而后可以成器。设使不用规矩，则明巧亦无所据，而方员不可成矣。譬如审乐，以师旷之聪，使之察音，巨细清浊何所不辨？然必以六律之长短定五音之高下，而后可以成乐。设使不用六律，则至聪亦无所施，而五音不可审矣。古称至圣，莫如尧、舜。如尧、舜之治天下，以如天好生之仁运之，何治不成！然其精神心术，必寄之纪纲法度，立为养民之政以厚其生，立为教民之政以正其德，而后能使天下咸被其仁也。设使尧、舜之治天下而不以仁政，则虽有教养斯民之心，而纲维未备，规制未周，欲天下之民皆遂生复性而归于平治，亦不能矣。况不及尧、舜者乎？然则为治之不可无法，即器之不可无规矩、乐之不可无六律也。世之求治者，奈何欲废法乎？"

"今有仁心仁闻，而民不被其泽，不可法于后世者，不行先王之道也。"

孟子承上文说："尧、舜惟行仁政，所以泽被于当时，法传于后世，至今称善治也。今之为君者，亦有爱民之意念发于由衷，与夫爱民之名声闻于远近者，似亦可以致治矣。然而德泽不究，治效不臻，当时之民不得沾其实惠，传之后世亦不可以为法则，岂其心不若尧、舜哉？由其不能行先王之仁政，以为治天下之法故也。不行仁政，则虽有仁心、仁闻，而无其具以施之，惠亦不及于民矣。欲治之成，岂可得乎？夫先王之道，本无难行。惟后之为君者，累于多欲，不能推己及人；安于积习，不能修废举坠，故有不忍人之心，无不忍人之政，而治平不可几耳。”愿治者其慎思之。

“故曰：徒善不足以为政，徒法不能以自行。”

孟子承上文说：“不行先王之道，即仁心、仁闻不足以成治如此。可见心为出治之本，政为致治之法。政根于心，则法有所主而不为徒法；心达于政，则本有所寄而不为徒善。所以古语有云：徒有仁心，而无其政以继之，则慈祥、恺悌之蕴，何从运用？不足以为政也。徒有仁政，而无其心以主之，则纪纲法度之施，只为文具，不能以自行也。故治天下者，必有仁心以为治本，有仁政以为治法，而后尧、舜之治可庶几矣。彼有仁心、仁闻而不行先王之道，岂能泽当时而传后世邪？”

“《诗》云：‘不愆不忘，率由旧章。’遵先王之法而过者，未之有也。”

愆，是过差。率由，是遵守的意思。旧章，是先王之成法。

孟子承上文说：“徒善既不足以为政，则先王之法信不可不遵矣。《诗经·假乐》篇中有云：‘不愆不忘，率由旧章。’是说治天下者，于政事之间能无错误疏失，皆由遵用先王之旧典故也。可见，先王之法，中正不偏，纤悉具备；后人惟不能守，所以事有愆忘。若能于发号出令、立纲陈纪，皆以先王之法为准，自然有所持循而不至于错误，有所考据而不至于疏失矣。乃犹有愆过遗忘，而民不被其泽者，无是理也。然则尧、舜所行之仁政，宁非后世之所当遵者哉？《书经》上说：‘监于先王成宪，其永无愆。’正是此意。”盖先王创业垂统，立为法制科条，传之万世，经了多少区画，才得明备周悉，为后世治安之具。后人不能遵守，或参以私意，废坠典章；或妄有纷更，轻变成法，天下之乱往往由是而作，岂但不能平治而已哉？守成业者所当知也。

“圣人既竭目力焉，继之以规矩准绳，以为方员平直，不可胜用也；既竭耳力焉，继之以六律，正五音，不可胜用也；既竭心思焉，继之以不忍人之政，而仁覆天下矣。”

准，所以取平；绳，所以取直：都是制器的式样。

孟子承上文说：“吾谓先王之法后世当遵者，何也？盖古之圣人继天立极，开物成务，欲制器以利天下之用，既尝竭其目力以辨方圆平直之则矣。然一人之目，有所见，有所不及见。使无法以继之，则目力有时而穷；故制之规矩以为方圆，制之准绳以为平直，使天下后世凡有造作的，皆据之以为式，而成器之利世世赖之，是圣人制器之法不可胜用也。圣人欲作乐以宣天下之和，固尝用其耳力以察清浊、高下之理矣。然一人之耳，有所闻，有所不及闻。使无法以继之，则耳力亦有时而穷；故制之为律，阴阳各六，以正宫、商、角、徵、羽之五音，使天下后世欲审音乐的，皆据之以考验，而声音、节奏世世传之，是圣人作乐之法不可胜用也。圣人不忍生民之无主，而欲为之造命，固已竭尽心思、图维区画，而无所不用其极矣。然使无法以继之，则能施于心思之所及，而不能施于所不及，即尧、舜之仁，亦有时而穷；故必以不忍人之政继之，制田里，教树畜，以厚其生；设学校，明礼义，以正其德。使不忍之心，有所寄以不匮，故政行于一时而垂之后世，天下万世无有不被其仁者矣，治之所由成如此。然则不以仁政，岂能平治天下乎？此先王之法所以当遵也。”

“故曰：为高必因丘陵，为下必因川泽。为政不因先王之道，可谓智乎？”

下，是卑下。

孟子承上文说：“先王立法，万世无弊。后之为治者诚能因而用之，则不假耳目心思之力，而治功可成矣。所以说：欲为高者，必因丘陵，以丘陵之势本高，因而积累之则易成也；欲为下者，必因川泽，以川泽之势本下，因而疏浚之则易深也。可见天下之事，有所因而为之，则简而有功；无所据而施之，则劳而寡效。今先王之道著为成法，就是丘陵、川泽一般，乃不知所以因之；而欲以一人之聪明，图目前之近效，则是舍丘陵以为高，舍川泽以为下，用力愈多，而功愈不能成矣。这便是不达事理的，岂可谓之智乎？”

这一章书自首节至此，都反覆言为人君者当以仁心、仁闻行先王之道的意思。能行先王之道，则不愆不忘，而仁覆天下；不行先王之道，则虽有仁心、仁闻，亦不足以为政矣。有志于尧、舜之治者，其知所从事哉！

“是以惟仁者宜在高位；不仁而在高位，是播其恶于众也。”

播恶，是贻患的意思。

孟子承上文说：“先王之道所以当因者，只是不忍人之政，足以泽当时而传万世耳。是以为人君者，必有仁心、仁闻，以行先王之政，则泽及生民，法垂后世，而代天理物之责乃为不亏；以是而居高位，固其宜也。苟不仁而在人上，必且纵情肆欲，破坏先王之法而无所顾忌，是播其恶于众，而天下皆受其祸矣。其视仁者为何如哉？”然仁与不仁，其几则微。一念顺理，充之则为仁；一念从欲，极之则为不仁，而治乱安危之效自此分矣。为人上者，可不慎哉！

“上无道揆也，下无法守也，朝不信道，工不信度，君子犯义，小人犯刑，国之所存者幸也。”

揆，是量度。工，是百官。度，即是法。君子，是在上的人。小人，是在下的人。幸，是幸免的意思。

孟子承上文说：“不仁而在高位，则其祸有不可胜言者。盖人君一身，百官万民之统率也。苟上而为君者，施之政事惟任其私意，而不以道理量度；则下而为臣者务为阿顺，亦无所执持，而不以法度自守矣。夫朝廷之上，全凭着道理，才能出令以布信；今上无道揆，则迁就纷更，政令不能画一，而道不信于朝廷矣。百官之众，全依着法度，才能顺命以成信；今下无法守，则偷惰欺罔，职业不以实修，而度不信于百官矣。朝不信道，则在上之君子必至于肆志妄行，犯名义而不恤；工不信度，则在下之小人必至于放辟邪侈，犯刑法而不顾。一不仁在位，而臣民皆化于邪如此，非所谓播恶于众者乎？如此而国有不亡者，亦侥幸苟免而已。”不仁之祸，一至于此，不亦深可畏哉！

“故曰：城郭不完，兵甲不多，非国之灾也；田野不辟，货财不聚，非国之害也；上无礼，下无学，贼民兴，丧无日矣。”

孟子承上文说：“观于不仁之祸，乃知国之治乱，只在仁与不仁而已。所以古语说道：凡为国者，若城郭不完，兵甲不多，虽是国势不兢，却于根本无伤，还不叫做灾；田野不辟，货财不聚，虽是国储不富，却于元气无损，还不叫做害。惟道揆不立于上，而不知有礼，则教化不行于下，而不知有学。由是贼恶之民起于其间，肆为邪说暴行，败纪乱常，而国之丧亡无日矣。’”其为灾与害，顾不大哉！然则为人君者，当鉴于不仁之祸，而思取法于先王之仁政矣。

“《诗》曰：‘天之方蹶，无然泄泄。’泄泄，犹沓沓也。事君无义，进退无礼，言则非先王之道者，犹沓沓也。”

《诗》，是《大雅·板》之篇。蹶，是颠覆。泄泄、沓沓，都是怠缓悦从的模样。

孟子承上文说：“仁政之行，人君固当任其责矣。然使为人臣者不以此辅其君，治亦何由而成乎？观《诗经·大雅》篇中说道：‘上天方降灾祸，颠覆周室，正上下交儆之时。为人臣者，当夙夜匪懈，以救国家之急；不可泄泄然怠缓悦从、苟且旦夕，而无所救正也。’这《诗》之所谓泄泄者，就如俗语所谓沓沓一般。如何是沓沓的意思？盖人臣事君，有当尽之义也；今以逢迎为悦，而不以匡弼为忠，是无义矣。人臣进退，有当守之礼也；今进不能正君，退不能洁己，是无礼矣。人臣告君，当以尧、舜为法也；今则有所谋画，皆出于世俗功利之私，至于先王之法，则造言诋毁，以为难行，是先王之治终不可复矣。这等的臣，只是因循岁月，顾虑身家，全无体国之诚、急君之念，即时俗之所谓沓沓者也。诗人所言泄泄，何以异此？是岂人臣之道乎！”

“故曰：责难于君谓之恭，陈善闭邪谓之敬。‘吾君不能’，谓之贼。”

责，是责望。闭，是禁遏的意思。贼字，解作害字。

孟子说：“人臣而至于泄泄沓沓，无救于倾覆，国家何赖焉？不知人臣事君，自有个道理。古语有云：人臣若只趋走承顺，外貌恭谨，特小节耳；惟是尽心辅导，举高远难能之事，责其君以必行，使存心立政，必欲如尧、舜而后已。这等的，虽似强之以所不堪，然其心却是以圣帝明王的事业期望其君，而不敢以庸常待之：这才是尊君之至，所以谓之恭也。人臣只唯诺顺从，外面敬畏，亦虚文耳；惟是尽言规谏，敷陈先王之善道，以禁遏其邪僻之心，即犯颜苦口，或伤于直戆而不辞。这等的，虽似投之以所甚忌，然其心却是以防微杜渐的道理匡救其君，而不敢陷之于有过：这才是为国之诚，所以谓之敬也。若谓'先王之道，非吾君所能行'，而不肯责难陈善，以尽开导之方，坐视其有过而不恤，这反是害其君了，不谓之贼而何？夫不以恭敬事其君，而至于贼害其君，正泄泄、沓沓之谓也。其何以共成化理，而行先王之道哉？为人臣者，信不可不任其责矣。"

按，孟子责难陈善之言，不特明事君之法，即人君受言之道，亦在于此。《书经》上说："有言逆于汝心，必求诸道；有言逊于汝志，必求诸非道。"盖言而逆耳，本人所难受，惟是求之于道，方知其出于恭敬，而不可不从言而顺意。本人所乐闻，惟是求之于非道，方知其反为贼害，而不敢轻听；必如此，然后能听纳忠言，以成德业，而先王之治可几也。有志于尧、舜者，可不念哉！

孟子曰："规矩，方员之至也。圣人，人伦之至也。"

孟子论世之君臣当以圣人为法，先比方说道："古之圣人尚象制器，做下的法式，后世皆遵而用之。如欲为员的，必用规以运之，而后员可成；欲为方的，必用矩以度之，而后方可成。是天下之方员，至于规矩而无以加，所谓方员之至也。若夫人之大伦，如父子有亲，君臣有义，夫妇有别，长幼有序，朋友有信，这五件都有个道理。但众人有之而不能由，贤人由之而不能尽；惟圣人则生知安行，察知极其精，行之极其当，于凡贵贱亲疏、等级隆杀，都合乎天理人情之极，不可加，亦不可损，所谓人伦之至也。不法规矩，成不得方员；不法圣人，尽不得人道。"三代而后，所以世无善法者，惟以圣人之道不明，而彝伦攸斁也。然则为君、为臣者，其可以不以圣人为法哉！

"欲为君尽君道，欲为臣尽臣道，二者皆法尧、舜而已矣。不以舜之

所以事尧事君，不敬其君者也。不以尧之所以治民治民，贼其民者也。”

孟子承上文说：“人伦莫大于君臣，圣人莫过于尧、舜。如欲为君而尽人君的道理，欲为臣而尽人臣的道理，二者将何所取法哉？皆法尧、舜而已矣。盖自古非无明君，而惟尧之为君，则放勋格天，光被四表，致治之盛亘古独隆，是能尽君道之极者，故必法尧然后可以为君也。自古非无贤臣，而惟舜之为臣，则玄德在位，历试诸艰，辅相之业后世莫及，是能尽臣道之极者，故必法舜而后可以为臣也。若为臣的，不以舜之所以事尧者事其君，则虽奔走为恭，不过承事之末节，皆为不敬其君者耳。为君的，不以尧之所以治民者治其民，则虽粉饰治具，终无爱民之实心，皆为贼其民者耳。臣而至于不敬其君，则臣道亏；君而至于贼其民，则君道失：其何以辅理一人、君临百姓哉？此为君臣者所以必法尧、舜而后可也。”

“孔子曰：‘道二，仁与不仁而已矣。’”

孟子承上文说：“世之君臣，所以不法尧、舜而至于慢君贼民者，无他，盖有畏难之心，则谓尧、舜至圣，不可几及；有苟且之心，则谓不法尧、舜，亦可小康。此皆暗于大道，而未闻孔子之言者也。孔子曾说：‘天下之道有二：只有仁与不仁两端。’一念无私而当理，便是仁，便与不仁为异路；一念徇私而悖理，便是不仁，便与仁为异路。未有出于仁、不仁之外，而判为两途者；亦未有介于仁、不仁之间，而别为一道者。”可见，此是则彼非，出此则入彼。能法尧、舜，则尽君臣之道，而为仁；不法尧、舜，则慢君贼民，而为不仁。其几在一念之微，而相去悬绝，不啻天壤，可不审哉！

“暴其民甚，则身弑国亡；不甚，则身危国削。名之曰‘幽’、‘厉’，虽孝子慈孙，百世不能改也。《诗》云：‘殷鉴不远，在夏后之世。’此之谓也。”

幽、厉，都是不好的谥号：动静乱常叫作幽；杀戮无辜叫作厉。

孟子说：“君道惟在于仁，仁则能以尧之所以治民者治民，而身安国宁，万世称明矣。若不仁之君，暴虐其民，或横征厚敛以穷民之财，或严刑峻罚以残民之命，其为虐政多端；然人心既离，祸患立至，甚则身弑国亡而不能以自存，不甚则身危国削而不能以自振。盖恶有大小，则祸有重轻，未有不害于其身、凶于其国者也。然不但身受其祸而已，至于没身之后，考其行事，定其谥号，或以其昏昧不明而名之曰‘幽’，如周之幽王；或以其残贼无道而名之曰‘厉’，如周之厉王。这等恶谥，定之一时，传之百世，虽有孝子慈孙，欲为祖宗掩覆前愆，亦有不能更改者矣。夫一不仁，而身前之惨祸、身后之恶名至于如此。然则欲尽君道者，可不知所鉴哉！《大雅·荡》之诗有云：‘殷之鉴戒不远，即在夏后之世。’盖欲纣之鉴戒于桀耳。纣当以桀为鉴，则今人亦当以幽、厉为鉴，正此诗之所谓也。”夫鉴幽、厉之不仁，则能法尧、舜之仁，不特荣显当年，而且流芳万世矣。可不谨哉！

孟子曰：“三代之得天下也以仁，其失天下也以不仁。国之所以废兴存亡者亦然。”

孟子说：“前代之得失，乃后人之法戒，有天下者不可不知也。试以夏、商、周三代言之。其初创业之君，奄有天下，如禹，如汤，如文、武，皆能以不忍人之心，行不忍人之政；生之而弗伤，厚之而弗困，事事都以恻怛、慈爱行去，是以民心悦服，而天命自归。其所以得天下者，以其仁也。及其后王，如桀、纣、幽、厉，皆以凶残狠戾之心，行苛刻暴虐之事；民穷而弗恤，民怨而弗知，惟纵欲以肆于民上，是以民心携贰，而天命不保。其所以失天下者，以其不仁也。不特天下为然，至于有国之诸侯，若能行仁，则土地人民可以长保，而以兴、以存；若流于不仁，则内忧外患相继并作，而以废、以亡：其得失亦有然者。”盖与治同道罔不兴，与乱同事罔不亡。人君若一不仁，则土崩瓦解，虽有先世之基业，亦不足凭；虽有祖宗之德泽，亦不足恃。有天下者，可不鉴哉！

“天子不仁，不保四海。诸侯不仁，不保社稷。卿大夫不仁，不保宗庙。士庶人不仁，不保四体。今恶死亡而乐不仁，是犹恶醉而强酒。”

孟子承上文说：“仁与不仁，而天下之得失与国之兴废存亡恒必由之。则可见天子所以保四海，诸侯所以保社稷，卿大夫所以保宗庙，士、庶人所以保四体者，皆以其仁也。若天子不仁，则亿兆离心，叛乱四起，四海不能保其有矣。诸侯不仁，则身危国削，众叛亲离，社稷不能保其有矣。卿大夫不仁，则坏法乱纪，必有覆宗绝祀之忧，宗庙不能保其有矣。士、庶人不仁，则悖理伤道，必有亏体杀身之祸，四体不能保其有矣。可见无贵无贱，皆因不仁而致死亡，可惧之甚也！今人于死亡，无有不知恶而思逃者；顾于不仁之事，则甘心乐为，不知鉴戒。这样的人，就似恶醉而强饮酒的一般，不知强酒而欲无醉，不可得也；乐不仁而欲无死亡，又岂可得哉？欲保国家者，信不可不反而求之于仁矣！”

孟子曰：“爱人，不亲，反其仁。治人，不治，反其智。礼人，不答，反其敬。”

孟子说：“君子处世，但当反求诸己，而不必责备于人。若责人太过，而自治或疏，未有能服人者也。且如仁者切于爱人，人之被其恩泽者，谁不亲而附之？其或爱人而人不我亲，则是吾仁有未至耳，便当自反其仁，务使立不独立、达必俱达可也。智者明于治人，人之受其约束者，谁不顺而从之？其或治人而人不我治，则是吾智有未及耳，便当自反其智，务使知无弗明、处无弗当可也。有礼者敬人，人之被其敬者，岂有施而不报之理？其或礼人而不我答，则是吾敬有未尽耳，便当自反其敬，退让以接之、积诚以动之可也。若爱人不亲，而谓不可以恩结；治人不治，而谓不可以德化；礼人不答，而谓之不可以诚感。徒以自足自用之心薄待天下，而不以自责自修之学厚待其身，岂君子之道哉？”

“行有不得者，皆反求诸己，其身正而天下归之。《诗》云：‘永言配命，自求多福。’”

配字，解作合字。天命，是天理。

孟子承上文说：“君子以一身而酬酢万事，不但爱人、治人、礼人而已。若能以自反之心推而广之，凡所行之事，有窒碍难通、不能尽如其愿的，件件都反求诸己，只在身心上讲求、根本处着力，必欲每事尽善而后已。这等的修身克己，严密精详，则一生之中视听言动、好恶取舍，无一不当乎天理、合乎人心，天下皆敬信而归服之矣，岂有不亲、不治、不答者哉？《大雅》之诗云：‘永言配命，自求多福。’是说人能常常思念，务合天理，则天心佑助，多福自臻。这福是自己求之，非幸致者，其‘即身正而天下归之’之谓也。如不能正己，而但知责人，徒以权力把持天下，则令之不从，威之不服，欲使天下归心，其可得哉？《大学》论平天下而推本于修身，亦此意也。”

孟子曰：“人有恒言，皆曰‘天下国家’。天下之本在国，国之本在家，家之本在身。”

恒言，是常言。

孟子说：“天下之言，有平易浅近而至理存焉者，不可不察也。如今人寻常言语，都说是‘天下国家’，却不知这句言语有个次序。夫言天下而继之以国者，为何？盖天下至广，德化难以周遍；须是国都之内治教修明，则由近及远，可以致万邦之平治，是天下之本乃在于国也。言国而继之以家者，为何？盖国人至众，情意难以感孚；须是一家之中恩义浃洽，则由内及外，可以兴一国之仁让，是国之本乃在于家也。至于治家之本又在于身，盖一身之举动，乃一家之所视效；必身无不正，而后闺门之内整齐严肃，家自无不齐矣。身虽恒言之所未及，而根本切要之地乃在于此。能先修其身，则齐家、治国、平天下，可以次第而举矣。若其身不正，则岂有本乱而末治者哉？”有天下国家之责者，宜深省于斯。

孟子曰：“为政不难，不得罪于巨室。巨室之所慕，一国慕之；一国之所慕，天下慕之：故沛然德教溢乎四海。”

巨室，是世臣大家。得罪，是自取怨怒的意思。慕，是向慕。溢，是充满。

孟子说：“今之为君者，不能反身修德，联属人心；而徒以权力相尚，都只说为政甚难。自我言之，为政初无难事，只是要不得罪于巨室而已。盖一国之中，必有世臣大家秉政用事的。其位望隆重，固足以系众庶之观瞻；其势力强盛，亦足以行君上之命令。若人君举动乖错，则巨室心怀怨怒，政教有壅而不行者。诚使言动循理，处置得宜，绝无纤毫过失有以取怨而致怒的，则世臣大家皆心悦诚服，翕然而向慕之矣。夫巨室之所慕，则一国之人皆视以为趋向，其诚心爱戴也与巨室一般；一国之所慕，则天下之人皆视以为依归，其倾心悦服也与国人一般。这等的人心向慕，无众寡、无远近而皆然，则德教大行，如水之沛然而莫能御，可以充溢于四海而无有滞碍矣。夫德教四溢，是称极治，而惟自能服巨室之心始之，则为政又何难之有？”然提纲举要，固在巨室之心服；而端本澄源，又在君德之慎修。此为政者尤当反求诸身也。

孟子曰：“天下有道，小德役大德，小贤役大贤。天下无道，小役大，弱役强。斯二者天也，顺天者存，逆天者亡。”

役，是为人役使。天，是理势之当然。

孟子说：“天下之大分有二：非出令以使人，则听命以役使于人，此相临之定体也，然有尚德、尚力之不同。若天下有道，人皆修德，其位之贵贱必称其德之大小。故大德的人，则小德者为之役；大贤的人，则小贤者为之役。役人者不恃势而自尊，役于人者不畏势而自服，此在尚德之时然也。若天下无道，人不修德，但以势力相为雄长。力小的，则为大者所役；力弱的，则为强者所役。小固不敢以敌大，弱固不敢以敌强，此在尚力之时然也。世道不同，故其所尚亦异，然合而言之，都是理势之当然。度德以为贵贱，则体统正而分义明，是理当如此；量力以为重轻，则心志定而争夺息，是势不得不如此。人岂能悖理而妄行、违势而独立哉？所以说斯二者皆天也。若能度德量力，一听于理势之当然而不敢违悖，这便是顺天。顺天则可以保其社稷、和其人民，而国以长存矣。不如此，便是逆天。逆天则岂有不亡者乎？”观于存亡之机，而有国者当审所尚矣。

“齐景公曰：‘既不能令，又不受命，是绝物也。’涕出而女于吴。今也小国师大国而耻受命焉，是犹弟子而耻受命于先师也。”

令，是出令以使人。受命，是听命于人。物字，解作人字。以女与人，叫作女。师，是效法。

孟子说：“有道之世，以德相役者，不可得而见矣。至于小役大、弱役强，而顺天以自存者，近时则惟齐景公能之。昔吴以蛮夷会盟上国，最称强大。此时齐国衰弱，不能与之力争。景公乃与群臣谋说：‘有国家者，非取威定霸以令诸侯，则审己量力以事大国，只有这两件道理。若既不能出令以使人，又不能事人以听命，这便是与人断绝了的一般，此则挑衅致祸、自取灭亡而已。'于是涕出，而以女出嫁于吴。盖情虽有所不忍，而势出于无奈也。齐景公之能顺天保国如此。若今之诸侯，国既弱小，不能修德以自强，其般乐怠敖，皆如效法大国之所为者；乃独以受命为耻，不肯屈己事人，这就似为弟子而耻受命于先师也。身为弟子，岂得不受教于师？国既弱小，岂得不听命于大国？是在勉力自强，求所以免耻者而已矣。"

"如耻之，莫若师文王。师文王，大国五年，小国七年，必为政于天下矣。"

孟子承上文说："今之小国，徒耻受大国之命而终不能免者，以其师大国之所为，而不能师文王之德也。如使心诚愧耻，欲免于人役，则莫如反己自强，取法于文王。盖文王起于岐周，为方百里，而当商家全盛之日，其缔造甚是艰难。惟其能发政施仁，使人心悦诚服，故能三分有二，开创成周之王业耳。若能修德行仁，与文王一般，则人心咸服，天命必归。在大国，因势乘便，不出五年；在小国，积功累仁，不出七年，必然混一四海，统理万民，而为政于天下矣。至是，则大国反为吾役，而何有于受命之耻哉？"夫能法文王，而王业可成，国耻可雪。有国家者亦何惮而不为？是可以深长思矣。

"《诗》云：'商之孙子，其丽不亿。上帝既命，侯于周服。侯服于周，天命靡常。殷士肤敏，裸将于京。'孔子曰：'仁不可为众也。夫国君好仁，天下无敌。'"

《诗》，是《大雅·文王》篇。丽，是数。侯字，解作维字。肤，是大。敏，是达。灌酒以降神，叫作裸。将，是助祭。

孟子承上文说："吾谓能师文王则必为政于天下者，是岂无据而言之？在《大雅·文王》之诗说：'商之孙子众多，其数不止十万。上帝既命周以天下，则凡此商之孙子无不臣服于周。所以然者，天命靡常，归于有德故也。天命既已归周，是以商士之肤大而敏达者，都执裸献之礼，助王祭事于京师。是商虽强大，而易姓之后，皆服役于周如此。'孔子读此《诗》而叹之说：'商之子孙，其丽不亿，何其众也！文王能行仁政，而周命维新，商正遂革。则是仁人在位，虽有夫众，不能当之，盖难乎其为众矣。若使为国君者，皆能以怀保惠鲜之心行除暴救民之事，念念都在于仁，则惠泽旁敷，风声远播，天下之民皆亲之如父母，戴之为元后，以战则胜，以攻则取，虽有强大之国，岂能与之为敌哉？'"由《大雅》之诗与孔子之言观之，则文王我师，仁者无敌，于是为益信矣。有国者徒耻受命而不法文王，抑独何耶？

"今也欲无敌于天下而不以仁，是犹执热而不以濯也。《诗》云：'谁能执热，逝不以濯？'"

执，是持。《诗》，是《大雅·桑柔》篇。逝，是语辞。

孟子承上文说："观文王之事及孔子之言，则知国君之所以能无敌者，以其好仁也。今之诸侯，耻于受命于大国，其心岂不欲长驾远驭、无敌于天下？然乃师大国之般乐怠傲，而不师文王之发政施仁。观其所为，都只是严刑重敛、兴兵结怨的事，未有能诚心爱民、力行仁政者。是徒知耻为人役，而不知所以免耻之方，就似手执热物，而不以水自濯的一般，其终不免于热也明矣。《大雅·桑柔》之篇有云：'谁能执热，逝不以濯。'是说持热者必以水自濯而后可以解热，犹立国者必以仁自强而后可以服人。若不务行仁，而欲无敌于天下，万无是理也。为人君者可不勉哉！"盖战国诸侯，地丑德齐，莫能相尚。如齐宣王欲莅中国、抚四夷，而但知兴兵构怨；梁惠王欲雪先人之耻，而不免糜烂其民。孟子皆以仁政告之，而卒不能用。故设为此论，以警当时之君者如此。

孟子曰："不仁者可与言哉？安其危而利其菑，乐其所以亡者。不仁而可与言，则何亡国败家之有！"

菑，是灾害。

孟子说："有国家者，孰不讳言危亡而恶闻灾害？然祸福之来，皆由自取；惟通达事理者能言之，亦惟乐受忠言者能听之。若那不仁之人，私欲障蔽，将本心之明都丧失了，虽有忠谋谠论，亦必拒之而不从，岂可与之有言哉？且如修德行仁则可以长久安宁，暴虐不仁则不免于危亡灾害，此必然之理也。彼则茫然无知，悍然不顾，不以危险为可畏，而反据之以为安；不以灾害为可虞，而反趋之以为利；不以灭亡为可深忧，而反恬然处之以为乐。这等的颠倒错乱，终迷不反，岂不至于亡国败家？假使不仁者而可与言，则必能悔悟前非，改过迁善，虽危急存亡之际尚可挽回，又何亡国败家之有？”大抵天下之事，至险藏于至安，可患隐于可乐。如声色货利、驰骋田猎等事，人只见得目前安乐，未必便是不好，殊不知灾祸危亡之几皆伏于此，将来日积月累，驯至于不可为，虽悔何及哉？若平日常存此心，不敢肆意妄为，或少有过失，闻言即悟，则治安之效可期，岂特能免于败亡而已！古称成汤之圣曰“从谏不咈”、曰“改过不吝”，此万世为君者所当法也。

“有孺子歌曰：‘沧浪之水清兮，可以濯我缨。沧浪之水浊兮，可以濯我足。’孔子曰：‘小子听之：清斯濯缨，浊斯濯足矣。自取之也。’”

沧浪，是水名。缨，是冠系。

孟子说：“不仁之人，迷而不悟；及至败亡，非诿命于天，则归罪于人，而不知其皆由于自致也。不观孺子之歌与孔子之言乎？昔有孺子，游于沧浪之上，口中歌说：‘这沧浪之水，清的可以濯我之缨；这沧浪之水，浊的可以濯我之足。’其言虽若浅近，而其中实有至理。孔子闻之，乃呼门人小子而告之说：‘这孺子之歌，虽出于无心，然就中玩味，却有个感应自然之理，小子其审听之可也。’”夫缨之与足，一般是濯，何以有清浊之分？盖缨乃首服，人之所贵也，贵则惟水之清者乃可以致洁，故以之濯缨。足为下体，人之所贱也，贱则虽水之浊者亦可以去垢，故以之濯足。是缨之濯也，由沧浪之清致之；足之濯也，由沧浪之浊致之。有此体质，故有此感召，有非人之所能强者，所以说自取之也。然则有国家者，仁则荣，不仁则辱，祸福皆自己求之，亦岂人之所能与哉？诵沧浪之歌，可以惕然省矣。

“夫人必自侮，然后人侮之；家必自毁，而后人毁之；国必自伐，而后人伐之。《太甲》曰：‘天作孽，犹可违。自作孽，不可活。’此之谓也。”

侮，是慢。毁，是害。《太甲》，是《商书》篇名。孽，是祸。违，是避。

孟子承上文说："观孔子听沧浪之歌而发自取之义，则凡天下之事皆可类推，或祸或福，无不自己求之者。如人之一身，若能敬慎端庄，无一毫过失，则人心自生严惮，谁敢有侮之者？惟是平日不能检身，或举动轻佻，或言词放诞，自己先不尊重了，然后人以为可侮，而耻辱加焉。这不是人能侮我，乃吾自取其侮也。又如一家之中，若能整齐和睦，无一些乖争，则家道自然兴隆，谁敢有毁之者？惟是平日不能治家，或骨肉相戕，或闺门不肃，自家先败坏了，然后人见其可毁，而灾害及焉。这不是人能毁我，乃吾自取其毁也。又如一国之内，若使顺治威严，无一些衅隙，则大国亦将畏之，谁敢有侵伐者？惟是用人、行政皆失其道，以致百姓不安，四邻不睦，自己先有可伐之衅了，然后动天下之兵，而身危国削之祸生焉。这不是人敢于伐我，乃吾自取其伐也。可见变不虚生，惟人所召。孔子所谓自取者盖如此。《商书·太甲》之篇说：'天降之孽，虽似难逃，然人能修德回天，犹有可避者；若孽自己作，灾殃立至，岂有存活之理乎！'此即自侮、自毁、自伐之谓也。"有国家者，如绎思自取之义，而深戒自作之孽，则必能听信忠言，而无亡国败家之祸矣。

孟子曰："桀纣之失天下也，失其民也。失其民者，失其心也。得天下有道：得其民，斯得天下矣。得其民有道：得其心，斯得民矣。得其心有道：所欲与之聚之，所恶勿施尔也。"

孟子说："自古国家之兴亡，皆系于民心之向背。我观夏桀、商纣尝君临天下矣，如何便失了天下？以其人民离散，身为独夫，无与保守故也。夫桀、纣之民，也皆是祖宗所遗，如何便失了人民？以其暴虐不仁，众心怨怒，不肯归向故也。由此而观，可见得天下有个道理：只要百姓每归附，则有人有土，而天下皆其统驭矣。得民有个道理：只要他心里喜欢，则近悦远来，而万民皆其臣妾矣。至于欲得民之心，又有个道理：不是智术可以愚之、威力可以劫之者，只看他所欲、所恶何如。如饱暖安逸等项，乃民心之所甚欲而不能自遂者，须是在上的人替他多方抚恤，把好事件件都聚集与他，使得遂其生养安全之乐；如饥寒劳苦等项，民心之所甚恶而不能自去者，须是在上的人替他尽力区处，把不好的事一些不害着他，使得免于怨恨愁叹之声。如此，则君以民之心为心，而民亦以君之心为心，岂有不得其民者？既得其民，则保民而王，天下孰能御之？桀、纣惟不知此道，所以失民而失天下也。”有天下者，可不鉴哉！

“民之归仁也，犹水之就下、兽之走圹也。”

圹，是野外空阔的去处。

孟子说：“民罔常怀，怀于有仁。惟上无仁君，而民始有离心耳。今所欲与聚，所恶勿施，则是以不忍人之心行不忍人之政，所谓仁也。由是，天下之民，凡求遂其所欲、求免其所恶者，都翕然归向。不但被其泽者，莫不欢忻鼓舞，依之如父母；就是闻其风者，亦莫不奔走趋附，戴之为我君。譬如那水之就下、兽之走圹一般。盖水之性本自顺下，若导之下流，则沛然而往，莫之能御；兽之性本自放逸，若纵之旷野，则群然而趋，莫之能遏，其势然也。今民之所欲固在于仁，焉有仁人在上而民心不归者乎？昔成汤救民于水火，则四方之民咸望其来；武王拯民于凶残，则八百诸侯不期而会。汤、武惟仁，故能得民而得天下也。所以说三代之得天下以仁。”为人君者，当知所取法矣。

“故为渊驱鱼者獭也，为丛驱爵者鹯也，为汤、武驱民者桀与纣也。”

渊，是深水。驱，是逼逐的意思。獭，是食鱼的兽。丛，是茂林。爵字，即是鸟雀的雀字。鹯，是食雀的鸟。

孟子承上文说：“民之所欲在仁，其所畏在不仁，未有不趋其所欲而避其所畏者。譬如鱼在水中，只怕为獭所食，都往那深水去处躲藏，以避獭之害；是鱼之必趋于渊者，獭为之驱也。雀在林中，只怕为鹯所食，都拣那茂林去处栖止，以避鹯之害；是雀之必趋于丛者，鹯为之驱也。至于汤、武之仁，本是人心之所归向，而桀、纣之为君，又暴虐无道，百姓不得安生，把夏、商之民都逼逐将去，使之归于汤、武，就似鱼之归渊、雀之归丛一般；是汤、武之所以得民者，桀、纣为之驱也。”《书经》上说：“抚我则后，虐我则仇。”故汤、武行仁，则民皆戴之为君，若或招之而使来；桀、纣不仁，则民疾之如仇，若或驱之而使去。仁、不仁之间，而民心向背、国家兴亡，皆系于此，可不慎哉！

“今天下之君有好仁者，则诸侯皆为之驱矣。虽欲无王，不可得已。”

孟子承上文说：“汤、武好仁，而桀、纣为之驱民，则民心之归仁，益可见矣。方今天下，特无好仁之君耳。设使诸侯之中，有能省刑薄敛、不嗜杀人，念念都只要爱养百姓，所欲则与之聚，所恶则勿之施也，如汤、武之好仁，则天下诸侯暴虐如桀、纣者，皆为驱民以就之矣。民既来归，则亿兆皆我臣妾，土地皆我版图，而可混一天下。虽欲无王，亦有不可得而辞者矣。”夫君能好仁，而即可以王天下。有国家者，亦何惮而不为哉！

“今之欲王者，犹七年之病求三年之艾也。苟为不畜，终身不得。苟不志于仁，终身忧辱，以陷于死亡。《诗》云：‘其何能淑？载胥及溺。’此之谓也。”

艾，是草名，用以灸病的。《诗》，是《大雅·桑柔》篇。淑，是善。载字，解作则字。胥，是相。

孟子承上文说：“好仁之君，必能王天下，则欲王者，惟在强仁而已。但今之诸侯，都只以富国强兵、虐害生民为事，积患已深，一旦要起敝扶衰、统一天下，如何可得？须是及早悔悟，汲汲然举行仁政以爱养生民，然后人心可收，王业可致。譬如以七年之病，求三年之艾的一般。盖病至七年，则已沉痼难愈；而艾必三年，然后干久可用。则治病的人须是从今日畜起，犹或可及；苟不以时畜之，日复一日，便至终身亦不得干久之艾，而病日益深，死日益迫矣。若今之诸侯，不能及时努力，锐然有志于行仁，则与受病已深、而不能畜艾者何异？将见国事日非，人心日去，因循至于终身，惟在忧辱相寻、以陷于死亡而已。岂复有能自振拔之理乎？《诗·大雅·桑柔》之篇说：‘其何能淑，载胥及溺。’是说人不能为善，则相引以及于沉溺而已。是即不仁之君，终身忧辱、死亡之谓也。”有国家者，诚能鉴往日之愆，图将来之善，则可以转弱为强，得民而得天下矣，岂特免于忧辱而已哉？

孟子曰：“自暴者，不可与有言也。自弃者，不可与有为也。言非礼义，谓之自暴也。‘吾身不能居仁由义’，谓之自弃也。”

暴，是害。非，是毁。

孟子说："人性本善，不待外求，须是自家涵养、自家勉励，方能尽得性分中的道理。如今有一种自暴的人，自以为是，不受善言，就把好言语教他，也拒之而不信；这等的卤莽昏庸，何可与之有言也？又有一种自弃的人，甘为人下，不肯向上，就知道该做的事，也绝之而不为；这等的怠惰委靡，何可与之有为也？如何叫作自暴？盖人性中有礼义，但有良心的，谁不知其为美而慕好之？彼则以偏诐之私，肆其谬妄之说，不知礼义为何物，反加诋毁，这是颠倒错乱、失其本心，分明把自家坑害了，所以谓之自暴也。自暴者，尚可与之有言乎？如何叫作自弃？盖人性中有仁义，但有志气的，谁不以为可居可由而勉图之？彼则以柔懦之资，狃于因循之习，只说道自己不能，不肯用力，这样逡巡畏缩、画而不进，分明把自己丢弃了，所以谓之自弃也。自弃者，尚可与之有为乎？"然天下无不可为之善，亦无不可化之人。若能知自暴自弃之非，而以自责自修为务，则可以变化气质，而为贤为圣亦不难矣。孔子不拒互乡之难与言，而深责冉求之自画，亦此意也。

"仁，人之安宅也。义，人之正路也。旷安宅而弗居，舍正路而不由，哀哉！"

旷字，解作空字。

孟子承上文说："自暴自弃之人，不能居仁由义者，岂未知仁义之切于人乎？盖凡人处心，一有私欲，便是危机，如何得安稳自在？惟仁乃天理之公，凝然常定，凡五常百行都由此植立，而无有一毫私欲摇撼其中，这是人身上安安稳稳一所的住宅，若能居之，则身心泰然，自无从欲之危矣，所以说人之安宅也。凡人行事，一有私邪，便为曲径，如何得平正通达？惟义乃天理之宜，截然有制，凡千变万化都由此推行，而无有一毫私邪阻塞其间，这是人面前平平正正一条的道路，若能由之，则举动光明，自无冥行之咎矣，所以说人之正路也。这安宅、正路，本吾所固有，不待外求；人当终身居之由之，而不可须臾离者。今乃自暴自弃，不能收其已放之心，奋其必为之志，虽有安宅，旷之而弗居；虽有正路，舍之而不由。这等不仁不义的人，非私欲陷溺，丧其良心，何以颠倒错乱至此？岂不可哀之甚哉？”孟子此言，所以启人愧耻之心，而勉之以自强者，意独至矣。学者其尚深省于斯。

孟子曰：“道在尔而求诸远，事在易而求之难。人人亲其亲、长其长而天下平。”

尔，即是迩，古字通用。

孟子说：“凡人情之所趋，即世道之所系。同则公，异则私；公则治，私则乱。其几不可不察也。彼率性之谓道，一人由之，众人共由之，本至迩也。乃世间别有一种的学问，谓众所共由之道不足为高，务要求之于荒唐玄渺者，这是道在迩而求诸远。行道之谓事，一人能之，众人共能之，本至易也。乃世间别有一等的修为，谓众所共能之事不足为奇，务要求之于艰深怪异者，这是事在易而求诸难。夫求道于远、求事于难，其初本起于一念之胜心；卒之，胜而不已则争，争而不已则乱，天下未有得平者也。以我观之，人无贵贱贤愚，一般有父母，一般有兄长；孩提之童，无不知爱其亲者，及其稍长，无不知敬其兄者，只这良知良能所在，有何尔我可分？有何门户可立？若使人人为子的都亲其亲，人人为弟的都长其长，这等风俗便是极和气的风俗，这等世界便是极无事的世界。朝廷之上，不必繁刑峻法；闾里之间，不争我是人非，天下无不平者矣。然则道岂不在迩？事岂不在易？而求道与事者又何必求之远且难哉？”

孟子此章，盖为当时惑世诬民之士杨、墨、仪、秦、许行、告子诸人而发。要之，三代而降，学术坏于门户之多，政体隳于聪明之乱。有维世觉民之责者，不可不三复此章之旨，识其渐而亟反之矣。

孟子曰：“居下位而不获于上，民不可得而治也。获于上有道：不信于友，弗获于上矣。信于友有道：事亲弗悦，弗信于友矣。悦亲有道：反身不诚，不悦于亲矣。诚身有道：不明乎善，不诚其身矣。”

孟子说：“君子以一人之身，事上使下，交友奉亲，件件都有个道理，须在根本切要处讲求。且如居下位而治民，须是君上信任他，才得展布；若不得于君，则情意不通，事多掣肘，何以安其位而行其志？虽欲治民，不可得矣。然得君有道：不在谀佞以取容，须是行成名立，朋友间个个称扬，而后能受知于君上；若朋友不信，则名誉不显，上何由知？欲得乎君，不能矣。然信友有道：不在结交以延誉，须是竭力尽孝，使父母常常喜悦，而后能取信于朋友；若事亲弗悦，则素行不孚，人何由信？欲信于友，不能矣。然悦亲有道：又在于诚身；盖守身乃事亲之本，若反求诸身，一有亏欠，未能尽得真实无妄的道理，则服劳奉养都是虚文末节，何以能得亲之欢？故思事亲者，不可不诚其身也。至于诚身有道：又在于明善；盖择善乃固执之基，若察识之功一有未至，不能真知天命、人心之本然，则为善去恶不能实用其力，何以能复于无妄？故欲诚身者，又不可不明乎善也。”君子能明善以诚身，则事亲即为实孝，交友为实心，事君为实忠，治民为实政。一诚立而万善从之矣。

“是故诚者，天之道也；思诚者，人之道也。”

孟子说：“君子欲尽道于君、民、亲、友之间，而必以明善、诚身为本，则可以见诚之为贵矣。然诚虽具于人，而其原出于天。盖天生斯民，皆有恒性，性中所具之德，即是天以元、亨、利、贞付畀与他的。这道理纯粹真实，无一毫虚假，无一些亏欠，乃天道之本然，所以说‘诚者，天之道’也。但在天固无不实之理，在人容有不实之心。必须先明乎善，思以复其诚实之本体，把性中仁、义、礼、智件件都体验扩充，择之欲其精，守之欲其固，必求至于诚而后已，此乃人道之当然，所以说‘思诚者，人之道’也。”夫诚曰天道，既为性分之所固有；思诚曰人道，又其职分之所当为。则明善以诚身，尽人以合天，君子不可不知所务矣。

“至诚而不动者，未之有也；不诚，未有能动者也。”

孟子承上文说：“思诚为人道之当然，固宜责成于己；而实理乃人心之同然，自足感通于人。人特患诚有未至耳，若能择善固执，由思诚之功而进，以至于念念皆诚，无一毫虚假，时时皆诚，无一息间断，到那至诚的地位，与天道合一了。将见诚立于此，几应于彼，事亲则亲悦其孝，事君则君谅其忠，交友则友服其信，治民则民怀其仁，有不言而自喻者矣。若谓至诚不能动物，天下岂有是理哉？使诚有未至，则方寸之中，便有虚假、间断，何以使精神贯彻、志意交孚？欲求获上治民、悦亲信友，必不可得已。盖天地间只是一个实理，人与我都是这个实心，心相感触，则不戒而自孚；心有间隔，则有求而莫应，此必然之理也。君子可不以思诚为先务哉？”

按，此章论诚明之学，实渊源于孔子，乃子思所闻于曾子，而孟子所受于子思者。学者宜究心焉。

孟子曰：“伯夷辟纣，居北海之滨，闻文王作，兴曰：‘盍归乎来！吾闻西伯善养老者。’太公辟纣，居东海之滨，闻文王作，兴曰：‘盍归乎来！吾闻西伯善养老者。’”

作字、兴字，都解作起字。盍，是何不。文王为西方诸侯之长，得专征伐，故称西伯。

孟子说：“今之诸侯，莫能定天下于一者，只为仁政不行故也。试以文王观之。昔商纣毒痡四海，播弃老成，此贤人隐伏之时也。那时伯夷避纣之乱，隐于北海之滨，盖非君不事矣；及闻文王起为西伯，奋然而兴，说道：‘吾何不归来！吾闻西伯发政施仁，善养老者，归之以就其养可也。’遂自北海而往焉。太公避纣之乱，隐于东海之滨，盖非时不出矣；及闻文王起为西伯，奋然而兴，说道：‘吾何不归来！吾闻西伯发政施仁，善养老者，归之以就其养可也。’遂自东海而往焉。夫仁政一行，而避世之贤遂自穷海相率来归，王道之得人如此。”

“二老者，天下之大老也；而归之，是天下之父归之也。天下之父归之，其子焉往？”

二老，指伯夷、太公说。

孟子说：“伯夷、太公这二老，不是寻常的人、但以年齿高天下而已。伯夷求仁无怨，得圣人之清；太公待时而兴，为帝王之佐：齿德俱尊，乃天下之大老也。既曰大老，则其德望所在，人心系属，且将观其向背以为重轻，就如天下之父一般。今皆慕文王之政，来自海滨，是天下之父归之矣。天下之父已归，为之子者宁有背其父而他往者乎？盖海内之心方观望于贤者，而贤者之心已趋向于文王，虽欲遏之不归，不可得矣。”自古有国家者，莫难于得贤士，尤莫难于得老成之士。《书》谓“询于黄发”，《诗》

谓“尚有典刑”，正谓此也。故三仁播弃而殷祚以灭，二老来归而周道以隆，得失之效可睹矣。养贤以及民者，尚知所务哉！

“诸侯有行文王之政者，七年之内，必为政于天下矣。”

孟子说：“文王所以开创成周之业而为政于天下者，以其得民望而系人心也。今之诸侯惟患不能行文王之政耳，有能取文王之政，如所谓田里树畜之教、鳏寡孤独之养，一一举而行之，则仁心、仁闻达于四海，必有老成贤哲之士相率来归，如伯夷、太公者。那时天下之民心诚悦服，岂能舍之而他往乎？夫人心戴之，则天命归之，不论国之强弱，大约七年之内，必能统一四海，制御诸侯，而为政于天下矣。有图王之志者，亦何惮而不师文王邪？”盖三代之得天下，皆以施德行仁、固结人心为本。而战国之君，徒欲恃其富强、从衡之策兼制天下，故孟子举文王之政以示之如此。万世而后，欲以王道致治者，可不知所法哉！

孟子曰：“求也为季氏宰，无能改于其德，而赋粟倍他日。孔子曰：‘求非我徒也，小子鸣鼓而攻之可也。’”

求，是冉求，孔子弟子。赋，是征税。鸣鼓而攻，是声其罪而责之。

孟子见当时列国之君皆以富国强兵为务，而不知其非，故引此以警之，说：“昔孔门弟子冉求，仕于鲁大夫季氏，为家臣之长。季氏专鲁国之政，私家之守过于公室。冉求不能匡救，以改正其恶德，反为之聚敛于民，征收赋税较之往时更多一倍：这是剥下以媚上，所谓聚敛之臣也。孔子闻之，对诸弟子说：‘求也，游于吾门而不能以道事人如此，是有负于平日之教，而非吾之徒矣。尔小子于彼有朋友之义，当声其罪以责之，使之省改可也。’”夫国家财用诚不可阙，然藏富于国，不如藏富于民。若言利之臣，朘民膏血以充公家之赋，始则损下益上，害及于民；其终至财聚民散，而祸亦归于上矣，岂国家之所宜有哉？冉求以从政见称，以足民为志，而所为若此，宜夫子之痛绝之也。

“由此观之，君不行仁政而富之，皆弃于孔子者也。况于为之强战？争地以战，杀人盈野；争城以战，杀人盈城，此所谓率土地而食人肉，罪

不容于死。”

孟子承上文说：“由孔子责冉求之言观之，可见人臣事君，但当引之以志仁，不宜导之以求利。若其君不行仁政，而为之臣者又厚敛于民以封殖之，乃名教之罪人，孔子所弃绝者也。夫富国犹且不可，而况于为君强战者乎？盖聚敛之臣，夺人之财，犹未伤人之命也。若强战者，只要开疆辟土，战胜攻取，而不顾生民之命。故争地而战，则杀人之多，至于盈野；争城而战，则杀人之多，至于盈城，而不自知其惨也。夫为土地之故，使人肝脑涂地，则是率土地而食人肉矣，其罪之大，虽至于死犹不足以容之，岂特夺民之财者可比乎？”

“故善战者服上刑，连诸侯者次之，辟草莱、任土地者次之。”

辟，是开垦。任土地，是竭尽地力的意思。古时井田之法，其余荒闲地土皆以予民；后世废坏井田，开垦荒芜，竭尽地力而利于上，这是开草莱、任土地，富国之术也。

孟子承上文说：“今列国之君所求于士、与士之效用于君者有三：一是善于用兵，战胜攻取；一是纵横游说，连结诸侯；一是垦田积谷，为国兴利。这三样人，如今都说他有功于国，然以王法论之，皆有必诛之罪。盖善战的人，虽应敌制胜，可以快人主之心，然伤残民命，荼毒生灵，即所谓率土地而食人肉者；有王者兴，必然加以诛戮，而服至重之刑，此罪当首论者也。纵横游说、连结诸侯的人，虽未身亲攻战之事，然挟智用术，把持世主，兴起争端，使天下兵连祸结，不得休息，其罪亦不可赦；比于善战之刑，即其次也。开辟草莱、竭尽地力的人，虽不过为生财富国之计，然掊克聚敛，兼并小民，不遗余利，使天下民穷财尽，不得生养，其罪亦不可逃；比于善战之刑，是又其次也。今之诸侯不以为罪，而反以为功，又何怪乎祸乱之相寻而不已耶？”然就三者论之，纵横之徒固不必言矣，至于行师理财，虽三代亦所不废，而概以为罪，何也？盖王者之用兵主于定乱，而善战者以多杀为功；王者之制赋主于惠民，而言利者以多取为富，此义利之辨，而治乱之所由分也。用人者可不审哉！

孟子曰：“存乎人者，莫良于眸子。眸子不能掩其恶。胸中正，则眸

子瞭焉；胸中不正，则眸子眊焉。”

良字，解作善字。眸子，是目中瞳子。瞭，是明。眊，是昏暗的意思。

孟子说：“观人之法，不必远求，即一身之中其最善而可观者，莫如眸子。盖人之善恶生于心，心之精神见于目，意念一起，即形于瞻视之间；故惟眸子之在人，不能掩其心之恶也。如其胸中所存，光明正大，无所隐伏，则其神翕聚，而见之眸子者，必然清朗莹彻、瞭然而精明焉；若是胸中所存，偏私邪曲，有所迷惑，则其神涣散，而见之眸子者，必然恍忽蒙昧，眊然而昏暗焉。”心之邪正不同，而目之昏明即异，是眸子不能掩其善，亦不能掩其恶也。即此一端，岂不足以观人耶？

“听其言也，观其眸子，人焉廋哉？”

廋字，解作匿字。

孟子承上文说：“世之观人，固有于言语之间察人心术者。然言犹可以伪为，而惟眸子不能掩其恶，则观人者，岂可徒信其言而已乎？故必听其言语，以考其心之声；又观其眸子，以察其心之神。其言既善，而眸子又极其清明，则其为光明正大之人，可知也；其言虽善，而眸子不免于昏眊，则其为回互隐伏之人，未可知也。合二者而观之，则不出乎容貌辞气之间，而君子小人之情状已可以得其概矣。人即欲掩匿其情，以逃吾之洞察，恐能掩于言而不能掩于眸子，亦安得而终匿哉？”

此一章，当与《论语》“视其所以”一章参看。然孔子之观人，推及心曲之微，方定善恶；而孟子之观人，欲于辞色之间，即考其邪正。何详略之不同如此？盖人之制行，或能饰于一时，而不能掩于平日，故虚心而察品流，乃定人之存心；或能匿于所勉，而不能不露于所忽，故卒然而验，臧否自明。有观人之责者，兼而用之可也。

孟子曰：“恭者不侮人，俭者不夺人。侮夺人之君，惟恐不顺焉，恶得为恭俭？恭俭岂可以声音笑貌为哉？”

孟子说：“古今言人君之美德，莫如恭俭。然恭俭不可以伪为。盖谓之曰恭，则心存敬谨，必能下贤礼士，不肯慢视臣下而有所玩侮；谓之曰俭，则志在简约，必能制节谨度，不肯轻用民财而有所侵夺。是不侮不夺者，乃恭俭之实也。今之人君，皆知恭俭之为美，但其平日所行，都是侮人夺人之事。那侮人之君，自恃尊贵，其心必骄，只要人非礼奉承，顺着他倨傲的意思；夺人之君，惟务贪得，其心必侈，只要人曲意逢迎，顺着他兼并的意思，惟恐人不顺己，不能快其侮夺之心也。恶有侮人夺人而可谓之恭俭者乎？是可见实心谦让，然后谓之恭；实心樽节，然后谓之俭。若只在声音笑貌之间做出恭俭的模样，而不本于中心，则不过粉饰伪为而已。恭俭美德，岂可以声音笑貌伪为者哉？"盖当时之君，惟务虚名而不修实德，故孟子警之如此。《书经》上说："位不期骄，禄不期侈，恭俭惟德，无载尔伪。"正是此意。盖侮生于骄；必克其骄心，方能虚己下人而无所侮。夺生于侈；必克其侈心，方能约己裕人而无所夺：此恭俭之所由成也。为人君者不可不知。

淳于髡曰："男女授受不亲，礼与？"孟子曰："礼也。"曰："嫂溺则援之以手乎？"曰："嫂溺不援，是豺狼也。男女授受不亲，礼也。嫂溺援之以手者，权也。"

淳于髡，是齐之辩士。权，是秤锤，所以秤物之轻重者；故人之处事，秤量道理以合于中，也叫作权。

昔淳于髡因孟子不见诸侯，故设辞以讽之，说道："吾闻男女有别，就是以物相取与，不得亲手交接，果是礼之当然欤？"孟子答说："男不言内，女不言外，故授受不亲，正以别嫌、明征，乃礼之所重也。"淳于髡说："男女授受不亲，固为礼矣。即如嫂之与叔，礼不通问，亦不可亲相授受者。设或嫂溺于水，生死在仓卒之间，为之叔者亦将引手以救之乎？还是拘授受不亲之礼，而坐视其死也？"孟子答说："嫂、叔至亲，溺水大变，于此不救，则忍心害理，是豺狼之类耳。有人心者，果如是乎？盖天下之事，有常有变；君子处事，有经有权。男女授受不亲，是礼之常经，固不可越；至如嫂溺援之以手，此乃于势危迫之际，顾得情义，便顾不得嫌疑，故揆度于轻重缓急之间，以求合乎天理人心之正，所谓权也。若但知有礼而不知有权，则所全者小、所失者大矣，岂识时通变者哉？要之，经、权二字，原不相离。礼有常经，如秤之有星，铢两各别；权无定主，如画一之较物，轻重适平。二者交相为用也。"观孟子之言，则可以识权之义矣。

曰:“今天下溺矣。夫子之不援,何也?”曰:“天下溺,援之以道。嫂溺,援之以手。子欲手援天下乎?”

淳于髡闻孟子行权之论,因问说:“信如夫子之言,嫂溺则当从权以援之,而不宜拘于授受之礼矣。况圣贤出处为治乱所关,岂可执一?方今列国分争,生民憔悴,就如溺于水的一般。夫子视天下为一家,亦当从权以救之可也;却乃守不见诸侯之义,而不肯一出其身以援天下,这是为何?岂亦拘于常礼而不能通变乎?”孟子答说:“援嫂之溺与援天下之溺,事势原自不同。盖天下至广,陷溺之患至大,如欲拨乱反正、济世安民,必以先王仁义之道拯之,乃能有济;非如嫂之溺水,但援之以手即可救也。吾能以道自重,然后可以出而有为。今子欲援天下,而使我枉道以求合,则先失其援之之具矣,岂欲我以徒手援天下乎?天下之溺,不可以手援,则亦不容轻身往见以枉其道矣。”此可见圣贤出处一本于道,固不欲洁身以为高,亦不容枉道以求合。经权之际,自当有辨也。后世以反经合道为权,遂至有违道以济其私者,不亦悖于孟子之训耶?

公孙丑曰:“君子之不教子,何也?”孟子曰:“势不行也。教者必以正。以正不行,继之以怒。继之以怒,则反夷矣。‘夫子教我以正,夫子未出于正也。’则是父子相夷也。父子相夷,则恶矣。”

夫子,是尊长之通称。夷字,解作伤字。

公孙丑问说:“凡人爱子,莫不欲教之以有成。乃君子不亲教其子,这是何故?”孟子答说:“父之于子,非是不当亲教,但以事势论之,有所难行故也。盖父之爱子,必教以正道,不纳于邪,使其视听言动皆有准绳,出入起居无或惰慢,方是教子之法。若教之以正,而子或不肯率从,则不免痛加督责,而继之以怒。夫教子者,本为爱其子也;今以怒继之,则反伤其子矣。父既伤其子,子之心又责其父说:‘夫子徒知教我以正道,不知已所行未必合于正道。’既不率教,且有后言,则是子又伤其父也。父子以恩为主,若至于相伤,则天性之爱有亏,慈孝之理胥悖,其为不美之事,莫甚于此。如之何其可行耶?”

"古者易子而教之，父子之间不责善。责善则离，离则不祥莫大焉。"

孟子承上文说："君子之于子，亲教则势有所不行，不教则情有所不忍；所以古人就中斟酌，务求两全。我有子，必使之师事他人；人有子，亦许之从学于我，恰似相换易的一般，是以教行而德成也。所以然者为何？盖德业相劝，过失相规，这是处朋友的道理。惟父子之间，贵在恩意浃洽，为父的须量其子之才质而善养之，为子的须察其亲之志意而善谕之，切不可强其所难而互相责望也。若使父子之间至于责善，则父有忿怒之色，子有怨怼之心，父子相夷而情意乖离矣。夫父慈子孝，然后家道兴隆；苟或乖离，则家庭之间失了和气，其为不祥孰大于此！此古人易子之教所以为善也。"尝观古人教子之法，自孩提有知至于成立，未尝一时失教。既委曲调护，不至于伤恩；且习惯自然，不夺于外诱，是以不严而化，不劳而成。盖士庶之家欲爱其子，未有不教者，而况于有天下国家之任者乎！贾谊有云："早谕教，选左右。"此今日之急务也。

孟子曰："事孰为大？事亲为大。守孰为大？守身为大。不失其身而能事其亲者，吾闻之矣。失其身而能事其亲者，吾未之闻也。"

孟子说："凡人之于天下，有所敬承而不敢违，叫作事。事果以何为大？惟善事其亲。凡服劳奉养，无所不尽其心，斯为事之大也。有所保持而不敢失，叫作守。守果以何为大？惟善守其身，凡言动事为，无所不致其谨，斯为守之大也。然事亲、守身，固皆为大，而守身为尤大。盖亲者身之本，身者亲之遗。诚能以道自守，不失其身，则显亲扬名，可传于后，如此而能事其亲，吾之所闻也。如或一失其身，陷于不义，则亏体辱亲，乃不孝之大者。而欲以奉养之末尽事亲之道，吾未闻之也。欲事其亲者，可不自守身始乎？"古人有言："孝莫大于事亲。故孝子不登高、不临深，一出言、一举足，而不敢忘父母，皆守身以事亲之旨也。"推其极，虽放诸四海、通于神明，亦不外此。事亲者不可不知。

"孰不为事？事亲，事之本也。孰不为守？守身，守之本也。"

孟子承上文说："事亲何以为大？盖人于尊卑长幼之间，有所敬承，何者不谓之事？然非事之本也。惟能事其亲，则伦理明于家，而百行之原以启矣。由是移以事君，则可以作忠；移以事长，则可以昭顺，皆事亲之念为之造端也，非事之本而何？惟其为本，故言事之大者必归之事亲也。人于家、国、天下之大，有所保持，何者不谓之守？然非守之本也。惟能守其身，则道德备于己，而万化之基以立矣。由是以守家国，则齐治之效成；以守天下，则均平之化应，皆守身之道为之托始也。非守之本而何？惟其为本，故言守之大者必归之守身也。如不能事亲，则大本已失矣，岂有本乱而末治者哉！”

曾子养曾皙，必有酒肉。将彻，必请所与。问：‘有余？’必曰：‘有。’曾皙死，曾元养曾子，必有酒肉。将彻，不请所与。问：‘有余？’曰：‘亡矣。’将以复进也。此所谓养口体者也。若曾子，则可谓养志也。事亲若曾子者，可也。”

曾皙，名点，是曾子之父。曾元，是曾子之子。

孟子承上文说道：“古人能守其身以事亲者，无如曾子。其奉养曾皙，竭力用劳，每次进食，必有酒肉；及食毕将撤，又必请问于父：‘将此余者与谁？’或父问：‘此物尚有余否？’必以‘有’为对，盖恐亲意更欲与人，而先体其情，曲为承顺如此。及曾皙既没，曾元奉养曾子，每次进食亦有酒肉，惟至食毕将撤，却不问父‘所与’。或父问：‘有余？’又以‘无’为对，盖恐其物不继，将留以复进于亲也。此但求甘旨之常充，可以供亲所嗜，能养其口体而已。若曾子者，于一撤食之间，亲未有言，即先其意而求之；亲一有问，即顺其情而应之，真可谓能养父母之志、而不忍伤之者矣。夫养口体者，非不竭力备物，然不能顺亲之心，未足称也。惟至于养志，则其精神意念常与亲志流通，使其亲欢欣悦适，无不遂之愿。故事亲者必如曾子之养志，方可以称孝也。”自古称孝子者，莫过于曾子。然求其事亲之方，不在用力用劳，而在于养亲之志。可见为人子者，必能体父母之心，方可称孝，不但饮食取与之间而已也。有家国者，能因此而推之，则所以养亲之志者，必有道矣。

孟子曰：“人不足与适也，政不足间也。惟大人为能格君心之非。君仁，莫不仁。君义，莫不义。君正，莫不正。一正君而国定矣。”

有过失而指摘之，叫作适。有罅隙而非议之，叫作间。格，是救正的意思。

孟子说："今之论治者，率以用人行政为急。然忠智之士，或犯颜谏诤，随事箴规，而卒无补于治者，以不知格心之为要故也。夫人君用人，一或不当，岂无过失之可指？然其心不能鉴别人材，而欲人人为之辩论，亦不胜其烦矣。吾以为用人之误，不足与之指摘也。人君行政一有未善，岂无罅隙之可议？然其心不能权衡事物，而欲事事为之补救，亦不胜其扰矣。吾以为行政之失，不足与之非间也。盖本原之地，在于君心。君心一有私邪，未有不信用小人、妨害政事者。惟盛德之大人，其素望足以感孚，其谋猷足以匡济，为能格正其君心之非。当其未发，则有熏陶涵养之功；及其将萌，则有开导转移之术，必归于仁义之正道而后已。盖君心诚出于仁，则推之何莫而非仁？君心诚出于义，则施之何莫而非义？君心既正，则一举一动何往而不出于正？以之用人，而忠邪之鉴别自明；以之行政，而是非之权衡不爽。将见群材效用、万机咸理，国自无不定矣。"一正君而国定，则操术甚简，取效甚大，尚何以适且间为哉？汉儒谓"正心以正朝廷，而百官万民莫敢不一于正"，亦是推广孟子之意。然格心之益，惟大人足以当之。可见出治之本固在于正君，而致君之道尤本于正己。此又为人臣者所当知也。

孟子曰："有不虞之誉，有求全之毁。"

虞，是料度的意思。

孟子说："人之是非固出于众论，然毁誉之言亦有不可凭者。且如有善于己，人从而誉之，此其常也。然亦有存心制行，本无可称，而滥叨美誉者。或事机偶会，时论见推；或交游素多，浮名易起，此乃一时过情之誉，于其人之本心，实有不自料其有此也，这叫作不虞之誉。以此而定人之贤，则浮沉庸众之流，侥幸得志者多矣，岂得谓之公是哉？有不善于己，人从而毁之，此其常也。然亦有立身行道，期为完人，而不免诋毁者。或心无愧怍，而以形迹致疑；或行本孤高，而以违俗取忌，此乃一时不根之谤，于其人之素履，实不足以为病也，这叫作求全之毁。以此而决人之不贤，则砥砺暗修之士，无辜受屈者多矣，岂得谓之公非哉？然则修己者当尽其在我，不可以毁誉而遽为忧喜；用人者当观其所由，不可以毁誉而轻为进退矣。”大抵三代直道，以善恶为是非；末世颓风，以好恶为毁誉，名实混淆，其弊久矣。故必在上者建其有极，无作好作恶之私；则在下者协于至公，有真是真非之实。主世教者加之意可也。

孟子曰：“人之易，其言也，无责耳矣。”

易，是轻易。

孟子说：“人之言语，乃一身之枢机，最所当慎者也。然有出言轻易，失口于人；或于人之善恶妄有褒贬，或于事之得失轻为论断，遂至于偾事失人、兴戎召辱者。此是为何？只因其未遭失言之责，而无所惩创故也。如使曾以失言之故见尤于人，而有所悔悟，则必知言语之失所系甚大，当自加儆省，而不敢轻出诸口矣，岂至于易其言耶？”《易经》上说：“出其言善，则千里之外应之；出其言不善，则千里之外违之。”故言出于口，而祸福荣辱系焉，不可轻也。必待责而后悔，则一言既出，驷马难追，虽悔无及矣。此又孟子言外之意。

孟子曰：“人之患，在好为人师。”

孟子说：“人之为学，莫贵于自修，莫病于自足。如多见多闻，足以待问；有道有德，可以为法。天下之人皆尊而慕之，愿以为师，然后不得已而应之可也。若乃自己的造诣未必便是圣贤，却偃然自尊，傲然自足，见得自己有余、别人不足，一心只要做人的师范。如人有不知的来问他讲解，有不能的来求他教导，他心里便十分喜欢。有这等好胜的念头，必不能谦虚以受益；有这等自满的意思，必不能勤励以自强，是终不复有进矣，岂非人之大患乎？”孟子此言，不专为传道授业而设，亦戒人不自满假之意。盖人之于道德，若以虚心观之，惟曰不足，自不敢以贤智先人；若以满心处之，只见得吾之言动，皆可为法于天下，而非人之所能及矣。《书经》上说道：“谓人莫若己者亡。”《大学》说：“骄泰以失之。”皆所以深致其戒也。有君师之责者，宜究心焉。

乐正子从于子敖之齐。乐正子见孟子。孟子曰：“子亦来见我乎？”

曰:“先生何为出此言也?”曰:“子来几日矣?”曰:“昔者。”曰:“‘昔者’,则我出此言也,不亦宜乎?”曰:“舍馆未定。”曰:“子闻之也:‘舍馆定,然后求见长者’乎?”曰:“克有罪。”

乐正子,名克,是孟子弟子。子敖,是王驩的字。昔者,是前日。

王驩,乃齐王之幸臣,孟子之所深鄙而不与言者。乐正子一日从之至齐,则失身于匪人矣。孟子不直言其所从之失,而先责其来见之迟,故为绝之之词,说道:“尔今日还来见我乎?”乐正子惊问说:“弟子未敢失礼,先生何故出此言以绝之?”孟子说:“尔至齐国,今已几日矣?”乐正子对说:“前日方至。”盖自明其未久也。孟子因问说:“尔前日已至,今日方来见我,则我之出此言也,不亦宜乎?”乐正子因自解说:“克初至齐国,舍馆未定,故来见稍迟,非敢慢也。”孟子责之说:“尔曾闻‘门人弟子来自远方,必待舍馆既定,然后求见师长’乎?盖必以见长者为先,求舍馆为后,方是诚意。今子迟迟来见,恐敬师之道不如是也。”于是乐正子自知其罪,即对说:“克也来见之迟,诚为失礼,已知罪矣。”其勇于受责如此。然孟子发言之意,则犹未之悟也。

孟子谓乐正子曰:“子之从于子敖来,徒铺啜也。我不意子学古之道,而以铺啜也。”

铺,是食。啜,是饮。

乐正子从王驩至齐,既知见师迟缓之罪,孟子乃正言以责之,说:“君子之取友最宜慎重,必是志同道合,方可相从。今子敖是何等样人品?尔乃从之以来,想亦非有他意,只为其饮食供奉富厚有余,尔但图些铺啜,得遂口腹之欲而已?我不意子学古人之道,以圣贤自期,乃为饮食之微妄从非类,何其不自爱如此?子亦知其罪否耶?”按,乐正子乃孟子高弟,必不致以铺啜从人,但一时取便相随,不及审慎。孟子恐其失身,故峻词以责之如此。可见士君子立身行己,自有法度,未有纳交权幸而不辱其身者。孟子于王驩,未尝略假词色,即门人弟子少有濡足,必切戒而预远之,若将浼焉。圣贤出处交游,光明正大,真后世所当法也。

孟子曰:“不孝有三,无后为大。舜不告而娶,为无后也,君子以为犹告也。”

孟子说：“古礼相传，凡人不孝之罪有三：一是阿意曲从，陷亲不义；一是家贫亲老，不为禄仕；一是不娶无子，绝先祖祀。犯了一件，便不是孝子。然就三者较之，不谏其亲者，止于不能成亲；不为禄仕者，止于不能养亲，其罪未为大也。惟至于无后，则先祖相传的支派绝于一人，而父母之宗祀无主矣，其为不孝，孰有大于是乎？所以古之圣人，当事势之难、人伦之变，便有个善处的道理。昔虞舜有鳏在下，帝尧以二女妻之，舜但承尧之命，而不告于父母。以舜之大孝，日以不顺乎亲为己忧，岂不知礼之当告哉？正恐告而不许，则不敢娶，而终于无后也。盖告而后娶，所以禀命于父母，而不敢自专，礼之经也；不告而娶，所以继承其宗祀，而不至无后，礼之权也。故君子以为舜之不告，与告而后娶者，同归于孝而已。向使舜拘禀命之礼，而蹈无后之罪，则是泥于小节，而陷于大不孝矣。君子奚取焉？”夫古今帝王之孝，莫过于舜，乃其所最重者在此。可见子之事亲，以承祧为大，以奉养为小，故必宗祊有托，主鬯得人，而后祖宗之神灵可慰、父母之心志可悦也。以孝治天下者，其尚体而推之。

孟子曰：“仁之实，事亲是也。义之实，从兄是也。”

孟子说：“世之言道者，只在枝叶上讲求，而不反之根本切实之地，是以愈难而愈远耳。岂知道莫大于仁义，而其实亦不外于孝悌之间乎？夫仁主于爱，凡济人利物，都是爱之所推；然非其实也，乃其实则在于事亲。盖父子天性有欢然不可解之情，即孩提之童无不知爱其亲者，这一点爱心何等真切。人能孝以事亲，尽得为子的道理，则慈祥恻怛之心不可胜用。以之济人利物，至于无一夫不被其泽，都从这里面生发出来，岂不是仁之实乎？所以说仁之实，事亲是也。义主于敬，凡事君尊贤，都是敬之所施；然非其实也，乃其实则在于从兄。盖兄弟天伦，有秩然不可逾之序，即孩提稍长无不知敬其兄者，这一点敬心何其真切。人能顺以从兄，尽得为弟的道理，则谦卑逊顺之意随在皆然。以之事君尊贤，至于无一事不得其宜，都从这里面充拓出来，岂不是义之实乎？所以说义之实，从兄是也。”夫事亲从兄，人皆可能，而仁义之道胥从此出。则求道者，当以敦本尚实为务矣。

“智之实，知斯二者弗去是也。礼之实，节文斯二者是也。”

斯二者，指事亲、从兄说。

孟子承上文说道：“良心真切之地，乃百行从出之原。不但仁义之实在于事亲、从兄二者，推之智、礼、乐莫不皆然。盖智以明通为用，虽万事万物都要周知，然其根本切实的去处，只是事亲、从兄这两件，见得分明，守得坚定，一心一念只依着孝弟的道理，不为私欲所蔽，不以外慕而迁，这便是本然之良知，推之可以穷神知化。未有能察人伦而不能明庶物者，此所以为智之实也。礼以秩叙为体，虽三千三百都要精详，然其根本切实的所在，也只是事亲、从兄这两件，限之以品节，饰之以仪文，一举一动只在爱敬上周旋，使有义以相维，有情以相洽，这便是自然之天秩，出之可以安上治民。未有能惇典而不能庸礼者，此所以为礼之实也。知智之实，则不必以博闻多识为能；知礼之实，则不必以繁文缛节为尚。学者惟敦本务实可矣。”

“乐之实，乐斯二者，乐则生矣；生则恶可已也？恶可已，则不知足之蹈之、手之舞之。”

孟子承上文说：“乐以和乐为主，虽平情宣化功用甚博，然其切近精实之地，也只在事亲、从兄这两件。盖父子兄弟天性至亲，自有喜喜欢欢一般的真乐，吾能孝于亲、弟于兄，家庭之间浑然和气，则天性之真乐在我矣。乐则和顺从容，无所勉强，其真机发动就如草木之萌芽一般，将油然而自生矣。既有生意，则发荣滋长，日渐充溢，其生机畅达，就如草木之茂盛一般，盖勃然而不可已矣。生而不已，则随处发见，莫非性真；动容周旋，莫非盛德，其妙至于足之蹈之、手之舞之，而不自知其所以然者，盖睟然、盎然，四体不言而自喻矣，这是吾心自然之和乐。充之以动天地、感鬼神，莫不由此，此所以为乐之实也。可见孝弟为五常之首、百行之原，吾性中之仁义莫切于此。而知此之谓智，履此之谓礼，和此之谓乐，天下之道无一不统于斯二者。人人亲其亲、长其长，而道尽矣。何必求之远且难哉？”

孟子曰："天下大悦而将归己，视天下悦而归己犹草芥也，惟舜为然。不得乎亲，不可以为人。不顺乎亲，不可以为子。"

顺，是谕亲于道而不违的意思。

孟子说："古之圣人所以有天下而不与者，盖以性分为重，则以势分为轻也。夫天下至大，人心至不齐，今皆欣然喜悦，将归服于我，戴以为君，这是非常的遭际，绝盛的事业，人所深愿而不可得者。乃处之泰然，略不动意，视天下之悦而归己就如草芥一般，自古以来，惟舜为能如此。夫舜以畎亩之夫而大得人心，终陟元后，其位至尊，其势至重，而乃视之若是其轻者，这是为何？盖舜遭顽嚚之亲，处人伦之变，心心念念，只要得亲之欢，而无所乖忤；谕亲于道，而无所违逆，方才遂得他的愿，他说是人生世间，道理合当如此。若不得乎亲，不曾修得自己的孝行，则人道有亏，如何可以为人？子事父母，职分合当如此。若不顺乎亲，不曾成得父母的令名，则子道有歉，如何可以为子？其中戚戚不宁、举天下无足以解其忧者，故视天下之归己犹草芥也。舜惟以此存心，而必欲求尽其道，此所以终能得亲顺亲，而成天下之大孝也与！"

"舜尽事亲之道，而瞽瞍厎豫。瞽瞍厎豫，而天下化。瞽瞍厎豫，而天下之为父子者定。此之谓大孝。"

瞽瞍，是舜父名。厎，是致。豫，是悦乐。

孟子承上文说："舜不以人心之大悦为己乐，而但以亲心之未悦为己忧，所以孜孜汲汲，只要全尽事亲的道理。观他竭力耕田、负罪引慝，何等的勤苦！且克谐以孝，夔夔斋栗，何等的真诚！凡职分当为，及用情委曲的去处，无有毫发之不尽者。所以瞽瞍虽顽，至是亦感其诚意而格其非心，毕竟至于欢喜悦乐，则不但得亲之心，而且顺亲于道矣。夫父子天性，精神本自流通，无终不可化者。自瞽瞍厎豫，则凡闻风而兴起者，知天下无不可事之亲，皆勉于孝；知父子有不可解之情，皆兴于慈，而天下化矣。子孝父慈，伦理本自一定，有不可逾越者。惟天下既化，则凡为子的皆止于孝，为父的皆止于慈，而天下之父子定矣。夫爱敬尽于事亲，而德教加于百姓，至于化行俗美如此，是诚为法于天下，可传于后世，而非止为一身一家之孝矣。谓之大孝，不亦宜乎！"按，古之圣王莫不以孝治天下，而独称舜为大孝者，以其身事顽父，而收厎豫之功，其事为独难；躬修孝德，而成天下之化，其治为独盛，此所以万世莫及也。以天下养其亲者，宜以虞舜为法。

卷八

离娄下

孟子曰："舜生于诸冯，迁于负夏，卒于鸣条，东夷之人也。文王生于岐周，卒于毕郢，西夷之人也。"

诸冯、负夏、鸣条、岐周、毕郢，都是地名。

孟子说："天生圣人，以任百王之道统，开万世之太平，非偶然也。试以虞舜、周文王论之。舜生产于诸冯，既而迁居于负夏，其后卒于鸣条，这都是东方夷服的去处，是即东夷之人也。文王生产于岐周，其后卒于毕郢，这都是近西夷的去处，是乃西夷之人也。"夫在常人，则生于其地者，即囿于风气之中而不能振拔；若圣人，则间气所钟，旷世而一见，有非地之所能限者。孟子欲明二圣之同道，故先发其端如此。

"地之相去也千有余里，世之相后也千有余岁，得志行乎中国，若合符节。先圣后圣，其揆一也。"

古时篆刻文字于玉，左右两扇，有事则合之以为信验，叫作符节，就如今之金牌、铁券一般。揆，是度。

孟子承上文说："舜与文王，一生于东夷，一生于西夷，其地相距千有余里，可谓远矣。舜兴于虞，文王起于周，其世代之相后千有余岁，可谓久矣。然舜发于畎亩之中，得志而为天子；文王当有商之季，得志而为方伯。一则风动四方，一则修和有夏，都能行其道于中国，使仁、义、礼、乐粲然大明，彼此相较，无毫发之差，就如合着符节的一样，何其同也！由此而推，可见前乎千百世之既往，有圣人崛兴；后乎千百世之将来，有圣人复起。地之相去，世之相隔，虽其迹不能尽同，然以理度之，所存莫非纯王之心，所行莫非纯王之道，其致一而已矣，又岂有不同者哉？"盖战国之时，正学不明，异说纷起，如杨、墨、许行之徒，皆托于圣人之道以自为一家之言，是以师异道、人异学，而圣道为天下裂矣。孟子称圣人之同道，盖所以深辟当时之异说也。

子产听郑国之政，以其乘舆济人于溱、洧。孟子曰：“惠而不知为政。”

子产，是郑大夫公孙侨。溱、洧，是二水名。

春秋时，有子产者辅佐郑君，凡一国之政事都听他掌管，其位尊，其负重，则凡为百姓兴利除害，当自有经济之大者。乃一日偶过溱、洧之间，见人徒涉，其心不忍，便将所乘的车渡济他，一时小民亦皆感其恩泽，称为盛事。然而甚失政体矣，故孟子讥之，说：“君子之存心行事，非不欲使泽及于民，然其体统有尊卑，规模有大小。若子产乘舆济人之事，惠则惠矣，其于为政的道理则未之知也。”盖君子驭众临民，自有公平正大之体；修政立事，自有纲纪法度之施；在上的不必要誉于民，在下的亦忘其恩所自出，此乃所以为政也。今子产以煦煦为仁，所及有限，人非不感其恩，只是私恩；人非不被其利，只是小利。其不知其政体甚矣，何足道哉！夫惠者，王政之所不废。但惠施于一人，则虽有所及，而亦有所不及；政行于一国，则能以所爱达之于所不爱，此大小公私之判也。若好行小惠而不知大体，则违道干誉，有名无实，民何赖焉？盖孔子称管仲之，而讥其不知礼，孟子称子产之惠而病其不知政，皆所以为后世训也。

“岁十一月徒杠成；十二月舆梁成，民未病涉也。”

周时十一月即今九月，十二月即今十月。方桥可通人行的，叫作徒杠。大桥可通车行的，叫作舆梁。病，是患苦的意思。

孟子承上文说：“子产但知徒涉之人为可悯，而不知乘舆之济为有限，是亦不讲于先王之政耳。试以王政言之：每岁天气向寒的时节，凡道路之间有阻水难行的去处，即起用人夫修治桥梁。十一月农事才毕，民力稍暇，那徒杠可通人行的，其功易就，这时便早成了。十二月农事俱毕，工作可兴，那舆梁可通车行的，功虽难就，这时也都成了。是当未寒之时，而已念徒行者之苦；在初寒之候，而已忧车行者之艰。无不先事预图，及时为备，所以水潦无阻，道路通行，国中百姓未闻有病于徒涉者也。”即此一端，可见先王之政，不必人人问其疾苦而为之拊摩，只须事事立有规模，而贻之于安逸，此所谓纲纪法度之施，而不失为公平、正大之体者也。使子产而知此道，则郑国之民自无有病涉者矣，何用以乘舆济之哉？

“君子平其政，行辟人可也，焉得人人而济之？故为政者每人而悦之，日亦不足矣。”

辟，是避除行人。

孟子承上文说：“先王之政，上不求赫赫可喜之功，下不为煦煦悦人之术，惟施得其平而已。若君子之治人，能以仁心、仁闻行先王之政，百姓每有饥寒的为之厚其生，有劳苦的为之节其力；一切兴利除害、补偏救敝的事次第施行，务要均平周遍，使人人各得其所。则所施者博，所济者众，不见其私恩小利，而百姓自然心悦诚服矣。如此，则虽出入之际辟除行人，令他回避，亦是上下之礼宜然，何必以乘舆济人，自亵居尊之体也？况国中之水，当涉者众，举国之人，望济者多，焉能以所乘之舆人人而济之乎？若人人而济之，是欲人人而悦之也。为政者统御万民，总理庶务，至为烦劳。必欲每人而求其悦，岂但曲意徇物，违道干誉，大非为政之体；且恐人多日少，不能以有限之力，应无已之求，其势必至于穷矣。善为政者固如是乎？”夫行小惠而伤大体，则理有所不可；穷日力以徇物情，则势所不能。甚哉！子产之不知为政也。汉臣诸葛亮有言：“治世以大德，不以小惠。”盖深得孟子之意。欲明治体者，宜究心焉。

孟子告齐宣王曰：“君之视臣如手足，则臣视君如腹心。君之视臣如犬马，则臣视君如国人。君之视臣如土芥，则臣视君如寇仇。”

孟子告齐宣王说：“君臣相与之间，各有当尽的道理。然下之报上，亦视上之所以待下者何如。且如君之于臣，能隆之以礼貌，推之以至诚，言听计从，情投意合，看他就似手足一般，有相倚为用而不可一日少者，则君之待臣厚矣；由是，为臣的莫不感恩图报，矢志竭忠，务要爱养君德，使益清明；保护君身，使益强固，就似腹心一般，有相依为命而终身同其休戚者矣。这是上下一体，恩义兼隆，明良相遇之盛如此。此道既衰，人君有轻贱其臣如犬马者，奔走之而已，豢养之而已；这等的傲慢无礼，则人人自疏，漠然不见其可亲，必将无怨无德，视之如路人一般，尚可望以腹心之报乎？至于衰薄之极，人君有贱恶其臣如土芥者，践踏之而已，斩艾之而已；这等的惨刻少恩，则人人自危，悚然惟恐其不保，至于离心离德，避之如寇仇一般，岂但如国人而已乎？夫尊卑之名分虽殊，而报施之厚薄则常相称，王可以惕然省矣。”盖宣王待士，恩礼衰薄，至于昔者所进、今日有亡去而不知者，故孟子警之如此。若人臣自处之道则不然。夫臣之事君，当如子之事父，其得位行道，固当有匪躬蹇蹇之心；虽去国洁身，亦当有爱君惓惓之意，岂得自处其薄乎？孔子曰："君使臣以礼，臣事君以忠。"此万世不易之常道也。

王曰："《礼》：为旧君有服。何如斯可为服矣？"

这一节，是齐王不足孟子寇仇之言。

《礼》，是《仪礼》。旧君，是先事去国的君。服，是齐衰三月。

王疑孟子的言太甚，故援《礼》问说："夫子言人臣在国，固有寇仇其君者。《礼》有云：去国的臣，或那旧君薨，则为他服齐衰三月。以夫子寇仇的言来较之，则在国者且有寇仇之报，而去国者果何以得他三月之服？不知旧君于臣下，在国的时节，何如相视，斯可为之服矣？"

曰："谏行言听，膏泽下于民；有故而去，则君使人导之出疆，又先于其所往；去三年不反，然后收其田里。此之谓三有礼焉。如此，则为之服矣。"

这一节是言臣为旧君有服之意。

谏，是规过。言，是陈善。行与听，皆是从。膏泽，是恩惠。有故，是为事而不合。去，是往他国。导出疆，是防寇掠。先其往，是称其贤、使收用的意思。不反，是不归故国。收，是取。田，是所入之禄。里，是所居之宅。三有礼，指导之、先之、望之言。

孟子对说："臣为旧君有服者，以旧君待他甚厚。方他在国，政有害民者，或谏其失，君即行他的谏；政有利民者，或言当行，君即行他的言。由是民免其害而蒙其利，己的膏泽得下于民。及其议论不合，有故而去，则君使人引导他出疆，防摽掠之患；又先在他所往的国称其有可用之贤。至去三年之久而不反，然后收他的田禄里居；前此，犹望他复归。夫既导他出，又道他贤，又望他归，这便叫做‘三有礼’。夫旧君于臣去国之后，待他三有礼如此，则虽所事不终，而恩义犹未绝；故于旧君之没，必为之服。夫岂无谓也哉！”

“今也为臣，谏则不行，言则不听，膏泽不下于民；有故而去，则君搏执之，又极之于其所往；去之日，遂收其田里。此之谓寇仇。寇仇何服之有？”

这一节是言寇仇之义。

今也，指齐宣王时。“谏则”三句，只反上节三句看。搏执，是拘囚的意思。极，是穷。极其所往，是绝其仕进的路。寇仇，犹言贼害冤仇。

孟子说：“若今之为臣者，君相待则不然。在国的时节，有谏则君不行其谏；有言则君不听其言，由是民被其害而不蒙其利，膏泽不下于民。至他日有故而去，则君搏执他，加以拘囚之威，又穷极于其所往，绝他的仕进之路。方才去日，就收他的田里，不复望其归。这等则刻薄寡恩，不惟犬马其臣，且土芥其臣。故为臣者亦以寇仇视之，此方叫做寇仇。既为寇仇，则为旧君恩义已绝，又何服之有哉？然则寇仇之报，由君有以先之。王何疑其言之太甚哉？”

孟子说：“无罪而杀士，则大夫可以去；无罪而戮民，则士可以徙。”

孟子说：“君子之去就，惟视国家之治乱；国家之治乱，但观刑赏之当否。且如百官庶职，皆君之所任用，即陷于罪，犹有当宥者。若士犹无罪，而在上者乘一时之怒，妄有诛杀，此淫刑之渐也。其渐一长，则将视臣如土芥，非惟士不保其首领，而且骎寻及于大夫矣。为大夫者度不能救，则宜奉身而去之，盖不可则止，义当然也。如待其祸及于大夫，则欲去而不能矣，岂保身之哲哉？群黎百姓，皆君之所子育，即罹于罪，犹有当恤者。若民本无罪，而在上者用一时之法，轻有刑戮，此滥杀之端也。其端一开，则将杀人如草菅，不但民无所措手足，而且蔓延及于士矣。为士者知不可留，则宜远徙以避之，盖乱邦不居，道当然也。如待其祸及于士，则欲徙而不得矣，岂洁身之智哉？此君子所以见几而作，不俟终日也。”夫有国家者，使其大小臣工皆惧祸不安，而至于去且徙，岂不殆哉？昔赵杀二臣，孔子至河而返，正是此意。故明君慎于行法，以系士大夫之心，亦所以为国家计也。

孟子曰：“君仁，莫不仁。君义，莫不义。”

孟子说：“人君一身，万化之原；不正其身，未有能正人者。诚于法度号令之颁，一出于慈祥爱利，而无少刻薄，是自处以仁也。由是百官万民奉行德意，莫敢不兴于仁，盖有不令而行者矣。于用舍举措之间，皆归于正大公平，而无少偏陂，是自处以义也。由是百官万民遵守成式，莫敢不兴于义，盖有不言而喻者矣。夫一国化为仁义，此王道之成也，然其端始于君身。有治民之责者，可不以正身为本哉！”按，此二句已见前篇，但前篇指人臣正君说，此章指人君正己说。见仁义乃端本澄源之道，上下交修，皆不能外也。

孟子曰：“非礼之礼，非义之义，大人弗为。”

孟子说：“所贵乎礼义者，谓其中正而不偏也。礼而合乎中，固君子之所履矣，然亦有似礼而非礼者：如礼本尚敬，而足恭则涉于谄；礼贵有文，而文胜则疑于伪。名虽为礼，实非礼之正也。义而合乎中，固君子之所由矣，然亦有似义而非义者：如以执持为义，而止其所不当止；以奋激为义，而行其所不必行：名虽为义，实非义之正也。若盛德之大人，乃礼义之所自出，其进退周旋，无一时不依于礼，却不为非礼之礼以取悦；其酬酢举措，无一事不由于义，却不为非义之义以要名，此所以为礼义之中正也。有志于立身者，可不知所法哉。”

孟子曰：“中也养不中，才也养不才，故人乐有贤父兄也。如中也弃不中，才也弃不才，则贤不肖之相去，其间不能以寸。”

中，是德性中和。养，是涵育熏陶的意思。

孟子说：“父兄之于子弟，莫不愿其贤，而不能无不肖，亦在乎教之而已。如自己有中和之德，而子弟之德性或有所偏，则必抑其过、引其不及，从容涵养，使之自至于中而后已。自己有干济之才，而子弟之才能或有所短，则必开其昏、警其惰，优游渐渍，使之自成其才而后已。如此，则不中者有变化气质之功，而不伤于骤；不才者有开发聪明之益，而不苦其难。那时，德修名立，才知父兄的善教，所以乐其父兄之贤，不独生我、长我，而又能成我也。若为父兄者，见子弟之不中不才，则严加督责，以求其速成；及见其难成，遽舍之而不教，是弃之而已。夫天下无不可化之人。君子虽欲与人为善，而家庭之近，子弟之亲，犹且教之无方、养之无术，则所谓中与才者，亦未免过中而不才矣。然则父兄之贤，与其子弟之不肖，相去之间能几何哉？为父兄者，慎不可轻弃其子弟矣。所以古之圣王蚤建太子而豫教之，自孩提有识，即使之闻正言、见正事，使习与知长，化与心成。此养之之说也，为宗社长久计者不可不知。”

孟子曰：“人有不为也，而后可以有为。”

孟子说：“大凡天下之事，有才能的才会干济，有力量的才肯担当。非不贵于有为也，然见之不明，守之不确，则或以轻为而取败，或以锐进而无成者，有之矣。故平居之时，有所不肯为，而后于临事之日无所不能为。如道义有所未安，则虽人之所追逐而恐后者，彼独有所退避而不趋；时势有所未便，则虽人之所眩鬻以求庸者，彼独有所敛藏而不露。这等的涵养精深、执持坚定，然后干济自有余才，担当自有全力。见得事理当为，则重大艰难之任，即毅然以身当之，而无所顾忌；遇着事机可为，则祸福利害之冲，即慨然以身赴之，而无所畏缩，真有举世所不敢为、所不能为者，而彼独能为之矣。是其能有为者，乃于能不为养之也。若无所不为，则其识见操持亦小矣，安能有所为耶？”尝观伊尹耕于有莘之野，非其道义，一介不轻取予；及受汤之聘，而尧、舜君民之业直任之而不辞，其能有为如此。观人者，视其所不为可也。

孟子曰：“言人之不善，当如后患何！”

孟子说：“君子成人之美，不成人之恶。故人有过失，往往曲为覆蔽，不肯播扬。此忠厚之心，亦远害之道也。若闻人有不善之事，便喜谈乐道，以快一时之口，惟务攻发其阴私，不思掩护其瑕玷，于人固有损矣。岂知言悖而出，亦悖而入，不但诬善之言，流传无实，有启衅之端；即嫉恶之言，讥诋过严，亦取祸之道也。其如后患何哉？”要之，圣贤之心，与人为善，惟恐其或陷于过而不能掩。故大舜隐恶，孔子无毁，皆非因虑患而然。孟子之言，为世之轻于毁人者戒也。

孟子曰:“仲尼不为已甚者。”

已字，解作太字。

孟子说:“天下之道，本有大中至正之则，不但贤智者不能抗之而使高也，虽圣如仲尼，天下后世所仰望以为不可及者，宜其有高世绝俗之行，以求异于人矣。然观其平日所为，也只是于日用常行之间，求合于天理人情之正。发为言语，皆人之所易知，而无过高之谈；见之躬行，皆人之所易从，而无过激之行，其不为太甚如此。一有太甚，则是求加于性分之外，而不合乎义理之中矣，何以为圣人哉？孔子尝自言不为索隐行怪，又以道之不行不明归于贤智者之太过，正不为已甚之意也。”后世学圣人者，或持论太深，以玄虚为理奥；或处己太峻，以矫激为名高，皆叛于仲尼之道者也。可不戒哉！

孟子曰:“大人者，言不必信，行不必果，惟义所在。”

必，是期必。

孟子说:“君子之于言行，但当随事顺应，不可先有成心。且如言贵于信，使不择是非而必期于信，则拘泥而不通矣。行贵于果，使不量可否而必期于果，则固执而不化矣。大人则不然，言非不信，而未尝有心于信；行非不果，而未尝有心于果。惟看义理上何如：义所当信，则久要不忘；如揆之义而不宜，则言有所不必践。义所当果，则勇往不挠；如质之义而不协，则行有所不必决。是非可否，惟义是视，而无所容心，此大人之言行，所以为天下法也。”孔子尝说:“君子无适、无莫，义之与比。”正与此互相发。盖必信、必果，便是适、莫；若取裁于义，而无所适、莫，则信、果亦在其中，所谓廓然太公，物来顺应者如此。若中无所主，而以不必信、果借口，则又未若小人之硁硁矣。

孟子曰:“大人者，不失其赤子之心者也。”

孟子说:“世之称大人者，以为盛德大业高出于天下，若非人之所能及；殊不知大人之所以为大者，只是不失其赤子之心而已。盖赤子之心，情窦未开，所知所能纯是一团天理，而无一毫物欲之蔽，乃心体之本然也。自知诱物化之后，情识日长，真性日漓，而纯一之心始失矣。大人者，涵养极其精纯，而内不蔽于私欲；操持极其坚定，而外不夺于物诱。故自少至老，时时刻刻，只是这一点纯一无伪之心，不曾少有断丧。虽智周万物，无所不知，实皆赤子之良知；虽道济天下，无所不能，实皆赤子之良能，何尝有穿凿之智、机械之巧加于心体之外者乎？所以说不失其赤子之心。欲为大人者，亦反求其本然之心而已。然赤子之心，由于天禀，而所以能存是心者，必由于学力。若非涵育熏陶，维持调护，使少成若性，习惯自然，则在孩提有识之时，已有攻取雕琢之患矣，何以能不失其初心乎？"《易经》上说："蒙以养正，圣功也。"正是此意。故欲务大人之学者，必端蒙养之功而后可。

孟子曰："养生者不足以当大事，惟送死可以当大事。"

当字，解作为字。

孟子说："人子之于亲，生事死葬，无有不当自尽者。然以缓急较之，朝夕奉养犹为人道之常，纵使尽志尽物，致养无方，皆出于从容暇豫之时，随其分量大小，可以自致，还不叫作大事。惟至于送终之礼，乃人子事亲尽头的时节，自此以后，更无可以用情于亲者；设使一有未至，悔将何及？这才为人子的大事。所以先王制礼，于丧葬之际尤极周详，盖欲为人子者必诚必信，而不致有后日之悔也。"孟子此言，非以养生为轻，盖见当时墨子之徒以薄葬之说惑乱天下，至于伤一本之恩，故以此警之，亦维世教之意也。

孟子曰："君子深造之以道，欲其自得之也。自得之，则居之安。居之安，则资之深。资之深，则取之左右逢其原。故君子欲其自得之也。"

造，是造诣。道，是进为的方法。资，是藉。左右，指身两旁，是形容其至近而非一处的模样。原，是本源；心为应事之本，就如水之源头一般，故谓之原。

孟子说："天下无心外之道，亦无心外之学。君子为学，奋其向往的工夫，致知力行，惟日孜孜而不已。又依着进为的方法，下学上达，循循有序而不骤。似这等深造而必以其道者，欲何为哉？盖欲其有所持循，以俟夫真积力久，默识心通，自然而得此理于己也。夫学非自得，此心与理不相融贯，居之必不能安；既自得矣，则心与理一，理与心会，精神凝定，外物不得而摇夺，居之岂有不安？惟居之安，则一真不挠，众善咸萃，溥博渊泉，自可藉用而不穷。资之岂有不深？资之既深，则事感于外，理应于中。左边事来，有应左边的道理；右边事来，有应右边的道理，或左或右，无不会逢其应用之本原，而天下之事，取之一心而裕如矣。自得之妙，至于如此。此君子之学所以务于深造以道，而必欲其自得之者。真见其有益于得，而功不可不继，序不可不循也。向使一暴十寒，进锐退速，安望其有自得之益哉！”

孟子曰：“博学而详说之，将以反说约也。”

约字，解作要字，是简要精切的意思。

孟子说：“天下之理，不求之于博，则识见浅陋而不能旁通；不反之于约，则工夫汗漫而无所归宿。是以君子为学，于凡天地民物之赜，《诗》《书》、六艺之文，无不旁搜远览，偏观尽识，学之极其博矣。又于那所学的，无一事不究其折衷，无一物不穷其变化。或问于师，或辨于友，说之又极其详焉。如此者，岂是要夸多而斗靡哉？盖以理在吾心，本至约也，但散见于万殊，不能一蹴而会通之耳。今博观于事物，讨论其指归，正欲融会贯通，由支派而穷其本源，由节目而得其要领，反而说到至约之地耳。说至于约，则吾心之理方有真得，而向之博且详者，非徒从事于口耳之末也。是可见学不可以徒博，又不可以径约。由博以求约，斯为学之全功毕矣。”

孟子曰：“以善服人者，未有能服人者也。以善养人，然后能服天下。天下不心服而王者，未之有也。”

服，是取胜。养，是涵育熏陶的意思。

孟子说：“人君孰不欲服天下？而所以服之者，有公私不同。或见力不足以服人，因欲以善去服人；不知善虽有服人之理，我不可有矜己之心。

如已有一善，乃即恃此以骄人，则是以善自私，谁肯倾心以服我？纵有服者，不过外貌之矫饰而已，非心服也。其必善不独善，而推以养人，涵育熏陶，务使同归于善而后已。此则以曲成万物为心，以兼善天下为度，若此者，乃可以服天下，使之心悦诚服以归于我，而可为天下王矣。苟非以善养人之君，天下未必心服，而能致王于天下，岂有是理哉？”夫善一也，以之服人，则人未必服；以之养人，则心服而王。心之公私少异，而人之向背顿殊；王霸之分，其端正在于此。君天下者，可不审其几乎！

孟子曰：“言无实不祥。不祥之实，蔽贤者当之。”

蔽，是蔽塞。

孟子说道：“人之言语，有足以召祸启衅者，谓之不祥之言。然止于一身之吉凶，无关于天下国家之利害，不可的的确确便谓之不祥也。求其的确为不祥之言，惟是那谗邪小人，见人之有善，辄娼嫉之，使不得见知于君；见人之有技，辄排挤之，使不得见用于世。此其言，下拂士庶之公议，上蔽人主之聪明，真个是巧言足以乱德、利口足以覆邦，贻害深而流毒远，其为不祥，孰大于是？”夫蔽贤之言，其害如此。听言者诚能明以察其奸，断以除其祸，则嘉言罔伏，众贤毕进，而可拨乱为治，转灾为祥。邦其永孚于休矣。

徐子曰：“仲尼亟称于水，曰‘水哉，水哉！’何取于水也？”孟子曰：“原泉混混，不舍昼夜，盈科而后进，放乎四海。有本者如是，是之取尔。”

徐子，名辟，是孟子的门人。亟，是数。原泉，是有源之水。混混，是涌出的模样。科字，解作坎字，是低洼蓄水之处。放，是至。

徐子问于孟子说：“流水之为物，不过天地间之一物耳。乃仲尼每观于水，而数数称之说：‘水哉！水哉！’若有深契于心，而不觉其屡形于赞叹者。不知仲尼何取于水而亟称之如此？”孟子答说：“欲知水之可取，当观水之源流。盖有原之泉，方其出于山下，则混混然涌出，昼如是而夜亦如是，无止息也。及其遇坎而止，则盈满于此，而后渐进于彼，无壅滞也。由是进而不已，则沛然莫御，必至于四海而后有所归宿焉。这等看来，可见有原之水，其蓄聚者深，故能常出而不竭；其发生者远，故能渐进而不穷，有本者固如是也。水惟有本，则可以渐进而至于海；如人有实行，则亦可以渐进而至于极。其与圣人重本之心，若有相为契合者，其乐取而亟称之，不以是乎！”知仲尼取水之意，则知君子务本之学矣。

“苟为无本，七、八月之间雨集，沟浍皆盈；其涸也可立而待也。故声闻过情，君子耻之。”

浍，是田间水道。涸，是干。情字，解作实字。

孟子告徐子说：“有本之水，能渐进不已而至于海者，以其源远而流长也。若水之无本者则不然。当七、八月间，乃大雨时行之候也。彼时雨水骤至，则沟浍之中莫不盈满；及雨止水退，则沟浍之干涸可立而待。是其来也既非混混而不舍，其流也又非盈科而渐进，忽然而盈，亦忽然而涸，水之无本者固如此，何足取哉？观于水，而君子之为学可以类推矣。故人能反身修德，使养深而蓄厚，然后实大声宏，而名誉随之，这便是有本之水渐进而不已的意思，此君子之所贵也。如道德本无足称，而声誉反过其实，则一时虽能掩饰，日久必然败露，就是沟浍之水易盈易涸的一般，岂非君子之所深耻而不居者乎？”然则仲尼之称水，盖取夫有本之学，而恶夫过情之誉也。彼躐等于誉者，可以惕然而深省也。

孟子曰：“人之所以异于禽兽者几希，庶民去之，君子存之。”

几希，是些少的意思。

孟子说：“天地之间，人为最贵，与禽兽迥然不同，人皆知之。然其所以异于禽兽者，则未之知也。盖人物之生，其初受形受性也是一般，但禽兽则有偏而不全、塞而不通的去处，惟人心这点虚灵，理会得来，充拓得去，可以尽性而践形。只这些子与禽兽分别，其相去能有几何？此所以谓之几希也。既曰几希，则出乎此，入乎彼；其端甚微，而操则存，舍则亡，所关亦甚重矣。乃众人则拘于气禀，夺于物欲，把那几希之理去之而不能存，是以陷于禽兽而不自知耳。惟君子能反观内省，察识扩充其于几希之理，真能存之又存，不敢失坠者，是岂庸人所能及哉？”按，孟子所言“几希”，即《虞书》上说“人心惟危，道心惟微”的意思。盖几希不存，即入于禽兽，何危如之？几希之介，间不容发，何微如之！若择之惟精，守之惟一，则几希之理自能常存矣。此圣学之渊源，而孟子独得其传者也。读者宜究心焉。

“舜明于庶物，察于人伦；由仁义行，非行仁义也。”

孟子说：“几希之理，君子固能存之矣。自君子而上，又有生知安行、自无不存的圣人。盖物有物之理，人有人之伦，而贯彻于伦物之中者，则曰仁曰义，这就是几希的道理，未有不知之真而能行之至者也。惟舜则生而知之，见得世间万物，虽飞潜动植，形性各有不同；然成大成小，未有不待我以立命者，是物之所以异于人，其理既知之极其明矣。又见得人有五伦，虽亲、义、序、别、信，施用亦各不同；然立爱立敬，未有不如是而能成性者，是人之所以异于物，其理又察之极其详矣。至于吾性中之仁义，则能安而行之，其慈祥恻怛，从心上生发出来，自能无所不爱。是随其所行，无适而非仁，不是以仁为美，而有心以行仁也。其裁制区画，从心上运用出来，自能无所不宜。是随其所行，无适而非义，不是以义为美，而有心以行义也。”夫立人之道，曰仁与义而已。舜惟由仁义行，故能尽物之性，立人之极，而于几希之理毫无亏欠，此所以绍帝尧精一之统，而开万世心学之传也。岂特如君子之能存而已哉？

孟子曰：“禹恶旨酒而好善言。”

旨酒，是甘美之酒。

孟子说：“古昔圣帝明王，莫不以忧勤惕厉为心。自舜开心学之源，而大禹继之，为能察理欲之几，得好恶之正。故于夷狄进酒，才觉酒味甘美，便惕然深虑，说道：‘后世必有以酒亡其国者。’遂疏夷狄而绝旨酒。夫饮酒未便至于亡国，禹岂为是过计？其心只恐嗜饮不已，必将沉湎无节，以至于乱性情、妨政事，则亡国之祸皆从此而起矣。所以于旨酒则痛绝之，要以防嗜欲之端，戒荒湛之渐也；其忧勤惕厉之心，见于遏人欲者如此。及其闻一善言，但觉有切君身，有裨治理，便欣然听纳，甚至下拜以致敬，不难屈己以服人、虚怀以受善。夫人言未便加于圣德，禹岂为是过谦？其心只恐取善不广，或致嘉言攸伏，则无以集众思、广忠益，而乐告之诚皆从此而阻矣。所以于善言则笃好之，要以扩取善之量，为辅德之资也；其忧勤惕厉之心，见于崇天理者如此。”夫人主一心，众欲所攻，即其恶旨酒，则凡声色货利、快意滋毒者，无不深虑豫防可知矣。朝廷之上，群贤毕集，即其好善言，则凡百司庶职、亮采惠畴者，无不推诚委任可知矣。理欲不淆，好恶克慎，此禹所以得统于舜，而俟后圣于无穷也。

“汤执中，立贤无方。”

执，是执持。方，是方所，有区别的意思。

孟子说：“继禹而王者有商汤。汤之心，只是一个忧勤惕厉而已。以其行政用人言之，彼中道为揆事宰物之准，或居常守经，或处变行权，随事而应，都有定理；若处事而徒任意见，将举措颇偏，上不免于有失政矣。汤则持一中之理，定万化之衡，疑似不能淆，始终不可易。观其制事制心，以建中于天下，则可知矣。贤人为修政立事之资，或近在州间，或远伏岩穴，随处都有，原无定在。若求贤而拘于方所，则搜罗未广，下不免于有遗才矣。汤则大延访之公，广登庸之路，亲疏不问其类，贵贱不计其资。观其三使三聘，求元圣于莘野，则可知矣。夫中以处天下之事，公以用天下之人，而一毫之偏私不得而与焉。推此念也，与大禹之慎好恶，其心一矣。此汤之所以得统于禹，而接道统之传也。”

“文王视民如伤，望道而未之见。”

孟子说：“继汤而兴者有周文王。文王之心，也只是一个忧勤惕厉而已。以其爱民之心而言，文王发政施仁，怀保小民，当时百姓已自安了。乃犹不遑暇食，心里常常念说：‘民生甚众，博济甚难。若政教一有未修，刑罚一有未当，不免有妨害民生者。’看着那百姓，恻然常似有伤的一般，所以汲汲孳孳，必欲无一民不得其所，而后其心始慰也，其爱民之深如此。以其求道之心而言，文王敬止缉熙，先登道岸，其于圣域已优入了。然犹不自满足，心里时时念说：‘道无终穷，学无止法。若点检一时少疏，进修一日少懈，便有与道背驰者。’望着那道理，歉然常如未见的一般，所以亹亹翼翼，必欲无一理不造其极，而后其心始惬也，其求道之切如此。”夫民已安而犹若未安，故圣政益弘；道已见而犹未见，故圣德益盛。此文王所以得统于汤，而接道统之传也。

“武王不泄迩，不忘远。”

泄，是玩忽的意思。迩，是近。

孟子说：“继文王而圣者，则有武王。武王之心，也只是一个忧勤惕厉而已。盖近者易乎亵狎，此常情也。武王心思缜密，凡近的所在，耳目之所常接者，不敢一毫轻忽。如侍御仆从，必择正士；几杖户牖，皆有箴铭。虽寻常日用之间，都有个检束防闲之意，是其敬慎之心，无时或怠也，何泄之有？远者易于遗忘，亦常情也。武王志虑周详，就是远的所在，耳目之所不及者，不敢一些疏略。如封建诸侯，怀远为近，启佑后人，咸正无缺，虽天下万世之远，莫不有注措经画之方。是其并包之度无处不到也，何忘之有？夫近而不泄，则修之身心者严以密，可以见其德之盛；远而不忘，则施之政事者公而溥，可见其仁之至。此武王所以克承丕显之谟，而成永清之治也。”

“周公思兼三王，以施四事。其有不合者，仰而思之，夜以继日；幸而得之，坐以待旦。”

四事，即上文禹、汤、文、武所行的事。

孟子说：“禹、汤、文、武之后，以圣人而相天下者，则有周公。周公之心，亦只是忧勤惕厉而已。盖周公辅相成王，守成业而致太平，可谓盛矣。乃其心日有孜孜，不但近述诸今，觐扬文、武之光烈；又欲远稽诸古，遹求禹、汤之典刑。务要兼着三王，把他所行的四事件件都措之施行，无所遗失，然后望治之心始慰也。然古今之时势既殊，创守之规模亦异，容有宜于昔而不宜于今、便于此而不便于彼者，其间推移变化，宁无有不合者乎？周公则又反复思维，求其所以然之故；日不足，则夜以继之，皇皇然真有夙夜匪懈者，何其思之切也。至于思极而通，这道理已融会于心，欣然有得了；则又勇往奋发，即欲见之行事，虽天尚未明，亦必坐以待之，汲汲然殆有不遑宁处者，何其行之决也！夫周公有圣人之德，又有辅佐太平之功，而其兢兢业业、劳心焦思，乃至于此，其于禹、汤、文、武之心，岂非先后一揆者乎？”

这一章书，自禹以至周公，其事虽异，要旨皆以忧勤惕厉为心，故德业并隆于一时，而道统相传于万世。盖敬乃圣学始终之要，不可一息而不存者也。存之则为圣人，不存则几希一失，不免为凡人而已。《书》曰："惟圣罔念作狂，惟狂克念作圣。"希圣者宜绎思焉。

孟子曰："王者之迹熄而《诗》亡，《诗》亡然后《春秋》作。晋之《乘》，楚之《梼杌》，鲁之《春秋》，一也。"

熄，是灭。《诗》有三体：作于列国谓之风；作于王朝谓之雅；作于宗庙谓之颂。这《诗》，指二雅说。乘字，解作载字。梼杌，是恶兽名。

孟子说："群圣之道莫备于孔子，孔子之事莫著于《春秋》。《春秋》何为而作也？盖自成周盛时，王道大行，朝廷之所作，列国之所贡，其诗具存，莫非治世之音也。及平王东迁，政教号令不及于诸侯，而王者之迹熄灭无存，由是朝会宴享之乐，不奏于朝廷；规谏献纳之诗，不陈于卿士。黍离以后，体制音节与列国无异，而《雅》诗亡矣。此时上下陵夷，名分倒置，天下之乱将不知其所止。孔子忧之，于是作《春秋》，详述二百四十二年之事，以明一王之法，使王者之政，虽不得行于当时，犹可以昭示于来世，此《春秋》之所以作也。然是《春秋》虽孔子所作，亦非始于孔子，乃因《鲁史》之旧而修之耳。盖当时，列国诸侯各有史书，以记一国之事，其取名亦各不同。如晋国之史叫作《乘》，谓其纪述事迹，如车之载物也。楚国之史叫作《梼杌》，谓以恶兽比凶人，记之以垂戒也。鲁国之史叫作《春秋》，谓记事者必表年月，故措举四时，以为所记之名也。这三国之史，名虽不同，其为记事之书则一而已。使《春秋》不经孔子之笔削，则与晋、楚之史，亦何以异乎？"

"'其事则齐桓、晋文，其文则史。'孔子曰：'其义则丘窃取之矣。'"

孟子承上文说："《春秋》虽为鲁国之史，而实足以见圣人经世之心。盖周室东迁之后，五霸迭兴，惟齐桓、晋文二君功业特盛，故《春秋》所纪，多是齐桓、晋文征伐、会盟的事迹；至于文词之体，亦皆当时史官据列国赴告策书以记于年月之下，原非有褒贬也。及孔子假其旧文，加以笔削，惇典庸礼，命德讨罪，明君臣之义，正夷夏之防；使王者之法粲然大明于世，然后列为六经，而非一国之史也。所以孔子常说：'《春秋》之义，则我尝窃取而裁定之。'其词虽谦，而其断自圣心，盖可知矣。”此可见《春秋》一书，乃所以继《雅》诗之亡，而存王迹之熄者，所系顾不大哉！汉臣司马迁有言：“为人君者不可以不知《春秋》，前有谗而不见，后有贼而不知；为人臣者不可以不知《春秋》，处经事而不知其宜，遭变事而不知其权。”然则《春秋》之作，不止一代之典章，真万世之权衡也。

孟子曰：“君子之泽，五世而斩。小人之泽，五世而斩。予未得为孔子徒也，予私淑诸人也。”

君子，是有位的。小人，是无位的。泽，是流风余韵。父子相承，叫作一世。斩字，解作绝字。淑，是善。

孟子说：“圣贤之生，其建立在一时，而遗泽在后世。故在上而有位者，其功业闻望传于后人，须至五世而后绝；在下而无位者，其道德声名垂于后人，亦至五世而后绝。盖亲尽服穷，遗泽寖微，此理势之必然者；若在五世之内，则其泽固未亡也。况孔子继群圣之统，可传于万世之远；而我去孔子之时，乃犹在五世之内，故虽不得及门受业为之弟子，然遗泽尚存，微言未绝，渊源所自，犹有可承，故得私闻孔子之道于人，以自善其身耳。向使圣远言湮，则虽愿学孔子，亦不过闻而知之耳，安能如是其亲切哉？”孟子历叙舜、禹之事，至于周、孔，而以是终之。盖尧、舜以来相传之道，孔子集其成，而孟子承其绪，其自任之重见乎词矣。惜乎！孟子之没，不得其传，而道统或几乎息也。继帝王之统者，可不勉哉！

孟子曰：“可以取，可以无取，取伤廉。可以与，可以无与，与伤惠。可以死，可以无死，死伤勇。”

孟子说：“天下之事，固然有一定之理确然可守，然亦有可否涉于两端而不可不择者。今夫义不苟取谓之廉。人于交际之时，初间见利而动，恰似在所当取；及仔细思之，非其义也，非其道也，却在所不当取，则辞之而勿取可也。乃贪得而竟取之，则是有见于利，无见于义，而廉介之操不免于损伤矣，如之何其可耶？至如分人以财谓之惠。惠所当施，君子固不吝其有矣；使或爱人利物之情偶发于一念，似乎当与，而施不必博，济不必众，又似乎不当与，则宁勿与可也。乃市恩而竟与之，此其沾沾利泽之微，不唯不足为惠，而反有伤于惠矣，君子欲全其惠，岂可轻于与耶？又如见危授命谓之勇。勇所当奋，君子固不爱其身矣。或捐躯赴难之志偶激于一时，似乎当死；而仁未必成，义未必取，又似乎不当死，则宁勿死可也。乃轻生而竟死之，此其悻悻血气之私，不惟不足为勇，而反有害于勇矣，君子欲全其勇，岂可轻于死耶？”此可见天下之事，自取与之间，以至死生之际，大小难易，皆有中道，固不当徇欲害理，以流于不及，亦不必立异好名，以涉于太过。然其可否之几，间不容发，则在乎能择而已。孟子此章，正《中庸》“择善固执”之功，学者不可不审也。

逢蒙学射于羿，尽羿之道，思天下惟羿为愈己，于是杀羿。孟子曰：“是亦羿有罪焉。”公明仪曰：“宜若无罪焉。”曰：“薄乎云尔，恶得无罪？”

羿，是有穷国之君。逢蒙，是羿之家臣。愈，是胜。

从古以来，皆称羿为善射。他有个家臣逢蒙，从之习射，尽得其命中之巧术，亦以善射成名。却思想：己之善射天下无敌，只有羿为胜己；若有羿在，难以独显其能。于是与浇浞同谋，乘羿射猎而归，杀而烹之，以专善射之名。孟子因论此事，说：“逢蒙以弟子而害师，罪固不容诛矣。乃羿以射教人，反致杀身之祸，是亦有罪焉。”公明仪说：“羿为逢蒙所杀，罪在逢蒙，则羿似乎无罪。”孟子辩说：“羿之教射，始初失于择人，其终至于祸己，此其罪但比逢蒙之悖逆为少轻耳，安得谓之无罪耶？”这是孟子为取友而发，归罪于羿，然其微意犹有所在。盖兵乃不祥之器，羿身为国君，若能以道德为威，谁敢不服？乃以弓矢之能，与其家臣相角，以此取祸，固其宜也。岂但择交非人为可罪哉！

“郑人使子濯孺子侵卫，卫使庾公之斯追之。子濯孺子曰：‘今日我疾作，不可以执弓。吾死矣夫！’问其仆曰：‘追我者谁也？’其仆曰：‘庾公之斯也。’曰：‘吾生矣！’其仆曰：‘庾公之斯，卫之善射者也。夫子曰“吾生”，何谓也？’曰：‘庾公之斯学射于尹公之他，尹公之他学射于我。夫尹公之他，端人也，其取友必端矣。’庾公之斯至，曰：‘夫子何为不执弓？’曰：‘今日我疾作，不可以执弓。’曰：‘小人学射于尹公之他，尹公

之他学射于夫子。我不忍以夫子之道反害夫子。虽然，今日之事，君事也。我不敢废。'抽矢扣轮，去其金，发乘矢，而后反。"

郑、卫，都是春秋时国名。子濯孺子，是郑人。庾公之斯、尹公之他，是卫人，都是当时善射者。金，是箭镞。四矢，叫作乘。

孟子因论羿之有罪，特引旧事以证之，说："当春秋之时，郑国曾遣子濯孺子潜师侵卫，卫国因遣庾公之斯去追逐他出境。子濯孺子说：'今日我偶然疾作，不能执弓而射，追兵若至，吾其死矣夫。'因问其御车之仆说：'后面追我者为谁？'其仆对说：'是庾公之斯。'孺子喜说：'若是此人，吾得生矣。'其仆问说：'庾公之斯是卫国之善射者也。夫子既遇疾作，乃不畏其射，反说得生，这是何故？'孺子答说：'我非为他不能射，只以情料之，可保其不肯伤我耳。盖庾公之斯学射于尹公之他，尹公之他学射于我。那尹公之他乃是正人，他所取之友，必然也是正人，如何肯乘时射利、背本邀功？我之所恃者此也。'及庾公之斯追逐既近，果然问说：'夫子今日为何不执弓迎敌？'子濯孺子据实答说：'今日我偶然疾作，因此不能执弓。'庾公之斯就不忍反射，因叙说：'向者小人学射于尹公之他，尹公之他实学射于夫子，我今日善射，都是夫子传授之法，若乘其疾作，发矢相加，是将夫子之法反害夫子，我不忍为也。但今日之事，奉君命而来，乃是公家之事，亦不敢废。'于是从箭囊中抽矢出来，扣于车轮之上，以去其金镞，使不伤人，然后发四矢而归。则既不废君上之命，又得全师友之情矣。是子濯孺子以取友而免祸如此。向使羿之教射亦如孺子，则所与居处者无非正人，何至于杀身哉？此羿之所以不能无罪也。"夫羿之被祸固其自取，至于庾斯之事，本无足称，孟子何为引之？盖人之处事，奉法之公私，与存心之厚薄，迹若相悖，而机实相通，未有交游之间忍于背义，而事使之际独能尽忠者，此庾斯与逢蒙之辨也。论人者以此察之可也。

孟子曰："西子蒙不洁，则人皆掩鼻而过之。虽有恶人，斋戒沐浴，则可以祀上帝。"

这是孟子勉人去恶从善的意思。

西子，是古之美人。蒙，是冒。不洁，是污秽之物。恶人，是貌丑的人。

孟子说："善恶虽有一定之质，然其变化之机，又在人之自处何如耳。今夫西子之貌，天下之至美者也，若使被以污秽之物，则人皆恶闻其臭，至于掩鼻而过之，纵有倾城之色，亦不见其为美矣。至于丑恶之人，本人情之所憎厌者，使能斋戒沐浴以致其洁，则虽对越神明，而奉上帝之祀，亦无不可。盖有精白之念，自不嫌于其恶矣。"世有材质本美而流于污贱之归，是西子之蒙不洁者也；亦有材质本陋，而反成粹白之名，是恶人之祀上帝者也。然则有善者，固不可不兢业自保，以求全其善；有恶者，亦不可不洗濯自新，以求易其恶矣。

孟子曰："天下之言性也，则故而已矣。故者以利为本。"

性，是人、物所得以生之理。故，是已然的形迹。利，是顺利。

孟子说："天下之理原于性，人惟言性未得其真，所以事不顺理，而往往多事以扰天下也。盖性具于心，本无形而难见，若徒以性论性，则言愈多而理愈晦矣。天下之言性者，惟当就其日用之间，随感而应，有那已然可见的形迹，即此已发之端倪，求其未发之精蕴。如言性之仁，必指恻隐之呈露者以为据；言性之义，必指羞恶之发见者以为征，由是因显以知微，即用以见体，而性之本然者始可得而识矣。此言性者当求之于故也。然所谓故，却出于天理之自然，非由于人为之勉然；一有人为，便不顺利而非故矣。是以言性之故者，又必本其自然之势，而以利为本焉。如言恻隐，则必本其乍见不忍之良心，而凡涉于要誉之私者，非仁也；言羞恶，则惟取其弗屑嘑蹴之真机，而凡涉于好名之私者，非义也。此则以天谋为能，不以人谋为能，而性之自然者始可得而识矣。"夫性征于故，故本于利，此可见天下之理，皆出于自然。人惟顺其自然之性以应事，则无所处而不当矣，何必任术以扰天下哉！

"所恶于智者，为其凿也。如智者若禹之行水也，则无恶于智矣。禹之行水也，行其所无事也。如智者亦行其所无事，则智亦大矣。"

凿，是穿凿，乃不循正理，别生意见的意思。无事，是就事处事，恰似不曾做事的一般。

孟子说："天下之理既出于自然，则明理之人，宜知所顺应矣。乃若所恶于智者为何？盖智乃吾心明觉之良，而非私意揣摩之术也。有等小智的人，自作聪明，务为穿凿、索隐以为知，行怪以为能，似智非智，而反有害于智，此其智所以为可恶耳。如使智者之处事，亦如大禹之行水一般，则心不劳而事不扰，何恶之有？盖水以就下为性，禹但因其自然之性，加夫利导之功，如九河、济、漯，本有赴海之势，则疏瀹而注之海；汝、汉、淮、泗，本有赴江之势，则决排而注之江。虽有疏浚之劳，而未尝以私意穿凿，不过以水治水，行所无事而已。此禹之智所以为大，而古今莫及也。若使用智者，以大禹行水之法，为吾身应事之准，因物付物，不矫激以为高；以事处事，不纷更以滋扰，亦如禹之行所无事，则虚灵中见的道理，自然光明；宁静中做的事业，自然俊伟，这才是有大识见、大力量的人。其智之大，亦将与禹并称于天下矣，尚何恶于智哉？夫智一而已，务为穿凿则小，行所无事则大，则智之贵于顺、不贵于凿也，明矣！人欲称大智之名于天下，安可不务法禹，而徒用智以自私哉？"

"天之高也，星辰之远也，苟求其故，千岁之日至可坐而致也。"

千岁之日至，是上古日南至之时。岁月日时，皆会于甲子，乃造历者之历元也。

孟子说："智以无事为大，可见智不当凿矣，况以理推之，亦有不必凿者乎？且以治历言之。天之峻极，何如其为高？星辰之布列，何如其为远？若未易窥测矣。然天虽高，其运行却有常度；星辰虽远，其次舍却有定位，这所谓故也。治历者苟于其故而求之，循其已往之迹，用积分之法，直从今日逆推上古，则虽千岁之远，年代不知其几，而岁月日时，皆会于甲子，为日至之度，造历之元者，可端坐而得之，而不苦于步算之难矣。夫天与星辰，至难知也，顺其故而求之，无不可得，况事物之近者乎？智者何必以凿为哉？"详观此章之意，惟以顺理应事为大智，然必先有随事精察之小心，而后有顺事无情之妙用；不然，则徒慕无事之名，而深居高拱，适己自便，兢业之念或少疏焉，未有不至于懈弛者。君天下者宜审图之。

公行子有子之丧。右师往吊，入门，有进而与右师言者，有就右师之位而与右师言者。孟子不与右师言，右师不悦，曰："诸君子皆与驩言，孟子独不与驩言，是简驩也。"

公行子，是齐国的大夫。右师，是官名，齐幸臣王驩时为此官。进，是引使就己。简，是忽略。

昔齐大夫公行子有子之丧，那时齐国诸大夫以君命往吊。入门之后，众人都以右师王驩为齐王宠臣，争先趋附。有进右师使就己之位而与之言者，有自己往就右师之位而与之言者，无非示亲昵以通殷勤，盖谄媚之徒也。孟子时亦往吊，乃王驩之所敬重而望其亲己者，乃独不与右师言，其以道自重如此。王驩遂怫然不悦，说道："诸君子与驩同事，幸而至矣，无有不与驩言者。独孟子不与驩言，是必以驩为不足与言，而故示简略之意也。君子处人以礼者，固如是乎？"观王驩责望孟子，盖惟知在己之势分为当尊，不知孟子之道义尤当重，其不足与言，益可见矣。

孟子闻之，曰："礼：朝廷不历位而相与言，不逾阶而相揖也。我欲行礼，子敖以我为简，不亦异乎？"

历位，是更涉他人的位次。阶，是班列。子敖，是王驩的字。异字，解作怪字。

王驩有不悦孟子之言，孟子闻之，乃据礼以明其故，说道："人之相与，固有交际之情；然以君命从事，则自有朝廷之礼。吾且以礼言之：凡人臣在朝廷之上，有各人站立的位次，位次既定，不得更历而相与言；有众人排列的班行，班行既分，不得逾越而相揖。盖法度森严之地，以威仪整肃为先，有一毫不可不谨者。今以君命而吊公行氏，则君命之所在，即朝廷之所在也。若未就位而进与之言，则右师历我之位矣；已就位而就与之言，则我历右师之位矣，岂不为失礼乎？我所以不与右师子敖言者，正恐有历位逾阶之失，故不但以礼自处，而欲以礼处人也。我欲行礼，而子敖乃谓我为简略，以敬为慢，舍公礼而言私情，不亦可怪之甚乎！"夫王驩嬖臣，众人之所媚，而孟子之所深鄙者。然一吊于滕，则以有司之事为不必言；再吊于公行，则以朝廷之礼为不当言，始终不与之言，而未尝显示之绝，其不恶而严如此。

孟子曰："君子所以异于人者，以其存心也。君子以仁存心，以礼存心。"

孟子说："均是人也，而君子独超然异于众人。其所以异于人者，果何修而能然哉？惟此一念存主之间，众人多放失而不求，君子独操存而匪懈，精神常有所管摄，德性常有所涵养，这存心便是其异于众人者耳。其心之所存者何？曰仁、曰礼而已。盖仁是吾心之恻隐，残刻者多失之；君子以大公之理克有我之私，念念时时都在仁上，造次颠沛，无顷刻或违，这是以仁存心，而视他人之残刻者迥乎其不侔矣。礼是吾心之庄敬，怠肆者多失之；君子以严翼之衷胜暴慢之气，念念时时都在礼上，视听言动，无顷刻或愆，这是以礼存心，而视他人之怠肆者迥然其悬绝矣。"夫仁礼之心，人所同具，而君子独能存之，是其受性于天虽与人同，而善事其心则与人异，此其所以不可及也。然则学为君子者，惟自存心求之可矣。

"仁者爱人，有礼者敬人。爱人者，人恒爱之。敬人者，人恒敬之。"

恒字，解作常字。

孟子说："仁礼之德，既有根心之实，则自有及物之征。盖仁主于爱者也，君子以仁存心，非独有是恻隐之心而已；有是恻隐，便有是慈爱，亲疏远近殆无一人而不在其所爱之中者矣。礼主于敬者也，君子以礼存心，非独有是恭敬之心而已；以礼自处，便以礼处人，众寡小大殆无一人而不在其所敬之中者矣。夫爱敬既尽于己，则德意自感乎人；我有恩以爱人，则凡感我之爱者，皆将亲媚于我，而蔼然有恩以相与。盖必人之爱我，方才验我之能仁耳；若爱人而人不亲，则岂理之常也哉？我有礼以敬人，则凡感我之敬者，皆将逊让乎我，而俨然有礼以相接。盖必人之敬我，方才验我之有礼耳；若礼人而人不答，又岂理之常也哉？"要之，爱敬之在人者虽不可必，而仁礼之在我者则当自考。以此存心，此君子所以异于人而非人所易及也。

"有人于此，其待我以横逆，则君子必自反也：'我必不仁也，必无礼也，此物奚宜至哉？'"

横逆，是强暴不顺理的事。

孟子说:“盛德固足以感人,而事变容出于意外。我爱敬人,人亦爱敬我,此其常也。设或有人于此,不惟不相爱敬也,而反加我以暴横悖逆之事,这是常情之所不堪,忿怒之所易激者。乃君子则必自反说道:‘天下事未有无因而至前者,他这样来陵我,必是我不仁有以致之;这样来侮我,必自我无礼有以取之;不然,仁至必无怨,礼至必不争,此等横逆之事,何为到我之前哉?’”推其心,方自歉其仁礼之未尽,而无暇于责人矣。君子责人则轻以约,责己则重以周,其存心之厚如此!

“其自反而仁矣,自反而有礼矣,其横逆由是也,君子必自反也:‘我必不忠。’”

孟子承上文说:“君子于横逆之来,因其不亲而益致其爱,已自反而仁矣;因其不答而益致其敬,已自反而有礼矣,宜足以感化乎小人而使之悔过也。乃其待我以横逆,一无所改于前,而暴戾如故焉;君子于此,岂肯以一自反而遂已哉?又必自反说道:‘我虽仁而所以爱人者,容或少恻怛之真心;我虽有礼而所以敬人者,容或少退让之实意。一有不忠,则横逆之来,不必深咎乎人;而诚意未孚,在我实与有责矣。不然,天下未有至诚而不能动物者也,横逆奚宜至哉?’”夫君子由接人而反己,德既欲其无一之不修,心又欲其无一之不尽,其自治之功,可谓已密而益密矣。

“自反而忠矣,其横逆由是也,君子曰:‘此亦妄人也已矣。如此,则与禽兽奚择哉?于禽兽又何难焉!’”

妄人,是狂妄的人。择,是辨别。何难,是不足计较的意思。

孟子说:“君子于横逆之来,不责人之不顺,惟咎己之不忠。凡所以爱人敬人者,不徒事乎虚文,而皆本之实意。则既自反而忠矣,宜足以感化乎小人而使之愧赧也。乃其待我以横逆终无所改于前,而暴戾如故焉。君子于此,亦岂屑介然于怀而与之校哉?但说道:‘天下无不可化之人,而此人仁不能怀、礼不能屈,是其良心已丧,积习难移,亦天地间一妄诞之人而已矣。人而妄诞至此,名虽为人,实则蠢然一物,与禽兽何所分别?既与禽兽无辨,则当置之度外,处以无心可也,岂屑与禽兽校是非、论曲直哉?’”然不校之量,虽足以有容,而自治之诚,实未尝少间。君子之存心若此，此其所以大过人也。

“是故君子有终身之忧，无一朝之患也。乃若所忧则有之：‘舜，人也；我，亦人也。舜为法于天下，可传于后世，我由未免为乡人也，是则可忧也。忧之如何？如舜而已矣。’”

孟子承上文说：“凡事变适当其前，则忧患交攻于内，此人情之所不能免也。今观君子之处横逆，自反之心有加无已，即一息尚存，此志不容少懈，这是有终身之忧。至于意外之患猝然来到面前，我既置之而不校，人自相安于不争，这是无一朝之患也。夫君子之心，泰然常定，似可以无忧者。乃其心之所忧，却有一段放不下处。其心常念说：‘舜生于天地间，此人也；我亦生于天地间，此人也。在舜，则尽性尽伦而立人道之极，其修之一身者，可为法于天下，而天下爱敬之，是亿兆人之一人也；其行之一时者，可传布于后世，而后世爱敬之，是千万世之一人也。若我则道不加修，德不加进，犹不免为乡里之常人而已，如之何其能勿忧乎？忧之如何？亦惟反己自修，去其不如舜者，以就其如舜者。仁不如舜则自反而勉于仁，礼不如舜则自反而勉于礼，务使道德备于己，爱敬尽乎人，而后吾希圣之心始慰耳。不然，一日不如舜，一日之忧也，可但已乎？’”此君子所以有终身之忧也。

“若夫君子所患，则亡矣。非仁无为也，非礼无行也。如有一朝之患，则君子不患矣。”

孟子说：“君子所以有终身之忧者，但忧仁礼之不如圣人耳。若夫横逆之来，常人不胜其忿怒之私，而至于有构争之患者，则可保其必无矣。何以见得？君子以仁存心，而所为皆在于仁，一毫涉于不仁，不肯为也。以礼存心，而所行皆在于礼，一毫涉于非礼，不肯行也。其自治之详，既有远害之道，而况盛德所感，孰无爱敬之心？即万一事出意外，一旦或有横逆之来，君子内省不疚，自反常直，将卒然加之而不惊，无故临之而不惧矣，何患之有？所以说君子无一朝之患也。”

这一章书，论君子存心之学，归在反己；反己之功，归在以大舜为法。盖圣贤处常而能尽道者易，处变而能尽道者难。舜父顽、母嚚、弟傲，处人伦之变，而能成底豫之化，全亲爱之情，惟不见得父母兄弟有不是处，只自尽其道，积诚以感动之，此其所以为可法也。是后，商汤以六事自责，成王以小毖省躬，周宣侧身修行，汉文罪己求言，皆帝王自治之学，有得于大舜之遗意者。君天下者，宜知所取法焉。

"'禹、稷当平世，三过其门而不入。'孔子贤之。'颜子当乱世，居于陋巷，一箪食，一瓢饮，人不堪其忧，颜子不改其乐。'孔子贤之。"孟子曰："禹、稷、颜回同道。"

这一章是记孟子断禹、稷、颜回出处之同道。

先述其事说："自古圣贤得位行道，莫盛于禹、稷；隐居乐道，莫过于颜子，然其事有不同。禹、稷当尧、舜之世，天下治平，列在九官之位，一则平治水土，一则教民稼穑，周历四海，不惮勤劳，甚至三过家门亦不暇入，其忘身以忧民如此。孔子上嘉唐、虞，每以禹、稷为贤而推尊之。颜子当春秋之世，天下大乱，隐于陋巷之中，以一箪为食，以一瓢为饮，其贫窭之状，使他人当之，必有不堪，而颜子处之泰然，不改其乐，其修身以遁世如此。孔子品第门人，每以颜子为贤而称许之。"夫出为异致，而皆为圣人所与，故孟子因而断之说："禹、稷、颜子，其出处不同，然禹、稷进而救民，虽功盖天下，其道非有异于颜子；颜子退而修己，虽善止一身，其道非有异于禹、稷。"盖时可以行，则出而为禹、稷；时可以藏，则处而为颜子，其心一而已矣。出处之迹，乌足以泥之哉？

"禹思天下有溺者，由己溺之也；稷思天下有饥者，由己饥之也。是以如是其急也。"

孟子承上文说："禹、稷、颜回同道，而事有不同者，以所处之地异也。当禹之时，洪水滔天，下民昏垫。禹任司空之官，以治水为己责，心里时常思想：只要使天下百姓每皆得安居，其心始慰；若治水无功，尚有漂流陷溺的，就是我溺了他一般，有不能一息自安者矣。当稷之时，农工未定，黎民阻饥。稷任田正之官，以教稼为己责，心里时常思想：只要使天下百姓每皆得饱食，其心始安；若劝农无效，犹有枵腹饥馁的，就是我饥馁他一般，有不能一日少宁者矣。禹、稷以民之忧为己忧，其自任之重如此。故禹乘四载，不惮胼胝之劳；稷播百谷，不辞躬稼之苦，汲汲皇皇，只要救天下之饥溺，所以过门不入，如是其急也。若颜子则不任其职，无治乱安危之寄，故得箪食瓢饮，自乐于陋巷之中耳。其所处之地不同，而要之各尽其道也。"

"禹、稷、颜子，易地则皆然。"

孟子承上文说："禹、稷、颜子地位不同，故出处各尽其道如此。设使禹、稷穷而在下，无济世安民之责，则所处者亦颜子之地也，必能乐颜子之乐，而思不出位矣，岂至于过门不入乎？使颜子达而在上，有辅世长民之任，则所处者亦禹、稷之地也，必能忧禹、稷之忧、而为国忘家矣，何暇于箪瓢自乐乎？所以说易地则皆然。"可见，圣贤之心本无偏倚，随感而应，用之则行，固未尝有心于用，而涉于徇人；舍之则藏，亦未尝有心于藏，而至于忘世。此其道之所以为同也。

"今有同室之人斗者，救之，虽被发缨冠而救之可也。乡邻有斗者，被发缨冠而往救之，则惑也，虽闭户可也。"

孟子发明禹、稷、颜子之同道，又比方说："今有同室之人，一旦互相争斗，这与我休戚相关，虽当洗沐之时，未及束发，便加冠结缨，奔而往救，亦不为过；盖其地甚近，则其情甚急也。若是乡邻之人互相争斗，这与我利害不切，却也要被发缨冠而救之，则不达于理矣，故虽闭户不出，亦不为忍；盖其地少疏，则其情少缓也。然则禹、稷身任其责，视天下就如同室，故急于救民；颜子不在其位，视天下就如乡邻，故安于修己。盖随其所遇，而各当于理，此其道无不同，而孔子所以皆称其贤也。"

按，战国之时，杨、墨之说盛行。杨氏为我，不肯拔毛而利天下，虽同室之斗，亦将有闭户不出者，这与颜子之道不同；墨氏兼爱，不惜捐顶踵以利天下，虽乡邻之斗，亦将有缨冠往救者，这与禹、稷之道不同。惟禹、稷可以为颜子，而不流于兼爱；惟颜子可以为禹、稷，而不涉于为我。出处进退一随乎时，此孔子时中之道，而孟子之所愿学者。故揭之以示人，亦辟杨、墨之意也。

公都子曰:“匡章，通国皆称不孝焉。夫子与之游，又从而礼貌之。敢问何也?”孟子曰:“世俗所谓不孝者五:惰其四支，不顾父母之养，一不孝也。博弈，好饮酒，不顾父母之养，二不孝也。好货财，私妻子，不顾父母之养，三不孝也。从耳目之欲，以为父母戮，四不孝也。好勇斗狠，以危父母，五不孝也。章子有一于是乎?”

匡章，是齐人。礼貌，是敬重的意思。戮，是辱。狠，是忿戾。

公都子问于孟子说:“君子择人而与之交，非其善有足称，必其行无可议。若匡章之为人，举齐国之众，皆以不孝称之，是其大节已亏，虽有小善，不足取已。夫子乃与之游，且礼貌之，以致其敬重之意，敢问其所以不见绝于夫子者，何为也哉?”孟子答说:“国人之论虽不可谓不公，而众恶之言亦不可以不察。人果何所据?而谓章子为不孝乎。夫世俗所谓不孝之事总有五件:有等偷惰其四肢，惟知宴安之可怀，把父母的奉养恝然不顾，此则知有身而不知有亲，不孝之一也;有等博弈、好饮酒，惟知朋从之可狎，把父母的奉养恝然不顾，此则知有交游而不知有亲，不孝之二也;有等贪好货财，偏爱妻子，惟知自私自利，把父母之奉养恝然不顾，此则知有室家而不知有亲，不孝之三也;又有一等纵耳目之欲，嗜淫声，悦美色，自放于礼度之外，以贻父母之羞，此则亏体而辱亲，不但失养而已，不孝之四也;又有一等逞血气之私，好小勇，争小忿，自陷于刑辟之中，以贻父母之患，此则忘身以及亲，又不但辱之而已，不孝之五也。此五者，事虽不同，其为不孝则一。使章子有一于此，而称之为不孝，彼将何辞?今即其素行观之，果有一事于其身乎?无其事而被之以不孝之名，此必有其故，而不可不察也。若概信其言而轻绝其人，则君子之心必有所不忍矣。”

“夫章子，子父责善而不相遇也。责善，朋友之道也。父子责善，贼恩之大者。”

遇，是投合。贼字，解作害字。

孟子承上文说:“章子身无不孝之事，而枉被不孝之名者，亦非无因而致然也。盖章子之心，不忍陷父于不义，尝以善道责望于父，而进匡救之言;固不料其机不相投，言不相入，其所以见忤于父而被逐者，惟其责善而不相合焉耳。夫道在伦理间，各有攸当，不可概施。如过失相规，德义相劝，此朋友之道也；乃若父子，以恩为主，家庭之间蔼然慈孝，乃为道之当然耳。若以责善之道而行于父子之间，将见相责之过，必至于相夷，而天性由此以伤，真爱由此以夺，岂非贼恩之大者哉？”章子徒知责善于亲，而不顾贼恩之祸，此则其罪之不容辞者。乃其心固不过欲谕亲于道耳，是安得与世俗之所谓不孝者同类而共议之哉？

“夫章子岂不欲有夫妻子母之属哉？为得罪于父，不得近，出妻屏子，终身不养焉。其设心以为不若是，是则罪之大者。是则章子而已矣。”

不养，是不受其养。

孟子承上文说：“章子以子而责善于父，固不为无罪。及看他后来不自安之情，则亦有可矜者。彼身有夫妻之配，子有子母之属，人情之所甚欲也，章子岂不欲有此？只因责善而得罪于父，不得近父之前，其心有踧然不自宁者。故于妻则逐出之，于子则屏斥之，终其身不受妻子之养焉。盖其设心以为：我既不得尽一日之养于父，则又安敢受一日之养于妻子？如此而痛自责罚，亲心或因之以感动焉，未可知也。苟不如此，是见忤于父，已有罪矣；乃又悍然不顾，而安心享妻子之养，岂非罪之大者乎？夫其设心如此，是其始焉责善于亲，既非有世俗不孝之实，而其罪为可原；继焉引咎于己，则又有人子怨慕之诚，而其情为可悯。是则章子之为人也，我所以与之游而礼貌之者，独有以谅其心耳。”夫匡章不孝之名，人共传之，其得罪之由与自责之心，人不知也。使非孟子怜其志而表章之，章之心几不白于天下矣。众恶必察，圣贤至公至仁之心固如此。

曾子居武城。有越寇。或曰：“寇至，盍去诸？”曰：“无寓人于我室，毁伤其薪木。”寇退，则曰：“修我墙屋，我将反。”寇退，曾子反，左右曰：“待先生如此其忠且敬也，寇至则先去以为民望，寇退则反，殆于不可。”沈犹行曰：“是非汝所知也。昔沈犹有负刍之祸，从先生者七十人，未有与焉。”

武城，是鲁邑。反，是还。左右，指曾子门人说。为民望，是倡率众人的意思。沈犹行，是弟子姓名。

昔曾子设教于鲁，住居武城地方。适有越人来寇。或人说：“寇至矣，何不避而去之？”曾子从其言，乃与守舍的人说：“无使人寓居于我室，毁伤其室中之薪木。”以示去而复来之意也。及越寇已退，则又先与守舍的人说：“室久不居，墙屋必有毁坏者，尚为我修葺，我将来归矣。”于是寇退之后，曾子遂还归武城，复居其室焉。当时门人在左右的，私相议说：“武城大夫之待先生，内尽其诚，外尽其礼，这等的忠且敬，可谓厚矣。乃寇至则先去，而为众人之倡率；寇退则反，而居处如故，视武城之患难，漠然不加喜戚于其心，何厚施而薄报也？或者不可乎？”弟子中有沈犹行者，乃解之说：“夫子不与武城之难，良有深意，非汝等之所能知也。昔夫子曾舍于沈犹氏，与今日居武城相同。时有负刍的人作乱，与今日越寇相同。当时从者七十人，夫子皆引之而去，未有与其难者。”观昔日之处沈犹氏，则知今日之处武城，乃当去而去耳，岂常情之所能识哉？”盖时当避难，则以保身为哲。曾子之所处，是或一道也。

子思居于卫。有齐寇。或曰：“寇至，盍去诸？”子思曰：“如伋去，君谁与守？”

伋，是子思的名。

昔子思仕于卫国，适齐人来寇。或人说：“齐寇且至，何不避而去之？”子思答说：“食人之食者，当忧人之忧。今齐寇方至，则主忧臣辱，主辱臣死，此其时也。若使伋去国以避难，于保身之计得矣，卫之社稷人民，谁与共守？人臣委质之义何如？而可如此耶？伋但知效死勿去而已。”盖时当捍患，则以殉国为忠。子思之所处，是又一道也。

孟子曰：“曾子、子思同道。曾子，师也，父兄也。子思，臣也，微也。曾子、子思易地则皆然。”

微，是微贱。

孟子就曾子、子思之事而断之，说道：“曾子居武城，惟知远害以全身。子思之居卫，乃欲守死而弗去。其事若迥然不同矣，然揆之于道则无不同，何也？盖曾子之在武城，所居则宾师之位也。师道之尊，等于父兄，彼武城之人，皆子弟耳，岂有父兄而轻殉子弟之难者乎？此曾子所以去之。若子思之于卫，则已委质而为臣矣。以臣事君，分犹微贱，是以奔走御侮为职者，岂有臣子而不急君父之难者乎？此子思所以不去也。盖君子之处世，惟求理之所是与心之所安，时当保身，不嫌于避害；时当殉国，不嫌于轻生。曾子、子思，其道一而已矣。使曾子而居臣职，处子思之地，则必不轻去武城，而避患以自全；使子思而为宾师，处曾子之地，则必不苟殉卫国，而捐躯以赴难，便是交换过来，也都是这等作用，此曾子、子思所以为同道也。”故观圣贤者，不当泥其迹之异，而当求其心之同，微、箕、比干，生死去就不同，而同为仁；夷、惠、伊尹，仕止久速不同，而同为圣。明乎此者，斯可以语精义之学矣。

储子曰：“王使人瞯夫子，果有以异于人乎？”孟子曰：“何以异于人哉？尧、舜与人同耳。”

储子，是齐人。瞯，是私窃窥视。

当战国时，谋臣策士皆卑琐无奇，孟子独毅然以圣人之徒、王者之佐自任，人见其气象岩岩，遂谓其与人不同。故孟子初至齐国，齐王暗地使人窥看孟子，察其动静语默之间，欲以验其为人之实。而齐人有储子者，因问孟子说：“夫子享大名于当世，人皆称夫子有异于人，王近使人窃视夫子，看夫子之道德，果有超然异于众人而非人之所可及者乎？”孟子答说：“我何异于人哉？我之所知，人都能知；我之所行，人都能行，与人原不异也。岂但我无以异于人，就是古之大圣，如尧、如舜，也只同得天地之气以成形，同得天地之理以成性，未尝有异人之知、异人之能也。夫尧、舜且与人同，况吾岂有以异于人乎？则固无待于疑，而亦不必于瞯矣。”要之，以性而言，圣贤本与人同；以习而言，圣贤始与人异，诚知反其异以归于同，则人皆可以为尧、舜矣。世之高视圣贤，而谓其不可企及，岂不过哉？

齐人有一妻一妾而处室者。其良人出，则必餍酒肉而后反。其妻问所与饮食者，则尽富贵也。其妻告其妾曰：“良人出，则必餍酒肉而后反。问其与饮食者，尽富贵也，而未尝有显者来。吾将瞯良人之所之也。”蚤起，施从良人之所之，遍国中无与立谈者。卒之东郭墦间，之祭者，乞其

余；不足，又顾而之他：此其为餍足之道也。其妻归，告其妾曰："良人者，所仰望而终身也。今若此！"与其妾讪其良人，而相泣于中庭。而良人未之知也，施施从外来，骄其妻妾。

良人，是妇人称夫之词。餍，是饱。显者，是富贵之人。施从，是从旁跟着行走。墦，是坟冢。讪，是怨詈。施施，是喜悦自得的模样。

孟子见当时贪求富贵之可耻，乃托齐人以形状之，说道："齐人有一妻一妾而处室者，其夫每日出外，则必餍饱酒肉，然后回家。其妻问所与饮食者何人？其夫谎说某人与饮，某人与饭，尽都是富贵交也。其妻疑而未信，向其妾说：'良人每出，则必餍饱酒肉而后归，问其所与饮食之人，尽是富贵尊显之辈。乃只见良人往而未尝见显者来，其迹可疑。我将私窥良人之去向，便可知矣。'乃蚤起，乘其夫出门之时，密从旁路随行，不使之知，因窃窥其所往。只见遍国中之人，无有一人与之并立而接谈者。后来走向东郭墟墓之间，见有祭墓的人，遂乞讨其祭余酒馔而饮食之；其欲未足，又转身顾望他处，往而乞之，直至饱食而后已。这是他酒食的来路，所以能致餍足者，用此道也。此但知有口腹，而不复有羞恶之心者。其妻备得其状，不胜愧恨，归家告其妾说：'良人者，我等所仰望将倚之以终身者也，乃今为乞丐污辱之事，所为如此，我等将何望乎？'因与其妾怨詈其夫，而相哭泣于中庭。其良人尚未知其踪迹之败露也，仍施施然喜悦自得，从外归来，以餍足之态、富贵之容，夸示其妻妾焉。"夫齐人乞墦之为，已为妻妾之所窥，而犹作骄人之气象，是诚足羞已。盖人之常情，每粉饰于昭昭之地，而苟且于冥冥之中；或致饰于稠人广众之时，而难掩于妻妾居室之际。往往不知自耻，而人耻之；不暇自悲，而人悲之。当时世态多类此。此孟子所以有感而发也。

"由君子观之，则人之所以求富贵利达者，其妻妾不羞也而不相泣者，几希矣。"

孟子承上文说："齐人乞墦于外，而骄其妻妾于家，其妻妾固羞而泣之矣。顾人但知齐人之乞哀为可悲，而不知求仕者之乞哀尤可悲；但知齐人之骄妻妾为可鄙，而不知求仕者之骄妻妾尤可鄙。盖世俗之见，知有利而不知有义，故不见其可羞也。若由守道之君子观之，今人之求富贵利达者，其未得之，则枉道求合，而乞哀于昏夜，甘言卑词，与乞墦的一般；其既得之，则怙宠恃势，而骄人于白日，扬眉吐气，与施施之状一般。幸而不为妻妾所见则已，倘其妻妾见而知之，有不以其卑污苟贱为可羞而不相泣于中庭者，盖少矣。”夫以丈夫而至为妻妾所羞，岂不可耻之甚哉？此士君子立身，当以齐人为鉴也。故孔子论士，大节只在行己有耻；孟子教人，精义只在充其羞恶之心。盖能充其羞恶之心，斯能养其刚大之气，而不为富贵利达所摇夺，彼无所用其耻者，降志辱身，其将何所不至哉？司世教者，宜以厉士节为本焉。

卷九

万章上

万章问曰:“舜往于田,号泣于旻天,何为其号泣也?”孟子曰:“怨慕也。”

万章,是孟子的门人。天虽至高,而仁覆闵下,所以叫作旻天。

万章问说:“古称大孝,莫如虞舜。然闻舜耕历山的时节,每往到田间,便呼旻天而号泣。夫人情必至于抑郁无聊、莫可控诉,乃有号泣而呼天者。舜虽不得亲,岂没有感格的道理?却只这等号泣,何为其然也?”孟子答说:“孝子之事亲,幸而安常处顺,固是天伦之至乐;然不幸而偶值其变,则其情亦有大不得已者。盖凡人有所图为而不得,则怨生;有所怀恋而不舍,则慕生。舜惟不得于父母,其怨艾之深、思慕之切,不可解于其心,是以呼天号泣,以自鸣其悲愁困苦之意,此圣人处人伦之变,不得已而然者也。然舜之怨在于己,慕在于亲,但求所以顺乎父母,非怨父母也。万章恶足以知之?”

万章曰:“‘父母爱之,喜而不忘。父母恶之,劳而不怨。’然则舜怨乎?”曰:“长息问于公明高曰:‘舜往于田,则吾既得闻命矣。号泣于旻天、于父母,则吾不知也。’公明高曰:‘是非尔所知也。’夫公明高以孝子之心为不若是恝。‘我竭力耕田,共为子职而已矣,父母之不我爱,于我何哉?’”

长息、公明高,都是古人的姓名。恝,是无愁的模样。共字,即是供字。

万章不悟孟子怨慕之言,又问说:“吾闻人子事亲,见父母爱他,便欢忻喜乐,常存于心而不忘;就是父母恶他,加以劳苦之事,也起敬起孝,不敢有一毫怨恨之意,这才是孝子。若以号泣旻天为怨慕,则舜之于亲犹不免有所怨乎?”孟子晓之说道:“圣人的心事,古人亦有疑而未达者。

昔长息问于公明高说：‘舜往于田，则吾既已知之；若号泣于旻天，于父母，却不知何意？’公明高答说：‘孝莫大于虞舜。其心自有独苦而难言者，是非尔之所知也。’吾推公明高未发之意，以为子之于亲，本有不可解之天性；而适当其变，则自有不容已之真情。若但恝然无愁，略不动意，薄亦甚矣！曾谓孝子而若是乎？吾想舜之存心，只说‘人子事亲，须要得亲之爱；我今竭力耕田，不过供子职之常事而已。今父母之不爱我，必是孝道有亏，诚意未至，不知我有何罪以至于此？’求之而不得其故，此所以呼天、呼父母而号泣也。我所谓怨慕者，盖怨己之不得乎亲而思慕耳，岂怨父母哉！”《书经》上说：“负罪引慝，夔夔齐栗。”正是此意。惟其责己之诚，敬亲之至，所以终能感格亲心，而成万世之大孝也。

“帝使其子九男二女，百官牛羊仓廪备，以事舜于畎亩之中。天下之士多就之者，帝将胥天下而迁之焉。为不顺于父母，如穷人无所归。”

帝，是帝尧。胥字，解作皆字。迁，是移此与彼。胥天下而迁之，是把天下尽皆与之，即禅之以帝位也。

孟子说：“舜之怨慕，岂但躬耕历山之时为然？当四岳咸荐之初，玄德升闻之日，帝尧将历试诸艰，乃使其子九男事之，以观其治外何如；二女妻之，以观其治内何如，凡百官有司、牛羊仓廪，莫不备具。此时舜在畎亩之中，特一耕稼之夫耳，帝尧这等奉事他，其际遇之非常如此。那时，天下之士翕然向慕，都来归舜，始而所居成聚，继而成邑、成都，其人心之归服如此。帝尧见舜果有圣德，将欲尽天下而移以与之，使践天子之位，其帝心之简在又如此。夫舜以匹夫之微，一旦而享富贵尊荣之极，宜何如其为乐者？乃惟不得顺于父母之故，其戚戚皇皇就如穷人无所归的一般。”盖以不得于亲，不可以为人；不顺乎亲，不可以为子。既不可以为人子，则此身无所依归，与穷人何异？其怨慕迫切之情，真有不能自解者矣。

“天下之士悦之，人之所欲也，而不足以解忧。好色，人之所欲；妻帝之二女，而不足以解忧。富，人之所欲；富有天下，而不足以解忧。贵，人之所欲；贵为天子，而不足以解忧。人悦之，好色，富，贵，无足以解

忧者，惟顺于父母可以解忧。”

孟子承上文说：“舜起畎亩之中，而处富贵尊荣之极，乃其怨慕迫切如穷人之无归者，何哉？盖亲亲为重，则视外物为轻；见可忧之在此，则不见可欲之在彼耳。夫天下之士悦而就之，是人之所欲也；舜乃视之如草芥，而不足以解忧。好色，是人之所欲；舜以帝尧二女为妻，其荣至矣，而亦不足以解忧。富，是人之所欲；舜有天下之大，其富极矣，而亦不足以解忧。贵，是人之所欲；舜居天子之位，其贵无以加矣，而亦不足以解忧。夫天下之人悦我，美色事我，至富至贵加我，都无足以解其忧者，则必何如而后可以自解乎？看他心心念念只要顺着父母，感之以诚，使精神流通，无一毫间隔；谕之以道，使志意融洽，无一毫违忤，这等的才无愧于为人、为子，而后怨己慕亲之念，庶几可以尽释耳。夫父母未顺，则中心无可解之忧；父母既顺，则天下无可加之乐。舜之所以怨慕者如此。”此圣人纯孝之心，非孟子，其孰能知之？

“人少，则慕父母；知好色，则慕少艾；有妻子，则慕妻子；仕则慕君，不得于君则热中。大孝，终身慕父母。五十而慕者，予于大舜见之矣。”

艾，是美好。热中，是躁急心热。

孟子既推舜怨慕之心，又申赞之，说道：“舜之心，不见外物之可欲，而惟知父母之当顺，其为大孝，是岂常人之所能及哉！大凡人生少时，情窦未开，其良知良能止知道慕着父母，依依恋恋，不忍相离；这点纯一无伪之心，不为他念所夺，此天性之本然也。又及稍长，而知好色，即移其慕于少艾，而此心为情欲所诱矣。及既壮而有室家，即移其慕于妻子，而此心为室家所累矣。及出而求仕，即移其慕于事君；或不得于君，而遭际不偶，便躁急心热，汲汲求用，而此心又溺于功名得失之际矣。夫人情之常，因物有迁如此。必是大孝的人，自少至老，终身只慕父母，那孩提爱亲的本心始终如一，情欲不能为之牵，穷达不能为之变，此孝之所以为大，而超出乎寻常万万也。我观于古，惟大舜为然。盖舜自征庸之后，摄政之时，年已五十矣；而克谐以孝，爱慕其亲，犹如一日。所谓‘大孝，终身慕父母’，非舜，其谁与归哉！”是知耕田以供子职，非难也；惟身处富贵，而不异畎亩之中，则穷达一致，所以为难。少年而慕父母，非难也；惟年至衰老，而不异幼冲之日，则始终一节，所以为难。古今帝王独称舜为大孝，正以其能为人之所难耳。欲尽天子之孝者，当以虞舜为法。

万章问曰：“《诗》云，‘娶妻如之何？必告父母’。信斯言也，宜莫如舜。舜之不告而娶，何也？”孟子曰：“告则不得娶。男女居室，人之大伦也。如告，则废人之大伦以怼父母，是以不告也。”

怼，是仇怨。

万章问于孟子说：“婚娶，人道之常，然未有不禀命于父母者。《诗·国风·南山》之篇有云：‘娶妻当如之何？必告于父母，而后敢娶。’诚如《诗》之所言，能尽人子之礼而不失者，当莫如大舜矣。舜乃不告父母而娶帝尧之二女，与《诗》之所言大相违背，此何说也？”孟子答说：“告而后娶，婚礼之常；舜之所处，人伦之变。盖舜父母顽嚚，每有害舜之心；若禀命而娶，必不听从，竟至于不得娶矣。而不娶则岂可哉？盖男女屋室，上以承祖考之统，下以衍嗣续之传，乃人之大伦也。若告而不得娶，既违室家之愿，废人之大伦，又伤父母之心，致亲之仇怨。舜之处此，诚有大不得已者。于是酌量于伦理两难之地，与其告而废伦，陷身于不孝之大，宁不告而废礼，犹可以全父母之恩，此所以不告而娶也。”盖事处其变，不得不通之以权耳，岂可以禀命之常礼而概律之哉？

万章曰：“舜之不告而娶，则吾既得闻命矣。帝之妻舜而不告，何也？”曰：“帝亦知告焉则不得妻也。”

帝，指尧说。以女为人妻，叫作妻。

万章又问孟子说：“舜不告而娶，则吾既得闻夫子之命，而知其为通变之权矣。当时，帝尧以女妻舜，据人情之常，亦当告于舜之父母而使之知。乃亦不告而妻舜，是何意也？”孟子答说：“欲妻其子，宜通言于其父，帝尧岂不知此？但舜之亲既有害舜之心，则妻以二女，必其心之所不欲也。使帝告而后妻，顽如瞽瞍，虽不敢以臣而抗君，将必以父而制子，那时舜既不敢逆亲之命，尧亦不能强舜之从，竟至于不得妻矣！尧知其事必至于此，故可妻则妻，以君上之法治之，不必问其亲之知与不知耳。此所以不告而妻也。亦岂可以常礼概律之哉？”

万章曰："父母使舜完廪，捐阶，瞽瞍焚廪。使浚井，出，从而掩之。象曰：'谟盖都君咸我绩。牛羊，父母。仓廪，父母。干戈，朕。琴，朕。弤，朕。二嫂，使治朕栖。'象往入舜宫，舜在床琴。象曰：'郁陶思君尔。'忸怩。舜曰：'惟兹臣庶，汝其于予治。'不识舜不知象之将杀己与？"曰："奚而不知也？象忧亦忧，象喜亦喜。"

完，是泥补。廪，是仓房。阶，是梯。掩，是盖。象，是舜异母弟。舜所居，三年成都，故叫作都君。绩，是功。弤，是雕弓。栖，是床。郁陶，是忧思郁结。忸怩，是羞愧之色。

万章又问孟子说："舜处父母之变，固子道之所难；乃其处兄弟之间，亦有非常情可测者。闻说舜之父母偏爱少子，听象之言，每每设计害舜。一日，使舜涂治仓廪。待其升屋，瞽瞍却从下面撤去梯子，纵火焚之。舜将两个斗笠自捍其身而下，幸得不死。又一日，使舜掘井。舜防其害己，旁凿一穴，暗地走出。瞽瞍不知，乃下土掩盖其井。象只道舜已毙井中，自谓得计，乃夸说：'今日谋盖都君于井中，皆我之功。凡都君所有之物，我当与父母共之。若牛羊、若仓廪，皆以归之父母；若干戈、若琴、若弤，我自用之；二嫂娥皇、女英，则使治我寝卧之榻。'遂往入舜宫，欲分取所有。不意舜已先至其宫，在床鼓琴。象既见舜，无词可解，乃假意说：'弟因思兄之甚，气结而不得伸，故来见耳。'乃其真情发见，则不觉有忸怩之色焉。此时舜更不嗔怪，却乃喜而谓之说：'凡兹百官，我一人不能独理，汝其代予治之？'夫怨莫深于杀身，情莫亲于托国。象欲杀舜，舜不以为怨，而反喜之如此，意者不知象之将杀己与？"孟子答说："家庭之间，其事易见；而况焚廪、盖井之谋，其迹甚彰，岂以舜之大智而有不知者哉？但圣人爱弟之心，根于天性而不容已，故其待弟之情，联若一体而无所间，见象之忧，则己亦恻然而为之忧；见象之喜，则己亦欢然而为之喜。欣戚相关，自无形骸之隔耳。彼以思兄而来，舜亦以其来见而喜，惟知亲就之为幸，而岂暇计及于杀己之事哉？"据万章所问，其事有无虽未可知，而亦忧亦喜两言，大舜爱弟之情宛然如见，非孟子知舜之深，不能如此形容之也。

曰："然则舜伪喜者与？"曰："否。昔者有馈生鱼于郑子产，子产使校人畜之池。校人烹之，反命曰：‘始舍之，圉圉焉；少则洋洋焉，攸然而逝。’子产曰：‘得其所哉！得其所哉！’校人出，曰：‘孰谓子产智？予既烹而食之，曰：“得其所哉，得其所哉。”’故君子可欺以其方，难罔以非其道。彼以爱兄之道来，故诚信而喜之，奚伪焉？”

校人，是主池沼的小吏。圉圉，是困顿未舒的模样。洋洋，是宽纵。悠然，是顺适的意思。方字，解作道字。

万章又问孟子说：“舜既知象之将杀己，在常情必以为深恨矣。舜顾见其来而喜之，或者内疏而外亲，伪喜而非出于诚心者与？”孟子答说：“圣人之心，纯一无伪。舜之待弟，岂有伪哉？观子产处校人之事可知矣。昔者有人以生鱼馈郑子产，子产不忍戕其生，使校人畜之于池。校人乃私自烹而食之。设词复命于子产说：‘方鱼始舍于池中，圉圉然困顿而未舒；少顷，则洋洋而放纵；久之，遂攸然自得而远逝矣。’子产信其言，而幸鱼之得生，乃叹说：‘得其所哉！得其所哉！’校人出而语人说：‘谁谓子产为智人？彼尝使我畜鱼，我既烹而食之矣，假以放鱼复命，而彼遂信之，乃叹曰：“得其所哉！得其所哉！”易欺若此，焉得为智？’由此观之，非校人智而子产愚也。校人所饰者，当有之情；而子产所据者，可信之理。故君子虽明无不察，而或诳以理之所有，则亦间为所欺；虽未尝逆诈，而或昧之以理之所无，则必不为所罔。盖诚以待人，明以烛理，常并行而不悖也。若象执郁陶思君之言，而以爱兄之道来，此正理之所有者，也与校人欺子产一般。舜明其爱兄之言，以实心信之，因以实心喜之，此正可欺以其方，与子产信校人一般，夫何伪之有哉！有伪则不足为圣人矣。”

万章问曰：“象日以杀舜为事。立为天子，则放之，何也？”孟子曰：“封之也。或曰‘放焉’。”万章曰：“舜流共工于幽州，放驩兜于崇山，杀三苗于三危，殛鲧于羽山：四罪而天下咸服，诛不仁也。象至不仁，封之有庳。有庳之人奚罪焉？仁人固如是乎？在他人则诛之，在弟则封之？”曰：“仁人之于弟也，不藏怒焉，不宿怨焉，亲爱之而已矣。亲之欲其贵也，爱之欲其富也。封之有庳，富贵之也。身为天子，弟为匹夫，可谓亲爱之乎？”

放，是安置一方，使不得他往。流，是遣之远去。共工，官名。三苗，国名。驩兜、鲧，俱人名。幽州、崇山、三危、羽山，都是四方极边的去处。有庳，是封象的国名。

万章问说:“舜之弟名象者，其心傲狠，日每以杀舜为事，既欲焚之于廪上，又谋盖之于井中，处心积虑，必欲致舜于死而后已。这等的人，情在必报，法所不容。舜既立为天子，操生杀之权，即明正其罪，亦不为过。乃仅止于放逐，安置一方，犹得保其首领，何其罚之轻也？”孟子答说:“兄弟者，天性之亲；圣人者，人伦之至。象虽有害兄之意，而舜则不失其爱弟之心。当时处象于有庳者，乃分茅胙土、封建以为一国之君耳，或者不知而谓之放，其实舜之处象，原非放也。夫放之且不忍，而况有重于放者，舜岂为之乎？”万章又问说:“吾闻圣人之治天下，不以私情害公法。当舜之时，若共工、驩兜、三苗、伯鲧，天下之所谓四凶也。舜于共工，则流之幽州；于驩兜，则放之崇山；于三苗，则杀之三危；于伯鲧，则诛之羽山。罪此四人，而天下之人莫不心悦而诚服。盖舜为天下除害，刑当其罪，而人心咸服也。象之凶恶不仁极矣！即与四凶同罪何不可？乃封于有庳，使之治民。彼既欲杀兄，又何有于百姓？必将大肆残虐，而播恶于一方矣。有庳之民何罪？而受此荼毒。仁者固如此乎？在他人则用法以诛之，在弟则徇情以封之；不忍割一人之爱，而忍贻百姓之忧。仁人似不若是也。”孟子答说:“处兄弟之际，只论情，不当论法。舜之封象，是乃仁人之用心也。盖凡人于横逆之加，不胜其怨怒之意，虽或强制于外，而不能不藏宿于中。惟仁人之待弟不如此。忧喜则与之同，于犯不与之校，虽有可怒可怨之事，随即消释，未尝藏怒而宿怨也。但见其亲之爱之，务尽其友于之情，使相好而无相尤，如是而已矣。然使尊卑阔绝，则地分相隔，不可以言亲；贫富悬殊，则体恤未周，不可以言爱也。故亲之则欲其贵，使有舜位之崇；爱之则欲其富，使欲有贡赋之奉，然后友于之情始慰耳。舜封象于有庳，则富有一国，贵为诸侯，正所以致其亲爱之意也。若使身为天子，而弟为匹夫，则兄弟之间，一富一贫、一贵一贱，势分日远，而情义日疏，是岂亲爱其弟者乎？然则舜之封象，正仁人之用心也。子乃举四凶之事而疑封象之非，则亦不达圣人之心矣。”

“敢问‘或曰放’者，何谓也？”曰:“象不得有为于其国，天子使吏

治其国而纳其贡税焉，故谓之‘放’。岂得暴彼民哉？虽然，欲常常而见之，故源源而来。‘不及贡，以政接于有庳’，此之谓也。”

吏，是官属。源源，是相继不绝的意思。

万章又问孟子说：“如夫子之言，则舜之封象明矣。或人不谓之封，只谓之放，这是为何？”孟子答说：“舜之待弟，不独有亲爱之心，而尤有善处之术，但其用意深远，或人未能测识耳。盖象虽封为有庳之君，然不能专擅行事，有所作为。其国中的政务，则天子自命官属为之代理；但使百姓每出办赋税，以供其费用而已。此则有封之名而不任其事，享国之利而不治其民，却似安置他的模样，故或人误以为放耳。汝谓有庳之民无罪而遭象之虐，这等看来，象虽不仁，动有所制，岂能肆虐于无辜之民哉？舜之待弟，其不以恩掩义如此。然舜虽若制之，而实所以爱之。其意以为，若使象治民理事，则守土之臣不得擅离，兄弟之情不得浃洽，其心有不能自已者；惟其念弟之切，欲常常而见之，故不烦以民事，不限以常期，使得源源而来，可以不时相接耳。古书之辞有云：‘舜不待及诸侯朝贡之期，而以政事接见于有庳之君。’正此源源而来之谓也。舜之待弟，其不以义断恩又如此。”可见，圣人以公心治天下，未尝以爱弟之故示人以私；以厚道教天下，亦未尝以傲弟之故自处于薄，所谓仁之至、义之尽也。若汉景帝之于梁王、郑庄公之于叔段，始则纵之太过，终则治之太急，其于仁义，胥失之矣。欲尽伦者，宜以大舜为法。

咸丘蒙问曰：“语云：‘盛德之士，君不得而臣，父不得而子。’舜南面而立，尧帅诸侯北面而朝之，瞽瞍亦北面而朝之。舜见瞽瞍，其容有蹙。孔子曰：‘于斯时也，天下殆哉！岌岌乎！’不识此语诚然乎哉？”孟子曰：“否。此非君子之言，齐东野人之语也。”

咸丘蒙，是孟子弟子。语，是古语。蹙，是颦蹙不安。岌岌，是危殆的意思。齐东，是齐国东鄙荒陋之处。

咸丘蒙问于孟子说：“尝闻古语相传有云：天下有非常之人，则必有非常之事。故君父之伦，以之加于常人，则有定分。若夫盛德之士，虽至尊如君，苟无其德，不得而以之为臣。至亲如父，苟无其德，不得而以之为子。大舜惟有圣人之德，一旦居天子之位，南面而立，尧虽为君，不得不帅诸侯北面而朝之；瞽瞍虽为其父，亦不得不北面而朝之。那时，舜虽安于尧，而不能不动心于臣父，望见瞽瞍朝己，其容貌甚是颦蹙，盖有不能自安者。孔子有感于此事，因叹息说：‘当此之时，君失其所以为君，父失其所以为父。纲常紊乱，天下盖岌岌乎其危哉！’此等言语，不识果有其事否也？”孟子答说：“否。无是理也。盖天下惟君子之言据实而可信。此等无稽之言，断不出于君子之口。必是齐东野人，目不睹礼义之俗，耳不闻典训之言，或者有此说耳。岂可遂据之以妄议圣人也哉！”

“尧老而舜摄也。《尧典》曰：‘二十有八载，放勋乃徂落。百姓如丧考妣。三年，四海遏密八音。’孔子曰：‘天无二日，民无二王。’舜既为天子矣，又帅天下诸侯以为尧三年丧，是二天子矣。”

《尧典》，是《虞书》篇名。放勋，是帝尧之号。八音，是金、石、丝、竹、匏、土、革、木八样乐器之音。

孟子说：“欲知舜无臣尧之事，当观尧未禅舜之时。盖方尧之举舜，舜之代尧，乃尧既老而倦于勤，舜只居摄而行其事也。当尧生存之日，舜原不曾即帝位，尧何由北面朝之乎？《虞书·尧典》上说：‘舜摄位二十有八年，尧乃徂落而终。国中百姓恸尧之殁，如丧父母一般，三年之间，四海断绝音乐，静密如一，更不闻有丝竹管弦之音，其思慕之深如此。’据《尧典》所言，则舜之即位，在尧崩之后，不在其摄政之时明矣，何从南面而受尧之朝乎？孔子有云：‘天无二日，民无二王。’此古今不易之定理也。若舜既已为天子矣，及尧终之后，又帅天下诸侯以为尧行三年之丧，则是舜一天子，尧又一天子，而有二天子矣，民岂有二王之理乎？然则臣尧之说，可不辩而自见其谬矣，咸丘蒙尚何疑之有？”

咸丘蒙曰：“舜之不臣尧，则吾既得闻命矣。《诗》云：‘普天之下，莫非王土。率土之滨，莫非王臣。’而舜既为天子矣，敢问瞽瞍之非臣如何？”曰：“是诗也，非是之谓也。劳于王事，而不得养父母也。曰：‘此莫非王事，我独贤劳也。’”

《诗》，是《小雅·北山》篇。普，是遍。率，是循。贤劳，是以贤能任劳。

咸丘蒙问说:“舜无臣尧之事,则我既得闻教矣。乃其不臣瞽瞍,则尚有可疑者。《北山》之诗有云:‘普天之下,其地虽广,无尺地非王土。率土之滨,其人虽众,无一民非王臣。’当瞽瞍之时,舜既为天子矣,则瞽瞍亦王臣中之一人耳,乃独不谓之臣,此何说耶?”孟子答说:“诗人之指,各有攸寓。这诗所言,非天子可臣其父之谓也。乃当时大夫行役于外,为王事所迫,身任奔走之劳,而不得归养其父母,因作为此诗。其意说道:‘今日之事,莫非王事,凡为王臣者都该分任其劳,何为他人皆享其逸,偏我为贤而使之独劳,更无休息之期乎?’是诗人本意,但因独劳而发其不平之情耳,非谓天子可臣其父也。子乃疑瞽瞍之非臣,非惟不知舜,亦昧于诗人之旨矣。”

“故说诗者,不以文害辞,不以辞害志;以意逆志,是为得之。如以辞而已矣,《云汉》之诗曰:‘周余黎民,靡有孑遗。’信斯言也,是周无遗民也。”

凡文辞,一字叫作文;一句叫作辞。逆,是探取的意思。《云汉》,是《大雅》篇名。孑,是单独。

孟子又晓咸丘蒙说:“观《北山》之咏,其意在于独劳,而不在于‘莫非王臣’之一言。可见诗之所贵者,意而已,不在文辞之间也。是以善说诗者,须有活法,不可泥着一字,害了那一句之义;又不可泥着一句,害了那设辞之志。当以自家的意思,探取作诗者的本旨,则玩索久而理趣自融,涵咏深而情状如见,乃可以得古人之心于千载之下矣。若但拘泥其辞,而不求其意,则《大雅·云汉》之诗有云:‘周遭饥馑之余,黎民无有单独遗下者。’果如此言,是周家的百姓残伤已尽,无复有遗种之存矣;岂知其意特在于忧旱之甚,若天绝其生耳,非真无遗民也。然则《北山》之诗,岂真谓‘莫非王臣’,而天子可臣其父哉?子乃以辞而害其志,则亦不善于说《诗》矣。”

“孝子之至,莫大乎尊亲。尊亲之至,莫大乎以天下养。为天子父,尊之至也。以天下养,养之至也。《诗》曰:‘永言孝思,孝思维则。’此之谓也。”

《诗》，是《大雅·下武》篇。则，是法则。

孟子又晓咸丘蒙说："欲知舜无臣父之事，当观其平日待亲之隆。盖人子能善事父母的，都可以言孝，然或分有所限，未可言至也；若论孝子之至，则莫大乎尊显其亲，而分得以自伸，这才叫作孝之至。人子能崇奉父母的，都可以言尊，然或势有所拘，未可言至也。若论尊亲之至，则莫大乎以天下养，而势莫与之抗，这才叫作尊之至。今舜尊为天子，即尊瞽瞍为天子之父，是举天下之名分无复可加其尊，非尊之极至而何？舜富有四海，即养瞽瞍以天下之富，是举天下之供奉无复可加其养，非养之极至而何？尊养并至，此舜之孝所以为不可及，而天下后世为人子者，莫不以之为法也。《下武》之诗说：'人能长言孝思而不忘，即可以为天下法则。'正此尊亲养亲之至，而舜之所以称为大孝者也。若谓舜为天子而臣其父，则所以卑亲辱亲者至矣，大舜岂为之哉？瞽瞍北面而朝之说，信乎其为齐东野人之语矣！"

"《书》曰：'祗载见瞽瞍，夔夔齐栗，瞽瞍亦允若。'是为父不得而子也？"

《书》，是《大禹谟》篇。祗，是敬。载，是事。夔夔齐栗，是敬谨恐惧的模样。允，是信。若字，解作顺字。

孟子又晓咸丘蒙说："大孝如舜，固无臣父之事。而古语所云'不得而子者'，亦自有一种道理。《书经·大禹谟》说：'舜敬事瞽瞍，每去进见，必夔夔然致斋庄之容，作战栗之色，无一念不虔，无一时或怠。由是积诚之所感格，瞽瞍亦遂化其顽而为慈，心以之孚，意以之顺矣。'夫父为子纲，父能立教，子从而化，理之常也。今瞽瞍不能以不善及舜，而反见化于舜，所谓父不得而子者如此，是岂可臣其父之谓哉？"所谓君不得而臣，即此亦可以类推矣。考之太甲之于伊尹、成王之于周公，皆赖于臣以成其德，亦若不得而臣者；而伊、周称为大忠，太甲、成王并为商、周令主，君道益有光焉。则知君臣之相临者，分也；其相成者，道也。使人主自恃其南面之尊，而卿大夫莫敢矫其非，虽普天率土皆臣仆焉，犹为孤立于上耳。君天下者所当知。

万章曰:“尧以天下与舜,有诸?”孟子曰:“否。天子不能以天下与人。”“然则舜有天下也,孰与之?”曰:“天与之。”

万章问于孟子说:“帝莫圣于尧、舜,事莫大于禅授。人皆言尧有天下,求可以禅帝位者,惟舜有圣德,因举天下而授之舜,果有此事乎?”孟子答说:“舜虽得统于尧,而尧不能有私于舜;今说尧以天下与舜,殆不然也。盖凡物可得而与人者,必是自己私物,可得而自专者耳。若天下者,乃天下之天下,为天子者但能以一身专统御之责,不能以一己专授受之权,安能以天下与人?若曰与之,则是尧以天下为一人之私,有之自我,与之自我,而非出于公天下之心矣,岂理也哉?”万章问说:“帝王之统,必有所与,而后有所承。舜有天下,既非尧之所与,果谁与之乎?”孟子答说:“帝王之兴,皆由天命,故其位曰天位,禄曰天禄。见其为天之所授,非人力可得而与也。舜有天下,亦惟受命于天,而为天之所与耳。尧虽禅位于舜,不过承顺上天之命,而有不能不与者,岂得而专之哉?明乎天与之旨,而可以知帝尧公天下之心矣。”

“天与之者,谆谆然命之乎?”曰:“否。天不言,以行与事示之而已矣。”

谆谆,是语言详切。

万章问孟子说:“帝王传位,必有丁宁告谕之言,乃见其为与。今曰舜有天下为天所与,则天亦谆谆然教命之乎?无以命之,则何从而见其为与也?”孟子答说:“天意难知,人事易见。舜之受命于天,天固非谆谆然命之也,天载无声,何尝有言?惟就舜之行与事,默示其意而已。盖身之所行,叫作行;见诸事为,叫作事。舜凡有所行,而行无不得,这是天以行而示其与之之意也;舜凡有所为,而事无不利,这是天以事而示其与之之意也。意之所在,即命之所在,岂待谆谆然以言命之乎?知舜为天心所眷,则其奄有天下,不在于禅授之时,而於穆之中,固已预为之地矣,尧安得而与之哉?”

曰:“以行与事示之者如之何?”曰:“天子能荐人于天,不能使天与之天下。诸侯能荐人于天子,不能使天子与之诸侯。大夫能荐人于诸侯,

不能使诸侯与之大夫。昔者尧荐舜于天而天受之，暴之于民而民受之。故曰：‘天不言，以行与事示之而已矣。’”

暴，是显扬。

万章又问孟子说：“天之所以示舜在于行与事之间者，其实如之何？”孟子答说：“凡人事可以力为，而天意难以取必。欲知天之命舜，但观舜之得天可见矣。盖人之才德有可托以天下者，天子能举而荐之于天；然天意之从违，未可知也，不能使天必与之天下。正如诸侯能荐人于天子，许其可任一国之事；而不能取必于天子，使与之诸侯。大夫能荐人于诸侯，许其可任一家之事；而不能取必于诸侯，使与之大夫。盖荐举之责虽在于下，予夺之权实操于上，家国皆然，而况天位之重乎！昔尧以舜之德可居天位，使之摄行大事，以致荐举之意，然不能必天之受也；乃其行与事克享乎天心，而天即受之。以舜之德可治天民，使之历试诸艰，以示暴扬之意，然亦不能必民之受也；乃其行与事克协乎民心，而民即受之。夫荐舜于天，暴舜于民，此行与事之所在也。至于天受之、民受之，则天之所以示舜，而非尧之所能使矣，然何待于言哉？所以说‘天不言，以行与事示之而已矣’。知此，则舜之有天下，谓尧荐之则可，谓尧与之则不可。天人相与之际，亦微矣哉！”

曰：“敢问荐之于天而天受之，暴之于民而民受之，如何？”曰：“使之主祭而百神享之，是天受之。使之主事而事治，百姓安之，是民受之也。天与之，人与之，故曰：‘天子不能以天下与人。’”

万章又问孟子说：“天与、人与，至难格矣。尧荐舜于天，而天即受之；暴舜于民，而民即受之，其事如何？”孟子答说：“天人之分虽殊，感通之理则一。昔者尧尝命舜，使主天地山川之祭。其精诚之所感孚，幽无不格，百神皆歆其祀而享之，这便是荐之于天而天受之也。又尝命舜，使主治教刑政之事。其德意之所注措，事无不治，百姓皆被其化而安之，这便是暴之于民而民受之也。天与之，人与之，皆天意所在，帝尧不得而与焉，所以说‘天子不能以天下与人’。然则能以天下与人者，惟天而已。而天意所属，非盛德，其孰能当之乎？”

“舜相尧，二十有八载，非人之所能为也，天也。尧崩，三年之丧毕，舜避尧之子于南河之南。天下诸侯朝觐者，不之尧之子而之舜；讼狱者，不之尧之子而之舜；讴歌者，不讴歌尧之子而讴歌舜。故曰：‘天也。’夫然后之中国，践天子位焉。而居尧之宫，逼尧之子，是篡也，非天与也。”

南河之南，即今开封等府地方。讴歌，是歌颂功德。

孟子告万章说：“天心与舜不特见诸行事之间，而揆之气数、卜之人情，皆有可验。观舜之辅相帝尧，得君行政至于二十八年，在相位最久，施泽于民最深，此岂人力之所能为哉？历数有归，天实为之也。乃舜之心，则何常有意于得天下哉？当尧崩之后，舜率天下诸侯行三年丧既毕，其心以为有尧之子丹朱在，天下不患无君；于是避而远去，居于南河之南，只要丹朱能嗣守帝尧之业，其心安矣。然天下诸侯，凡执贽而朝觐的，不去朝见丹朱，而皆来朝见于舜；凡讼狱不平的，不去赴诉丹朱，而皆来赴诉于舜；凡讴歌功德的，不去颂美丹朱，而皆来颂美乎舜。人心翕然来归，有莫知其所以然而然者，所以说非人所能为，实天意之所在也。舜见天意如此，逃之而不可得，然后自河南复还中国，绍尧而践天子之位焉，无非承天之意而已。向使乘尧之崩，不为南河之避，而径居处于尧之宫，迫胁乎尧之子，是乃篡君之位而据之耳，岂得谓天与之哉？观此，则舜之有天下，不但尧不能容心于与，而舜亦未尝有心于得，徒泥其禅授之迹者，则亦未明乎天道矣。”

“《太誓》曰：‘天视自我民视，天听自我民听。’此之谓也。”

《太誓》，是《周书》篇名。

孟子告万章说：“即舜为民心之所归，便知为天心之所与，此非无征之言也。《书经·太誓》篇有云：‘天未尝有目以视，而于人之善恶无所不见，但从我民众目所视以为视耳；未尝有耳以听，而于人之淑慝无所不闻，但从我民众耳所听以为听耳。’《书》之所言如此。可见帝天之命，主于民心；而民心所归，莫非天意。我以朝觐、讼狱、讴歌之归舜，而明其为天心之所与者，正谓此也。然则舜有天下，天之所以寄视听于民者审矣，岂待尧之荐而遂与之哉？尧不能以天下与舜，益可见矣。”详观此章之言，可见帝王历数之传，皆有天命，神器至重，非可以妄得而窃据也。然天命固未易得，尤未易保。盖创业之主，收已集之人心易；守成之主，联不散之人心难。欲固结民心，以永保天命者，惟慎修其德，以无忝于受命之主而已。《诗》云："无念尔祖，聿修厥德。"守成之主，宜留意焉。

万章问曰："人有言'至于禹而德衰，不传于贤而传于子'，有诸？"孟子曰："否，不然也。天与贤，则与贤；天与子，则与子。"

万章问于孟子说："人皆言尧、舜盛德之至，故以天下为公，不传之子而传之于贤。及至于禹，而其德遂衰，于是不传于贤而传之于子，始以天下为一家之私矣，果有此事乎？"孟子答说："人以德衰议禹，此言非是，禹之心殆不然也。盖天子不能以天下与贤，亦不能以天下与子，授受之际，但看天意何如。若使其子不肖，而天意欲属之贤，则举天下而与之贤，故尧以之禅舜，舜以之禅禹，非有意于公天下，天意在贤，不能违天而与子也。若使其子既贤，而天意欲属之子，则举天下而与之子。故禹可以传启，启可以承家，非有意于私天下，天意在子，不能违天而与贤也。夫以帝位相传，一听于天若此。则与贤者，其德固为至盛；与子者，其德亦非独衰。人乃执尧、舜以议禹，何其所见之陋哉？"

"昔者，舜荐禹于天。十有七年，舜崩。三年之丧毕，禹避舜之子于阳城，天下之民从之，若尧崩之后不从尧之子而从舜也。禹荐益于天。七年，禹崩。三年之丧毕，益避禹之子于箕山之阴。朝觐讼狱者不之益而之启，曰：'吾君之子也。'讴歌者不讴歌益而讴歌启，曰：'吾君之子也。'"

阳城、箕山之阴，都是地名，在今河南嵩山下。启，是禹之子。益，是禹之相。

孟子告万章说："吾谓与贤、与子，莫非天意，何以见之？昔者舜荐禹于天，任以为相，十有七年。迨舜崩，三年之丧既毕，禹因舜有子商均在，乃远避于阳城之地，其心只欲让位于商均耳；乃天下之民，皆归心于禹，而翕然从之；凡朝觐、讼狱、讴歌者，皆不从商均而从禹，就与尧崩之后不从尧之子而从舜的一般。当时人心如此，则天意在禹可知，舜安得不举天下而授之禹乎？若禹、益之时，则与此不同矣。禹亦尝荐益于天，任以为相者七年。迨禹崩，三年之丧既毕，益因禹有子启在，亦远避启于箕山之阴，以让位焉。但见天下之臣民朝觐、讼狱的，不往归益而来归启，说道：'启乃吾君之子也，吾不归吾君之子而谁归乎？'讴歌的亦不讴歌益而讴歌启，说道：'启乃吾君之子也，吾不戴吾君之子而谁戴乎？'人心归启如此，则天意在启可知，禹安得不举天下而传之启也？观于舜、禹之事如此，则禹之不得不传子，与尧、舜之不得不传贤，其心一而已。乃议禹为德衰，何其敢于诬圣乎？"

"丹朱之不肖，舜之子亦不肖；舜之相尧、禹之相舜也，历年多，施泽于民久。启贤，能敬承继禹之道；益之相禹也，历年少，施泽于民未久。舜、禹、益，相去久远，其子之贤不肖，皆天也，非人之所能为也。"

孟子告万章说："舜、禹、益皆有圣人之德，而当时民心所以归舜、禹而不归益者，其故为何？由其所遇之时不同耳。盖尧之子丹朱，其德不类于尧；舜之子商均，其德亦不类于舜，民心既已不服矣。而舜之相尧二十有八年，禹之相舜十有七年，其历年既多，施恩泽于民最久。以相之贤，而遇子之不肖，此民所以不归尧、舜之子而归舜、禹也。若启之贤，能以敬德相承，嗣守禹之典则，民心之归服既有素矣；而益之相禹仅仅七年，其德泽施于民者，又非如舜、禹之久。以子之贤，而又遇相之不久，此民之所以不归益而归启也。夫均之为相，而舜、禹之历年俱多，益之历年独少，其久近相去如此。均之为子，而尧、舜之子独不肖，禹之子独贤，其贤、不肖相去又如此。以气数言，若似乎不齐；以机会言，则适相凑合。是皆冥冥之中有为之主宰者，一天之所为而已，岂人力之所能与哉？盖人力可以荐贤于天，而不能使为相之皆久；人力可以传位于子，而不能使其子之必贤。其有久、近，贤、不肖者，皆天意之所为。圣人一惟听天之命而顺受之耳，岂能容心于其间哉！"

"莫之为而为者，天也。莫之致而至者，命也。"

天，是理之自然。命，是人所禀受。

孟子承上文说："尧、舜、禹之时，相不皆久，子不皆贤，固皆有天命存乎其间。而所谓天命，又非可以强为而力致也。盖凡事有待于经营而成者，皆属人为，未可以言天。惟是因物付物，不见其作为之迹，而予夺去就，冥冥之中自有主张，此则理之自然而不可测者；父不能为其子谋，君不能为其臣谋，所以叫作天。天岂可得而违之乎？凡事有可以希望而得者，皆属人力，未可以言命。惟是与生俱生，不由于冀望之私，而穷通得失，禀受之初自有分量，此则数之一定而不可移者；子不能得之于父，臣不能得之于君，所以叫作命。命岂可得而拒之乎？然则舜、禹之有天下，固此天命；益之不有天下，亦此天命。岂可以禹之传子而遂议其德之衰也哉？”

“匹夫而有天下者，德必若舜、禹，而又有天子荐之者，故仲尼不有天下。”

孟子告万章说：“益之不有天下，固由于天；而自古圣人不有天下者，则非独一益为然也。盖凡起匹夫之微，至于登帝位而有天下者，非是说德为圣人而即可以有天下也。必玄德若舜，而又有天子如尧者以荐之，然后能继唐而帝于虞；祗德若禹，而又有天子如舜者以荐之，然后继虞而王于夏。向使徒有圣人之德，而无天子之荐，则舜终于侧微，禹终于躬稼而已，安能以匹夫而遂有天下哉？所以天纵大圣如仲尼者，其德虽无愧于舜、禹，然而上无尧、舜之荐，则亦徒厄于下位，老于春秋而已；此仲尼所以不有天下也。观仲尼不有天下，则大德受命，固有不能尽必之于天者；而益之不有天下，又何疑哉？”

“继世以有天下，天之所废，必若桀、纣者也，故益、伊尹、周公不有天下。”

孟子告万章说：“观仲尼之事，则知有德者有荐者，方可以有天下。然亦有不尽然者。盖天命固不轻以予人，亦不轻以夺人。故凡继先世之统而有天下者，非是说德不如舜、禹，而天遂废之也，其祖宗之功德未泯，天心之眷顾未衰；若自绝于天，而为天心之所弃者，必灭德如桀，然后废之南巢；暴虐如纣，然后废之牧野。向使桀、纣之恶未甚，则商未必能灭夏，周未必能灭商，何至于遽失天下哉？所以继世之君如夏启、太甲、成王，其德虽不及益、尹、周公之贤圣，然皆能嗣守先世之业，则天亦不能废子而立贤，夺此以与彼也，此益、伊尹、周公所以不有天下也。夫以伊尹、周公之圣，而不有天下，其何疑于益？以太甲、成王之为君，皆足以继世，又何疑于禹？比类以观，而天之所以与子之意见矣。”

“伊尹相汤以王于天下。汤崩，太丁未立，外丙二年，仲壬四年。太甲颠覆汤之典刑，伊尹放之于桐三年。太甲悔过，自怨自艾，于桐处仁迁义三年，以听伊尹之训己也，复归于亳。”

太丁、外丙、仲壬都是成汤的子。太甲，是太丁的子。艾字，解作治字，是斩绝自新的意思。典刑，是典章法度。

孟子承上文说：“益之不有天下，吾既详言之矣。若伊尹之不有天下，为何？盖伊尹以圣人之德辅相成汤，伐夏救民，以王于天下，其功业可谓盛矣。迨成汤既崩，太丁未立而殁，其弟外丙立二年，仲壬立四年，皆不久于其位。于是太丁之子太甲立焉。太甲既立，又不能率乃祖之攸行，把成汤所建立的典章法度都坏乱而不修，成汤一代之家法几于坠矣。以此主暗国危、人心未附之时，伊尹岂不可遂有天下？然其心不忍主德之不明、汤祀之遂绝也，乃因亮阴之制，安置太甲于桐宫者三年。盖桐宫乃汤墓所在，放之于此，正欲其追念乃祖，而发其修省之机也。太甲果能翻然悟悔，自怨以示惩创之意，自艾以加克治之功。居桐之日，果能去其不仁之习而自处于仁，改其不义之行而能迁于义；三年之间，一惟伊尹教我之言是听是从，而大异于颠覆典刑之日矣。伊尹见其改过自新，克终厥德，乃复自桐宫而迎归于亳都，奉之以君天下，而继成汤之统焉。此虽伊尹之忠，本无利天下之心；亦由太甲之贤，终能守成汤之业。则伊尹之不有天下，亦何莫而非天之所为哉？知伊尹则知益矣。”

“周公之不有天下，犹益之于夏，伊尹之于殷也。”

孟子承上文说：“伊尹之不有天下，固由于继世之有贤君矣。乃周公以元圣之德，居冢宰之位，摄国日久，得民最深，宜其有天下。而亦不有天下者，为何？盖因继世之君，有若成王，基佑命于夙夜，绍谟烈而重光，为周家守成之令主。所以周公虽圣，亦不得而有天下。就如益之在夏，遇有敬承之启，则夏之天下非益之所得有也；伊尹之在殷，遇有迁善之太甲，则商之天下非伊尹之所得有也。盖天不能废启以与益、废太甲以与伊尹，则岂得废成王而与周公哉？此所谓天与子则与子，而非人之所能为也。三代皆然，夫何独疑于禹，遂议其为德衰也哉？”

“孔子曰：‘唐、虞禅，夏后、殷、周继，其义一也。’”

孟子承上文说：“历观帝王之统，与贤、与子，皆出于天。则尧、舜、禹之德，信无分于盛衰矣。然此非我一人之私言也。闻诸孔子说道：‘唐、虞之世，尧禅舜，舜禅禹，以天下为公而不私其子。夏后殷周之盛，启继禹，太甲继汤，成王继文、武，以天下为家，而不必于贤。或禅或继，其迹虽若是乎不同，然禅者非以揖让为名，继者非以世及为利。天命所向，人心所归，义在于与贤则与贤，是禅位固理之所宜也；义在于与子则与子，是继世亦理之所宜也。圣人不过上奉天命，下顺人心，求合乎当然之理而已，岂有一毫私意于其间哉？’知禅、继之同归于义，则我所谓与贤、与子，皆出于天，其言固有征矣。今乃议禹为德衰，何其谬于孔子之言也哉！”

按，孟子此两章书，发明天人之际最详。而前章言天，专主民心；此章言天，兼论世德。言民心，以见非盛德之至，不可以得民，而天意不轻于予人；欲天下后世之为人臣者，知有定命也。言世德，以见虽中材之主，亦可以保命，而天意不轻于夺人；欲天下后世之为人君者，思常厥德也。使臣非舜、禹之圣，而谓天位可奸；君非帝启、太甲、成王之贤，而谓天命可恃，则皆自取覆亡之祸者耳，于天何与哉？

万章问曰：“人有言‘伊尹以割烹要汤’，有诸？”孟子曰：“否，不然。伊尹耕于有莘之野，而乐尧、舜之道焉。非其义也，非其道也，禄之以天下弗顾也，系马千驷弗视也。非其义也，非其道也，一介不以与人，一介不以取诸人。”

割烹，是庖人宰割、烹调之事。要，是干求。莘，是国名。

时战国策士游说诸侯、希求进用者，藉口伊尹以自饰其卑污之行，因说伊尹曾以割烹之事要求商汤。万章疑而问于孟子说：“伊尹相汤伐夏，为一代佐命之元臣。时人乃说他未遇时节，欲见汤而无由，因投托汤妃有莘氏，作为媵臣，负鼎俎之器，执割烹之役，以此见幸于汤，遂说汤伐夏救民，以成王业。果有此事乎？”孟子答说：“否。此非伊尹之所为也。盖凡出而大有作为的人，其穷居必大有涵养。伊尹当未仕时，躬耕于有莘之野，此时只是一个畎亩之农夫。乃其迹虽甚微而志则甚大，其心思所向，只把尧、舜之道欣慕而爱乐之，其他嗜好无一可以动其心者。盖尧、舜之道，达则可以兼善天下，穷则可以独善其身。伊尹居畎亩之间，虽未有天下之责，而其自待则甚重。故大而辞受之节，只看道义上何如。若非其义也，非其道也，不但不为小利所动，就是禄以天下之富，亦却之而弗顾；系马千驷之多，亦鄙之而弗视。盖其心惟知有尧、舜之道，千驷、万钟亦不足为之加损也。小而取予之微，也看道义上何如。使非其义也，非其道也，不但大处不肯苟且，就是以一介与人，亦不肯失之伤惠；一介取于人，亦不肯失之伤廉。盖其心惟知有尧、舜之道，一介取与亦不肯轻易所守也。夫伊尹乐尧、舜之道，至于辞受取与之间一无所苟如此，则其律己之严，自耕莘之时而已然矣。若夫割烹之事，岂以乐尧、舜之道者而肯为之哉？”

“汤使人以币聘之。嚣嚣然曰：‘我何以汤之聘币为哉？我岂若处畎亩之中，由是以乐尧、舜之道哉？’”

聘，是征召。嚣嚣，是无欲自得的模样。

孟子告万章说：“伊尹穷居乐道，一无所苟，故其出而用世，尤不肯轻。当其耕莘之时，商汤闻其贤名，使人执币帛以聘之，迎之致敬以有礼，亦可应召而出矣。乃伊尹抱道自高，嚣嚣然说：‘凡人有慕于外，斯有动于中。我今一无所求于世，何用汤之币聘为哉？一受其聘，则食人之食，便当忧人之忧，与其受职而任事，岂若我处于畎亩之中，诵诗读书，由是以乐尧、舜之道，若神游于二帝之庭，而与之相为授受哉？’内既自乐于己，外自无求于人，汤之聘币诚不足为荣，而自不屑于就矣。夫汤以币聘伊尹，而伊尹犹不肯轻出如此，岂有割烹要汤之事哉？”

“汤三使往聘之。既而幡然改曰：‘与我处畎亩之中，由是以乐尧、舜之道，吾岂若使是君为尧、舜之君哉？吾岂若使是民为尧、舜之民哉？吾岂若于吾身亲见之哉？’”

幡然，是变动的意思。

孟子告万章说："伊尹以道自乐，固不肯轻于应聘。而成汤敬重伊尹，必欲致之，不以一聘而遂已也。乃三次使人往聘之，其礼意之勤如此。于是伊尹始幡然改变其初志，说道：'我今处畎亩之中，乐尧、舜之道，非不充然其有得；然徒诵说向慕之而已，而尧、舜终不可作，唐、虞之世终不可得而见也。与其心慕尧、舜之君，吾岂若出而为上、为德，使我之君即为尧、舜之君，而媲美于放勋、重华之盛哉？与其心慕尧、舜之民，吾岂若出而为下、为民，使我之民即为尧、舜之民，而上同于时雍风动之休哉？与其心慕尧、舜之世而不可见，吾岂若致君为尧、舜之君，而身亲见其道之行于上；泽民为尧、舜之民，而身亲见其道之行于下哉？'盖独善一身，不若兼善天下之为大；远宗其道，不若躬逢其盛之为真。成汤之聘，信有不可以终违者矣。夫其应汤之聘，必有待于三往之勤，而其用世之心，又必欲亲见尧、舜之威，则其自待者不苟，而待斯世斯民亦不轻矣，岂有割烹要汤之事乎？"

"'天之生此民也，使先知觉后知，使先觉觉后觉也。予，天民之先觉者也。予将以斯道觉斯民也，非予觉之而谁也？'"

知，是知识。觉，是觉悟。"觉后知""后觉"的"觉"字，是开发蒙昧，恰似呼唤梦寐的人醒转来一般。

孟子又告万章说："伊尹应汤之聘，而必欲亲见其道之行者，为何？惟有见于其责之不容辞耳。其意说道：'天生此民，禀性虽无不同，闻道则有先后。故有生于众人之中，而闻道独先的，这叫作先知、先觉。天生此先知的人，非使之独知此理，正欲其启迪后知，使同归于知而后已也。天生此先觉的人，非使之独觉此理，正欲其开悟后觉，使同归于觉而后已也。天之所望于先知、先觉，其厚如此。我今在天生此民之中，独能全尽人道，则我乃天民之先觉者也。先觉之责在我，则上天之意可知，我不忍后知后觉之人终于蒙昧，将以先知先觉之理，与斯民共明之，此我之心，亦我之责也。使非我有以觉之，则当今天下，得知觉之先而为后知后觉之所倚赖者，将属之谁乎？既不能委其责于人，则不得不任其责于我矣。'然则伊尹之应聘而出，固将上承天命，下觉群蒙，而岂肯轻身以要汤哉？”

“思天下之民，匹夫匹妇有不被尧、舜之泽者，若己推而内之沟中，其自任以天下之重如此，故就汤而说之以伐夏救民。”

孟子承上文说：“观伊尹自任以先觉之责，则其尧、舜君民之志，岂徒托之空言者？其设心以为：‘我既为天民之先觉，则天下之民皆吾一体，必举天下之民皆遂乐生之愿，而后行道之心，可以少慰耳。使或众庶之中，但有匹夫匹妇颠连失所，不获被尧、舜之泽者，是即我于生养安全之道有所未尽，就如我推而纳之沟中的一般。’其心恻然不忍，不得不汲汲于往救之矣。夫以匹夫匹妇之微，而体恤如此其周；则举四海九州之大，无一民一物不在其担当负荷之中，其以一身而自任以天下之重有如此。惟其重于自任，是以急于救民，见得夏桀无道，暴虐其民，其心有大不忍者。于是感三聘之勤，始就汤而说之以伐夏，于以除有罪之桀，救无辜之民焉。正欲使斯民皆被尧、舜之泽，而在己无负先觉之责也。夫伊尹切救民之志，成辅世之功，其挟持如此其大，干济如此其弘，而肯为割烹要汤之事哉？”

“吾未闻枉己而正人者也，况辱己以正天下者乎？圣人之行不同也，或远或近，或去或不去，归洁其身而已矣。”

远，是远遁。近，是近君。

孟子又告万章说：“观伊尹相汤而能成救世之功，则知不肯要汤而甘为辱己之事。盖天下国家之本在身，必己身先正，然后可以正人。吾未闻枉道以求合，己不正而能正人之不正者也。况于辱己以干进，则不止于枉己。欲正天下，则不止于正人。使伊尹而割烹要汤，辱己甚矣，岂能尧、舜君民，而成正天下之业乎？然人之所以致疑于尹者，徒泥其近君之迹，遂议其行之未洁耳。不知圣人之行，不能以尽同。或远遁于山林，或近君之左右；或不屑就而去，或不屑去而留。据其迹虽若各有所当，然要其归，则远而去者志在独善其身，固不肯苟同于流俗之污；近而不去者志在兼善天下，必不肯轻变其平生之守。总之归于洁身，无枉己、辱己之事而已矣。若因伊尹之得行其道，而遂以割烹之事诬之，则是圣人而有辱身之行，何足以为圣人也哉？”

“吾闻其以尧、舜之道要汤，未闻以割烹也。《伊训》曰：‘天诛造攻自牧宫，朕载自亳。’”

《伊训》，是《商书》篇名。造字、载字，都解作始字。牧宫，是夏桀所居。亳，是成汤所都之地。

孟子又告万章说：“欲知伊尹无辱身之事，当观伊尹有得君之由。盖其起畎亩之中，一旦居阿衡之位，诚非无因而自致者。但其所以致此，乃因伊尹乐尧、舜之道，而成汤慕之，故尹虽无求于汤，而汤不能不有求于尹。是尹之要汤，吾闻其要之以尧、舜之道而已。若谓割烹要汤，则尹之所挟持者，固不在鼎俎之间；而汤之所慕好，夫岂在滋味之末？非吾之所尝闻矣。《商书·伊训》之篇载伊尹自言：‘天讨夏桀，始攻于牧宫之地，由我辅佐成汤，创其事于亳也。’观书所言，则伐夏救民之事，尹盖以身任之矣。自任如此其重，而岂有割烹要汤之事哉？诬圣之言，不辩而自明矣。”此可见圣贤出处，固以道而不苟；明良遇合，实相待而有成。汤不得尹，则无以革夏正;而尹不遇汤，即有尧、舜君民之道，恶能自究其用哉？

万章问曰：“或谓孔子于卫主痈疽，于齐主侍人瘠环，有诸乎？”孟子曰：“否，不然也。好事者为之也。”

主，是住宿其家。痈疽，是疡医。侍人，是内侍。瘠环，是人姓名。好事，是喜造言生事的人。

万章问于孟子说：“君子以守身为大节，宜乎择地而处，不失身于可贱之人也。或人乃谓孔子周流至卫，因疡医治痈疽之人得近于卫君，乃即馆于疡医之家；及至于齐，因侍人名瘠环的得近于齐君，乃即馆于瘠环之家。盖欲借二人之力以自通，故不嫌于自屈也。果有此事否乎？”孟子答说：“听言当折诸理，论人当考其素。岂有大圣如孔子，而肯主非其人者哉？此言大谬不然也。为此言者，多由世间有一般好事的人，欲假借圣人纳交之事，以自掩其趋权附势之私，故驾造浮诞不根之言，创立新奇可喜之说。既非考据于经传，又不照管乎道理，徒眩惑愚人之听而已。知道之君子，岂可为其所惑哉？”

盖是时王纲既坠，圣学不明，游谈横议之徒，人人得为异论。如前章议舜为臣父、议禹为德衰、议伊尹为割烹，而此章又议孔子主于痈疽、侍人瘠环，大抵皆出于好事之口，变乱是非，肆言而无忌惮者。其言虽不足为圣贤之累，而为世道人心之害不浅。故孟子每每详辩而力辟之，所以扶世教、正人心也。

“于卫主颜雠由。弥子之妻与子路之妻，兄弟也。弥子谓子路曰：‘孔子主我，卫卿可得也。’子路以告。孔子曰：‘有命。’孔子进以礼，退以义，得之不得曰‘有命’。而主痈疽与侍人瘠环，是无义无命也。”

颜雠由，是卫之贤臣。弥子，是卫之幸臣。

孟子告万章说：“欲知孔子不苟于所主，观于居卫之事可见。孔子尝周流至卫，闻颜雠由是卫之贤大夫，因馆于其家，而以之为主。时卫之幸臣有弥子者，其妻与子路之妻为兄弟之亲，因对子路说道：‘孔子欲得位而行道，非我之力不能。若肯来投我，以我为主，我当荐之于君，使得大用。卫卿之位，可立致也。’子路遂以弥子之言告于孔子。孔子答说：‘位之得失，自有天命，非人力之所能为。弥子安能使我得用于卫？而我亦何必主于其家乎？’观孔子之言如此，可见孔子进而用世，不急于进也；雍容揖逊，而进必以礼。退而引去，不难于退也；明决果断，而退必以义。礼义在我，惟尽其所当为而已。至于爵位之得与不得，一惟听命于天，说道：‘得之有命，不足以为喜；不得有命，不足以为忧。’其以义命自安如此。向使不择所主，而主痈疽与侍人瘠环，是义当退而不退，不知有义之可守；命不当得而得，不知有命之可安，是无义无命也。孔子肯为之哉？”是孔子当平居之时，而不肯苟于所主者如此。

“孔子不悦于鲁、卫。遭宋桓司马，将要而杀之。微服而过宋。是时孔子当厄，主司城贞子，为陈侯周臣。”

桓司马，名魋，是宋大夫。要，是遮截的意思。司城贞子，是宋之贤大夫。周，是陈侯的名。

孟子又告万章说：“孔子择人而主，不特见于处常无事之日；虽造次之时，亦有不肯苟者。昔者孔子周流列国，尝不得志于鲁，心中不悦，去而适卫；又不得志于卫，心中不悦，去而适宋。此时适遇宋司马桓魋，以孔子貌似阳虎，将要截孔子而杀之。孔子计无所出，只得换了常穿的衣服，微行而过宋，去适陈国。当是时，孔子在厄难之中，危急存亡之际，以全身远害为重，若不暇择人而主矣。犹且主于司城贞子之家，盖以贞子前为宋司城之官，其贤行著闻于宋；后为陈侯周之臣，其贤行又著闻于陈，故托之以为主也。夫以孔子处患难之时，犹不肯轻于所主如此。况处齐、卫无事之时，而肯主痈疽与侍人瘠环也哉？”

“吾闻观近臣，以其所为主；观远臣，以其所主。若孔子主痈疽与侍人瘠环，何以为孔子？”

近臣，是在朝之臣。远臣，是远方来仕之臣。

孟子又告万章说：“君子小人，其类自别；故取人之道，各以其类观之。我闻近臣处于国中，常为人所主者。欲知近臣之贤否，但观其所为主的是何等样人：其人果贤，则同声相应、同气相求，而近臣之贤可知；若同乎流俗，则近臣亦流俗之辈矣。远臣来自他邦，常主于人者。欲知远臣之贤否，但观其所主的是何等样人：其主果贤，则是依仁而居，托义而处，而远臣之贤可知；若比之匪人，则远臣亦匪人之徒矣！是或主人，或主于人，虽若非素定之交，而为小人、为君子，则各有相从之类。然则痈疽、侍人，其非孔子之类明矣。而乃谓孔子主于痈疽、侍人，则是以至圣而主于至不肖之家，何其不类之甚也！尚可以为孔子哉？好事之说，可不辩而益见其妄矣。”大抵君子小人，其人品较若黑白，本无难辨。而臣下每失之诡随，人主每失之偏任者何？君子以同道为朋，务在进贤；小人以同利为朋，务在植党。君子之朋主于济国，故疏于防奸；小人之朋志在得位，故工于诋正。是以直道难容，枉道易合，此忠佞之分也。人主不可不察。

万章问曰：“或曰：‘百里奚自鬻于秦养牲者，五羊之皮。食牛，以要秦穆公。’信乎？”孟子曰：“否，不然。好事者为之也。”

百里奚，是秦大夫。自鬻，是自卖其身。

万章问于孟子说：“古之贤人，若百里奚相秦以成霸业，其功名至显盛矣。或人乃言其进身之始，欲往见秦穆公而无资，遂自卖其身于秦国养牲者之家，得其五羊之皮，为其家喂牛，以此夤缘求见于穆公。穆公以为贤，遂举之牛口之下，而加之百姓之上。不识此语果诚然乎？”孟子答说：“否。此言殆非然也。盖古人未遇之时，虽不免累于困穷，乃其得君而仕，则必不肯甘于污辱。为此言者，多由好事之人，喜为不经之论，欲自掩其污辱之行，而假借于古人之名耳。岂以百里奚之贤而肯为食牛干主之事哉？”是时列国游士，若弹铗吹竽、鸡鸣狗盗之徒，挟其术以干世主之好，故往往借圣贤之事以自文其私。如前以割烹要汤诬伊尹，此又以食牛干秦诬百里奚。大要皆以不正之心度圣贤，故孟子皆断其出于好事之口，所以辟邪说，正人心者，至矣。

“百里奚，虞人也。晋人以垂棘之璧与屈产之乘，假道于虞以伐虢。宫之奇谏。百里奚不谏。”

虞、虢，都是国名。垂棘、屈，都是地名。宫之奇，是虞臣。

孟子又告万章说：“吾于百里奚，而谅其无食牛干主之事者何？亦观其平日去就之间而已。盖百里奚虽仕于秦，而生长于虞，本虞国之人也。当其在虞，何尝知有秦？只因晋人听荀息之计，兴伐虢之师，恐道经于虞，为虞所阻。乃以垂棘所出之璧玉，与夫屈地所产之良马，行赂于虞，以为假道之资，因越虞以伐虢，实欲先取虢而并及于虞也。虞公贪受璧、马之赂，而不顾亡国之患。是时，虞臣宫之奇以为虞之与虢，有辅车、唇齿之义，虢亡则虞不能独存。于是谆谆然谏止虞公，而虞公不能听也。百里奚见得晋人之计已成，虞公之昏难悟，以为空言何补？遂不谏而去之秦。此其去虞从秦之由如此。向使虞公能听忠言而却晋人之赂，则虞可以不亡，而百里奚可以不去。其去虞而适秦，乃迫于虞之亡，而非有利于秦之用也，何为而有食牛干主之事哉？”夫以虞公，一贪璧马之赂，而良臣遂去，国随以亡。货利之足以坏君心、速败亡之祸如此。是以明君贱货而贵德，不宝珠玉而宝善人也。

“知虞公之不可谏而去。之秦，年已七十矣，曾不知以食牛干秦穆公之为汙也，可谓智乎？不可谏而不谏，可谓不智乎？知虞公之将亡而先去之，

不可谓不智也。时举于秦，知穆公之可与有行也而相之，可谓不智乎？”

孟子既述百里奚处虞之事，遂断之说道：“凡出处大节，惟智者能辨之。百里奚知虞公之不可谏，脱身去秦，此时年已七十矣，其阅世既久，见理甚明。若食牛干主之事，污贱可耻显然易见，而百里奚曾不知其为辱？贪昧甚矣，岂可谓之老成有智虑者乎？然不智，则必不能知语默之宜。百里奚知虞公之惑于利，谏之必不肯听，遂止而不谏，此其当默而默，非有见几之明者不能，岂可谓之不智乎？不智则必不能知去就之分。百里奚知虞公之将亡，不去且及于难，乃先去以远祸，此其可行则行，非有保身之哲者不能，不可谓之不智也。不智则必不能知废兴之机。当其去虞而举于秦，知穆公之贤可与有为也，遂委质以相从，受任而辅国，此其可仕则仕，非有择主之智者不能，岂可谓之不智矣乎？其智既有足程，其中必有定见。彼食牛干主，少知礼义者所不屑，而谓智者肯为之哉？”

“相秦而显其君于天下，可传于后世，不贤而能之乎？自鬻以成其君，乡党自好者不为，而谓贤者为之乎？”

自好，是自爱其身。

孟子承上文说：“百里奚之为人，不但其有过人之识，而且有辅世之功。盖使其仕秦而得君行政，曾无功业之可闻，则亦未足以见其贤也。今观其相秦而佐穆公以治国，使其君威令布于诸侯、声名显于天下，而其余休遗烈且可传之后世，保子孙而泽黎民，其功业之显盛如此，是何等样贤相！而岂庸庸琐琐、不贤者之所能为乎？夫既有贤者之事功，则必有贤者之志节。若使自卖其身以成就其君，冒污辱之羞，赴功名之会，此虽乡党之常人，稍知自爱其身，而顾礼义、惜廉耻者，亦不肯甘心于此；曾谓贤如百里奚，有尊主庇民之功，而肯为降志辱身之事哉？好事者之言，诬亦甚矣！”

观于此章，百里奚一人之身耳，在虞无救亡国之祸，在秦遂成致主之功，非其佞于虞而忠于秦也，听与不听、用与不用耳。贤才之用舍，关人国之废兴如此。任贤图治者，宜鉴于斯！

卷十

万章下

孟子曰："伯夷目不视恶色，耳不听恶声；非其君不事，非其民不使；治则进，乱则退。横政之所出，横民之所止，不忍居也。思与乡人处，如以朝衣朝冠坐于涂炭也。当纣之时，居北海之滨，以待天下之清也。故闻伯夷之风者，顽夫廉，懦夫有立志。"

横，是不循法度。顽，是愚蠢。懦，是柔弱。

孟子说："圣人之德，本无不盛，而其制行则各不同。古之人有伯夷者，以言其持己，则目不视非礼之色，耳不听非礼之声，何等样严正！以言其处世，则择君而仕，非可事之君弗事；择民而使，非可使之民弗使。世治则进而效用于世，世乱则退而独善其身，何等样高洁！其视横政所出之朝、横民所止之地，惟恐有累于己，不忍一朝居也。思与乡里之常人相处，如着了朝衣朝冠坐于涂炭一般，惟恐有浼于己，不能一息安也。那时商纣在位，举世昏浊，正是朝有横政、野有横民之时；于是洁身远去，避居于北海之滨。盖将待清明之世而后出；苟非其时，宁遁世而无闷矣。此其志操，真可谓嶓然自立，而流俗不能污、邪世不能乱者。是以后世之人，闻其遗风，不但有识见的知所兴起，即顽钝无知之辈，亦皆化而有廉介之操；不但有志气的知所感奋，即柔懦不振之夫，亦皆化而有卓立之志矣。其孤介既足以守己，流风又足以感人，伯夷之行盖如此。"

"伊尹曰：'何事非君？何使非民？'治亦进，乱亦进。曰：'天之生斯民也，使先知觉后知，使先觉觉后觉。予，天民之先觉者也。予将以此道觉此民也。'思天下之民，匹夫匹妇有不与被尧、舜之泽者，若己推而内之沟中，其自任以天下之重也。"

孟子又说："古之人有伊尹者，尝自家说道：'苟可以事，即是吾君，何所事而非君乎？苟可以使，即是吾民，何所使而非民乎？'遇治世，固进而行道以济时；遇乱世，亦进而拨乱以反正。其一于进，而不必于退者，为何？其意以为：‘天之生此民也，将使先知的启迪后知，先觉的开发后觉，而与之共明此道也。今我在天民中，能尽人道，则我固天民之先觉者。我将举此道以觉当世之民，其责有不得诿诸人者矣。’推其心，但是当世之民，有匹夫匹妇颠连失所，不与被尧、舜之泽的，皆其心之所不忍者。其痛自刻责，就如己推而纳之沟中的一般，有不能一日安者矣。是其举宇宙之大，兆庶之众，无一民一物不在其担当负荷之中，其自任以天下之重如此。此伊尹之行也。”

“柳下惠不羞汙君，不辞小官；进不隐贤，必以其道，遗佚而不怨，厄穷而不悯。与乡人处，由由然不忍去也：‘尔为尔，我为我，虽袒裼裸裎于我侧，尔焉能浼我哉？’故闻柳下惠之风者，鄙夫宽，薄夫敦。”

鄙，是狭陋。敦，是厚重。

孟子又说：“古之人有柳下惠者，苟可以事，不必明主，虽遇着汙君，亦委身事之而不以为耻；苟可以居，不必尊位，虽与他小官，亦屈意为之而不必于辞。其不择君而事，若疑于易进矣；而实不肯韬晦以蔽己之贤，必期直道以行己之志。其不择官而居，若疑于难退矣；而放弃亦不以为怨，困穷亦略无所忧。其处进退之际，直率坦夷有如此者。至于处乡里之常人，和光同俗，由由然与之偕而不忍去。其平日常自说：‘形骸既分，尔我各异。尔自为尔，无与于我；我自为我，何关于尔？虽使人袒裼露臂、裸裎露身在于我侧，彼自无礼耳，安能玷辱于我哉？’其言如此。是真旷然有度，而置得丧于不较，合人己而两忘者。故后世之人，闻其遗风，虽狭陋之鄙夫，皆化而有宽宏之量；虽啬吝之薄夫，亦化而为敦厚之行矣。盖其和德之近人为易亲，故其流风之感人尤易入。柳下惠之行固如此。”

“孔子之去齐，接淅而行。去鲁，曰：‘迟迟吾行也。’去父母国之道也。可以速而速，可以久而久，可以处而处，可以仕而仕：孔子也。”

淅，是渍米的水。接淅，是将炊之时，以手承水取米而行，盖欲去之速，而不及炊也。

孟子又说：“三子之行，各有不同，若孔子则兼而有之。当其在齐，因齐景公托言老不能用，义不可留而去。时炊饭未熟，遂承水取米而行，虽一饭之顷，亦有所不能待焉。其在于鲁，因鲁定公受女乐不朝，知其不足与有为而去。然又不忍遽去，乃曰：‘迟迟吾行，必待膰肉不至，而后行焉。’夫去齐如彼其急，而去鲁如此其缓者何？盖鲁乃孔子父母之国，见几固当明决，用意尤宜忠厚，去父母国之道当然耳。即此去鲁、去齐之两事观之，可见孔子之处世，有不倚于一偏、不拘于一节者。道之不行，去可以速矣，则从而速去，不俟终日。如其可留，则又栖栖眷念，而不妨于久淹也。世莫我知，身可以处矣，则从而退处，若将终身;如有用我，则又汲汲行道，而不妨于仕进也。此则内无成心，而意必尽泯；行无辙迹，而用舍随时。孔子所以异于三子者又如此。”

孟子曰：“伯夷，圣之清者也。伊尹，圣之任者也。柳下惠，圣之和者也。孔子，圣之时者也。”

孟子既历叙群圣之事，因断之，说道：“大凡行造其极者，皆可以为圣。然非道会其全者，未可以言圣之至也。今伯夷以节自高，而视斯世之人无一可与。其皭然洁白之行，已造到清之极处，而无纤毫之混浊矣，其圣之清者乎！伊尹以道自负，而视宇宙内事皆吾分内。其毅然担当之志，已造到任之极处，而无一念之退托矣，其圣之任者乎！柳下惠以量容天下，而视斯世无不可与之人。其由然与偕之度，已造到和之极处，而无纤毫之乖戾矣，其圣之和者乎！至若孔子，仕止久速，不倚于一偏；变化推移，总归之顺应。此则清而未尝不任，任而未尝不和，兼三子之长而时出之，乃圣之时者也。谓之曰时，则三子之行，不过四时之一气；而孔子之道，殆如元气之流行于四时，有不得而测其运用之妙者矣，夫岂三子之可及哉！”

“孔子之谓集大成。集大成也者，金声而玉振之也。金声也者，始条理也。玉振之也者，终条理也。”

凡作乐，一音独奏一遍，叫作一成；八音合奏一遍，叫作大成。金，是钟。声，是引起的意思。玉，是磬。振，是收煞的意思。条理，是音律中之脉络。

孟子又说："清如伯夷，任如伊尹，和如柳下惠，虽各造其极，然圣矣而未大也。惟孔子以一身而兼三子之长，是其总群圣之事而为一大圣。譬之于乐，其犹集众音之小成而为一大成者乎！何以谓之集大成？盖乐有八音，若独奏一音，则一音自为起落，这是小成。惟于众音未作之时，而击镈钟以宣其声；俟众音既阕之时，而击特磬以收其韵，金声于先，玉振于后，这才是集众音之小成而为一大成也。金、石二音，何以能集众音之大成？盖金、石者，众音之纲纪。金不鸣，则众音无由而始；自镈钟一击，然后众音翕然而作，而律吕为之相宣矣。是金声也者，岂非开众乐之端，而为之始条理者乎？玉不振，则众音无由而终；惟特磬一击，于是众音诎然而止，而条贯为之具毕矣。是玉振也者，岂非收众乐之节，而为之终条理者乎？始终之间，脉络贯通，无所不备，此乐之所以为集大成也。孔子集群圣之大成，何以异于是哉？"

"始条理者，智之事也。终条理者，圣之事也。"

智，是知之精明。圣，是德之成就。

孟子又说："合始终条理而无不备，此乐之大成也，而孔子之圣实似之。盖大乐之作，有始有终；而圣德之全，有智有圣。金以声之，此乐之始条理也；而比之孔子，与其知之贯彻处，实同一发端。盖孔子智由天纵，而睿哲所照，洞见夫道体之全，于凡清、任、和之理，条分缕析，无一理之不精，是智以启作圣之始，与金以开音乐之先者，其事一而已矣。所以说始条理者，智之事也。玉以振之，此乐之终条理也；而比之孔子，与其德之成就处，实同一究竟。盖孔子德本性成，而众善兼该，克造于圣修之极，于凡清、任、和之事，经纬错综，无一事之不当，是圣以要知至之终，与玉以收音乐之止者，其事一而已矣。所以说终条理者，圣之事也。智圣兼全，而圣德始终之条理备矣，此孔子之所以为集大成也。彼三子者，不过众音之小成耳，岂能比德于孔子哉？"

"智，譬则巧也。圣，譬则力也。由射于百步之外也，其至，尔力也；其中，非尔力也。"

孟子又说："圣智兼备，固孔子之所以集大成矣。而智以成始，圣以成终，则圣又由于智也。不观之射乎？射有巧有力。孔子神明内蕴，合清、任、和之理而兼照之，是智也，譬则射者之巧焉；德行默成，体清、任、和之理而时出之，是圣也，譬则射者之力焉。必知之真，然后行之至；必有定见，然后有全力。譬如射于百步之外的一般：凡射疏及远，到得那地步，这是膂力之强，尔力之所能为也。若夫舍矢如破，正中其的，这是得手应心，妙在于命中之先，乃巧之所为，不专在于力也。夫射之能中者，不专于力而在于巧，则孔子所以为圣之至，不专于圣而实由于智矣。彼三子者，力有余而巧不足，此所以倚于一偏，而难以语时中之圣也。”按，孟子此章形容孔子之德，既以天道为喻，曰圣之时；又举乐为喻，曰集大成；复举射为喻，曰智巧也、圣力也。岂智之外复有时中哉？大成即圣之全体，而时中即智之妙用。智而后能圣，圣而后能时，理固一原，而圣心之纯，实贯始终而无间者也。观其自言，亦谓由志学而驯至于从心不逾矩。夫志学，智也；不逾矩，时也。合而观之，而圣德之全益见矣。

北宫锜问曰："周室班爵禄也，如之何？"孟子曰："其详不可得闻也。诸侯恶其害己也，而皆去其籍。然而轲也尝闻其略也。"

北宫锜，是卫人。班，是班定次第。

北宫锜问于孟子说："朝廷设官分职，莫大于爵禄；而爵禄之制，莫备于成周。周室之班爵禄，必有个贵贱之等、厚薄之差，敢问其制如之何？"孟子答说："周室爵禄之制，其品式章程至精至密，今已不可得而闻其详矣。盖制度之详，载在典籍，典籍存而后制度可考也。自周室衰微，诸侯放恣，僭窃名号的，以卑而拟尊；兼并土地的，以大而吞小，反厌恶先王之制度，以为不便于己之所为，遂灭去其籍，使上下名分无从稽考，因得以纷更变乱而无忌，此所以典籍散失，欲闻其详而不可得也。顾其详虽不可得闻，然而规模之建立、体统之昭垂，尚有幸存而未泯者，轲也亦尝闻其什一于千百，而可举其大略为子告焉。"夫当典籍残缺之余，而能考究圣王之制，非孟子学识其大，其孰能知之？

"天子一位，公一位，侯一位，伯一位，子、男同一位，凡五等也。君一位，卿一位，大夫一位，上士一位，中士一位，下士一位，凡六等。"

这一节是周室班爵之制。

孟子告北宫锜说："成周爵禄之制，册籍虽亡，而名分未泯。其班爵之大略，有通行于天下的，有单行于中国的。自其通于天下者而言，父天母地，而为天下之所共宗，这是天子。天子之贵，自为一位，尊无二上矣。然天下之大，非天子一人所能独理也，于是分天下为万国，而使同姓之亲、异姓之贤，与之共治焉。自天子而下，有公一位；公之下，有侯一位；侯之下，有伯一位；伯之下，有子与男同一位。天子总治于内，公、侯、伯、子、男分治于外，内外相维，体统不紊，然后举天下之大，无一国之不治矣。爵之通于天下者，此其大略也。自其施于国中者而言，出命正众，而为一国之所奉戴，这是君。天子君于王畿，诸侯君于列国，各自为一位矣。然一国之众，亦非君一身所能独理也，于是分庶绩于百官，而使贤者在位、能者在职，与之共治焉。自君而下，有卿一位；卿之下，有大夫一位；大夫之下，有上士一位、中士一位、下士一位。君出令于上，卿、大夫、士奉令于下，上下相承，事使不乱，然后举一国之事而无一事之不治矣。爵之施于国中者，此其大略也。据我所闻周室班爵之制，如此而已。若其创制立法之盛，则典籍尽去，今亦安从而考其详哉？"

"天子之制，地方千里，公侯皆方百里，伯七十里，子、男五十里，凡四等。不能五十里，不达于天子，附于诸侯，曰附庸。"

这以下是周室班禄之制。

不能，是不足的意思。

孟子又告北宫锜说："周室班爵之制，其略固可得而言矣。其班禄之制何如？试以禄之班于天下者言之。天子食赋于畿内，其制地方千里；盖天子爵为至尊，故其地至广也。公侯而下，则皆食赋于列国；故公侯之地，方广都是百里，其田赋之入，视天子而杀矣。伯之地，方广七十里，其田赋之入，又视公侯而杀矣。子、男之地，方广都是五十里，其田赋之入，视伯而又杀矣。自天子以至于子、男，分田制禄之法，凡有此四等。在天子非独丰，在诸侯非独啬，厚薄之等，一因其尊卑之分而已。此外，更有地不足五十里之数者，遇凡朝觐聘问等礼，不能以姓名自达于天子，但附属于邻邦诸侯，以通其姓名，这叫作附庸。则其爵愈卑，而其禄愈薄矣。盖先王于疆理天下之中，而寓则壤成赋之制，故其禄之班于天下者有如此。”

“天子之卿，受地视侯，大夫受地视伯，元士受地视子、男。”

这一节是禄之班于王国者。

视，是比照的意思。

孟子又告北宫锜说：“周室之班禄，其在王畿之内者，各有差等。盖天子以一人宰治于上，而有卿、大夫、士，分治于下，其效忠宣力，本与外臣均劳，而地近职亲，较之外臣尤重。故王朝之卿，所受采地，比照于大国之侯，侯百里，卿亦百里也。大夫所受之地，比于次国之伯，伯七十里，大夫亦七十里也。元士所受之地，比于小国之子、男，子、男五十里，元士亦五十里也。当其时，诸侯入则为王朝之卿士，卿士出则为列国之诸侯，其分本相等，故其受禄不得不同耳。然以王朝之臣，而同于列国之君，所以尊王室而重内朝之意，又自可见焉。其班禄于天子之国者有如此。”

“大国地方百里，君十卿禄，卿禄四大夫，大夫倍上士，上士倍中士，中士倍下士，下士与庶人在官者同禄，禄足以代其耕也。”

这以下是禄之班于侯国者。

十，是十倍。四，是四倍。倍，是一倍。庶人在官者，是府吏胥徒，如今杂职吏员之类。

孟子又说：“周室之班禄，其在列国者，亦各有差等。以公侯之大国而言，地方百里，提封十万，凡君与卿、大夫、士及在官之庶人，皆仰给于其中焉。君享一国之奉，为田三万二千亩，比之卿禄，盖加十倍之多。卿田三千二百亩，较之于君，才是十分之一，而实四倍于大夫。大夫之田八百亩，较之于卿，才是四分之一，而实加倍于上士。上士得田四百亩，其禄则倍于中士。中士得田二百亩，其禄则倍于下士。下士与庶人在官者，若府吏胥徒之流，其禄相等，皆得食百亩之入焉。盖庶人身役于官，既不得自食其力，因给之以一夫之养，使足以代其耕而已。此则禄颁于上，或加数倍之入，而不嫌于丰；禄给于下，或准一夫之田，而不病于啬。尊卑有序，丰约适宜，大国班禄之制固如此。”

“次国地方七十里，君十卿禄，卿禄三大夫，大夫倍上士，上士倍中士，中士倍下士，下士与庶人在官者同禄，禄足以代其耕也。”

三，是三倍。

孟子又说：“公侯之下有伯，比大国次一等，谓之次国，其班禄亦次之。盖伯爵之国，地方七十里，较之百里之地狭矣。而国中之有卿、大夫、士及在官之庶人，则与大国一也。故其因田制赋，君之禄亦十倍于卿，得田二万四千亩。卿之禄，则止三倍于大夫，得田二千四百亩。至于大夫，则一倍于上士，而得八百亩。上士则一倍于中士，而得田四百亩。中士则一倍于下士，而得二百亩。下士与庶人在官者，皆得以食百亩之入，使足以代其耕，则与大国之制无不同矣。盖自卿以上，禄限于地，固不得与大国同其丰；自大夫以下，食因其事，则不得不与大国同其约。次国班禄之制盖如此。”

“小国地方五十里，君十卿禄，卿禄二大夫，大夫倍上士，上士倍中士，中士倍下士，下士与庶人在官者同禄，禄足以代其耕也。”

二，是二倍。

孟子又说：“伯之下有子、男，比次国又降一等，谓之小国，其班禄抑又次之。盖子、男之国，地方五十里，较之七十里之地则又狭矣。而国中之有卿、大夫、士与庶人之在官者，亦与次国一也。故其因田制赋，君之禄亦十倍于卿，得田一万六千亩。卿之禄则止二倍于大夫，得田一千六百亩。至于大夫，则一倍于上士，而得八百亩。上士则一倍于中士，而得四百亩。中士则一倍于下士，而得二百亩。下士与庶人在官者，皆得以食百亩之入，使足以代其耕，则亦与次国之制，无一之不同矣。盖自卿而上，其禄厚，厚而不减，则国小不足以供，故不得不杀；大夫以下，其禄薄，薄而复减，则养赡不足以给，故不得不同。班禄于小国之中者，其制又如此。”

“耕者之所获：一夫百亩，百亩之粪，上农夫食九人，上次食八人，中食七人，中次食六人，下食五人。庶人在官者，其禄以是为差。”

获，是受田。差，是等级。

孟子又说："庶人在官者之禄，固取其足以代耕矣，而代耕之分数，又自不同。盖耕者所受之田，每夫以百亩为节。百亩之田必加以粪，粪多而力勤的，是上等农夫，计其所入，可以供九人之食；若稍次于上农的，其所入，仅可以食八人；中等的，仅可以食七人；中等又次的，仅可以食六人；若下农夫，则不过能供五人之食而已。人事之勤惰不齐，而收入之多寡随异，其所食之数，大约有此五等。庶人在官者，职有大小，事有繁简，其受禄之多寡，即照此农夫之次序以为等差：事繁者食以上农夫之食，其余以次递减，事最简者亦不失下农夫之食焉。所谓禄足代耕者，其详悉有条，又如此。夫列爵有尊卑，而中外殊其制；班禄有多寡，而上下异其规。此周制之大略，而我之所可闻者也，乃其详，则不可得而闻矣。"

大抵战国之时，诸侯侈肆，先王封建井田之制坏乱已尽，孟子有慨于中久矣！故因北宫锜之问，而摭拾大略以示之，使后世得闻圣王治天下之大法者，独赖此篇之存。有天下者，不可不究心也。

万章问曰："敢问友。"孟子曰："不挟长，不挟贵，不挟兄弟而友。友也者，友其德也，不可以有挟也。"

挟，是挟持所有以傲人的意思。

万章问于孟子说："朋友，五伦之一，自天子至于庶人，未有不须友以成者。敢问友道如何？"孟子答说："交友之道，无他，只在忘势分、略形迹，除去矜己骄人之念而已。如己虽长也，不可挟我之长以加于少者，而与之友；己虽贵也，不可挟我之贵以加于贱者，而与之友；己虽有兄弟之盛也，不可挟我之兄弟以加于寡弱者，而与之友。所以不可以挟者为何？盖友也者，非为其年相若、势相敌而与之为友也，必其道义可尊，斯取为辅仁之助；言行可法，斯联为同志之交。因其有德，而与之友耳。既友其德，则当折节以亲贤，虚怀以受善，岂可以有所挟乎？若一有挟长、挟贵、挟兄弟之心，则在我不胜其骄矜之念，而贤者亦不肯有乐就之诚矣，所以说不可以有挟也。人能持无所挟之心，以择友于天下，则益友日至，辅德有资，交道岂有不善者哉？"

"孟献子，百乘之家也，有友五人焉：乐正裘、牧仲，其三人则予忘

之矣。献子之与此五人者友也，无献子之家者也。此五人者亦有献子之家，则不与之友矣。”

乐正裘、牧仲，是人姓名。

孟子告万章说：“交友之道，能无所挟固难，能不挟贵为尤难。处贵而能不挟者，在大夫中则有若孟献子。孟献子者，百乘之家，为大夫而有采地，其势分亦贵显矣。当时择人而交，有友五人焉：其一人为乐正裘，其一人为牧仲，其三人者，则予不记其姓名而忘之矣。献子与此五人为友，岂漫然与之交游？盖有所以取之者矣。大凡贱与贵交，非资其势，则利其有。惟此五人者，但知道义为重，其于献子之富贵，眼中全不见得，心上全不着意，无献子之家者也。惟其无献子之家，所以为献子所重，而与之为友耳。向使此五人者，视献子之家一有羡慕之心，则是充诎于富贵、陨获于贫贱，可鄙甚矣！献子岂肯与之为友乎？夫以五人，而能忘人之势，固可见五人之高；以献子，而能忘己之势，以成五人之高，抑可见友德之义矣。不挟贵之交，征于百乘之家者有如此。”

“非惟百乘之家为然也，虽小国之君亦有之。费惠公曰：‘吾于子思，则师之矣。吾于颜般，则友之矣。王顺、长息，则事我者也。’”

费惠公，是费邑之君。王顺、长息是人姓名。

孟子又告万章说：“孟献子以百乘之家而下交五人，固可见其不挟贵矣。然不但百乘之家为然也，等而上之，虽小国之君，亦有不可恃其势位者焉。昔者费惠公尝说道：‘人君取友之道，不可以一端而尽；而尊贤之礼，不可以一概而施。大贤如子思，其道德高于一世，是人之师表也；吾则致敬尽礼，以师道尊之，庶有所仪刑，以成吾之德焉。次贤如颜般，其行谊著于一时，是邦之司直也；吾则平等纳交，以友谊接之，庶有所切磋，以辅吾之仁焉。至于王顺、长息，才不逾中人，能不过奔走，仅可承顺左右，充我之使令，事我而已，岂可与子思、颜般同其礼貌之隆哉？’观惠公之言，是不敢以待王顺、长息者而待颜般，不敢以待颜般者而待子思。尊德之诚，有隆无替，其不挟贵而友，征之小国之君者又如此。”

“非惟小国之君为然也，虽大国之君亦有之。晋平公之于亥唐也，入

云则入，坐云则坐，食云则食。虽蔬食菜羹，未尝不饱，盖不敢不饱也。然终于此而已矣，弗与共天位也，弗与治天职也，弗与食天禄也。士之尊贤者也，非王公之尊贤者也。"

亥唐，是晋国的贤人。

孟子又告万章说："费惠公以小国之君，而尊师取友，固可见其不挟贵矣。然又不但小国之君为然也，等而上之，虽大国之君，亦有不可恃其势位者焉。昔者晋平公之于亥唐也，尝慕其贤而往造其家，以千乘之尊下间巷之士，宜其以君道自处矣，乃执礼甚恭，而受命唯谨。当其至门，唐命之入即入，而不嫌于屈尊；及其既入，唐命之坐即坐，而不嫌于抗礼；其上食也，唐命之食即食，虽粗粝之饭、蔬菜之羹，未尝不饱，而不嫌于菲亵。非饱其食也，敬贤者之命，不敢不饱耳。夫以坐起饮食，一惟贤者之命是从，真可谓曲尽尊贤之礼矣。然此特仪文之末，而尊贤之道，尚有不止于此者。天位以官有德，而公不与之共焉；天职以任有德，而公不与之治焉；天禄以养有德，而公不与之食焉。其所以尊之者，不过造请承顺之间，此乃无位之士，所可自尽其尊贤之情者耳。岂以王公操爵禄之权，可以贵人富人者，而其尊贤之道仅止于此而已哉？然平公虽未尽尊贤之道，而已曲尽尊贤之礼，其视世之负其位不肯下交者，固有间矣。不挟贵而友，征之于大国之君者又如此。"

"舜尚见帝。帝馆甥于贰室，亦飨舜，迭为宾主，是天子而友匹夫也。"

尚字，与上字同。甥，是婿，尧以女妻舜，故谓舜为甥。贰室，是副宫。

孟子又告万章说："晋平公以大国之君而尊礼亥唐，固可谓不挟贵而友矣。然亦非但大国之君为然也，虽天子亦有之。当初，虞舜一侧陋之匹夫耳；尧知其贤，举于畎亩之中，妻之以二女，舜由是得以上见于尧。尧以甥礼待舜，馆之于副宫；亦时就副宫，与舜同饮食而飨舜。舜尚见帝，则舜为宾而尧为主；尧就飨舜，则尧为宾而舜为主。以君臣之间，而更迭为宾主之交，是其以天子之贵，下友匹夫之微。知有道德之可尊，而不知有名位之足恃；知有情意之当洽，而不知有势分之可拘也。尧之友德而无所挟固如此。夫天子之贵，尚不可以有挟，而况于有国有家者乎？贵且不足挟，而况于挟长、挟兄弟者乎？此友之所以不可以有挟也。”

“用下敬上，谓之贵贵。用上敬下，谓之尊贤。贵贵、尊贤，其义一也。”

孟子又告万章说：“历观古人不挟贵而下交如此，非其过自贬损也，惟有见于理之当然而已。盖自君臣之位定，而上下之分殊。以在下之士庶，而奔走承顺以敬其上，非无谓也。朝廷莫如爵，名分所在，虽贤者不得而抗，因彼可贵而我贵之，这叫作贵贵。以在上之君、公、大夫，而虚怀隆礼以敬其下，非无谓也。长民莫如德，道德所在，虽贵者不得而慢，因彼为贤而我尊之，这叫作尊贤。贵贵、尊贤，其事若有不同；然以礼言之，上下相敬，各有攸当，同归于义而已。盖义者，宜也。位之所在，则尊君为重，故用下敬上而不为谄，此安分之理宜然也。德之所在，则尊贤为重，故用上敬下而不为屈，此忘分之理宜然也。分之则为各欲自尽之心，合之则为一德相成之道，所以说其义一也。世之人，但知贵贵，而不知尊贤，则亦昧于义之所在矣。”

按，孟子此章，因论于朋友，遂及于君臣。盖君、臣、朋友，皆以义合者也，义合则从，不合则去。故定交甚难，而全交为尤难。止于定交而已，如献子于五人、惠公于颜般、平公于亥唐，能不挟者，皆可以得友。必欲心孚意契、终始相敬以全其交，则必如尧之于舜，元首股肱，赓歌喜起于一堂，而后可以言泰交之盛。此则非有任贤勿贰之心者不能，不但不挟其贵而已。

万章问曰：“敢问交际何心也？”孟子曰：“恭也。”曰：“‘却之却之为不恭’，何哉？”曰：“尊者赐之，曰：‘其所取之者，义乎？不义乎？’而后受之，以是为不恭，故弗却也。”

交际，是以礼往来。却，是拒而不受。

万章问于孟子说：“君子以一身酬酢万变，无一不本之于心。至于以礼仪币帛彼此往来交际，敢问此心果何心也？”孟子答说：“人有恭敬之心存于中，而后假币帛之仪将于外。交际之礼，乃彼此相敬，其心主于恭而已矣。”万章问说：“交际固所以将敬，辞让亦所以明礼，乃有却之、却之而不受的，人便以为不恭，何哉？”孟子答说：“凡处人之馈，未有无故而却者。如尊者有赐于我，我心必私自忖度说：‘此所赐之物，必是取于人者，不知其取此物，果合于义而当得者乎？抑不合于义而不当得者乎？必所取合义，而后可受。如其非义，便不可受，而当却还之矣。’夫以尊者之赐，计其不义而不受，则是鄙其物而轻其人，傲慢莫大焉，此所以却之为不恭也。惟以此为不恭，故宁受之而不敢却，以卑承尊之礼宜然也。知不却之为恭，而交际之心益可见矣。”

曰：“请无以辞却之，以心却之，曰：‘其取诸民之不义也。’而以他辞无受，不可乎？”曰：“其交也以道，其接也以礼，斯孔子受之矣。”

万章又问孟子说：“尊者之赐，固不可却；而不义之物，终不可受。于此而求善处之术，当其以物来馈，心虽知其不义，请勿显言其不受之故，而以辞却之；但心中暗地计较说：‘此其物是不义而取之于民者。’但假托他事以为辞，而却之不受。则在我既无不义之污，在彼亦难加我以不恭之罪，人己之间，两无所失，不亦可乎？”孟子答说：“处人之馈，以辞却之，固嫌于径直而不逊；以心却之，亦失之诡故而不情，但看他道与礼何如耳。如使其交于我者，当馈而馈，当赆而赆，而有道以相与；其接于我者，申之以词，将之以物，而有礼以相加。这等的交际，则虽圣如孔子，为礼义之中正，亦有见于道之可受，而不问其所从来；有见于礼之可受，而不疑其为非义，斯受之而已矣。以孔子而犹不为已甚之行，则有赐于我，而以心却之者，亦岂得为顺应之道哉？”

万章曰：“今有御人于国门之外者，其交也以道，其馈也以礼，斯可受御与？”曰：“不可。《康诰》曰：‘杀越人于货，闵不畏死，凡民罔不譈。’是不待教而诛者也。殷受夏，周受殷，所不辞也，于今为烈，如之何其受之？”

御，是拦夺财物。《康诰》，是《周书》篇名。越，是颠越。譈，是怨恶。

万章又问孟子说：“夫子谓受赐者但当观其交际之礼，不必更问其所从来。设若有人，于国门之外、旷野之所，截人而杀之，因用其御得之货，交我以道，馈我以礼。若此者，亦可不问其所从来而受之乎？”孟子答说：“若是御人之货，则岂可受？《书经·康诰》之篇有云：‘杀人而颠越之，因取其所有之货，闵然不知畏死。这等凶恶之人，人所共愤，凡民无有不譈。’可见御人之盗，乃天理之所不容，王法之所不宥，不待教戒，即当诛戮者也，岂可受其馈乎？盖义所当受，即殷受夏之天下、周受殷之天下，亦有所不辞者，其功烈至今光显，人孰得而议之？若夫御得之货，不义甚矣，如之何其可受也哉？此可见君子虽重于绝人，而未尝不严于律己。尊者之赐，虽有所弗却；而义利之辨，固未尝不审也。”

曰：“今之诸侯取之于民也，犹御也。苟善其礼际矣，斯君子受之。敢问何说也？”曰：“子以为有王者作，将比今之诸侯而诛之乎？其教之不改而后诛之乎？夫谓非其有而取之者盗也，充类至义之尽也。”

比字，解作连字。充，是推广的意思。

万章又问孟子说：“御人之货，诚不可受矣。窃见今之诸侯，暴征、横敛，剥民以自奉，其取诸民之不义，就与御人国门之外的一般。苟善其礼，而备物以相交，斯君子受之，而不嫌于不义，此与受御人之货者有何分别？敢问此何说也？”孟子答说：“今之诸侯，取之于民固多不义，比之于盗，则亦太甚矣。试以王者之法论之。子以为今之天下，有王者起而修明法度，将连合今之诸侯，而尽诛之乎？抑先施教令，不改而后诛之乎？必教之不改而后诛之，则与御人之盗不待教而诛者，固有间矣。今但以其取非其有，而遂谓之盗，是乃推不取之类，直至于义之至精、至密的去处，必一介不取而后为义之尽；所以稍涉不义，而即加之以盗名也。其实御人之盗，乃为真盗；诸侯取非其有，虽今之所谓民贼，岂可遽以同于御人之盗也哉？即诸侯异于御人之盗，则诸侯之馈，亦异于御得之货矣。尚何疑于君子之受赐乎？”

“孔子之仕于鲁也，鲁人猎较，孔子亦猎较；猎较犹可，而况受其赐乎？”

猎较，是田猎相较，夺取禽兽。

孟子又告万章说：“诸侯之馈，所以不可概却者，非但义不可以过求，而礼固不嫌于从俗也。昔者孔子之仕于鲁国也，鲁人之俗，每当祭祀之时，必去田猎于外，追逐禽兽，争相较夺，以供俎豆之需。此其事宜非圣人之所屑为矣，乃孔子亦从其俗而与之猎较焉。夫田猎之事，鄙事也；较夺之俗，薄俗也。孔子犹且为之，不肯自别于鲁人，则知事之无害于义者，从俗可也；况乎交以道、接以礼者，而其赐岂有不可受乎？盖猎较之俗，不能累孔子之圣；而诸侯之赐，不足病君子之廉。处世之道，但求合于中庸之行而已，岂必绝物以为高哉？”

曰:“然则孔子之仕也，非事道与？”曰:“事道也。”“事道奚猎较也？”曰:“孔子先簿正祭器，不以四方之食供簿正。”曰:“奚不去也？”曰:“为之兆也。兆足以行矣，而不仁，而后去。是以未尝有所终三年淹也。”

事道，是以行道为事。簿，是簿籍。兆，是事端之先见者。淹是留滞。

万章又问孟子说:“君子之仕，将以道易俗也。今孔子从鲁之俗如此，然则其仕于鲁也，固非以行道为事与？”孟子答说:“孔子身任斯道之责，行道之外，更有何事乃事道也？”万章又问说:“孔子既以行道为事，则猎较之俗，宜思有以变之，而反从之，何也？”孟子答说:“孔子从俗之意，固非安于因循，但以其积习既久，未可遽变，姑先正其本耳。盖鲁人之猎较以供祭者，只因祭无定器，实无定品也。孔子先为簿书以正其祭器，使器有定数，而不以四方难继之物，供其簿书之所正者，使实有常品，品物既定，则大本正矣。彼猎较所得之物虽多，无所用之，其俗将不禁而自废。此于从俗之中，寓变俗之法，正圣人转移之妙用也，安可谓之非事道乎？”万章又问说:“孔子欲以变俗，而为是委曲迁就之图，则行道之志，有不能自遂者矣。志不得遂，何为而不去乎？”孟子答说:“孔子非难于一去也，但世方望我以行道，而我更张太骤，将启人疑畏之心。所以不去者，正欲寻个头脑。从簿书器物做起，先小试其道以示人，使人知吾之道简便易从，而不苦其难，然后可以次第施为，而吾道大行之兆，将于此乎卜之耳。若其兆既可行，而人不能遂行其道，则非吾道之难行，由君上之不能用也，于是不得已而始去。盖其去虽不轻，而志则未尝不决。是以可仕则仕，可速则速，未尝终三年之久淹留于一国也。其去留之不苟如此，何莫而非事道之心哉？”

“孔子有见行可之仕，有际可之仕，有公养之仕。于季桓子，见行可之仕也。于卫灵公，际可之仕也。于卫孝公，公养之仕也。”

见行可，是见其道之可行。际可，是交接有礼。公养，是供馈之仪。

孟子又告万章说：“孔子行道之心，不但于仕鲁见之，苟可以仕，未尝不委曲以冀其一遇也。吾尝历观其仕进之迹，大概有三：有时会偶值事机适投，见得吾道有可行之兆，则委身而仕，这是见行可之仕。其次，道虽未见其可行，而能迎之致敬、待之有礼，此盖有尊贤之诚者，则亦不忍遽去而仕焉，这是际可之仕。其次，礼虽未必其能尽，而有廪人继粟、庖人继肉，此能修养贤之典者，亦不忍遽弃而仕焉，这是公养之仕。然果何以考之？其仕于鲁也，当定公即位之初，正桓子执政之日。此时桓子能荐之，定公能用之，骎骎乎道有可行之渐；因与桓子共政而不辞，此所谓见行可之仕也。其仕于卫灵公也，有感于郊迎之礼貌则就之，未至于问陈，不遽行也，此所谓际可之仕也。其仕于卫孝公也，有感于问馈之殷勤则就之，将待其为政，不遽去也，此所谓公养之仕也。夫曰行可，曰际可，曰公养，仕虽一无所择，而义则一无所苟，则何莫而非仕道之心哉？”

观于此章，圣贤之辞受进退，固不肯徇俗而苟为同，亦不可矫俗而苟为异。从违可否之间，惟以礼义为之权衡而已。

孟子曰：“仕非为贫也，而有时乎为贫。娶妻非为养也，而有时乎为养。为贫者，辞尊居卑，辞富居贫。”

孟子说：“君子之仕，虽有受禄之道，而不可有苟禄之羞。盖凡仕而用世，本为济时以行道，非为贫无所资，求为得禄之地也。然或道与时违，而家贫亲老，无以为俯仰之需，不得不资于升斗之禄，亦有时乎为贫而仕焉。正如娶妻者本为继嗣，非为资其馈养也。然亦有不任井臼之劳，不得不藉其中馈之助者，亦有时乎为养焉。夫为贫而仕，既非得已之情，则择官而处，宜安退让之分。爵以驭贵，在负行道之志者，方可以居尊位。既为贫而仕，则所愿者不过一阶一级之荣而已，尊官岂所宜居？要当辞尊官，而居卑下之秩可也。禄以驭富，必任行道之责者，方可以食厚禄。既为贫而仕，则所愿者不过一身一家之养而已，厚禄岂所宜受？要当辞厚禄，而居微薄之俸可也。”盖官卑则职事易称，禄薄则分愿稍安，为贫而仕者，其自处之道当如是耳。

“辞尊居卑，辞富居贫，恶乎宜乎，抱关击柝。孔子尝为委吏矣，曰‘会计当’而已矣。尝为乘田矣，曰‘牛羊茁壮长’而已矣。”

抱关，是守关之吏。柝，是夜行所击的木梆。委吏，是主仓廪之官。乘田，是主苑囿之官。茁，是肥充。

孟子又说：“为贫而仕者，固在辞尊位而居其卑、辞厚禄而居其贫矣。而卑贫之职，果以何者为分之所宜居乎？其惟守关之吏，讥防出入，以击柝为职者，其位既卑，而事不难于理；其禄甚薄，而食不浮于人，此则为贫而仕者之所宜居也。不观之孔子乎？孔子尝为贫而仕，而为委吏矣。委吏所司者，钱谷之事，宜非圣人所屑为。乃孔子则曰：‘委吏虽卑，其职易称也。盖钱谷之数，不过出纳。吾惟于出纳之间，料量惟平，而会计当焉，吾职尽矣。会计之外，更有何事乎？’亦尝为乘田矣。乘田所司者，刍牧之事，尤非圣人所屑为。乃孔子则曰：‘乘田虽卑，其职易称也。盖刍牧之事，不过牛羊，吾惟于牛羊之畜，孳息蕃盛，而茁壮长焉，吾职尽矣。牛羊之外，更有何事乎？’以孔子为贫而仕，惟取其职之易称如此。然则抱关击柝，岂非辞尊富而居卑贫者之所宜也哉？”

“位卑而言高，罪也。立乎人之本朝而道不行，耻也。”

孟子又说：“为贫而仕，所以必辞尊富而居卑贫者，非无故也。小臣之与大臣，其责任固自不同耳。盖官卑者，分亦卑。若使身在卑微之位，本无行道之责，却乃高谈阔论，上与人主争是非，下为国家谋理乱，此则位之所在，不可以言而妄言，越职侵官之罚，必有所不能免矣，岂非取罪之道乎？官大者，任亦大。若使身立朝廷之上，本非窃禄之官，却乃受直怠事，上无以补益君德，下无以康济民生，此则道之所在，可行而不能行，尸位素餐之讥，必有所不能免矣，岂非可耻之甚乎？夫出位为可罪，则卑贫固易称之官；道不行为可耻，则尊富非窃禄之地。此为贫而仕者，所以当辞尊富、居卑贫，而以孔子为法也。”此章见小臣大臣各有当尽之职，能举其职，即委吏、乘田为宜；不能举其职，即秉政立朝为辱。是以人臣笃奉公之义，宜度己而处官；人君操驭下之权，宜量能而授任也。

万章曰："士之不托诸侯，何也？"孟子曰："不敢也。诸侯失国而后托于诸侯，礼也。士之托于诸侯，非礼也。"万章曰："君馈之粟，则受之乎？"曰："受之。""受之何义也？"曰："君之于氓也，固周之。"

托，是寄食于人。

万章问于孟子说："贤非后不食。士当未仕时，虽寄身于诸侯而食其禄，似不为过，乃不肯寄食于诸侯者，果何谓也？"孟子答说："士之不托诸侯，非其心之不欲，乃分之所不敢也。盖诸侯本有爵土之封，不幸失国出奔，托身他国。他国之君待之以寓公之禄，岁有常廪，此乃诸侯之礼也。若士本无爵土，乃寄寓于诸侯，不仕而食其禄，是以匹夫而拟邦君之尊，犯分而非礼矣，此所以不敢也。"万章又问说："士之不托诸侯，固矣。若国君以粟馈之于士，则将受之否乎？"孟子答说："君馈粟于士，士固当受之也。"万章又问说："士于诸侯，既不敢以寄食，而馈粟则又可受，敢问此何义乎？"孟子答说："君之于民也，分若相悬，情关一体，固有振穷恤匮之义焉。士而未仕，无异于编氓，则君之馈士，是亦周之之意也。士安氓庶之分，而无僭礼之嫌，如之可不受之乎？盖士固当知守身之礼，又不可昧处馈之义也。"

曰："周之则受，赐之则不受，何也？"曰："不敢也。"曰："敢问其不敢何也？"曰："抱关击柝者，皆有常职以食于上。无常职而赐于上者，以为不恭也。"

赐，是予以常禄。

万章又问孟子说："人君待士，馈之以粟，赐之以禄，同一赐予也。乃士于所周之粟则受，于所赐之禄则不受，此何谓乎？"孟子答说："士之不敢受赐，即是不敢托于诸侯之意，分有所不敢也。"万章问说："敢问不敢受君之赐，何谓也？"孟子答说："君之待民，与所以待臣，其礼不同。人臣受职任事，虽微如抱关击柝之吏，皆有所守之常职，自当有所赐之常禄以食于上，此人臣之分，而亦人君待臣之礼也。若士而未仕，则无常职矣；无常职，则不当受常禄矣。若无常职而受所赐之常禄，则是以庶人而上同于在位之臣，越礼犯分，不恭孰甚焉？此所以不敢受其赐也。夫为士者，上既不敢比于有国之君而托其身，下又不敢比于有位之臣而受其赐，则其所遇，亦甚穷矣。穷而能以礼自处，不为苟得，此士之所以可贵也。”

曰：“君馈之，则受之，不识可常继乎？”曰：“缪公之于子思也，亟问，亟馈鼎肉。子思不悦。于卒也摽使者出诸大门之外，北面稽首再拜而不受，曰：‘今而后知君之犬马畜伋。’盖自是台无馈也。悦贤不能举，又不能养也，可谓悦贤乎？”

亟，是频数。卒，是末后。摽，是以手麾斥。伋，是子思的名。台，是使令人役。

万章又问孟子说：“士不敢受君之赐，独君馈之则受之，不识君之致馈于士，亦可常常继续乎？”孟子答说：“人君致馈于士，固不可不继而失之疏，亦不可常继而失之数。昔者鲁缪公之于子思也，慕其贤而尊礼之，数使人问候，以通其意；且数馈鼎肉以致其飧，自以为能敬贤矣。但数以君命来馈，未免使子思有数拜之劳，子思因是不悦。乃于其末后来馈之时，麾使者出于大门之外，北面稽首，再拜而辞其馈，说道：‘始吾以君致馈于伋，待伋甚厚也。自今而后，知君之于伋，食而弗爱，但以畜犬马者畜之而已。’缪公闻子思之言，憣然悔悟，从此不敢复遣台官来致馈也。盖人君悦贤之道，固贵于能养，尤贵于能举。缪公之于子思，既不能与共天位以用贤，又不能曲尽诚意以养贤，乃徒屑屑于问馈之间，岂可谓悦贤之道乎？此子思所以不悦于卒，而力辞其馈也。然则人君之致馈于贤者，固当求为可继，尤当顾其所安。而君子之受馈，亦自有道，而不可苟矣。”

曰：“敢问国君欲养君子，如何斯可谓养矣？”曰：“以君命将之，再拜稽首而受。其后廪人继粟，庖人继肉，不以君命将之。子思以为鼎肉使己仆仆尔亟拜也，非养君子之道也。”

仆仆，是繁琐的意思。

万章又问孟子说：“缪公于子思，固未可谓悦贤矣。敢问国君欲养君子，必如何方为能尽其道乎？”孟子答说：“国君养贤，始而不将之以君命，则为简礼。故当始馈之时，于凡粟肉之赐，必遣人以君命致之，使道其礼意之诚；时则贤者敬君之命，再拜稽首而受，此始馈之礼宜然也。自是以后，则但分命有司供其匮乏，使廪人继之以粟、庖人继之以肉，不复以君命将之，使免于拜赐之劳，此继馈之礼宜然也。缪公昧于此礼，数以君命致馈；子思意以为：鼎肉之微，而使己仆仆然拜赐之不暇，非养君子之道也。此所以摽使者于门外，而不肯受其馈也。知子思所以不受缪公之馈，则知国君养贤之礼，不在于供馈之频繁，而在于礼恤之周至矣。”

“尧之于舜也，使其子九男事之，二女女焉，百官牛羊仓廪备，以养舜于畎亩之中，后举而加诸上位，故曰王公之尊贤者也。”

孟子又告万章说：“国君馈士，而曲尽其礼，此但可谓之养贤，未可谓之尊贤也。其惟尧之于舜乎！昔者帝尧之于舜也，知其有非常之具，因待之以非常之礼。使其子九男事之，以治其外；二女妻之，以治其内。又承之以百官，给之以牛羊、仓廪，无一之不备，以养舜于畎亩之中。后乃举而加之上位，任以百揆四岳之职，与之治天位焉、食天禄焉。此乃能养能举，所以谓之王公之尊贤也。岂但廪人继粟、庖人继肉，徒饰问馈之弥文而已哉？然则人君欲尽养贤之道，诚不可不知所以用贤矣。养之而无以用之，贤者尚不可以虚拘，而况于并废养贤之礼者乎？”

万章曰：“敢问不见诸侯，何义也？”孟子曰：“在国曰市井之臣，在野曰草莽之臣，皆谓庶人。庶人不传质为臣，不敢见于诸侯，礼也。”

传，是相通的意思。质，是相见所执之物。

万章问于孟子说：“士以行道为心，则当以得君为急。乃高尚其志，不肯往见诸侯，敢问此何义乎？”孟子答说：“士之不见诸侯，非自尊大也，分有所不敢耳。盖朝野之地位悬殊，臣民之名分亦异。有居于国都之中，日往来于廛市的，这叫作市井之臣。有居于郊野之外，日作息于田亩的，这叫作草莽之臣。这两样人，通叫作庶人。大凡在位之臣，必执贽以通于君，而后敢见。乃庶人则未尝传质为臣，是其迹犹未离乎市井之微、草莽之贱也，其不敢见于诸侯，正所以安庶人之分，而不敢同于在位之臣，以礼自守而已。使越礼以求见，岂能免于干进之辱哉？”

万章曰:“庶人,召之役,则往役;君欲见之,召之,则不往见之。何也?”曰:“往役,义也。往见,不义也。”

万章又问孟子说:“士未传贽为臣,既以庶人自处,则当惟君命是从矣。今国君召庶人而役之,庶人则往役而不敢后;君欲见士而召之,士则不肯轻身往见,何也?”孟子答说:“士与庶人,语分则不异,语道则有异。为庶人者,率子民之职,供力役之征,其所以趋事赴工而不敢后者,乃是以分自守,义当然也。若为士者,欲以道而见用于世,必以道而自重其身。若召之而即往,则未免枉道以徇人,守己之义不如是也。然则士之可使往役,而不可使往见者,惟其以道自重焉耳。然则人君欲见贤,而可不隆下贤之礼哉?”

“且君之欲见之也,何为也哉?”曰:“为其多闻也,为其贤也。”曰:“为其多闻也,则天子不召师,而况诸侯乎?为其贤也,则吾未闻欲见贤而召之也。”

孟子以士不可召之义告万章,恐其未达,乃问之说道:“士所以不往见诸侯者,非一见之难也,盖必有其故矣。吾且问子:诸侯之于士,所以汲汲然欲求其一见者,其意果何所为也哉?”万章答说:“国君所资于士者有两件:一件为其博闻多识,可以为考德问业之资;一件为其体道成身,可以为正君善俗之助,此其所以欲见之也。”孟子说道:“国君见士之意,使不为其多闻与贤则已,如为其多闻,而欲资之以讲明道理,是师道之所在也。既有师道,虽尊如天子,犹且学而不臣,不敢召见,而况诸侯一国之主耳,独可以召师乎?既为其贤,而欲资之以赞襄治化,是德义之可尊也。既尊其德,虽折节下交,欲有谋焉,就之亦不为屈;乃欲召之往见,则岂吾之所闻者乎?知国君之不可召士,则士之不可往见明矣。”

“缪公亟见于子思,曰:‘古千乘之国以友士,何如?’子思不悦,曰:‘古之人有言,曰:“事之云乎?”岂曰“友之云乎”?’子思之不悦也,岂不曰:‘以位,则子君也,我臣也,何敢与君友也?以德,则子事我者也,奚可以与我友?’千乘之君,求与之友而不可得也,而况可召与?

孟子又告万章说:“欲知国君不可召士,观缪公于子思之事可见矣。

昔者缪公知子思之贤而数见之。因问于子思说：'古者千乘之君，忘分下交，与韦布之士为友，则何如？'缪公此言，分明有自矜之意。于是子思艴然不悦，答说：'吾闻古之人有言：国君之于贤者，当尊之以师道，事之云乎。岂但如君所言，友之云乎？'吾想子思不悦缪公之意，岂不以为君臣之际，以爵位言之，则子尊而在上为君，我卑而在下为臣，势分悬绝，何敢与君友也？若以道德言之，我则系师表之望，子当以师道事我者也，奚可与我平交而为友乎？由子思之言推之，千乘之君，求与一介之士为友且不可得，况欲召之往见，则所以待士之礼，又出缪公之下矣，士岂肯应其召哉？"

"齐景公田，招虞人以旌，不至，将杀之。'志士不忘在沟壑，勇士不忘丧其元。'孔子奚取焉？取非其招不往也。"曰："敢问招虞人何以？"曰："以皮冠。庶人以旃，士以旂，大夫以旌。"

虞人，是守苑囿之吏。皮冠，是田猎之冠。通帛为旗叫作旃，旗上有交龙叫作旂，析羽叫作旌。

孟子又告万章说："君不可以召士，不但征诸子思之言，观虞人之事又可知矣。昔者齐景公将有事于田猎，使人执析羽之旌招虞人以供事。虞人不至。景公怒，将执而杀之。孔子赞美说：'志士固穷，常念弃沟壑而不悔；勇士轻生，常念丧其首而不顾。若虞人者，足以当之矣。'夫孔子何取于虞人而赞美若此？盖旌本非招虞人之物，招非其物，虽死不往，孔子所以取之也。"万章因问孟子说："旌非所以招虞人，然则招虞人当用何物乎？"孟子答说："虞人以田猎为职，则招虞人者，当以皮冠，从其所有事也。若庶人未仕者，则招之以通帛之旃，盖有取于朴素之质。士已仕在位者，则招之以交龙之旂，盖有取于变化之象。然皆不敢用旌。惟有家之大夫，方用析羽之旌招之；盖以大夫羽仪朝著，有文明之德，故招之以旌，以明其不同于士庶也。景公乃以之而招虞人，此虞人所以虽死而不敢应其招耳。夫以虞人贱役，尚知守官如此；士乃不知守道，而应诸侯之召，曾虞人不若矣！贤者肯为之哉？"

"以大夫之招招虞人，虞人死不敢往。以士之招招庶人，庶人岂敢往

哉？况乎以不贤人之招招贤人乎？”

孟子又告万章说道：“天下有一定之名分，则各有一定之法守。今以招大夫之旌招虞人，虞人宁死而不敢往。即此推之，使以招士之旂而招庶人，庶人岂敢不安其分，而往应其召哉？夫旌之与旂，贵者之招也；以贵者之招招贱者，虽非其物，犹为宠异之、优厚之，而尚不肯往，况乎召使往见？此乃招不贤人之道也，以不贤人之招招贤人，则轻慢之、屈辱之甚矣。贤人以道自重者，岂肯往应其召乎？知贤者之不可召，而国君见贤，固必有其道矣。”

“欲见贤人而不以其道，犹欲其入而闭之门也。夫义，路也；礼，门也。惟君子能由是路，出入是门也。《诗》云：‘周道如底，其直如矢。君子所履，小人所视。’”

底，是砥石，取其平正的意思。

孟子又告万章说：“即贤人之不可召，则知国君见贤，或近而就见，或远而币聘，当必以道而后可也。使以不贤人之招招之，则是欲见而不以其道，就如欲人之入室，却闭了门的一般，贤者何由而得见乎？盖欲见贤人，须先开其门路；所谓门路，礼义而已。义以制事，坦然为荡平之道，是人所共由之路也；礼以治躬，截然为中正之闲，是人所当出入之门也，而能循之者少矣。唯是君子识见高明，志趣端正，为能非义无行，所往来者必由是路焉；非礼弗履，所出入者必由是门焉。其立身行己，一于道而不苟如此。《诗经·小雅·大东》之篇有云：‘瞻彼周道，其宽平如砥而不险陂，正直如矢而不邪曲。是乃君子之所践履，小人之所视效者也。’观《诗》之所言，所谓君子能由义路而出入礼门，因可知矣。”夫君子以义礼自守如此，若往应不贤人之招，则是舍正路而不由，逾大闲而妄入，失己甚矣，岂其所肯为者哉？此欲见贤人者，必不可不由其道也。

万章曰：“孔子‘君命召不俟驾而行’。然则孔子非与？”曰：“孔子当仕有官职，而以其官召之也。”

万章又问孟子说：“士以礼义自守，可以不应君召矣。乃若孔子承君之召，不待驾而即行，其趋命如此之速，独不知有礼义之可守与？”孟子答说:“未仕之士，与已仕之臣，所处不同。孔子当仕于鲁，由中都宰而为司空，由司空而为司寇，时皆有官职之当守。鲁君以其官来召，则当以其官应召，此正人臣官守之常，义不可违、礼不容缓者，所以不俟驾而行也。若士未传质为臣而无官职，是亦市井、草莽之臣耳，安得与孔子应召之事并论乎？”此章见上下有相临之分；分之所在，圣如孔子，不可得而违。士人有自守之节；节之所在，贱如虞人，不可得而屈。人君待之，各尽其道，则名分辨，而节义亦无不伸矣。

孟子谓万章曰:“一乡之善士，斯友一乡之善士。一国之善士，斯友一国之善士。天下之善士，斯友天下之善士。”

孟子教万章说道:“君子进善之益，固当博资于人，尤当兼备于己。试以取友而言。人孰不欲尽善士而与之为友？然在我之善未广，则在人之善难兼，其所友者几何？是必我之德行道艺盖于一乡，而卓然为一乡之善士，然后举一乡之贤者、能者，我可得而友之，而一乡之善皆吾善矣。我之德行道艺盖于一国，而卓然为一国之善士，然后举一国之贤者、能者，我可得而友之，而一国之善皆吾善矣。推而至于天下之大，使我之德行道艺足以度越一世，而卓然为天下之善士，则将尽天下之贤者、能者，我皆得而友之，而天下之善皆吾善矣。取友而至于尽天下之善士，斯可以为天下之一人，而一乡、一国，岂足道哉？然则君子取友，欲以广受善之益，诚不可不自力于进善之功矣。”

“以友天下之善士为未足，又尚论古之人。颂其诗，读其书，不知其人可乎？是以论其世也。是尚友也。”

尚字，与上字同。

孟子又告万章说:“君子取友，而至于尽天下之善士，则其取善之量，固已通天下为一身矣。乃其向往之念，看得宇宙甚大，虽有天下之善士，只做眼前世界中人，其心犹以为未足也。又进而考论乎千百世之上，稽古帝王贤圣之为人焉。古人之言载于《诗》也，则颂其《诗》，而讽咏乎《雅》《颂》之音；古人之言载于《书》也，则读其《书》，而探索乎《典》《谟》之指。此于言语文字之间，固可以仰窥古人之遗训矣。使不详其为人之实，则所诵说者，亦徒陈言而已，可乎？是以必论其世代之殊，考其行事之异。如论唐、虞之世，则当知尧、舜之道德何以独隆；论三代之世，则当知禹、汤、文、武之功业何以独盛。如此，则诵读之传，不但为口耳之资，而体验之真，尽契其精神之蕴。是身居于千载之下，而心孚于千载之上，真与古之帝王同游、圣贤为侣，而所友者，不止于今世之士矣，所以说是尚友也。至于尚友，而后取友之道无以复加。以此见友道之无穷，而君子进善之心，未可以自足也。自足则满，满则不复有进矣。”《易》曰：“君子以虚受人。”戒自满也。进善者所当知。

齐宣王问卿。孟子曰：“王何卿之问也？”王曰：“卿不同乎？”曰：“不同。有贵戚之卿，有异姓之卿。”王曰：“请问贵戚之卿。”曰：“君有大过则谏，反覆之而不听，则易位。”

昔者，孟子为卿于齐。齐宣王就把为卿的道理问于孟子，盖欲得其设官分职之意也。孟子答说：“王之所问，是何等样卿？”宣王说：“卿只是一样的官，也有不同乎？”孟子答说：“卿之列爵虽同，而委任则异。有就国君同姓之中选择其贤者，而命之为卿，这叫作贵戚之卿。有就士大夫异姓之中选择其贤者，而命之为卿，这叫作异姓之卿。卿之不同如此。”宣王问说：“卿既有两样，请问贵戚之卿何如？”孟子答说：“所谓贵戚之卿者，与君有亲亲之恩，幸而君无大过，与国同休，固其所甚愿也。设或君德不修，至于荒淫暴虐，有大过彰闻于外，则当正言以规谏之。谏之不从，不以一谏而遂止，必至再、至三，反覆匡救，务使其翻然悔悟而后已焉。使或执迷而不肯听，忠言既无可入之机，此身又无可去之义，安忍坐视其乱而不为之处？则当易置君位，更择宗族之贤者立之，庶以扶社稷于将危，全宗祀于未坠。此亲臣义同休戚，达权救变之道当然也。所谓贵戚之卿盖如此。”

王勃然变乎色。曰：“王勿异也。王问臣，臣不敢不以正对。”王色定，然后请问异姓之卿。曰：“君有过则谏，反覆之而不听，则去。”

勃然，是变色的模样。

宣王闻孟子易位之说，疑其言之太过，不觉勃然变色。孟子乃正言以安之，说:“王勿怪臣之言为太甚也。王既有问于臣，臣不敢不以正对。若有所避讳而不言，则隐情而不直矣，臣岂敢哉！”宣王颜色稍定，然后问于孟子说:“请问异姓之卿何如？”孟子答说:“异姓之卿与贵戚之卿稍异。其引君于道，非必有大过而后谏也。或用人之失、行政之差，当随事匡救者，知无不言，言无不尽。亦不以一谏而遂止，必再三开导于其前，以庶几其一听。至于反覆规谏而不从，上无受善之诚，斯下无可留之义矣，安能恋恋爵位而久居其国乎？则有见几而作，浩然长往而已。所谓异姓之卿盖如此。夫贵戚、异姓之卿，虽有不同，然一则以宗社为重，一则以正君为急，其反覆规谏，同一忠爱之心。至于不幸而易位、而去国，皆非其情之得已也。”人君诚能体亲贤之意，以思自立于无过，则可以贻宗社永固之休，成君臣始终之美矣。

卷十一

告子上

告子曰:“性，犹杞柳也。义，犹桮棬也。以人性为仁义，犹以杞柳为桮棬。”孟子曰:“子能顺杞柳之性而以为桮棬乎？将戕贼杞柳，而后以为桮棬也？如将戕贼杞柳而以为桮棬，则亦将戕贼人以为仁义与？率天下之人而祸仁义者，必子之言夫！”

杞柳，是柜柳，其条可编造器用的。桮棬，即杞柳所造盘榼之类。

告子有疑于孟子性善之言，因辩之说道:“夫子以人性本善，是将仁义看作性中固有之物，无待于外求矣。自我言之，性是天生成的，就如木中之杞柳一般;仁义是人做造的，就如器中之桮棬一般。人性中本无仁义，必须矫揉造作，而后有仁义；就如杞柳，本非桮棬，必须矫揉造作，而后可以成桮棬也。今谓性善，是执其人为之勉然者，而指以为天性之自然，非定论矣。”孟子因折其非，说道:“物有异形，心无二理。杞柳、桮棬何可以比人性？吾且问子：子果能顺杞柳之性，不加矫揉，即成桮棬之器乎？必将戕贼杞柳之性，斩伐之，屈折之，而后可以成桮棬之器也。若将戕贼杞柳而后可以成桮棬，亦将戕贼人性，斩伐之，屈折之，而后可以成仁义与？戕贼可施于杞柳，而不可施于人性，则人性至顺而无待于勉强，明矣。子乃谓仁义出于人为，非其本有。此言一出，天下之言性者，必将谓仁义非性分之理，弃之而不肯为矣。是率天下之人而祸仁义之道者，必自子之此言始也，其害可胜言哉！”战国之时，性学不明，人各据其意见之偏以论性，故告子有杞柳之喻，而孟子力折其妄如此。

告子曰:“性犹湍水也，决诸东方则东流，决诸西方则西流。人性之无分于善不善也，犹水之无分于东西也。”孟子曰:“水信无分于东西。无分于上下乎？人性之善也，犹水之就下也。人无有不善，水无有不下。”

湍水，是坎中旋转不定之水。

告子谓性为恶，因以杞柳为喻。闻孟子之言，尚未尽解，乃又小变其说，说道："人性谓之为恶固不可，谓之纯然为善亦不可。看来性无定体，犹之湍聚之水，潆回圆转，本无定向，决而引之于东则流于东，决而引之于西则流于西；人性无分于善、不善，顾人所习何如。是即湍水之无分于东西，顾人所决何如耳。"告子之言如此。是以性为无善、无不善，犹不知性之本善也。孟子就其言而折之，说道："子以水论性，谓水可东可西，信无分于东西矣。然岂无分于上下乎？盖水之东西无常，而就下有常，其可决而东者，必东方之地势为下也；可决而西者，必西方之地势为下也。人性之本然，但可以为善，犹之水性之本然，但可以就下。举天下之人，虽有圣、愚、贤、不肖之殊，然论其性，圣贤此善，愚不肖亦此善，其有不善，非性之本体矣。就如天下之水，虽有江、淮、河、海之异，若论其性，江、淮此下，河、海亦此下，其有不下，非水之本性矣。知水之必下，则知性之本善。乃谓无分于善不善，岂知性者哉？"

"今夫水，搏而跃之，可使过颡；激而行之，可使在山。是岂水之性哉？其势则然也。人之可使为不善，其性亦犹是也。"

搏，是排击。跃，是跳跃。颡，是额。

孟子又告告子曰："人性之本善，固犹水性之本下矣。其有不善，则岂性之本然也哉？今夫水性就下，本无过颡、在山之理也。惟逆其上流，从下面搏击之，则可使之跳跃，而上过乎颡；遏其下流，从上面拥迫之，则可使之冲激，而上至乎山。过颡、在山，此岂水之本性则然哉？搏之不容于不跃，激之不容于不行，人力所为，势不得不然也。然则人性本善，乃亦可使为不善者，或为气禀所拘，或为物欲所蔽，亦犹水之过颡、在山，由人为之使然耳，岂本然之良也哉！"于此见性本善也，故顺之而无不善；本无恶也，由反之而后为恶。故前章以杞柳论性，则致辩于戕贼之害；此章以湍水论性，则致辩于搏激之害：皆欲人谨之于为，以全天命之本然也。

告子曰："生之谓性。"孟子曰："生之谓性也，犹白之谓白与？"曰："然。""白羽之白也，犹白雪之白；白雪之白，犹白玉之白与？"曰："然。"

生，指人物之知觉运动而言。

告子认生为性。前既以杞柳、湍水为喻，至此又复辩论，说道："我所谓性无分于善、不善者，盖以人有此生，斯有此性，性之在人，与生俱生者也。其生而有知觉，知觉即性也；生而能运动，运动即性也。知觉、运动之外，更别无性，又何分于善、不善哉？"告子论性之病，其原皆出于此。孟子因诘问说："子以人生而有知觉、运动，便谓之性，犹如凡物之白者，同叫作白，更无分别与？"告子答说："然。白之为色既同，则称之为白，固当不异也。"孟子又诘问说："天下之物，号为白者亦多矣。今若比而同之，则白羽之白，即如白雪之白；白雪之白，即如白玉之白，更无分别与？"告子答说："然。白羽此白也，白雪、白玉亦此白也，其白既同，安得不同谓之白乎？"告子之言如此。是徒泥其色之同，而不思其质之异，固亦甚矣！

"然则犬之性犹牛之性，牛之性犹人之性与？"

孟子因告子坚执白之谓白之说，乃折之说道："性不可一致而论，犹白不可一律而观也。子说凡物之白都可谓之白，则凡人物之生都可谓之性矣。然则人有知觉、运动，犬与牛亦有知觉、运动也。犬之性，将无异于牛之性；牛之性，将无异于人之性与？殊不知以生而言，物之知觉、运动若与人同；以生之理而言，人有仁、义、礼、智之禀，则与物异，何可比而同之也？子乃谓生之谓性，是同人道于犬牛矣，何其悖理之甚哉！"此告子理屈辞穷而不能为之对也。

告子曰："食、色，性也。仁，内也，非外也。义，外也，非内也。"孟子曰："何以谓仁内义外也？"曰："彼长而我长之，非有长于我也。犹彼白而我白之，从其白于外也，故谓之外也。"

告子以人之知觉、运动为性，终不肯屈于孟子之辩，至此又说道："欲知生之谓性，求之仁义则难明，验之食色则易见。故口之于味，食而甘之；目之于色，见而悦之：嗜欲之所在，是即天性之所在也。知食色之为性，则知甘之悦之之念生于内，是仁爱之心，乃在内，非在外也。可甘、可悦之物在于外，是事物之宜，乃在外，非在内也。然则人但当用力于仁，而不必求合于义矣。”孟子说：“仁义本同一理，而理皆根于一心。子乃谓仁在内，义独在外，果何所见乎？”告子答说：“我谓义为外者，盖以义主于敬，而敬莫先于敬长。今有人焉，其年长于我，我即以彼为长，是因其长在于彼，斯从而长之，非先有长之之心存于内也。即如彼之色白，我即以彼为白，是因其白见于外，斯从而白之，亦非先有白之之心也。长与白，皆在于人，而长之白之不由于我，此我所以谓义之在外也。”然告子徒知彼长、彼白之在于外，而不知我长、我白之本于心；徇外而遗内，则亦岂得为通论哉？

曰：“异于白马之白也，无以异于白人之白也。不识长马之长也，无以异于长人之长与？且谓长者义乎？长之者义乎？”

首“异于”二字，是多了的。

孟子闻告子彼长我长之说，因折之说道：“子谓彼长而我长之，犹彼白而我白之，遂以义为在外；不知长人之长，与白人之白不同。盖马白而我以为白，犹人之白而我以为白，是诚无以异也。若夫马有长者，人亦有长者；不识长马之长，亦与长人之长无以异乎？自我言之，长马之长，不过口称其长而已；若长人之长，则必有恭敬逊让之礼，岂得同于长马之长乎？白马、白人不异，则子谓从其白于外，犹之可也。长马、长人不同，子乃谓之非有长于我也，大不可矣！且子所谓义者，果何在乎？将以长者年长于我，为义之所在乎？抑将以长之者，恭敬逊让为义之所在乎？如以长者为义，则义诚在外矣；若义不在彼之长，而在我长之之心，则安得谓义为在外乎？”

曰：“吾弟则爱之，秦人之弟则不爱也。是以我为悦者也，故谓之内。长楚人之长，亦长吾之长，是以长为悦者也，故谓之外也。”曰：“耆秦人之炙，无以异于耆吾炙。夫物则亦有然者也，然则耆炙亦有外与？”

炙，是烧肉。耆字，与嗜字同。

告子因孟子以长之之心为义，不得于心，又辩说道：“我所谓义外者，义虽不因长而后有，实因长而转移者也。试以仁之在内者观之。吾之弟，与我同气之亲也，我则爱之；秦人之弟，非我族类，我则不爱也。均之为弟，而有爱、有不爱；是仁爱之念，由我之喜悦而生，我所不悦者，不能强也：此所以说仁在内也。若义则不然。楚人之长，吾固敬事之；吾之长，吾亦敬事之。均之为长，则均之为敬，是喜悦之宜，以彼之年长为主，亲疏之不同，非所论也：此所以说义在外也。”告子此言，是终以长者为义，不知长之者为义矣。然甘食悦色，则告子之所明者，孟子乃因明以通其蔽，说道：“长楚人之长，亦长吾之长，岂但长长有同然之情哉？秦人之炙，吾食而嗜之；吾之炙，吾亦食而嗜之：味同则嗜同，在物则亦有然矣。今子以长在外，而谓长之亦在外。然则秦人之炙，吾之炙，固皆在外者也；而所嗜炙之心，亦在外而不在内与？自我言之，炙虽在外，而所以嗜之者，心也；正如长虽在外，而所以长之者，心也。子知甘食之由于心，而独以敬长为外，则何其明于彼而暗于此哉？”然告子以义为外，固未为知义。其所谓仁内，亦未必知仁。盖仁者，恻隐之心，天地万物一体之念，而非甘食悦色之谓也。肥醲为腐肠之药，妖冶为伐性之斤，以斯言仁，则何啻认盗为主、纵人欲而灭天理乎？此孟子所以深斥其谬也。

孟季子问公都子曰：“何以谓义内也？”曰：“行吾敬，故谓之内也。”

孟季子，是孟子族弟。公都子，是孟子门人。

孟季子闻孟子义内之说，未达其旨，乃私问于公都子说：“人皆以义为在外，夫子独以义为在内，此其说果何谓乎？”公都子答说：“义主于敬。知敬之所自出，则知义之在内矣。有人于此，或齿尊于我而我敬之，或德尊于我而我敬之。所敬之人，虽若在外；然知其齿之当敬，而行吾尚齿之心以敬之，知其德之当敬，而行吾尚德之心以敬之，有是恭敬之心，斯有是恭敬之礼：则敬固由中出，而非外至者也。敬在吾心而不在外，则义之非外明矣。此所以说义在内也。”

“乡人长于伯兄一岁，则谁敬？”曰：“敬兄。”“酌则谁先？”曰：“先酌乡人。”“所敬在此，所长在彼，果在外，非由内也。”

伯兄，是长兄。

孟季子闻公都子之言，犹未能达，乃又辩说：“子以行吾敬明义之在内，似谓敬即义矣，不知敬、义固当有辨也。试以敬长而言。伯兄长于我，我所敬也；设使乡人又长于伯兄一岁，则将敬伯兄乎？敬乡人乎？”公都子答说：“敬以亲疏为杀。乡人虽长，疏不逾戚，必当敬兄也。”季子又问说：“伯兄当敬固矣。设使乡人饮酒，有伯兄在，则当先酌谁乎？”公都子答说：“酌以宾主为序。伯兄虽亲，主不先客，必当先酌乡人也。”孟季子遂就公都子之言强辩说道：“义果在内，则敬有常尊可也。今所敬者，既在于伯兄，以为长；而先酌者，又在于乡人。则是所敬、所长，因人以为转移；于彼于此，屡变而无定在，随时制宜之权，主张全不由我，义果在于外，而非由于内也。安得谓行吾敬为在内乎？”然季子徒知所敬、所长之人在外，而不知敬之、长之之心，却在于内。是徒强辩以求胜，而卒不能不屈于正论也。

公都子不能答，以告孟子。孟子曰：“敬叔父乎，敬弟乎？彼将曰：‘敬叔父。’曰：‘弟为尸，则谁敬？’彼将曰：‘敬弟。’子曰：‘恶在其敬叔父也？’彼将曰：“在位故也。’子亦曰：‘在位故也。’庸敬在兄，斯须之敬在乡人。”

凡祭祖考，立子弟为主以象神，叫作尸。斯须，是暂时。

孟季子以敬长之心皆随人转移，谓义非由内。公都子屈于其辩而不能答，乃述其言以告孟子。孟子教公都子说：“敬长之心，本在于内，而季子以为在外。即如所言，亦何难辩之有？子试问他：‘弟与叔父，皆至亲也。将敬叔父乎？敬弟乎？’彼将答说：‘家庭之间，所尊者父兄，弟卑而叔父尊，当敬叔父矣。’子又问他说：‘弟为尸以象祖考，则将谁敬乎？’彼将答曰：‘宗庙之间，所敬者祖考；叔父虽尊，而尸犹尊，将敬弟矣。’子又问他说：‘既说敬弟，则叔父不得伸其尊矣，安在其为敬叔父也？’彼将应子说：‘我所谓敬弟，盖因弟在象神之位，故敬之，非以卑而逾尊也。’子便可说：‘我前所谓先酌乡人，也是为乡人在宾客之位，故先酌之，非以疏而加亲也。’盖兄在家庭之间，无时而不敬，是庸敬在兄也，就如叔父有常尊的一般；乡人在酌酒之时，有时而当敬，是斯须之敬。在乡人也，就如弟在尸位，暂时崇奉的一般。因时制宜，通变之权，皆由中出，义之在内明矣。持此以折彼，彼将何词之可辩乎？”

季子闻之，曰：“敬叔父则敬，敬弟则敬，果在外，非由内也。”公都子曰：“冬日则饮汤，夏日则饮水，然则饮食亦在外也？”

孟季子闻孟子教公都子之言，心犹未悟，又向公都子辩说：“敬之所施，诚如夫子之言：当其尊在叔父，则敬心由叔父而生，而因致敬于叔父；及弟在尸位，则敬心由尸而生，而因致敬于弟。敬由中出，感由外生，义果在外，非由内矣。”季子之言如此。盖犹执所敬在此、所长在彼之见，而未能解也。公都子乃即易见者晓之，说道：“子以敬为在外，何不观饮食之事乎？冬日可饮汤也，则从而饮汤；夏日可饮水也，则从而饮水。汤、水之宜，因时而变易；正如当敬叔父则敬，当敬弟则敬，致敬之节，因人而化裁也。今子谓敬在外而不在内，然则饮食之宜，亦在于物，而不由于我矣。殊不知汤与水虽在外，所以斟酌冬夏之宜而可饮则饮者，皆由心而生也。叔父与弟虽在外，所以斟酌常暂之宜，而可敬则敬者，亦皆由心而生也。义之在内，观于饮食之宜而益明矣，岂可谓其在外也哉！”于是季子理屈词穷，不能复有所辩矣。夫告子、孟季子皆以义为在外，而孟子独辩其在内，反复譬喻，亲切如此。盖知仁义之在内，则知人性之善，而皆可以为尧舜矣。其开世觉民之功，岂不大哉！

公都子曰：“告子曰：‘性无善无不善也。’或曰：‘性可以为善，可以为不善。是故文、武兴则民好善，幽、厉兴，则民好暴。’”

公都子问于孟子说：“性之在人，必有一定之理；而人之论性，亦宜有一定之见。何今之言性者，纷纷其不一也？告子论性，则谓人性浑然中藏，止能知觉、运动而已，本无有于善，而不可以善名；亦无有于不善，而不可以不善名，此一说也。或者又说：人性本无定体，习于善则可以为善，习于不善则可以为不善。是故有文、武之君在上，率民以善，则民皆翕然而从于善；非其性之本善，习俗使然也。以幽、厉之君在上，率民以暴，则民亦翕然而从于暴；非其性之本恶，亦习俗使然也。”此可见性之所系于所习，而可以为善，可以为不善也，又一说也。夫是二者，一则谓善恶非出于性，一则谓善恶惟系于习，其说之不同如此。

“或曰：‘有性善，有性不善。是故以尧为君而有象，以瞽瞍为父而有

舜，以纣为兄之子且以为君，而有微子启、王子比干。’今曰‘性善’，然则彼皆非与？”

公都子又问孟子说：“天下之言性者，不但如前二说而已。或者又说：‘性禀于有生之初，非人力所能移也。有生来性善的，虽染于恶，而亦不为恶；有生来性不善的，虽导以善，而亦不能化于善。是故以尧为君，宜无不善之民，而有象之凶傲；是象之性本恶，而帝尧不能使之改也，岂非不善之一定者乎？以瞽瞍之顽，为父，而有舜之圣子；以纣之恶，为兄之子，且以为君，而有微子启与王子比干之贤：是舜与微子、比干之性本善，而瞽瞍、商纣不能为之累也，岂非善之一定者乎？’由诸说观之，或言善恶皆性之所无，或言善恶皆性之所有，未有以性为本善者。今夫子论性，独谓其有善而无恶，然则诸家之说，岂皆差谬而无一言之当者与？在夫子折衷众论，必有一定之见，幸举以教我可焉。”

孟子曰：“乃若其情，则可以为善矣，乃所谓善也。若夫为不善，非才之罪也。”

情，是从性中发见出来的。才，是情之能运用处。

孟子答公都子说：“众人论性，皆致疑于善恶之间，而我独以为善，非无谓也。盖论性于无感之时，其至善之中存者，尚不得而知也。乃若其情之感物而动，动皆天理之公；触事而发，发皆人心之正。此则有和平而无乖戾，有顺利而非勉强，但可以为善，不可以为恶也。情既善，则性之本善可知矣，此吾所以谓性为至善也。然天下不皆为善之人，乃亦有昏愚暴戾而为不善者，此岂其性情禀赋之殊、才质偏驳之罪哉？物欲之累，有以陷溺其良心；人为之私，有以戕贼其真性；性本善，而人自底于不善之归耳，所以说非才之罪也。知才之善，则知情之善；知情之善，则知性之善。而三说者，乃致疑于善恶之间，其说不亦谬乎？”

“恻隐之心，人皆有之。羞恶之心，人皆有之。恭敬之心，人皆有之。是非之心，人皆有之。恻隐之心，仁也。羞恶之心，义也。恭敬之心，礼也。是非之心，智也。仁、义、礼、智，非由外铄我也，我固有之也，弗思耳矣。故曰：求则得之，舍则失之。或相倍蓰而无算者，不能尽

其才者也。”

铄，是火销金，自外至内的意思。倍，是一倍。蓰，是五倍。无算，是无数。

孟子又告公都子说：“我谓即情之善可以验性之善者，盖以人有此情，则有此性；同此情，则同此善。故遇可伤、可痛之事，则恻隐之心，人皆有之；遇可愧、可憎之事，则羞恶之心，人皆有之。以之交际往来，则恭敬之心，无一人不有；以之辨别可否，则是非之心，无一人不有：此情之可以为善也，而实根之于性。盖仁主于爱，恻隐之心，乃吾性之仁所发也；义主于宜，羞恶之心，乃吾性之义所发也；礼主于敬，恭敬之心，由吾性之有礼也；智主于辨，是非之心，由吾性之有智也。此仁、义、礼、智四者，岂是从外面铄入于内的？乃与生俱生、与形俱形，我所固有之天性也。惟其为固有之理，所以发而为才，无有不可以为善者，但人自不思，而反求之于己耳。所以说性具于心，苟思而求之，则得其理，而为圣为贤；舍之而不求，则失其理，而为愚为不肖。其善恶相去之远，或差一倍，或差五倍，以至于大相悬绝而不可计算者；由人自不思不求，不能察识而扩充之，以尽其才之分量耳。其为不善，岂才之罪也哉？”

“《诗》曰：‘天生蒸民，有物有则。民之秉夷，好是懿德。’孔子曰：‘为此诗者，其知道乎！故有物必有则，民之秉夷也，故好是懿德。’”

《诗》，是《大雅·蒸民》之篇。蒸，是众。物，指形气而言。则，指道理而言。夷，是常。懿，是美。

孟子又告公都子曰：“即情善以验性善，此非我之私言也。考之诗《大雅·蒸民》之篇有云：‘天生众民，有物有则，言物与则，皆生理之出于天者也。民秉常性，好此美德，言所秉所好，皆良心之具于人者也。’孔子因读此诗而赞之，说道：‘作此诗者，其知性情之道乎！盖天之生人，既予之气以成形，必赋之理以成性。如耳目，物也，必有聪明之则；父子，物也，必有慈孝之则。形与理相合，道与器相贯；在天为定命，而生人得之，则为民所秉执之常性，亘古今而不变者也。惟其有此常性，是以存之于心，则为秉彝之良；发之于情，则为懿德之好。如具耳目，便无不好聪明之美德；有父子，便无不好慈孝之美德：盖合圣愚而同然矣。使非同此秉彝之性，何以同此懿德之好乎？'" 此诗人之言，所以为知道也。夫知物则为人之必有，则吾所谓性善，可征矣。知好德为人之同然，则吾所谓情善，可征矣。其有不好，是自丧其秉彝之良心者也，而岂才之罪哉？即此可以知人性之善。而彼三说者，不待辨而自见其谬矣。

孟子曰："富岁子弟多赖，凶岁子弟多暴。非天之降才尔殊也，其所以陷溺其心者然也。"

富岁，是丰年。赖，是倚藉。

孟子又明性善说："人性本有善而无恶，常情每因物而易迁。试观丰稔之年，人家子弟衣食充足，则有所赖藉，而为善者多；虽有为不善者，少矣。凶荒之岁，人家子弟饥寒切身，则无所赖藉，而为暴者多；虽有为善者，亦少矣。夫子弟一也，而凶岁多暴，独异于富岁之多赖者，非天之降才厚于彼而薄于此，如是其殊异也；良由饥寒迫于外，利欲攻其中，其礼义廉耻之心，就是陷于井而不能自全，溺于水而不能自拔的一般，此所以放僻邪侈，无所不至，为暴则易，为善则难也。夫岂才之罪哉？知为暴非才之罪，则知人性同归于善，而人当求识其本心矣。"

"今夫麰麦，播种而耰之，其地同，树之时又同，浡然而生，至于日至之时，皆熟矣。虽有不同，则地有肥硗，雨露之养、人事之不齐也。"

麰，是大麦。耰，是覆种。硗，是瘠薄。

孟子又说："吾谓人性之同，观诸物理而自可见。今夫麰麦之为物，播种而覆盖之，其地利同也；乘时而树艺之，其天时同也。及其浡然而生，由苗而秀，以至于日至之时，则不先不后，而收获之期又同矣。盖同一麰麦则同一发生，同一发生则同一成熟，固物性之自然者也。虽其间收获多寡小有不同，则不过土壤之膏脉有肥瘠、雨露之滋润有厚薄、人事之粪治有勤惰之不齐耳，而麰麦之性，则何尝有不同者哉？比类以观，人性之同可见，而容有陷溺其心者，信非由于降才之殊矣。"

"故凡同类者，举相似也，何独至于人而疑之？圣人与我同类者。"

孟子承上文说："麰麦之类既同，则生成之性无二。由此推之，天下之物，除是类之不同，难可必其相似耳。但凡同类之物，其性未有不相似者也。类同，则性同，斯固物理之必然矣。何独至于人，而乃疑其不相似乎？虽圣人为人类之首出，若非我之所可及者。然而我此形体，圣人亦此形体，其所得于天地之气也是一般。我此性情，圣人亦此性情，其所得于天地之理也是一般。岂人类之外，别有一等圣人，而与我大相殊绝者哉？知圣人与我同类，则知人性之皆善；而其有不善者，乃由于陷溺其心，不可归咎于性矣。”

“故龙子曰：‘不知足而为屦，我知其不为蕢也。’屦之相似，天下之足同也。”

龙子，是古贤人。蕢，是草器。

孟子承上文说：“人性之同，不但有征于物类而已，验之人身，莫不皆然。尝闻龙子说道：‘屦之为物，因足而制者也。织屦者不知人足之大小，而任己意以为之，虽未必一一中度，然大以成大，小以成小，我知其必适于用，断不致去足之远，而为盛土之蕢也。’盖足有定形，则屦有定制，以一人观万人，无弗同者；知天下无不同之屦，则知天下无不同之足矣。由足推之，而凡为足之类者，又安有不同者哉？”

“口之于味，有同耆也；易牙，先得我口之所耆者也。如使口之于味也，其性与人殊，若犬、马之与我不同类也，则天下何耆皆从易牙之于味也？至于味，天下期于易牙，是天下之口相似也。”

易牙，是古之知味者。

孟子承上文说：“人之形体，不但其足相似，惟口亦然。口之于饮食，诚有甘旨之味，未有不以为美而同其嗜好者也，故至今言饮食者，皆以易牙所调之味为美。非是他独能知味，不过于我众口之中，先得其嗜好之性耳。如使口之于味，所好不同，其性与人殊异，就如犬马之与我不同类的一般，则天下之人，其欲至不齐矣；何独所嗜好者，皆依从易牙所调之味，而翕然以为美也？惟口之于味，天下皆期于易牙，而千万人无异好；是嗜味之性不殊，而天下之口举相似也。比类以推，而形体之同，岂止于口之同嗜也哉？”

“惟耳亦然。至于声，天下期于师旷，是天下之耳相似也。”

孟子承上文说：“人之形体，不但其口相似，惟耳亦然。今观耳之于声，举天下之人，无有不期待于师旷者。师旷所审之音，其律吕之相宜，宫商之迭奏，无有不以为谐和中节，而翕然乐听之者。岂是师旷独能审音也？不过先得我耳之所同然耳。以耳之于声，天下皆期于师旷，是听德之聪不殊，而天下之耳举相似也。比类以推，而形体之同，又岂止于耳之同听哉？”

“惟目亦然。至于子都，天下莫不知其姣也。不知子都之姣者，无目者也。”

子都，是古之美人。姣字，解作好字。

孟子又承上文说：“人之形体，不但其耳相似，惟目亦然。古今言美色者，莫过于子都。至于子都之美，不但一人见之而知其容色之姣好也，举天下之人见之，无不知其容色之姣好者。若于子都而不知其姣好，则必瞽目之人，视之而不见者耳。凡有目者，岂有不知其姣好者哉？以目之于色，天下期于子都，是可见天下之目相似也。比类以推，而形体之同，又有不止于目之同美者矣。”

“故曰：口之于味也，有同耆焉；耳之于声也，有同听焉；目之于色也，有同美焉。至于心，独无所同然乎？”

孟子承上文说：“人有此形，即有此性。今观形体在人，无一之不相似。所以说：口之于味，天下期于易牙，而知人之嗜味无不同焉；耳之于声，天下期于师旷，而知人之好音无不同焉；目之于色，天下期于子都，而知人之悦色无不同焉。夫口、耳、目，乃形气之粗者，尚皆有同然之性如此；至于心为一身之主宰，众动之纲维，又口之所以知嗜、耳之所以知听、目之所以知美者也，岂无以一人之心合众人之心，而同以为然者乎？盖既同得天地之气以成形，则必同得天地之理以成性。未有形体皆同，而虚灵不昧之真，反有独异者也！”

“心之所同然者何也？谓理也、义也。圣人先得我心之所同然耳。故

理、义之悦我心，犹刍豢之悦我口。”

道在事物为理；从心中裁处为义。凡牲畜，草食的叫作刍，谷食的叫作豢。

孟子承上文说：“观众体之相似，固可以知人心之有同然矣。心之所同然者，果何在乎？心无定体，以理为体；理在人心，无不同此统会之善者。心无定用，以义为用；义在人心，无不同此裁制之宜者。心所同然，谓此理义而已，圣人之心此理义，吾人之心亦此理义；但圣人知则先知，而于理义之所当然者，由之无不至；觉则先觉，而于理义之所以然者，察之无不精，惟能先得我心之所同然耳。而原其禀赋之良，则何尝加于吾性之外哉？故此理义之在我心，不独圣人悦之，人心无不悦之者。盖根之于心，同此秉彝之良，则悦之于心，同此懿德之好。就如刍豢之味，脍炙我口一般。举天下之人，无不口悦刍豢；则举天下之人，无不心悦理义：此理义所以为同然之心，而圣人所以与我同类也。彼为暴者，良由陷溺其心，而自丧其同然之美耳，岂其才之罪也哉？”人能反求诸身，而自得其理义之良心，油然乐善之衷，无为声色臭味之欲所夺，则操存久而念虑纯，涵养熟而性真湛。圣人信可学而至矣！

孟子曰：“牛山之木尝美矣。以其郊于大国也，斧斤伐之，可以为美乎？是其日夜之所息，雨露之所润，非无萌糵之生焉；牛羊又从而牧之，是以若彼濯濯也。人见其濯濯也，以为未尝有材焉，此岂山之性也哉？”

牛山，在齐国东南。萌，是芽。糵，是芽之旁出的。濯濯，是光洁的模样。

孟子说：“人心本自有天理之良，而善端每戕于物欲之害。观之山水则可知矣。齐有牛山，其林木茂盛，昔尝见其美矣。但以其邻近都邑，在于大国之郊，举国之人皆樵采于其中，斧斤之斩伐者众，而山木之茂盛者遂失其常，尚能如昔日之美乎？然其根株之未尽拔者，日夜之所生息，雨露之所浸润，潜滋暗长，岂没有萌糵之发焉？使这萌糵无害，则林木或可复生。乃牛羊又从而践踏之，于是并这萌糵之生，也不得遂其长养之性，而牛山之上，遂至于濯濯然光洁，更无材木之可观矣。人止见今日之牛山濯濯然光洁，便说道：昔日之牛山就是如此，原未尝有材木之生，此岂山之性本然哉！山能生木，而不能免于斧斤之伐、牛羊之牧，是以至于无材耳。知山木之害，在于斧斤、牛羊，而不当归咎于山；则人心之害，可以例推矣。”

“虽存乎人者，岂无仁义之心哉？其所以放其良心者，亦犹斧斤之于木也，旦旦而伐之，可以为美乎？”

孟子承上文说：“牛山之木，以有斧斤、牛羊之害，遂至于失其美；则知濯濯者山之变，而有美材者固山之常也。岂惟山有美材？虽存乎人者，本其有生之初，亦何尝无仁义之良心哉？盖吾人之心，皆有这恻隐羞恶之良，此乃不虑而知，不学而能，本然之善心，随感而即见，就如山木之尝美一般。但人不知有操存涵养之功，往往为外物所诱，情欲所牵，于是恻隐之心反移于残忍，羞恶之心反逐于贪昧，其所以放失其良心而不存者，亦如斧斤于山木一般:今日伐之，明日又伐之，欲山木之尝美，不可得矣；况以物欲之斧斤，而旦旦焉攻伐吾心之仁义，岂能保全其美而不至于丧失也哉？”

“其日夜之所息，平旦之气，其好恶与人相近也者几希，则其旦昼之所为，有梏亡之矣。”

平旦，是平明时候。梏，是拘械、不得转动的意思。

孟子承上文说：“人所以丧失其仁义之良心者，固由于物欲之害矣。然物欲能为人心之害，而不能使善端之终泯也。盖其日间纷扰，得到夜间宁静，其良心亦必有所生息；积而至于平旦之时，一物未接，正是夜气清明之际，此时良心发见，善念萌生，也知好仁、恶不仁，好义、恶不义，其好恶大率与人公是公非之心相去不远。但这一念之良，放失既久，发见甚微，所存者仅仅几希之间而已。使于此几希之理，培养而扩充之，则良心犹可望而复全也。夫何夜气之清明无几，而旦昼所为复皆不仁不义之事，将那几希之善端，随即禁梏而亡失之矣！正如山木既伐，幸有萌蘖之生，牛羊又从而人牧之也。良心安得不尽丧乎！”

“梏之反覆，则其夜气不足以存。夜气不足以存，则其违禽兽不远

矣。人见其禽兽也，而以为未尝有才焉者，是岂人之情也哉？”

反覆，是展转更迭的意思。

孟子承上文说：“良心之既失，而仅存者既不免于旦昼之梏亡矣。使其梏害未甚，则培养之功，犹可以复施也。惟是今日之所为，既害其昨夜之所息；今夜之所息，又不胜其明日之所为。日复一日，反覆相寻，滋息之机愈微，而梏亡之害愈数，由是夜气之生寖薄寖消，而仁义之良心，将尽丧而无复存焉者矣。夜气既不足以存，则平旦之气亦无复清明之候，必将好人所恶、恶人所好，而始焉与人相近者，今去禽兽不远矣。人见其所为无异于禽兽，因说为天质之不美、本未尝有才；不知人情之常，但可以为善，不可以为恶。其为恶而至于去禽兽不远者，乃由于物欲之梏亡，旦昼之反覆，以至于此。若以为未尝有才，是岂人情之常也哉！盖山木之美，山之常也；不可因其濯濯，而谓山之无材。好恶之正，人之常也；不可因其梏亡，而谓人性之无仁义。惟自其萌蘖之生、几希之念观之，而山木、人心之本体，始可得而见矣。”

“故苟得其养，无物不长；苟失其养，无物不消。”

孟子承上文说：“山木伐而犹有萌蘖之生，良心放而犹有几希之善。可见人心之与物理，其生息之机皆未尝亡。顾所以养之者何如耳？苟或其生息之机得所培养，则不但山木之萌蘖，得雨露之浸润而益滋也；即吾心几希之理，亦将与夜气而常存，而可渐复其仁义之良矣。其何物之不长乎？苟或其生息之机失所培养，则不但山木之既伐，加以牛羊之牧，而遂濯濯也；即吾心清明之气，亦将随旦昼而梏亡，而去禽兽也不远矣。果何物之不消乎？夫养之得失少异，而物之消长顿殊。则山木之濯濯，诚不可归咎于山；而人心之梏亡，要不可归咎于性矣。是安可无培养之功乎？”

“孔子曰：‘操则存，舍则亡；出入无时，莫知其乡。’惟心之谓与！”

操，是持守。舍，是遗弃。乡，是方向。

孟子承上文说：“养有得失，而心之消长因之，则心之系于所养明矣。而存养之功，又非可以时刻间断者也。孔子尝说道：‘天下之物，容有操之未存、舍之未亡者。今才一操持，随即收敛而存；才一舍置，随即放失而亡。方其存也，有时而入；一瞬息之顷，而入者忽然而出，出入初无定时也。方其入也，似乎在内；恍惚之间，而内者忽驰于外，内外初无定向也。’若此者，果何物哉？亦惟吾人之心是如此而已。盖凡物之滞于形器者，人皆可以照管其存亡，把捉其出入。惟是心也，动静相乘，既无机缄之可测；理欲互发，又无方所之可求。克念此心，罔念亦此心，是以或存而或亡也；一息此心，千里亦此心，是以无时而无乡也：非心之谓而何？”由孔子之言观之，可见心之在人，得失甚易，而保守甚难。操存涵养之功，固当无时无处而不用其力矣。然存养之功，莫要于主敬，敬肆之间，而天理存亡之几实决于此。惟敬以直内，使方寸之中天君常在，则神清气宁，其湛然虚明景象，不独平旦之时为然。而动静常定，虽感遇万端而志不扰，虑周四海，而神固未尝外驰也，尚何存亡出入之可言哉？

孟子曰：“无或乎王之不智也。虽有天下易生之物也，一日暴之，十日寒之，未有能生者也。吾见亦罕矣，吾退而寒之者至矣，吾如有萌焉何哉？”

或字，即是疑惑的惑字。王，指齐宣王。暴，是温暖的意思。罕，是少。萌，是草木初生的芽。

昔齐宣王亲信谗邪，疏远忠正，不知纯心用贤之道，故孟子私议之，说：“君德莫大乎至明。然必有忠贤辅导之功，朝夕熏陶之益，乃能成德。今齐王之不智，固所宜然，无足怪也。所以然者为何？盖君心惟在所养：与君子处，则养之以善，而日进于高明；与小人居，则养之以恶，而日流于卑暗。王之不智，只为远君子而亲小人故耳。譬如草木之为物，虽有天下极易生的，也须和气培养，方能畅茂；若使一日暴之，才得些阳气之温和，却乃十日寒之，不胜其阴气之肃杀，必然枯槁零落，岂有能生之理？今我见王之时少，虽有忠言谠论从容献纳，就如一日暴之一般；及我既退，那谗谄面谀之人，左右杂进，都能蛊惑君心，败坏君德，就如十日寒之一般。故王虽善端发动，非无萌蘖之生，然一时之开悟，不胜众欲之交攻；一人之启迪，不胜群邪之引诱，暂明复蔽，终归于昏暗而已。我亦将如之何哉？王之不智，有由然矣。”夫人主深居九重，臣下稀得进见，忠言谠论，本难尽闻；若左右便嬖之人，加以逢迎谄谀，则正人愈疏，小人愈密，蒙蔽日久，虽智必昏，贤者皆不乐为之用矣。如齐宣王者，岂非后世永鉴哉！

“今夫弈之为数，小数也。不专心致志，则不得也。弈秋，通国之善弈者也。使弈秋诲二人弈。其一专心致志，惟弈秋之为听。一人虽听之，一心以为有鸿鹄将至，思援弓缴而射之。虽与之俱学，弗若之矣。为是其智弗若与？曰：非然也。”

弈，是围棋。数，是技艺。秋，是古代善弈的人名。射鸟的以丝绳系箭，叫作缴。

孟子承上文说：“忠言启迪，固在于贤者；而专心听信，则系于人君。今我之进见日少，亦由王听信不专故也。譬如下棋的一般。棋虽是小小的技术，然其中纵横变化，自有一种妙算，若非专心致志，将精神意念只在里面讲求，何由得它的妙处？就是弈秋，通国称为高手，设使他教二人下棋：其一人专心致志，一一听弈秋的指示，更不想别样念头；其一人虽在旁同听，却不精专，心中想着鸿鹄将至，欲弯弓系箭，射而取之。一心要学棋，一心又在鸿鹄，虽与他同学，不及多矣。这岂是资禀知识本来不同与？我以为不然。盖存心有纯驳，则造诣有浅深，用志不分，故专而有成；驰心于外，故画而不进，非其智有差别也。今齐王虽有为善之资，而无必为之志，既不能虚己以受教，又不能纯心以用贤，其与学艺于弈秋而分志于鸿鹄者，一而已矣。安望其亲近君子、疏远小人，以成明哲之德哉？所以说无惑乎王之不智也。”大抵人君一心，攻之者众，凡投间抵隙，以移其耳目而夺其心志者，不止如鸿鹄之牵引而已。若非讲明义理，充拓此心，信任贤人君子，以维持此心，则人欲日炽，天理日亡。施之政事，必将颠倒错乱，其害有不可胜言者。先儒程氏所谓涵养气质、熏陶德性，其言最为明切，人主不可不知。

孟子曰：“鱼，我所欲也。熊掌，亦我所欲也。二者不可得兼，舍鱼而取熊掌者也。生，亦我所欲也。义，亦我所欲也。二者不可得兼，舍生而取义者也。”

熊掌，是熊蹄，其味甚美。

孟子见世人徇利而忘义，往往丧失其羞恶之心，乃就死生之际，摘其良心不昧者以开导之，说道："理义之在人心，小而取舍，大而死生，无不权度于斯，顾人抉择如何耳。今夫鱼之味美，我之所欲食也；熊掌之味亦美，亦我之所欲食也。使两味不可得兼，就中择取一味，其宁取于熊掌乎？盖熊掌之味，比鱼更美，故舍鱼而取熊掌也。就如人有此生，乃躯命所关，生固我之所欲也；而义为守身之大闲，纲常赖以立，名节赖以全，亦我之所欲也。求生则义必有亏，赴义则生必有害，二者也不可得兼，就中择取一件，其宁取于义乎！盖义之所在，比生更重，故舍生而取义也。"夫生之与义，轻重较然如此。人可不审其权度，以为临事应变之准乎！

"生亦我所欲，所欲有甚于生者，故不为苟得也。死亦我所恶，所恶有甚于死者，故患有所不辟也。"

辟，是躲避。

孟子承上文说："人之所以舍生取义者，果何心哉？盖生本我之所欲，然其心以为：伏义而死，即捐躯殒命，而凛然大节，植万古之纲常，其义之可欲尤有甚于生者。故虽可以侥幸得生，而一念慕义之心，必不肯苟且以求活也。死本我之所恶，然其心以为：不义而生，即偷生苟免，而觍然面颜，昧人间之廉耻，其不义之可恶，尤有甚于死者。故虽可以展转脱祸，而一念恶不义之心，必不肯避难以图存也。"盖好生恶死，虽人情趋避之常；而舍生取义，则天理民彝之正。于此见羞恶之良心，人所固有，而不可无察识之功矣。

"如使人之所欲莫甚于生，则凡可以得生者，何不用也？使人之所恶莫甚于死者，则凡可以辟患者，何不为也？由是则生，而有不用也。由是则可以辟患，而有不为也。"

孟子又承上文说："人之利害，莫切于生死。而今义不苟生者，惟其有是秉彝之良心也。设使人无好义的良心，惟知有生之可欲，而所欲莫甚于生，则凡可以苟全性命、为得生之计者，将无所不用其力矣，岂肯捐躯以就义乎？设使人无恶不义的良心，惟知有死之可恶，而所恶莫甚于死，则凡可以苟免祸灾、为辟患之地者，将无事不可为矣，岂肯轻身以犯难乎？由其有是好义之心，而义之可欲有甚于生，故宁舍生取义，虽可以苟生而有不用也。不然，岂乐于轻生者耶？由其有是恶不义之心，而不义之可恶有甚于死，故宁捐生赴难，虽可以避患而有不为也。不然，岂乐于就死者耶？观此，而秉彝之良心为人之所必有，昭然自见矣。”

“是故所欲有甚于生者，所恶有甚于死者。非独贤者有是心也，人皆有之，贤者能勿丧耳。”

孟子又承上文说：“人情莫不好生而恶死。由今以秉彝之良心观之，义之可欲尤甚于生，不义之可恶尤甚于死，即此欲义、恶不义之心，非独贤者有此心也。秉彝之良，不以贤愚而有丰啬，人人皆有之。但众人汩于利欲之私，多有丧失其良心者。惟贤者操存此心，守而勿失，是以可生可死，而此欲义、恶不义之心，独能坚定而不变耳。其实贤者勿丧之心，即众人固有之心，而物欲未昏之时，曷尝无天理暂明之候哉？”

“一箪食，一豆羹，得之则生，弗得则死。嘑尔而与之，行道之人弗受；蹴尔而与之，乞人不屑也。”

箪，是竹器。豆，是木器。嘑，是以口招呼。蹴，是用脚践踏。行道，是过路的人。乞，是乞丐。

孟子又承上文说：“欲义、恶不义之心，人人皆有，何以验之？今夫一箪之食，一豆之羹，其为物至微；然自饥饿之人视之，得此则生，不得则死，其为躯命所关，则甚重也，宜乎以得食为急，不暇计礼义之何如矣。设使置箪豆于旁，大声招呼，而使人就食；便是行道的人，也将恶其声音，鄙之而不受，以其嘑尔之可羞也。设使弃箪豆于地，用足蹴踏，而复与人使食；便是乞丐的人，也将恶其无礼，委之而不屑，以其蹴尔之可羞也。夫路人、乞丐，至微贱者，犹知礼食为重，不肯以生死之故而泯其羞恶之心，况于士君子之流乎？此可以验良心为人之所必有矣。”

“万钟则不辩礼义而受之，万钟于我何加焉？为宫室之美、妻妾之奉、所识穷乏者得我与？”

所识穷乏，是相知贫穷的人。得我，是感我恩惠。

孟子又承上文说:“礼义之心，虽人所固有;而物欲之蔽，则人所易昏。箪食豆羹，生死所系，尚知嘑蹴为可耻而不之受矣。至于万钟之禄，岂特箪豆之微?辞受之间，其当辨宜何如者，乃不辨礼义之当得与否，而冒焉受之。夫万钟虽厚，特身外之物耳，不得于我何损?得之于我何加?非若箪食、豆羹，得失有关于生死者也。而顾冒焉受之，却是为何?岂将为宫室计，而欲极其华美;为妻妾计，而欲极其奉承;为所识穷乏者计，而欲其感我之周济与?使真以此三者之故而受无礼义之万钟，则大异乎不受嘑蹴之心矣，岂不可慨也哉!”

“乡为身死而不受，今为宫室之美为之;乡为身死而不受，今为妻妾之奉为之;乡为身死而不受，今为所识穷乏者得我而为之:是亦不可以已乎!此之谓失其本心。”

乡，是指不得则死之时而言。

孟子又承上文说:“人之一身，惟生死为最切。以身外之物较之，其得失轻重大相悬矣。乡为身死而不肯受嘑蹴之食，今却为宫室之美而受无礼义之万钟;乡为身死而不肯受嘑蹴之食，今却为妻妾之奉而受无礼义之万钟;乡为身死而不受嘑蹴之食，今却为所识穷乏者得我而受无礼义之万钟。当躯命所关，大不得已之际，尚能辨礼义、决死生;而此三者，身外之物，其得失比之生死何如?岂独不可以已乎?可已而不已，非利禄重于死生也，私欲锢蔽，天理灭亡，向时不受嘑蹴之本心，至此丧失而无存;是以能决绝于死生，而不能忘情于丰约。斯人也，殆行道乞人之不若矣，岂不可哀也哉?”大抵人情处危迫之地，则多激发于义理;居宴安之时，则易沉溺于物欲。自非烛理素明，养心素定，而临事又加省察，恶能持守不易，以脱然于外物之累乎?孟子此章，指示良心最为真切，学者宜三复于斯。

孟子曰:“仁，人心也。义，人路也。舍其路而弗由，放其心而不知求，哀哉!”

放，是放逸。

孟子说:“仁义之心，人皆有之，而能存之者少，殆未知其切于人耳。

盖心为一身之主宰，人皆知其至切也。至于仁，则视以为外物，若与心不相干的一般；不知人心方寸之中，由其有这仁之生理在内，方能兼总四端、包括万善，而廓然有大公顺应之体，仁岂不为人心乎？路为日用之率由，人皆知其至切也。至于义，则视以为难行，若与路不相似一般；不知出入往来之际，必以这义之裁制为准，方能处常知经、处变知权，而坦然有平正通达之度，义岂不为人之路乎？夫仁为人心，则人当操存，而不可终食违；义为人路，则人当率由，而不可须臾舍矣。乃世之实行径趋者，将义之正路舍置而不由，却乃由于邪曲之途；徇欲忘理者，将仁之良心放失而不知求，却乃求夫身外之物。则是自暴自弃，名虽为人，而实失其所以为人之理，去禽兽不远矣。不亦可哀之甚哉！”

“人有鸡犬放，则知求之；有放心而不知求。学问之道无他，求其放心而已矣。”

孟子承上文说：“仁义甚切于人，而人自失之。总之，只是放心于外，不知照管而已。人家饲养鸡犬，为物甚轻，似不足挂意；设使放失在外，主人尚且到处追寻，期于必获。至于人心，是一身的主宰，万事的纲维，何等样重？乃任其放逸，曾不知点检于出入之间，收敛于纷驰之后。爱小物而忘大体，亦不思之甚矣！岂知心不可一念或放，放则不可一日不求矣乎？今夫学问之道，如讲习讨论、省察克治，其事非止一端，然其切要工夫，非有他术，只是求此放心而已矣。盖天下之理，皆管于心。吾惟收敛放逸之心，使常在腔子里面，则精神有所检摄，志气自然清明；虚灵之内，万理昭著，心存仁存，而义亦无不在矣。学问之功，外此岂复有他务哉！大抵人心易于放失，如六马在御一般，御勒稍疏，必致奔溃；故须时常摄伏，然后操纵在我，无泛驾之虞。存心之功，亦犹是也。而欲存心者，又不可不从事于学问；学问废，则义理无所讲明，而智虑日昏，心日放而不自知矣，况知求乎？故存心之外无学问，而学问之外，亦更无存心之功也。”

孟子曰：“今有无名之指，屈而不信，非疾痛害事也。如有能信之者，则不远秦、楚之路，为指之不若人也。”

手第四指，叫作无名指。

孟子见人昧于事心，因借指为喻，说道："吾人立身所贵于不屈者，在志意，不在一指也。今有无名之指，卷曲而不伸，于身非有疾痛之苦，于事未为举动之害，似不必于求伸也。如或有能医治其指，转屈为伸者，就是秦、楚之路相去数千里，亦将不惮远赴之劳，务求伸之而后已。这是为何？盖以众人之指皆伸，而我之一指独屈，以指不若人为耻，故不远秦、楚之路以求伸也。盖虽一指之屈伸，无关于立身之大节，而人情耻不若人，其中有独切者矣。"

"指不若人，则知恶之；心不若人，则不知恶：此之谓不知类也。"

孟子承上文说："一指至小也，其屈伸无所关系，尚以不若人为耻，务矫其屈以求伸。至于心为一身之主，少有邪曲，则自反不直，而有愧于人心同然之良矣，视一指之微，轻重迥别，其可恶当何如也？却乃屈挠于物欲，甘人下而不辞；梏亡其几希，近禽兽而不耻：此之谓轻其所重、重其所轻，不知类之甚矣！尚安得为人乎？诚使推爱指之念，反而求之于心，志以帅气，道以制欲，则不必涉秦、楚之路，而治心之方，已即此而在，虽伸于万物之上可也。人何不反而求之？"

孟子曰："拱把之桐、梓，人苟欲生之，皆知所以养之者。至于身，而不知所以养之者。岂爱身不若桐、梓哉？弗思甚也！"

拱，是两手所围。把，是一手所握。桐、梓，俱是木名。

孟子说："吾身之与外物，其轻重本自有辨；乃人之昧焉，而弗觉者多矣。今有桐、梓之木，其大不过拱把之间，至微细也。人苟爱其美材而欲有以生之，则必培植灌溉，皆知所以养之矣。至于吾身，为纲常伦理所系属、天下国家所倚赖，其当养为何如者？却乃内不知以理义养其心，外不知以中和养其气，致使良心萌蘖，伐于物欲之斧斤；夜气几希，梏于旦昼之攻取：是岂爱吾之身，反不若爱桐、梓之切哉？良由本心之明蔽于物欲，而轻重之辨昧于反观，其亦不思之甚耳！诚一思之，举凡天下可爱可重之物，无足以当吾身者，而何有于拱把之桐、梓哉？然所谓养身者，非谓优游安佚、全生命、保躯体之谓也，必寡欲以养心、集义以养气，使志虑清明而不乱，精神强固而不摇，然后可以摄五官、宰众动，以其身任纲常之重，为民物之宗矣。不然，恣耳目之欲者，伤天性之和，是戕生之道也。岂善养身者哉？”

孟子曰：“人之于身也，兼所爱。兼所爱，则兼所养也。无尺寸之肤不爱焉，则无尺寸之肤不养也。所以考其善不善者，岂有他哉？于己取之而已矣。”

肤，是皮肉。

孟子说：“人固以养身为贵，尤以善养为难。且如人之一身，四肢百骸，件件皆吾所爱惜也。既兼所爱，则必调护培息，件件皆当兼养，而不忍有所戕贼矣。极而言之，无有尺寸之肌肤不在所爱之中，则无有尺寸之肌肤不在所养之内也。然同一爱养，有养得其道而为善的，又有养失其道而为不善的，所以稽考其养之善与不善，岂待求之于外，而有他术哉？只是于自己身上反而求之，审其何者为重而在所当急，何者为轻而在所当缓，养其所当重则善，养其所当轻则不善；善与不善，特近取于吾身，而自得其理矣。使非反之于己，而审其轻重之伦，有不失其养之宜者哉？”

“体有贵贱，有小大。无以小害大，无以贱害贵。养其小者为小人，养其大者为大人。”

孟子承上文说：“人于兼爱、兼养之中，必当考其善与不善者，为何？盖所养有得失，而人品亦因之以判也。彼众体虽同具于一身，然有贵贱之分、小大之别焉。心志总摄乎众体，是贵而大者也；口腹听命于一心，是贱而小者也。既有小大，则大者在所当重，不可以小而害大矣。既有贵贱，则贵者在所当尊，不可以贱而害贵矣。小大贵贱之间，养之善与不善，正在于此。若使征逐于口腹，不胜其食饕之欲，惟知养其小体，则所养者小，所就亦小，将日流于污下，而与不肖同归矣，岂不谓之小人乎？若能持守其心志，罔夺于攻取之私，惟知养其大体，则所养者大，所就亦大，将上达于高明，而与圣贤同归矣，岂不谓之大人乎？”夫大人、小人之分，惟在于所养之善与不善若此。此兼爱、兼养者，不可不知自考也。

“今有场师，舍其梧槚，养其樲棘，则为贱场师焉。养其一指，而失其肩背而不知也，则为狼疾人也。”

场师，是治园圃的人。梧、槚二木，是材之美者。樲棘，是小枣。

孟子承上文说：“贵贱大小，同一体也。乃谓小不可以害大、贱不可以害贵者，何哉？试自材木而言。梧、槚，其贵者也；樲棘，其贱者也。设使为场师者，于梧、槚美材弃置之而不加培养，却把那樲棘之木反养之而望其有成，则是美恶不分，徒费栽培之力，以无用害有用者也，非贱场师而何？养身者，以贱害贵，殆无以异此矣。又自一身而言，肩背其大者也，一指其小者也。设使养生者，于一指之小，爱惜而不忍伤；却将肩背之大，丧失而不自觉：则是轻重反常。就如狼之疾走，但知顾前、不能顾后的一般，非狼疾之人而何？养身者以小害大，殆无以异此矣。”养身者，可不知戒哉！

“饮食之人，则人贱之矣，为其养小以失大也。饮食之人无有失也，则口腹岂适为尺寸之肤哉？”

孟子承上文说：“观养木与养指者之弊，可见人之养身，当养其贵且大者矣。乃若饮食之人，为饥渴所困，只图餍足，则必为人所轻，而莫不鄙贱之矣。盖为其专养口腹之小体，而失心志之大体，自处于可贱之地，故从而贱之也。若使饮食之人，食其所当食，饮其所当饮，不至以小害大、以贱害贵，则饮食于人，得之则生，不得则死，乃躯命之所关，岂止于尺寸之肤而已，又何可贱之有哉？但养小体之人，无有不失其大者，此其所以为可贱耳。盖口腹虽所当养，而心志必不可失。善养心志者，又只在辨礼义而已。能辨礼义，则自嘑蹴不受，至于万钟不取，皆确然有一定之见，而生死不能移，利害不能易矣。不能辨礼义者，安能养其心志哉？”

公都子问曰：“钧是人也，或为大人，或为小人，何也？”孟子曰：“从其大体，为大人。从其小体，为小人。”

公都子问于孟子说：“天下之人，都是一般的形体，然或称为大人，而为世所尊；或称为小人，而为众所鄙，此何谓乎？”孟子答说：“大人、小人之分，惟在其所从违而已。盖吾人一身，体有大小。诚使一身举动惟以大体为主，而小体莫不听命，这叫作从其大体。从大体者，以志帅气，而四肢百骸皆有所管摄，充其向往之念，可以为圣为贤，而人皆尊仰之，岂不为大人乎？若使此身举动一惟小体是徇，而大体反不得主张，这叫作从其小体。从小体者，心为形役，而方寸之中，全无所执持，究其委靡之弊，将至为愚为不肖，而人皆轻贱之，岂不为小人乎？大人、小人之分，惟系于所从如此。人可不慎于抉择也哉！”

曰：“钧是人也，或从其大体，或从其小体，何也？”曰：“耳目之官，不思而蔽于物，物交物，则引之而已矣。心之官则思，思则得之，不思则不得也。此天之所与我者，先立乎其大者，则其小者不能夺也。此为大人而已矣。”

官，是有分职的意思。蔽于物，这物字，指声色说。

公都子又问孟子说：“人同此形体，则宜同此运用。乃有从其大体者，从其小体者，此何故也？”孟子答说：“大体、小体之分，惟在能思与不思之间而已。且如耳目之官，各有所司：耳司听、目司视，然不能思其视听之理也。惟不能思，是以耳目之聪明或蔽于外至之声色，蔽于外物，则耳目亦块然一物而已，却以外面声色之物，交接于此耳目之物，为所引诱而去，不难矣，所以耳目谓之小体也。若心，则至虚至灵，事至物来，独能忖度，是其官以思为职者也。能率其职，而视思明，听思聪，则得其视听之理，而物不能蔽矣；一废其职而不能思，视不见，听不闻，则失其视听之理，而物来蔽之矣。理之得失，惟系于心，所以心谓之大体也。这耳目与心，禀受于有生之初，皆天之所以与我者，无一不切于身；但就中较量，则惟心为大耳。诚能于物感未交之时，先立其大，使虚灵之本体，足以为众动之纲维，则事无不思，而心得其职。耳虽未有所听，而听之本已立，非礼之声不能夺吾聪矣；目虽未有所视，而视之本已立，非礼之色不能夺吾明矣。视听一宰于心，而聪明不蔽于物，若此者，乃所谓出群众之中、伸万物之上，而称之为大人者，以此而已矣。苟心失其职，而求造于大人之域，岂可得哉？”然人固不可不先立其大，而耳目亦不可不严其防。盖立本固可以应事，而制外亦所以养中。故必于淫声美色，禁之使不接于耳目，庶几外者不入，而内者益固矣。此又内外交修之道，有志于为大人者，不可不知。

孟子曰："有天爵者，有人爵者。仁、义、忠、信，乐善不倦，此天爵也。公、卿、大夫，此人爵也。"

孟子见当时重势位而轻道德，因发此说："人皆知爵位之为尊；而不知吾身之可尊者，不独在爵位也。有性分之尊，为天所与，而予夺不系于人，称之为天爵者焉；有势位之尊，为人所与，而得失难必于己，称之为人爵者焉。如何谓之天爵？心之慈爱为仁，裁制为义，不欺为忠，无妄为信，备此四德于身，而爱乐之有常，欣慕之无厌；这是维皇降衷之理，天然固有之良，虽大行不可得加，穷居不可得损者，乃所谓天爵也。如何又谓之人爵？九命而为公，六命而为卿，三命而为大夫，列此爵命于朝，而得之者贵、失之者贱；这是人主驭世之权，朝廷命官之典，人可得而予之，亦可得而夺之者，乃所谓人爵也。爵有天人之异如此。人岂可徒慕在外之荣，而不知反求诸身乎？"

"古之人修其天爵，而人爵从之。今之人修其天爵，以要人爵；既得人爵而弃其天爵：则惑之甚者也，终亦必亡而已矣。"

孟子承上文说："爵位虽有天人之分，而得失则有相因之理。古之人有见于道德为重，其反己自修，惟知有仁义忠信之理可爱可求而已，何必于人爵乎？然而道德既崇，名誉自著，公卿大夫之爵，有不求而自至者焉：此人爵从天爵而两得者也。今之人则不然。其始初亦知天爵之可修也，但其意非为道德，不过假此以要声名、求富贵，为得人爵之地耳；及至人爵既得，志意已满，遂以天爵为无用而弃之，而不知仁义忠信为何物也。夫假天爵以要人爵，是不知天爵之为尊，其心固已惑矣；既得人爵而弃天爵，又不知人爵之当保，则惑之甚者也！盖人爵之可要，徒以有此天爵耳；天爵既弃，名实俱亏，终必并其所得之人爵两失而不能保矣，岂非惑之甚哉？于此见天爵之与人爵，得则俱得，失则俱失者也。"而天爵非人爵，无以弘济世之用；人爵非天爵，无以彰命德之公。是以为士者，道不虚尊，贵于经世；为人主者，官不虚设，务在任贤。

孟子曰："欲贵者，人之同心也。人人有贵于己者，弗思耳。人之所贵者，非良贵也。赵孟之所贵，赵孟能贱之。"

赵孟，是晋国世卿。

孟子说："人情莫不好荣而恶辱，故见人爵之荣，羡慕而欲得之者，此人心之所同然也。乃天下有至尊至贵之理，人人各足于己而无待于外者，此其可欲为何如？但人多蔽于物欲，未尝反己而思，是以惟见在人之贵为可欲，而不见在己之贵为可欲耳。岂知贵之在己者，乃天然自有之贵，所谓良贵也；人之所贵者，依名而立，恃势而尊，乃外至之贵，非良贵也。如赵孟为晋国执政之卿，能操爵以贵人者；然能以爵与人而使之贵，亦能夺之而使之贱，贵贱荣辱，皆赵孟之所得专，非吾力之所能必，所以说非良贵也。若夫吾身之良贵，人安得而贱之哉？然则欲贵者，信不可不反求诸身矣。"

"《诗》云：'既醉以酒，既饱以德。'言饱乎仁义也，所以不愿人之膏粱之味也。令闻广誉施于身，所以不愿人之文绣也。"

《诗》，是《大雅·既醉》之篇。令，是善。

孟子承上文说："人之所贵，固非己之良贵矣。而良贵之可欲，于何见之？《诗经·既醉》之篇有云：'既醉以酒，既饱以德。'夫饱不曰味而曰德者，何哉？盖言德莫美于仁义，君子戴仁而行，抱义而处，则理义悦心，而天下之至味在我矣。若他人之膏粱，人自食之，于我何有焉？所以不愿人之膏粱之味也。仁义既积于躬，由是令闻昭宣，广誉四达，实大声弘，而天下之至荣在我矣。若他人之文绣，人自衣之，于我何加焉？所以不愿人之文绣也。夫曰饱乎仁义，则知良贵为可贵矣；曰不愿膏粱、文绣，则知赵孟之贵不足贵矣。人顾有舍良贵而外慕者，何其弗思之甚哉！"此章言势分之贵，无与于己；性分之贵，不资于人。欲人重内而轻外，不可徇物而忘我也。

孟子曰："仁之胜不仁也，犹水胜火。今之为仁者，犹以一杯水救一车薪之火也；不熄，则谓之水不胜火：此又与于不仁之甚者也，亦终必亡而已矣！"

与字，解作助字。

孟子说："天理人欲，不容并立。而胜负相乘之势，但视其消长之机何如耳。如以常理而言，则理可以制欲，公可以灭私。未有道心为主，而人心不听命者，是仁之胜不仁，就如水之能克火的一般，乃一定之理而不可易者也。然仁之可以胜不仁者，谓其以常存之天理，而遏方萌之人欲耳。乃今之为仁者，天理之存无几，而人欲之焰方张，是犹持一杯之水以救一车薪之火，火必不可得而熄矣。人见火之不熄，不说是水之力少，遂诿之说：水不能胜火；人见欲之难遏，不说是仁之分数少，遂诿之说：仁不能胜不仁。此言一出，由是不仁之人，皆信以为仁之难成，将甘心于不仁，而纵欲灭理，无所不至矣。岂非反助于不仁之甚者乎？非但有害于人，就是自己，也信之不专，为之不力，将并其几希之仁寖消寖微，而终至于亡矣。"为仁不力之害如此。有志于仁者，可不知所戒哉！昔舜之命禹曰："人心惟危，道心惟微。"杯水，即惟微之喻也；车薪之火，即惟危之喻也。微者，养之使盛；危者，制之使安。即帝王传心之要，亦不外于学者克己之功而已。

孟子曰："五谷者，种之美者也。苟为不熟，不如荑稗。夫仁，亦在乎熟之而已矣。"

荑稗，是草之似谷，其实亦可食者。

孟子勉人为仁，说："学莫先于为仁，而仁必期于有得。不观之五谷乎？彼五谷之为物，天所生以养人，人所资以为食，固种类之美者也。然所以谓之美者，以其由种而耘而获，可以为粒食之资耳。设使苗而不秀，秀而不实，则反不如荑稗之成熟，犹可以资食用，而美者失其为美矣。五谷犹不可不熟如此。况于仁，为吾心之生理，兼四端，包万善，是何等样美德，岂可不加培养之功？是以为仁者，亦在乎省察于念虑，已精而益求其精；体验于躬行，已密而益求其密，由期月之能守，以至于终食之不违，必使天理浑全，德性常用，亦如五谷之苗而秀、秀而实焉，斯已矣。不然，是自丧其心德之美，而与五谷之不熟者等耳。岂有不愧于他道之有成哉！"孟子之意，非以他道为足尚，盖甚言为仁之不可不熟也。欲熟仁者，又自收放心始；放心不收，而欲熟仁，难矣！

孟子曰："羿之教人射，必志于彀；学者亦必志于彀。大匠诲人，必以规矩；学者亦必以规矩。"

志，是期必。彀，是引弓至满。

孟子说："天下之事，未有无法而可底于成者；故善教者必有所据，善学者必有所循。不观之曲艺乎？天下称善射者莫过于羿。羿之教人以射，宜若有心得之巧矣。乃其教之之法，只是开弓引满，期至于彀率；从他学射者，也只是开弓引满，期至于彀率。彀率之外，羿不能有异教，弟子不能有异闻也。盖彀率乃弓满之限，引满而后可以命中，此射者一定之法，学者安得而违之哉？天下称良工者，莫过于大匠。大匠教人制器，宜亦有独运之智矣。乃其教之之法，只是引规执矩，使知为方圆；从他学艺者，也只是引规执矩，学之为方圆。规矩之外，大匠不能别有所传，弟子不能别有所习也。盖规矩乃制器之则，有则而后可以成器，此大匠一定之法，学者亦安得而违之哉？"曲艺且然，则圣人之道可知已。是以尧、舜、禹相授受，不过曰精一、执中；孔、颜相授受，不过曰博文、约礼。曰精一、曰博约，此圣学之彀率、规矩也，学道者宜究心焉。

卷十二

告子下

任人有问屋庐子曰:“礼与食孰重?”曰:“礼重。”“色与礼孰重?”曰:“礼重。”曰:“以礼食，则饥而死;不以礼食，则得食，必以礼乎?亲迎，则不得妻;不亲迎，则得妻，必亲迎乎?”屋庐子不能对，明日之邹，以告孟子。孟子曰:“于答是也何有?”

任是国名，即今山东兖州府地方。屋庐子是孟子弟子。

战国之时，人多昧于理欲之辨。故任国之人，有问于屋庐子说:“人不可一日无礼，尤不可一日无饮食，不知礼与食二者，果孰为重乎?”屋庐子答说:“饮食虽切于养生，而食又赖礼以节其流，无礼则必失之纵，是礼重于食也。”任人复问说:“礼固可好，而好色亦人之所好也。不知色与礼二者，又孰为重乎?”屋庐子答说:“好色虽人之所欲，而色又赖礼以别其嫌，无礼则必至于淫，是礼重于色也。”任人欲逞其辩，遂设难以问屋庐子说:“子谓礼重于食，固也。设使身当饥饿之际，此时若拘于礼，则必不能得食，而受饿以死;若不拘礼，则可以得食，而救饿以生。当此躯命所关之时，尚必以礼食乎?吾恐食可以无礼，而生不可以灭性，谓礼之重于食，殆不然矣。子谓礼重于色，固也。设使身处穷乏之中，此时若拘于亲迎之礼，则必不可得妻，而婚姻以废;不拘于亲迎之礼，则可以得妻，而家室以完。当此怨旷无聊之日，尚必以亲迎乎?吾恐婚礼可以不行，而人伦不可以或废。谓礼之重于色，殆不然矣。”屋庐子屈于其说，不能对。明日乃往邹邑，备述任人之言以告孟子。孟子说:“礼之重于食色者，理之常;任人之所诘问者，事之变。于答此问，何难之有?”盖事无常形，而理则有定分，惟以理折之，则其辩不攻而自屈矣。

“不揣其本而齐其末，方寸之木可使高于岑楼。金重于羽者，岂谓一钩金与一舆羽之谓哉?”

揣，是度量。岑楼，是楼之高锐如山者。钩，是带钩。

孟子承上文说："吾谓任人之问不难于答者，何以言之？盖理欲轻重，本有一定之分，故谓礼重而食色轻者，乃据其大分而言也。如任人之论，则执其偏胜之说，以校量一定之理，而本末轻重将失其平矣。且如岑楼至高，寸木至卑，为从其根底而比较之也；如不从下面揣度其根本，惟就稍末比并其高低，则举方寸之木，可升之岑楼之上，寸木反高，岑楼反卑矣。举食色而加于礼之上，其高下失平，何以异于是哉？金之质至重，羽之质至轻，为其分剂适均而称量之也。岂是说金不必多，一钩也为重；羽不必少，一车也为轻？将取一钩之金，以抵一舆之羽，则钩金反轻，舆羽反重矣。取礼之常而当食色之变，其轻重不敌，又何以异于是哉？"要之，岑楼不以寸木之加而损其高，钩金不以舆羽之多而损其重；礼之大体，亦非可以食色之变而改其度。君子惟道其常而已。

"取食之重者与礼之轻者而比之，奚翅食重？取色之重者与礼之轻者而比之，奚翅色重？"

孟子承上文说："礼之重于食色，犹之岑楼本高，钩金本重也。而任人乃谓食色为重，礼为轻，其所以比较之者，失其平矣。盖礼有轻重，食色亦有轻重，惟取礼与食色之并重者而比之，乃见礼之为重耳。若饥死以灭性，乃食之重者也；待礼而后食，乃礼之轻者也。取食之重者与礼之轻者而比之，则食乃躯命生死所关，其重于礼甚矣，岂但如任人所云食重而已哉。不得妻而废人伦，乃色之重者也；亲迎而后婚，乃礼之轻者也。取色之重者与礼之轻者而比之，则色乃居室大伦所系，其重于礼亦甚矣，岂但如任人所云色重而已哉？此正所谓寸木可高于岑楼、钩金反轻于舆羽者，惟其比较之太偏，故其重轻之悬绝耳。岂可据之为定论乎？"

"往应之曰：'紾兄之臂而夺之食，则得食；不紾则不得食，则将紾之乎？逾东家墙而搂其处子，则得妻；不搂则不得妻，则将搂之乎？'"

紾，是捩转臂膊，用绳拴缚。

孟子又承上文说："礼与食色，从其偏重者较之，则轻重易差；从其兼重者较之，则定分自见。汝何不往应任人说：'子以饥死为灭性，食固重矣；然敬兄，亦礼之重也。设使当饥饿之际，紾缚兄之臂膊而夺之食，则得食；不紾，则不得食。则将干犯礼义，忍于紾兄而夺之乎？子以不娶为废伦，色固重矣；然以正相从，尤礼之重也。设使当鳏旷之时，逾东家墙而牵搂其处女，则得妻；不搂，则不得妻。则将蔑弃礼法，敢于逾墙而搂之乎？’吾知紾兄之臂，则忍于恶逆，不但不以礼食矣。搂人处子，则敢于强暴，不但不亲迎矣。此则宁可饥饿而死，必不可紾兄以戕恩；宁可不得妻而废伦，必不可搂人处子以乱法。礼之重于食色，显然较著矣。以此而应任人，任人尚何说之可解哉？”大抵先王制礼，本以防范人情，维持世教，有之则治，无之则乱者也。而猖狂自恣之徒，乐放佚而惮拘检，至有乞墦不羞、钻穴不耻，则礼坊之坏极矣！时君世主，不能以教化提防之，而反为流连之乐、荒亡之行，纵败度，欲败礼，思以匡世励俗，不亦难乎！此孟子于任人之辩而力折其妄，为世教虑至深远矣。

曹交问曰：“人皆可以为尧、舜，有诸？”孟子曰：“然。”“交闻文王十尺，汤九尺。今交九尺四寸以长，食粟而已，如何则可？”曰：“奚有于是？亦为之而已矣。”

曹交，是曹君之弟。

是时性道不明，人皆高视圣贤，以为不可几及。而孟子每道性善，必称尧、舜。曹交疑之，因问于孟子说：“圣人莫过于尧、舜。尧、舜之为圣，疑若古今绝德，非人之所能为；乃有言人皆可以为尧、舜者，不识果有此理乎？”孟子答说：“尧、舜虽圣，与人同类，何不可为之有？信有此理也。”曹交不喻“为”字之意，乃以形体自负说：“交闻自古能为尧、舜者，莫如周之文王、商之成汤。文王之长十尺，汤之长九尺，是有此非常之躯干，方有此非常之事功。然则欲为圣人，必非眇小者之可能也。今交九尺四寸，以长，比文不足，比汤有余，似具圣人之体貌矣；及揣己量力，则但知食粟焉耳，更无他长可以表见于世，有其形而无其实，交之有愧于汤、文远矣。敢问如之何乃可以为尧、舜乎？”孟子答说：“圣人所以为圣，不在形体之间。子乃以尺寸长短较量汤、文，何有于此？亦惟励作圣之志，反己自修，去其不如汤、文者，就其如汤、文者，黾勉为之而已矣。岂有志欲为而力不逮者哉？”

“有人于此，力不能胜一匹雏，则为无力人矣。今曰举百钧，则为有力人矣。然则举乌获之任，是亦为乌获而已矣。夫人岂以不胜为患哉？弗为耳。”

匹，是鸭鸟。乌获，是古时有勇力的人。

孟子承上文说：“吾谓作圣之功在修为、不在形体者何？视观人之勇力可知矣。有人于此，匹雏虽至轻也，举之而不能胜，则为无力之人矣；今有人焉，百钧虽至重也，而曰：‘我能举之而不难。’则为之有力之人矣。人力之强弱，惟辨于举物之胜与不胜如此。然则乌获之力，能举千钧者也。使有能举乌获之任者，不必其形体之相似，而膂力相当，是亦今之乌获而已矣。若使能为尧、舜之所为，岂不即今之尧、舜乎？人乃谓‘尧、舜之道，非我之材力所能负荷’，往往以不胜任为患。岂知力之不胜不足为患，患在志安于卑近，而无克念之诚；功狃于因循，而无勇往之力，可为而不为，斯乃圣狂之攸判耳。诚一为之，夫何不胜之足患哉？”

“徐行后长者谓之弟，疾行先长者谓之不弟。夫徐行者，岂人所不能哉？所不为也。尧舜之道，孝弟而已矣。”

孟子承上文说：“人之不能为尧、舜者，其患固在于不为矣。然尧、舜岂难为者哉？今夫长者在前，我徐行而让步于后，这便是知敬长之礼，叫作弟。使长者在后，我疾走而突出其前，这便是有傲长之心，叫作不弟。夫徐行者，不过于步趋之间，遵先后之序，岂有甚高难行之事，为人所不能者哉？惟其忽长幼之节，是以废事长之礼，盖有自不肯为耳。岂知这孝弟之道，近之则为吾人知能之良，推之实圣人尽性之事。故虽尧、舜为人伦之至，其道若至大而无以加，然尧惟亲睦九族，而后有平章之化；舜惟慎徽五典，而后有风动之休：是尧、舜之道，亦只在孝弟而已。孝弟之外，别无性分；则性分之外，别无事功。虽尧、舜，岂得而加毫末于其间哉？夫圣道不越于孝弟，而孝弟惟在于徐行。则欲为尧、舜者，信乎其不难矣。”

“子服尧之服，诵尧之言，行尧之行，是尧而已矣。子服桀之服，诵桀之言，行桀之行，是桀而已矣。”

孟子又承上文说："尧、舜之道不外于孝弟，则圣人果不难为矣。子欲学为圣人，岂必求之远且难哉？自吾一身而言，衣服言动之微，皆道之所在，学圣则圣，学狂则狂，在子之趋向何如耳。子若服尧之服，而非先圣之法服不敢服；诵尧之言，而非先圣之法言不敢言；行尧之行，而非先圣之法行不敢行。如此，则反身循理，无一事不在于规矩之中；虽不必容貌如尧，而衣冠言动，都与尧相似，是亦一尧而已矣。子若服桀之服，而从其诡异之制；诵桀之言，而从其邪僻之词；行桀之行，而从其暴虐之事。如此，则悖理乱常，无一事不出于规矩之外；虽不必容貌如桀，而衣冠言动都与桀相似，是亦一桀而已矣。夫能为尧，则必能为舜；而出于尧，则必入于桀。为圣为狂，机惟在我，子可以不审择所从哉？"

曰："交得见于邹君，可以假馆，愿留而受业于门。"曰："夫道，若大路然，岂难知哉？人病不求耳。子归而求之，有余师。"

曹交闻孟子之言，有感于心，说道："交始初只疑圣道难为，幸而得闻夫子之教，乃知尧、舜可学而至。此一念求教之诚，有不容自已者。如得见于邹君，可以假借旅馆以为驻居之所，愿暂留于此，而受业于夫子之门墙，庶几得尽闻圣道之传，终成学圣之志矣。"夫假馆而后受业，则其求道之不笃可知。孟子乃从而拒之，说："子欲假馆受业，意以道之难知，而求师于我也。不知这个道理，具于性分之内，著于日用之常，天下古今，坦然共由，就与那大路一般，岂有隐僻难知之理，而待人指示者哉？但人自迷于向往之途，病在不知所以求之耳。子诚归于家庭之间，而求此道于事亲敬长之际，于吾之所谓孝弟者，皆务身体而力行之。则行止疾徐，随所寓而皆道；衣冠言动，随所觉而皆师。不必身亲授受，而自师之资有余矣。岂必留此受业，而后可以求道哉？"孟子此言，虽为曹交而发，然孝弟不待外求，尧、舜可学而至，实万世不易之论也。

公孙丑问曰："高子曰：《小弁》，小人之诗也。"孟子曰："何以言之？"曰："怨。"曰："固哉，高叟之为《诗》也！有人于此，越人关弓而射之，则已谈笑而道之；无他，疏之也。其兄关弓而射之，则已垂涕泣而道之；无他，戚之也。《小弁》之怨，亲亲也；亲亲，仁也。固矣夫，高叟之为

《诗》也！”

高子，是齐人。《小弁》，是《小雅》篇名。昔周幽王初娶申后，生子太子宜臼；后得褒姒，生伯服。甚嬖爱之，因黜申后而废宜臼。于是宜臼之师，为作此诗，以述哀痛迫切之情，因名其诗曰“小弁”。关弓即是弯弓。

公孙丑问于孟子说：“吾闻高子说《诗》也，以为《诗》三百篇，多仁人孝子之言；惟《小弁》为小人之诗也。”孟子问说：“高子以《小弁》为小人之诗，其说云何？”公孙丑答说：“高子谓《诗》之为教，温柔敦厚，故虽父母恶之，劳而不怨。今《小弁》处父子之间，而为嗟怨之词，有哀痛迫切之情，无温厚和平之意，此所以为小人之诗也。”孟子说：“凡说《诗》者，当会其意，而不可泥其言。固矣哉，高叟之说《诗》也！夫谓《小弁》为怨则可，谓怨为小人则不可，何者？《小弁》乃怨其当怨者也。譬如有人于此，越人关弓而射此人，我虽知其杀人之不可，然不过从旁谈笑而开导之，初无急迫之意；此岂有他故哉？以越人与我，情分疏远，利害本不相关，故因其疏而疏之也。如使其兄关弓而射此人，则己恻然，恐陷其兄于杀人之罪，当必向前垂涕泣而劝止之，不胜其惶遽之情矣！此岂有他故哉？以兄与我，手足至亲，休戚本同一体，故因其亲而亲之也。今《小弁》所处，乃人伦之大变，废嫡立庶，且将有亡国之祸，正与其兄关弓而射的一般，安忍恝然无愁、谈笑而道之乎？故其为诗，哀痛迫切，庶几动亲心之感悟，不致陷宗社于危亡，正是垂涕泣而道之之意，盖亲亲之情，不容自已者。这亲亲之心，乃至诚恻怛之念，仁之发也；未有小人而仁者，而可谓《小弁》为小人之诗乎？泥其词而不通其志，此高叟之说《诗》所以为固也。”

曰：“《凯风》何以不怨？”曰：“《凯风》，亲之过小者也。《小弁》，亲之过大者也。亲之过大而不怨，是愈疏也。亲之过小而怨，是不可矶也。愈疏，不孝也。不可矶，亦不孝也。孔子曰：‘舜其至孝矣，五十而慕。’”

《凯风》，是《国风·卫》诗篇名。卫有七子之母，不能安其室，七子作诗以自责，其诗名曰《凯风》。矶，是激水的石。

公孙丑又问孟子说：“《小弁》之怨，固是亲亲。至于《凯风》之诗，七子不得于其母，犹小弁不得于其父也，何为痛自刻责，却不怨其亲乎？”孟子答说：“人子之情本无亲疏，而父母之过则有大小。《凯风》之母，虽是有过，然失节之辱，止贻玷于家庭，是过之小者也。若《小弁》之父，贼天性之恩，乱嫡庶之分，祸且及于宗社，是过之大者也。使亲之过大，而我漠然无所动其念，不知咨嗟哀怨，望之以恩，则亲既绝我，我又自绝于亲，已疏而益疏，其薄于亲甚矣，于心何忍焉？若使亲之过小，而我愤然有所迫于中，遂即抵触叫号，继之以怨，就如以石激水，水不能容乎石，微激而遽怒，其不可矶甚矣！于心亦何忍焉？以此观之，愈疏，是有忘亲之心，忘亲不可谓之孝也，此《小弁》所以怨也。不可矶，是无顺亲之心，不能顺亲，亦不可谓之孝也，此《凯风》所以不怨也。怨与不怨，各有攸当，恶可比而同之乎？昔者孔子称赞帝舜说：‘舜其为天下之至孝矣！年至五十，犹怨慕其亲而不忘。非至孝，其孰能之？’”夫舜以怨慕而称至孝，则《小弁》之怨，未可谓之不孝也。高子乃以小人目之，何其说《诗》之固哉！然怨慕虽人子之至情，而天性睽离，实人伦之不幸也。使大舜不遇瞽瞍，宜臼不遇幽王，岂乐于以孝称哉！及瞽瞍惑于嚚妻而宠傲象，幽王溺于嬖妾而宠伯服，则知贼人父子兄弟之恩、伤天性之爱者，多自衽席始矣。可不戒与！

宋牼将之楚。孟子遇于石丘，曰：“先生将何之？”曰：“吾闻秦、楚构兵，我将见楚王说而罢之；楚王不悦，我将见秦王说而罢之。二王我将有所遇焉。”曰：“轲也请无问其详，愿闻其指。说之将何如？”曰：“我将言其不利也。”曰：“先生之志则大矣，先生之号则不可。”

石丘，是地名。

昔战国策士有姓宋名牼者，将往楚国游说楚王。孟子偶然与之相遇于石丘之地。因问宋牼说：“先生此行，意欲何往？”宋牼答说：“今百姓之苦，莫甚于战争。而列国相争，莫强于秦、楚。我闻秦、楚二国兴兵构怨，战斗不休；意将南向而见楚王，说以罢兵息民说，使无攻秦。设或楚王不悦吾言，我将西向见秦王，说以罢兵息民之说，使无攻楚。不遇于楚，必遇于秦。或者二王之中，将必有一处遇合，则吾之说可行，而志可遂矣。”孟子又问说：“先生此行往说秦、楚，我且不敢问个详悉，只愿闻个大指，说之以何为词乎？”宋轻答说：“两国构兵，由其见利而不见害也。我将见秦、楚之王，而说以兵连祸结之害，使之知其不利而自寝耳。”孟子因辟之说：“当今游士之策，皆以战攻为尚。先生独于兵戈扰攘之时，而以罢兵息民为说，意在措天下于安宁，志诚大矣！但谋人国家之事者，宜论道理，不宜论利害。今先生欲言构兵为不利，则是以利为名，而欲秦、楚之王惟利是从也。名号不正，将恐利未必得，而害已随之矣。或者其不可乎！”

“先生以利说秦、楚之王，秦、楚之王悦于利，以罢三军之师，是三军之士乐罢而悦于利也。为人臣者，怀利以事其君；为人子者，怀利以事其父；为人弟者，怀利以事其兄：是君臣、父子、兄弟终去仁义，怀利以相接；然而不亡者，未之有也。”

孟子又告宋轻说：“吾谓先生之说秦、楚不可以利为名者，何哉？利之所在，众之所趋，有利则必有害也。如使先生以利说秦、楚之王，说道罢兵息民乃国之利，则秦、楚之，必欣然悦于利而投戈解甲，以罢三军之师；三军之师得免于锋镝死亡之忧，其谁不乐？是士卒亦乐罢而悦于不战之利也。利端一倡，举国之人皆熙熙然争骛于利：为人臣的，怀图利之念以事君，而无实心尽忠者矣；为人子的，怀图利之念以事父，而无实心尽孝者矣；为人弟的，怀图利之心以事兄，而无实心敬长者矣。君臣、父子、兄弟之间，惟利是视，竟不知有仁义，皆弃去仁义，怀利以相交接如此。则见利必争，失利必怨，亲爱之心既忘，篡弑之祸将起，国不至于灭亡者，未之有也。夫利之说一行，而其害至于亡人之国。先生欲以此为号而说秦、楚之王，不亦误乎？”

“先生以仁义说秦、楚之王，秦、楚之王悦于仁义而罢三军之师，是三军之士乐罢而悦于仁义也。为人臣者，怀仁义以事其君；为人子者，怀仁义以事其父；为人弟者，怀仁义以事其兄：是君臣、父子、兄弟去利，怀仁义以相接也；然而不王者，未之有也。何必曰利？”

孟子又告宋轻说：“先生所以说二国者，既不可以利为名，则亦有仁义而已矣。诚使先生以仁义说秦、楚之王，说道殃民非仁、伐国非义；则秦、楚之王必欣然悦于仁义，而休兵止杀，以罢三军之师。三军之师，得蒙休息生养之泽，其谁不乐？是士卒亦乐罢而悦于仁义之道也。仁义一倡，举国之人皆将熙熙然争趋于仁义：为人臣的，心存仁义以事君，自谓臣职之当尽，非有所利而为忠矣；为人子的，心存仁义以事父，自谓子职之当供，非有所利而为孝矣；为人弟的，心存仁义以事兄，自谓弟道之当执，非有所利而为恭矣。君臣、父子、兄弟之间，知有仁义而不知有利，是去利怀仁义以相交接也。如此，则彝伦式叙，上下交欢，有尊君亲上之风，无悖逆陵犯之俗，其不能兴王业而王天下者，未之有也。利之害如彼，仁义之利如此。先生欲说秦、楚之王，亦说之以仁义可也，何必以利为言哉？”夫宋轻志于息兵，欲以救一时之民困；而孟子晓以仁义，则以正万世之人心。论治道者，宜知所择焉。

孟子居邹。季任为任处守，以币交，受之而不报。处于平陆，储子为相，以币交，受之而不报。他日由邹之任，见季子；由平陆之齐，不见储子。屋庐子喜曰："连得间矣。"

季任，是任君之弟。处守，是居守其国。连，是屋庐子的名。

昔孟子居于邹国。时有任君之弟季任者，因其兄有朝会之事，替他居守其国。一向仰慕孟子之贤，遂使人自任至邹，执币帛以为纳交之礼。孟子受其币而不往报焉。及处于齐平陆之邑，时储子正为齐相，他也仰慕孟子之贤，使人自齐至平陆，执币帛以为纳交之礼。孟子亦受其币而不往报焉。其受币之同如此。及至他日，孟子自邹到于任国，乃亲去见季子，以报前日之礼。又一日，自平陆到于齐国，却不亲去见储子，以报他前日之礼。其报礼之异如此。屋庐子幸其请问有由，乃喜而说道："连也仰慕夫子之道，每欲请问，但无间隙之可乘耳。今观处季任、储子之事，一见一不见，是必有义理存乎其间，今乃得其间隙而可以请问矣。"夫孟子之处二子，固必有称物平施之道，屋庐子一得其间而即喜，亦可见其善学孟子矣。

问曰："夫子之任见季子，之齐不见储子，为其为相与？"曰："非也。《书》曰：'享多仪，仪不及物，曰不享，惟不役志于享。'为其不成享也。"

《书》，是《周书·洛诰》篇。以物奉上，叫作享。仪，是礼意。物，是币帛。役字，解作用字。

屋庐子问孟子说："季子、储子同一币交，则宜同一往见也。今夫子至任，就往见季子；及至齐，即不肯见储子。夫子之意，岂是为储子为齐相，不似季子摄守君位之尊，故轻之而不见耶？"孟子答说："君子交际之义，只论道理，不论名位。我之不见储子，非以其为相之故也。独不观之《书》乎？《周书·洛诰》篇有云：'凡人享献于上，贵在礼意有余。若物有余而仪不足，虽币帛交错，都是虚文，这便叫做"不享"，惟其未尝用志于享故耳。'夫以物享人，《书》乃谓之'不享'者何？盖人必以恭敬之心将币帛之物，方可以成享礼；若不用志于享，而徒致饰于币帛之陈，则有文无实，不成享上之礼矣。《书》所以谓之'不享'者，盖为此也。彼储子徒以币交，而诚意未至，不得谓之成享矣，我何为而往见之耶？"

屋庐子悦。或问之，屋庐子曰："季子不得之邹，储子得之平陆。"

屋庐子闻孟子之言，得其所以不见储子之故，在于礼意之不足。始知圣贤交际，自有义理而不苟也，遂欣然有悦于心。或人不晓其意，以为同一币交，如何有成享、不成享之辨？乃疑而问之。屋庐子晓之，说道："二子之币交，有成享、不成享之异，但观其所处之势而可知矣。当时季子为君居守，托国政于其身；若自任之邹，必出境而远涉，越国见贤，国谁与守？其不得之邹者，乃势之所不能，非心之所不欲也。若储子则异乎是。其官则齐相也，主治有人，既无居守之责；况平陆乃齐邑也，相去甚近，又无越国之劳，可来而不来，可以见而不见，是其不之平陆，乃心之所不欲，非势之所不能也。夫季子不得之邹，则虽以币交，而礼意已备，此所以谓之成享。储子得之平陆，而不一至，虽以币交，而仪不及物，只见其为弥文而已，此所以谓之不成享也。或人又何疑乎？"观此而知为君相者，既不可无敬贤之礼，尤不可无好贤之诚。敬贤而不能以诚，贤者犹不肯至，况于简贤弃礼者哉！

淳于髡曰："先名实者，为人也。后名实者，自为也。夫子在三卿之中，名实未加于上下而去之，仁者固如此乎？"孟子曰："居下位，不以

贤事不肖者，伯夷也。五就汤，五就桀者，伊尹也。不恶汙君，不辞小官者，柳下惠也。三子者不同道，其趋一也。一者何也？曰，仁也。君子亦仁而已矣，何必同？”

淳于髡，是齐之辩士，名，是声誉，实，是事功。

淳于髡因孟子仕齐，无功而去，乃讥之说道：“士君子处世，只有出处两端：若以功名为急务，而汲汲然先之，这是心存于救民，而为人也；若以功名为缓图，而泄泄然后之，这是志在于守己，而自为也。自为、为人，总之全尽此心之理，仁者之事也。今夫子当路于齐，位居三卿之中，是已出而用世，非复自为之时矣。乃上不能致君，下不能泽民，名实未加于上下；忽然致事而去，又不能终其为人之志，人己两无所成，进退皆无所据，仁者固如此乎？”孟子晓之说道：“子疑我去国为未仁，是徒泥去就之迹，而未能深谅我之心也。且以古人言之，宁居下位，而不肯以我之贤事人之不肖者，伯夷也；感币聘而五就汤，因汤进于桀，而五就桀，惓惓以救世为心者，伊尹也；不羞汙君而必事之，不辞小官而必居之，由由然与物无忤者，柳下惠也。三子之行，或清、或任、或和，其道虽若不同，然其志意之所趋向则一而已矣。所谓一者不同，乃仁之所在也。盖清非忘世，任非好名，和非辱身，总归于理之当然，心之无私而已。然则君子处世，可就则就，固非有意于为人，而以名实为先；可去则去，亦非有意于自为，而以名实为后。要求合乎此心之仁焉耳，何必其行之尽同也。子乃执去就之迹以议我之未仁，殆未识仁者之心矣。”

曰：“鲁缪公之时，公仪子为政，子柳、子思为臣，鲁之削也滋甚。若是乎贤者之无益于国也！”曰：“虞不用百里奚而亡，秦穆公用之而霸。不用贤则亡，削何可得与？”

公仪子，名休。子柳、子思，都是鲁之贤者。

淳于髡又讥孟子说道：“贤者处世之迹固难尽同，而其济世之功实难取必。昔者鲁缪公之时，以公仪休为相，而使之总理国政；以子柳、子思为臣，而使之分理庶职。此三人者，皆当世所谓贤人，而缪公用之，宜乎有扶衰拨乱之功，有尊主庇民之效矣。乃当时邻国交侵，疆宇日蹙，鲁之削弱滋甚。以国势衰微之际，众贤支持而不足，如此乎！贤者之无益于人国。其去就未足为重轻也。”淳于髡此言，盖谓孟子即不去位，未必能有益于齐也。孟子答说：“贤人去留，国之存亡攸系，何可谓其无益？昔百里奚初仕于虞，虞公贪受晋赂，不听其言，遂见执于晋，与虢俱亡；及其在秦，穆公加之相位，言听计从，遂霸西戎，显名天下。夫以虞公一不用百里奚，即至于灭亡而不救，虽欲求如鲁之削地，不可得矣。然则鲁之仅至于削而不亡者，犹赖群贤维持之力也，岂可谓贤者无益于人国乎？”

曰：“昔者王豹处于淇，而河西善讴。緜驹处于高唐，而齐右善歌。华周、杞梁之妻善哭其夫，而变国俗。有诸内必形诸外。为其事而无其功者，髡未尝睹之也。是故无贤者也，有则髡必识之。”

王豹，是卫人。淇，是水名。緜驹，是齐人。高唐，是齐邑，即今高唐州。华周、杞梁，都是齐臣。

淳于髡又设问以讥孟子说：“贤者之抱负难知，而事功易见。使其果有益于人国，髡岂有不知者乎？昔者卫人王豹善讴，居于淇水之上，河西之人凡近淇水而居者，皆化之而善讴。齐人緜驹善歌，居于高唐之邑，齐右之人凡近高唐而居者，皆化之而善歌。华周、杞梁之妻，因夫死于战斗，哭之而哀，至于城为之崩，由是一国之中，其俗皆变而善哭。即此三事推之，可见名实相须，有才猷蕴蓄于内者，必有功业昭著于外。苟身为其事，可以自见其才，而却无功效之可指，则是内外不相符，髡未尝见有此人也。看来当今之世，实是无贤者；若果有贤者生于其时，其才猷自足以经世，其功业自足以及民，髡必知其人矣。今既未见其人，安望其有益于国哉？”淳于髡此言，盖讥孟子仕齐无功，未得为贤也。岂知贤者所存，固未易窥测矣乎！

曰：“孔子为鲁司寇，不用；从而祭，燔肉不至。不税冕而行。不知者以为为肉也，其知者以为为无礼也。乃孔子则欲以微罪行，不欲为苟去。君子之所为，众人固不识也。”

燔肉，是郊祭胙肉。税冕，是脱去冠冕。

孟子因淳于髡讥己未得为贤，又晓之说道：“子谓事功可以观人，似以贤者为易知，不知贤者固未易测也。盍即孔子之事观之？昔孔子为鲁司寇，摄行相事，三月而鲁国大治。齐人闻而恐惧，因以女乐遗鲁君。鲁之君相，惑于声色，果怠弃政事，疏孔子而不用。是时孔子已有去志，但未即行耳。适遇鲁有郊祭，孔子以大夫陪祀，礼当有燔肉之颁，又不颁及孔子；于是孔子祭毕即行，虽冠冕亦不暇脱。其毅然不肯少留如此。当是时，人之不知孔子者，以为燔肉甚微，偶然遗漏，如何便去？其知孔子者，以为郊必致燔，乃是待大夫之礼，今既这等疏慢，如何不去？此两说者，皆非深知孔子者也。乃孔子之意以为：使我因受女乐而去，则显其君相之失；设若无故而去，则又非出处之宜。故不以受女乐之大过去，而以不赐燔肉之细故行，使君相之罪既泯于无迹，而在己之去亦不为无由。其见几既如此明决，而用意又如此忠厚。然则君子之所为，信有出于常情拟议之外者。或以为为肉，或以为为无礼，皆众人浅陋之见，乌能知君子微意之所存哉？”君子之不易知如此。则孟子之所为，固非髡之所能识也。乃以知贤自任，而谓世无贤者，妄亦甚矣！盖是时游士、说客，皆挟其富强之术，以干世主、就功名。而孟子独以仁义之道与齐王言，欲以攻其好勇、好货、好色之疾，所以言常不合，仕齐不久而辄去也。然终不肯显言齐王之失，正与孔子去鲁同意。淳于髡乃以为未仁，又以为未贤，岂知孟子者哉？

孟子曰：“五霸者，三王之罪人也。今之诸侯，五霸之罪人也。今之大夫，今之诸侯之罪人也。”

五霸，是齐桓、晋文、秦穆、宋襄、楚庄。三王，是夏禹、商汤、周文武。

孟子见世道浸衰，王降而霸，霸降而战国，其势将使先王纪纲法度，荡然无有存者。故著其罪以警惕之，说道：“自古治世安民，德莫有过于三王者。三王既往，五霸迭兴，虽不无扶衰拨乱之功，然矫命雄行，惟威力是尚，王法从此坏矣，此得罪于有道之世，而为三王之罪人也。至于今之诸侯，岂但不知有王法之可守，即五霸所申之禁令，亦皆废之不遵，而惟以巧诈相倾，殆又得罪于五霸，而为五霸之罪人也。至于今之大夫，岂但不知有霸略之可图，即诸侯所不敢萌之妄念，彼皆导之以必为，而惟以阿谀取容，殆又得罪于诸侯，而为今之诸侯之罪人也。”盖世变之趋愈下，故人心之伪愈滋，非得王者起而正之，祸乱之作可胜言哉！

“天子适诸侯，曰巡狩。诸侯朝于天子，曰述职。春省耕而补不足，秋省敛而助不给。”

孟子承上文说：“所谓五霸为三王之罪人，何以见之？盖三王之时，纪纲振举，法度修明。天子以时巡行于诸侯之国，这叫作巡狩。巡狩者，巡其所守之土地也。诸侯以时朝觐于天子之廷，这叫作述职。述职者，述其所修之职事也。时乎春日，正是百姓每耕田的时候，中间有牛、种不足的，必赈贷以补益之，使他不妨于耕；时乎秋日，正是百姓每收获的时候，中间有粮食不给的，必赈贷以周助之，使他不妨于敛。天子省于畿内，诸侯省于国中，察闾阎之疾苦，行周恤之恩惠。三王之世，民皆家给人足，而无匮乏之患者，盖以此耳。”

“入其疆，土地辟，田野治，养老尊贤，俊杰在位，则有庆，庆以地。入其疆，土地荒芜，遗老失贤，掊克在位，则有让。”

辟，是开垦。掊克，是聚敛。让，是切责。

孟子承上文说：“以巡狩之事言之，天子之适诸侯，本欲察邦国之治否，以验职业之修废也。若入其疆内，见得土地开垦，田野修治，老者养之以安，而不致冻馁，贤者尊之以爵，而罔或遗逸，且用俊杰有材之士，使之布列庶位，分猷而宣力。如此，是能克谨侯度，有功于王室者也，能无庆赏之典乎？则增益其土地，以示优异之恩，而有功者上，诸侯莫不欣然以为劝矣。若入其疆内，见得土地荒芜，四境不治，老者遗弃，而冻馁不免，贤者放失，而礼意不及，惟用掊克聚敛之臣，使之损下益上，蠹政而殃民。如此，是怠弃封守，违背乎王章者也，能无威让之令乎？则切责其愆尤，以示斥罚之义，而有罪者下，诸侯莫不凛然以为惩矣。夫以巡狩一行，而庆让并举，所以纲纪世道之具，联属人心之机，皆在于此。此所以为三王之制也。”

“一不朝则贬其爵，再不朝则削其地，三不朝则六师移之。是故天子讨而不伐，诸侯伐而不讨。五霸者，搂诸侯以伐诸侯者也。故曰：五霸者，

三王之罪人也。”

孟子承上文说：“以述职之事言之，诸侯朝于天子，本自有常期也。使其如期而至，固必有赉予之典矣。设或一次不朝，是慢上之渐也，则贬其爵位，以次而降其官；再次不朝，是陵替之端也，则削其土地，以次而损其禄；如或三次不朝，则悖乱已极，不但当削其地而已，遂命六军之众往诛其人，而更置贤者以守其国焉。此述职之法，亦与巡狩同一庆让之典者也。由此观之，三王之世，礼乐征伐之权皆出自天子，臣下无敢自专者。故天子但出令以讨罪，而不必亲兴伐国之师；诸侯但承命以伐人，而不敢擅兴讨罪之旅。此体统名分所在，由三王以来，未之改也。今五霸不用天子之命，牵连与国之诸侯，以攻伐诸侯之叛己者，名虽为伐，实同于讨，岂非以臣而僭君、以下而犯上，得罪于王法者乎？我故说五霸者，三王之罪人也。”

“五霸桓公为盛。葵丘之会诸侯，束牲载书而不歃血。初命曰：‘诛不孝，无易树子，无以妾为妻。’再命曰：‘尊贤育才，以彰有德。’三命曰：‘敬老慈幼，无忘宾旅。’四命曰：‘士无世官，官事无摄，取士必得，无专杀大夫。’五命曰：‘无曲防，无遏籴，无有封而不告。’曰：‘凡我同盟之人，既盟之后，言归于好。’今之诸侯皆犯此五禁，故曰：今之诸侯，五霸之罪人也。”

葵丘，是地名。束牲载书，是束缚牲口，将誓书用椟盛载于上。歃血，是涂血于口，以示不背盟誓的意思。树子，是册立的世子。摄，是兼官。曲防，是曲为堤防；旱则壅泉专利，涝则激水病邻的意思。遏籴，是闭阻籴谷，不使转贩。

孟子说：“所谓今之诸侯为五霸之罪人，何以见之？盖五霸之中，惟齐桓公九合诸侯，一匡天下，最为强盛。当时葵丘之会，诸侯咸集。桓公但就坛坫之上，束缚牲体，盛载盟书，以与诸侯约誓，更不消杀取其血以涂于口，而诸侯莫不听从，其信义足以服人如此。当时盟誓之词，共有五件：第一件相戒命说：‘五刑之属虽多，而罪莫大于不孝。有则断以大义，必诛无赦，以正纲常。世子既以树立，受命于朝，不得嬖爱庶子，擅谋更易，以摇国本。妻乃己之敌体，名分已正，不得有所废立，用妾为妻，以乱嫡庶。'此修身正家之事，不可犯禁者一也。第二件相戒命说：'贤才之生，为国祯干。必尊礼贤者，而隆其体貌；养育才者，而厚其常禄，于以彰显有德之士，使豪杰能自表见，而益坚其效用之心。'此用贤图治之资，不可犯禁者二也。其第三件相戒命说：'人之老者不可慢，必恭敬之以尊高年；人之幼者不可弃，必慈爱之以恤孤弱。四方之宾客行旅不可忽，必善待之以柔远人。'如此，则近悦远来，而人心悦服，不可犯禁者三也。其第四件相戒命说：'有功之士，但当世其禄，而不可世其官，使名器至于冒滥；百官之事，但当有分职，而不可有兼职，使庶务至于废弛。欲举用有德之士，必选于众，而务在得人。欲诛罚有罪之大夫，必告于朝，而不可擅杀。'如此，则择人任事，而刑赏清明，不可犯禁者四也。其第五件相戒命说：'邻国有水旱之灾，当交相体恤，无得曲防水利，使专于己而病于人。邻国遘凶荒之岁，当交相接济，无得闭遏籴贩，使我有余而彼不足。至于国邑之土地人民，皆当听命王朝，无得专擅分封而不告天子。'如此，则既有睦邻之仁，又有尊王之义，不可犯禁者五也。戒命既毕，又复丁宁之说：'凡我同盟之人，自今日既盟之后，当同归于和好。既欲讲信修睦，以笃邻国之交；尤当协力一心，以尊天子之命。庶会盟为不虚，而和好可常继矣。'夫五霸之禁严切如此，宜乎诸侯世守勿失者。今之诸侯，皆务以合纵、连衡，济其巧诈之习，不复讲信修睦、守其和好之盟，则犯此五禁，恬然不知有葵丘之会矣。其得罪于五霸，不亦多乎？我故说今之诸侯，五霸之罪人也。"

"长君之恶，其罪小。逢君之恶，其罪大。今之大夫，皆逢君之恶，故曰：今之大夫，今之诸侯之罪人也。"

孟子承上文说："所谓今之大夫，为今之诸侯之罪人，何以见之？盖诸侯之设立大夫，谓其能辅之以正也。若君之过既已彰著，不能犯颜敢谏，却乃曲意顺从，以助其失，这叫作长君之恶。此则过本在君，而彼为之赞助，乃柔媚之小人，其罪犹小，或可恕也。若君之过尚未萌动，不能潜消默化，却乃先意迎合，以导其非，这叫作逢君之恶。此则君本无过，而彼为之引诱，乃倾险之奸人，其罪甚大，不可容也。今之大夫，皆阿意顺旨，以逞其逢君之谋，而蠹国殃民，使陷于危亡之祸。设使诸侯能自觉悟，必不能免于刑戮。我故说今之大夫，今之诸侯之罪人也。”夫大夫得罪于诸侯，诸侯得罪于五霸，五霸得罪于三王，皆由于王道之不行耳。若王者在上，操礼乐征伐之权，以施刑赏忠厚之政；虽有五霸，尚无所用其威令，而况于诸侯与大夫乎？世道升降之机，良可慨矣！

鲁欲使慎子为将军。孟子曰：“不教民而用之，谓之殃民。殃民者，不容于尧、舜之世。一战胜齐，遂有南阳，然且不可。”

慎子，是鲁国之臣。南阳，是齐地。

昔鲁君欲使慎子为将军，伐齐以取南阳。孟子止之说：“兵，凶器；战，危事：古人不得已而用之者也。然必教民有素，乃可以即戎。若平时训练无方，既不知坐作进退之法，亲上死长之义，而一旦用之，使之摧锋陷阵、略地攻城，其势必至于丧败。是乃驱无辜之民，置之必死之地也，不谓之殃民而何？殃民之人，乃圣王之所必诛而无赦者，吾知其必不容于尧、舜之世矣。夫兵家胜败，诚不可知，吾特以轻用其民为不可耳。然以理论之，纵使子有克敌致胜之才，但与齐人一战，即能拓土开疆，遂有南阳之地，此于理且犹不可，而况于未必胜乎？此齐之所以不当伐也。”

慎子勃然不悦，曰：“此则滑厘所不识也。”曰：“吾明告子：天子之地方千里；不千里，不足以待诸侯。诸侯之地方百里；不百里，不足以守宗庙之典籍。”

勃然，是变色的模样。滑厘，是慎子的名。

慎子闻孟子之言，遂勃然有不悦之色，说道：“战胜攻取，乃为将之奇功，人所难得。今一战胜齐，遂取南阳，夫子犹以为不可，则必如何而后可乎？此滑厘之所不识也。”孟子晓之说：“我以战胜为不可者，盖论礼法，不论事功也。吾为子明言之。昔先王建邦设都，各有定制。故天子之都邑，地方必是千里，则赋税所入，可以供朝觐聘问之需，是天子所以礼待诸侯者，取足于此耳。苟不足于千里，则经费有亏，诸侯之燕享赐赉皆无所出，而王朝之礼废矣。此王畿一定之制，未有过千里者也。诸侯之邦域，地方必是百里，则赋税所输，可以供祭祀会同之用，是诸侯所以守宗庙之典籍者，取足于此耳。苟不足于百里，则财用不继，国家之牺牲币帛，皆不能办，而宗庙之典籍不可守矣。此侯国一定之制，未有过百里者也。先王之制如此。而后世乃以攻伐兼并为切，岂不悖哉？”

“周公之封于鲁，为方百里也；地非不足，而俭于百里。太公之封于齐也，亦为方百里也；地非不足也，而俭于百里。今鲁方百里者五，子以为有王者作，则鲁在所损乎？在所益乎？”

俭，是节制的意思。

孟子承上文说：“诸侯百里之制，创定于先王，而通行于天下。即以齐、鲁二国征之。昔周公以王室懿亲，著笃棐之绩，报功之典宜加厚也。乃其出封于鲁，地方不过百里。当时地非不足而止于百里，若有所限制而不得逾越者，取其能守鲁之典籍而已。太公以师尚父奋鹰扬之烈，报功之典亦宜加厚也。乃其出封于齐，地方不过百里，当时地非不足而止于百里，亦若有所限制而不得逾越者，取其能守齐之典籍而已。在天子，固不得以优厚之恩，加于常制之外；在二公，亦不得以亲贤之重，超于藩封之等，此二国之故典也。夫前人以百里受之天子，则后人当以百里嗣其先君，无所容其增益者。今鲁为方百里者五，四倍于始封之旧，其并吞小国，侵犯王制，已不少矣。子以为有王者作，欲修明法度，以整齐邦国，则鲁之地将在所损乎？抑在所益乎？吾恐以百里之制，明一王之法，其当裁削也必矣。夫已据之土地且不能保，而他邦之封域又欲兼而有之，吾未见其可也。”

“徒取诸彼以与此，然且仁者不为，况于杀人以求之乎？君子之事君也，务引其君以当道，志于仁而已。”

孟子承上文说：“分封之定制既不可越，则诸侯之取与皆不得私。设使不兴一兵，不戮一民，徒手而取南阳以与鲁国，在仁者犹以为贪利苟得，不肯妄为；何况驱民于锋镝、杀人于原野以求之乎。夫越制而行，谓之不道；残民以逞，谓之不仁。虽曰‘鲁君欲之’，亦吾子所当救正者也。子未闻君子事君之道乎？盖君子之事君也，积诚感动，平时有辅养之功，尽力维持，随事有箴规之益。君不向道，则务引之于当道，使事事合理，而一毫非僻之事不行；君不志仁，则务引之以志于仁，使念念合理，而一毫残忍之念不作。此所以君无失德，臣无阿意，而常保其国家也。子诚能亟止伐齐之师，而勿以殃民为事，勿以战胜为功，则无愧于君子事君之道矣。”按，孟子引君当道一言，可为万世人臣之法。然孟子历说齐、梁之君，而终不能挽之于王道，则可见尽忠补过，固在于臣；而尊贤乐善，则系乎君。人主诚能虚心任人，然后君子得行其志，而治功可成也。

孟子曰：“今之事君者皆曰：‘我能为君辟土地，充府库。’今之所谓良臣，古之所谓民贼也。君不乡道，不志于仁，而求富之，是富桀也。”

孟子见得战国之时，人臣惟务富强之术，以阿时好，而其君皆信任之，至蠹国殃民而不悟。故警之说：“人臣事君，惟当正言匡救，以向道志仁为先；不当曲意逢迎，以富国强兵为事。乃今之事君者，何其谬也！见其君乐于聚财，则以兴利之说进，扬扬然自夸其能说：‘我能为君开辟土地以尽地利，充实府库以聚货财。使用无不足，欲无不遂。’这等有才干的，在今日必以为良臣矣。然非暴征横敛，穷民之力，何由得之？是乃古之所谓民贼也。何也？君方拂民从欲，不能向道，不能志于仁，而但以黩货为务，是一桀而已。乃又为之克剥攘夺以富之，是以贪济暴，谓之富桀可也。夫君日益富，则民日益贫，必至于困苦无聊而已，非民贼而何？”

“‘我能为君约与国，战必克。’今之所谓良臣，古之所谓民贼也。君不乡道，不志于仁，而求为之强战，是辅桀也。”

与国，是交好的邻国。

孟子承上文说：“今之事君者，见其君喜于用兵，则以战胜之说进，扬扬然自夸其能说：‘我能为君连合与国，以壮声势；每战必胜，以树勋名，使威伸列国，功盖天下。’这等有谋略的，在今日亦必以为良臣矣。然非兴师动众，糜烂其民，何由得之？是亦古之所谓民贼也。何也？君方好大喜功，不能向道，不能志于仁，而但以黩武为事，是一桀而已。乃又为之奋勇争斗以辅之，是以威助虐，谓之辅桀可也。夫师旅日兴，则死亡日众，必至于离散无余而已，非民贼而何？”

"由今之道，无变今之俗，虽与之天下，不能一朝居也。"

孟子承上文说："今之人君，皆以民贼为良臣者，岂不以国富兵强，遂可以取天下乎？然得天下有道，在得民心而已。今剥民之财以为富，残民之命以为强，其道则权谋功利，非先王之正道也。其俗则兼并攻夺，非先王之善俗也。若率由今日之道，而不能变今时之俗，上下相安，承敝袭陋；则虽与之以天下，而人心不归，国本不固。有智力者，又将起而夺之，危亡之祸，可立而待也。安能以一朝居乎？"夫富强之臣，其无益于人国也如此。而时君世主，顾乃偏信独任，贪近利而忘远图，亦独何哉？欲保天下者，必力行仁义，以固结人心而后可。

白圭曰："吾欲二十而取一，何如？"孟子曰："子之道，貉道也。"

白圭，是周人，名丹。貉，是北方夷狄之国。

白圭见得当时赋敛太重，民力不堪，故问于孟子说："国家因地制赋，固不能不取诸民。然如今之税法，则甚重矣。吾欲于二十分之中而取其一，使上不妨于经费，下不病于诛求，不识夫子以为何如？"孟子答说："为国者当有公平正大之体，立法者当为经常久远之规。故什一而税，乃尧、舜以来所以治中国之道也。如子二十取一之制，则是貉之道而已。以貉之道治中国之民，必有窒碍而难行者。子之言何其陋哉！"

"万室之国，一人陶，则可乎？"曰："不可。器不足用也。"曰："夫貉，五谷不生，惟黍生之。无城郭宫室、宗庙祭祀之礼，无诸侯币帛饔飧，无百官有司，故二十取一而足也。"

陶，是烧造瓦器。朝食叫作饔，夕食叫作飧。

孟子既以白圭之论为难行，又诘问之，说："治国之必资于赋，就如用器之必资于陶也。且如万室之国，生齿甚繁，而但使一人烧造瓦器以供其用，则将为可乎？"白圭答说："不可。盖用器既有万家，而制器乃止一人，以有限之力而供无穷之用，何以能足？其势有所不可也。"夫一人之陶不足以供万家，则二十取一之赋不可以治中国，可类推矣。故孟子因其问而晓之说："吾以子之道为貉道者，何哉？盖貉人之国，地高气寒，五谷不能生长。惟黍米一种，耐寒而生，物产甚薄，既无以为纳贡之需矣。且其居处无常，制度未备，无城郭宫室之营造，无宗庙祭祀、牺牲粢盛之备办，无诸侯交际之币帛、燕享之饔飧，无百官有司之廪禄。习俗如此朴陋，用度如此其省约，故虽二十取一，亦可以充足而有余耳。此在夷狄则然，岂可例论中国哉？”

“今居中国，去人伦，无君子，如之何其可也？陶以寡，且不可以为国，况无君子乎？”

孟子承上文说：“华夷之界限不同，而制度之繁简亦异。居貉之地，则可以行貉之道耳。今居国中，处冠裳文物之区，有君臣祭祀交际之礼，以纲纪人伦，不可去也。有百官有司之禄，以任用君子，不可无也。今欲二十而取一，则交接之礼仪尽废，是去人伦矣；建设之官属尽省，是无君子矣。如此，则何以立国？何以治人？如之何其可哉！吾就子之所明者而譬之。且如万室之国，陶以一人，用器者多，而供给者寡，则必不可以为国，子固知之矣。况中国之大，不止于万室；养君子以叙人伦，不止如陶人之制器而已。使国无君子，则纲常何以扶植？政教何以推行？又岂可以为国乎？君子不可无，则经用不可废，二十取一，自不足用矣。子欲舍什一之法，而从事于貉道，几何不胥中国而为夷狄哉？”

“欲轻之于尧、舜之道者，大貉、小貉也。欲重之于尧、舜之道者，大桀、小桀也。”

孟子又告白圭说：“中国之地，乃尧、舜以来相传之土宇，则赋税之法，亦当从尧、舜以来所定之章程。故什一而税，上可以足国，而下不至于病民，此尧、舜之道，万世无敝，人不得以私意而轻重之者也。从古至今，其取诸民者，惟貉为最轻，惟夏桀为最重耳。今欲更制立法，以尧、舜之道为可损而欲轻之，则因陋就简，而与貉同道，彼为大貉而吾亦小貉矣。以尧、舜之道为可加，而欲重之，则横征暴敛，而与桀同事，彼为大桀而吾亦小桀矣。桀固不可为，貉亦岂可为哉？子当守尧、舜之道，以治中国之民。若曰二十取一而足，吾未见其能行也。”

白圭曰：“丹之治水也，愈于禹。”孟子曰：“子过矣。禹之治水，水之

道也。"

丹，是白圭的名，周人。

白圭曾筑堤壅水，注之他国，以除一时之患。乃自夸其功于孟子说："古今称治水者，必归于禹。然禹之治水，用力甚劳，历时最久。今丹之治水，堤防一筑，泛滥即除，不必四载之勤、八年之久也，岂不胜于禹乎？"孟子斥之说："有非常之人，然后能建非常之功。神禹之功，万世莫及。而子自负其能，欲加于神禹之上，吾窃以为过矣。昔禹之治水，岂尝用其私智、以穿凿为能乎？亦岂尝急于近功、以堤防为事乎？盖水有自然之性而不容强，有必由之道而不可遏。故禹惟因水之道，顺而治之，或上流有所湮塞，而不得循其故道，则因而为之疏瀹；或下流有所泛溢，而不得归于正道，则因而为之决排：此盖以水治水，而不以己与之者也。万世而下，称其平成，永赖之功，而尤服其行所无事之智者，盖以此耳。今子壅水而注之邻国，尚不知治水之道为何如，而顾自以为功，求胜于禹，不亦过乎？"

"是故禹以四海为壑。今吾子以邻国为壑。水逆行，谓之洚水。洚水者，洪水也，仁人之所恶也。吾子过矣。"

壑，是低洼受水之处。

孟子承上文说："水性就下，而海则地势之最下者也。禹惟顺水之性，故因势而利导之，虽千支万派，无不使之奔趋于海，是以四海为受水之处，而各得其所归；所以水无逆行，而民无垫溺也。今吾子之治水，堤防于此，而灌注于彼，是以邻国为受水之处，而移祸于他邦；虽暂免一国之患，而人之遭其陷溺者多矣。其视以海为壑者，不亦异乎。盖水性可顺而不可逆。逆而壅之，则泛滥四出，洚洞无涯，这个叫作洚水。所谓洚水者，即尧时之所谓洪水也。洪水为灾，则怀山襄陵，下民昏垫，是乃仁人之所深恶者。今吾子以邻国为壑，使洪水之害及于他邦，其为不仁甚矣。禹之治水以导利，子之治水以贻害，乃又居以为功，求胜于禹，岂不过哉？"按，白圭之在当时，以薄赋，则欲轻于尧、舜之道；以治水，则欲多于神禹之功：此皆以私智邪说惑世诬民者，故孟子辟而辟之。非孟子，则尧、舜之道不明，神禹之功不著矣。故曰：孟子之功不在禹下。

孟子曰："君子不亮，恶乎执？"

亮，是明理自信的意思。执，是有持守。

孟子说："君子于天下之事，灼然有定见，而自信不疑，这叫作亮。确然有定守，而特立不变，这叫作执。执则临事有担当，才能有成；而惟亮，则先事有主宰，才能有执，此应事接物之准也。若使研穷未到，造诣未深，道理上不曾分明，心体上不曾透彻，则事到面前，未免有影响之疑，二三之惑，方以为可行，又以为可止，非颓靡而不振，则迁就而不常，岂能有所执持，而成天下之事乎？信乎亮之不可无也！然所谓亮者，须要实见得是，方能信理信心。不然，则亦硜径之小信，执一而不通者耳。"孔子曰："君子贞而不谅。"孟子所谓"亮"，即孔子所谓"贞"也。此又不可不辨。

鲁欲使乐正子为政。孟子曰："吾闻之，喜而不寐。"公孙丑曰："乐正子强乎？"曰："否。""有知虑乎？"曰："否。""多闻识乎？"曰："否。"

乐正子，是孟子弟子，名克。

时鲁君知其贤，欲用之以执国政。孟子闻之，对门人说："乐正子见用于鲁，是贤人得志之时，吾道可行之会，吾喜之甚，至于忘寝而不寐焉。"孟子盖深知乐正子之所长，故喜之如此。公孙丑乃问说："人必有用世之全才，然后可以当大任。夫子喜乐正子之为政，必为其才有足取矣。不知乐正子之为人，果强毅有执，可以担当大事者乎？"孟子答说："否。强固彼之所短也。"丑又问："乐正子果知虑有余，可以裁决大议者乎？"孟子答说："否。知虑亦彼之所短也。"丑又问："乐正子果多闻博识，可以理繁治剧者乎？"孟子答说："否。多闻识亦彼之所短也。"盖是三者，皆当时之所尚，而非乐正子之所长，故公孙丑疑而历问之。然乐正子之抱负，有超出乎三者之长，而不囿于习俗之所尚者，公孙丑盖未之知也。

"然则奚为喜而不寐？"曰："其为人也好善。""好善足乎？"曰："好善优于天下，而况鲁国乎？"

公孙丑又问孟子说："今之为政者，皆以强力、知虑、多闻为尚，而乐正子皆无之，则无以居其位而称其职矣。夫子乃为之喜而不寐，何为者哉？”孟子答说：“为政者不以一才一艺为长，而以兼容并包为度。乐正子虽无赫然可见之才，而其为人，则善人也。故闻一善言、见一善行，则心诚好之，不啻已出，汲汲然惟恐求之弗得、取之弗广者，此则乐正子之所长而已。”公孙丑又问说：“鲁，大国也。执政，重任也。好善一节，便足以治鲁国乎？”孟子答说：“善之出于已者有限，而善之资于人者无穷。为政者患不能好善耳，诚能好善，则虚怀雅量，足以容贤；开诚布公，可以广益。由是以天下之才，理天下之事，且绰绰乎治之而有余，况区区一鲁国乎？然则勇、知、多闻不必兼备于己，而得位行道，自可以建立于时。吾之所以喜而不寐者以此。”

“夫苟好善，则四海之内，皆将轻千里而来告之以善。”

孟子承上文说：“吾谓好善优于天下者，为何？盖善者，天下之公理；好善者，天下之公心也。苟能不炫已之才，而惟好人之善，则虚而能受，如江海之纳众流；大而有容，如天地之包万物，将见风声所播，意气所招，不但相识的人益思忠告，近处的人皆来亲附，就是四海之内，在千里之外的，亦莫不感同气之相求，幸善言之可售，皆不惮涉远而来，告我以善矣。至是，则强者效其力，智者献其谋，多闻者程其艺。合天下之见闻，资一国之治理，何所处而不当乎？我所谓好善优于天下者此也。”

“夫苟不好善，则人将曰：‘訑訑，予既已知之矣。’訑訑之声音颜色，距人于千里之外。士止于千里之外，则谗谄面谀之人至矣。与谗谄面谀之人居，国欲治，可得乎？”

訑訑，是自足其智，不嗜善言的模样。

孟子又告公孙丑说：“天下之治，用人则有余，自用则不足。未有不亲善士，不受善言，而能成天下之治者也。夫苟自恃其才，不知好善，平时妄自尊大，视天下之人个个都不如我；且好自称夸，谓天下之事件件无有不知。这风声一传，则天下之士闻之，必将私议说：‘此人訑訑然自足其智，不嗜善言，却又自言“天下之善，我既已悉知之矣”。’这样的声音、颜色，人皆知其无受善之心，非惟缄口而不言，抑且望风而远去，是拒绝善人于千里之外也。夫君子小人，相为消长，使直谅多闻之士，自绝千里之外而不肯来，则谗谄面谀之徒，必然阿意取容，相继而至矣。谗谄面谀之人常在左右，与之游处，则所闻无善言、所见无善行，政事日非，而祸乱将作矣。求国之治，何可得乎？夫惟好善则有休休之度，无訑訑之容；有直谅多闻之贤，无谗谄面谀之士；善言日进，善政日修，其于治天下，何难之有？此好善之优于天下，而乐正子之为政所以为可喜也。”按，孟子此言，于治道最为关切。人君处崇高富贵之地，正士易疏，而佞人易亲；谀言多顺，而忠言多逆。使非诚心好善之主，未有能任贤不贰、纳谏如流者也。故好问好察，虞舜之所以圣；饰非拒谏，商纣之所以亡。有天下者，可不鉴哉！

陈子曰：“古之君子何如则仕？”孟子曰：“所就三，所去三。”

陈子，名臻，是孟子弟子。就，是仕于其国。

陈子问孟子说：“今之君子，急于求仕，苟且以就功名，固不可。然不仕无义，但以隐为高，亦不可。不知古之君子，何如而后肯仕乎？”孟子答说：君子之处世，不必于仕，亦不必于不仕，只看道理何如，遭际何如。如其可就则就之，固未尝绝人而逃世，其所就有三焉。如其可去则去之，亦不肯枉己以徇人，其所去亦有三焉。或所处之地不同，或所遇之人不一，故其去就之迹，有不能一律而齐者。然就非贪位，去非好名，亦各尽其道而已。此古之君子所以随时处中而不失其正也。”

“迎之致敬以有礼，言将行其言也，则就之；礼貌未衰，言弗行也，则去之。”

孟子既明君子之去就有三，乃历数以告陈子，说道：“自古国君之于贤者，其上则能用之，其次能敬，其下能养。这三件礼有厚薄，而君子所视以为进退者，恒必由之。如使为国君的，有乐道忘势之心，有任贤图治之志；其始则屈己以迎之，内致其敬，外尽其礼，且欲虚怀以听之，说道：‘吾将采纳其言，见诸行事。’这乃是可与有为之君，吾道大行之机也。君子方欲辅世长民，择君而事，岂得不委身而就之乎？使其言果得行，义无可去，则君子亦将久于其国矣。其或礼貌之恭敬虽若未衰，而言论之敷陈终不见用，则任贤之意不专，求治之心不笃，虽有礼文，不过虚拘而已。

君子以道自重，见几而作，岂得不洁身而去之乎？盖道合则留，不合则去。君子之去就，此其一也。”

“其次，虽未行其言也，迎之致敬以有礼，则就之；礼貌衰，则去之。”

孟子又告陈子说：“君子得君而事，言听计从，固所深愿，然而不可必得也。其次则在人君礼遇之何如。若进见之始，情意未孚，虽未即采纳其言，见诸行事；然接待之间，内致其敬，外隆其礼，未尝有一毫慢易其心，这犹是敬贤礼士之君，足用为善之机也。君子进必以礼，岂得不欣然而就之？如使礼意之勤，始终无替，君子亦不轻去也。及礼貌衰薄，渐不如初，此非为他，好所移，则必为小人所间，是亦不可与有为矣。贤者避色，岂得不毅然而去之乎？是盖以礼意之盛衰，决吾身之进退。君子之去就，又其一也。”

“其下，朝不食，夕不食，饥饿不能出门户；君闻之，曰，‘吾大者不能行其道，又不能从其言也。使饥饿于我土地，吾耻之。’周之；亦可受也，免死而已矣。”

孟子又告陈子说：“君子以礼貌为去就，已非其为道之本心，然亦不可必得也。又有下一等的，其君既不能用，又不能敬，使贤者身处固穷，朝夕之间，俱不能食，至于饥饿不能出门户，其简贤弃礼如此。既而闻之，乃始悔过，说道：‘贤者在吾国中，大则当推心委任，小则当不时周给。今吾大者不能行其道，使尽展经纶，又不能从其言，使随事补益，则已失待贤之礼矣。乃至困郁无聊，饥饿于我之土地，是又不能尽养贤之道，吾之耻也。’于是致其供馈以周之。夫君之于民，固有周恤之义，而又有此悔过之言，揆之情礼，亦可受也。然岂滥受而无节哉？仅可以免死而止耳。夫周之可受，则有辞之馈，不可以终绝，是亦一就也。然受止于免死，则非义之交，不可以苟留，是亦一去也。君子之去就，又非其一乎！”合而观之，则知行道者，君子之本心；礼贤者，人君之盛节。明主诚能任贤使能，各行其志，使天下仕者皆愿立其朝，则上下交而德业成矣。

孟子曰：“舜发于畎亩之中，傅说举于版筑之间，胶鬲举于鱼盐之中，管夷吾举于士，孙叔敖举于海，百里奚举于市。”

设版以筑墙，叫作版筑。士，是狱官。

孟子说：“天生圣贤，所以维持世道，康济民生，不偶然也。然穷达有数，屈伸有时，往往有自困而亨者。如舜以圣人之德，践天子之位，万世称为圣君。然侧陋未扬之日，尝耕于历山，躬执耒耜，其发迹乃在于畎亩之中。使不遇尧，则一耕稼之农夫而已。傅说辅佐高宗，成中兴之业，是商之良弼。然当初隐居傅岩，亲操版筑，就与做工的人一般。是其举用乃在版筑之间，何其贱也！胶鬲左右文王，成开创之功，是周之贤相。然当初身亲贸易，鬻贩鱼盐也，与做商贾的一样。是其举用乃在鱼盐之中，何其陋也！这两人都是王者之佐，使不遇高宗、文王，则终身工贾而已，谁则知之。管夷吾相桓公，一匡天下。然其始尝拘囚缧绁，桓公释之以为相国，是荐举于士师之中者。孙叔敖相楚庄，以霸天下。然其始尝隐处海边，庄王用之以为令尹，是荐举于海滨之野者。百里奚相秦，而显其君于天下。然其初混迹市廛，穆公拔之牛口之下，而加之百姓之上，是乃举于市井之中者。这三人，都是霸者之佐，使不遇三君，则终身罪废而已，谁则知之。”夫自古圣贤，虽君相异位，王伯异术，然皆起于困穷拂郁之中，则天意之曲成，盖有在矣。张子《西铭》有云：“贫贱忧戚，庸玉汝于成。”即此意也。

“故天将降大任于是人也，必先苦其心志，劳其筋骨，饿其体肤，空乏其身，行拂乱其所为，所以动心忍性，曾益其所不能。”

大任，是重大的责任。空，是穷。乏，是绝。拂，是背戾。曾字，是与增加的“增”字同。

孟子承上文说：“舜之为君，傅说诸臣之为相，皆天之所笃生，以济世安民者。然皆起于困穷拂郁之中，这是为何？盖为君为相，是世间极大的责任，必才全德备之人，才足以当之；而非备尝艰难，更历变故，则无以成其德而达其才也。故天将以君相之任付托于斯人，则必先置之困穷之地，内则苦其心志，使不得展舒；外则劳其筋骨，饿其体肤，穷乏其身，使不得安养；见有行事，则违拂谬乱其所为，使不得称意。这等样愁苦无聊，真人情之所不能堪者，天岂无意于斯人哉？盖良心多发于忧勤，而气禀每纵于佚乐。经了这般挫折，则惕然而自奋，是所以竦动其仁义礼智之心，而使之益纯也。受得这般贫苦，则泊然而无求，是所以坚忍其声色臭味之性，而使之益定也。又且磨炼于人情，阅历于世故，则闻见日广，智虑日生，是又增益其才力之所不能，而使之充裕也。这等才全德备的人，出而当天下之大任，岂有不光明俊伟、超出寻常者哉？然则天之所以困之者，正所以厚之也。”尝观自古创业之君，皆以险阻艰难得之；而其后守成之主，多以丰亨豫大失之，则知天命无常，天心莫测，或以无虞而失国，或以多难而兴邦。人主常能仰承天心，慎保天命，则祖宗之业，万世无坠矣。

“人恒过，然后能改。困于心，衡于虑，而后作。征于色，发于声，而后喻。”

恒字，解作常字。衡，是不顺的意思，作，是奋起。征，是验，喻，是晓。

孟子承上文说：“自古圣贤，莫非天授；然必由困穷而后能兴起，况常人乎！夫人非圣贤，孰能无过？然必先有过失，乃能惕然省悟，幡然改图，有所惩于前，则有所儆于后，人情大抵然也。盖事未有不慎其始而能善其终者。中人之性，少有怠惰，或不能谨于平日；到那事势穷蹙、仓皇失措的时候，其心困而不舒，其虑衡而不顺，思前算后，都行不去了。然后悔过自新，奋然感发而兴起，精神意气都从那愤激中鼓动出来，而平时怠惰之失，庶几其能改矣。事未有不始于微而成于著者。中人之资，少有昏昧，便不能烛于几微；到那事理暴著、掩护不得的时节，验于人之色，发于人之声，群讥众讪，都堪不得了。然后反听内照，豁然警悟而通晓，聪明智慧都从那障蔽中磨砻出来，而昏昧之失，亦庶几其能改矣。”夫困心衡虑而作，则虽柔必强；征色发声而喻，则虽愚必明。其与圣贤之动心忍性，增益不能者，其机一也。可见人不患其有过，而患其不能改。以成汤之圣，不称其无过，而称改过；以宣王之贤，不美其无阙，而称补阙。欲为圣贤者，毋自弃焉。

"入则无法家拂士，出则无敌国外患者，国恒亡。"

法家，是法度世臣。拂士，是辅弼贤士。

孟子承上文说："善心每发于忧勤，祸患常生于怠忽。过然后改，岂独人情为然？就是治国之道也是如此。若使为人君者，有世臣大家谨守其法度，有忠臣贤士匡救其阙失，则内有所严惮，而不敢纵肆；有强大之敌国常畏其凌逼，有军旅之外患常恐其疏虞，则外有所警惧，而不敢怠荒：此国之所由兴也。若使入而在内，无法家拂士，则必亲谀佞而废箴规；出而在外，无敌国外患，则必怀宴安而忘警惕，将见心志日荒，政事日坏，而祸乱随之矣。国岂有不亡者乎？"盖治国之道，譬之治身、治家。治身者，以药石攻疾，常恶其苦口，而不知补救之功大。治家者，以铃柝警盗，常厌其聒耳，而不知防御之益多。故人主不乐忠言，是讳疾也，疾将日深；不虞外患，是诲盗也，盗将日至：此必亡之势也。故明君能容切直之言，盛世不忘无虞之戒。有天下者，可以鉴矣。

"然后知生于忧患，而死于安乐也。"

孟子总结上文说："好生、恶死，人之常情。然但知安乐之可以得生、忧患之足以致死而已。今观圣贤之成德，中人之改过，乃在于动心忍性、困心衡虑之余；而国家之危亡，顾在于内外无虞之日。然后知人之生全，多出于忧患；而其死亡，多由于安乐：此其明效大验，彰彰甚著者也。盖人处忧患之中，则操心也危，虑患也深，有恐惧修省之诚，而无放僻邪侈之行，故可以成身，可以保国；譬如多病的人，兢兢保护，反得生全：所以说生于忧患。人处安乐之日，则求无不得，欲无不遂，盘乐怠傲之情多，而忧勤惕励之意少，故大则亡国，小则丧身；譬如壮盛的人，恣情纵欲，反致死亡：所以说死于安乐也。"夫人情莫不恶忧患，而所恶有甚于忧患者，莫如死。亦莫不好安乐，而所好有甚于安乐者，莫如生。人能于安乐之中不忘忧患，则有生全之福，无死亡之祸矣。《易经》上说："危者，安其位者也。亡者，保其存者也。"有国家者，宜三复于斯。

孟子曰："教亦多术矣。予不屑之教诲也者，是亦教诲之而已矣。"

术，是教人的方法。不屑，是不以其人为洁而拒绝之的意思。

孟子说："学者受教之地不同，君子教人之法亦异。故或与或不与，或抑或扬，无非因人而施，期于成就，其为教亦多术矣。如何见得教之多术？盖人皆知教之为教，而未知不教之为教。彼进之门墙，列于弟子，有问则答，有惑则解，这固是教诲他。乃亦有习于不善，惑于异端，气质未能变化，心志未能专一，则君子亦有不以为洁而拒绝之者，这叫作不屑之教诲。若使其人果能幡然悔悟，惕然省改，遂能易恶以至中，去邪而从正，这也是我教诲他一般。可见来而不拒，因才而笃者，固教也；拒而不纳，使有激而兴者，亦教也。"观不教之为教，而教之多术可知矣。昔孔子之于孺悲，孟子之于曹交，皆是如此。然施教者，固必有曲成不遗之仁。受教者，尤贵有随事修省之实。若因其不屑，而阻于上进，是则自暴自弃者耳，亦将如之何哉？

卷十三

尽心上

孟子曰："尽其心者，知其性也。知其性，则知天矣。"

尽，是完全、充满的意思。

孟子说："人身方寸之中，神明不测的，叫作心；心所具之理，叫作性。吾心至虚至灵，浑涵万理，其体本无不全；然非研穷事物，识得吾心所具之理，则理有未明，即心有所蔽，安能满其本然之量乎？若是能尽其心，而于神明之本体，完全充满、无少亏欠者，必是能知其性，而于民彝物则之理，融会贯通，无所疑惑者也。夫天者，理而已矣。天以此赋于我，我以此成于性，本是联合而无间的。既知其性，则心思之莹彻可以穷神，识见之玄微可以达化。知吾性之仁与礼，便知道天之元亨；知吾性之义与智，便知道天之利贞，而于穆不已之命，可以默悟而潜孚矣。岂有不能知天者乎！学而至于知天，则物格知至，而所以造其理者，无余蕴矣。"

"存其心，养其性，所以事天也。"

承上文说："君子之学，以致知为入门，尤必以践履为实地。心固尽矣，犹恐出入之无常；则操而存之，使一动一静，常在于方寸之中，而不夺于外诱之私。性固知矣，犹恐作为之或害；则顺而养之，使事事物物，常循其自然之则，而不涉于矫揉之失。君子存养之功，交致其密如此。这是为何？盖心为天君，性由天命，是皆天之所付于我者。若放逸其心，戕贼其性，这就是慢天亵天，而非所以事之矣。今吾能操存此心，是所以奉吾之天君而不敢违越；顺养此性，是所以保吾之天命而不敢失坠。就如上帝临汝，日在左右的一般，岂非所以事天乎？能事天，则意诚心正，而所以履其事者，有全功矣。"

“夭寿不贰，修身以俟之，所以立命也。”

贰，是疑惑。

承上文说：“君子知天事天，其于察识存养，固能兼体矣。然死生祸福之说，最易以惑人；而省察克治之功，最难于持久。使识见未融，工夫有间，于知天事天，犹未为至也。诚知人之生死，犹昼夜之必然；数之长短，皆造化之默制。或夭或寿，坦然无所疑贰于其中，而惟一意修身，安心俟命，完吾性分之固有，而利害付之不闻；尽吾职分之当为，而祸福听其自至。真有壮老一节，始终一心者，这是为何？盖天之所命于我者，不但使之禀血气以有生，而实使之参三才而独立。今夭寿之间，看得这等透彻，修身之功，持得这等坚定，是将天赋与我的，浑然全备，无一毫戕贼；挺然树立，无一些失坠。幸而寿，则自作元命，而好德考终；不幸而夭，则亦顺受天命，而没齿无憾：岂不谓之立命乎？”学至于立命，则为知之尽、仁之至。而知天、事天，胥造其极矣。

孟子曰：“莫非命也，顺受其正。是故知命者不立乎岩墙之下。”

岩墙，是险峻之墙，基薄而将覆者。

孟子教人以知命之学，说道：“凡人之生，吉凶祸福，皆有一定之数，宰于冥漠之中，莫非天之所命也。而能顺受其正者，少矣。惟君子尽其在我，听其在天。或降之以福，固顺以受之，而不敢以吉为可趋；或降之以祸，亦顺以受之，而不敢以凶为可避。就如受父母之命，东西南北，遵道而行，这才是顺受其正。若冥行妄趋，蹈危履险，至于丧身陨命而不顾，这就如立在岩墙之下的一般，覆压之患必所难免，其不知命甚矣！是以知命之君子，虽不肯幸福于天；然必择地而蹈，必不肯立身于岩墙之下，而自取覆压之祸也。”盖惟知命，而后能顺受其正。不知有正命者，安望其能顺受也哉！

“尽其道而死者，正命也。桎梏死者，非正命也。”

桎梏，是刑具，如今钮镣一般。

承上文说：“莫非命也。何以叫做正命？盖命禀于天者也。人能存心养性，尽了自家修身的道理，而不免于死者，这是天数该死，莫之为而为，莫之致而致，乃所谓正命也。若夫暴横凶恶之人，身犯重罪，为桎梏所拘囚而死者，此则自作之孽，乃人情所共愤，王法所不容，非天降之灾也，岂得为正命乎！”夫命之修短虽制于天，而死之善恶则系于己。此知命之君子，所以顺受其正，而不立于岩墙之下也。世之人，或纵欲以戕生，或行险以犯难，及至躯命不保，而一切归咎于命，不亦谬哉！

孟子曰：“求则得之，舍则失之，是求有益于得也，求在我者也。”

孟子见人徇欲而忘理，因晓之说道：“人情不能无慕好，则不能无贪求之念，而不知物有所当求，有所不当求，不可不辨也。今有物于此，不求则已，而求则得之；不舍则已，而舍则失之。以求而得，以不求而失，是求之不劳、而得之甚易也，岂非求之有益于得者乎？所以然者为何？以其求在我而已。”盖仁、义、礼、智，皆吾性分中的道理，自天赋之，则为降衷之良；自我具之，则为懿德之好。于我之自有者而自求之，足乎已，无待于外，此所以随求而随得也。求之有益于得，人其何惮而不求也哉？

“求之有道，得之有命，是求无益于得也，求在外者也。”

承上文说：“有物于此，不可以妄求也。而求之有道，不可以必得也。而得之有命，道有所拘，命有所限，是求之徒切，而得之甚难也。岂非求之无益于得者乎？所以然者为何？以其求在外而已。盖富贵利达，皆吾身外之物也。穷通之故，在天而不在人；予夺之权，在人而不在我。得之自外，失之自外，于我本无所加损，而我亦不能自制其得失，此所以虽求而未必得也。求之无益于得，人亦何劳于必求也哉！”大抵外慕重者，则内视必轻。战国之士，虽垄断乞墦之事且不为耻，宁知有道德之可求、义利之当安乎！欲维世风、培士气者，必陶之以教化，使人皆励无求之节而后可。

孟子曰：“万物皆备于我矣。反身而诚，乐莫大焉。”

这是孟子勉人尽性的意思。

说道：“人生天地之间，以形自视若甚微，以道自视则甚大。盖天下之物，万有不齐。虽纷然其至赜矣，然物不能外于理，理不能外于心。大而君臣、父子，即吾性之统体；小而事物细微，即吾性之散殊：无一物无当然之理，则无一物不具于性分之内，浑然完备，森然包罗，何尝有分毫之欠缺乎？人惟不能反求其理，斯无以兼体诸身耳。苟反之于身，于吾所性之理，心诚好之，无一念不极其真纯；身诚体之，无一事或待于勉强。如此，则理与心融，心与理浃，天全而性得，怡然有顺适之休矣。其乐孰有大于此者乎！”

“强恕而行，求仁莫近焉。”

承上文说：“人能反身而诚，则天理浑全而仁矣。苟或未诚，是犹有私意间隔，而天理尚未纯也。必勉加克己之功，力行推己之术。如：己之所欲，亦人之所欲也，则勿以私之于己；己之所恶，亦人之所恶也，则勿以加之于人，强恕而行，如此，虽未即与仁为一，而私欲渐克，天理复还，去大公无我之度，庶几为不远矣。求仁之方，其孰有近于此者乎？要之，理一而已，在外则为物，在内则为性；实此谓之诚，纯此谓之仁：本同出而异名者也。人惟廓一心以为统会之基，循众理以为涵养之地，不以妄念汩其天真，不以私意拂其顺应，则心与理合，而性分自无不全矣。尚何有物我之辨、安勉之殊哉？”

孟子曰：“行之而不著焉，习矣而不察焉，终身由之而不知其道者，众也。”

见理分明叫作著，洞析精微叫作察。

孟子说：“道在天下，本人之所共由，宜人之所共知也。而人每病于不知道者，何哉？身自由之，身自昧之耳。今人日用之间，出入往来所践履者，那一事不是道？然徒行之而已，而道所当然之理，在于所行之中者，则茫然不知其条贯也。践履之久，性情形体所安便者，那一事不是道？然徒习熟而已，而道所以然之故，在于所习之内者，则懵然莫察其端倪也。夫不行无望其能著也，即行矣而犹不著，则终于不著矣。不习无望其能察也，既习矣而犹不察，则终于不察矣。此蚩蚩之愚民，所以自少至老、终身由于斯道之中，而不知斯道为何物者，比比皆然也。自由而自昧之，岂不可叹之甚哉！”要之，百姓日用而不知，此凡民之常，无足怪也。乃贤智者，又往往求道于庸行之外，务知人之所不必知，则与不著不察者相去能几何哉？子思说："人莫不饮食也，鲜能知味也。"孟子之言，盖本于此。

孟子曰："人不可以无耻。无耻之耻，无耻矣。"

孟子说："羞恶之心，人皆有之。故见善则迁，知过能改，凡以其有耻也。人若贪昧隐忍，无这羞耻之心，小则丧失廉隅，大则败坏名节，以不肖自待，人亦以不肖憎之；以下流自处，人亦以下流恶之，其为可耻莫甚焉。此人之不可以无耻也。有能知无耻之可耻，而内愧于心，介然萌悔悟之机；外怍于人，奋然励进修之志，将见善由是而日迁，过由是而日改，终身无复有耻辱之累矣。"夫无耻由于有耻如此。人岂可自失其耻心，而甘为小人之归哉？

孟子曰："耻之于人大矣。为机变之巧者，无所用耻焉。不耻不若人，何若人有？"

机，是机械。变，是变诈。

孟子说："吾人立身行己，道非一端，而独不可以无耻者，何哉？盖羞恶之心，人所固有。存此则进于圣贤，失此则入于禽兽，其关系于人品心术，诚甚大矣。世间有一等奸险小人，暗地害人，则机械深藏而莫测；多方欺人，则变诈百出而不穷，似这等为机变之巧的，其所为之事，皆人所深耻而不肯为者。而彼方且以智巧为得计，其于愧耻之心，恬然无所用之矣。人而至于无所用耻，则无耻一事，已不能如人，由是良心丧而悔悟亡。大节一隳，万事瓦裂，凡可以行险侥幸、欺天罔人者，皆将不顾礼义而为之矣，更有何事可以如人者乎？信乎！耻之所系者大也。"大抵小人能为奸邪者，其处心积虑，皆极天下之至巧，往往使人堕其术而不觉。若轻信而误用之，则流毒播恶不可胜言，岂但决廉耻之防、为世教之玷哉？此又用人者所当知也。

孟子曰："古之贤王好善而忘势，古之贤士何独不然？乐其道而忘人之势，故王公不致敬尽礼，则不得亟见之。见且由不得亟，而况得而臣之乎？”

孟子说：“人君固当尊贤，贤士亦当自重。今之君每自恃其势，而今之士多徇人之势，此上下之所以不交也。尝考古之贤王，崇高富贵，其势分无以加矣；而一念屈己下贤之诚，惟知有道德之可好，不知有势分之足恃也。古贤王待士之厚如此。若古贤士之自待，何独无所好、无所忘哉？乐己之道，而怡然抱德义以自高；忘人之势，而漠然视富贵若无有：此则贤士之所以自待者耳。二者势若相反，而君臣各尽其道，实所以相成。设使王公内无尊贤之心，而诚意不至；外无尊贤之礼，而仪节或疏，则贤士以道自重者，必不肯枉己以求合，虽欲数数见之，而不可得矣。夫见且犹不得数，况欲縻之以爵禄、授之以事任，使之委质为臣，岂可得乎？此可见惟贤王方能遂贤士之高，惟贤士方能成贤王之大，此隆古泰交之盛，所以不可及也。今则上轻于待士，士亦轻于自待矣，岂不两失其道哉！”孟子此言，固以矫当世上骄下谄之风，亦以明己不见诸侯之义也。

孟子谓宋勾践曰：“子好游乎？吾语子游。人知之，亦嚣嚣；人不知，亦嚣嚣。”

宋勾践，是人姓名。游，是游说诸侯。嚣嚣，是自家有一段快乐，无求于人的意思。

孟子与宋勾践说道：“今列国策士，无不喜为游谈以干世主者。子亦好游说乎？吾告子以游说之道。夫游说而冀其言之获售，往往以人之知与不知为欣戚，此非知道者也。子之游也，如其言见信而人知之，此心固嚣嚣然自得也，初不因人之知而遽以为喜。如其言不见信而人不知之，此心亦嚣嚣然自得也，初不因人之不知而遽以为忧。夫自足于己，而置得失于两忘；无求于人，而任穷通于所遇。则随其所往，无非顺适之境，而游道斯为美矣。”

曰：“何如斯可以嚣嚣矣？”曰：“尊德乐义，则可以嚣嚣矣。”

勾践问说：“得失之念，人情所不能忘也。今曰嚣嚣，非大有涵养之士不能，敢问何如斯可以至于嚣嚣乎？”孟子答说：“所谓嚣嚣者，非可以矫情饰貌为之也，以其足诸己而无待于外耳。彼人所得之善，如孝弟忠信，根于所性者叫作德；其理有常尊也，吾则恭敬奉持之而不敢忽。所守之正，如进退取与，各有所宜者，叫作义；其理本至乐也，吾则欣慕爱乐之而不敢忘。夫尊德则良贵在我，见大人可以藐之，而何羡于爵位之荣？乐义则真趣在我，随所遇可以安之，而何计乎得丧之迹？由是而人知之可也，人不知亦可也，有不可以嚣嚣者乎？”

“故士穷不失义，达不离道。穷不失义，故士得己焉。达不离道，故民不失望焉。”

孟子又告宋勾践说：“人惟涵养之未盛，是以感遇之易迁。诚能尊德乐义，则何往而不宜哉？故当其穷而在下，身至困矣；惟能尊德乐义，则操持坚定，而可贞之守，必不以贫贱而移，岂至于失义乎？及其达而在上，身既显矣；惟能尊德乐义，则措注光明，而可行之道，必不以富贵而诎，岂至于离道乎？夫砥行饬躬，士之所以自爱其身也。今能穷不失义，则不降其志，不辱其身，而生平砥砺之大节，兢兢然惟恐其失坠者，果能全所守焉，士于是乎不失己矣。兴道致治，民之厚望于士也。今既达不离道，则上不负君，下不负民，而苍生仰望之夙心，喁喁然思见其德化者，果能如所愿焉，民于是乎不失望矣。穷达无往而不宜，则此身随寓而自得，而所谓‘人知之亦嚣嚣，人不知亦嚣嚣’者，此也。使非有尊德乐义之心，安能见诸行事之实如此哉？”

“古之人得志，泽加于民；不得志，修身见于世。穷则独善其身，达则兼善天下。”

孟子既告宋勾践以尊德义之实，又举古人以证之，说道：“古之人，以道济天下为志者也。当其得志而居可为之位，则推此德义于人，而霈膏泽于黎庶，身在廊庙，而功在斯民也；其或此志未遂，而无可致之权，则修此德义于身，而显大名于当世，身在畎亩，而声在寰区也。夫不得志，而修身见于世，则知古人之处穷，非泯泯而无称也。位之所不在，则敛斯道于吾身，德自我尊，义自我乐，以一身会民物之理，而百世其可师矣：不有以独善其身乎？得志而泽加于民，而知古人之处达，非汲汲于干进也。位之所在，则推斯道于天下，德与天下共尊之，义与天下共乐之，以一身立民物之命，而四海皆度内矣：不有以兼善天下乎？夫穷达无往而不善，此古之人所以不失己、不失望也。士欲嚣嚣，可不以古人为法哉？”古人能嚣嚣者，惟伊尹为然。观其耕莘之时，则严一介不取之操；就汤之日，则以一夫不获为耻。其能不失己、不失望，可见矣。

孟子曰：“待文王而后兴者，凡民也。若夫豪杰之士，虽无文王犹兴。”

孟子说：“善虽由教而入，非因教而后有也，在人之自勉何如耳。古今语教化之善者，莫如周文王。其时成人有德，小子有造，人才之兴起者，诚济济然其盛矣。然吾以为：秉彝之良，人所固有。必待文王之教而后能奋发有为，是其气禀之偏，必矫揉而后善；习俗之染，必变化而后新，此乃凡民则然耳。若夫豪杰之士，生来才智明敏，既迥出于寻常；志气坚强，又不屈于物欲。使遇文王在上，固相忘于道化之中矣；即不幸而不遇文王，亦自有出类拔萃之能，而无待于观感渐摩之助。以砥砺于道德，则卓然有以自立；以奋迅于事功，则毅然有以自任，不待闻文王之风、被文王之泽，而后能感发兴起也。此则惟豪杰之士能之耳，岂可概责之凡民哉！”孟子此言，见为士者不可以凡民自安，而当以豪杰自待也。然豪杰之士，虽不待教而兴，未尝不应运而出；有文王为之君，则必有太颠、闳夭、散宜生之徒为之辅佐，所以上下交而德业成也。使豪杰之生，而不遇圣王，则亦何以自见其辅世长民之功哉！

孟子曰：“附之以韩、魏之家，如其自视欿然，则过人远矣。”

附，是增益。韩、魏，是晋之世卿。欿然，是不自满的意思。

孟子说：“人情之所易溺者，莫如富贵。少有所得，而即矜己夸人、侈然自满者，多矣！有人于此，官非卿士之素也，家非有世禄之资也，一旦举韩、魏之家而附益之，忽然贵为上卿，富有百乘，享此非望之福，其快意宜何如者？乃能自视欿然，恰似不曾增益的一般，略无骄盈之念、盛满之容。这等的人，见识高明，物欲不能昏其志；涵养坚定，势利不能动其心。举世之所夸张羡慕者，而视之如浮云，轻之如敝屣，其中自有至贵至富者在矣。其过人也，不亦远乎？”然则，世之溺情于富贵，未得而不胜其贪饕之欲，既得而不胜其餍足之态者，视此亦可愧矣！

孟子曰："以佚道使民，虽劳不怨。以生道杀民，虽死不怨杀者。"

孟子说："圣王在上，而民无怨咨者，非不役一人、不杀一人而后有是也，惟其有不忍伤民之心而已。王者不忍疲民之力，则使民本非其所欲也，而势有不得不使之者，如播谷、乘屋之类，何能不用民之力乎？然役使之中，有休养之利存焉，这是以佚民之道使民也。由是，民之服役者皆将曰：'上之劳我者，所以安我也。'感休养之美意，虽身勤于事，悦而忘其劳矣，夫岂有怨其厉已者哉？王者不忍残民之命，则杀民本非其所欲也，而法有不得不杀之者，如除害、去恶之类，何能不戕民之生乎？然刑僇之内，有安全之意寓焉，这是以生民之道杀民也。由是，民之见杀者皆将曰：'上之杀我者，本以生我也。'体安全之至情，虽身陷于罪，悦而忘其死矣，岂有怨其虐我者哉？夫民情莫不好佚而恶劳、好生而恶杀也，而至于劳之、杀之不怨，惟其使之有道，非妄使也；杀之有道，非妄杀也。世主疲民以非时之役，而驱之若牛羊；威民以严峻之刑，而刈之若草菅。使民劳不得息，死非其辜。如此，而欲民之无怨，得乎？"

孟子曰："霸者之民，驩虞如也。王者之民，皞皞如也。"

驩虞，与欢娱二字同，是感戴喜悦的意思。皞皞，是广大自得的模样。

孟子说："王霸之治教不同，功效亦异。但自其民风观之，可见矣。以霸者之民言之，生聚于战争之余，休养于憔悴之日，煦煦之仁，所施能几，而共荷之以为功；沾沾之惠，所济能几，而共享之以为利。即其欢欣鼓舞之状，殆犹饥者之易食、渴者之易饮一般，有不胜其感悦之至者矣，不可以仿佛其驩虞之情景乎？乃若王者之民，则异于是。涵濡于道化之中，游泳于太和之世，耕食凿饮，无一民不遂其生，而各乐其乐，不知其乐之所从来也；老终壮养，无一民不被其泽，而各利其利，不知其利之所自出也。此其广博周遍之恩，殆犹天之无不覆、地之无不载一般，有相忘于造化之内者矣。不可以想见其皞皞之气象乎！"盖霸者有心以悦民，故民悦之，而效之所感者浅；王者无心于得民，故民忘之，而化之所及者深：此王道之异于霸功。而论治者，不可不审所尚也。

"杀之而不怨，利之而不庸，民日迁善而不知为之者。"

庸，是功。

承上文说："王民皞皞之化，所以异于驩虞者，何以见之？惟其有大公至正之体，而刑政治教，一无所容心于其间耳。民之所恶莫如死。王者以刑纠万民，固有时而杀之矣；而民之见杀者，曾不以为怨恨。盖天讨有罪，王者亦惟承天意以杀之而已，为民除残，为民去暴，而非有意于作威也，何怨之有？民之所趋莫如利。王者以政养万民，固尝有以利之矣；而民之享其利者，曾不以为功德。盖天时有生，王者亦惟顺天时以布令而已，分之田里，导之树畜，而非有意于市恩也，何庸之有？至于民之去恶迁善，又莫如教化。王者以教正万民，亦尝导民以善矣，而民之被其教者，日迁于善，曾不知谁之所为。盖天降下民，厥有恒性，王者亦惟因性牖民，使自得其本然之善而已，民德日正，民行日兴，而非有科条诏令之可指也，孰得而知其为之者哉？夫治出于上，而不见其作为之迹；化成于下，而莫得其感应之端。所谓'王民皞皞'，其气象盖如此。岂霸者驩虞之民可同日而语哉？"

"夫君子所过者化，所存者神，上下与天地同流，岂曰小补之哉！"

承上文说："王者之道，其刑政治教，民皆无得而名，则德业之盛，岂可以易言哉！盖王者以一身统理天下，凡政教所施及，就如其亲身所经过：经过处才只俄顷之间，而风声鼓动，万民之耳目皆新；其感发兴起之机，殆有勃然而不可遏者矣，所过有不化乎？王者以一心运量天下，凡政教所推行，都本于心思所存主：存主处才只一念之微，而志意感通，四海之精神已会；其潜孚默运之妙，殆有渊然而不可测者矣，所存不亦神乎？夫天地以神化而成覆载万物之功，王者以神化而究甄陶一世之泽，则尽天地之间，皆气化之流行，亦皆王道之充塞，而德业之盛，上下与天地同运而并行矣。岂但如霸者之功，解纾患难于一时，仅小小补塞其罅漏而已哉？"王道之大如此。此王民所以囿于大造之中，皞皞而莫知其然也。世主溺于功利之说，反厌王道为迂缓，遂以见小欲速之心乘之，未有不殃民偾事者。明主宜究心焉！

孟子曰："仁言，不如仁声之入人深也。善政，不如善教之得民也。"

仁言，是仁爱的言语。仁声，是仁爱的声誉。

孟子说："人君出治，一言语政令之间，皆足以感民，但其效有浅深之异耳。如以仁爱之言语抚循百姓，这叫作仁言。仁言虽足以入人，然但宣播于一时，而未必感孚于平日也。若有仁爱之声称的，其德泽浸灌于民心，而颂声洋溢于远迩，实惠及民，有不徒托之空言者矣。仁言岂能如仁声之入人深乎？以画一之法制约束百姓，这叫作善政。善政虽可以齐民，然但可使之面从，而未必能使之心服也。若崇德礼之善教的，其倡率一本于躬行，而观感惟俟其自得，因性导民，有不专恃其政令者矣。善政岂能如善教之得民乎？"夫均一感人也，而仁言不如仁声，则知爱民有实，言之所及浅也；善政不如善教，则知化民有本，政之所施末也。人君可不审所尚哉！

"善政民畏之，善教民爱之。善政得民财，善教得民心。"

承上文说："政教皆为治者之所不废，乃谓善政不如善教，为何？盖较其得民之有浅深也。上有善政，则纪纲禁令之施，可以纳斯民于轨物，法立而凛然不敢犯，不过得民畏而已；乃若善教所施，则德礼之启迪，可以感发其善念，自易其恶，自至其中，莫不回心以向道，而不忍违矣，岂止于畏之而已矣？上有善政，则爱养樽节之令，可以致间阎之充实，民富而国用无不足，不过得民财而已；乃若善政所感，则德礼之论洽，有以固结乎民心，不遗其亲，不后其君，莫不输诚以待上，而不忍忘矣，岂止于得财而已乎？夫畏迫于法，爱起于心，苟至于爱，而畏不足言矣；得心为本，得财为末，苟得其心，而财在其中矣。所以说善政不如善教之得民也。仁言不如仁声，不可以例见耶？"为治者诚能审功效之浅深，以为推行之次第，有爱民之实心，而言以宣之；有化民之大本，而政以辅之。则言非徒文，政非徒法，而仁心与仁闻交流、善政举而善教兼举矣。

孟子曰："人之所不学而能者，其良能也。所不虑而知者，其良知也。"

孟子欲明人性之善，因指良心以示之，说道："人皆知己之有性，而不知其出于天。试自知能观之，则可见矣。大凡人之于事，由学习而后能的，这不叫做良能。惟是不由学习之功，而精神自会运用，一举动皆成法吻合，这乃是天然自有之能，非一毫人力可与；贤者能之，而不肖者亦无待于勉强也，非良能而何？人之于理，由思虑而后知的，这不叫作良知。惟是不费研穷之力，而聪明自尔疏通，一意念皆与至理默契，这乃是天然自有之知，非一毫人谋可及；智者知之，而愚者亦无待于思索也，非良知而何？人皆有知、能之良如此。则善原于性，性出于天，不假于外求可知矣。乃有凿以人为之私者，岂非自丧其本然之善也哉？"

"孩提之童，无不知爱其亲者；及其长也，无不知敬其兄也。亲亲，仁也。敬长，义也。无他，达之天下也。"

承上文说："吾所谓良能、良知者，何以验之？尝观孩提之童，太朴未漓，一赤子之心而已，何学何虑也？然于其父母，无有不欢欣眷恋、相依而不能舍者，皆知爱其亲也；及其稍长，情欲未荡，亦尚赤子之心而已，何学何虑也？然于其兄，无有不恭敬奉承，退逊而不敢慢者，皆知敬其兄也。夫以孩提而知爱亲敬长之道，此可以验知、能之良矣。然是爱亲敬长之心，非自外至，即吾性之仁义也。仁主于爱，而爱莫切于爱亲，故于孩提之爱，可以观仁；义主于敬，而敬莫先于从兄，故于孩提之敬，可以观义。夫爱敬之心，不过为一人之私情，而即谓之仁义者，何哉？此无他故，仁义乃人性之同具、天下之公理也。今以孩提之爱推之天下，无一人不同此爱；爱同，所以为吾性之仁也。以孩提之敬推之天下，无一人不同此敬；敬同，所以为吾性之义也。使非出于吾性之仁义，何以能达之天下也哉？"夫观仁义之道不出于爱亲敬长之间，则知道率于性，无不同也；观爱敬之道不出于孩提知、能之良，则知性原于天，无不善也。乃世之言性者，不知验之于纯一之初，而徒求之于斫丧之后，其致疑于性善之说，宜矣。

孟子曰："舜之居深山之中，与木石居，与鹿豕游，其所以异于深山之野人者几希。及其闻一善言，见一善行，若决江河，沛然莫之能御也。"

孟子说："圣人居处之迹虽与人同，受善之诚则与人异。尝观于大舜：当其侧陋未扬、耕于历山之时，居在深山之中，朝夕所与处者，不过山中之木石而已；往来所交接者，不过山中之鹿豕而已。以迹观之，其不同于深山之野人者能有几何？此时圣心之善，未有感触，固不见其大异于人耳。及至人有善言，一得闻于耳；人有善行，一得接于目，但见理与心会，而资深逢原之用，感之遂通；心与理融，而渊泉时出之机，触之自应。随听受，随契悟；随契悟，随施行。其感通神速，就与江河被决一般，其沛然就下之势，一泻千里，孰得而阻碍之也哉？盖圣心之善，已浑全于无感之先，故从善之机，即响应于有感之际。至此，乃见大舜所以为圣，出于寻常万万，而非野人之所能及。深山之迹，岂得而囿之哉！”夫以舜应善之速如此，而犹好问好察，舍己从人，其取善又如彼其广，皆一念好善之诚为之也。欲法舜之应善，必先法其受善之量而后可。

孟子曰："无为其所不为，无欲其所不欲，如此而已矣。"

孟子说："立人之道，不外于心；而制心之功，莫要于义。今人于不义之事，耻之而不为、不欲，孰无是羞恶之心乎？但私意一起，而不能以礼义制之，于是为所不为、欲所不欲者多矣。诚能于应事之际，觉得此心羞恶而不肯为，则止之而勿为，不要昧了这一念不为之真心；于意念之萌，觉得此心羞恶而不愿欲，则止之而勿欲，不要昧了这一念不欲之真心：如此，则羞恶之良心已全，而义不可胜用矣，人道不已尽于此乎？盖人之所以为人，只是有此羞恶之良而已。无为所不为，则所为皆义，而事事无歉于心；无欲所不欲，则所欲皆义，而念念无恶于志。推之，仰不愧天，俯不怍人，皆不过由此不为、不欲之心扩充之而已，立人之道，宁复有余事哉？所以说如此而已矣。"夫不为、不欲之心，本在我而非远；无为无欲之机，又在我而无难，人岂可自失其良心，而陷于不义之归哉！

孟子曰："人之有德慧术知者，恒存乎疢疾。独孤臣孽子，其操心也危，其虑患也深，故达。"

德慧，是德性之聪慧。术知，是处事之智巧。疢疾，如说灾患一般。

孟子说："人情每快志于安乐，而拂意于困穷，不知困穷乃成德之地也。故凡聪明内含，而德性中有警敏之识，可以烛事理于未然，这叫作德慧；技能外运，而才术中有机智之巧，可以善事理之当然，这叫作术知。人之有此德慧、术知者，非优游安逸者能然也。多因遭罹患难，有以激发其善心；涉阅忧虞，有以顿挫其逸志，故德慧以困衡而生，术知由磨练而出，大率从疢疾中来耳。何以验其然也？且如为臣尽忠、为子尽孝，理之常也。独有那孤远之臣，忠不得自效于君；庶孽之子，情不得自达于亲：这正是臣子之有疢疾的。此等之人，其操心则朝乾夕惕，一念不敢以自安；其虑患则左提右防，一事不敢以少忽。惟是经过这等样危苦，所以战兢之中，精明焕发，人情自尔其周知；惩艾之久，险阻备尝，世故自尔其习熟：此所以事理无不达，而德慧、术知所由成也。”疢疾之有益于人如此，处忧患者岂可失意于变故之临，而不思其为进德之地也哉？人主当治平之日，则逸欲易生；处多难之时，则忧勤独切。君德之益亦如此。

孟子曰："有事君人者，事是君则为容悦者也。"

孟子说："人臣事君，人品不同，事业亦异。约而言之，大概有四等。有一等事君的人，方其未得君之时，固不胜其患得之心矣；及得君而事之，其终日所孜孜图维者，专在容悦一事上着力。或君之所为不善，则曲意阿徇，惟恐拂其所好，虽陷于有过，亦所拂恤；或君之所欲未形，则先意逢迎，惟恐不投其所好，虽置君于恶，亦所弗顾。但知为容悦之资，全身保禄而已。其于君德之成败，国事之理乱，漫然不知究心。此特鄙夫之事、妾妇之道而已。有臣若此，将焉用之？人臣之品，此其最下者也。"

"有安社稷臣者，以安社稷为悦者也。"

孟子说："容悦之臣，固无足言矣。又有一等安社稷的臣，谋国之念甚于谋身，其心之所孜孜图维者，惟以安社稷为事。如君为社稷之主，则绳愆纠谬，务使主德无阙，而保国祚于荣昌；民为社稷之依，则济弱扶倾，务使民志不摇，而奠邦基于巩固。以一身系安危之寄，决大疑，戡大难，而劳怨不辞；以一身当利害之冲，事求可，功求成，而险阻不避，殚精竭力，眷眷焉惟社稷之安是图，必社稷安而后此心始安，就如小人务悦其君的一般，有不能一息释然于怀者。此则志存乎立功，事专于报主，以功名为志，而富贵不足以累其心者也。岂非人臣之忠者乎？"

"有天民者，达可行于天下而后行之者也。"

孟子又说:“社稷之臣，其忠固可称矣，然不免为一国之士也。等而上之，又有所谓天民者，乃天生此民中独能全尽人道者。其人品既高，自任甚重，推其用世之志，固欲大有所为;原其重道之心，实不肯轻于一试。必酌量于出处之际，审察于上下之交，达而度其道行于上，而可以成佐命之功，然后出其身以事是君；苟非得君行政之会，宁隐处以终身矣。达而度其道行于下，而可以建庇民之业，然后出其身以泽是民；苟无兴道致治之机，宁遁世而不悔矣。盖惟其抱负甚宏，故志愿甚大；志愿大，故所以自待其身者甚不轻也。此所谓志于道德，则功名不足以累其心者，人品之高，又在社稷臣之上矣。”

“有大人者，正己而物正者也。”

孟子又说:“天民欲以道济天下，而不免较量于出处之间，是犹有意于正人也。等而上之，又有所谓大人焉。大人身修道立，惟自尽正己之功，而德盛化神，效自极感人之速。上而正其君，不必形之讽议也；身范克端，而精诚感孚，人主之非心自格，君德遂无不正矣。下而正其民，不必申之禁令也；表仪既树，而风声鼓舞，蒸黎之耳目咸新，民行遂无不正矣。此则功在社稷，而无计安社稷之劳；道济天下，而无意必行藏之迹，所谓大而化之者也。臣道至此，殆无复有加焉者矣。其人臣之上品乎！”合此章之言而观之，人臣之品，不但容悦小人与君子不同，即社稷臣以上，若天民、大人，亦有此三等。人主必明以辩之，使贤奸不至于混淆；断以决之，使用舍不摇于疑贰，则谗谄自远，忠贤自近，君正莫不正，而社稷有磐石之固矣。

孟子曰:“君子有三乐，而王天下不与存焉。父母俱存，兄弟无故，一乐也。仰不愧于天，俯不怍于人，二乐也。”

孟子说:“人情自一物以上，皆不能无喜好之念；而至于王天下，则其乐宜无以加矣。乃若君子之乐，随寓而安，虽所在皆顺适之地，而无待于外，其所乐皆性分之真。今以其所乐言之，止有三件。虽君临万国，富有四海，而为天下之王，这等样尊荣之乐，亦不在此三者之中焉。三者云何？父母吾之自出，兄弟吾之同气，是人之至亲也。父母俱存，而享康宁之福；兄弟既翕，而无变故之虞：此人之深愿不易得者。幸而得之，则上可以遂孝养之志，下可以尽友于之情，家庭之间快然无遗恨矣，此君子所乐之一也。天所降衷之良，人所同得之性，是我所当尽也。今则仰无所愧，而无一不与天知；俯无所怍，而无一不可对人言：此克己之功所难能者。而能尽焉，则内省既无恶于志，外感自不疚于心，覆载之内，旷然皆顺境矣，此君子所乐之二也。性分之真乐盖如此。”

“得天下英才而教育之，三乐也。君子有三乐，而王天下不与存焉。”

孟子承上文说：“伦理无亏，性分克尽，二者固皆君子之所乐也。其三乐何如？盖君子身任斯道之责，则得人以寄斯道之传者，其至愿也，顾未必能尽一世之人才而教育之也。今惟举天下明睿之才，皆在吾教育之内，以吾之修身者教之，使各修其身；以吾之尽性者教之，使各尽其性。如此，则英髦辈起，而彬彬皆传道之人；才俊蔚兴，而济济皆任道之器。为往圣继绝学，为万世开太平，教思无穷之心，于此而大慰矣，岂非君子之三乐乎！夫是三乐者，或系于人，或系于己，皆不出于秉彝之好；或以成己，或以成物，皆自得其性分之真，此君子所以乐之而不厌也。彼王天下之乐，特势分之荣耳，岂在君子所乐之中哉？所以说‘君子有三乐，而王天下不与存焉’。然是三者，在天在人者，皆不可必，所可自尽者，惟克己之功而已。人能克己，而至于俯仰无愧，虽天人之间未必尽如吾愿，固无害于可乐也。不然，己私未克，天理未全，俯仰之间，可愧怍者多矣，安望其能乐乎？”

孟子曰：“广土众民，君子欲之，所乐不存焉。”

孟子说：“天下有不一之遇，而无不一之性；人惟性有未全，斯不能不迁于所遇耳。尽性之君子则不然。彼土地人民，乃得位行道者所必资也。诚使所统之地，不止于一隅，而幅员极其广远；所治之民，不止于一邑，而生聚极其众多。夫地广，则政教之所及者弘；民众，则德泽之所施者博。君子苟欲得大国而治之，则此固其心之所甚愿矣。然土谓之广，是犹有分土也；民谓之众，是犹有分民也。君子于此，但欲之而已，而其大道为公之志，将必范围天地，曲成万物，而后其心始快也，其所乐岂在此乎？广土众民既非所乐，则所乐当必有进于是者矣。”

“中天下而立，定四海之民，君子乐之，所性不存焉。”

孟子承上文说：“广土众民，固非君子之所乐矣，乃若所乐则何如？盖君子以奠安海宇为责，以康济群生为志者也。若使土不但广而已，而立国中于天下，尺地莫非其有焉；民不徒众而已，而安民尽乎四海，一民莫非其臣焉。此则举一世之版图，皆在其统驭之中；则亦举一世之民物，皆被其治教之泽，如天之无不覆、地之无不载也，君子大行之心可遂矣，岂非其心之所乐乎？然此特势分之乐，乐之自外至者耳。乃若君子所性，天与之，为秉彝之良；人得之，为受中之理，足乎己而无待于外者，则有不在于是者焉。以天下之大，而犹无关于性分，则吾性之全体，固有超出于天下之外者矣。人每视势分为轻重，其所见不亦小哉！”

“君子所性，虽大行不加焉，虽穷居不损焉，分定故也。”

孟子承上文说：“君子行道之志，至于王天下，极矣。乃但可以言乐，不可以言性。君子所性，却是如何？盖土地有广狭，人民有众寡，此皆可得而加损者也。若君子所性，不但爵位稍得所欲，不能有所增也；便使得志而大行于天下，吾性浑然自若而已，何尝因大行而遂有加益乎？不但爵位稍失所欲，不能有所减也；便使不得志而穷约以终身，吾性亦浑然自若而已，何尝因穷居而遂有亏损乎？所以然者为何？盖凡物之不足者乃可以加，有余者乃可以损，由其分数未定故也。惟君子之性，自天赋之，则为定命；自我得之，则为定理。万善咸备，本无不足也，何一毫可得而加？一物不容，本非有余也，何一毫可得而损？此所以可穷可达，而吾性之全体不因之而少变也。使可得而加损，则亦外物，而非吾性之本然矣。”人可不反而求之吾心也哉！

“君子所性，仁、义、礼、智根于心。其生色也，睟然见于面、盎于背、施于四体。四体不言而喻。”

睟，是温和。盎，是丰满。

孟子承上文说：“君子所性之定分，固不以穷达而有加损矣。乃所性之蕴蓄何如？德之爱曰仁，宜曰义，理曰礼，通曰智：此四德者，人所同具之性也，但众人为气拘物蔽而失之耳。惟君子，气禀极具清明，物欲不能间隔，故于仁、义、礼、智之四德，浑全而无所亏欠，坚定而不可动摇，已植根于心矣。由是诚中形外，其生色乌可已乎？其生色于面貌，则清和润泽，睟然示人以可亲，一四德之光辉也；其生色于肩背，则丰厚盈溢，盎然示人以可象，一四德之充满也；以言乎施于四体，则动静妙于从心，舞蹈由于自得，固有不言而自晓其意者，一四德之发越也。盖内之所积者极其盛，故外之所发者不容掩，君子所性之蕴有如此。此天之所与我者，本如是其全备也，岂穷达之所能加损哉？然则自乐其乐，而王天下之乐不与存焉，信非有所得者不能矣。世之决性命以饕富贵者，计较于穷通得丧之故，方寸之内，念虑纷纭，感遇之途，欣戚万变，欲与之言定性之学，岂不难哉！"

孟子曰："伯夷辟纣，居北海之滨，闻文王作，兴曰：'盍归乎来？吾闻西伯善养老者。'太公辟纣，居东海之滨，闻文王作，兴曰：'盍归乎来？吾闻西伯善养老者。'天下有善养老，则仁人以为己归矣。"

仁人，是有德望之人。

孟子说："人君为政，莫不欲人之归我也。然未有仁政不行，而能致其来者，以文王之事观之。当时商纣无道，播弃黎老。伯夷辟纣之乱，远引于北海之滨而居焉；及闻文王起而为西伯，于是勃然而兴，说道：'吾何不奉身而归来乎？吾闻西伯发政施仁，善于养老，吾身庶几有所托矣。'乃自北海而来就其养焉。太公辟纣之乱，远隐于东海之滨而居焉；及闻文王起而为西伯，亦勃然而兴，说道：'吾何不奉身归来乎？吾闻西伯发政施仁，善于养老，吾身庶几有所托矣。'乃自东海而来就其养焉。夫伯夷、太公，天下之仁人也，一闻文王养老之政，皆相率而来归，善政之足以感人如此。若使今之诸侯，亦有善行养老之政，如文王者出焉，则天下之仁人如伯夷、太公者，必将趋赴于我，而望之以为己归矣，岂肯舍之而他往乎？然则人君不患人心之不归，但患仁政之未举而已。"

"五亩之宅，树墙下以桑，匹妇蚕之，则老者足以衣帛矣。五母鸡，

二母彘，无失其时，老者足以无失肉矣。百亩之田，匹夫耕之，八口之家足以无饥矣。”

孟子承上文说：“文王所以致仁人之来归者，固以其善养老矣。其养老之政何如？盖田里树畜之事，乃衣食所自出也。文王治岐，每夫授以五亩之宅，却于墙下隙地，种植桑树，使匹妇采桑以供养蚕之事；于是丝绵有所出，而年五十之老者，足以衣帛而暖矣。一家之中，使之各畜五个母鸡、二个母彘，孳生以时，无失其孕子之候；于是肉食有所出，而年七十之老者，足以食肉而饱矣。又每夫授以百亩之田，使壮者深耕易耨，尽力于农亩；于是谷粟有出，而八口之家，皆可以仰事俯育，无饥馁之患矣。夫文王治岐之政如此。此所以善于养老，而伯夷、太公皆闻风而来归也。”

“所谓西伯善养老者，制其田里，教之树、畜，导其妻子，使养其老。五十非帛不暖，七十非肉不饱。不暖不饱，谓之冻馁。文王之民，无冻馁之老者，此之谓也。”

孟子承上文说：“由文王治岐之政观之，则当时伯夷、太公所谓西伯善养老者，夫岂家给而人益之哉？亦惟因其自然之利而教导之耳。如百亩之田、五亩之宅，此田里之定制也，文王但为民区画之而已。蚕桑鸡豚，此树畜之常事也，文王但教民孳植之而已。以少事长，以卑承尊，家庭之常礼也；文王但导其妻子，使各修其养老之职而已。夫养老，而使家家得备其物，人人得尽其情，则老者岂有不得其所者乎？盖人年至五十，非衣帛则身不得暖；年至七十，非食肉则腹不能饱。不暖不饱，叫作冻馁，而老者不得其所矣。文王之民，其老者皆得衣帛食肉，而无冻馁之患者，正以其因天下之利教天下之民，率天下之民养天下之老，爱溥而无私，惠周而不费，此养老之政所以为善，而伯夷、太公皆以之为归也。”使人为之养，则恩易穷，而日亦不足矣，岂得谓之善政也哉？有志于行仁政者，不可不仪刑文王矣。

孟子曰：“易其田畴，薄其税敛，民可使富也。”

易，是耕种。畴，是耕熟的田。

孟子说：“明王治天下，只有教养两端。然欲正民之德，必先厚民之生。以厚生之政言之，田畴乃民之常产，使荒芜不治，则民之失业者多矣；必驱游惰之民，使各尽力于南亩，春焉而耕，夏焉而耘，无妨其耕耨之时可焉。租税乃国之常赋，使征敛无艺，则下之供上也难矣；又必除掊剋之政，使得轻减其征输，宁损上益下，无损下益上，务存夫宽恤之意可焉。夫田畴易，则地利之所获甚丰；税敛薄，则租赋之所供有限。以力本自尽之民，值轻徭薄赋之世，财有所生而无所耗，闾阎之间，殆将家给而人足矣，岂不可以使民富乎？此则尽地之利以养民，而不竭民之利以奉己，所谓开财之源者如此。"

"食之以时，用之以礼，财不可胜用也。"

孟子承上文说："易田畴而薄税敛，固可以开财之源矣。然财货既裕，则奢侈易生，又不可无以节之也。夫民不能无食；苟食不以时，则财耗于口腹之欲矣。于是制为法令，凡民间所以资生者，不特饔飧有节而已也。如：鱼不盈尺，不设网罟；果实不熟，不轻采取之类，一切冗食以糜财者，皆在所必禁焉。民不能无用；苟用不以礼，则财耗于不经之费矣。于是定为章程，凡民间所以制用者，不特尊卑有等而已也。如：非养老，不得用牲；非宾祭，不得烹宰之类，一切滥用以糜财者，皆在所必省焉。夫食以时，则生植滋蕃；用以礼，则经费有制。由是康阜之利，以俭啬而益饶；富厚之资，以节缩而益裕，将有取之不穷、用之不竭者矣，财货岂可胜用乎？此则因民生日用之常，施樽节爱养之术，所谓节财之流者又如此。养民之政，至是其克举之矣。"

"民非水火不生活。昏暮叩人之门户，求水火，无弗与者，至足矣。圣人治天下，使有菽粟如水火。菽粟如水火，而民焉有不仁者乎？"

承上文说："人君务本节用，使民富而财足，则厚生之政成矣，民德不由此而可正乎？彼民赖水火以生，非此则无以为生活之资；其于日用甚切，宜各私所有，而不相假借矣。然当昏暮的时候，叩人之门户以求水火，随求随与，无少吝啬者，此何故哉？盖水火乃天地间至足之物，取之无尽，用之不竭，故有求而必应也。至于民待菽粟以为命，就如水火一般，均之不可一日无者，而求之未必肯与，由上之人，无导利惠民之政耳。惟圣人治天下，既重农轻赋，以开财之源；又因时制用，以节财之流。能使百姓每家家殷实，在在丰盈，其所积菽粟之多，就如水火一般样至足，无者可求，有者可与，此所以天下无不富之民，而财不可胜用也。夫菽粟既如水火，则衣食足而礼义生，教化行而风俗美，民皆驩然有恩以相接，秩然有礼以相与，同归于仁厚之域，而成其雍熙之世矣。焉有自底弗类，而为不仁者乎？”夫以仁民之化，必自足民先之。治天下者，何可不加意于爱养之政也哉！昔孔子论政，谓既庶而富、既富而教，其施为次第类如此。

孟子曰：“孔子登东山而小鲁，登泰山而小天下。故观于海者难为水，游于圣人之门者难为言。”

东山，在今兖州府曲阜县。泰山，即东岳，在今泰安州地方。

孟子说：“道莫大于圣人，圣莫盛于孔子。大哉！孔子之道。岂易以言语形容哉！自其身所处而言，在鲁国则为鲁国之一人，就如登东山之巅，下瞰鲁国，凡四封远迩，皆在指顾之中，而鲁国自失其为大矣；在天下则为天下之一人，就如登泰山之巅，下瞰寰宇，举九州疆界，皆在俯视之中，而天下自失其为大矣。夫大而至于小天下，则小鲁又不足言。盖其所处既高，则视下益小，其地位然也。惟其地位如此，故人见了圣道之大，其小者都不足观了。夫未观于海，凡百川之水，皆可以为水也；惟看了沧海，亲睹其汪洋浩瀚之势，则众水皆会归于此，而百川之水不过其支流余派，举不足以深广称矣，岂不难于为水乎？未游于圣门，凡百家之言，皆可以为言也；惟入得宫墙，亲聆其切近精实之训，则众理皆统宗于此，而百家之言，不过其微谈绪论，举不足以美富称矣，岂不难于为言乎？孔子之道，其大如此。”

“观水有术，必观其澜。日月有明，容光必照焉。”

澜，是水势湍急处。容光，是罅隙通明处。

承上文说：“孔子之道，观之泰山、沧海，固可以见其大矣。然岂无为之本者哉？今夫水行乎地，必源头深远，方能起得波澜。故观水自有方法，不必寻源以穷其发端也；惟于波流潆回、水势猛急之处观之，则知狂澜之滔滔，乃源泉之混混者所出也，而其本自可见矣。日月丽乎天，必体魄明朗，方能布得光采。故观日月者，亦有方法，不必测象以究其精曜也；惟于此小空隙、光明必照之处观之，则知普照之无遗，乃贞明之不息者所出也，而其本自可见矣。然则孔子之道，川流原于敦化，即水之由源而达委也；光辉根于笃实，即日月之由明而生光也。其大而有本者，何以异于此哉？”

“流水之为物也，不盈科不行。君子之志于道也，不成章不达。”

盈，是充满。科，是低洼去处。

承上文说：“圣人之道，固大而有本矣。欲学圣人者，岂一蹴所能至哉？彼流水之为物，以大海为归者也，然未能遽至于海也。必须停注坑坎之中，盈满于此，而后可流通于彼；若积水尚浅，未至于盈科，则坎止不行，有难以至海矣。水之进必以渐如此，况君子之志于道，将以大圣为归者也，有不由渐而后至乎？故必和顺发为英华，光辉出于笃实，有这等成章之美，然后可以为上达之基。苟章美之未宣，则必造诣之未至也，而圣道之高不可及者，何以为从入之阶？文采之未著，则必充养之未深也，而圣道之大而有本者，何以为会通之地？若曰‘圣道不必成章而后达’，则是流水不必盈科而后行也，岂有是理也哉？然则有志于圣道者，信不可无循序渐进之功矣。”循序渐进，不但下学功夫为然，大学明德、新民之功，必由知止而后造于能得；中庸至诚、尽性之事，必由形著而后至于能化。圣学莫不皆然，作圣者所宜究心也。

孟子曰：“鸡鸣而起，孳孳为善者，舜之徒也。鸡鸣而起，孳孳为利者，蹠之徒也。”

孳孳，是勤勉的意思。蹠，是盗蹠。

孟子分别圣狂之几，说道：“论人品善恶者，不当于其事为之著，而当于其意念之萌。试以大舜与盗蹠观之。舜为千古之大圣，其善非一端之可尽矣。然使有人于此，当鸡鸣之时，事物未交之际，从此时起得身来，乘着夜气清明、良心不昧，这孳孳一念，自朝至暮，都只在天理上体会，无一念不在于为善。如此之人，虽未能遽至于舜，而率此向善之心，其为善将何所不至？舜此善念，我亦此善念，是即舜之徒矣，岂必每事尽善而后谓之舜乎？蹠为千古之大盗，其恶亦非一端之可尽矣。然使有人于此，当鸡鸣之时，事物未交之际，从此时起得身来，夜气不存，良心尽昧，这孳孳一念，自朝至暮，都只在人欲上经营，无一念不在于为利。如此之人，虽未必遽至于蹠，而充此徇利之心，其为利将何所不至？蹠此利心，我亦此利心，是即蹠之徒矣，岂必众恶皆归而后谓之蹠乎？”

“欲知舜与蹠之分，无他，利与善之间也。”

承上文说：“舜之与蹠，其人品相去不啻天壤悬绝矣。而为舜则舜，为蹠则蹠，都从鸡鸣之一念始。然则欲知舜、蹠之所以分，其初岂有他哉？惟在利与善之间而已。盖人心不为善则为利，本有相乘之机，而出于善则入于利，实在几微之际。故一念向善，便就是舜，不过从这天理一边路上来，其始之异乎蹠者，原只毫末之间而已；使移此为善之心而为利，安知其不遂为蹠乎？一念趋利，便就是蹠，不过从这人欲一边路上来，其始之异乎舜者，原只毫末之间而已；使移此为利之心而为善，又安知其不遂为舜乎？”理、欲差之毫厘，而圣、狂判于千里，学者可不审其取舍之几、而致谨于鸡鸣之一念也哉？《书经》上说：“惟圣罔念作狂，惟狂克念作圣。”即此意也。

孟子曰：“杨子取为我，拔一毛而利天下，不为也。”

杨子，姓杨名朱。取，是仅能彀的意思。

孟子欲辟异端而卫正道，故说：“道之所贵者中，中之所贵者权。圣人所以仁至义尽，与时偕行者，此也。彼异端之学，何其纷纷矣乎！今世有杨子者，厌世务之劳，而专主于爱身之说；其意但知有一身，而不知有天下，仅能彀为我而已。充其为我之心，虽使他拔落一毛之微，而可以利济天下之大，他亦将爱惜而不肯为；况所损有不止于一毛者，彼岂肯为之哉？”盖有见于义，无见于仁，其执于为我之一偏如此。

“墨子兼爱，摩顶放踵利天下，为之。”

墨子，姓墨名翟。摩顶放踵，是擦磨头顶直至足跟，吃受辛苦的意思。

承上文说:“世有墨子者,黜私己之图,而专爱物之见;其意但欲一视同仁,而不复问其亲疏,惟知兼爱而已。充其兼爱之心,虽自顶至踵,劳苦一身之筋骨,而可以利济天下之生灵,彼亦将无所吝惜而慨然为之;况其害未至于摩放者,又何事不可为也哉?”盖有见于仁,无见于义,其执于兼爱之一偏如此。

“子莫执中,执中为近之。执中无权,犹执一也。”

子莫,是古之贤人。

承上文说:“杨子为我,墨子兼爱,固各倚于一偏而胥失乎中矣。有子莫者,矫杨、墨之失,而执中于二者之间:非不为我也,而不至如杨子之绝物;非不兼爱也,而不至如墨子之徇人,执中如此,似乎近于道矣。然道无定形,中无定在,必随时变易,与势推移;当为我而为我,当为人而为人,乃所谓权也。今子莫以不杨不墨为中,而不知随时权变为中,则杨子执为我之一,墨子执兼爱之一,而子莫所执者乃二者中间之一,均之昧于通变之方;其为执一,一而已矣,恶足以语于时中之道哉?”

“所恶执一者,为其贼道也,举一而废百也。”

承上文说:“子莫之执中,无以异于杨、墨之执一矣。乃执一之所以可恶者何哉?盖杨子为我似义,而却害乎仁;墨子兼爱似仁,而却害乎义;子莫执中似中,而却害于权。持其一偏之见,害于时中之道,斯为可恶耳。然其害道何如?盖吾儒时中之道,一理浑然,泛应曲当,千变万化,头绪甚多,非一端之所能尽也。今举一为我,而仁之百端尽废矣;举一兼爱,而义之百端尽废矣;举一执中,而时中之百端尽废矣。所得少而所失多,害道孰大于是?此其所以为可恶也。知异端之可恶,而学者可无反正之功哉!”尝考虞廷授受,惟曰“允执厥中”,而孟子又恶子莫之执中,何哉?盖孟子之所谓中,存主不偏,应感无滞,虽有执中之名,其实未有所执也。若子莫徒欲矫其偏,以求所谓中者而执之,少有安排,便不能无倚着之私矣。此所以与杨、墨并为吾道之贼也。有卫道之责者,不可不辨于斯。

孟子曰："饥者甘食，渴者甘饮，是未得饮食之正也，饥渴害之也。岂惟口腹有饥渴之害？人心亦皆有害。"

甘，是嗜好的意思。

孟子见世之厌贫贱而慕富贵者，往往陷溺其心，故借口腹以明心志，说道："饮食于人，本有正味也。惟是饥者得食，食虽不甘，亦将以为甘美，而贪食之不已。渴者得饮，饮虽不甘，亦将以为甘美，而嗜饮之无厌。是岂可甘而甘、能得饮食之正味乎？良由口腹为饥渴所迫，而急于饮食，故精粗美恶皆有所不暇择，而因失其正味耳。则饥渴为之害也，岂为口腹有饥渴之害哉？人心有正理，犹饮食有正味也。惟以贫贱之故摇乱其心，则富有所不当得者，亦将贪之以为利；贵所不当得者，亦将贪之以为荣，不暇抉择，而失其正理，亦犹饥渴之甘于饮食，不复知有正味也。心志之有害，何以异于口体之有害哉？"

"人能无以饥渴之害为心害，则不及人不为忧矣。"

承上文说："贫贱之害心，无以异于饥渴之害口腹。可见贫贱者，人心之饥渴也。以贫贱而动心，是以饥渴之害为心害也。有人于此，能以道而御情，以理而制欲，时乎贫也，安于处约，不贪慕于利禄而为欲富之图；时乎贱也，安于困穷，不侥幸于荣名而为欲贵之计。虽有饥渴之忧，而不能为吾心之害。是其识见高明，超然于流俗之外；持守坚定，挺然于豪杰之中，希圣希贤，有不难致者，尚何以不及人为可忧哉？"世之充诎于富贵、陨获于贫贱者，是自丧其理义之心，而甘为人下也。学者宜深以为戒焉。

孟子曰："柳下惠不以三公易其介。"

介，是介然有分辨的意思。

孟子说："人情和则易至于流。古有柳下惠者，人皆称其为圣之和，宜其同流合污、混然无别矣。然其与人虽无分于尔我，而义利之界限甚明；居官虽无择于崇卑，而志趣之操持甚固。观其进也，进不隐贤，必以其道；是其身出，则道在必行，灼然定见，有非三公之位所能移者矣。其退也，则遗佚不怨，厄穷不悯；是其道屈，则身在必隐，确然定分，有非三公之势所能夺者矣。盖可贵可贱，而不肯少逾礼义之闲；可富可贫，而不肯少贬生平之节。其介如此。此其和之所以不可及也。徒知其和而不知其介，岂善观柳下惠者哉？”

孟子曰：“有为者辟若掘井，掘井九仞而不及泉，犹为弃井也。”

掘井，是穿地为井。八尺为仞。

孟子勉人为学当要其成，说道：“天下之事，不贵于有为，而贵于有成。有人于此，或有志于圣贤之道德，而讲学穷理；或有志于帝王之事功，而励精图治。其功锐然有为，就如掘井的一般。盖学不徒勤，必以至道为极；井不徒掘，必以得泉为期。设使掘井至九仞之深，已将有及泉之渐矣，乃未及泉而遂止，则力怠于垂成，而井置之无用，将举九仞之功而尽废之矣，岂非自弃其井者乎？然则为学者，始勤而终怠，进锐而退速，其归于无成，与弃井者何以异哉？”此自强不息之功，不独学者当自奋励，有天下国家者亦所宜深省也。

孟子曰：“尧、舜，性之也。汤、武，身之也。五霸，假之也。久假而不归，恶知其非有也？”

性，是天性生成。身，是从身上做起。三“之”字，俱指道说。

孟子说：“帝降而王，王降而霸，此世道汙隆之机也。而心术诚伪之间，实不能无辨焉。以尧、舜而言，纯粹至善之理，得诸天者甚完，其知生知，其行安行，不假修习，而从容于仁义之中，浑全其赋畀之正：这是纯乎天，不间以人，自然而然，性之者也。以汤、武而言，反身循理之功，修诸人者甚力，知则学知，行则利行，凡事勉强，务践履乎仁义之实，以克复其降衷之初：这是尽乎人，求合乎天，勉然而然，身之者也。至若五伯，既不能率乎其性，又不能体之于身，所为在于幸功，而却假仁之名，以济其残忍；所为在于谋利，而却假义之名，以济其贪饕：这是欺世惑众，似然而实不然，所谓假之者也。然使暂假其名，而亟反之实，犹为自知其非，可冀其改图也；顾乃视虚名为固有之物，忘公道为掩袭之私，譬如借物于人，而久占于己，终不肯还与主人的一般。则始焉饰诈以欺人，人固皆为其所罔；终焉执迷以自欺，己亦不自知其非真有矣。锢蔽已深，而觉悟无日，恶可以入于尧、舜、汤、武之道哉？”此可见帝王之道，虽有性勉之分，然其为诚则一也；五伯则一于伪而不自反矣。心之诚伪不同，而事功之隆汙迥绝。有志于治道者，可不严其辨哉！

公孙丑曰：“伊尹曰：‘予不狎于不顺’，放太甲于桐，民大悦。太甲贤，又反之，民大悦。贤者之为人臣也，其君不贤，则固可放与？”孟子曰：“有伊尹之志，则可。无伊尹之志，则篡也。”

狎，是习见。不顺，是行事不循道理。桐，是地名，乃成汤葬处。

公孙丑问于孟子说道：“伊尹尝说：‘我于嗣王有师保之责。今嗣王不明义理，我诚不忍习见其所为之事，而漫然不加救正也。’乃放太甲于桐宫，使居成汤之墓侧，庶乎感怆兴思，可望省改。于时民皆大悦，谓其能行权以匡君也。及太甲悔过自新，处仁迁义，化而为贤，乃自桐迎归，反居于亳。于时民又大悦，谓其能积诚以格君也。由伊尹之事观之，凡贤者之为人臣，苟遇其君之不贤，则固可轻议放迁，而无伤于君臣之义与？”孟子答说：“人臣事君，有经有权。伊尹之放太甲，盖上为宗祀，下为生民，公天下以为心，而无一毫自私自利之念，故上信于君，而不疑其为逼；下信于民，而不疑其为专，以其有是志耳。使为臣者而有伊尹之志，则以大公无我之心而行通变济时之事，虽非事上之常法，犹不失为匡救之微权，庶几其可也。若无伊尹之志，而擅谋废置之举，则是睥睨神器，盗弄国柄，乃篡逆不轨之臣，天下万世之罪人矣，岂能逃于诛戮哉？”为人臣者，慎无以圣贤不得已之事，而为奸臣乱贼之口实也。

公孙丑曰：“《诗》曰：‘不素餐兮。’君子之不耕而食，何也？”孟子曰：“君子居是国也，其君用之，则安富尊荣；其子弟从之，则孝弟忠信。‘不素餐兮’，孰大于是？”

《诗》，是《卫风·伐檀》篇。素餐，是无功食禄。

公孙丑问于孟子说：“《伐檀》诗人说道：‘不素餐兮。’盖言守志之士，不肯无事而空食也。以此看来，君子必居位而有功，方可因劳而受禄。乃今不事躬耕之劳，而安享国君之养，则何以解于素餐之讥乎？”孟子答说：“子以君子不在其位为无功而食，不知君子尊主庇民之功，正不待居位而后著也。盖君子居是国也，其言论足以经邦，其表仪足以范俗。如使为君者能听用其言，而道得行于上，则嘉谋嘉猷，可以定社稷之大计，邦基以固，邦赋以充，而既安且富也。必得其位，必得其名，而既尊且荣也。虽未居辅理之位，而集思广益，贻邦君以多福之休，功不少矣。如使为子弟者，能服从其教，而道得行于下，则先知先觉，可以开一世之群蒙，入则孝，出则弟，而天伦以敦也；忠不欺，信无妄，而民性以复也。虽未任治教之责，而端轨树则，导国人以兴行之风，功不细矣。夫上焉有功于君，则食君之禄不为靡；下焉有功于民，则享民之奉不为泰。诗人所称'不素餐兮'，孰有大于君子哉？盖稼穑而后食者，士人无求之节；不耕而亦食者，君子可食之功，义各有攸当也。使饰小廉而妨大德，不几于於陵仲子之为哉？"

王子垫问曰："士何事？"孟子曰："尚志。"

王子，乃齐王之子；垫，是名。

王子垫问于孟子说："天下之人，上自公、卿、大夫，下至农、工、商、贾，皆有当为之事。惟士居于其间，既无官守，又无生理，不知何所事乎？"孟子答说："士固未尝有事，然亦未尝无事。公、卿、大夫之事，既非士所得为；农、工、商、贾之事，又非士所屑为。士之事，在于尚志而已。居畎亩之中，而卓然以圣贤之学术自励；处韦布之贱，而毅然以帝王之事功自期。以之独善一身者此志，以之兼善天下者此志。高尚而不可屈，坚定而不可移。尚志，便是为士者之事也。岂得以无事而轻议之哉？"

曰："何谓尚志？"曰："仁义而已矣。杀一无罪，非仁也。非其有而取之，非义也。居恶在？仁是也。路恶在？义是也。居仁由义，大人之事备矣。"

王子垫又问说："人各有志，而士独能尚志，其志云何？"孟子答说："士之所志者，非功名富贵之谓也，惟仁义两端而已。这仁义之道，达而有为，则为事功；穷而有养，则为志向。士当未得位时，其心以为：情莫惨于诛戮；若杀一罪不应死之人，即损吾好生之德，而非仁矣，我得志弗为也。守莫严于取予；若取一分不应得之物，即伤吾廉洁之行，而非义矣，我得志弗为也。非仁无为，其心之所居安在乎？仁是也。盖仁以包涵万善，本为天下之广居。既安处乎此，则斯世斯民，视为一体，而自不忍于妄杀矣。非义无行，其身之所由安在乎？义是也。盖义以裁制众理，本为天下之正路。既率由乎此，则或取或予，必使合宜，而自不甘于苟得矣。居仁由义如此。是虽未得居大人之位也，而大人经纶天下之大业，不过此仁此义而已。今士有仁以居身，而大人仁育万民之规已立；有义以制行，而大人义正万民之具已存。使其得位行道，则经世宰物之事，取诸此而裕如矣。大人之体用，岂不全备而无遗乎？”此论士者，不必达视其所为，惟穷视其所养可也。昔孔子尚论“隐居以求志，行义以达道”，意正与此互相发也。

孟子曰：“仲子，不义与之齐国而弗受，人皆信之。是舍箪食豆羹之义也。人莫大焉亡亲戚、君臣、上下。以其小者，信其大者，奚可哉？”

仲子，即於陵陈仲子。

昔齐人皆称陈仲子为廉士。孟子因辩其非，说道：“君子观人，当论其大德而略其小节。试就陈仲子为人言之，非义不食，非义不居。推是心也，设使不义而与之齐国之大，彼亦将以为不义之富贵，辞之而不肯受。其廉介之操，真实而非矫诈；通国之人，无不信其为贤矣。自我看来，这千乘之国，若看得轻了，是也不难让，但只是舍箪食豆羹之义，小小廉洁之行而已，何关大节？人道之大，莫过于亲戚、君臣、上下，在天为伦纪，在人为纲常。凡生人之异于禽兽，中国之异于夷狄，独以其有此身耳。今仲子避兄离母，是无亲戚，而骨肉之情绝矣；不食君禄，是无君臣、上下，而事使之谊乖矣。其忘亲背理、洁身乱伦如此，是其大节已亏，虽有小善，不足赎矣。人乃从其不食不居，区区之小廉，而遂信其高出一世，为矫矫之大节，岂得为至当之论哉？”此制行者，必贵立人道之纲纪；而持论者，亦当定取人之权衡也。

桃应问曰：“舜为天子，皋陶为士，瞽瞍杀人，则如之何？”孟子曰：“执之而已矣。”

桃应，是孟子弟子。士，是掌刑狱的官。

桃应问于孟子说道:“天下之事,处常易而处变难。且如舜为天子,皋陶为士师,设使瞽瞍犯法而杀人,皋陶将如何以处之?吾恐舜虽爱父,不可以私恩害天下之公;皋陶虽执法,不可以刑辟加天子之父。情法两难之间,如何斯为善处之术也?”孟子答说:“法不行,不足以示信;法不执,不足以示公。今皋陶既为士师之官,则当守士师之法。使瞽瞍而杀人,推皋陶之心,惟知执法而已,岂知有天子之父哉?私天子之父,则废天下之公,皋陶必不然也。”

“然则舜不禁与?”曰:“夫舜恶得而禁之?夫有所受之也。”

桃应又问说:“皋陶固以执法为正矣。然舜为天子,生杀予夺之柄皆操于己者也,独可坐视瞽瞍之罹于法、而不禁皋陶之执其父与?”孟子说:“夫舜恶得以己意禁之乎?盖使法自我创,则禁自我行可也。今皋陶所执之法,乃原于天讨,而奉为无私之命;沿于先王,而守为不易之典:盖有所传受,而非可以私意出入者。舜虽有天子之命,安得而废天下之公哉?”

“然则舜如之何?”曰:“舜视弃天下,犹弃敝蹝也。窃负而逃,遵海滨而处,终身䜣然,乐而忘天下。”

蹝,是草鞋。

桃应又问说:“舜于瞽瞍,若禁皋陶之执法,势固有所不行;若听皋陶之执法,心必有所不忍。当此两难之时,又何以为曲全之术也?”孟子说:“舜,大孝人也。推其爱亲之心,但知有父而不知有天下,视弃天下之大,犹如弃敝蹝之轻也。其心以为:朝廷之上,不可以私而挠公;大海之涯,或可避难而远害。必且窃负瞽瞍而逃,遵循海滨而处,自屏于寂寞之乡,以为全亲之计;承颜顺志,不但苟免一时,将终身䜣然快乐,而忘其有天下矣。若然,既不枉士师之法,又不伤父子之恩,舜之心如此而已。”是可见人臣以执法为官守,即天子之父且不敢宥,而况其下者乎?人君以爱亲为天性,即天下之大且不敢顾,而况其小者乎?学者诚得虞舜、皋陶之用心,而引申触类以求之,则私恩公义,各得其宜,而天下无难处之事矣。

孟子自范之齐，望见齐王之子，喟然叹曰："居移气，养移体。大哉居乎！夫非尽人之子与！"

范，是齐邑，即今东昌府范县地方。

孟子尝自范邑往赴齐国，中途适遇齐王之子。望见其仪容气体大异于人，乃喟然叹说："人之气体本同，而居养各异。惟其居处在尊贵之地，则神气为所移易，而精采自觉其发扬；惟其奉养有丰厚之资，则形体为所移易，而容貌自觉其充盛。夫气体由于居养如此，居之所系，岂不甚大矣哉！彼王子者，其气体虽与人异，而禀气于父母，犹夫人也；其形体虽与人异，而受形于父母，犹夫人也。本其有生之初，都只是人子而已，岂其在齐民之中，另是父母所生，而自为一类乎？"

孟子曰："王子宫室、车马、衣服，多与人同。而王子若彼者，其居使之然也。况居天下之广居者乎？"

承上文说："凡人住居必有宫室，乘载必有车马，被服必有衣裳，此日用之常也。而王子之宫室、车马、衣服，虽与人美恶有异，然其所以自奉者，大要也只是这模样，其不同于人者几何？乃气体若彼其迥异者，特以其所居地位为国君之储贰，所居既尊，则所养自厚，其气体不求异于人，而自当与人不同耳。夫以王子所居，但只是势分之尊，犹能移人气象如此。况仁也者，统括四端，包涵万善，乃天下之广居也。使君子居之，其气象不尤异乎？吾知以之宅心，则心逸日休，而浩然之气自充塞于两间；以之居身，则身安德滋，而睟然之光自宣著于四体。岂但如王子，仅以气体而异乎人哉？"

"鲁君之宋，呼于垤泽之门。守者曰：'此非吾君也，何其声之似我君也？'此无他，居相似也。"

垤泽，是宋国城门的名。

孟子又说："吾谓居能移气，观之鲁君之事，又有可信者焉。昔者鲁君曾往宋国。当暮夜之时，城门已闭，鲁君亲自呼于垤泽之门。守门者说：'吾君无境外之事，不曾出城。此呼门者非吾君也，何其声音与我君相似也？'夫鲁君呼门，而守者疑其似宋君，此岂有他故哉？盖鲁、宋均千乘之国，二君皆诸侯之尊，惟地位之既同，故声气之相似，此守者所以不能无疑也。居能移气，此固其明征矣。彼王子之异于人，何足怪哉？然则君子居广居，而能涵养德性，变化气质，益可信其必然矣。”

孟子曰：“食而弗爱，豕交之也。爱而不敬，兽畜之也。”

孟子见当时诸侯好贤而无实，以致贤者多不乐就，乃警动之，说道：“人君待士，固不可无交际之文，尤不可无爱敬之实。诚知悦贤而不能养，无贵于悦也。而飨之以大烹，优之以厚禄，是知所以食之矣。既食之，即当知所爱之。使或食而弗爱，但有庖饩之惠，殊无亲厚之情，这就如豢犬豕的一般，徒能喂饲之而已。岂有贤士当交之以道者，而可交之如犬豕乎哉？知食而弗爱，非所以待贤。而联之以恩意，体之以腹心，是知所以爱之矣。既爱之，即当知所敬之。使或爱而弗敬，但有亲昵之意，而无礼貌之加，这就如畜禽兽的一般，徒能怜恤之而已。岂有贤士当接之以礼者，而可畜之若禽兽乎哉？”要之，人君待士，本无豕交兽畜之心，而爱敬少疏，斯不能无简贤弃礼之失。甚言食而不可不爱，爱而不可不敬也。

“恭敬者，币之未将者也。恭敬而无实，君子不可虚拘。”

将，是执奉。拘，是羁留。

承上文说：“人君待贤，食而不可不爱，爱而不可不敬矣。然所谓恭敬，岂徒币帛交错，止于备礼而已乎？盖恭敬虽因币帛而将，非因币帛而后有也。当币帛未陈之时，已先有此恭敬之念，恭敬之念存于中，而后币帛之礼将于外。是币帛者，礼之文；而恭敬者，乃礼之实也。设使徒以币帛为恭敬，修饰以繁文，而阔略于诚意，恭敬而无实，是亦豕交兽畜之类耳。君子仕于人国，视礼意之诚否以为去留者也。国君既无敬士之诚，则君子必当见几而作，岂能悬空名以羁留当世之贤士、设虚位以拘系天下之豪杰哉？”然则有志于留贤者，慎无使仪不及物可也。是时列国诸侯，惟知厚币以招士，而不知有待士之诚；士惟知币聘之为荣，殊不知有自重之节。故孟子警之如此。

孟子曰：“形、色，天性也。惟圣人然后可以践形。”

形，是形体，如耳目手足之类。色，是形体能运用处，如耳能听、目能视，手持、足行之类。践，是跟着道理行的意思。

孟子说："人之有生，气凝聚而为形，形运化而为色；有是形，即有是色，人皆以为形色具而即可以为人矣。然目视、耳听，必有聪明之彝；手持足行，必有恭重之则。推之起居言动，莫不各有自然之理存焉。是乃所以主宰乎形色，而为天精天粹之至性也。人惟不能尽其性，是以形体虽具，不过血肉之躯而已，未可谓之践形也。惟是圣人，气禀极其清明，物欲不能摇夺，乃能于天之所赋于我者，全尽而无亏；我之所受于天者，允蹈而无歉。时乎视听，则聪明之理能践焉；时乎持行，则恭重之理能践焉。以至起居言动，无不各尽其理。此所以耳目手足不为虚生，而四肢百骸皆有着落也。自非圣人，或心为形役，或性以习迁，不亏体而忝所生者，少矣。况能践形乎哉？所以说'惟圣人然后可以践形'。"欲尽人道者，不可不以圣人为法也。

齐宣王欲短丧。公孙丑曰："为期之丧，犹愈于已乎？"孟子曰："是犹或紾其兄之臂，子谓之'姑徐徐'云尔。亦教之孝弟而已矣。"

昔者，齐宣王以人子为父母持丧，必满三年，则太久；欲短少其年月，则废人子之情、悖先王之制甚矣。公孙丑不能力救其失，乃附会之，说："三年之丧不行已久。今若短而为期，一年便就除服，岂不还强似止而不行者乎？"是在齐王，固忍于薄亲；在公孙丑，亦轻于立论矣。孟子闻而责之，说："子之事亲，犹弟之事兄；亲丧不可短，犹兄之臂不可紾也。今王欲短丧，而子乃谓为期胜于已，是无异于人有捩转其兄之臂而缚之者，其不弟甚矣。子乃从容劝解说：'紾从你紾，不可太猛，姑且徐徐而紾可也。'夫弟之于兄，断无可紾之理，不争疾徐之间；紾固不可，徐徐而紾，亦岂可哉？子但当教之以孝弟之道，使知天性至亲、彝伦至重，则彼敬兄之念，惕然有感，自知兄之不可紾矣。然则王欲短丧，子惟当启以三年之爱、罔极之恩，则彼孝亲之念油然而生，自知丧之不可短矣。何可为期年之说，以蹈徐徐之弊哉？"

王子有其母死者，其傅为之请数月之丧。公孙丑曰："若此者，何如

也？”曰：“是欲终之而不可得也，虽加一日愈于已。谓夫莫之禁而弗为者也。”

公孙丑期丧之说，孟子既斥其非矣。此时适有齐王之子，其生母死，厭于嫡母，而不敢终其丧者。王子之傅，为请于王，欲使得行数月之丧。公孙丑因执此以问孟子说：“为期之丧，既曰不可。今王子乃请行数月之丧，数月之与期年，多寡则有间矣。若此者是耶？非耶？”孟子晓之说：“王子之请，与短丧之事不同。王子生母之丧，厭于嫡母之尊，情固无穷，而分则有限，虽欲终三年之丧，而不可得也。当此情为势屈之际，推王子报亲之心，虽加一日之丧，亦可以少尽人子一日之孝，犹胜于止而不加者，况于数月之久乎？此王子之请不容已也，乃其欲为而不能也。若我所责于齐王者，盖谓其势无所厭，分无所拘，情可自尽而不尽，事所得为而不为也，岂可与王子之事例论哉？盖王子欲伸其情于分之外，而齐王乃欲杀其情于制之中，此正无三年之爱于父母，而我所谓当教以孝弟之道者也。子又附其说以成之，非与于不仁之甚者哉？”

孟子曰：“君子之所以教者五。有如时雨化之者，有成德者，有达财者。”

时雨，是及时之雨。财字，与材字同。

孟子说：“君子教人之心，固欲人同归于善。但人品不同，时会各异，教之所被，有不能一律而齐者。其条目大约有五。有一等人，造诣既深，真积既久，所少者点化之功耳；君子迎其将得之机而启发之，由是触之即应，感之即通，怡然理顺，有不自觉其契悟之速者矣。譬如草木之生，栽培已至，即此时而得雨以润之，便畅茂条达而不可遏，这叫作如时雨化之者，此君子之一教也。其次养虽未充，而天资纯粹，德性可以渐磨；君子则因其德而造就之，节其过，引其不及，涵育熏陶，务有成全其德器，这叫作成德，此又君子之一教也。其次德虽未优，而天资明敏，才识可以扩充；君子则因其材而诱进之，矫其偏，使归于正，开导启迪，务有以疏通其未能，这叫作达材，此又君子之一教也。”

“有答问者，有私淑艾者。此五者，君子之所以教也。”

淑，是善。艾，是治。

承上文说："君子因人而施教，不但成德达材而已。又有一等人，师非专师，学非常学，偶因其一言之质正，一事之咨询，遂就其问而答之，以释其疑，以解其惑；此虽未至终日与言，而大叩则大应，小叩则小应，是亦训迪之所加矣，答问非君子之一教乎？又有一等人，居不同地，生不同时，但溯其觉人之余休，传世之余泽，私窃其善而师之，以饬其躬，以砥其行；此虽未尝及门受业，然或见而知之，或闻而知之，均一化诲之所及矣，私淑艾又非君子之一教乎？合此五者而观之，学者之材质虽殊，要皆有曲成之术；后生之遭逢虽异，无往非造就之仁，其为教一而已矣。所以说'此五者，君子之所以教也'。"盖圣贤之教人，如天地之生物，各因其材而笃焉。是以天地无弃物，圣贤无弃人，有世教之责者所宜深念也。

公孙丑曰："道则高矣美矣，宜若登天然，似不可及也。何不使彼为可几及而日孳孳也？"孟子曰："大匠不为拙工改废绳墨，羿不为拙射变其彀率。"

公孙丑苦于入道之难，因问于孟子说："道不可以无传，教当使人易入。乃若夫子之道，峻极而不可逾，纯粹而无可议，则诚高矣、美矣。学者非不欲勉强以求之也，然仰钻徒切，从入无阶，就如登天的一般，虽欲企而及之，势不能也。夫子何不别为卑近易行之法，使道之高妙者稍有持循之方，而学者得以孳孳焉用力以求至乎？"孟子晓之说："道有一定之体，教有一定之法，何可贬也？不观之曲艺乎？大匠教人以制器，工有巧拙，宜不必拘于成法矣。然绳墨者，制器一定之则也。大匠以此为教，众工以此为学，虽有拙工，大匠亦不能因其拙而废弃绳墨，别改为简便之法也。非不可改也，成法所在，不可得而改也。羿教人以射，射有巧拙，宜亦不拘于成法矣。然彀率者，射者一定之则也，羿不能舍此以教，弟子不能舍此以学。虽有拙射，羿亦不能因其拙而更易彀率，别变为迁就之术也。非不欲变也，成法所在，不可得而变也。夫大匠与羿，其教人尚有一定之法，况君子立教，又非曲艺所可比者，岂能废成法，而别为卑近之说以循人哉？"

“君子引而不发，跃如也。中道而立，能者从之。”

跃如，是踊跃，见于目前的模样。

承上文说：“由曲艺观之，教人者固皆有不易之法矣。然道虽不容少贬，而理则不容终藏。是以君子立教，但告以务学的方法，不告以得道的妙处。如教人以致知，使知此道而已，而知之精细的去处，则待其自悟，未尝轻示之也。教人以力行，使体此道而已，而行之纯熟的去处，则待其自化，未尝强聒之也。就如射者引弓至满而不发矢的一般，虽其至道之妙，不容以轻传，而上达之机，固已指示于言意之表，其所不发者，殆踊跃著见于吾前矣。夫引而不发，则斯道若隐而难知，而跃如之妙存焉，则其理固显而易见，非难非易，无过不及，昭昭然揭中正之矩以示人，特人不知所从耳。惟善学者，由其所引之端，究其不发之蕴，为能因言见道，灼然明向往之途；体道成身，确然敦践履之实。高不失之太过也，卑不失之不及也，而道之中立者，始于是乎有从入之地矣，岂以不可几及为患哉？”夫道一而已矣，自阻，则苦其登天之难；自勉，则契其跃如之妙，是在学之者，有力有不力耳。公孙丑乃欲贬道以循人，何其所见之谬乎！

孟子曰：“天下有道，以道殉身。天下无道，以身殉道。未闻以道殉乎人者也。”

以死随物，叫作殉。

孟子说：“君子一身，以道为体者也。身固不能离道，道亦不能离身，观其出处而可知矣。当夫明良交会，为天下有道之时，正吾身应运而出之候也。身既出，则道不容以或违，以身靖献于上，即以道而致其君也；以身表率于下，即以道而泽其民也。此道紧紧随身，盖身显而道与之俱显矣，肯负其行道之志乎？若明良不作，为天下无道之时，正吾道不可则止之日也。道既屈，则身不容以不退，上无以成正君之功，则卷怀以独善也；下无以究泽民之用，则敛德以自全也。此身紧紧随道，盖道隐而身与之俱隐矣，肯变其守身之节乎？夫以道殉身，以身殉道，是君子出处进退，无往而不与道俱也，此吾之所尝闻者也。若夫身显而道不能行，惟知枉道以求合；道屈而身不能隐，惟知希世以取容，此乃以道殉人，苟且以赴功名之会，一鄙夫患失之事、妾妇顺从之行而已，我实未之闻也。”当是时，列国策士驰骛于功利之场，惟知以身之显晦为欣戚，而不知以道之用舍为进退。孟子所以有感而为是言也。

公都子曰："滕更之在门也，若在所礼。而不答，何也？"孟子曰："挟贵而问，挟贤而问，挟长而问，挟有勋劳而问，挟故而问，皆所不答也。滕更有二焉。"

滕更，是滕君之弟。挟，是恃己骄人的意思。

公都子问于孟子说："滕更以国君之弟来学于夫子之门墙，若当在礼貌之中，而每有质问，夫子拒而不答，果何故哉？"孟子晓之说："学者之从师也，不贵执求教之礼，而贵有受教之诚。盖师也者，师其道也，不可以有挟也。若矜其爵位，挟贵而来问；矜其才能，挟贤而来问；或挟长而问，恃其年加于我；或挟有勋劳而问，恃其有功于我；又或挟故而问时，恃其有故旧于我。五者之中，但有一件，其求教之意便不诚笃，虽有所问，皆在所不答也。今滕更来学，而不免有挟贵、挟贤之意。挟此二者以骄其师，则不胜其满足之念矣。此我所以不答其问者，正欲矫其矜己骄人之失，而发其尊师重道之情也，岂为吝教乎哉？"夫滕更以国君之弟而有向道之心，其贵其贤，亦可嘉矣。孟子因其有挟而遂不答，可见位高不可耻于下问，贤智不可以之先人。惟虚己受教，斯可以来天下之善，集众思而广忠益矣。

孟子曰："于不可已而已者，无所不已。于所厚者薄，无所不薄也。其进锐者，其退速。"

孟子说："君子立身行己，固不可不用其心，亦不可过用其心。以处事言之，凡事有关于纲常，切于性分，此在所当为而不可已者也。若于此不可已者，顾止之而不为，则志怠于因循，气衰于鼓舞，其究必至于逡巡畏缩，视天下之事无一件可担当，而无所不可已矣，岂能有任事之力乎？以待人言之，凡人有情爱相属，分谊相维，此在所当厚而不可薄者也。若于此所当厚者，顾薄之而罔恤，则惇睦之意微，刻薄之私胜，其究必至于残忍少恩，视天下之人无一人可亲厚，而无所不可薄矣，岂复有胞与之情乎？以为学言之，功固有所当进，序亦在所当循。若志意太高，工夫太骤，其始非不勇猛锋锐，而气过激则易衰，力已竭而难继，奋发未几，而怠惰随之，其退必速矣，岂能望其成功于终乎？”夫是三者，颓靡自委者，固不足以有为；急遽无序者，亦同归于废弛。君子如欲有为于天下，岂可不惩其太过、不及之弊，而酌施为缓急之宜哉！

孟子曰：“君子之于物也，爱之而弗仁。于民也，仁之而弗亲。亲亲而仁民，仁民而爱物。”

孟子说：“人物之生，本同一气；而亲疏厚薄，分则悬殊。惟其分之殊，而用恩自不能无序矣。故其于物也，取之有时，用之有节；推其心，岂忍一物之失所乎？然但爱之而已，而未必有治教渐摩之泽，则爱之而弗仁也。其于民也，所欲与聚，所恶勿施；推其心，岂忍一夫之不获乎？然但仁之而已，而未必有天伦维系之恩，则仁之而弗亲也。夫仁而弗亲，非故靳其恩于民也；以民视亲，其亲疏自不同矣。君子隆一本之恩以亲其亲，而因推亲亲之念以仁其民，自不得以待吾亲者而概施之于民也。使于民亦亲之，则何以别于吾亲乎？此所以仁之而弗亲也。爱而弗仁，非故靳其恩于物也；以物视民，其贵贱则不同矣。君子扩民胞之度以仁其民，而因推仁民之心以爱乎物，自不得以爱吾民者而概施之于物也。使于物亦仁之，又何以别于吾民乎？此所以爱之而弗仁也。”夫亲亲、仁民、爱物，统而言之，则均谓之仁；分而言之，则各有其等。此君子之仁，所施虽甚博，而所操则甚约，惟其举此加彼，善推所为而已。世有以其所不爱及其所爱，恩及禽兽而功不至于百姓者，岂不悖哉！

孟子曰：“知者无不知也，当务之为急。仁者无不爱也，急亲贤之为务。尧、舜之知而不遍物，急先务也。尧、舜之仁不遍爱人，急亲贤也。”

孟子说：“人君之治天下，知以明理，仁以爱人，二者不可偏废。然有要焉，不可不知也。盖知者通达万变，于天下之事固无所不知。若事事而求其知，则不胜其劳，而事亦有所难治；惟于庶事纷纭之中，求其所当务者，如关治道之大体，系民生之切务，惟以此为急，而励精以图之，则弘纲既举，细目自张，凡众务之杂陈于前者，自然次第举行，而事无不治矣。其为知也，不亦大乎！仁者包含遍覆，于天下之人固无所不爱。然人人而用其爱，则不胜其烦，而爱亦有所难周；惟于众人泛爱之中，求其人之贤者，如德可以正君而善俗，才可以修政而立事，惟以此为急，而虚己以亲之，则众贤在位，庶事自理，凡群黎之待惠于我者，自然德泽旁流，而爱无不洽矣。其为仁也，不亦博乎！果何以征之？尝观诸尧、舜矣。若钦明，若濬哲，古今称大知者，至尧、舜而极。然岂能物物而遍知之哉？其所急者，亦惟先务是图，如授人时、治洪水、齐七政、辑五瑞之类是已；此外一日万机，虽未尝不加之意，而政教之大纲不与存焉，即尧、舜之智，亦有所不暇图耳，况智不如尧、舜者乎？曰如天，曰好生，古今称至仁者，亦至尧、舜而极。然岂能人人而遍爱之哉？其所急者，亦惟亲贤是务，如尧以不得舜为己忧，舜以不得禹、皋陶为己忧是已；此外百工庶职，虽未尝不加之意，而赞襄之重寄不与存焉，即尧、舜之仁，亦有所不暇及耳，况仁不如尧、舜者乎？”欲知仁智之要务，诚不可以尧、舜为法矣。

“不能三年之丧，而缌、小功之察；放饭流歠，而问无齿决：是之谓不知务。”

察，是详审。放饭，是纵意吃饭。流歠，是长饮无节。齿决，是以齿啮断干肉。

承上文说：“观尧、舜之所急，则知仁知各有所当务矣。乃若知不急先务，仁不急亲贤，而惟琐细之事是图。譬之丧服，三年之丧是重服，缌麻三月、小功五月是轻服；制服者谨其重而后及其轻，可也。乃今于父母重丧不能自尽，却于缌麻小功之服，讨论之必详焉。又譬之饮食，放饭长饮是大不敬，齿决干肉是小不敬；饮食者慎其大而后及其小，可也。乃今于放饭流歠之大过不知自检，却于干肉无齿决之礼，讲求而不置焉。若此者，察察为明，虽若详于细微之事；而惛惛莫辨，实则昧于缓急之宜。舍重而图轻，得小而忘大，真乃不知务之人矣。仁知不知所务，何以异此？”此尧、舜智不遍物而知，而光被四表；仁不遍物而爱，而泽及群生，惟其知务故也。人主欲识为治之大体，宜于此留意焉。

卷十四

尽心下

孟子曰："不仁哉，梁惠王也！仁者以其所爱，及其所不爱。不仁者，以其所不爱，及其所爱。"

孟子说："天地以生物为心；而人君奉天子民，固当以好生为德。乃若残忍少恩，不仁哉！其梁惠王乎？盖仁者之心，主于爱人，故其用爱无所不至，亲其亲矣，而又推亲亲之心以仁民；仁其民矣，而又推仁民之心以爱物。笃近以举远，由亲以逮疏，充其一念恻怛之良，必至于无所不爱而后已，这是以其所爱及其所不爱也。不仁之人，偏于惨刻，故其惨刻亦无所不至，暴殄百物未已也，而害且移之百姓；毒痡百姓未已也，而害且移之至亲。薄者薄矣，而厚者亦薄；疏者疏矣，而亲者亦疏。充其一念忿戾之私，必至于众叛亲离而后已，这是以其所不爱及其所爱也。今惠王所为若此，安能免于不仁之祸哉？"

公孙丑问曰："何谓也？""梁惠王以土地之故，糜烂其民而战之，大败；将复之，恐不能胜，故驱其所爱子弟以殉之。是之谓以其所不爱及其所爱也。"

糜烂，是血肉溃烂。

公孙丑问说："夫子讥梁惠王为不仁，谓其'以所不爱及其所爱'，此何说也？"孟子答说："人君以土地视民，则所重在民，而土地为轻；以民视子弟，则所厚在子弟，而民为薄：此差等之较然也。今惠王始初以土地之故，争地以战，则驱无辜之民毙于锋镝之下，使之肝脑涂地，而遭糜烂之殃；既也以大败之故，欲复战而恐不能胜，则驱所爱之子弟殉于行陈之间，使之身先士卒，而冒死亡之患。是其因土地而荼毒生灵，既播其恶于众；因生灵而贻祸骨肉，又割其爱于亲，此之谓'以其所不爱及其所爱'也。残忍如是，非不仁而何哉？"是时列国务于战争，轻人命如草菅，不止梁惠王为然。孟子举其不仁之甚者以示戒也。

孟子曰:“《春秋》无义战,彼善于此,则有之矣。征者上伐下也,敌国不相征也。”

这是孟子追论春秋诸侯无王之罪,以警戒当时的意思。

说道:“大凡征伐之举,必天子出命以讨罪,诸侯承命以行师,方可谓之义战也。若《春秋》之书,所载战伐之事固非一端,然或书名以示贬,或书人以示讥,无有一件以为合义而许之者。但就中容有假尊王之名、窃攘夷之号,兴兵致讨,为彼善于此者,如召陵之师,责包茅之不贡;城濮之役,遏荆楚之侵陵,此类是也。然此特比于叛义悖理之举为少优耳,何尝足以为尽善乎?彼其所以无义战者,何也?盖征者,以上伐下之名,惟天子得而专之也。若同为诸侯,势均力敌,不相上下,这叫作敌国。敌国之中,如有强侵弱、众暴寡者,当上告天子,听命诛讨,无有相征伐之理;使敌国相征,则为擅兴师旅而无王矣。今春秋之时,皆敌国相征,非有以上伐下之权;犯义干纪,乃王者之罪人也,安得有义战乎?宜孔子之致严于书法也。”

孟子曰:“尽信《书》,则不如无《书》。吾于《武成》,取二三策而已矣。仁人无敌于天下。以至仁伐至不仁,而何其血之流杵也?”

《武成》,是《周书》篇名。策,是竹简。流,是漂流。杵,是舂米的杵子。

孟子见当时好杀之君,多藉口于武王伐纣之事以自解,故辩之,说道:“《书》以纪事为义,本欲传信于天下后世者也;然亦有事掩于书词、词浮于实事而不可尽信者。学者惟识其大义足矣,若但执过甚之言,而皆信为必然之事,不惟无以明圣贤之心,且适滋后人之惑矣。岂如无《书》之为愈哉?何以见《书》之不可尽信也?彼《武成》一书,乃武王伐纣既归,而史官作以纪事者也。其简篇固为甚多,吾于其间,仅取其所称奉天伐暴、反政施仁之二三策而已矣;自此之外,如所谓血流漂杵之一言,以理断之,仁人之师,上奉天讨,下顺民心,天下自然莫与之敌;今以武王之至仁,伐纣之至不仁,必有兵不血刃而人自归附者,何致与商纣师徒为敌，至使血流漂杵，若是之惨酷乎？即此推之，《武成》之不可尽信也，明矣。今乃有指古训以逞其杀戮之心，如时君世主之为，非惟得罪于天下，实得罪于武王也。”

孟子曰：“有人曰，‘我善为陈，我善为战。’大罪也。国君好仁，天下无敌焉。南面而征，北狄怨；东面而征，西夷怨。曰：‘奚为后我？’”

孟子见当时之臣，务导君以战伐之事，故警戒之，说道：“兵凶战危，本非国家之利也。如有人自夸其能说：‘我善为陈，而整饬行伍；我善为战，而决胜交锋。’斯人也，上不顾国家之安危，而惟引君于贪忿；下不恤生民之利害，而惟陷人于死亡，乃负天下之大罪，不容于有道之世者也。夫善战善陈，不过一人之敌而已；诚使国君好仁而不嗜杀人，以宽代虐，以治易乱，则天下之民皆将望之以为君，而人自无与为敌者矣，奚用此善陈善战之臣为乎？我尝有感于商、周之事矣。昔成汤征葛伯也，南面而征，则北狄怨；东面而征，则西夷怨，都相顾而说：‘我等四方之人，均一憔悴于虐政者也。汤兴吊民伐罪之师，何不先来救我，以苏重困，而使我独后于他人乎？’夫以成汤之师一出，而人心冀望如此，谁敢抗之者哉？好仁无敌，此正其一验矣。”

“武王之伐殷也，革车三百两，虎贲三千人。王曰：‘无畏！宁尔也，非敌百姓也。’若崩厥角稽首。”

革车，是兵车。虎贲，是勇士。若崩厥角，是叩头至地，如兽角崩坠有声一般。

承上说：“昔武王伐殷纣也，革车止三百辆，而车马未见其盛；虎贲止三千人，而士卒未见其多，宜乎其易敌矣。然观武王入殷之初，与商民说：‘尔等不必畏惧。我今伐纣，为他恣行暴虐，使尔等困苦不堪，故来安宁尔等，非与百姓为仇敌也。’商民闻之，欢欣感激，都来武王面前，稽首至地，就如兽角崩坠一般。夫王言一布，而人心倾服如此，又谁敢抗之者哉？好仁无敌，此又其一验矣。”

“征之为言正也，各欲正己也，焉用战？”

承上文说:“所谓仁人无敌于天下者,其故何哉?盖征之为言,以己之正而正人之不正者也。如葛伯无道,成汤则以大义正之;商纣不仁,武王则以大义正之。于时百姓为暴君所虐,苦不聊生,方欲仁人以仁义之师来正己之国也,故未至而望若云霓,既至而喜若时雨,如四夷之延颈以待、商民之稽首以迎,有不俟兵威之加而自服矣,焉用战为乎?”然则人臣不以汤、武望其君,而但以战陈之事邀功启衅,使上下均被其殃,其罪真不容于死矣。用人者,可不以之为鉴也哉!

孟子曰:“梓匠轮舆,能与人规矩,不能使人巧。”

孟子说:“君子设教以觉人,有可以言传者,有不可以言传者,在学者之自得而已。不观诸曲艺乎?彼木工有梓匠,车工有轮舆,其教人之法,但能与之以规,曰:‘如此而为员。’与之以矩,曰:‘如此而为方。’循其一定之制,导之使从,这是其可能者也。若由规矩而熟之,不疾不徐,不甘不苦,机发于心,而妙应于手,乃所谓巧也。斯则不泥于成法之中,而又不出于成法之外,师不得以言而传于弟子,弟子不得以言而受于师,惟在人之自悟何如耳,安能以此而教人哉?然则圣贤之道,下学可以言传,即规矩之谓也。上达必由心悟,即巧之谓也。学者要当会道于心,以俟其自得之机;岂可求道于言,而疑其有不传之秘哉?”

孟子曰:“舜之饭糗茹草也,若将终身焉。及其为天子也,被袗衣,鼓琴,二女果,若固有之。”

糗,是干饭。袗衣,是彩妆锦绣之衣。二女,即尧女娥皇、女英。果,是侍侧。

孟子说:“常人之情,处贫贱则多慕于外,处富贵则易动于中。惟是大舜,方其隐于侧微之日,所饭者干糗,而粗粝不堪;所茹者野蔬,而虀盐不足:其贫贱极矣。舜之心,乃不以此为忧,而安于所遇,若将守穷约以终身焉,非惟不冀未来之富贵,且忘见前之贫贱矣。及其升于帝位之时,被五章之服,而有黼衮以华其躬;鼓五弦之琴,而有音乐以适其性,且侍之以尧之二女,而内助又得其人:其富贵极矣。舜之心,亦不以此为喜,而视之欿然,若己所固有而无与焉,非惟不追已往之贫贱,且忘见在之富贵矣。穷达之遇不同，而圣心之天常泰。此正所谓大行不能加，穷居不能损者也。非有得于性分之理，恶能不移于外物之感哉？”

孟子曰：“吾今而后知杀人亲之重也。杀人之父，人亦杀其父。杀人之兄，人亦杀其兄。然则非自杀之也，一间耳。”

孟子见当时列国仇杀无已，有感而说：“我以前但知杀人之亲为不可，而不知其祸之甚重也；自今而后，乃知杀人亲之重矣。何也？夫亲莫大于父兄。人之有父兄，犹我之有父兄也。今人但知杀人之父兄，便以为快；不知天道有好还之理，人情无不报之仇，杀人之父，人亦必杀其父；杀人之兄，人亦必杀其兄。然则初心本非忍于自杀其父兄也，此往彼来，其中特间一人耳，其实与手刃父兄者何以异乎？”夫始于戕人之亲，而终于自戕其亲，为人子弟者，当惕然省矣。苟能反而观之，则爱人之亲者，人必爱其亲；敬人之亲者，人必敬其亲，其理不可以例推也哉？

孟子曰：“古之为关也，将以御暴。今之为关也，将以为暴。”

关，即今各处钞关。

孟子说：“事有在古为良法，而在今为弊政者。不特大者为然，即关市亦有可见者矣。何也？古之为关者，重门击柝，以时启闭。故有异言者则讥察之，有异服者则讥察之，将以御止暴客、警备非常而已，初未尝征其税而为暴也。今之为关者，讥防不谨，而税课是图，商货之出必有征，商货之入必有征；古人御暴之处，适为今人行暴之资而已。如此，安望行旅有即次之安、商贾怀出途之愿乎？”即是推之，凡以私而坏公、因利而害义者，将不止于关市之一事矣。世道不重可慨哉！

孟子曰：“身不行道，不行于妻子。使人不以道，不能行于妻子。”

孟子说：“斯道本通于人己之间，以此行己，以此率人，皆未有能外是道者也。如使身不行道，纲常未立，伦纪弗修，则己既不正，焉能正人？虽妻子至近，欲责使妻尽妻道、子尽子道，亦将导之而不化矣，况其远者乎！如使人不以道，工作非时，奔走无节，则己所不愿，焉能强人？虽妻子至亲，欲责使妻供夫命、子供父命，亦将驱之而不从矣，况其疏者乎？然则欲道之即行、令之即从，无他，惟在本诸身者皆合于道而已。诚合于道，虽家邦可达，蛮貊可行，而奚有于妻子之率从哉？”

孟子曰：“周于利者，凶年不能杀。周于德者，邪世不能乱。”

孟子说：“君子处世非难，自处为难。盖世之邪正系乎人，而德之修否存乎我也。故人之为生，有遭凶荒而饥死者，由于利之不足耳；苟使家有余资，廪有余粟，财货如此充盈，虽当凶荒之年，可无匮乏之患，必不致饥饿转徙，而罹死亡之祸矣：是周于利者之足以自赡如此。人之修身，有当邪世而摇乱者，由于德之不足耳；苟使仁义备诸己，道德积诸躬，将见识趣高明，持守凝定，虽当淫诐之世，亦有贞固之操，必不致改其素行，而从邪慝之俗矣：是周于德者之足以自立如此。”然君子不幸而遭邪世，又非徒卓然自守、能立于风靡波流之际为可贵也；必将拨乱反正，以抒其素所蓄积而后已。是世道且待我以易，而人心不至于陷溺者也。若止于硁硁自全，以独善其身，则斯世终何赖乎？此又孟氏未发之意也。

孟子曰：“好名之人能让千乘之国。苟非其人，箪食豆羹见于色。”

孟子说：“观人者，不当据其迹，而当察其心；不徒徇其名，而当考其实。彼让，人之所难能也；以千乘之国让人，尤人之所难能也。然有一等好名之人，心在于窃虚声，则虽千乘之国，可以取于人也，亦将辞之而不居；心在于猎美誉，则虽千乘之国，未可以与人也，亦将委之而不吝。若此者，非真能轻视富贵、而忘得失之念也，不过矫情饰貌，而干廉让之名耳。这等干名的人，原其诈伪之心，若将以人为可欺，而本无能让之实，则其真情固难掩。盖真能让国的人，表里一致，始终一节，自然没有破绽处。苟非其人，虽能让千乘之大国，而于一箪之食、一豆之羹这样的小节，得之则喜，失之则怒，反不觉其计较之念见于颜色之间矣。是非能舍于大而不能舍于小也，前日之让国，为名誉所强也，故不胜其矫饰之私；今日之动色，乃真情所发也，故难掩于轻忽之际。”此观人者，当察其心，而不可轻信其迹；当考其实，而不徒徇其名也。

孟子曰：“不信仁贤，则国空虚。无礼义，则上下乱。无政事，则财用不足。”

孟子说：“为国之道固多端，而致治之要有三事，是在人君知所重而急图之耳。今夫国之所恃以光重者，以有仁贤为之辅也；苟信任弗专，而存一猜疑之心，或外亲而内疏，或始合而终间，则贤者皆隳志解体，望望以去，而朝廷之上无复有所倚赖矣，国其有不空虚者乎？国之所恃以纲维者，以有礼义为之防也；苟纵肆弗检，而自坏中正之制，则名分无以辨，民志无以定，将上逼下僭，日入于悖乱，而终莫之救矣，国其有不乱者乎？国之所恃以充裕者，以有政事为之具也；苟废坠弗修，而全无经理之方，则其源无以开，其流无以节，将民贫国耗，日忧于匮乏，而终莫之赡矣，财用其有能足者乎？”夫论治法，固三者均重；而论治人，惟仁贤为先。人君诚能取仁为辅，任贤勿贰，则礼义由之以出，政事由之以立，而盛治可必臻矣，尚何乱与不足之足患哉？

孟子曰：“不仁而得国者有之矣。不仁而得天下者，未之有也。”

孟子说：“天下虽有适然之数，终不能胜必然之理。且如不仁之人，本不可以得国也，然或遘昏庸之会，逞私智之巧，上以力而胁其君，下以术而愚其民，则以一夫之身而盗千乘之国者，容有之矣，如田恒之于齐、三卿之于晋是也。若以不仁而得天下者，吾恐四海若是之广，兆民若是之众，欲以力制之，而至柔者不可以威屈；欲以术愚之，而至神者不可以计欺。求其能成混一之举，而遂侥幸之图者，自古以来，未之有也。其必如三代之仁，而后可望天下之归耳。”盖天命之不可妄干、神器之不可虚据如此。

孟子曰：“民为贵，社稷次之，君为轻。”

孟子说：“大凡国之所恃以立者有三：曰民，曰社稷，曰君。人皆知君为尊，社稷为重，而不知民之所系更甚切也。以我言之，民虽至微，然民为邦本，本固邦宁；虽无可尊之势，而有可畏之形，民其至贵者也。社稷虽系一国之镇，然民以土为供，而报祀为民生而报也；民以食为天，而祈谷为民命而祈也，不可与民而并论矣，所以说社稷次之。至于君，虽为神人之共主，然临抚兆庶，皆由于民心之爱戴也；保守疆土，皆由于社稷之安宁也，又不可与二者而并论矣，所以说君为轻。”夫君、民、社稷轻重之等有如此。为人君者，可不以民、社为重，而日兢兢以计安之乎？

“是故得乎丘民而为天子，得乎天子为诸侯，得乎诸侯为大夫。”

丘民，是田野间小民。

承上文说：“吾所谓民为贵者，何以见之？盖田野小民，其势则微，其分则贱，若无足畏，然其心未可以易得也。若使能得丘民之心，群黎百姓，无不心悦诚服，则民心之所归，即天意之所向，可以履帝位而为天子矣。若夫天子虽至尊贵，然得天子之心，而为天子所宠遇，不过得为五等之诸侯而已，岂能比得于丘民之心者哉？诸侯虽亦尊贵，然得诸侯之心，而为诸侯所信任，则不过得为三命之大夫而已，又岂能比于得丘民之心者哉？夫以得天子、诸侯之心，犹不若得丘民之心，是可见民心之向背，所关为最重也。吾谓民为贵者，盖有见于此耳。”

“诸侯危社稷，则变置。牺牲既成，粢盛既洁，祭祀以时，然而旱干水溢，则变置社稷。”

承上文说：“吾谓君轻于社稷者为何？盖诸侯之立，所以主社稷也。苟或诸侯淫佚无道，致敌国之侵陵，而动摇其社稷，则当变易君位，更置贤者以主之，而人君不能有常尊矣。君位之存亡，系于社稷之安危，是可见社稷为重、君为轻也。吾谓社稷轻于民者为何？盖社稷之立，所以佑民生也。苟牺牲既成，粢盛既洁，克备其享献之物，春焉而祈，秋焉而报，不愆其祭祀之期，君不失礼于神，神宜造福于民也；乃不能御灾捍患，或恒旸而旱干，或淫潦而水溢，则当毁其坛壝，更易其地以祀之，而社稷不能有常享矣。社稷之更置，系于生民之利害，是可见社稷虽重于君、而轻于民也。合而观之，国以民为贵，不益可见乎？”尝考《书经》有云：“天子作民父母，以为天下王。”则知君为最贵。孟子乃谓“民贵于社稷，君为轻”者，何也？盖《书》之言，所以示万世之为臣者，不可不知君道之尊；孟子之言，所以示万世之为君者，不可不知民、社之重。知民、社之重，而兢业以图存，乃所以自成其尊也。

孟子曰:“圣人,百世之师也,伯夷、柳下惠是也。故闻伯夷之风者,顽夫廉,懦夫有立志;闻柳下惠之风者,薄夫敦,鄙夫宽。奋乎百世之上。百世之下,闻者莫不兴起也。非圣人而能若是乎?而况于亲炙之者乎?”

亲炙,是亲近熏炙。

孟子说:“行造其极之谓圣人。既谓之圣人,不但可为法于当时,虽自一世递至百世,犹可以师表于无穷也。所谓百世之师,谁足以当之?伯夷、柳下惠者,是其人也。盖伯夷虽往,而清操如在,故今闻其风者,即愚顽之夫亦变而有知觉,怯懦之夫亦变而有立志,无不以其清为师者也。柳下惠虽往,而和德如存,故今闻其风者,即偷薄之夫亦变而为敦厚,粗鄙之夫亦变而为宽大,无不以其和为师者也。夫以伯夷、柳下惠振起于百世之上,时不为不久,而清风和气,能使百世之下闻者莫不感发而兴起,此岂可以幸致哉?盖伯夷,圣之清;柳下惠,圣之和。其德既已造于圣人地位,所以能师表百世而感人于无穷也。自非圣人,求其感人于当时且不可得,而况能感人于百世之下乎?以百世之下,犹尚感发如此,况幸而生当其时,亲炙其清和之范,日囿于熏陶之中,其渐磨变化,将不知当何如者,岂但闻风而兴起乎哉?此所以称为百世之师也。”学者欲有闻于世,而垂模范于后人,可不以圣人为法乎?

孟子曰:“仁也者,人也。合而言之,道也。”

孟子说:“天下之理,存之于心则为仁,措之于事则为道,而要之皆切于吾人之身者也。故人皆知吾性之有仁矣,而不知仁非他也,在天为生物之心,在人为有生之理,乃即人之所以为人者也。盖人有是形,必有所以纲维是形者,仁是也;非仁,则形骸虽具,不过有是血肉之躯而已。人有是气,必有所以主宰是气者,仁是也;非仁,则气体徒充,是亦蠢然之物而已。所以说仁也者,人也;求仁于人之外,不可也。然仁,理也;人,物也。单说人,则物固无所恃以立;若单说仁,则理亦无所恃以行。惟是以仁之理,合于人之身,性依形以附丽,而率性之动始彰;气载理以推行,而践履之能始著。大而天常人纪,小而日用事为,坦然为天下古今共由之道,即此而在矣,道岂非合仁与人而为言者哉?”夫有此人,即有此仁,则仁固非由于外至;而体此仁即成此道,则道亦不可以远求矣。世之外心以求仁、外身以求道者，岂不惑哉？

孟子曰：“孔子之去鲁，曰：‘迟迟吾行也。’去父母国之道也。去齐，接淅而行，去他国之道也。”

孟子说：“君子当去国之日，固以洁身为贵，尤以合道为难。昔者孔子仕鲁，不合，尝去鲁矣。其去鲁也，自言说：‘迟迟吾之行也。’殆有去而不忍遽去者焉。夫义不可留，即当勇退；乃迟迟其行者，非濡滞也，盖鲁为父母之国，以恩为主者也。若一不合而急遽以去，其如显君相之失何？故宁过于缓，无过于急，用意忠厚，去父母国之道当然也。及其仕齐，不合，亦尝去齐矣。其去齐也，炊不待熟，以手承水取米而行，时刻不少停焉。夫义不可留，固所当去；乃不俟终日，非急迫也，盖齐为他国，以义为主者也。若义不合而迁延不去，其如失自重之道何？故宁过于急，无过于缓，见几明决，去他国之道当然也。夫孔子之去国，迟速各适其宜如此。此所以为时中之圣，而非一节之士可及也。”

孟子曰：“君子之戹于陈、蔡之间，无上下之交也。”

君子，指孔子说。戹字，与厄字同，是困穷的意思。

孟子说：“孔子大圣，抱道终身，宜乎行无不得，何至困穷？然当时辙环天下，至陈、蔡二小国之间，乃绝粮七日，从者病，莫能兴，其厄甚矣！何以至此？盖君子处世，上而君用之，则其交在上；下而臣荐之，则其交在下。惟有上下之交，故无困厄。当时陈、蔡二国，上不知孔子，而无能用之君；下不知孔子，而无能荐之臣。上下无交，是以道不行，而不免于厄耳。此于孔子之道固无所损，而陈、蔡二国之君，既不能举，又不能养，使饥饿于我土地，其简贤弃礼、不足与有为，可知矣。”

貉稽曰：“稽大不理于口。”孟子曰：“无伤也。士憎兹多口。《诗》云：‘忧心悄悄，愠于群小。’孔子也。‘肆不殄厥愠，亦不陨厥问。’文王也。”

貉稽，是人姓名。理，是赖。憎字，当作增字，是增益的意思。悄悄，是忧患的模样。愠，是怒。肆，是发语辞。陨，是坠。问，是声誉。

昔貉稽问于孟子说：“人之誉望显扬，本赖于众口；今稽每遭人之讪谤，是于众口甚无所利赖也，奈何？”盖未免有尤人之意，而不知自反。故孟子答说：“毁誉由人不可必，修为在我所当尽。虽为众口所讪，何伤乎？夫为士者，仁修而不能保其谤之不兴，德高而不能必其毁之不来，较之常人，众口之讪愈益多耳。试把自古两个圣人增兹多口的来说。孔子，圣人也。然在当时，上下无交，谗毁时有，或讥其栖栖为佞，或笑其累累无依；沮于晏婴，毁于武叔，且不免见愠，而重为世道忧。那《邶风》上说‘忧心悄悄，愠于群小’，此孔子之谓也。文王，圣人也。然在当时，蒙难正志，明夷利贞，或高忌其文明，或卑訾其柔顺；谮于崇侯，拘于羑里，亦不免见愠，而终不足为圣德累。那《绵雅》上说‘肆不殄厥愠，亦不陨厥问’，此文王之谓也。夫以文王、孔子之圣，而多口且如此，况其下者乎？由是观之，人患不能为孔子、文王耳；群小之可忧，愠怒之不殄，固无伤也。子亦求尽其在我者而已，何以不理于口为病哉？”

孟子曰：“贤者以其昭昭，使人昭昭。今以其昏昏，使人昭昭。”

昭昭，是明。昏昏，是暗。

孟子说：“自古圣贤之治，如《尧典》‘克明峻德’，而推之以‘亲睦九族’‘平章百姓’‘协和万邦’；《大学》‘自明明德’，而推之以‘齐家’‘治国’‘平天下’：由己及人，自内达外，都有个本原。故贤者欲求于天下，必先求于身，省察克治，在我之明德既明，然后有法制、禁令，以使家、国、天下之人，同归于明德：这便是‘以其昭昭，使人昭昭’。今之为治者则不然，不求诸身而求诸天下，未能省察克治以自明其德，而乃以法制、禁令责人；以其身之所无，欲使亲睦于家、平章于国、协和于天下，必无是理也。这便是‘以其昏昏，使人昭昭’。”夫有诸己，而后求诸人，是以躬行率之，贤者之治所以不令而从也。暗于己，而求明于人，是以刑政驱之，今之治所以虽令不从也。然则有治人之责者，可不先于自治乎！

孟子谓高子曰：“山径之蹊，间介然用之而成路。为间不用，则茅塞之矣。今茅塞子之心矣。”

径，是小路。蹊，是人行处。介然，是倏然之顷。用，是由。路，是大路。为间，是少顷。

高子虽游于孟子之门，而用心不专。孟子恐其不足以入道，故教之说:“理义之在人心，若大路然，本无障蔽然，然要在学者时时省察，不使一息间断，则良心方长为我有。不观山径之蹊乎？山中小径可容人迹之处，本非大路，若使倏忽之顷，往过来续，由之者不息，则向之小路从新开辟，可以成荡荡平平之大路矣；及其既成路之后，使少顷之间，人迹罕至，由之者不继，则茅草乘间而生，将前路都阻塞了，反不如小路之可行矣。夫此一山径之蹊，介然共由，则成路甚易；为间不用，则阻塞不难。可见理义即人心之大路，物欲即人心之茅草，存亡出入之机，亦只在一念须臾之际，不可不慎也。今子本心未尝不明，向道亦非无路，但存养未几，而放失继之，聪明为耳目所蔽，湛一为攻取所乘，就如茅草之塞路一般。路以茅塞，或有他径可由；心以茅塞，将一物无所见、一步不可行矣，可不知所儆惕哉？”孟子此言，不独为高子而发，实古帝王危微精一之旨，理乱得失之机。后之有天下者，能时时讲明学问，以培养此心；亲近君子，以维持此心，庶可免于茅塞，而所行皆正路耳。

高子曰:“禹之声，尚文王之声。”孟子曰:“何以言之？”曰:“以追蠡。”曰:“是奚足哉？城门之轨，两马之力与？”

声，是音乐。尚，是高出的意思。追，是钟纽。蠡，是啮木虫；钟钮将绝，有似为虫所啮的模样，故叫蠡。轨，是车辙迹。

高子问于孟子说:“先圣王如夏禹、周文王所作之乐，虽一般是治世之声，然自今日观之，禹之声比文王之声，似高出于上而不可几及者。”孟子诘之说:“子以禹之声过于文王，果何所据而云然？”高子答说:“乐之优劣，视人用之多寡何如耳。吾观禹之钟纽，如虫啮而欲绝，此必爱慕其音而用之者多，故至于此。若文王之乐则不然，即便见他不及禹处，吾言非无所据也。”孟子乃晓之说:“我只道子有独得之见闻，所以能为出奇之议论。若止据追蠡之迹，是奚足以知圣乐哉？试以车辙言之。城门车辙之迹独深于城中，子之所明知也。然城门之轨，岂是一车两马之力遂能使其独深乎哉？盖城中之途，车可散行，故其辙迹浅；城门惟容一车，众车莫不由之，岁月既久，往来者众，而车辙之迹不求深而自深也。然则禹之乐作于千余年之前，虽不多用而纽自敝；文王之乐作于千余年之后，虽多用而器犹新。盖时之先后不同，正犹车辙之浅深以地之广狭为异耳，岂有所优劣于其间哉？”夫闻乐可以知德。圣人本无不盛，高子未知圣人之德，宜乎不能观乐之深矣。

齐饥。陈臻曰：“国人皆以夫子将复为发棠，殆不可复。”孟子曰：“是为冯妇也。晋人有冯妇者，善搏虎，卒为善士。则之野，有众逐虎。虎负嵎，莫之敢撄。望见冯妇，趋而迎之。冯妇攘臂下车，众皆悦之。其为士者笑之。”

搏，是徒手搏击。之野，是适野。负，是依。嵎，是山曲。撄，是触。

初，孟子居齐时，适值岁饥。孟子劝王发棠邑之仓以赈民矣。至此又饥，国人复有发棠之望。陈臻乃问于孟子说：“齐国之人，向因夫子一言，得蒙赈济之恩。今岁复告饥，民间就以发棠之请当了故事，指望夫子再为之言。由臻观之，国人之属望虽殷，君子之自处当重，殆似不可复请也。”孟子答说：“这是齐王的恩泽，我只可偶一言之。若要国人欢喜，重复进言，是为冯妇之所为而已。昔晋人有冯妇者，善能徒手搏虎；既而悔其所为之非正，能痛改前业，卒为善士，似可为善变矣。忽一日，行至野中，见众人赶逐一虎，虎急而依负山曲，据险自固，众人遂无敢撄触其怒者。正忙乱间，望见了冯妇，是惯能搏虎之人，喜其可恃，相与趋走而迎之。冯妇此时若改悔之意果坚，便当绝谢众人，去而不顾矣。乃不觉故态复形，自车中攘臂而下，急欲逞技于众人之前。那众人每感他为己而下车，见他遇虎而不惧，谁不喜悦？殊不知旁观众人，若读书知礼义而为士者，方笑其为善不终、可止而不知止矣。使我今日复请发棠，虽可以慰齐人之望，安知为士者不以我为冯妇乎？”盖是时齐王已不能用孟子，孟子亦将去齐，故其所言如此。使果君臣合道，谏行言听，则发棠本救民之事，何难再请而自比于冯妇也？

孟子曰：“口之于味也，目之于色也，耳之于声也，鼻之于臭也，四肢之于安佚也，性也。有命焉，君子不谓性也。”

孟子说："世之人谁不知有性命，但君子之言性命，偏与众人相反。众人言性，则于情欲一边，皆认之为本体，而务求必得；众人言命，则于道理一边，皆归之于气数，而不肯用功。若君子则异是焉。且如口、目、耳、鼻、四肢，是五者，乃人所具之形体也，夫既各有所司，则亦各有所嗜。口之于滋味，目之于彩色，耳之于音声，鼻之于香臭，四肢之于安佚，这几件乃吾人有生之初自然禀受的，无一人而不具是形，亦无一形而不同是欲，岂可谓之非性乎？然其间有得有不得，亦有得之而品节限制不能如意者，其权都是造物主张，不可以智力而能，性也，而命存乎间矣。夫命存于性之中，则性当为主，君子何以独不言性？盖嗜欲之心，本人所易溺；若又言性以自恣，则一切非礼之玩好、分外之营求，皆将以为性之所有，而贫贱思富贵，富贵生骄侈，无所不至矣。君子以寡欲为心，所以将前项适己自便之事，故意推开，言命不言性也。"

"仁之于父子也，义之于君臣也，礼之于宾主也，知之于贤者也，圣人之于天道也，命也。有性焉，君子不谓命也。"

承上文说："君子虽有不言性之时，然除了形体嗜欲之外，又有当以性为重、不可自诿者。且如仁主于爱，而属于父子；义主于敬，而属于君臣；礼以恭为主，而属于宾主；智以别为主，而属于贤者；圣人纯亦不已，而天道属于圣人。这几件都是彼此相合，天地间尽有由不得自己的。顺逆常变，视其所遇；清浊厚薄，视其所禀，岂可谓之非命乎？然皆生理之固有，物则之同然，不以圣而丰，不以愚而啬，命也；而性存乎其间矣。夫性存乎命之中，则命当为主，君子何以独不言命？盖性分内事，本人所难尽，若又言命以自诿，则一切扶持人纪、变化气质之功，皆独以为命之所制，而过高者流于异端，不及者安于暴弃，无所不至矣。君子以成德为行，所以将前项希圣尽伦之事一力承当，言性不言命也。"以上二节之意相反，而实相成。盖人惟能安命，而后能立命；能忍性，而后能尽性。此克己复礼、寡欲养心，为圣学相传之至要与！

浩生不害问曰："乐正子，何人也？"孟子曰："善人也，信人也。""何谓善？何谓信？"曰："可欲之谓善，有诸己之谓信。"

浩生不害，是齐人姓名。

他平日知乐正子之贤，乃问于孟子说："知弟子者莫若师。乐正子之在夫子之门久矣，他是何等的人？"孟子答说："人之造诣，固由资禀，也要学力。据乐正子之所至，则可谓之善人，亦可谓之信人矣。"不害又问说："如何叫作善？如何叫作信？"孟子答说："人性本有善而无恶，遇着善人善事，自然有欣喜欢爱之心，此人情之所同也；若其人立身行己，合乎天理人心，但见其可欲，而不见其可恶，则其有善无恶可知矣，此所以谓之善也。至于好善恶恶，本是有生以来真真实实的念头，着不得一毫虚假；若其人躬行实践，能自慊而无自欺，善皆实有于我而无矫饰，则其实心实行可知矣，此所以谓之信也。吾谓乐正子为善人、信人，亦验其造诣之所至而已矣。"

"充实之谓美。充实而有光辉之谓大。大而化之之谓圣。圣而不可知之之谓神。乐正子，二之中，四之下也。"

承上文说："乐正子之善、信固有可称，然义理无穷，圣贤的学问尚不止此。盖善虽实有，而蓄积未充，未足为美也。惟是真积日久，而悉有众善，那方寸之中充满快足，无少间杂，则章美内含，不徒一善成名而已，这叫作美。然内虽充积，而外无可观，未足为大也。惟是积久而著，蓄极而通畅于四肢，发于事业而不可遏，则诚中形外，已至于广大高明之域矣，这叫作大。然大而未能浑化，犹有迹也。惟由大而化之，有日新之至德，而无矜持之劳；有富有之大业，而无作为之迹，则是不思不勉，而能从容中道矣，这叫作圣。夫大而未至于圣，犹可知也。惟圣则不可得而知，至德纯于不显，而意象之俱忘；大业溥于无外，而声色之尽泯，是乃无方无体，神妙不可窥测者矣，这个叫作神。夫善、信之上，犹有此四等，故学者必由善、信而驯至于圣、神，然后为人道之至极也。若乐正子之为人，有可欲之善，而无矫伪之私，其造诣所至，盖在善、信二者之中。至于美、大、圣、神的地位，则资禀有限，学力未充，犹在四者之下也。使不以善、信自足，而以美、大、圣、神自勉，则他日所就，亦岂可量乎？"观孟子此言，可见道无终穷，学无止法，以成汤之圣，犹日新而不已；以成王之贤，犹缉熙于光明。甚哉！务学之不可以已也。

孟子曰：“逃墨必归于杨，逃杨必归于儒。归，斯受之而已矣。”

孟子说：“吾儒之于异端，拒之不严，则无以尽闲邪之义；待之不恕，则无以开反正之端，二者必不可废也。方今杨、墨之徒，执迷不悟，固难望其以吾道为依归矣。如使天理未尽梏亡，人心不终锢蔽，为墨氏之学者，知兼爱之为非，欲逃而去之，则其势不得不别寻简便的门路，而归之于杨；为杨氏之学者，知为我之为非，欲逃而去之，则其势不得不反求中正的道理，而归之于儒。盖杨、墨虽同归于异端，然墨氏务外而不情，杨氏太简而近实，故其变而从道，难易不同如此。夫吾儒之所以痛排杨、墨者，但以杨、墨之能害道耳。今既以渐来归，则为吾儒者，惟当悯其陷溺之久，取其悔悟之新。以杨而来者，吾则以儒受之，使去其害义者以就吾之义而已矣；以墨而来者，吾则以儒受之，使去其害仁者以就吾之仁而已矣。岂可追其既往，而复与之辩哉？”盖未归之前，异端与吾道为敌；既归之后，异端与吾道为徒，此所以圣贤立教，每于拒绝之中存招徕之意，言易入而道易行也。

“今之与杨、墨辩者，如追放豚，既入其苙，又从而招之。”

放豚，是走出去的猪。苙，是猪圈。招，是用绳拴缚四蹄。

孟子又说：“方今之世，既难得辟邪卫道之人。即有知吾道之为是，杨、墨之为非，能倡其说而与之辩者，却又以一切先入之成心、不平之客气，务要与他相持到底，不肯放宽。杨既归于我矣，犹咎其昔日为我之非义；墨既归于我矣，犹咎其昔日兼爱之非仁。深恶痛绝，既不容之于门墙；责备求全，又不假之以声色。就如追赶放逸的豚猪一般，既入其苙围而制之，使不得奔突亦可矣，又从而拴缚其四蹄，使一步不可行焉。如此，不惟隘吾兼容并包之量，而且阻人迁善改过之门。故已归者，苦其严而思复叛；未归者，畏其严而不复来。吾道之不明于天下，不惟异端害之，而儒者科条太密，门户太高，亦当交任其责矣。有卫道之心者，可不慎所以待之哉！”

孟子曰：“有布缕之征、粟米之征、力役之征。君子用其一，缓其二。用其二而民有殍，用其三而父子离。”

殍，是饿死的人。离，是离散。

孟子说："为人君者，天下之财力皆其财力，其势不容不用乎民，所贵取之以时，不至于横征虐使，俾民不堪命耳。自古征赋之制有三件：一件叫作布缕之征，是取百姓每蚕织之利以为用，如今之丝绢麻苎是已；一件叫作粟米之征，是取百姓每田入之利以为用，如今之夏税、秋粮是已；一件叫作力役之征，是取百姓每丁夫之力以为用，如今之当差做工是已。这三件，君子虽例得取之于民，然每于催科之中寓抚字之意。如布缕取之于夏，则粟米、力役在所缓；粟米取之于秋，则布缕、力役在所缓；力役取之于冬，则布缕、粟米在所缓：但用一件以充国之用，常缓二件以宽民之生。故上无诛求督责之扰，下无饥馑流亡之患，赖有此耳。苟一时而并用其二，则小民奔命不给，有饥死而转于沟壑者矣。一时而并用其三，则小民室家难保，将父子逃亡而散于四方矣。"夫使百姓困穷离析，无以聊生，虽欲责之以常赋、驱之以往役，谁复有能供其令者乎？危亡之祸可立至矣。然则用一缓二之规，人君不独爱其民，实自爱其国也。

孟子曰："诸侯之宝三：土地，人民，政事。宝珠玉者，殃必及身。"

孟子说："万物中难得而可贵者，都叫作宝。然宝得其宝则安，宝失其宝则危，不可不慎也。试以诸侯之宝言之。诸侯控一国之尊，享千乘之富，珍奇非不足于府，玩好非不足于前，然其所当宝重而爱惜者，不过三件而已。彼国有土地，锡之天子，传之先人，乃基业之所由系；非是，则无以立国矣，此第一件当宝也。国有人民，赋税为我供，缓急为我使，乃根本之所由固；非是，则无以守位矣，此第二件当宝也。国有政事，利以之兴，害以之除，乃纪纲之所由植；非是，则无以保土地而理人民矣，此第三件当宝也。诸侯能知此三者为国大宝，而念念谨守，时时修饰，使之无一些玷缺损坏之处；将见国祚巩于磐石、遗泽传之子孙，不止于一身无患而已。至于珠玉，饥不可食，寒不可衣；若以之为宝，而徒取给于耳目之玩，则内以嗜欲丧志，外以征求剥民，攘夺将兴，危亡立至，此身且不免于受殃，而况能常有珠玉哉？"可见有国家者，求利必生害，多藏必厚亡。所以自古帝王抵璧于山，投珠于渊，不贵难得之物，不蓄无用之器，其能保身以及民、保民以及国，有由然也。后之人君，可不知所取法哉！

盆成括仕于齐。孟子曰："死矣盆成括！"盆成括见杀，门人问曰："夫子何以知其将见杀？"曰："其为人也小有才，未闻君子之大道也，则足以杀其躯而已矣。"

盆成，是姓。括，是名。

昔盆成括方仕于齐。孟子逆料他说："我观盆成括，非享寿禄之器；今虽进用，乃死亡之日近矣。"既而盆成括有罪见杀。门人问说："死生有命，非人所可预知。今夫子果何所据，而能察见未来，知括之将见杀也？"孟子答说："我于括之死，非揣以适然之数，乃断以必然之理也。夫人不贵有才，而贵闻道；道苟得闻，必善用其才，以此济事，而亦以此保身。今括之为人，儇巧捷给，不过小有才耳；于君子仁、义、忠、信之大道，茫然其无闻也。既未闻道，而使之一旦进用，处必争之地，乘得志之时，则其势必至于恃才妄作，启衅招尤，适足以取杀身之祸而已矣。我所以预知其败者，为此故也，岂有他术哉？"是可见人之有才，本不足以为害；惟不求合于道，而专用其才，则大者乱国，小者杀身，反不若朴拙无能之为愈也。取才者，尚其审诸！

孟子之滕，馆于上宫。有业屦于牖上，馆人求之弗得。或问之曰："若是乎从者之廋也？"曰："子以是为窃屦来与？"曰："殆非也。夫子之设科也，往者不追，来者不拒。苟以是心至，斯受之而已矣。"

上宫，是往滕国去的驿站。业屦，是织屦将成的。廋，是藏匿。

昔孟子将往滕国，馆寓于上宫之地。当时偶有织屦将成，置于牖户之上，忽然遗失。馆人寻求而不得，或人遂疑为门人窃取以去，乃对孟子说："夫子从者，何其善匿人之物如此？"盖以穿窬之心而度圣贤之徒也。孟子答说："未成之物，直得几何？据子之意，得毋谓我之门人专为窃取一屦而来与？"或人自悟其非，说道："我固知从者为游学而来，非为窃屦而来也。但夫子设立科条以待学者，往者之失，则必不追咎，以塞其自新之路；来者之勤，则必不拒绝，以阻其向化之机。只据眼前，苟以求亲师友、从事学问之心而来，斯容受以教诲之而已矣。然则谓从者窃屦而来，固非也；谓夫子能保其往，是岂可哉？"夫或疑从者之窃屦，其见陋矣。至于论圣贤之设科不追既往，实与前章"归斯受之"之意同，此记者所以有取而载之也。

孟子曰："人皆有所不忍，达之于其所忍，仁也。人皆有所不为，达之于其所为，义也。"

孟子说："立人之道，曰仁与义，此人所固有者，惟在识其端而推广之耳。今夫恻隐之心，人皆有之。故见可哀可矜之事，便惨然有所不忍，此仁之端也；但为气拘物蔽，有不忍于此、而或忍于彼者，则仁即为之壅遏矣。必自其所不忍达之于其所忍，使地无远近、情无亲疏，遇疾苦一般矜怜，遇患难一般悯恤，这才是吾心全体之仁。盖仁主于慈爱，而世间当爱之物甚多，不可以一念之恻隐便谓之仁也。羞恶之心，人皆有之。故见可愧可耻之事，便毅然有所不为，此义之端也；但为气拘物蔽，有不为于此、而或为于彼者，则义即为之扞格矣。必自其所不为达之于其所为，使事无大小，时无顺逆，见利必不敢以苟求，见害必不敢以苟免，这才是吾心全体之义。盖义主于断制，而世间当断之事甚多，不可以一念之羞恶便谓之义也。"

"人能充无欲害人之心，而仁不可胜用也。人能充无穿逾之心，而义不可胜用也。"

穿，是穿穴。逾，是逾墙。皆为盗的事。

承上文说："如何是人皆有所不忍，达之于其所忍？彼不仁之事，至于处心积虑要坑害人，此乃最刻毒的心肠，人皆有所不忍者也。能由此而推之，凡一切自私自利、不便于人之事，其类不同，同归于害人。务要件件体贴，将此心不忍的念头扩充到极处，则仁之全体在我，由是而亲亲、仁民、爱物，无往非此心之贯彻，而仁之为用不可胜穷矣。如何是人皆有所不为，达之于其所为？彼不义之事，至于穿穴逾墙而甘为盗贼，此乃最卑污的行止，人皆有所不为者也。能由此而推之，凡一切瞒心昧己、不合天理之事，其类不同，同归于穿窬。务要件件检点，将此心不为的念头扩充到极处，则义之全体在我，由是而正家、正国、正天下，无往非此心之运量，而义之为用不可胜穷矣。"

“人能充无受‘尔’、‘汝’之实，无所往而不为义也。士未可以言而言，是以言𫋳之也；可以言而不言，是以不言𫋳之也。是皆穿逾之类也。”

尔、汝，是轻贱的称呼。𫋳，是探取人情，如以舌去𫋳取物件的模样。

孟子说：“仁义在人，固不可不充矣。然义之为道甚广，而充之为事多端，尤当推类以至于尽者也。彼人以‘尔’‘汝’轻贱之称加于我，我乃不以为辱，而甘心受之，是其贪昧隐忍，即穿窬之心也。然其中或有惭忿而不肯受之之实，是其知耻一念，即不为穿窬之心也。必自此心而充之，思我为人所轻之故，而反己自修，以去其可轻之行，是能充无受‘尔’‘汝’之实矣。夫卑污苟贱之事既有所不为，则光明正大之义自无所不协，安往而不为义乎？然不但行己当慎，即一语一默，亦有不可苟。设使士人于应酬之际，时未可以言，而乃轻躁以发言，这是故意开端，要人来答我，以言探取人情者也；时既可以言，而乃缄默以不言，这是故意落后，要人来问我，以不言探取人情者也。若此者，比之无受‘尔’‘汝’，事甚微，而人易忽矣；自我观之，是皆穿窬之类也。盖盗贼以穿窬探取人之物，士人以语默探取人之情，其为心术，同一暗昧，同一阴险，何差别之有乎？人必推类至此而悉去之，然后真能充无穿窬之心者也。”孟子此章之旨最为精密。盖人无智、愚、贤、不肖，无不有此仁义之心。但众人一念之差，止是看得些小阴骘，以为无害于仁；细微举动，以为无害于义，卒之人品化而为禽、为兽，功效流而为杂霸、杂夷，其几皆决于此，不可不慎也。

孟子曰：“言近而指远者，善言也。守约而施博者，善道也。君子之言也，不下带而道存焉。”

孟子说：“人之为言，固不可失之浅陋；然使其高谈阔论，只顾耳边好听，而不切于事理，未可为善言也。惟所言者切近精实，若不足以动听，而其旨则包藏深远，愈探而愈无穷，这等言语，才是彻上彻下、可以垂世而立教者也，非善言而何？人之为道，固不可失之狭小；然使其好大喜功，只顾外面粉饰，而其中漫无所守，未得为善道也。惟所守者简要省约，若不足以致用，而施之则功用溥博，愈推而愈不匮，这等的道理，才是有体有用、可以经世而宰物者也，非善道而何？求其能是二者，其惟君子乎？我观君子之言，止据目前常见之事平平敷衍，若不下于衣带之近；然天命之精微、人道之奥妙，不越此浅近之论以该括之，而道无不存焉。”夫以带视道，其远近为何如者？乃君子不下带而道自存，信乎为言近指远之善言也！

“君子之守，修其身而天下平。人病舍其田而芸人之田，所求于人者重，而所以自任者轻。”

承上文说：“我又观君子之守，止就一身本分之内暗然自修，初无责效于人之意。然内而百官象其德，外而万民顺其治，不越此身范之端，而天下自平矣。夫以身视天下，其博约为何如者？乃君子修其身而天下平，信乎为守约施博之善道也！这等看来，可见人必先治己身，而后可以治人；与农夫必先芸己田，而后可以芸人田，事虽异，而理则同耳。今不务守身，而徒欲施博，其为病就如舍己之田不芸、只管替人芸田的一般，所求于人者甚重，而所以自待其身者却甚轻。如责人为子尽孝，而自己孝不如人，却不知愧；责人为臣尽忠，而自己忠不如人，却不知勉。颠倒谬妄如此，其去君子之善道，不亦远乎！”孟子此言，专为战国君臣，惑杨朱、墨翟之横议，慕管仲、晏子之近功。欲使立言者必本六经，为治者必法三代。而惜乎古道既远，至今终不可复也。

孟子曰：“尧、舜，性者也。汤、武，反之也。动容周旋中礼者，盛德之至也。哭死而哀，非为生者也。经德不回，非以干禄也。言语必信，非以正行也。”

回，是邪曲。

孟子说：“圣人之德，要其终，固无优劣之殊；而原其始，实有安勉之异。以尧、舜言之，其知为生知，其行为安行，此乃是天生成的。其初无亏欠，及后来亦不假修习，性之之圣也。以汤、武言之，其知则思而后得，其能则勉而后中，此乃自己成习的。其初虽有亏欠，后来却能复还本体，反之之圣也。所谓性之之事何如？时乎动容之际，则周旋曲折，无不中礼，岂有意于中哉？乃其盛德之至，自然与礼而妙合也。时乎哭人之死，则哀痛惨怛，若不胜情，岂有意于为生者哉？乃其天性之慈，自然为死而兴哀也。所行者皆经常之德，而无所回邪，岂以干禄之故哉？率性而行，自然趋于正直，非勉强要做好人，以求闻达于人也。所言者皆信实之言，而无所虚妄，岂以正行之故哉？根心而言，自然符于践履，非勉强要行好事，以求践其言也。是其优游于成法之中，而不事勉强；顺适于天命之内，而相为合一，盖性焉、安焉之德如此。”

“君子行法以俟命而已矣。”

承上文说：“所谓反之之事何如？彼天理当然叫作法，吉凶祸福叫作命。法所当自尽，而命不可必得者也。反之之君子，凡一身所行，如上文动容之礼、哭死之哀、经德之正、言语之信，虽不能自然而然，然其心只知这天理中有一定之规矩，毫发不可逾越；而事事之所率循，念念之所执守，举不出于此。由此而获吉与福，是命之通也，固俟之而无所徼求；由此而罹凶与祸，是命之塞也，亦俟之而无所规避。是虽未至于无心，而亦不出于有为，盖复焉、执焉之德如此。”夫以行法俟命之君子，比于性之之圣，规模虽有广狭，从入虽有安勉，然论道统，则汤、武同归于执中；论心法，则尧、舜不敢以自圣。此忧勤惕励，为圣学相传之要也。

孟子曰：“说大人则藐之，勿视其巍巍然。堂高数仞，榱题数尺，我得志弗为也。食前方丈，侍妾数百人，我得志弗为也。般乐饮酒，驱骋田猎，后车千乘，我得志弗为也。在彼者皆我所不为也，在我者皆古之制也，吾何畏彼哉？”

八尺叫作仞。榱题，是椽头。方丈，是桌面摆列，方广有一丈。

孟子说：“今布衣游谈之士，欲进说于王公大人之前者，往往视大人太尊，视己太卑，不胜其畏惧之心，所以理为势屈，而言不尽意耳。自我言之，彼虽尊贵，那进言之人，只合藐视而轻忽之，切勿将他巍巍然可畏之气象看在眼里，则志意舒展，而言语得尽矣。所以然者何哉？彼大人者，堂有数仞之高，榱题有数尺之长，不过宫室华美而已；我若得志，必不为此侈靡之事也。食前有方丈之广，侍妾有数百之众，不过声色艳丽而已；我若得志，必不为此奢纵之事也。般乐逸游而饮酒，驱驰车马而田猎，且每一出游，则后车随从者有千乘之多，不过快意适观而已；我若得志，必不为此荒亡之事也。夫在彼之声势气焰赫然动人者，皆我所不屑为。而在我者，居天下之广居，立天下之正位，行天下之大道，其所抱负操持，皆千古圣贤之法制，是我重而彼轻、我大而彼小矣，吾何畏彼之有哉？此吾当藐视之也。”是时战国游士，意气非不盛，谈吐非不高，然其心只知有诸侯之尊，而多方以中其欲，曲意以希其宠，所以到底止成就得顺从之妾妇。而孟子独能以道德自重，义命自安，宜其为狂澜之砥柱也。

孟子曰：“养心莫善于寡欲。其为人也寡欲，虽有不存焉者，寡矣。其为人也多欲，虽有存焉者，寡矣。”

欲，是口、鼻、耳、目、四肢之欲。

孟子说：“人之有心，乃具众理，而应万事之本，诚不可不养。然养心之功，不可他求，只要见得心本至虚，而为欲所累；心本至灵，而为欲所昏，将一身中口、鼻、耳、目、四肢之欲寡之又寡，不使其放纵而无所节制，这便是养心极好的方法。吾儒一生学问、一生人品，举系于此。如使其为人也，能知养心之要，而为寡欲人焉；则外感不杂，内境常清，泰宇定而天光发，心未有不存者也。虽有不存，不过暂失之耳，不亦寡乎？如其为人也，不能知养心之要，而为多欲人焉；则物感既摇，中心无主，嗜欲深而天机浅，心未有能存者也。虽有存焉，不过偶得之耳，不亦寡乎？”夫人心、道心迭为消长如此，信乎养心莫善于寡欲也！然寡欲不特可以养心，而神完气固，亦可以保身。况人君者，心为万化之原，身为万民之主，其关系尤重，而保守尤难。寡欲之功，尤不可不深念也。

曾晳嗜羊枣，而曾子不忍食羊枣。公孙丑问曰：“脍炙与羊枣孰美？”孟子曰：“脍炙哉！”公孙丑曰：“然则曾子何为食脍炙而不食羊枣？”曰：“脍炙所同也，羊枣所独也。讳名不讳姓，姓所同也，名所独也。”

曾晳，是曾子之父。羊枣，即今软枣。肉细切，叫作脍。

昔曾晳在生之日好食羊枣；既殁之后，其子曾参每见羊枣，思起父之所好，便舍置而不忍食，盖孝子不忘亲之心如此。公孙丑乃疑而问于孟子说：“肉中有脍炙，果中有羊枣，二者之味孰为美乎？”孟子答说：“二者固皆可食。论其味，则脍炙尤美也。”公孙丑又问说：“脍炙既美于羊枣，在曾皙亦必嗜脍炙矣。曾子于脍炙则食之，于羊枣则不食，充其思亲之念，何忍于脍炙而独不忍于羊枣也？”孟子答说：“人之所好不同，情之所感自异。以脍炙为美而嗜之，乃众人之所同也；以羊枣为美而嗜之，此曾皙之所独也。惟其为众人所同嗜，虽与众共食，而不忍之心自无所形；惟其为父之所独嗜，则触物有感，而思亲之念自不可遏：此所以一食、一不食也。譬之讳名者，敬亲之名而不敢轻犯，未尝并亲之姓而讳之；非重于名而轻于姓也，盖姓是一家所同，名乃一人所独，故名可讳而姓不可讳也。知讳亲之名不可概同于姓，则羊枣之思，岂得并及于脍炙也哉？”夫观于思其所嗜，既可以见孝子恻怛之情；观于思所独嗜，又可以见孝子专一之念矣。学者当体其心，不可徒泥其迹也。

万章问曰：“孔子在陈，曰：‘盍归乎来？吾党之士狂简，进取不忘其初。’孔子在陈，何思鲁之狂士？”孟子曰：“孔子‘不得中道而与之，必也狂狷乎？狂者进取，狷者有所不为也’。孔子岂不欲中道哉？不可必得，故思其次也。”

狂简，是志大而略于事。进取，是求望高远。

万章问于孟子说：“昔者孔子在陈国之时，知道之不行，尝自叹说：‘我初周流天下，本为行道计也。道既不行，何不归来于我鲁国乎？盖吾党后学之士，大段资性狂简，激昂于意气，而阔略于事为；充其志，直欲进而取法古人，终身以为向往，不肯改变其初心，其狂如此，仅可副我传道之望，此我所以有感而思归也。’夫士而曰狂，未便是高世绝俗之品；乃孔子在陈，独思想鲁之狂士，其意何居？”孟子答说：“孔子之思狂士，非其本心，殆有所不得已耳。孔子尝说：‘道之所贵者中。诚得中道之人而与之，吾之愿也。今既不得其人，其必得狂狷之士乎？盖狂者志向高明，而期望甚远；狷者持守贞固，而有所不为。得这两样人，激励裁抑之，庶乎可进于中道也。’观孔子之言如此，此其心岂不欲得中道之士哉？世教衰微，中行之士不可必得，而斯道又不可以无传，不得已而求其次，此所以思及于狂士也。然则狂狷虽未至于中行，中行而下，固资质之最高者矣。孔子思之，何莫非向道之心哉？”

“敢问何如斯可谓狂矣？”曰：“如琴张、曾皙、牧皮者，孔子之所谓狂矣。”“何以谓之狂也？”曰：“其志嘐嘐然，曰：‘古之人，古之人！’夷考其行，而不掩焉者也。”

琴张、曾皙、牧皮，都是孔子门人。嘐嘐，是志大言大的模样。夷，是平。掩，是覆盖的意思。

万章又问孟子说：“狂士之思，固非圣心之得已。然当时在鲁之士亦多矣，敢问如甚么样人斯可谓之狂士乎？”孟子答说：“当时孔子弟子在鲁者，如琴张、曾皙、牧皮这样的人品，俱是孔子之所谓狂士矣。”万章又问说：“有狂之名，必有狂之实。敢问何所考验而遂称之为狂也？”孟子答说：“欲知狂之所以为狂，惟于其志愿观之，则可见矣。其志嘐嘐然夸大，卑视今世之士，以为不足称数，动辄称说‘古之人，古之人’。论学术，必以古圣贤之道德自期；论事功，必以古帝王之经济自任：其志大言大如此。及因所言以考其所行，则志大而不能充其志，言大而不能践其言，平日所自许者，却多有空缺去处，不能一一掩盖得来，狂之为狂盖如此。此则践履虽歉于笃实，而志愿则极其高远，稍裁抑之，至于中道不难矣。此孔子所以致思也。”

“狂者又不可得，欲得不屑不洁之士而与之，是狷也，是又其次也。”

孟子又答万章说：“孔子之思狂士，固有取于志愿之高矣。乃其思及于狷，亦自有说。盖中行而下，狂士最高，这等样人，世间亦不常有。惟狂者又不可得，于是思得不屑、不洁之士，操履极其谨严，廉隅不肯少贬，一切卑污苟贱之事，有玷于行谊，有浼于名节者，深恶而不屑为。得这等样人而与之，志虽不足，守则有余，此所以谓之狷也。以中行之士律之，下狂士一等，此又其次焉者矣。”夫中行不得，而思及于狂；狂又不得，而思及于狷，其取人愈恕，而为道之心愈益加切矣。是岂孔子之得已哉？

“孔子曰：‘过我门而不入我室，我不憾焉者，其惟乡原乎！乡原，德之贼也。’”曰：“何如斯可谓之乡原矣？”“曰：‘何以是嘐嘐也？言不顾行，行不顾言，则曰“古之人，古之人”。’‘行何为踽踽凉凉？生斯世也，

为斯世也，善斯可矣。’阉然媚于世也者，是乡原也。”

憾，是恨。原字，与愿字同，是谨悫的意思。踽踽，是独行的模样。凉凉，是薄。阉，是闭藏。

万章又举孔子之所恶者问于孟子，说：“孔子尝云：‘人情不见亲厚，则怨恨易生。若过我之门，不肯入我之室，我亦无恨于彼者，惟是于乡原之人为然。盖乡原之为人，似德非德，实害乎德；方以其不见亲就为幸，何恨之有？’孔子深恶乡原之人若此。敢问其所为何如便称之为乡原乎？”孟子答说：“欲知乡原之为人，惟观其讥狂狷之言可见矣。其讥诮狂者说：‘何用如此嘐嘐然也？言夸大而不顾其行，行阔略而不顾其言，每事便说“古之人，古之人”，何其大言而不惭耶？’其讥诮狷者说：‘何必如此踽踽然独行、凉凉然寡薄？举斯世之人，一无所亲厚为哉？人既生于斯世，则但当为斯世之人，使举世之人皆称以为善人可矣，何必生今而慕古、违众以为高哉？’夫观其讥狂狷之言如此。既不为狂者之绝俗，亦不为狷者之洁己，惟阉然深自闭藏，与时俯仰，以求亲媚于一世之人者，这乃是乡原之行也。孔子所以深恶之者，盖为此耳。”

万子曰：“一乡皆称原人焉，无所往而不为原人，孔子以为德之贼，何哉？”曰：“非之无举也，刺之无刺也。同乎流俗，合乎污世。居之似忠信，行之似廉洁。众皆悦之，自以为是，而不可与入尧、舜之道，故曰‘德之贼’也。”

万章又问孟子说：“一乡之人，公论所出。今一乡皆称为原人，是其为人无所往而不谨厚矣。谨厚为士人之美行，孔子乃深恶之，谓其为‘德之贼’，何哉？”孟子答说：“人之处世，心术贵于光明，行己贵于正直。若乡原之为人，欲明指其失而非之，则掩覆甚周，无可举之显过；欲伺察其恶而刺之，则闭藏甚密，无可刺之深奸。惟只与时浮沉，混同于流俗；随众委靡，苟合乎污世。其立心本无忠信之实，而深情厚貌，恰似诚笃不欺一般；其行事本无廉洁之操，而好名能让，恰似清介有执一般：此正其阉然求媚于世的去处。故一乡之众，喜其软熟，皆欣然悦之，称以为善人；彼亦遂以为自以为是，居之不疑，迷而不悟。是以病根深锢，终其身汩没于斯世，而不可与入尧、舜之道。夫尧、舜之道，大中至正之道也。

今乡原窃其近似而淆其本真，在己既不觉其非，在人又皆惑其伪，非德之贼而何？此孔子所以深恶之也。”

“孔子曰：‘恶似而非者：恶莠，恐其乱苗也；恶佞，恐其乱义也；恶利口，恐其乱信也；恶郑声，恐其乱乐也；恶紫，恐其乱朱也；恶乡原，恐其乱德也。’”

孟子又告万章说：“乡原之为人，人皆称之，而孔子独恶之，非无谓也，为其似是而非耳。孔子尝说：‘天下有真是者，人皆知其为是；有真非者，人皆知其为非：此不足以惑人，无可恶也。惟似是而却非是，反乱天下之真是者，此为可恶耳。试举其类言之：莠草似苗非苗，所以莠为可恶，恐其乱真苗也；佞口似义非义，所以佞为可恶，恐其乱真义也；利口似信而实非信，所以恶利口者，恐其乱信也；郑声似雅乐实非雅乐，所以恶郑声，恐其乱雅乐也；紫色似朱而实非朱，所以恶紫色者，恐其乱朱也；至于乡原，不狂不狷，似若有得于中行，然非之无举，刺之无刺，不可与入圣道，将使天下之人迷谬于名实，而不知所适从，皆自乡原启之；则所恶于乡原者，固以其似德非德，而反乱乎德也。’由孔子此言观之，其所以恶乡原而斥其为德之贼者，其意益可见矣。”

“君子反经而已矣。经正则庶民兴；庶民兴，斯无邪慝矣。”

经，是常道。

孟子又告万章说：“乡原虽足以乱德，而邪说终不能胜正。君子于此，固自有绝之之术焉。彼纲常伦理之懿，为天下古今所共由者，这叫作常道。常道不明，斯邪说所由盛也。君子欲辟异端而息邪说，只是将此常道见之于躬行，施之于正教，使其昭如日星，坦如道路，与天下共由之而已矣。大经既反而归于正，则化本端而民有所观感，治具张而人有所持循，莫不勃然兴起，惟吾常道之是遵矣。庶民岂有不兴者乎？庶民既兴起于常道，则是非明白，无所回互。彼似是乱真之邪慝，虽足以惑世，而斯民灼然有定见，确然有定守，皆知真是之所在，自不为其所惑矣，尚何邪慝之足患乎？”夫观孔子之思狂狷，可以见传道之心；观孔子之恶乡原，可以见卫道之志。其惓惓一念，无非为斯道计焉耳。孟子发其蕴于万章，而又终之以辟邪之术，此所以有功于圣门也。

孟子曰：“由尧、舜至于汤，五百有余岁。若禹、皋陶，则见而知之。若汤，则闻而知之。”

见知、闻知，俱指知道说。

孟子说：“斯道之统，必待人而后传；而圣人之生，实间出而不偶。吾尝溯观往昔，世代凡几变矣，中间有数的几个圣人，大率五百年而一出。这数圣人者，生不一时，而道则相继。惟其有见知者以开其先，是以有闻知者以继其后也。试举而言之：自尧、舜以精一之旨相授受于唐虞，而万世道统之原实自此始。由尧、舜以来，至于汤，计其时盖五百有余岁；汤出，而尧、舜之道统始有所传。非汤生而能知尧、舜之道也，由有祗台之禹、迈种之皋陶，此二圣臣者，当明良喜起之时，与尧、舜会聚于一堂，亲见其道而知之，是以成汤得以其建中之极，而仰溯其执中之传，盖闻之于禹与皋陶而知之者也。此汤之得统于尧、舜者然也。向非有禹、皋陶见知，汤亦安能上接夫尧、舜之统哉？”

“由汤至于文王，五百有余岁。若伊尹、莱朱，则见而知之。若文王，则闻而知之。”

承上文说：“汤得闻尧、舜之道，固与禹、皋陶有赖矣。由汤之时，历数以至于文王，计其时亦五百有余岁。文王出，而成汤之道统始有所传。亦非文王生而能知成汤之道也，由有阿衡若伊尹、左相若莱朱，此二圣臣者，当一德咸有之日，与成汤交修终始，亲见其道而知之，是以文王得以其小心之诚，而远继乎制心之学，盖闻之于伊尹、莱朱而知之者也。此文王之得统于成汤者然也。向非伊尹、莱朱之见知，文王亦安能上接夫成汤之统哉？”

“由文王至于孔子，五百有余岁。若太公望、散宜生，则见而知之。若孔子，则闻而知之。”

承上文说：“文王得统于汤，固于伊尹、莱朱，有赖矣。由文王之时，历数之以至于孔子，计其时亦五百有余岁。孔子生，而文王之道统始有所传。孔子亦非无自而得统于文王也，盖由有太公望、散宜生者，疏附先后，亲炙其缉熙敬止之范，有以见而知之，是以孔子继其道于数十世之下，于贤者识其大，于不贤者识其小，觐耿光于未泯，幸斯文之在兹，乃得闻而知之也。则孔子所以得道统于文王者，又于太公望、散宜生而有赖矣。”夫由尧、舜以至于孔子，道统之所以不绝者，皆赖见知者以开于前。则今日欲传孔子之道，岂可无见知之人乎？

“由孔子而来，至于今，百有余岁。去圣人之世，若此其未远也。近圣人之居，若此其甚也。然而无有乎尔，则亦无有乎尔！”

承上文说：“由群圣相承之统观之，必有见知者以开其先，然后有闻知者以继其后，道统所以相续而不绝也。乃自孔子以来，至于今，论其时世不过百有余岁，去圣人之生时若此其未远也，非若时不相及而不得见也。论其居处，自邹至鲁，壤地相接，近圣人之居若此其甚也，非若地不相邻而不可见也，宜若有得于见知之真者矣。然求之当今之世，其于孔子之道，已无有见而知之，若禹、皋之于尧、舜，伊、莱之于汤，吕、散之于文王者矣。则五百余岁之后，去圣人之世渐远，近圣人之居，不知当何如者，岂复有闻而知之，如汤之于尧、舜，文王之于汤，孔子之于文王者哉？然则文王以来相承之统，其可使之寥寥无传耶？吾盖不能以无忧矣。”孟子此言，虽不以见知自居，而自任之意实不容掩。又以见夫天理、民彝不可泯灭，百世之下必有神会而心得之者，所以明其传之有在，而俟后圣于无穷也。

通鉴直解　上

林翠霞　点校

卷之一

三皇纪

三皇，是太昊伏羲氏、炎帝神农氏、黄帝有熊氏。这三个君叫做三皇。德冒天下谓之皇。古人质朴，未有皇帝称号，后世以其有大德，足以覆冒天下，故称之曰皇。纪，是记载其所行之事。三皇以前，还有君长，以其年代久远，无可考见，故作史者以三皇为始。

太昊伏羲氏

太昊，是伏羲氏之帝号，氏以别族，帝姓风，而以伏羲为氏，故称太昊伏羲氏。

太昊之母，居于华胥之渚。履巨人迹，意有所动，虹且绕之，因而始娠。生帝于成纪。以木德继天而王，故风姓。有圣德，像日月之明，故曰太昊。

华胥，是地名。渚，是水中小洲。巨人，是大人。迹，是足迹。妇人怀孕叫做娠。昊，是光明的意思。

史臣说：大凡帝王之生，皆天所命，故往往有非常之兆。当初太昊生时，其母居于华胥之渚。偶见一个大人的足迹，他踏着那足迹，意有感动，天上又有虹光环绕其身，因而怀孕，遂生太昊于成纪地方。其后以木德继天而王。木生风，故以风为姓。以其有圣人之德，合日月之明，故称曰“太昊”。

人生之始也，与禽兽无异，知有母而不知其父，知有爱而不知其礼。卧则呿呿，起则吁吁，饥则求食，饱则弃余，茹毛饮血而衣皮革。太昊始作网罟，以佃以渔，以赡民用，故曰伏羲氏。养六畜以充庖厨，且以为牺牲，享神祇，故又曰庖羲氏。

呿呿，是人睡时鼾声。吁吁，是舒缓自得的模样。佃，是取禽兽。渔，是取鱼。网罟，是取禽兽与鱼之器。

上古之时，风气未开，民性颛朴，虽说人为万物之灵，实与禽兽之蠢然者无异。故其人但知有母，不知有父；但知相爱，不知礼体。卧则呿呿然鼾睡，起来则吁吁然行坐任意，再不知有一些念虑。饥时才去求食，饱则弃其所食之余，再不知有别样营求。吃的不过是地上草木，饮的不过是禽兽之血，就取禽兽的皮革遮蔽身体而已，不知有耕田凿井、布帛丝麻之利。至太昊王天下，才教民做网罟去取禽兽与鱼，以供饮食，而民皆便之，因此以伏羲为氏。又以其能畜养马牛羊豕鸡犬之六畜，以供庖宰厨膳，以为牺牲，而祭享天地祇，故又曰庖羲氏。

帝太昊伏羲氏，成纪人也，以木德继天而王，都宛丘。帝德合上下，天应以鸟兽文章，地应以河图、洛书。于是仰观象于天，俯观法于地，中观万物于人，始画八卦。卦有三爻，因而重之，为卦六十有四，以通神明之德，以类万物之情。造书契，以代结绳之政。书制有六：一曰象形，二曰假借，三曰指事，四曰会意，五曰转注，六曰谐声。使天下义理必归文字，天下文字必归六书。作甲历。

成纪，即今陕西秦州地方，都是帝王所居的去处。宛丘，即今河南陈州。河图，是河中涌出的龙马，背上有自然奇耦之数，叫做河图。洛书，是洛水中出的灵龟，背上亦有自然奇耦之数。这河图洛书两件，都是天降生的神物。八卦，是乾、坎、艮、震、巽、离、坤、兑等卦。卦之一画为一爻，每卦三画，故说三爻。书契，书是写字，契是约信。盖写字为信，以记久远也。结绳，是把绳子打结。上古未有文字，大事则打个大结，小事则打个小结以记之。象形，是字象其物之形，如篆书日字作[illegible]，月字作[illegible]之类。假借，是本无其义，特借其声而用之，如韦本为韦背，而借为韦革之韦；豆本为俎豆，而借为麦豆之豆；商本为商度，而借为商贾之商，又借为宫商之商之类。指事，是直指其事，如木下一画是本字，木上一画是末字之类。会意，是晓会其意，如日月为明，人言为信，草生田上为苗之类。转注，是展转其声，而注释为他字之用，如善恶之恶，转为好恶之恶；行走之行，转为德行之行之类。谐声，是取一字为主，而附他字以调合其声，如松从木旁，以公为声；柏从木旁，以白为声之类。这六件都是造字的方法，叫做六书。甲历，是用甲乙丙丁戊己庚辛壬癸之十干，与子丑寅卯辰巳午未申酉戌亥之十二支相配，以纪年月昼夜、方位者。十干以甲为首，故叫做甲历。历，是古曆字。

帝太昊伏羲氏，乃成纪人也，以木德继天而王天下，建都于宛丘地方。其德合天地之德，故天应以鸟兽文章，盖鸟兽之形色，粲然示人者，皆至文也；地应以河图、洛书，盖图书之奇耦，错然示人者，皆显数也。伏羲氏于鸟兽之文，图书之数，既已法则之，于是又仰观日月星辰之象于天，俯观刚柔高深之法于地，中观万物之变化于人，会合了三才的道理，创始画出八个卦来。每卦有三爻，以象天地人。因未尽其理，又重增三爻为六爻，一卦变做八卦，八卦变成六十四卦，以发泄神明幽微之德，以区别万物感应之情，定天下之吉凶，而成民之务焉。前此未有文字，只结绳而记事，于是又造书契，凡大小政事，皆有文字纪载，替了那结绳之政不用。其造书之法有六样：一曰象形，二曰假借，三曰指事，四曰会意，五曰转注，六曰谐声。以此六书制字，使天下的义理，都包涵于文字之中，天下的文字，都不出乎六书之外。又作甲历，以明天道、授人时。若伏羲氏者，诚万世文字之祖也。

上古男女无别，帝始制嫁娶，以俪皮为礼，正姓氏，通媒妁，以重人伦之本，而民始不渎。又因龙马负图出于河之瑞，以龙纪官，故为龙师而龙名。于是共工为上相，柏皇为下相，朱襄、昊英常居左右，栗陆居北，赫胥居南，昆吾居西，葛天居东，阴康居下，分理宇内，而政化大治。

俪皮，是两张皮。共工、柏皇、朱襄、昊英、栗陆、赫胥、昆吾、葛天、阴康，都是臣名。

上古之世，男女混杂无别，伏羲氏始制为嫁娶之礼。时未有币帛，只用两张兽皮行礼。又正民之姓氏，使族类有分，通以媒妁之人，使合二姓之好。自是人始知夫妇为人伦之本，男女有别，不相渎乱矣。又因天降瑞物，龙马负图，出于孟河之中，遂以龙纪官，号曰龙师而龙名，如飞龙氏、潜龙氏、青龙氏、赤龙氏之类。于是命共工做上相，命柏皇做下相，朱襄、昊英两人常居左右，栗陆居北方，管北方事，赫胥居南方，管南方事，昆吾居西方，管西方事，葛天居东方，管东方事，阴康居下。这几个都是贤臣，分理着上下四方的事务。由是政成化行，而天下大治。夫伏羲古之神圣也，亦必赖贤臣分理而后成治道。此图治者之所当法也。

帝作荒乐，歌扶徕，咏网罟，以镇天下之人，命曰《立基》。斫桐为琴，绳丝为弦，弦二十有七，命之曰离徽，以通神明之贶，以合天人之和。缏桑为三十六弦之瑟，以修身理性，反其天真，而乐音自是兴焉。在位一百一十五年崩。

荒字，解做大字。扶徕、网罟，都是乐章名。扶徕之义未详。伏羲初作网罟，教民佃渔，而天下享其利，故有网罟之歌。镇，是安定的意思。立基，是乐之总名。按《礼记》疏中说，伏羲之代，五运成立，甲历始基，画八卦以定阴阳，造琴瑟以谐律吕，继德之乐，故曰立基。离，是大琴名。徽，是琴上十三个星，弹时按以为节者。贶，是赐。缏，是绳索。

伏羲知天地有自然之元声，人君当用之以和平天下，于是始作大乐。歌扶徕之曲，咏网罟之歌，劳来感动，以安定天下之人，名曰《立基》，盖用此为兴致太平之根本也。又见得桐桑二木，其材皆能发声，乃斫桐木为琴，绳蚕丝为弦，弦有二十七条，唤做离徽。奏之郊庙朝廷，用以感格神明，使其歆享降福；合和上下，使其欢欣交通。又绞丝作绳，被诸桑木，造为三十六弦之瑟。教民鼓之，以收敛身心，调养性情，使各得其本然之正，而声乐音律，遂自此起。盖其神圣开创，实始泄天地太和之秘，而为万世乐律之祖也。在位一百一十五年，然后崩，其享国长久如此。

炎帝神农氏

炎帝，是帝号。神农，解见下文。

少典之君，娶于有蟜氏之女，曰安登，生二子焉。长曰石年，育于姜水，故以姜为姓。以火德代伏羲氏治天下，故曰炎帝。其起本于烈山，又号烈山氏，亦曰连山氏。其初国伊，继国耆，合而称之，故又号曰伊耆氏。

少典，是诸侯国名。有蟜氏，是族名。姜水、烈山、伊、耆都是地名。

初少典之君，娶有蟜氏的女为妻，名曰安登。生二子，长子名石年，即是炎帝，因养育于姜水地方，遂以姜为姓。比先伏羲氏以木德王天下，帝继其后，取木能生火之义，以火德王，火性炎热，故号为炎帝。炎帝虽育于姜水，其起初本在烈山，故又称为烈山氏，亦称为连山氏。其祖上曾建国在伊地，后又建国在耆地，合两处而称之，故又号为伊耆氏。

炎帝神农氏，以火德王，都于陈，迁曲阜。初艺五谷、尝百草。古者民茹草木之实，食禽兽之肉，而未知耕稼。炎帝因天时，相地宜，斫木为耜，揉木为耒，始教民艺五谷，而农事兴焉。民有疾病，未知药石。炎帝始味草木之滋，察其寒温平热之性，辨其君臣佐使之义，尝一日而遇七十毒，神而化之，遂作方书，以疗民疾，而医道立矣。复察水泉甘苦，令人知所避就。由是民居安食力，而无夭札之患，天下宜之，故号神农氏。

陈，即今陈州，已解，见前。曲阜，即今山东曲阜县。农，是治田土以种谷之名。艺，就是种。五谷，是稻、黍、稷、麦、菽五样粮食。耒耜，是种田的器具。耒，即是耜柄。石，是药中所用之石。

炎帝神农氏以火德治天下，建都于陈，后又迁都于曲阜。初种植五谷、尝百草。盖上古之人，都只采草木的果实，与取鸟兽之肉以为食，而未知耕种稼穑之事。至炎帝因天有春夏秋冬四时，生长收藏，各有其候，又相度地势，高下燥湿，各有所宜，于是斫削树木做个耜，又把木揉得弯曲了，做耜之把柄，叫做耒，教百姓每将这器具去耕田种谷，而务农之事由此兴起焉。上古民有疾病，不知用药石医治。至炎帝始将各样草木的滋味，件件都用口尝过，因审查其性，或寒凉、或温暖、或平和、或大热。又辨别那药味中，可为主以治病的，借名为君；可随着别药治病的，借名为臣；可帮助别药的，借名为佐；可引导别药的，借名为使。辏合将来，以为治病之法。炎帝因尝辨药味，曾于一日之内，遇着七十样毒药。他有神圣之术，就把相制的药味，去解化了，那毒不能为害。恐人不知这等法则，遂造为治病的方书，以疗治百姓的疾病，而医药之道自此立矣。又审察地上的水泉，有味甘而养人者，有味苦而损人者，使人知避了那苦处，就那甘处。夫避苦就甘，则便于取汲，而民之居处得安；耕种以为食，则民得自食其力，免于饥饿；而又知医药以治病，则民得终其天年，而无有夭死之患，天下皆以为方便。因他造为耕种务农之事，以养活天下的人，这事从来无人想到，独是他制造出来，如通神的一般，故称为神农氏。

炎帝之世，其俗朴重端悫。不忿争而财足，无制令而民从，威厉而不杀，法省而不烦。始列廛于国，日中为市，致天下之民，聚天下之货，交易而退，各得其所。有火瑞，以火纪官，故为火师，而火名。

廛，是市上民居。交易，是将货物相交换。

炎帝神农氏在位之时，民间风俗质朴厚重，端正诚悫。百姓每都不见忿争，而财用自然充足；朝廷上未有诏令，而百姓自然顺从。以德化民，虽威厉而不用刑杀，法度省简而不烦琐。先时未曾布市廛交易，到神农时，才教人布列店房于国都之中，每日中开市一遭，招致天下之人民，收聚天下的货物。如为农的有米谷，为工匠的有各样器皿，都把来交换买卖了，方才退去。人人各得其所欲，甚为方便。这是后世商贾之所由起。神农氏以火德王天下，当时适有火瑞，于是以火纪官，故为火师，而以火名官。如春官名大火，夏官名鹑火，秋官名西火，冬官名北火，中官名中火之类是也。

炎帝之世，诸侯夙沙氏叛，不用帝命，其臣箕文谏而被杀。炎帝益修厥德，夙沙之民，自攻其君，而来归其地。于是南至交趾，北至幽都，东至旸谷，西至三危，莫不从其化也。在位一百四十年，崩于长沙之茶乡。

夙沙氏，是当时诸侯的名号。箕文，是夙沙氏之臣。交趾、幽都、旸谷、三危、长沙、茶乡，都是地名。

炎帝神农氏之世，诸侯有夙沙氏背叛，不奉行神农的命令。他有个贤臣叫做箕文，谏他，反被他杀了。夙沙氏之无道如此，神农也不去征他，只益修自己的德政以感化之。于是夙沙氏的百姓，都恶夙沙氏之无道，而仰神农之德化，遂自攻杀其君夙沙氏，而以其地来归。于是南边至交趾，即今安南国地方；北边至幽都，即今顺天府地方；东边至旸谷，即今东海边日出的地方；西边至三危，即今陕西沙州地方，莫不服从神农之教化也。在位一百四十年，因巡狩而崩于长沙之茶乡。

黄帝有熊氏

黄帝，是帝号。有熊，是国名。黄帝以国为氏，故称黄帝有熊氏。

姓公孙，讳轩辕，有熊国君之子也。生而神灵，长而聪明。是时神农氏为天子，诸侯相侵伐，神农氏不能征。炎帝侵陵诸侯，蚩尤最为强暴。轩辕修德治兵，与炎帝战而胜之，又禽杀蚩尤于涿鹿。于是诸侯咸归轩辕，遂推轩辕代神农氏为天子，是为黄帝。

讳，是名讳。禽，是拿获，与擒字一样。

黄帝姓公孙，名轩辕，是有熊国君之子。他生下来就神圣灵异，不可窥测，到年纪长大，越发聪明过人，天命人心已有所归矣。此时炎帝神农氏的后代子孙衰弱，管不得天下，各国诸侯彼此相侵陵攻伐。炎帝既不能征讨，反去侵陵那诸侯。而其时诸侯中，有名蚩尤者，更为刚强暴虐，人受其害。轩辕不忍见天下之乱，因此内修德政，外振兵威，伐炎帝而胜之，又禽获蚩尤于涿鹿地方。于是四方诸侯，怀德畏威，都来归附轩辕，遂推尊轩辕替神农氏为天子，是为黄帝。

元年，黄帝既为天子，于是始立制度，天下不顺者，从而征之。其土地东至于海，西至于崆峒，南至于江，北逐薰鬻，邑于涿鹿之阿。迁徙无常，以师兵为营卫，以云纪官，有土德之瑞。举风后、力牧、大山、稽、常先、大鸿，得六相而天下治，神明至。

崆峒，是山名。薰鬻，是北虏名。邑，是帝王所居的去处，叫都，又叫邑。涿鹿，是地名，即今之涿州。阿，是地势弯曲处。风后、力牧、大山、稽、常先、大鸿，是六个臣名。

黄帝即位之元年，既立为天子，于是创立治天下的法度。天下诸侯，若有不顺从法度的，即用兵征讨之。其所管的地方，东边到于海，西边到于崆峒山，南边到于江，北边驱逐虏人薰鬻，使之远遁，遂建都于北方涿鹿之阿。然虽建都于此，却迁移不定，或在这里住，或在那里住，所至无城郭，只以众兵周围摆列，如营垒一般护卫着。因受命有云瑞，遂以云纪官。如春官为青云氏，夏官为缙云氏，秋官为白云氏，冬官为黑云氏，中官为黄云氏。又有土德之瑞，举用风后、力牧、大山、稽、常先、大鸿。得了这六个贤人为相臣，于是治道通乎天地。上无日月星辰失度之变，下无山崩川竭水旱之灾，虽神明亦感而至，如河图献瑞之类是也。

帝受河图，见日月星辰之象，于是始有星官之书。命大挠探五行之情，占斗纲所建，于是始作甲子。命容成造历，命隶首作算数，命伶伦造律吕，命车区占星气，容成兼而总之。为文章以表贵贱，作舟车以济不通，画野分州，得百里之国万区。八家为井，井一为邻，邻三为朋，朋三为里，里五为邑，邑十为都，都十为师，师十为州。设左右大监，监于万国。举封禅之礼，作《咸池》之乐。远夷之国，莫不入贡。黄帝二十五子，得姓者十四人。正妃二子，一曰玄嚣，二曰昌意，皆为诸侯。黄帝崩，人以为仙去。子玄嚣立，是为少昊金天氏。

斗纲，是北斗的柄。大挠、容成、隶首、伶伦、车区，都是臣名。封禅，是祭名。咸池，是乐名。

黄帝既受河图之瑞，仰观于天，见日月星辰之垂象，于是设灵台，立五官，或占日、或占月、或占风，从此才有星官之书。初时伏羲作甲历，起于甲寅，以纪岁月昼夜方位而已。至是又命大挠因其法，探金木水火土五行之情，占斗柄所指之方，始作甲子。亦用支干相配以名日，而定之以纳音，如甲子乙丑属金，丙寅丁卯属火之类。命容成造历日以定四时，即今《大统历》便是。又命隶首作百十千万之算数，即今九章算法便是。又命伶伦取嶰谷之竹，截而吹之，造为六律六吕以正五音。又命车区占星气以验灾祥。仍命容成兼总其事。又染五采为文章，以表贵贱之分，如旗帜车服之类，各有等级是也。又作舟行水，作车行陆，济道路之不通者。既而俯察于地，画九野，分九州，得百里之国万区。乃合八家做一井，井一为邻，合三邻做一朋，合三朋做一里，合五里做一邑，合十邑做一都，合十都做一师，合十师做一州。设左右大监之官，使他监临万国，如今总督巡抚是也。又举封禅之礼以祭天地，作《咸池》之乐以和神人。时远方四夷之国，都来进贡。帝生二十五子，得姓者一十有四人。正妃所出有二子，长名玄嚣，次名昌意，初皆为诸侯。及黄帝没，人以为仙去，玄嚣以长嗣立，是为少昊金天氏。

五帝纪

五帝，是少昊、颛顼、喾、尧、舜。按谥法，德象天地谓之帝。以上五君，皆有配天地之德，故称五帝。这后面通是记五帝的事迹，故曰《五帝纪》。

帝少昊

少昊名挚，姓己，黄帝之子玄嚣也。母曰嫘祖，感大星如虹，下临华渚之祥而生帝。黄帝之世，降居江水，邑于穷桑，故号穷桑氏。国于青阳，因号青阳氏。以金德王天下，遂号金天氏。能修太昊之法，故曰少昊。都曲阜。

华渚、穷桑、青阳、曲阜，都是地名。

史臣说：帝少昊名挚，姓己，即前面说的黄帝之子玄嚣也。其母是黄帝正妃，名叫做嫘祖。曾出游于华渚地方，适有大星光耀如虹霓一般，下临其地。嫘祖因感着这祥瑞，遂怀孕而生帝少昊。当黄帝在位之时，少昊初封为诸侯，降居江水地方，又迁邑于穷桑之地，故号穷桑氏。又曾建国于青阳之地，又号青阳氏。到后来继黄帝而即帝位。黄帝以土德王天下。土能生金，故少昊以金德王天下，遂改号为金天氏。以其能修举太昊伏羲氏治天下的法度，故称为少昊。少昊王天下之后，定国都于曲阜。

元年，少昊之立也，凤鸟适至，因以鸟纪官。帝之御世也，诸福之

物毕至。爰书鸾凤，立建鼓，制浮磬，以通山川之风。作《大渊》之乐，以谐神人、和上下，是曰《九渊》。

书鸾凤，是图写鸾凤的形象。建鼓，是大鼓。浮磬，是采地上浮石做成的磬。大渊，是乐名。

少昊之元年，凤鸟适然来至。这凤鸟是不常有的瑞物，其来又正当即位之初，少昊因此祥瑞，故以鸟纪官。如凤鸟氏历正、玄鸟氏司分之类是也。不但有此凤瑞而已，自他在位之时，凡飞潜动植，诸福之物，莫不尽至焉。少昊于是使人描写那鸾凤的形象于乐器上，又设立建鼓，制造浮磬。作《大渊》之乐，以通山川之风气；用之祭祀郊庙，以谐神人；用之宴享朝会，以和上下。乐有九成，是以名曰《九渊》。盖自伏羲、黄帝时，皆已作乐，而至此又加备矣。

少昊氏衰，九黎乱德。天下之人，相惧以神，相惑以怪，家为巫史。民渎于祀，灾祸荐至。帝在位八十四年崩，寿一百岁，葬于云阳，故后世又曰云阳氏。兄昌意之子高阳立，是为帝颛顼。

衰，是衰老。九黎，是黎氏九人，乃少昊时的诸侯。巫史，是祝祭祈禳的人。云阳，是地名，在今山东曲阜县东北。

少昊氏至衰老之时，有诸侯黎氏九人，欲乱其德政，造为鬼神怪异之说，以愚天下之人。而人或信之，以鬼神相恐惧，以怪异相煽惑。于是人家都为巫史，烦渎于祭祀，以求禳灾免祸。如近世假降邪神之类，不知祭不可渎，渎则不敬，灾祸反荐至焉。盖九黎见帝衰老，欲民归己，故鼓惑如此。然帝素能修太昊之法，而彼又是邪说，故终不能改其历数也。帝在位八十四年崩，寿一百岁，葬于云阳地方，故后世又称为云阳氏。兄昌意之子高阳氏继立，下面所称帝颛顼的便是。

按前称黄帝正妃二子，一曰玄嚣，二曰昌意。此称昌意为兄，前后疑有一误，修史者仍而弗改，盖疑以传疑之意也。

帝颛顼

帝颛顼，号高阳，黄帝之孙，昌意之子。

帝颛顼，号高阳氏，乃黄帝之孙，昌意之子，少昊之侄也。

元年，土地东至于蟠木，西至于流沙，南至于交趾，北至于幽陵。颛顼静渊以有谋，疏通而知事，动静之物，小大之神，莫不砥属。颛顼崩，玄嚣之孙高辛立，是为帝喾。

动，是物之有知的。静，是物之无知的。砥，是平定的意思。属，是服属。

颛顼承黄帝少昊已成之业，而又圣德广被，为四海所归，故其即位之元年，所管的土地，就极其广大。东边到蟠木地方，西边到流沙地方，南边到交趾地方，北边到幽陵地方。颛顼之德，沉静渊深而有谋虑，疏畅通达而知事理，足以通幽明之故，而为神人之主。于是明而万物，或动的，或静的；幽而百神，或小的，或大的，无不坦然安定而皆来归属。颛顼享年九十六岁而崩，于是玄嚣之孙高辛继立，号为帝喾。不立颛顼之后，而立高辛者，必以高辛氏有圣德故也。

帝喾

帝喾，号高辛。玄嚣之孙，黄帝之曾孙也。

高辛，是地名。帝喾起于高辛，因以为号。是帝玄嚣之孙，黄帝之曾孙也。

元年，帝聪以知远，明以察微。顺天之义，知民之急，仁而威，惠而信，修身而天下服。取地之财而节用之，抚教万民而利诲之，历日月而迎送之，明鬼神而敬事之。其色郁郁，其德嶷嶷。其动也时，其服也士。帝喾既执中而遍天下，日月所照，风雨所至，莫不服从。帝喾崩，其子挚立。

郁郁，是和穆的意思。嶷嶷，是凝重的意思。

帝喾的资性聪察，于事能见到那深远的去处。又明睿，于理能穷到那精微的去处。行事则顺乎天之义理，而不敢违越；治民则知那紧急所在，而不敢迟缓。以仁存心，而宽严相济，是仁而有威；有惠及物，皆实心实政，是惠而能信。修身以化天下，而天下自然顺从，不待以法度强之也。取材于地，而用之有节；安抚万民，而施以教诲。按黄帝时所造历书，以察日月之晦朔弦望而成岁时，日来则迎之，去则送之。又能明于鬼神之理，而敬以事之。其容色，则郁郁和穆，有人君之容；其德性，则嶷嶷凝重，有人君之德。凡百举动，务要合乎时宜，不肯任其私意。穿的衣服，只与士人一样，不肯过乎华靡。凡此皆中道所在，而帝能执之，以遍施乎天下。是以天下之人，不止近者悦服，但凡日月照临的去处，风雨沾被的去处，亦无不悦服而顺从者。在位七十五年而崩，其子挚继立。

帝尧

帝尧，喾之子，挚之弟也。挚立，封尧为唐侯。挚崩，尧立。

帝尧是帝喾之次子，挚之弟也。挚以长子继喾而立，封尧为唐侯。其后挚以荒淫见废而崩，于是诸侯尊尧，立为天子。

元年，其仁如天，其智如神。就之如日，望之如云。富而不骄，贵而不舒。黄收纯衣，彤车白马，茅茨不剪。

收，是冕名，其色黄，故曰黄收。纯字，读作缁字，是黑色。彤，是赤色。茅茨，是茅草，以之覆屋者。

帝尧继帝挚而即位，始称元年。尧之德，其仁广大，如天之无所不覆。其智通微，如神之无所不知。近者莫不依就他，如向日之光华；远者莫不瞻望他，如仰云之覆渥。虽富有四海，能恭俭而不矜肆；虽贵为天子，能敬谨而不怠缓。所戴的是黄冕，所着的是黑衣，所乘的是赤车，所驾的是白马，所居的宫室上面是茅草覆盖的，不用剪裁修饰。

存心于天下，加志于穷民。一民饥，曰我饥之也；一民寒，曰我寒之也；一民有罪，曰我陷之也。百姓戴之如日月，亲之如父母。仁昭而义立，德博而化广。故不赏而民劝，不罚而民治。

帝尧之心，时常念着天下，尤加意于失所的穷民。一民无食而饥，就说是我不能足其食以饥之也。一民无衣而寒，就说是我不能足其衣以寒之也。一民犯法而有罪，也说是我平日不能教化他，使之陷于有罪也。把这几件百姓的事，都任以为己责，所以百姓仰戴他如日月一般，亲爱他如父母一般。仁昭而惠泽极其显著，义立而法制无所废弛。德之所施者博大，而化之所及者广远。当时之民，不待爵赏而自劝于善，不待刑罚而自顺其治。《书》所谓“黎民于变时雍”者是也。

是时，十日并出，焦禾杀稼。又有大风、猰貐、封豨、修蛇，皆为民害。尧乃使羿，缴大风于青丘之泽，上射十日，下杀猰貐，断修蛇于洞庭，擒封豨于桑林。万民欣悦，莫不向服。定天下道里远近广狭之名。

猰貐，是兽名。封豨，是大豕。修蛇，是长蛇。羿，是人名，古之善射者。青丘、洞庭、桑林，都是地名。

当尧即位之初，七政失缠，有妖日并出于天上，其光酷烈，把下面的禾稼都焦槁了。又有怪物能作大风，坏人屋舍，恶兽猰貐、大豕、长蛇，都为民害。帝尧乃使善射的人名羿者，以丝系矢，缴大风于青丘之泽。又上面射去十日，下面击杀了猰貐，斩长蛇于洞庭之滨，擒大豕于桑林之野。一应害人之物，皆驱除了。由是万民得以全生，欣喜欢悦都来归服。然后将天下道里远近广狭，各定其东西南北方向之名。盖尧承帝挚之后，朝政荒乱，戾气充塞，故天象见异，物怪并兴。及七政既齐，帝德广运，则万邦协和，而天人交应矣。然此亦作史者传疑之言，固未足深信也。

是时洪水为灾，尧问群臣，举能治水者。四岳举鲧，使之治水。鲧为人方命圮族，尧试用之，果然功绩弗成。

尧时大水为灾，下民受害。尧问群臣，举善治水之人。四岳举崇伯鲧。然鲧之为人，违背上命，伤败族类。尧已知其不可用，但急于救民，又因四岳强举，姑试用之。鲧乃不知顺水之性，枉兴徒役，筑堤障塞，九载不能成功，尧遂废之。

尧作乐，名曰《大章》。

尧作一代之乐，以和神人，叫做大章。此时尧之政教大行，法度章明，故乐名《大章》，以象德也。

尧之子名丹朱，不肖。在位七十年，尧求贤德可以逊位，群臣咸举舜。舜为人贤明，尧亦闻之，于是以二女妻舜。舜以德化率二女，皆执妇道。尧以舜为贤，遂使之摄位。

尧子丹朱，为人嚚讼，不能象尧之德，难以君临天下。尧在位已七十年，渐觉衰老，要求贤圣有德之人，托以天下，群臣乃同举虞舜。舜为人，极其贤孝聪明，尧亦素闻之。欲传以天下，先试他仪刑于家者何如，于是将二女娥皇、女英，与舜为妻。舜则以德化导二女，都恪执妇道，不敢以贵骄其夫子，慢其舅姑。又将难事历历试他，都随事有功。尧乃信舜果是贤圣，遂使权摄帝位，代行天子之事。

又二十八年，尧崩。在位九十八年，寿一百九十八岁。舜避尧之子丹朱于河南，天下朝觐狱讼者，不归丹朱而归舜。舜于是即天子之位。

舜摄位二十八年，尧乃弃世，计在位九十八年，享年一百九十八岁。舜仍要让位与尧之子丹朱，乃避处于河南地方。然帝尧付托有素，天下蒙舜德泽已久，都一心爱戴。故诸侯朝觐者，狱讼求平者，皆不归往丹朱，而归往于舜。舜见天命人心归向于己，不得复辞，于是即天子之位。

帝舜

帝舜，黄帝八代孙也。黄帝生昌意，昌意生颛顼，颛顼生穷蝉，穷蝉生康敬，康敬生句芒，句芒生蟜牛，蟜牛生瞽叟，瞽叟生舜，姓姚氏。舜母死，继母生象。父母及象，皆下愚不移。瞽叟惑于后妻并少子，尝欲杀舜。舜尽孝悌之道，事父母，待其弟，每尤加恭顺。耕于历山，历山之人皆让畔；渔于雷泽，雷泽之人皆让居；陶于河滨，河滨之器不苦窳。所居成聚，二年成邑，三年成都。二十以孝闻。三十，尧之子丹朱不肖，求可以代己位者，四岳群臣皆举舜。尧乃召舜，舜至，尧将逊以位，先察试其才能。乃使之慎徽五典，五典克从；纳于百揆，百揆时序；宾于四门，四门穆穆；纳于大麓，烈风雷雨弗迷。

帝舜，是黄帝第八代的孙。始初黄帝生昌意，昌意生帝颛顼，帝颛顼生穷蝉，穷蝉生康敬，康敬生句芒，句芒生蟜牛，蟜牛生瞽叟，瞽叟生舜，姓姚氏。舜的生母早故，瞽叟又娶后妻，生个儿子，名叫做象。舜之父母与其弟象，都是下等极愚的人，不可以道理化改者。瞽叟因偏听了后妻与少子象之言，三个人尝谋要杀舜。舜知道了，设法躲避，方才得免。然未尝以此怀怨，只尽自家孝悌的道理，事其父母，待其弟，每每愈加恭敬和顺。盖但知我为子为兄的道理当尽，而父母之不慈，与其弟之不善，所不计也。舜虽是黄帝之后，至其父祖时衰微，身无爵禄，穷居畎亩之中，不免为耕稼陶渔之事以养父母。而其至圣之德，见者无不感化焉。尝耕田于历山，那历山之人都彼此逊让其所耕的田界；尝取鱼于雷泽，那雷泽之人都彼此逊让其所居的屋地；曾烧造瓦器于河滨，那河滨的人都学他一般信实，做出来的器皿，个个完美中用，没有苦窳不堪的。凡舜所住的地方，人便都来归依他，成一个聚落。及至二年，日渐加多，就如一个县治。及至三年，愈加辏集，就如一个都会。其为人所信从如此。舜才二十岁时，人就都闻他的孝名。至三十岁时，帝尧因其子丹朱不肖，访求有德之人，可以代己位者，四岳与群臣众口一辞，都荐举他。尧乃使人召舜，舜既来到，尧欲传以天子之位，然犹未敢轻易，且先察试其才能。乃使舜为司徒之官，使之修明君臣、父子、夫妇、长幼、朋友之五典。舜则敬慎以美其教化，而人之具此五伦者，莫不克从。又使为百揆之官，统领众职。舜则及时以修举庶务，而事之总于百揆者，莫不时序。又使他兼管四岳，以宾礼四方诸侯。舜则能以礼辑和那来朝之诸侯，莫不穆穆然极其和顺。又因洪水为患，使舜到山林中相度形势。适遇猛风雷雨，人皆惊惧失常，舜则神气自如，略不迷乱。帝尧历历试舜，见其才德器量，无所不宜如此，然后决意付以大位也。

是时高阳氏有才子八人，天下谓之“八恺”。高辛氏有才子八人，天下谓之“八元”。世济其美，尧未及举。舜于是举“八恺”，使主后土；举“八元”，使布五教于四方。尧于是使舜摄位。又帝鸿氏有不才子，号曰浑沌；少皞氏有不才子，号曰穷奇；颛顼氏有不才子，号曰梼杌；缙云氏有不才子，号曰饕餮，谓之“四凶”。尧未能去，舜皆投之四裔，即共工、驩兜、三苗、鲧也。舜以鲧治水无成功，于是殛之于羽山，举其子禹，使之治水。舜摄位之后，二十八年，尧崩。舜避位于河南。天下朝觐、讴歌、讼狱者，不归尧之子而归舜，舜遂即天子之位。

高阳氏、高辛氏、帝鸿氏、少皞氏、颛顼氏，皆上古帝王的后代。缙云氏，是上古夏官的后代。四裔，是四方边远之地。

当舜相帝尧之时，高阳氏有才子八人：苍舒、隤敳、梼戭、大临、龙降、庭坚、仲容、叔达。这八个人都有和粹之德，天下之人号他做“八恺”。高辛氏有才子八人：伯奋、仲堪、叔献、季仲、伯虎、仲熊、叔豹、季貍。这八个人都有善良之德，天下之人号他做“八元”。“八恺”“八元”十六族，世世成其美德，帝尧未及举用他。舜于是荐举“八恺”于帝尧，使他为司空之官，主土地之事。又荐举“八元”，使他为司徒之官，布五教于四方。那时帝鸿氏有不才子一人，号做浑沌；少皞氏有不才子一人，号做穷奇；颛顼氏有不才子一人，号做梼杌；缙云氏有不才子一人，号做饕餮。浑沌、穷奇、梼杌、饕餮四族，世世成其凶德，总名“四凶”。尧未及除去他，至舜则皆除去之，投弃于四方边远之地，即《书经》上所载共工、驩兜、三苗、鲧四人也。舜既殛杀鲧于羽山，知鲧有贤子名禹，又举而用之，使他继其父以治水，而功绩果成。不以其父之恶而弃其子之善也。夫舜为天下举贤去凶，有功德于民甚多，所以摄位之后，到二十八年，帝尧崩时，舜虽避位于河南，以让尧之子丹朱，而天下同心归之。凡来朝觐的、讴歌圣德的、求决狱讼的，都不肯归尧之子，而惟归舜。舜以人心归己，不得终辞，遂继帝尧而即天子之位。

元年，舜既即位，号有虞氏。使禹为司空，弃为后稷，契为司徒，皋陶为士，垂为共工，益为朕虞，伯夷为秩宗，后夔为典乐，龙作纳言，是所谓九官也。舜作乐，名曰《九韶》之乐。舜之子商均，亦不肖。舜于是荐禹于天，使之代己位。舜在位五十年，南巡狩，崩于苍梧之野，在位五十年，寿一百一十岁。禹避商均之位于阳城，天下不归商均而归禹，禹遂即天子位。

禹、弃、契、皋陶、垂、益、伯夷、夔、龙，俱人名。司空、后稷、司徒、士、共工、虞、秩宗、纳言，俱官名。

舜既即天子之位，国号称有虞氏。以为治天下惟在任人，任人当量才擢用。于是使禹做司空之官，管治水土；弃做后稷，管教稼穑；契做司徒，掌教化；皋陶做士师，掌刑法；垂做共工，掌百工之事；益做虞官，掌山泽草木鸟兽；伯夷做秩宗，掌郊庙社稷之礼；夔主作乐，以和神人；龙做纳言，以宣上命，遂下情。古称舜时有九官，皆贤圣之佐，即此九人也。九官既命，各称其职，所以事事做得停当，而舜则恭己无为，成四方风动之治。治功既成，乃象其功德作乐，以奏于祭祀燕飨，名为《九韶》之乐。韶字解做继字，以其继尧成功，故称为韶。乐有九奏，故曰《九韶》。舜的子叫做商均，亦如丹朱不肖，不可以治天下。看得群臣之中，可传天下，无过禹者，于是荐举于天，使代己即位。舜在位五十年，往南方巡狩，遂崩于苍梧地方，寿一百一十岁。禹不敢受舜之禅，还欲商均继立，避到阳城。其时天下之朝觐、讼狱者，不归商均，都去归禹。禹知天命人心不可终辞，遂继舜即天子之位。

夫三代以前，君天下者，禅继无常，而天命人心，惟归有德。自禹以后，父子相传，遂为定制。然而祚之长短，亦系乎德之盛衰。则夫创业垂统，与继体守成之君，欲为传世无穷之计，皆不可不以德为务也。

卷之二

夏纪

夏，是禹有天下之号。

大禹

大禹，黄帝之玄孙也，姓姒氏。黄帝生昌意，昌意生颛顼，颛顼生鲧，鲧生禹。尧时洪水滔天，鲧治水无功，殛死。舜既摄位，举禹使续父业。禹为人克勤敏给，其德不违，其仁可亲，其言可信，声为律，身为度。禹伤父鲧功不成而受诛，乃劳身焦思，居外十三年，过家之门不入。陆行乘车，水行乘船，泥行乘橇，山行乘欙。左准绳，右规矩，以开九州，通九道，陂九泽，度九山。命益予众庶之稻，可种卑湿。命后稷予众庶难得之食。食少，调有余而均给诸侯。

史臣记：夏禹王，乃黄帝第五代玄孙也，姓姒氏。起初黄帝生昌意，昌意生颛顼，颛顼生鲧，鲧生禹。当尧之时，洪水滔天，尧使鲧治水无功，舜既摄位，殛之于羽山。以禹圣智过人，就举他使继父鲧之职，以终其治水的事业。禹为人勤谨，才又敏捷，无有所为，件件速成。其德不违于理，其仁慈爱可亲，其言诚实可信。他的声音，洪亮中节，就可以为乐中之律吕；他的身体，长短有则，就可以为量物丈尺。其圣质本于天成如此。禹痛父鲧功不成而受诛，于是劳苦其身体，急焦其心思，汲汲要成治水之功。在外十三年之久，虽便道经过家门，也不肯到家里一看。其子启才生数日，呱呱而泣，禹亦不顾。其为国忘家如此。当治水时，在平地上行，则乘车；在水中行，则乘船；在泥地里行，则乘橇，以板为之，其形如箕，擿行泥上，取其不滑也；在山上行，则乘檋，以铁为之，其形如锥，长半寸，安在履下，以上山，取其不蹉跌也。他一举一动，都合乎法则。左有所为，就是为平直的准绳；右有所为，就是为方圆的规矩。盖随他行出来的，或左或右，无不当也。前此天下，虽有冀、兖、青、徐、荆、扬、豫、梁、雍九州，被洪水昏垫，疆界不甚分明。至此水土既平，始分别开九州，通了九州的道路，陂障九州之泽，遍历九州之山。看那下湿之地，宜种稻子，命伯益与百姓稻子，使种于下湿的水田。水土初平，五谷难得，命后稷教之播种五谷，与百姓以难得的粒食。播种虽同，所收未免多寡不一。食有不足者，则调转那有余的以补之，均平给与诸侯，使无一国一民之饥者。

夫大禹平水土，教稼穑，不惟终君之命，又且盖父之愆，泽博九州，功被万世，此所以为有夏一代之圣王也。

禹乃行，相地所有以贡，及山川之便利。于是水害皆息，九州攸同，四隩可居。禹使章亥步自东极，至于西垂，二亿二万三千五百里七十一步。又使坚亥步自南极，至于北垂，二亿三千五百里七十五步。四海之内，东西二万八千里，南北二万六千里。尧于是锡禹以玄圭，告其成功。舜既即位，乃使禹为司空，以宅百揆。舜之子商均不肖，乃荐禹于天，使代己位。舜崩于苍梧，禹避之于阳城。天下之人，不归商均而归禹，遂即天子之位。

相，是相度。贡，是贡献。九州，是冀州、兖州、青州、徐州、扬州、荆州、豫州、梁州、雍州。隩，是水涯。章亥、坚亥，都是人名。玄圭，是黑玉成造的圭。苍梧、阳城，都是地名。

禹既平水土，乃举行贡法，相度各处地土所有之物，以贡于天子。如兖州贡丝、青州贡盐、扬州贡金之类。又因道路未通，相度山川之便利，斩木以通之。向者洪水为灾，到这时节，水归故道，其害宁息，九州之域，皆就平治，无有不同。虽四海之隩，水涯之地，皆可居处。禹乃使章亥步算，自极东以至于极西的地方，得二亿二万三千五百里零七十一步。又使坚亥步算，自极南以抵于极北的地方，得二亿三千五百里零七十五步。除四海之外、荒服之远不计外，其在四海之内，正朔所加、声教所及者，东西二万八千里，南北二万六千里。按《汉·地志》，三代之前，中国疆域，东西计九千里，南北一万三千里。今章亥所算，盖开方之法，故里数之广如此，其实不过如《汉志》所云也。尧以禹治水功大，赐以玄玉之圭，以酬其劳绩，而以其成功告于上帝焉。及尧禅位于舜，舜既即帝位，乃命禹以司空之官，居百揆之任，使之统领百官，揆度庶政，故谓之百揆也。时舜之子商均不肖，不可以君临天下，舜于是荐禹于天，使代己位。后舜巡狩，崩于苍梧之野。禹仍以位让商均，避之于阳城地方。然天下朝见、讼狱、讴歌者，皆不归商均而归禹，禹以人心天命有在，不容终辞，遂及天子之位。

元年，禹既即位，国号夏。仍有虞，以建寅月为岁首。色尚黑，牲用玄，以黑为徽号。作乐曰《大夏》。夏，大也，言能大尧、舜之德也。悬钟、鼓、磬、铎、鞀，以待四方之士。曰：教寡人以道者，击鼓；谕以义者，击钟；告以事者，击铎；语以忧者，击磬；有狱讼者，摇鞀。一馈而十起，一沐三握发，以劳天下之民。

禹继舜即位改元，因所封之国在夏，遂定有天下之号为夏。前此有虞以建寅之月为岁首，以其得时令之正，遂因而不改。以水德王天下，水色黑，故以黑为尚。祭祀的牺牲，毛色用玄，凡章服旗帜之类，都用黑色，从其所尚也。禹既治定功成，作为一代之乐，叫做《大夏》。夏是广大的意思，言能广大尧、舜之德也。禹又恐天下道理事务不能周知，民情利病无由上达，于是将钟、鼓、磬、铎、鞀五样乐器，挂在外面，以待四方之士。各刻字于其架上说：有来教诲寡人以道德者，则击鼓；晓谕以义理者，则撞钟；告以事务者，则振铎；语以忧患者，则敲磬；有狱讼求决断者，则摇鞀。禹在里面听得那一件乐器声响，便知是那一项人求见，就着他进见，一一言之。是以每一饭时，尝起十次，一洗沐时，尝三绾其发，勤于接见咨访，不遑自爱其身，以劳天下之民，使之各得其所而后已。

夫圣如大禹，犹不以成功自满，方且多方求言，勤于听纳如此。此智之所以为大，而成有夏配天之业也。

出见罪人，下车问而泣之，左右曰：“罪人不顺道，君王何为痛之？”禹曰：“尧、舜之人，皆以尧、舜之心为心。寡人为君，百姓各自以其心为心，是以痛之。”

大禹出外巡行，路上遇见一起犯罪的人，心中不忍，便下车来问其犯罪之由，因而伤痛垂泣。左右的人问说：“这犯罪之人，所为不顺道理，正当加以刑罚，君王何故痛惜他？”禹说：“我想尧、舜为君之时，能以德化人，天下的人都体着尧、舜的心为心，守礼安分，自不犯刑法。今我为君，不能以德化人，这百姓每各以其心为心，不顺道理，所以犯罪。则犯罪者虽是百姓，其实由我之不德有以致之。故我所以伤痛者，痛我之德衰于尧、舜也。”

初舜分天下为十二州，禹复为九州。收天下美铜，铸为九鼎，以象九州。

初舜为天子时，把天下地方分为冀、兖、青、徐、荆、扬、豫、梁、雍、幽、并、营十二州。至禹时，将并、幽二州复合于冀州，营州复合于青州，仍前为九州。九州既定，于是将天下所贡方物之中，取其铜之美者，铸成九个大鼎，以象九州。又把九州山川所有怪物，都铸在鼎上，使民识其形象而避之也。

昔黄帝作车，少皞加牛，奚仲加马。禹命奚仲为车正，建旌旗斿旐上声，以别尊卑等级。

车正，是官名。旌，是干旄上插的雉羽。斿，是太常垂下的直幅，幅上画交龙的叫做旗，画龟蛇的叫做旐。

上古人不知乘车，至黄帝时，始造为车。至少皋时，始以牛驾之。至禹时，有臣叫做奚仲，又加以马。禹就命奚仲为车正之官，专管车驾之事。又制为旌旗斿旐等物，设于车上，自天子以至诸侯大夫，各有不同。于是尊卑等级皆有分别，又所以辨上下，定民志也。

古有醴酪，禹时仪狄作酒，禹饮而甘之，遂疏仪狄，绝旨酒。曰：“后世必有以酒亡国者。”

醴，是薄甜酒。酪，是将牛马乳造成酒浆。

古时只有醴酒酪浆，至禹时，有个人叫做仪狄，始用曲糵造酒，其味甚美，与醴酪不同。禹饮其酒，觉得甘美，有好之之意。恐因此妨了政事，就疏远仪狄，断绝旨酒，再不饮它。说道："酒之可好如此，后世人君，必有以酒之故，流连迷乱，而亡其国者。"

夫酒之作，本为祭祀燕享之用，岂能遽亡人国？但好之无厌，其祸必至于此。圣人见事之始，而即虑其所终，故深恶而豫防之如此。其后禹之子孙名桀者，果以酒为池而亡天下，然则禹之为虑，岂不远哉！

禹任皋陶、益以国事。

皋陶、益，都是贤臣，先时与禹同事虞舜，至禹即位，遂委任二人以国政。

是时，天雨金三日。

是时，禹之德感格于天，天降以祥瑞，下金三日，如雨一般。这事经史上不载，只一见于子书，未知果否。

禹娶涂山氏女，生子启。辛、壬、癸、甲。启呱呱而泣，禹弗子。惟荒度土功。

涂山，是国名。呱呱，是啼哭声。荒，是大。度，是经营。

禹治水时，娶涂山氏之女为妻，生一子名启。成婚之后，只在家住了辛、壬、癸、甲四日，就出去治水，不以妻为念。及启初生，呱呱而泣，禹也不以子为念。娶妻生子，皆不暇顾，惟以水土未平，奔走于外，大相度那平治水土之功。盖知有人民之忧，而不知有妻子之乐也。这是禹未即位的事，编《通鉴》者附见于此。

禹南巡狩，会诸侯于涂山。承唐、虞之盛，执玉帛者万国。禹济江，黄龙负舟，舟中人惧。禹仰天而叹曰："吾受命于天，竭力以劳万民，生寄也，死归也，余何忧于龙焉！"视龙犹蝘蜓，禹颜色不变。须臾，龙俯首低尾而逝。禹致群臣于会稽，防风氏后至，禹戮之。

涂山、会稽，都是地名。玉帛，就是《书经》上五玉三帛，乃诸侯所执以见天子者。寄，是寄寓。蝘蜓，是蜥蜴，形如蝎虎而稍大。防风氏，是诸侯之国。

禹为天子，遵虞舜五载巡狩之制，曾往南方巡狩，大会诸侯于涂山地方。禹之功德，既足以感动人心，又接着那唐、虞极盛之后，所以诸侯每无远无近，都来朝见。一时执玉帛而聚集于涂山者，有万国之多。当巡狩渡江之时，忽有一黄龙来负其船，船上的人都恐惧失色，独禹不怕，仰面向天叹说："我受天之命，尽心力以勤劳万民，万民既安，吾事毕矣。至于人生在世，就是客中寄住的一般，死了，便是回还到家里一般。生乃其暂，死乃其常也。纵是龙能覆舟为害，我何惧焉！"当时禹看那龙，只如蝘蜓小虫一样，颜色略不变动。须臾间，那龙亦低头拖尾而去，恰似闻禹之言，而委顺驯扰，不敢为害也。禹又曾朝会群臣于会稽地方，诸侯皆依期而至，惟有防风氏恃其勇力，不恭王命，到的独迟。禹执而杀之，以儆诸侯。

有典则以贻子孙。

典则，是一代的典章法度，如今时《大明会典》与律令条例之类。贻，是传流的意思。

禹以为创业之君，不立下一代的典章法度，则后王何所遵守，于是以其治天下之大经大法，著为谟训，留与子孙，使世守之。以后禹之子孙，传世几五百年，实赖此以为之维持也。

禹尝荐益于天七年。禹崩，在位九年，寿一百岁。益避位于箕山。天下之人，不归益而归启，启乃即天子之位。

益，是禹之贤相。禹以其可传天下，尝荐举于天者七年，禹崩。禹年老即位，所以在位止九年，寿一百岁。禹崩后，益不敢当禹之禅，避在箕山，让位于启。然天下臣民思禹之德，而知启之贤，皆不归益而归启，启乃即天子位。

帝启

元年，启既即位，乃即钧台以享诸侯。时有扈氏无道，威侮五行，怠弃三正。启召六卿以征之。大战于甘，灭之。启在位九年，子太康立。

钧台，是台名，在今河南钧州。有扈，是国名，即今陕西鄠县。甘，是地名。威，是作威。侮，是轻侮。五行，是金、木、水、火、土。在天有五行之气，在地有五行之质，在人有五行之理。怠，是怠慢。弃，是废弃。三正，是建子、建丑、建寅三个月。古人迭用以为岁首之正月也。六卿，是六乡之卿。古时每乡卿一人，六乡有六卿，平居无事，则各掌其乡之政教禁令，而属于大司徒；有事出征，则各率其乡之一万二千五百人，而属于大司马，与王朝六卿不同。

夏启王即位之元年，四方诸侯来朝，启乃就钧台以朝享诸侯。那时诸侯中，有个有扈氏，所为不顺道理，擅作威势，轻侮五行。凡所行事，都背了五常之理，拂生长收藏之宜，而暴殄天物；又恣行怠慢，废弃三正，不奉夏之正朔。其狂悖不臣如此。启于是命六乡之卿，帅六军亲去征伐。大战于其国之南郊，遂灭其国。启在位九年崩，子太康立。

按孟子称启贤，能敬承继禹之道，其德可纪述者必多。此只载享诸侯、征有扈二事，乃作史者未之详考也。

太康

元年，太康即位，荒逸弗恤国事，畋猎于洛水之表，十旬弗归。有穷之君后羿，因民之怨，距之于河，弗许归国。厥弟五人作歌以怨之。太康既失国，不得归，在位三十年。后羿乃立太康之弟仲康。

畋猎，是取禽兽。穷，是国名。羿，是穷国君之名。

太康既即帝位，不守其祖大禹之谟训，怠荒逸豫，全不忧念国家的政事，只好去畋猎，罗取禽兽，远至洛水之表，至于一百日尚不回还。时有穷之君后羿，因百姓之怨，阻距之于河北，不许归国。是太康自弃其国也。其弟五人，知社稷危亡之不可救，母子兄弟之不可保，乃述其皇祖之训，作歌以怨之，今《夏书》中所载《五子之歌》是也。太康既失了国，不得返归，计其在位三十年。后羿乃立太康之弟仲康为天子。

尝观《五子之歌》有曰:“内作色荒，外作禽荒，甘酒嗜音，峻宇雕墙，有一于此，未或不亡。”夫太康一犯禽荒之戒，而遂以失国。祖宗之训，可不守哉!

仲康

元年，仲康即位，羿为之相。仲康肇位四海，首命胤侯掌六师。惟时羲和，沈乱于酒，遐弃厥司，至于日食大变，尚罔闻知。王命胤侯往征之。在位十四年崩，子相立。

胤侯，是胤国之侯。羲和，是司历象之官。

仲康即位之元年，后羿为之辅相。于正位四海之初，首命胤侯掌六师以收兵权。那时诸侯羲和，世掌天文历象之事，乃沉乱于酒，心志迷惑，远弃其所司之事，失占天象，至于日食的大变，尚不闻知，也不奏闻救护。其失职违制，法所不容者，王乃命胤侯往征之，以正其罪。仲康在位十四年而崩，子相立，是为帝相。

夫当羿之废太康而立仲康也，社稷安危，在其掌握矣。仲康即位之始，即能命胤侯以掌六师，征羲和以讨有罪，犹为礼乐征伐之自天子出也。史臣录之，其有取于是欤?

帝相

元年，帝相继立，时权归后羿。相为羿所逐，居商丘，依同姓诸侯斟灌、斟鄩氏。

元年，帝相既立为天子，虽无失德，然大权已归后羿。帝相微弱，被其赶逐，迁居于商丘地方，依夏同姓诸侯斟灌与斟鄩氏居住。自是失国，不能为政于天下矣。

有穷后羿，因夏民以代夏政。羿恃其善射，不修民事，淫于原兽。弃武罗、伯因、熊髡、龙圉，而用寒浞。浞，伯明后寒之谗子弟也，使相己。浞行媚于内，施赂于外，愚弄其民。娱羿于畋，外内咸服。羿犹不悛，将归自畋，家众杀而烹之。以食其子，子不忍食，杀于穷门。夏旧臣靡，奔有鬲氏，浞自立。

羿，旧居穷石地方，故号有穷后羿。因夏民离心，代夏专政。既逐帝相，遂篡其位。依恃善射，不理民事，专好田猎，耽淫于原野禽兽。当时有武罗、伯、熊、龙圉，四人都是贤臣，羿乃废弃了武罗、伯，将熊幽囚，将龙圉削发奴辱，惟信用寒浞。寒浞原是伯明氏的谗佞子弟，为伯明后寒所弃，羿收之使为相。寒浞要固宠窃位，内则行媚悦于羿之宫人，外则施贿赂于羿之左右，下则用智术愚弄百姓，以收人心。专以田猎之事娱乐后羿，使不暇他顾。外内的人，被寒浞诱惑，都归服他。羿犹不知改悔，将归自田猎之所。寒浞使家众逄蒙等，杀而烹煮之。将他的肉与其子食，其子不忍食，又杀其子于穷之国门。夏有旧臣伯靡，素有兴复夏室之志，因见祸乱相寻，乃奔于有鬲氏，以图后举。浞复篡羿自立焉。

寒浞因羿室，生浇及豷。浇长，浞使浇灭斟灌、斟鄩氏，弑帝相。后缗方娠，逃出自窦，归于有仍。帝相在位二十七年崩。

寒浞既立，不改有穷之号，就收了羿的妻室，生下二子，一个叫做浇，一个叫做豷。此时帝相尚在商丘，及浇年长，寒浞使之统兵灭斟灌及斟鄩氏，遂弑帝相。相妃，有仍氏女，叫做后缗，方怀孕，自穴窦中逃出，归于有仍之国，后生少康。计帝相在位二十七年，遇弑而崩。

夫夏自太康逸豫灭德，取怨于民，遂致羿与寒浞，乱贼之臣，接迹而起，凡数十年，国统几绝。若非禹之功德深远，人不能忘，则夏将从此不祀矣，岂非万世之大戒哉！

少康

少康，其母帝相之后，有仍国君之女也。寒浞杀羿，灭夏氏。时少康方在怀妊，相后乃奔归有仍之国，而生少康。少康既长，为仍牧正。浇使椒求之，奔有虞，为之庖正。虞君思妻之二姚，而邑诸纶，有田一成，有众一旅。能布其德，而兆其谋，以收夏众，而抚其官。夏有旧臣靡，自

有鬲氏收二国之烬，举兵灭浞，而立少康焉。

牧正、庖正，都是官名。虞，是国名，乃帝舜之后。妻，是以女嫁之。二姚，是姚氏二女，有虞国姓姚，故叫做二姚。纶，是邑名。二国，是灌、鄩二国。烬，是火焚之余。二国虽被寒浞所灭，犹有遗下的臣民，譬如火焚之后，尚有焦木也。少康之母，是帝相之后，乃有仍国君之女也。

起初后羿篡国，逐帝相于外，羿之臣寒浞杀了后羿，并灭夏之社稷，那时少康方在相后的怀妊中。相后避乱，逃归其母家有仍之国，而生少康。及少康长大，就为有仍牧正之官。寒浞之子名浇者，知道相后生了孤子，使其臣名椒者，寻求少康所在，要杀害他。少康又逃避于有虞之国，为有虞庖正之官。那虞君名思，知道他是帝相之遗子，大禹之玄孙，就把两个女儿嫁他，使他居于纶邑，给与他田一成，计有十里，众一旅，计五百人。少康管此一成之田，一旅之众，即能布其德惠，而兆其中兴之谋，以收复夏氏之众，而抚绥其所遗之臣。于是夏之旧臣有名靡者，自有鬲氏之国，收召灌、鄩二国之遗民，举兵攻灭寒浞，而立少康以为君焉。

元年，少康使其臣女艾灭浇于过，使其子季杼灭豷于戈，乃归故都即位。于是夏道复兴，诸侯来朝。在位二十年崩，子杼立。

过、戈，都是国名。

少康即立之元年，使其臣名女艾者，领兵攻灭寒浇于过；使其子名季杼者，攻灭寒豷于戈。寒浞父子皆已诛灭，乃归于夏之旧都，而即天子之位。于是有夏之道复兴，诸侯都来朝觐。盖自太康以来，日就微灭，至此然后中兴也。少康在位二十年乃崩，子杼相继而立。

夫太康荒于逸游，则虽承大禹、帝启全盛之势，而亦至于失国。少康能布其德，则虽遭后羿、寒浞篡灭之后，而亦得以复兴。然则盛衰之机，惟在人君之修德与否而已。

帝杼
帝槐
帝芒
帝泄

元年，既嗣立，是时六夷从服，始加爵命之制。帝泄在位，凡十有七年而崩。子不降立，是为帝不降。

少康复国之后，传子帝杼，帝杼传帝槐，帝槐传帝芒，帝芒传帝泄。帝泄既继立，是时夏道中兴，六种之夷皆来从服。始加立百官爵命的制度，凡公卿大夫士之等级，皆因旧制而更定之。在位凡十有七年而崩，子不降继立，是为帝不降。

帝不降
帝扃
帝廑
孔甲

元年，既即位，好鬼神之事，不务修德，诸侯多叛。时天降乘龙，有雌雄，孔甲不能食，而未获豢龙氏。陶唐氏既衰，其后有刘累，学扰龙于豢龙氏，事孔甲，能饮食之。夏后嘉之，赐氏曰“御龙”，以更豕韦之后。龙一雌死，潜醢以食夏后，夏后享之，既而使求之，累惧而迁于鲁县。在位三十二年崩，子皋立。

自帝不降之后，传帝扃、帝廑，以至于帝孔甲。孔甲既即位，好鬼神祈祷之事，只去祀神求福，不务修其德政，所以诸侯多背叛之，不奉王命，而夏之德业遂衰。那时天降下四只龙来，二雌二雄，孔甲不知所以驯养之，又未得养龙之人。比先陶唐氏既衰，其后世有个子孙叫做刘累，曾学养龙之术于豢龙氏，因孔甲要求养龙之人，遂以其术服事孔甲，能知龙之嗜好，而与之饮食。久之，四龙都养得驯熟了，孔甲嘉美其能，赐以姓氏曰“御龙”，比古之豢龙氏焉。取已绝侯国豕韦之地封之，以代豕韦之后。其后有一只雌龙死，刘累不与孔甲说，私取其肉作醢，以进孔甲。孔甲不知而享受之，后又问刘累要那雌龙，刘累无可赔偿，恐怕得罪，遂逃移于鲁县地方。孔甲在位三十二年而崩，子皋继立。

夫龙之为物，神变不测，非人之所能豢养。史臣传疑之言，恐不足信也。

帝皋
帝发
履癸

元年，自孔甲以来，诸侯多叛。桀尤为无道，暴戾顽狠，贪虐荒淫，残伤百姓，天下颤怨而患之。桀有力，能申铁钩索。伐有施氏，有施人以妺喜女焉。喜有宠，所言皆从，为倾宫瑶台，殚百姓之财。肉山脯林；酒池可以运船，糟堤可以望十里。一鼓而牛饮者三千人，妺喜笑以为乐。殷汤修德，诸侯畏服。桀起九夷之师，不至。伊尹佐汤帅师以伐桀，桀战不胜，奔于三朡之国。汤又从而伐之，放于南巢而死。

颤，是恐惧战动的模样。有施、三朡，都是国名。殚，是尽。脯，是炙肉。南巢，是地名。

夏自孔甲之后，传子帝皋，帝皋传帝发，帝发传履癸，是为桀。自孔甲以来，德政衰微，诸侯已多背叛。至于桀，尤为无道，其所为暴戾顽狠，贪虐荒淫，残害天下的百姓。天下百姓都颤兢怨愤，而忧其祸之将及己。盖不但诸侯背叛，而万民亦离心矣。桀有膂力，能伸直铁打的钩索。他恃其勇力，用兵征伐有施氏之国。有施氏进一美女，叫做妺喜，得免于祸。桀宠爱妺喜，但凡他的言语，无不听从，因要取他欢喜，遂造为倾宫瑶台，极其华丽，竭尽了百姓的财力。又将各样禽兽之肉，堆积如山，炙干为脯，悬挂如林。凿个大池注酒，池中可以行船，积下酒糟为堤，其高可望十里。招集人众来饮，约以鼓声为号，击鼓一通，齐到池边低头就饮，如牛饮水的一般。当时同饮者，有三千多人，妺喜观之欢笑，以此为乐。是时殷成汤修德，诸侯畏服。桀忌汤强盛，起九夷之师以伐之，九夷都违命不至。汤有贤臣伊尹，见桀无道已极，天命人心已去，乃辅相成汤，帅师伐桀，为民除害。桀与汤战不胜，逃奔于三朡之国。汤又从而伐之，放于南巢地方，禁锢而死。

夫桀之始祖大禹，卑宫室，恶衣服，竭力以劳万民，因饮酒而甘，遂疏造酒之仪狄，其仁爱勤俭、创业艰难如此。桀乃不念祖德，荒淫暴虐，举祖宗四百年之天下，一旦而覆亡之，岂不深可痛哉！

商纪

商，是地名，以其始封于此，遂以为有天下之号。

成汤

成汤，黄帝之后也，姓子氏。初帝喾次妃简狄，见玄鸟堕卵而吞之，遂生契。契事唐、虞为司徒，教民有功，封于商，赐姓子氏。契生昭明，昭明生相土，相土生昌若，昌若生曹圉，曹圉生冥，冥生振，振生微，微生报丁，报丁生报乙，报乙生报丙，报丙生主壬，主壬生主癸，主癸生天乙，是为成汤。是时伊尹耕于有莘之野，汤使人以币聘之，因说汤以伐夏救民之事。汤进伊尹于桀，桀不能用，伊尹复归汤。

成汤，是商家创业之君。简狄，是妃名。玄鸟，是燕子，以其黑色，故称玄鸟。天乙，是成汤名。伊尹，是臣名。有莘，是地名。

史臣说：成汤是五帝时黄帝的后裔，姓子氏。起初黄帝之曾孙帝喾，有个次妃，叫做简狄，偶见飞的燕子，坠下一个卵来，拾而吞之，遂感而怀妊。后乃生契，事唐尧、虞舜二帝，为司徒之官，职专教民，教得百姓都相亲，五品都逊顺。帝舜美之，乃封之以商丘之地，而赐姓子氏。其后契生昭明，昭明生相土，相土生昌若，昌若生曹圉，曹圉生冥，冥生振，振生微，微生报丁，报丁生报乙，报乙生报丙，报丙生主壬，主壬生主癸，主癸生天乙，是为成汤。那时有个贤人，叫做伊尹，乐尧、舜之道，不肯出仕，隐于有莘地方，以耕田为业。汤闻其贤，三次使人以币帛为礼，征聘他。伊尹感汤诚意恳切，遂委质为臣。见夏桀无道，残害得百姓苦极了，因说汤以伐夏救民之事。汤不忍伐夏，乃进伊尹于桀，着劝他悔过迁善。桀乃执迷不悟，不用伊尹之言，于是伊尹复归而事汤。

夫以伊尹之贤，使桀能用之，则化暴虐为宽仁，夏道可复兴也。乃不能用，而卒底灭亡。可见天下不患无贤，患有而人君不能用耳。桀不能用而亡，汤能用之而王。贤人之为国重轻也如是夫！

桀杀直臣龙逢，众莫敢直言。汤使人哭之。桀怒，囚汤于夏台，已而得释。桀将亡，贤臣费昌归汤。汤出，见人张网四面，而祝之曰：“从天坠者，从地出者，从四方来者，皆罹吾网。”汤解其三面，止置一面，更祝曰：“欲左者左，欲右者右，欲高者高，欲下者下，不用命者，乃入吾网。”汉南诸侯闻之，曰：“汤德及禽兽。”归之者四十余国。

龙逢，是臣名，姓关。

夏桀无道，不受忠言。当时有个贤臣，叫做关龙逢，直言谏诤，桀怒而诛之，由是举朝再无一人敢言其过者。是时殷成汤为诸侯，悲龙逢以忠谏受祸，使人吊而哭之。桀闻之怒，遂将成汤拘囚于夏台之狱中，良久乃得释放。是时，两日斗，众星陨，伊洛竭，泰山崩。桀有贤臣名费昌者，知夏之必亡，汤之必兴，遂去桀而归汤。汤一日出行于野，见有人四面张着罗网，打取禽兽，口里又祷祝说：“凡一切禽兽，上而从天坠者，下而从地出者，中而从东西南北四方来者，愿都入吾网中。”汤闻其言，心中不忍，说道：“鸟兽虽微，也是生命，奈何一网都要打尽，残害不仁如此。”乃使人将那网解去三面，止存一面，又替他更祝说：“凡禽兽之欲左者左，欲右者右，欲高者高，欲下者下，任从你飞走自在，各遂其生，止是舍命不顾的，乃入吾网中。”夫汤之不忍于害物如此，则其不忍于害民可知。所以，那时汉南地方的诸侯，闻汤这件事，都称颂说：“汤好生之德，可谓至矣。虽禽兽且被其泽，而况于人乎？”自是归顺者，四十余国。

桀无道，暴戾残虐万姓。伊尹相汤伐桀，费昌为御，与桀战于鸣条。桀师败绩，汤遂放桀于南巢。诸侯大会，汤退而就诸侯之位，曰：“天子惟有道者可以处之，可以治之。”三让，诸侯皆推汤。于是即天子之位，都于亳。

夏桀无道，所行暴戾，残害万姓。伊尹见得民不堪命，乃相汤帅师伐桀，以除暴救民。那时夏有贤臣费昌，奔归于汤，汤就用他为戎车之御，与桀战于鸣条之野。桀众离心，其兵大败，奔于南巢，汤遂因而放之。当时诸侯因汤此举顺天应人，都来会集，要尊汤为天子。汤不肯当，仍退就诸侯之位，说道："我之伐桀，本为百姓除害而已。若是天子之尊，惟有道德者才可以居其位而行其治，非我所能堪也。"如此让于众诸侯者凡三次，诸侯以有道者莫过于汤，天子之位非汤莫能居，都一心推戴汤为君，不肯听其让。汤既累辞不得，然后即天子之位，定都于亳，即今河南归德府地方。

元年，汤既即位，反桀之事，以宽治民。除其邪虐，顺民所喜，远近归之。乃改正朔。自夏之前，皆是建寅之月为正月，汤既革夏命，乃以建丑之月为正月。色尚白，牲用白，以白为徽号。服冔冠而缟衣。

正月，是岁首之月，至秦始皇名政，始避讳读做徵字。自秦以前，原读做正字。建丑之月，即如今的十二月，这月初昏戌时，北斗柄指着丑方，故说建丑之月。至次月斗柄指着寅方，是建寅之月。冔冠，是成汤制造的冠名。

成汤之元年，既即天子之位，悉反夏桀所行之事，以宽仁治百姓。除去夏桀的邪僻暴虐，凡民之所喜者，如轻徭役、薄税敛等事，汤皆从而顺之。远近之民，莫不归戴他，无复有思夏者。成汤于是乃改夏之正朔。自夏以前，皆以建寅之月为岁首之正月，汤既革除了夏命，乃以建丑之月为正月。其所用的颜色，以白为尚。凡祭郊庙之牺牲，都用白的；凡旗帜车服之类，一切皆以白为号。其服饰则戴冔冠，而衣缟白之衣。盖皆以白为贵也。

初置二相，以伊尹、仲虺为之。

成汤既为天子，初设置两个辅相之臣，以伊尹为右相，仲虺为左相。盖宰相上辅君德，下统百官，其职甚重，而当时人才，莫贤于二臣，故举而任之。

大旱七年，太史占之曰：“当以人祷。”汤曰：“吾所为请雨者，民也。若以人祷，吾请自当。”遂斋戒、剪发、断爪、素车白马、身婴白茅，以身为牺，祷于桑林之野。祝曰：“无以余一人之不敏，伤民之命。”以六事自责曰：“政不节欤？民失职欤？宫室崇欤？女谒盛欤？苞苴行欤？谗夫昌欤？”言未已，大雨方数千里。又以庄山之金铸币，救民之命，作乐曰《大濩》。

太史，是占候天文的官。苞苴，古人以果穀等物相送，必用草包裹着，或用草承着，叫做苞苴。

成汤之时，曾七年少雨，天下大旱。太史奏说：“天灾流行，气运厄数，须是杀个人祈祷，乃可得雨。”成汤说：“我所以求雨者，正为救济生民也，又岂忍杀人以为祷乎？若必要人祷，宁可我自当之。”遂斋戒身心，剪去头发，断了指爪，只乘素车白马，身上披着白茅草，就如祭祀的牺牲模样，出祷于桑林之野，祝天说道：“我不能事天，以致天怒，其不敏甚矣。但天只当降罚我身，无以我一人不敏之故，降此灾异，以伤害万民之命。”乃以六件事自责说道：“天变不虚生，必我有以致之。或者是我政令之出，不能中节欤？或使民无道，失其职业欤？或所居的宫室，过于崇高欤？或宫闱中妇女，过于繁盛欤？或苞苴之贿赂，得行其营求欤？或造言生事的谗人，昌炽而害政欤？有一于此，愿以身自当其罚。”成汤当时为此言，一念至诚，感动上天，说犹未了，大雨即降，四方数千里，处处沾足，感应之速，至于如此。当那大旱时，万民穷困，无可赈济。成汤又发庄山所生之金，铸造钱币，给与民间行使，以救民之命。因此虽有七年之旱，而民不甚病。到后来雨降年丰，天下欢乐，成汤遂作一代之乐，名叫《大濩》，以其能救护万民，使之复得其所也。

即此观之，可见水旱灾异，虽盛世亦不能无。但为君者，须当遇灾知惧，既诚心以责己，又设法以救民，才可转灾为祥，转危为安，如成汤之事是也。使忽天变而不畏，视民穷而不恤，则未有能免于祸乱者矣。

在位十三年崩，寿一百岁。太子太丁早卒。汤崩，次子外丙二年，仲壬四年。太丁之子太甲立。

成汤在位，凡十三年而崩，寿一百岁。太子名叫太丁，先已早丧。

至汤崩之后，次子外丙立二年而崩，又次子仲壬立四年而崩。于是太丁之子太甲，以嫡孙继立，遂为商之贤君，而享国长久焉。

太甲

元年，既即位，不明厥德，颠覆汤之典刑。伊尹放之于桐宫，乃自摄政当国，以朝诸侯。太甲居桐三年，自怨自艾，处仁迁义。伊尹乃以冕服奉太甲复归于亳。太甲增加修德，诸侯咸归，保惠庶民，不敢侮鳏寡，号为太宗。在位三十三年崩，子沃丁立。

颠，是颠倒。覆，是倾坏。典，是常。刑，是法。创业之君立下一代的法度，传之子孙，可常行而不变，所以叫做典刑。桐宫是地名，汤墓所在。摄，是权摄其事而兼总之也。艾，是艾草，人之改过自新者，与剪草除根者相似，故以自治为艾。鳏，是年老无妻的。寡，是年老无夫的。

成汤之孙太甲，既即天子之位，不能修明君德，把成汤立下的规矩法度，都颠覆坏乱了。伊尹原是成汤佐命之臣，见太甲所为违背祖训，恐其至于亡国，则己不得辞其责也。于是自亳放太甲于桐宫，使其居守成汤的陵墓，或生悔心，且以见今日之放，亦以本成汤之意耳。伊尹乃权管着国事，以朝诸侯，欲待太甲之改过，而后以国政返之。太甲在桐住了三年，果知怨悔前日的不是，痛加省改，去其不仁者而处于仁，去其不义者而徙于义，可以为天下君矣。伊尹于是奉天子的冠冕袍服，往桐宫迎太甲来还居亳都，仍做天子。太甲复位之后，增修仁义，整顿典刑，诸侯之叛者复归。而又施恩德，以保爱百姓，其间有鳏寡可怜者，更加存恤，不肯凌侮。自是商道复兴，称太甲为太宗。太甲在位三十三年崩，子沃丁立。

夫太甲始而失德，几于败亡，既而改图，犹为令主。可见无过维圣，而改过则贤；善始非难，而克终为贵也。

沃丁

元年，沃丁嗣位，委任贤臣咎单。咎单一顺伊尹所行之事。在位二十九年而崩，弟太庚立。

沃丁嗣位之初，能委任贤臣咎单，凡国家的政事，都付托与他。咎单承沃丁之委任，凡事不执己见，取先朝贤相伊尹所行的事迹，件件都依着他的行计。沃丁在位凡二十九年而崩，后传之太庚。

太庚
小甲
雍己
大戊

元年，亳有祥桑谷共生于朝，七日大拱。大戊问于伊陟，伊陟曰："妖不胜德，君之政其有阙欤？"大戊于是修先王之政，明养老之礼，早朝晏退，问疾吊丧，三日而祥桑枯死。三年，远方重译而至者七十六国。有贤臣巫咸、臣扈等，共辅佐之。商道复兴，号称中宗。在位七十五年崩，子仲丁立。

大戊即位之初，亳都忽然有一物异，桑谷两木，共生于朝堂之中，生了七日，即长得大如合抱。大戊见之而惧，问于宰相伊陟。伊陟对说："此木妖也，惟修德可以胜之，妖必不能胜德。虽然，变不虚生，惟人所召，意者吾君之政事，其有阙失未修者欤？"大戊从伊陟之言，于是修举先王成汤之政，讲明国家养老之礼，早朝晚罢，厉精图治，问疾吊丧，通达民情，及至三日，而祥桑遂枯死。此妖不胜德之明验也。前此雍己之世，诸侯有不至者。及大戊修德三年，远方蛮夷皆来贡献，经过几处的通事译审，才得达于中国者，计有七十六国。时又有贤臣叫做巫咸及臣扈等，共辅佐之。前此商道浸衰，至此又复中兴。然大戊严恭寅畏，不敢荒宁，是有德之君，故商人宗之，庙号中宗。计在位七十五年而崩，后传之子是为仲丁。

夫野木生于朝堂，本社稷丘墟之象，故大戊见之而惧。然一闻伊陟之言，反身修德而妖怪自灭，西夷来宾。可见人君遇有灾变之事，不必徒为忧惧，但能省躬修德，尽人事以应之，自可转灾为祥，化凶为吉，乃理之必然者也。

仲丁

外壬

河亶甲

祖乙

祖辛

沃甲

祖丁

南庚

阳甲

盘庚

元年，时商道寖衰，耿都又有河决之害，乃自耿迁都于亳。臣民皆安土重迁，盘庚作书以告谕臣民，遂迁于亳，从汤所都。盘庚行汤之政，商道复兴，诸侯来朝。在位二十九年而崩，弟小辛立。

大戊之后，传子仲丁，仲丁传外壬，外壬传河亶甲，河亶甲传祖乙，祖乙传祖辛，祖辛传沃甲，沃甲传祖丁，祖丁传南庚，南庚传阳甲，阳甲传盘庚。商自仲丁以来，继嗣不定，子弟争立，乱者九世。至盘庚继立之时，商道已渐衰了。商之初兴，本建都于亳，至仲丁始迁于嚣。嚣有河决之害，河亶甲又迁于相；相又有河决之害，祖乙又迁于耿；至盘庚时，耿都又有河决之害。盘庚以累世迁都，地皆近河，故常遭水患，不若亳都去河为远，又是先王创业根本之地，乃欲自耿迁都于亳。那时群臣庶民，居耿已久，又贪这河滨之地，土沃物饶，都恋着旧土不乐迁移。盘庚不忍臣民之昏愚陷溺，乃作书以告谕臣民，将迁都之利，不迁都之害，反覆辩论，极其恳至，即今《书经》上所载《盘庚》三篇便是。于是臣民渐渐晓悟，竟听盘庚之命，遂迁于亳，以从成汤之旧都。自此子孙相继二百余年，无复水患，盘庚之功也。然盘庚不但居成汤之旧都，又能行成汤之旧政，举九世衰乱之政，一切更张之以复于古。于是商道重兴，诸侯来朝。在位凡二十九年而崩，弟小辛继立。

小辛
小乙

元年。小乙自为太子时，备知民事艰难，时又不竞，享国在位二十八年而崩。小乙崩，子武丁立。

竞，是强盛。

盘庚传小辛，小辛传小乙。小乙自为太子时，曾出居民间，备知小民生事之艰难。所以他为君，亦能怜恤小民。只是承小辛中衰之后，无扶衰拨乱之才，当时商道又不竞，享国在位二十八年而崩。子武丁继立。

武丁

元年，武丁嗣立，恭默思道。小乙崩，武丁居丧三年不言。既免丧，亦不言。梦上帝赉以良弼，乃使人以形旁求于天下，得傅说于版筑之间，命以为相。进谏论列天下之事。君臣道合，政事修举。

版筑，凡筑墙之法，必用版夹在两边，乃填土中间，舂之，叫做版筑。

武丁既继立，有志中兴大业，恭敬沉默，想那治天下的道理。居小乙之丧，三年并不出一言语号令，既除了丧还不肯言，惟恭默思道而已。他至诚感动天地，忽然梦见上帝赐他一个好辅弼大臣，醒来惊异，就想那梦中所见的形象，使人描画出来，把这画图广求于天下。到傅岩地方，有个人叫做傅说，正在那里舂土筑墙，其容貌宛然与画图相似。武丁聘他来见，果然是个贤人，就命他做宰相。傅说既作相，因进谏武丁，条陈天下之事，如宪天、法祖、从谏、典学等事，一一切于治道。详见《书经》上《说命》三篇。君臣之间，志同道合，朝廷政事无不修举，而商道复中兴焉。

看这武丁得傅说事甚奇，盖天生一代之圣君，必与之以一代之贤佐，明良相逢，其机不偶。况武丁求贤图治之心，如彼其切，精神所通，天实鉴之。则良弼之赉，形诸梦寐，亦不足怪也。

武丁祭成汤，有飞雉升鼎耳而雊，祖己训诸王。武丁内反诸己，以思王道。三年，蛮夷编发重译来朝者六国，自是章服多用翟羽。鬼方无道，武丁伐而三年克之，殷道复兴，号为高宗。在位五十九年而崩，子祖庚立。

雉，是野鸡。雊，是鸣。翟羽，即是雉羽。鬼方，是南夷国名，其俗多巫祝，信鬼神，故叫做鬼方。

武丁祭于成汤之庙，忽有飞雉升于鼎耳鸣叫。雉本是山间之物，今乃飞入宗庙，鸣于鼎耳，其兆不祥。盖黩于祭祀，故有此异也。于是贤臣祖己，乃作书训王说道："王之所职在于敬民，不可但谄渎鬼神以徼福庇。"即《书经》上《高宗肜日》篇是也。武丁感此物异，深纳祖己之训，乃反己自责，侧身修行，以思先王之道。旧史记其有兴灭国、继绝世、举逸民、明养老之礼等事。如此者三年，不但中国治安，当时远方蛮夷编发之国，言语与中国不通，须经过几番通事译审然后得达者，也都慕义来朝，凡有六国。自是，朝廷的章服多用雉羽为饰，盖因感飞雉之异而反身修德以致太平也。惟鬼方之国，恃其险阻扰害中国，武丁用兵征伐，三年乃克之。从此内外无患，殷道衰而复兴，号称高宗，为殷家一代之贤君。在位五十九年而崩，子祖庚继立。

祖庚
祖甲
廪辛
庚丁
武乙

元年，时东夷浸盛，分迁海岱，武乙无道，为偶人谓之天神，与博不胜而戮之。为革囊盛血，仰射之，谓之射天。在位五年，猎于河渭之间，暴雷震死。子太丁立。

博，是局戏。

商自武丁中兴之后，历祖庚至武乙，俱不修德政，商道浸衰。武乙之时，东方诸夷渐加繁盛，分迁散处于海岱之地。武乙当此夷狄强盛之时，不知自强修德，却乃放纵无道，把木雕成人形，叫做天神，与之对局而博，使人代为行筹。若是偶人输了，就将他斫碎，恰似杀戮那天神的一般。又将皮革为囊，里面盛着生血，高悬于空中，仰而射之，叫做射天。其慢神亵天如此。在位五年，出猎于河渭之间，着暴雷霹死，天之降罚亦甚明矣。

太丁
帝乙
帝纣

纣，是帝乙之少子。其母帝乙之嫡后也，有贤德。帝乙生三子，长曰微子启，次曰仲衍，次曰纣。后以微子贤，欲舍己子而立之。大臣咸谏以为立子以嫡乃理之常，故帝乙遂以纣为嗣。

元年，纣资辩捷疾，闻见甚敏；材力过人，手格禽兽；智足以拒谏，言足以饰非，以为天下皆出己之下。

纣为人资质明辩，行事捷疾，但闻着见着的就晓得，甚是明敏。其材能气力过于常人，能亲手捉获禽兽；其智足以拒人之谏，使不敢言；其言足以饰己之非，不见有过。恃其强辩小智，看着天下的人，都不如他，以为出己之下。

观此一段，则纣本是强敏有才之人，使能勉于为善，岂不足为有道之主？奈何不善用其材智，而用之以拒谏饰非，究其病根，全在以天下皆出己下。夫以尧、舜之圣，天下岂有能过之者？尚且每事咨询，未尝自用，又孳孳求谏，惟恐有差，故能成其盛治。纣小有材智，遂以为天下皆不如己，所以做出许多不好的事来，以至亡国，皆此一念自满之心所致也。故仲虺之告成汤，有曰:“志自满，九族乃离。”又曰:“能自得师者王，谓人莫己若者亡。”真至言也。

始为象箸，箕子叹曰:“彼为象箸，必不盛以土簋，将作犀玉之杯。玉杯象箸，必不羹藜藿、衣短褐，而舍于茅茨之下，则锦衣九重，高台广室，称此以求天下不足矣。远方珍怪之物，舆马宫室之渐，自此而始，故吾畏其卒也。”是时有苏氏以妲己女焉。妲己有宠，其言是从，所好者贵

之，所憎者诛之。

箕子，是纣之贤臣。象箸，是象牙箸。簋，是盛黍稷的器。犀，是犀角。菽，是大豆。藿，是豆叶。短字，当作裋字。裋，音树。裋褐，是毛布的衣服。茅茨，是编茅草盖房。卒字，解做终字。有苏氏，是国名。

纣初用象牙做箸子，其贤臣箕子闻之叹说："物之可好无穷，而人之侈心无节，其源一开，末流无所不至。手里既持着象牙的箸子，岂肯用泥土烧造的簠簋去盛饭？其势必至于用犀角玉石的杯碗，方才与象箸相称。既用玉杯象箸，又岂肯食菽藿之羹，衣毛布之服，而住于茅茨小屋之下？其势必至于以锦绣为衣，九重为宫，筑高台，起大屋，方才与箸杯相称。件件都要华美，事事都要相称，则用度日侈，而其欲无厌，虽尽天下之财，不足以供其费矣。他日征求远方珍怪之物，修治车马宫室之渐，都自此箸而始，故我深虑其所终耳。"夫一箸之侈似不足惜，而箕子辄见始知终，形之忧叹如此。其后，纣果作瑶台琼室、酒池肉林，竭万民的财力。可见人君当崇尚俭德，事事朴素，不可少萌侈心以启无穷之害也。此时纣欲伐有苏氏之国，有苏氏恐惧，乃求一美女名叫妲己，进之于纣。纣甚宠爱，他但有言语，无不听从。所喜好的人，纣便为他贵显之，不问有功；所憎恶的人，纣便为他诛杀之，不问有罪。刑政紊乱，人心怨愤，而商家之亡自是益决矣。其后周武王伐纣，数其罪曰："今商王受，惟妇人之言是用。"又曰："作奇技淫巧以悦妇人。"盖纣之背常逆理，罪状固多，而其荒淫昏乱之由，只为惑于妲己所致。女宠之亡人国如此，可不戒哉！

使师延作朝歌北鄙之音，北里之舞，靡靡之乐。

师，是乐官。延，是乐官之名。朝歌，是地名。北鄙，是北方边鄙天地之气。南主生育，北主肃杀，故北鄙之音乃杀伐之音也。北里，是乐舞名。靡靡，是淫侈颓靡的意思。

纣好荒淫，不喜闻其祖成汤《大濩》之乐，而使师延作为朝歌北鄙之音，北里之舞，靡靡之乐。夫乐以养性情，好淫乐者，其性情未有不荒，而施之政事，亦鲜有不乱者。所以说亡国之声淫。

造鹿台，为琼室玉门，其大三里，高千尺，七年乃成。厚赋税以实

鹿台之财，盈巨桥之粟，燎焚天下之财，罢苦万民之力。收狗马奇物，充牣宫室，以人食兽。广沙丘苑台，以酒为池，悬肉为林，男女裸相逐于其间。宫中九市，为长夜之饮。百姓怨望。

纣又起造鹿台，以琼为室，以玉为门，其大三里，其高千尺，造了七年，方才成就。其营建之侈如此。什一取民，商之定制。纣却横征暴敛，厚取民间的赋税，积财货充于鹿台，积米粟满于巨桥。人情莫不欲富，而纣则糜费天下之财，如火燎焚，悉为灰烬；人情莫不欲安，而纣则疲苦万民之力，终岁勤动，不得休息。其征役无轻如此。又收畜狗马奇异之物，充满宫室，甚至以人为猛兽之食，盖不但竭民财力，而且视人命如草芥矣。鹿台虽已壮丽，纣还以为未足也。又充广沙丘苑台，聚乐大戏，注酒为池，悬肉为林，令男女裸体相逐于其间，观以为乐。宫禁本清肃之地，却开设九市交易，与外面市廛一般。饮酒以百二十日为一夜，称为长夜之饮。其荒淫无度如此。自是百姓困苦，嗷嗷怨望，有去暴归仁之念矣。孟子说："乐民之乐者，民亦乐其乐。"纣只要适一己之快乐，不顾百姓之怨咨，终至众叛亲离，国亡身丧，虽有台池鸟兽，岂能独乐哉？此万世所当鉴戒也。

诸侯有叛者，妲己以为罚轻诛薄，威不立。于是重为刑辟，为熨斗，以火烧燃，使人举之手烂；更为铜柱，以膏涂之，加于炭火之上，使有罪缘之。纣与妲己以为大乐，名曰炮烙之刑。

纣既无道，天下离心，当时诸侯多有背叛不臣者。妲己说道："这诸侯每离叛，皆因朝廷的刑罚太轻，诛杀太薄，威严不立，所以人不惧怕。"纣从妲己之言，因而为严刑峻罚。把铜铁铸成熨斗，用火烧热了，使人将手举起来，人手登时烧烂。又铸铜为柱，以脂油涂抹之，加于炭火之上，使有罪的人在上边行，铜柱既滑又热，如何行得，就都堕在火里烧死。时纣与妲己观看，见人手烂与烧死的，以为大乐。这个叫做炮烙之刑。尝观虞舜惟刑之恤，大禹下车泣罪，古之帝王，惟务修德，不务立威者，所以体天地生物之心，而立生民之命也。纣乃听妲己之言，肆炮烙之虐，反以为乐，残忍甚矣。厥后身衣宝衣，自焚而死。天道好还，岂不昭然哉！

卷之三

周纪

周，是国号。

文王
武王

周至武王，始受命为天子，然其创造王业，实由于文王，故并记之。

其先祖后稷，名弃。其母有邰氏女，曰姜原。姜原为帝喾元妃，出野见巨人迹，心忻然悦而践之，践之而身动如孕者。居期而生子，以为不祥，弃之隘巷，马牛过者皆避不践。徙置之林中，适会山林多人，迁之。又弃之渠中冰上，飞鸟以翼覆之。姜原以为神，遂收养长之。初欲弃之，因名曰弃。弃为儿时，屹如巨人之志。其游戏，好种树麻菽。及为成人，遂好耕农，相地之宜，宜谷者稼穑焉。民皆则之。帝尧闻之，举为农师，天下得其利。有功，封于邰，号曰后稷，别姓姬氏。后稷卒，子不窋立。不窋卒，子鞠立。鞠卒，子公刘立。

史臣叙说：周之始祖，即尧时后稷之官，名弃者也。他的母，是有邰国君的女，姓姜，名原，为帝喾高辛氏第一妃。一日因跟随帝喾出去祭祀郊禖之神，以祈子嗣。忽见路上有个大人的足迹，心里欣然喜悦，以足践踏之，遂觉身上感动，如怀孕然。满足十月之期，忽生一子。不由男女配合，履迹而生，乃天所赐也。姜原不知，反以为不祥，不肯乳养他。丢弃之于狭隘路口，那牛马走来过去的，都回避不敢践踏。又移而弃之于山林无人之处，适会有许多人入山伐木，看见了，移将出来。又举而弃之于沟渠之中，寒冰之上，那飞的鸟雀，都下来把羽翼蔽护他。姜原惊异，以为神灵，乃取回乳养，长大成人。因其初欲弃之，就取名叫做弃。弃为小儿时，已屹然有大人的志气。寻常戏耍，只好种植麻子菽豆，可见是出于天性。及长而成人，遂好耕田务农，视地土高下所宜，辨五谷种类，凡地之宜谷处，便去稼穑种植。种的五谷茂盛，收获得多，百姓每都以为法。当尧之时，洪水为灾，黎民阻饥。尧闻他善于耕稼，乃举为农师，着他教百姓每稼穑，天下都得其利。尧以其有功，封之于邰，使即其母家而居之，号曰后稷。后稷虽是帝喾之后，却因生赐姓，别为姬氏。后稷卒，子不窋立。不窋末年，夏后氏政衰，不务民事，不窋失其官，窜居戎狄之间。传子鞠，至孙公刘，而旧业复振焉。

周自后稷以来，历唐、虞、夏、商，为诸侯者千余年，至于文、武有天下，子孙为天子者八百余年，享国最为长久。乃其创造基业，实起于稼穑。到后来他家子孙，虽富有天下，犹惓惓以此为念。观《七月》之诗，与《无逸》之书，都是说稼穑艰难的事。所以国祚绵远，天命悠长。可见农事为王业所基，而有天下者，皆当时时以祖宗创业之艰难为念可也。

公刘虽在戎狄之间，复修后稷之业。百姓怀之，多徙而保焉。周道之兴，实自此始。公刘卒，子庆节立，国于豳。庆节卒，子皇仆立。皇仆卒，子差弗立。差弗卒，子毁隃立。毁隃卒，子公非立。公非卒，子高圉立。高圉卒，子亚圉立。亚圉卒，子公叔祖立。公叔祖卒，子古公亶父立。古公亶父复修后稷、公刘之业，积德行义，国人皆戴之。薰鬻戎狄攻之，古公遂去豳，渡漆沮，逾梁山，止于岐山之下。豳人举国扶老携弱，尽归古公于岐下。及他旁国，闻古公贤，亦多归之。

豳，是地名，在今陕西西安府邠州。薰鬻，是古北狄名。漆，是漆水；沮，是沮水，都在西安府。梁山，在西安府乾州。岐山，在今陕西凤翔府岐山县。

周自后稷以来，世为农官，至于公刘，虽承其祖不窋失官之后，窜居戎狄，然能守其旧职，复修后稷耕种之业，以教百姓。百姓感怀其德，多迁徙而往归之，以相保守焉。后来周道之兴，实自公刘得民为始。公刘卒，子庆节立，迁国于豳地。庆节卒，子皇仆立。皇仆卒，子差弗立。差弗卒，子毁隃立。毁隃卒，子公非立。公非卒，子高圉立。高圉卒，子亚圉立。亚圉卒，子公叔祖立。公叔祖卒，子古公亶父立。古公亶父复修其先世后稷、公刘之业，积累其德，力行仁义，国人皆爱戴他。薰鬻戎狄，恃强来侵伐，古公国小力弱，势不能敌，遂去豳，渡漆、沮二水，逾过梁山，住止于岐山之下。豳人见古公之去，不忍相离，举一国之众，都扶着那衰老的，携着那幼弱的，尽归古公于岐山下。不但豳人来归，其他旁国闻知古公之贤，亦多有归之者。夫公刘、古公在戎狄之间，当播迁之际，势甚微弱，乃能得民以基有周之业如此，则民心之归，惟在有德，而大小强弱所不论也。

古公有长子曰太伯，次曰虞仲。其妃太姜，生少子季历；季历娶太任，皆贤妇人。太任生子昌，有圣瑞。太伯、虞仲知古公欲立季历以传昌，二人乃亡如荆蛮，文身断发，以让季历。古公卒，季历立，是为王季。修古公遗道，笃于仁义，诸侯顺之。王季卒，子昌立，是为西伯，即文王也。

如字，解做往字。文身，是刺其身为文理，而以青涂之，盖古时水国之俗如此。

周古公亶父之妃太姜，生三子，长的是太伯，其次是虞仲，少的是季历。季历娶太任。这太姜、太任都有贤德。太任生子名昌。当昌之时，有赤雀衔丹书入社，此圣王之祥瑞，可以卜周道之将昌也。太伯、虞仲知道古公的意思，欲立季历而因以传昌，他两人顺亲之意，遂逃避在荆蛮地方，文身截发，毁形自废，让与季历。及古公没，季历辞免不得，遂立为君，称为王季。王季修明古公遗下的法治，笃行仁义，四方诸侯皆顺从之。既卒，而子昌立，是为西伯，即文王也。周家八百年王业，自文王始。则夫太伯、虞仲之让，王季之受，皆天意也，其孰能违之？

文王既立，伯夷、叔齐，孤竹君之子也，让国不仕，闻西伯善养老，“盍往归之？”太颠、闳夭、散宜生、鬻熊、辛甲之徒，皆往归之。

周文王既立为西伯，修其祖后稷、公刘之业，遵古公、王季之法，敬老慈幼，礼下贤者，至于日中，犹不暇食，以待天下贤士，士以此多归之。当时有两个贤人，叫做伯夷、叔齐，是孤竹君之二子，兄弟让国，隐居不仕，闻文王是个圣君，兄弟相与说："吾闻今西伯善养老者，何不往归之？"又有太颠、闳夭、散宜生、鬻熊、辛甲，都是一时贤人，亦皆往归而为之臣焉。夫国家之兴替，系于贤臣之去留。是时商纣无道，天下贤士皆弃商而归周，虽欲不王，其可得乎？

吕望已年八十余，钓于渭水。西伯出猎，载之以归，尊为太公。崇侯虎谮西伯于殷纣，纣乃囚西伯于羑里。闳夭之徒患之，乃求有莘氏美女，骊戎之文马，有熊之九驷，及奇怪之物，因殷嬖臣费仲而献之。纣大悦曰："此一物足以释西伯，况其多乎。"乃赦西伯，赐之弓矢斧钺，使西伯得征伐。西伯阴行善，诸侯皆来决平。

吕望，姓姜氏，名尚，是上古四岳之后，受封于吕，故又叫做吕望。有莘、有熊，都是国名。骊戎，是西夷名。文马，是各样毛色的马。凡马四匹为驷，九驷是三十六匹也。

吕望当商之末年，已八十余岁，老不遇时，钓于渭水。一日西伯出去打猎，遇于渭水之上，与之语，知其有王佐之才，乃载之后车以归，尊为太公，以师礼事之。其后纣杀九侯、鄂侯，西伯知此二人无辜，闻而叹息。当时有个谗臣崇侯虎，对纣说道："西伯在背后毁谤。"纣闻之怒，乃拘囚西伯于羑里狱中，将杀之。西伯之臣闳夭等，日夜忧惧，设计救主，不令西伯知道。私自求有莘氏之美女、骊戎之文马、有熊之九驷，及诸般珍奇玩好之物，因纣之幸臣名费仲者，进献与纣，以赎西伯。纣果大悦，说道："只这美女一件，就可以释西伯之罪，何况又有许多好物。"乃赦西伯放他归国，更赐以弓矢斧钺，凡天下诸侯有罪的，都许他径自征伐。西伯既归本国，益修德行善，如发政施仁、泽及枯骨之类皆是。诸侯见西伯有仁德，都倾心归服，凡有不平的事，都就西伯而取决焉。盖人心至是已去商而归周矣。然史所谓"阴行善者"，盖言文王积德行仁，不求人知，而人心自然感愧，非如后世所谓阴谋夺国者也。孔子说，文王"三分天下有其二，以服事殷"。其深知文王之心者哉！

于是虞、芮之人，有狱不能决，乃如周。入界，耕者皆让畔，民俗皆让长。虞、芮之人未见西伯，皆惭，相谓曰："吾所争，周人所耻，何往焉！只取辱耳。"遂还，俱让其田而不取。汉南诸侯归者四十国。诸侯以西伯为受命之君，以是年为受命之年。受命凡九年，寿九十七，西伯崩。太子发立，是为武王。

虞、芮，是二国名。

文王为西伯，修德行仁，四方诸侯，但有争讼不平的事，都来取决于他。那时有虞、芮二国的人，相与争地土疆界，久而不决，乃适周以求平。及入周之境，见其国中耕田的相与让畔，行路的相与让长，两国之人未见西伯，心各惭愧，相向说："周人之俗，怡怡相让如此，我等争竞之事，乃其所深耻而不为者，何以往哉！见了西伯，只自取羞辱耳。我等小人，不可以履君子之庭。"遂相与还国，皆让其田而不取，以其所争为闲田而退。汉南诸侯闻之，相率而归向者，四十余国。当是时，三分天下，文王有其二矣。诸侯以文王之德，天与人归，宜受天命而为君，因以是年为受命之年。计文王受命凡九年，寿九十七而崩。太子发嗣立，是为武王。当是时，纣为天子，文王为西伯，乃虞、芮之人，不质成于纣而质成于周；汉南之国，不归附于纣而归附于周，何耶？盖纣惟暴虐是作，文王视民如伤。仁与暴之分，而民心之去留所由判也，有天下者可以观矣。

武王既立，以太公望为师，周公旦为辅。旦，武王之弟也。召公奭、毕公高之徒，皆左右武王，率修文王绪业。时商纣无道，九年，武王东观兵，至于盟津，渡河中流，白鱼跃入王舟中，武王俯取以祭。既渡，有火自上复于下，至于王屋，流为乌，其色赤，其声魄。

左右，是扶助。观兵，是陈兵。盟津，是地名，在今河南府地方。王屋，是武王所居之屋。魄，是安定的意思。

武王既继立为西伯，仍尊用文王之旧臣，以太公望为师，周公旦为辅佐。周公旦，乃武王之亲弟也。又有召公奭、毕公高之辈，许多贤臣，都左右扶助武王，以率修文王之统绪功业，而成其未竟之志。那时商纣淫虐无道，武王即位之九年，欲伐纣，乃陈兵而东，到孟津地方，渡黄河正及中流，忽然有个白鱼跳入武王船中，武王低身拾起，就把这鱼去祭天。

既过河了，又有一块火光自天而下，落在武王所居屋上，化而为乌鸟，其色赤，其声魄然安定而不惊噪。夫鱼者，鳞介之物，有甲兵之象；白者，商家所尚之色。白鱼为武王所取，乃纣兵为武王所胜之兆也。乌，有孝之名；又赤者，周家所尚之色。火化赤乌，乃武王善继文王之业，而以火德王天下之兆也。是时，武王之师始出，而灵瑞叠见如此，则天命之归周，已昭然可知矣。

是时，诸侯不期而会盟津者八百。诸侯皆曰："纣可伐矣。"武王曰："女未知天命未可也。"乃还师而归。居二年，闻纣暴虐滋甚，杀王子比干，囚箕子，纣兄微子乃抱其乐器而奔周。于是遍告诸侯曰："殷有罪重，不可以不伐。"乃东伐纣。

纣为暴虐，天下离心。当武王观兵盟津之时，天下的诸侯，不待期约而来会者，有八百国。都说纣恶已盈，宜兴兵伐之，以诛暴救民。武王见得此时纣虽无道，他家祖宗德泽积累甚厚，天命尚未绝他，纣的左右尚有几个贤臣，足以系属民心，遂对那众诸侯说："你每不晓得天命尚未可也。"乃收兵回去。此时纣若知天下人怨他，惧而修德，改其所为，则武王亦必终守臣节，戴之以为君矣。纣乃长恶不悛，暴虐如故。武王既归周，居二年，闻纣暴虐日甚一日。王子比干与箕子，这两人是纣的伯叔，都直言极谏他，纣不唯不听，反把王子比干杀了，剖其心，把箕子囚了，以为奴。于是纣的庶兄微子知纣之必不可谏，恐一旦国家灭亡，宗祀覆绝，已为殷王元子，乃抱着宗庙中的乐器，奔归于周，冀存宗祀。此时殷家众畔亲离，民望既绝，无复可为。于是武王始遍告诸侯说："如今商王受，杀戮贤臣，流毒海内，百姓如在水火之中。天命诛之，不可不伐。"乃率诸侯兴兵伐纣，以除暴救民。古来国家兴亡，视天命的去留。天命去留，视人心的畔服。人心畔服，视贤才的用舍。使比干、箕子、微子尚在，武王必不伐纣，商亦必不亡。及其既诛，然后东伐，贤才之为国重轻如此。人君为宗社计者，可不思所以爱惜之哉！

十一年十二月戊午，师毕渡盟津，诸侯咸会，陈师牧野。帝纣闻武王来，亦发兵七十万人拒武王。武王使师尚父与百夫致师，以大卒驰帝

师。纣师虽众，皆无战心。武王亟入，纣师皆倒兵不战，以开武王。武王驰之，纣兵皆崩叛。纣走反入，登鹿台之上，衣其珠玉，自燔于火而死。武王斩纣头，悬太白之旗，于是诸侯尊武王为天子。

牧野，是地名，在今河南卫辉府汲县。师尚父，即太公吕望。太白，是旗名。

武王既立之十一年十二月戊午日，率师伐纣，渡过盟津。那时诸侯，恶纣暴虐，都领兵来会。于是合诸侯之师，陈列于商郊牧野地方。帝纣闻知武王来伐，亦发兵七十万人以拒敌武王。武王使师尚父与勇力之士百人，先躯挑战，随后以大众驰击帝纣之师。纣兵虽多，皆怨纣暴虐，幸其速败，无有战心。武王亟入纣师，纣师皆回戈反走，不来迎战，以开武王。武王遂乘此势率众驰之，纣兵皆崩摧叛散。纣见大众离叛，自知不免，乃走回，登鹿台之上，把平素所积珍珠宝玉，披着在身，自焚于火中而死。武王乃使人斩纣头，悬于太白之旗，以泄万民之恨。诸侯以武王有除暴救民之功，代天理物之德，咸尊武王为天子，而继商以有天下焉。

按纣尝筑鹿台以聚珍宝，乃今衣之以死；尝为炮烙之刑以残民命，乃今竟致自焚，岂非万世贪暴之戒哉！纣既焚死，武王不必复斩其头。考之《周书·武成》篇不载，想无此事，或作史者传闻之讹也。

初，武王伐纣，伯夷、叔齐叩马谏曰："父死不葬，爰即干戈，可谓孝乎？以臣弑君，可谓仁乎？"左右欲杀之，太公曰："义人也。"扶而去之。及武王定天下，天下宗周，伯夷、叔齐耻之，不食周粟，饿死于首阳山。

首阳山，在今山西蒲州地方。

初武王伐纣之时，文王尚未葬，于是伯夷、叔齐二人叩着武王的马，谏他说道："父死未葬，就兴动干戈，可以谓之孝乎？纣虽无道，君也，以臣弑君，可以谓之仁乎？"武王左右的人，听他这等说话，恶其无状，遂欲杀之。太公吕望说道："此人乃忠义之士也，不可杀他。"扶而去之。及武王克商而定天下，天下之人莫不归周，伯夷、叔齐自以商家臣子，耻复仕周，食其俸禄，兄弟二人退隐于首阳山，采薇而食之，穷饿而死。当此之时，天命人心皆去殷而归周，则纣乃天下之独夫，而武王为天下之共主也。而夷、齐乃独非其所为者，盖君臣大义凛不可犯。孔子称伯夷、叔齐饿于首阳之下，民到于今称之，其言武王，则谓其尽美而未尽善，亦此意也。后世为君，当以桀、纣为鉴，而为臣者当以夷、齐为法。

元年，武王为殷初定未集，乃使其弟管叔鲜、蔡叔度相纣之子武庚治殷。已而，命召公释箕子之囚，命毕公释百姓之囚，表商容之间，命南宫括散鹿台之财、发钜桥之粟以振贫弱氓隶，命南宫括、史佚展九鼎宝玉，命闳夭封比干之墓，命宗祝飨祠于军。乃罢兵西归。武王追思元圣，乃褒封神农之后于焦，黄帝之后于祝，帝尧之后于蓟，帝舜之后于陈，大禹之后于杞。

氓，是田野之民。隶，是微贱的人。

武王即位之元年，以殷邦初定，人心尚未安集，恐复为乱，乃封纣子武庚于殷之旧都，而使其弟管叔鲜、蔡叔度辅相而监之，既以存殷之后，且用安定人心。先是，纣把箕子囚了为奴，那无罪的百姓亦多被囚系，又将贤人商容废弃不用。至是，武王命召公释放箕子之囚，命毕公释放百姓之囚，旌表商容的门间，以开释无辜，优礼贤者。先是，纣又厚赋税以实鹿台之财，盈钜桥之粟，不恤百姓的困苦。至是，武王命南宫括散鹿台的财货，发钜桥的米粟，以赈济贫穷孤弱的百姓，与凡那微贱的人，都使各得其所。又以历代相传的九鼎宝玉，是国家的重器，恐遭乱损失，乃命南宫括、史佚陈而观之，以慎典守。又伤比干直谏而死，命闳夭封筑其墓以表忠臣。又以武功告成，当修祀礼，乃命宗祝之官，飨祭于军中。然后罢兵西归，复还镐京。武王又追思古先大圣，功德在人，不可无后。乃褒封神农氏之后于焦，即今河南陕州;黄帝之后于祝，即今山东淄川县;帝尧之后于蓟，即今直隶蓟州；帝舜之后于陈，即今河南陈州；大禹之后于杞，即今河南杞县是也。

以上都是记武王即位的新政，一一反商之暴虐，行己之宽仁，所以《书经》上说:“武王反商政，政犹旧。”孔子说:“武王兴灭国，继绝世，举逸民，天下之民归心焉。”即此事也。其能培周家八百年之基业，有由然哉!

于是封功臣谋士，而师尚父为首，封于营丘，曰齐；封周公于曲阜，

曰鲁；召公奭于北燕；毕公高于毕；弟叔鲜于管；叔度于蔡；叔振铎于曹；叔武于郕；叔处于霍；康叔封、聃季载皆少，未封。兼制天下，立七十一国。封兄弟之国十五人，姬姓之国四十人。周之子孙不狂惑者，皆为诸侯。

武王克商之初，既封圣贤之后，于是又分封功臣谋士。以师尚父吕望为开国元勋，乃封于营丘之地，国号曰齐。以周公旦、召公奭、毕公高皆佐命之臣，于是封周公旦于曲阜，国号鲁；封召公奭于北燕；封毕公高于毕。一时左右戮力之臣，无不分土赐爵者。当时武王有同母弟数人，又笃于亲亲，分封弟叔鲜于管，封弟叔度于蔡，封弟叔振铎于曹，封弟叔武于郕，封弟叔处于霍。若康叔封，若聃季载，皆以年少未受封。是时大统初集，武王兼制天下，乃建立七十一国。计兄弟之国，凡十有五人；同姓之国，凡四十人。周之子孙除暴戾昏愚者，不与封国，其不狂惑者，皆得建为诸侯。夫武王既封功臣，又封同姓，则为藩为翰，翼戴之者众矣。周之所以享国长久者，虽其守之以仁致然，抑亦封建之力欤？

武王既胜殷，乃改正朔，以建子月为正月，色尚青，服以冕。王虚己问箕子殷所以亡，曰："吾杀纣，是欤？非欤？"箕子不忍言殷恶，而王亦丑之，乃问以天道，作《洪范》，封箕子于朝鲜而不臣也。余各以次受封，班赐宗彝，分殷之器物于诸侯，惟周公留周佐王。

建子月，是十一月。这月斗柄指北方子位，所以叫做建子之月。青字，当作赤字。《洪范》，是《周书》篇名，以其所载皆治天下之大法，所以叫做《洪范》。宗彝，是宗庙中的彝尊。

武王既胜殷而有天下，以为创业之初，当定为一代之制度，于是始改正朔。殷家以建丑之月为正月，今则以建子之月为正月。又易服色。殷家色尚白，服冔冠，今则色尚赤，服用冕。然武王不但变殷之制而已，又欲鉴殷之所以亡而反其政，于是虚心屈己，访问殷之贤臣箕子，以纣所以亡天下者何故，又问他说："我杀纣，是欤？非欤？"夫武王之杀纣，本为除暴救民，岂有不是处，但箕子元是纣的臣子，不忍言殷之恶，所以不对。武王也自念以臣伐君，不免有惭愧之意，乃不复穷问殷事，而遂问箕子以上天阴骘下民，所以能叙彝伦的道理，盖欲访道以图治也。箕子以天道不可以不传，乃举人君治天下之大法，如天降夏禹的九畴，一一为武王陈之，因作《洪范》之书，即今《周书》上所载的便是。然箕子只要传道于武王，却不肯为周之臣。武王亦欲曲成其志，乃封之于朝鲜国，使他自为君长于荒服之外，而不强臣之也。其余诸侯，各以次第受封。武王各颁赐他宗彝，以为宗庙之祭器，又分殷家所遗的器物与诸侯，以为世守之宝。如分鲁以夏后之璜、封父之繁弱，分卫以大路大吕之类。封赏既行，于是诸侯各就其国。惟周公仍留成周，辅佐武王，终其身不复至鲁焉。盖是时，天下初定，周公以元圣懿亲，不得不留辅王室也。夫武王一即位，而改正朔，易服色，行封赏，其规模固已宏远矣。至若访道于箕子，而万世之治法以明；委政于周公，而八百年之王业以定。此尤武王治天下之急务，有不专恃于法制者。然则为人君者，可不以重道任贤为急哉！

王谓周公曰："自洛汭延于伊之汭，居易无固，其有夏之居。我南望三涂，北望岳鄙，顾瞻有河，粤瞻伊洛，毋远天室，将营周居于洛邑，纵马于华山之阳，放牛于桃林之野，偃干戈，振兵释旅，衅鼓旗甲兵，藏之府库，示天下不复用，通道于九夷八蛮，各以其方贿来贡，使无忘职业。"

洛、伊，是二水名。汭，是水涯。易，是平易。固，是险固。三涂，是山名。岳鄙，是太行山下的都鄙。

周家旧都丰镐，在今陕西地方。武王既克商而有天下，以旧都偏在一隅，四方诸侯朝贡不便，乃对周公说："自那洛水之涯，延及于伊水，这地方平坦，无有险阻，原是有夏氏所居。我就这里四面观看，南望三涂，北望岳鄙，回顾大河，前瞻伊洛，其山川形势阔大，居天下正中，四方道理均平，乃是天作之室，不可舍去。我将营周京于此洛邑，因有夏之居，以待诸侯朝贡焉。"今之河南府，即其地也。又以天下既定，宜偃武修文，以开太平，乃纵马于华山之阳，放牛于桃林之野，偃武干戈，罢散兵旅，用牲血涂衅鼓旗甲兵，收藏在府库中，示天下不复用，以与万民休息。于是周家声教广被，不但中国诸侯，相率来朝贡，那九州之外蛮夷戎狄，夙昔与中国隔绝的，如今都梯山航海而来，各奉其地方所产的货物，将来贡献。遂定为常例，使世世守之以为职业，无敢忘焉。

这是史臣记武王克商后，定都、偃武、绥怀四夷的事。周家八百年治平之规模，于此定矣。然武王虽营洛邑，而仍居丰镐，未尝弃根本而不顾也。虽偃兵甲，而犹寓兵于农，四时讲武，未尝废武备而不修也。虽通道蛮夷而以抚安中国为本，未尝要功于荒服之外也。虽使四夷各修职贡，而惟责以土地之所有，未尝靡敝中国以事外夷，而求难得之货也。图治者尚鉴兹哉！

肃慎氏贡楛矢石砮，其长尺有咫。王欲昭其令德之致远，以示后人，使永监焉，故铭其括曰："肃慎氏之贡矢。"分同姓以珠玉，展亲也；分异姓以远方之职贡，使无忘厥服也。

肃慎氏，是远夷国名。楛矢，是以楛木做成的箭。石砮，是以坚利之石为箭镞。咫，是八寸。括，是箭尾受弦处。

武王既定天下，通道于九夷八蛮，那时有远方之夷，名肃慎氏者，贡其国中所造的楛矢，那矢以石为镞，其长一尺有八寸。武王欲昭著令美之德，能致远夷之来，以传示后人，使永远观法，故刻字于其矢之括曰："肃慎氏之贡矢。"以见当时致治之盛，四夷咸宾，虽肃慎氏之远，亦以其方物来献也。武王既得天下的重宝，受外夷的贡献，不以自私，于是分同姓之国以珍珠宝玉，使益厚其亲，如分鲁以夏后氏之璜之类是也。分异姓之国以远方所贡的器物，使无忘其所服之职，如分陈以肃慎氏之矢之类是也。盖王者以其德之所致而赐于诸侯，诸侯宝其所赐而永怀其德，乃所以联属天下而成其仁也。

二年，王有疾。周公为坛，告太王、王季、文王，请代武王之死。周公乃以卜书藏于金縢柜中。王疾瘳，武王迁都于镐，而文王之庙乃在丰。武王乐曰《大武》。武王崩，寿九十三。太子诵立。

金縢，是以金缄束柜子，使其谨密。瘳，是病愈。

周武王即位之二年，偶有疾病。周公是武王的亲弟，以周家基业初定，武王有疾，成王尚幼，恐一日有不测之事，致宗庙社稷之无主，乃设为坛场，祷告其祖父太王、王季、文王之神，愿以己身替武王死，使宗社生灵，永有所赖。乃卜之于神以祈保佑。既祷之后，遂以占卜之书，藏在金縢柜中。既而王疾果痊，是可见周公忠爱之至，精诚之极，感格于天地祖宗矣。初时文王建都在丰，后来武王以丰都狭小，不能容众，乃迁都于镐。而文王之庙，仍旧在丰，凡有封赏，必告于庙。武王治定功成，作为一代之乐，名曰《大武》。武王崩，寿九十三岁。太子诵立，是为成王。

成王

元年，周公居冢宰，以王年幼，恐天下叛，乃摄政代王当国，南面负扆以朝诸侯。成王将冠，周公命史雍颂曰："近于民，远于佞，近于义，啬于时，任贤使能，朝于祖以见诸侯。"管叔、蔡叔、霍叔流言曰："公将不利于孺子。"奄君谓武庚请举事，武庚从之，与管叔、蔡叔等同反。周公乃作《大诰》，奉王命以讨之，曰："天降威，知我国有疵。"

负，是背。扆，是屏风上画，为斧形。啬，是爱惜的意思。孺子，指成王说。奄君，是奄国之君。《大诰》是《周书》篇名。疵，是瑕衅。

成王即位之元年，周公位冢宰，总百官。以周家初定天下，而武王新丧，成王年幼，恐天下人心未服，或至离叛，且念己为王室至亲，又受武王付托，不得不把天下安危任在一身。乃权且摄行政事，代王当国，南面背着御屏，辅佐成王临朝，以见诸侯而裁决庶务焉。及至成王将行冠礼，周公命太史之官名雍者，作颂以戒于王，说道："王今君临天下，既冠为成人矣。一日二日万机，凡事固须兢兢业业以图之。然尤当近于民，而爱养百姓，视如赤子。远于佞，而屏斥谗邪，勿使害治。近于义，而言动政事，务求合理。啬于时，而爱惜农功，无妨耕作。凡贤而有德者则任之在位，能而有才者则使之在职。王能如此，则君道之大，庶几克尽，而天命祖业亦可常保矣。王其念哉！"成王冠礼既成，周公乃奉之朝于祖庙，接见诸侯。那时管叔、蔡叔、霍叔三人心怀忌嫉，意谓我与周公同是弟兄，彼如何得居中专政，我三人却在外监殷，遂生怨望，造为流言，说道："周公欺成王年幼，将谋篡夺之事。"用此以鼓惑朝廷，动摇周公，使不得安于其位。当时有奄君者，正是纣子武庚之党，遂嗾武庚说："武王既崩，今王年尚幼，周公见疑，此正殷家复兴之时也。机不可失，请举兵以图大事。"武庚本纣之遗孽，素怀不轨之心，听得奄君这等引诱，即从其说，与管叔、蔡叔同为叛乱。此王法之所必诛者，周公乃作《大诰》，晓谕众诸侯臣民，奉王命兴兵以征讨之，说道："今武庚不靖，敢肆叛逆，虽是天降威于殷，使其有速亡之祸，然亦由武庚知我国有三叔疵隙，流言动众，民心因之不安，故乘机生变，不可不举兵往正其罪，以安天下也。"

观史臣所记，可见周公居摄，惟欲抚安国家，成就君德，其鞠躬尽瘁如此。乃有至亲如三叔者，倡乱以危社稷，使成王不察而信之，则周公不得安其位，而周之王业将倾矣。所赖成王虽在幼冲之年，然能深鉴周公之忠，而不为所惑，洞烛三叔武庚之诈，而天讨必行，所能定人心于反侧之际，奠国祚于泰山之安也。其为周家守成之令主，宜哉！

二年，周公居东，讨武庚、管叔，诛之；放蔡叔于郭邻；降霍叔为庶人；遂定奄，及淮夷，东土以宁。方流言之初，成王亦疑周公。及开金縢，见请代武王之事，乃感泣迎周公归。既诛武庚，乃封微子以代殷后，国号宋，用殷之礼乐，于周为客而不臣。

先是，周公遭流言之变，不知这言语起于何人，退居东都以避之。至此二年，始知兴造流言，罪由二叔，乃奉王命，讨武庚、管叔，诛之；安置蔡叔于郭邻地方；革去霍叔的封爵，降为庶人；因东定奄国，南伐淮夷。诸为恶者皆已正法，然后人心始定，东土始宁。方流言初起之时，虽成王亦疑周公有不利于王室之心。及开金縢柜中，见册文上有周公请以身代武王的说话，王乃感悟，知周公之忠，执书而泣，亲自出郊迎周公归国。周公既诛纣子武庚，又以成汤之祀不可遂绝，乃封纣之庶兄微子启以代殷后，使奉其祭祀，建国号曰宋。使他仍用殷之礼乐，如用辂尚白之类，以存一王之法，于周为客而不臣。盖以其为先王之后，故以宾礼待之，而不以臣礼屈之也。

夫周公以成王之叔父，有大功于国家，其心忠于王室，岂待开金縢而后知？设若此时王心不悟，流言得行，则周之社稷，岂不危哉！以是知成王虽贤，尚不及汉昭帝能辨之早也。

五年，王与其弟叔虞削桐叶为珪，戏曰："吾以此封若。"史佚命择日，王曰："吾与之戏耳。"史佚曰："天子无戏言，言则史书之，礼成之，乐歌之。"遂封叔虞于尧之故墟，曰唐侯。

成王即位之五年，偶一日与他少弟叔虞在宫苑中闲游，将桐树叶剪削做诸侯所执的珪，戏与叔虞说："我把这珪封你为侯。"这是成王兄弟友爱戏耍的说话。那时有臣史佚在旁，就请命官择日行册封礼。成王说："我只与他相戏尔，岂真欲封之耶？"史佚对说："天子口中无戏言，一言既出，史官就纪在书册上，行之于政事之间，有大礼以成之，有大乐以歌之，如何戏得？今王之言既出，则亦因而封之以践其言可也。"成王遂封叔虞于唐尧之旧都，号他为唐侯。成王自此一言不敢轻易，一事不敢苟且，竟成周家令主，固是史佚匡救之功，而王亦可谓善于从谏矣。

六年，周公朝诸侯于明堂，制礼作乐，颁度量而天下大服。乐曰《勺》，言能勺先祖之道也。又作乐曰《武》，以象武王伐纣之武功。

明堂，是朝会诸侯以出政令之所，以其向明而治，故叫做明堂。

成王之六年，适当诸侯来朝之年，周公辅佐成王以朝见诸侯于明堂，自九州万国之君，以至九夷八蛮之长，内外尊卑，皆各有定位。此时功成治定，礼乐可兴，乃制为一代之礼，作为一代之乐，用之于朝廷邦国，以昭太平。又定为丈尺斗斛等器的规式，颁之于诸侯，以立民信。于是礼乐备，制度同，天下之人皆大悦服，无有不尊其政令者矣。其所作的乐，名叫做《勺》，言成王能斟酌先王之治道，而合乎时宜也。又作乐，名叫做《武》，以形容武王伐纣之武功。今《周颂》之诗所载《酌》、《武》二篇，即其乐歌也。当此之时，礼备乐和，民安国泰。周家虽新造之邦，成王虽幼冲之主，而天下帖然安之，诸侯宗周，维持至于数百年而不废，周公辅相之功大矣。

交趾南有越裳氏，重译而献，曰："道路悠远，山川阻深，恐一使不通，故重三译而来朝。"周公曰："德泽不加，君子不飨其质；政令不施，君子不臣其人。"译曰："吾受命吾国之黄耇曰：天之无烈风淫雨，海不扬波，三年矣。意者中国有圣人乎？盍往朝之？"周公归之于王，称先王灵神，致荐于宫庙。使者迷其归路，周公赐以軿车五乘，皆为向司南之制。越裳使者载之，由扶南、林邑海际期年而至其国。故指南车常为先导，示有以服远人而正四方。

交趾，是今安南地方。越裳、扶南、林邑，都是海中蛮夷国名。译，是通各国语言的。质，是朝见的礼物。黄耇，是黄发的老人。軿车，是有障蔽的车子。

成王继文武之后，又有周公为之辅相，当是时，中国治安，四夷宾服。交趾之南，有越裳氏，从来与中国不相通，至是乃忽然遣使重译来献方物，说道："自我国到此，道路悠远，山川阻深，经过许多地方，只一个译使，恐不能通，故重用三译而来朝，方才得达。"周公辞他说："吾闻君子德泽所不到的地方，不受其贡献；政教所不及的人民，不责其臣服：何劳使者远来？"译使对说："吾受教于国中的老者说，如今天无疾风苦雨，海水不起波涛，已三年矣。想是中国有圣人为主，所以风调雨顺，海晏波恬如此。我远方也赖其余庇，何不往朝之？"于是周公以太平之功，归之于成王，又称先王灵神，将所献方物，祭告宗庙。见得这远人宾服，皆是宗庙神灵，天子明圣之所感召，人臣无所与其功也。及使者辞归，迷失了向来的道路，周公以其国在南方，乃赐他軿车五辆，车上各安一个木人，运以机巧，车虽回转不定，而木人之手尝指南方，叫做指南车。越裳使者乘此车，随所指而行，由扶南、林邑二国海边，行了一年，方至其国。因此天子大驾前面，尝设个指南车，以为引导，盖本越裳氏之故，示有以服远人而正四方也。夫圣人在位，宇宙太和，周家虽谢质却贡，而中国既安，四夷自至。汉世通西南夷，发兵护使者赍金帛，诱之使来，威之使服，而竟不可得。由是观之，服四夷者，在德不在力，明矣。

七年。初，武王作邑于镐京，谓之宗周，是为西都。将营成周，居于洛邑而未果。至是，成王欲如武王之志，定鼎于郏鄏。卜曰：传世三十，历年七百。

鼎，是夏禹以来有天下者相传的九鼎。郏鄏，地名，在今河南府。

成王即位之七年，定鼎于洛邑。初时武王承先世之旧封，自丰迁镐，作邑于镐京，叫做宗周。以其为天下所宗也。镐京在西方，是为西都。其后有天下，又以洛邑居四方正中，可为朝会诸侯之所，叫做成周。以周道成于此也。将营成周，东居于洛邑，而武王遂终，有志未就。至是成王欲成武王之志，乃定所迁九鼎于郏鄏地方。郏鄏，即洛邑也。询谋既同，乃卜之于龟。其卜兆之辞说：居此地，后来当传世三十，历年七百。然其后传三十七君，历八百余年，乃过于所卜。盖周家深仁厚泽，历世相继，固结人心，以保天命，有非数之所能拘也。然周家营洛，居易无固，旦夕兢兢，若天命之不克保，而享国最久。秦据关中之固，金城千里，自以为子孙帝王万世之业，而二世以亡。由是观之，绵国祚者，在德不在险，明矣。

是年二月，使召公先相宅。三月，周公至洛，兴工营筑，谓之王城，是为东都。方千七百二十丈，郛方十七里。南系于洛水，北因于郏山，以为天下之所凑。制为郊甸，方六百里，因西土为千里。分为百县，县为四都，都有鄙。曰："此天下之中，四方入贡，道里均也。"周公又营成周。成王居洛邑，迁殷顽民于成周，复还归西都。成王长能听政。十二月，周公归政于成王。成王临朝，周公北面就臣位。

郛，是外城。顽民，是梗化未服者。

成王即位之七年，二月，欲继武王居洛之志，使召公先往相度其所居之地。相度既定，至三月，周公到洛邑，兴工营筑，所筑之城名为王城，表其为天子之居，非他城比也。那时镐京在西，故以洛为东都。王城之广，方一千七百二十丈，其外城方十七里。南面联着洛水，北首依着郏山，其形胜如此，乃天下所凑聚之处。就此制为郊甸，其地方六百里，接连西土岐周之地，通共为千里，遵古王畿千里之制也。内分为百县，每县分为四都，每都之中，又各有鄙，随地广狭，以为鄙之多寡，而不限以一定之数。其营建洛邑之意，盖以此地居天下正中，四方诸侯朝贡者，道里适均，皆不至远涉，乃武王之本意也。这洛邑在瀍水之西，周公又于瀍水之东，营造一城，通名成周。奉成王居于洛邑，以莅中国，抚四方，而迁徙殷家所遗之顽民，编管于成周，使近而易制也。二城既毕，周公复还归于西都。是时成王年纪渐长，阅历既熟，能主断天下的政务了。十二月，周公乃将朝政归于成王。成王临朝，亲决庶政，周公辞了摄政之任，而北面就人臣之位焉。盖至是而武王付托之重，成王倚毗之隆，皆可以报称而无歉矣。天下后世，莫不仰武、成知人之哲，而美周公笃棐之忠，宜哉！

初，虞、夏、商之世，币、金有三品，或黄、或白、或赤，或钱、或布、或刀、或龟贝。至是，太公望乃立九府圜法，钱圜函方，轻重以铢。布帛广二尺二寸为幅，长四丈为匹。故货，宝于金，利于刀，流于泉，布于布，束于帛。

币，是财货的总名。龟、贝，俱宝货。龟可占卜，故以其壳为宝。贝，是海虫之有文理者。九府，是太府、玉府、内府、外府、泉府、天府、职内、职金、职币之九府，皆收藏财货的库藏。圜法，是均匀通融之法。十黍重为一铢。刀与布是人间常通用的。古时称钱为泉，以其形如泉字，又以其通行不滞，如水泉之流也。

比先虞、夏、商之时，通行的货币，在金类便有三等。上等是黄金，中等是白金，下等是赤金。金之外又有钱、有布、有刀、有龟、有贝，这几样财宝，通行天下，民皆便之。及周而法制大备，则以商通货，以贾易物。其时太公望乃设立九府，收贮财货而各有职掌之官，为均匀通融之术，使上不病国，下不病民。钱之形圆，而其孔则方，分量轻重，以铢起算。布帛宽二尺二寸为幅，长四丈为匹。周家理财之制，大概如此。然亦各有取义，盖金为天地间的宝气，故货宝于金。刀能断物，其用最利，故货利于刀。泉流而不竭，故货流于泉。布则无所不遍，故布于布。帛可以束，故束于帛。当时之制为钱币，不徒有圆融之法，又多取流通之义如此。无非欲导利于民，散财于下，而后世乃专之以为己私，敛而不散，非先王设法命名之意矣。

周公留辅成王，召公奭不说。周公作书告之，以明本意。

奭，是召公的名。

成王幼时，周公恐天下有变，既摄行天子之事。及至成王稍长，周公乃归政成王，退就臣位。然犹以王业初定，人心未安，不忍遽去，留而辅相之。其时召公奭为周太保，自以盛满难居，不乐在位，意欲告老而归。周公乃作书一篇以留召公，名曰《君奭》，中间反覆言大臣当辅君德以延天命，固人臣不可求去。其后召公既相成王，又相康王，盖有悟于周公之言矣。

王尝问于史佚曰："何德而民亲其上？"对曰："使之以时，而敬顺之，忠而爱之，布令信而不食言，如临深渊，如履薄冰。"王曰："惧哉！"对曰："天地之间，四海之内，善之则臣，不善则仇也。夏、殷之民，仇桀、纣而臣汤、武，若之何其不惧也。"在位三十七年崩，太子钊立。

食言，是行的与说的相背，如言出于口，而反吞之一般，故叫做食言。

成王尝问其臣史佚说："人君修何德，而后能使天下之民亲爱其主？"史佚对说："人君要民亲己，在先自尽其所以亲民者而已。如知民事之不可缓，则使之以时，凡有兴作，无妨农功。知民情之不可拂，则敬顺所欲，而好恶利病，不违其愿。知民生之不可伤，则至诚保爱，而生养安全，无不尽心。知民心之不可欺，则颁布政令，务着实举行，而不爽其言。虽尊居兆庶之上，惟恐民心易失，天命难保，夙夜忧勤惕厉，就如临不测之渊，恐致失坠，行薄冰之上，恐致倾陷的一般。诚能如是，则上无失政，下皆得所，而天下之民，自然亲爱之如父母矣。"成王深有味于史佚之言，说道："崇高之位，人但见其可乐，如汝所言，可惧也哉！"史佚对说："天地之间，四海之内，人虽至众，而好仁恶暴，心无不同。人君若抚驭得其道而善，则心悦诚服而臣之。若抚驭失其道而不善，则众叛亲离而仇之，何常之有？昔桀为暴虐，而成汤宽仁，则夏之民即仇桀而归成汤。纣为无道，而武王有德，则商之民即仇纣而归武王。民心之叛服，天命之去留，只在仁与暴之间而已，若之何其可以不惧哉！"成王敬纳其言，常佩服之。在位三十七年而崩。太子钊立，是为康王。

夫成王之时，周公既陈《无逸》之篇，史佚又进渊冰之戒，是以王自幼冲为君，以至享国之久，惓惓敬天勤民之念，夙夜不怠，以致天下太平，民和睦而颂声作，故诗人美之，说："成王不敢康，夙夜基命宥密。於缉熙！单厥心，肆其靖之。"后世称守成令主，必曰成王焉，岂无自哉！

卷之四

周纪

康王

元年。初，王即位，诸侯来朝，王作《康诰》以告之，由是诸侯率服。十二年，命毕公保厘成周。初，召公治西方，甚得民和。有司请召民，召公曰:“不劳一身而劳百姓，非吾先君文王之志也。”乃巡行乡邑，听断于陇陌阡亩之间，庐于棠树之下。以蚕桑耕种之时，乃弛狱出居民，使得反业。自侯伯至庶人，无失职者。及召公卒，人思其政，怀棠树不忍伐，作《甘棠》之诗歌咏之。王朝诸侯于丰宫。成、康之际，天下太平，刑措四十余年不用。在位二十六年崩，子瑕立。

周康王元年。即位之初，四方诸侯皆来朝觐，王作诰文以训诫之，即周书所载《康王之诰》是也，由是诸侯莫不服从。至十二年，王以成周之众，皆殷之顽民，尚未帖服，乃册命毕公保安而厘治之。保之，则不至于激乱；厘之，则不至于容奸，即《周书》所载《毕命》篇是也。成王之时，自陕以西，召公治之。召公之治西方，加意抚恤，甚得百姓之欢心。凡有公事该处者，有司请叫百姓每来官府中听候处分，召公说:“我先君文王勤于政事，不遑暇食，怀保小民，视之如伤。今我一身自图安逸，却着百姓每舍其农业，奔走道路，岂我先君文王爱民之意乎？”于是亲自巡行于穷乡下邑，问民疾苦，凡民有争讼不决的事，就在那陇陌阡亩之间，替他处断，自家也不居官府，就栖止于田间棠梨树下，其心只是怕劳着百姓。每到蚕桑耕种的时候，就禁止词讼，把狱中轻罪的犯人都放出去，着他务农桑的本业，恐致失时。其惓惓于爱民如此。由是上自侯伯，下至庶人，各得其所，无失职者。召公生时，有这等恩德及民，所以殁后，百姓每犹追思之而不能忘，见他平日所尝栖止的棠树，也不忍砍伐，因作《甘棠》之诗歌咏之，即《诗经》上所载“蔽芾甘棠，勿剪勿伐”是也。是时周道方隆，诸侯奉贡，都来朝会于丰宫。又自成王以来，至于康王，两朝相继，海内晏然，太平无事，民不犯法，以此刑罚置而不用者四十余年，真泰和之景象也。王在位计二十有六年而崩。子瑕立，是为昭王。

昭王

元年。周道渐衰，月有光五色贯紫微，井水溢。王巡狩返济汉，汉滨人以胶胶船，王至中流，胶液，王及祭公皆溺死。在位五十一年崩，子满立。

昭王既立，不能自强于政治，周道渐渐衰微。那时月有光芒五色，贯入大中紫微垣，又井水涌溢而出。月光、水都是阴象。紫微垣乃帝座所在。今月光五色，井水上溢，皆是阴气太盛。而紫微为月光所贯，是阴气侵犯至尊之位。此皆下陵上替，阴谋将作之兆。而昭王不悟，犹巡狩南方。至于楚地，回时过汉水，汉水边的人恶王巡游劳扰，乃为王造船，不用钉灰合缝，只用胶粘了。王不知，径乘此船过水，到中流，那胶被水浸开，其船解裂，王与其臣祭公皆溺水而死。祭公，是王畿内的诸侯，从驾同行，故俱及于难。其后周家以溺死为讳，竟不能讨汉人之罪，而王室自此遂卑矣。王在位五十一年崩。子满立，是为穆王。

穆王

元年。王立之后，徐夷作乱，率九夷以伐宗周，西至河上。穆王畏其逼，分命东方诸侯徐子主之。徐子嬴姓，地方五百里，行仁义。得朱弓矢，自以为天瑞，乃称偃王，陆地而朝者三十六国。王正西巡狩，乐而忘返，闻徐子僭号，乃命造父为御而归，以救偃王之乱。

穆王既立之后，不监昭王之覆辙，而专以周游天下为乐，因此诸侯多叛之者。东方徐夷作乱，率九种之夷以伐宗周，其兵西至河上。穆王畏他侵逼，乃分命东方诸侯徐子管领东夷以防其乱。徐子姓嬴，所管之地四方五百里。徐子见得自己国势强大，而穆王又荒乱，遂阴有不轨之志，假行仁义，以收拾人心。曾因开通沟渠，偶得个朱色的弓箭，自以为天降兴王之瑞，就僭号自称偃王，诸侯从陆地来朝于徐者三十六国。穆王那时正在西边巡狩，乐极忘归，闻徐子僭称王号，恐他夺了天下，乃命其臣造父御八骏马，急忙回还，起兵伐徐，以救偃王之乱。幸然胜之，而周得不亡，然亦危矣。

夫昭王、穆王，才承文、武、成、康四王之后，以天命则未改，以人心则未离，但德政一衰，诸侯即叛。昭王南征，而遂丧其身；穆王西巡，而几亡其国。由此观之，为人君者，岂可矜崇高之势，恃祖宗之业，以为天下莫敢有谋我者，而遂肆然无恐哉！

命楚伐徐。徐子爱民无权，不忍斗，乃北走彭城。百姓随之以万数。徐子将死，曰："吾赖于文德，而不明武备，故至此。"穆王乃以赵城封造父，其族由此为赵氏。穆王将征犬戎，祭公谋父谏不听。王征之，得四白狼、四白鹿以归，自是荒服者不至。王又命吕侯作祥刑之书，作刑以告四方。在位五十五年崩，子繄扈立。

穆王闻徐偃王之乱，既使造父御车而归。以江淮之国，惟楚为大，而近于徐，乃命楚伐徐。徐子假借仁义以收民心，名为爱民而无权谋，不忍与楚战斗，乃北走彭城地方。百姓怀其私恩，随之而走者万有余家。徐子既败将死，自悔说道："吾平日专靠着仁义之德，不讲明武备，所以至此。"其实篡窃之臣，何知文德，徒自夸大耳。徐乱既平，穆王乃以赵城之地封造父，使世世居之，其宗族由此为赵氏。盖赏其为御而归以救乱也。夫穆王巡游无度，自弃其百姓，故奸宄窃发，天下几亡。然则人君之于巡游，可不慎哉！

后三十五年，穆王又将西征犬戎之国，责他贡物。当时畿内诸侯有祭公谋父者，为王卿士，谏说先王耀德不观兵，犬戎本是荒服，惟继世一来朝见，不在宾贡之列，征之无名。穆王不听，发兵征之，止得四白狼、四白鹿以归。自是荒远的属国，都不复来王，盖以征之非其职也。夫威亵而不震，故戎玩而不服，徒以一异物之故，遂失远方戎狄之心。然则人君之于征伐，可不慎哉！

后五十年，王又命司寇吕侯，作祥刑之书，以告四方，即今《书经》上《吕刑》篇是也。其书专训赎刑，盖穆王巡游征伐，财匮民劳，晚年耄荒，乃为此一切权宜之术，以敛民财耳。然其篇中，反覆晓告，曲尽典狱情状。故刑，凶器也，而谓之祥，其哀矜恻怛之意，亦可想矣。此孔子叙书所以有取也。然则人君之于刑狱，可不慎哉！

在位五十五年崩。子繄扈立，是为共王。

共王
懿王
孝王
夷王

元年。觐礼不明，王始下堂而见诸侯。荒服不朝，命虢公帅六师伐太原之戎，至于俞泉，获马千匹。在位十六年崩，年六十。子胡立。

周自昭王以来，历共王、懿王、孝王，都不修德政，周道浸衰。至于夷王之时，王室日益微弱，诸侯日益强大，朝见之礼不明，夷王始以天子之尊，下殿堂而见诸侯，盖亵其居尊之体矣。于是朝政不纲，四夷背叛，荒服之国皆不来朝。夷王不思增修德政，乃命虢公帅六师以伐太原之戎，至于俞泉地方，仅获马千匹而已。在位十六年而崩，年六十。子胡立，是为厉王。

厉王

元年。王为人暴虐无道。淮夷入寇，王命虢仲征之，不克。王好任荣夷公。大夫芮良夫谏曰："夫利，百物之所生也，天地之所载也，而或专之，其害多矣。匹夫专利，犹谓之盗，王而行之，其归鲜矣。荣公若用，周必败。"既荣公为卿士，诸侯不享。

厉王即位之元年，因见他父夷王懦弱，诸侯背叛，欲振之以威强。

然其为人，暴虐无道，好利不仁，故周道愈衰。东方淮夷入境寇掠，厉王命虢仲为将，领兵征之，不能攻克。盖王既无道，兵不用命，故师出而无功也。那时有臣名荣夷公者，专务谋利，以媚于王，王喜好信任他。大夫芮良夫谏说："夫利，乃百物之所生，天地之所载，当与天下共之，不可专也。若专利于己，则害及于人者必多矣。故虽匹夫而专利，犹且叫他做盗，为其夺人之利，与盗贼无异也。况王者为天下之主，当布利于下，而乃行专利之事，则民心不服，归之者不亦鲜乎？王若不将这荣公疏远了他，周之王业必至败坏。"王不听，专任荣公。及荣公为卿士之官，诸侯果皆离心，不来朝享，恶其好利而不好义也。

《大学·平天下章》有曰："小人之使为国家，灾害并至，虽有善者，无如之何矣。"其厉王之谓哉！

王行侈傲，国人谤王。召公告曰："民不堪命矣。"王怒，得卫巫，使监谤者，以告则杀之。国人莫敢言，道路以目。王喜，告召公曰："吾能弭谤矣。"召公曰："是障之也。夫民虑之于心，而宣之于口，成而行之，胡可雍也？今王塞下之口，而遂上之过，恐为社稷忧。"王不听，于是国莫敢出言。王心戾虐，万民弗忍，后三年，乃相与叛袭王，王出奔于彘。王在彘，不敢归。二相周公、召公以太子静尚幼，乃相与和协，共理国事，故称共和。王崩于彘，在位十七年，并共和三十七年。

弭，是止。障，是作堤防以御水。

厉王奢侈傲慢，暴虐其民，国人嗟怨，都出谤讪之言。召公谏厉王说道："今百姓被上之虐害，苦不聊生，故谤言日闻，王不可不改图之也。"厉王不听召公之言，反嗔怒百姓谤他，乃寻得卫国中一个降神的师巫，着他监视国中的人，说这巫能通神，但有造言兴谤的，他就知道，奏闻于王，拿来杀了。自是国人不敢声言，在道路上彼此以目相视，盖口不言而心实非之也。厉王不知民怨愈甚，方自喜其得计，告召公说："我今设此二法，果能止谤矣。"召公对说："王以刑杀止谤，如筑堤堵水一般。水势大了，强去堵截，冲决愈甚；民心怨了，强去禁制，为祸愈深。大凡人的言语，都从心上发将出来。心里念虑已成，自然要发于言语之间，如何止得他不说？纵能止得百姓的口，止不得他心里怨嗟。王今用法以塞下之口，执迷以成己之过，切恐民怨日增，祸乱将作，为社稷忧矣。”王不听，于是国人莫敢出言。而王之暴虐愈甚，百姓忍他不过，到后三年，遂相率作乱，乘其无备而攻之。王避祸，逃走于彘，不敢回京。彘即山西平阳县地方。周、召是天子畿内之地，那时王之卿士有食邑于周、召者，也称做周公、召公。二公并相，见得国有大变，而太子静年幼，未能治国，乃相与同心协力，共理国事，以定祸乱，故号称共和，待太子长而后立之。王毕竟居彘而崩，在位十七年，通共和为三十七年。

夫盛明之世，颂声四作，足以自安矣。而乃悬闻谤之令，昏乱之世，怨讟朋兴，可以为戒矣。而乃为弭谤之刑，此兴亡治乱之所以悬殊，而有国家者之不可不鉴也。

宣王

宣王名静，是厉王之子。厉王奔彘，静年尚幼，周公、召公共摄国事。至是厉王崩，静年亦长，周、召二相乃共立之为王。

元年，召公、周公辅王修政，法文、武、成、康之遗风。王命召公伐平淮夷，申伯、仲山甫顺天下，更失理，喻德教，举遗士，海内翕然向风，诸侯复宗周，尹吉甫作诗美之。

宣王既立，召公、周公辅王内修政事，外攘夷狄，法文、武、成、康之遗风。于是猃狁、蛮荆，次第剪伐。时淮上之夷亦叛，王命召公虎帅师讨平之。又委任申伯、仲山甫，内则辅养君德，外则统领诸侯，入则典司政本，出则经营四方。由是顺抚天下的人民，更补朝政的阙失，宣布天王的德教，搜举隐遗的贤士，一时纪纲振肃，中外清明，海内之人皆欣然仰德向风，诸侯也都复尊周室，而修朝贡之礼。故贤臣尹吉甫作诗以美之，即今《诗经》上《崧高》《烝民》诸篇是已。盖宣王有志拨乱反正，而又能推心任用众多贤臣，此其赫然中兴也。

王不籍千亩，虢公谏曰：“民之大事在农，故稷为大官。今欲修先王之绪，而弃其大功，匮神乏祀，困民乏财，将何以求福用民？”王不听。

千亩，是天子躬耕籍田之处。

宣王不修籍田之礼，其臣虢文公谏说："民之大事，惟在于农，盖农为国家根本命脉，上以供神之祭祀，下以足民之财用，故我先王后稷在虞廷之时，特为九官之首，有大功于生民，传至子孙，以此积功累仁，而有天下。今王欲修先王绪，而乃弃其大功，上匮缺了神祇的祭祀，下困乏了生命的财用，国本先伤，将何以求福用民乎。"王竟不听。

夫宣王，贤君也，顾乃忽于躬耕之大事，而不用贤臣之忠言。此中兴之治，所以终不能及成周之盛时，而诗人因之美刺并作也。岂不深可惜哉！

四十六年。初，王将杀其臣杜伯，而非其罪。伯之友左儒争之于王，九复之而王不许。王曰："汝别君而异友也。"儒曰："君道友逆，则顺君以诛友；友道君逆，当师当作帅**友以达**当作违**君。"王怒曰："易而言则生，不易则死。"儒曰："士不枉义以从死，不易言以求生。臣能明君之过，以正杜伯之无罪。"王杀杜伯，左儒死之。在位三十七**当作四十六**年崩，子宫涅立。**

初时，宣王要杀其臣大夫杜伯，杜伯本无可杀之罪，是王用刑差了。那时杜伯有个朋友叫做左儒，进谏于宣王，说杜伯不当杀，凡九次往复言之，王都不准，且怪责左儒说："我欲杀杜伯，而汝力救之，不知顺上之意，是汝自外于君，而独私其友也。"左儒对说："君臣朋友，都是人之大伦，臣岂敢违背君父，而私厚朋友？但看道理上顺逆何如耳。若君上所为合道理，而朋友为逆，则顺从其君以诛友。此非从君，乃从道也。若朋友所为合道理，而君上为非，则率从其友以违君。此非违君，乃违其非道也。"宣王发怒说："你改换了这言语，顺从我则生，不然则死。"左儒对说："为士者只论是非，不顾生死。如其非义，岂可枉义以就死；如其合义，岂肯违义以求生。今王枉杀杜伯，是王的大过失，而王不自知，故臣能尽言发明君上之过失，而辩理杜伯之无罪，何敢易言以避死乎？"宣王终不听左儒之言，杀了杜伯，左儒亦相从而死。

夫人君以从谏为盛德，以改过为美事，然往往不能者，其故有二：一是不晓得自家的不是，而疑其臣之偏私；二是不肯认自家的不是，而耻其臣之面诤，如讳疾而忌医，宁灭其身而不悟也。宣王只这一念之差，以致二士不得其死，未免为中兴之累，前面许多功业，都不得为全美。后世论治者不称宣王为明君，而称左儒为义士，过归于上，名归于下，岂不甚可惜哉！

杀杜伯在四十三年，后三年而王崩。子宫涅立，是为幽王。

幽王

二年，西州三川皆震。伯阳父曰："昔伊、洛涸而夏亡，河竭而商亡。今周德若二代之季矣。其川源又塞，塞必竭；川竭，山必崩。国亡不过十年，数之纪也。"是岁三川竭，岐山崩。

西州，是镐京，周家建都的地方。三川，是泾水、渭水、洛水。震，是地动。

幽王之二年，西州及三川地方，一时震动。时周大夫伯阳父说："周将亡矣。在昔有夏，伊、洛二水涸竭，而夏祚灭亡。在昔有商，河水涸竭，而商家沦丧。今观我周之德，亦似夏商之末年矣。夫地动，则泉源必至雍塞；源塞，则川流必至涸竭；川竭而水泉不润，则山必枯朽而崩。山崩川竭，亡之兆也。由今计之，国之亡也，不过十年。盖数起于一终于十，此数之一纪也。夫天之所弃，谁能违之？"是岁三川竭，岐山崩。后至十一年，幽王果为犬戎所灭，平王东迁，而王室衰微。伯阳父之言，至是验矣。

虢石父为人佞，善谀好利。王以为卿，用事专任。国人皆怨，政治多邪，诸侯或叛，王室始骚。

幽王之时，奸臣虢石父，既与褒姒同谋，谮废了申后、太子，其为人又巧谄捷给，善能阿谀奉承而贪好货利。王不察其奸，反用以为卿相，专管国事。国人见这等奸佞得志，众心不服，所以皆怨。朝廷的政治，为他所坏，多有偏邪。前此宣王之时，诸侯宗周，中兴王室，至是诸侯或有背叛，王室始骚动不安矣。

夫宣王用召公、周公、申伯、仲山甫、尹吉甫诸贤，相与左右，才能中兴，而幽王以虢石父用事，遂致骚动。所谓众君子成之而不足，一小人败之而有余者也。用人之际可不慎哉!

十一年，王欲杀故太子宜臼，求之于申，申侯弗予。王伐之，申侯与鄫人召西夷犬戎伐王。王举烽火征兵，兵莫至。在位一十三年，犬戎遂杀王于骊山下，虏褒姒，并杀郑桓公，尽取周宝赂而去。诸侯即申国立故太子宜臼，是为平王，以奉周祀。

鄫，是国名。犬戎，是戎狄名。

幽王既废太子宜臼，立褒姒之子伯服为太子，恐宜臼尚在，日后或为伯服之患，欲杀宜臼以除根。是时，宜臼出奔于其母家申侯之国。幽王使人就申侯处取要宜臼，申侯不肯送出。幽王怒，举兵伐之。申侯与鄫国之人召西夷犬戎同伐幽王。初时王曾戏举烽火，召诸侯以致褒姒之笑，诸侯由此怨叛，不奉王令。至是王因有夷戎之乱，复举火以召诸侯，诸侯因前番哄了他，至此无一人来救者。幽王在位之一十三年，遂被犬戎杀害于骊山之下，连褒姒也虏去了。是时郑桓公名伯友者，为周司徒之官，亦为所杀。犬戎遂入周室，尽取其所积的宝赂而去。诸侯思念文、武、成、康之德，不忍其绝，乃就申国立旧太子宜臼，是为平王，以奉周家之祀。

平王

元年。是时幽王既为犬戎所杀，丰、镐逼近戎狄不可居，乃东迁都于洛邑。自都洛邑之后，王室微弱，号令不行于诸侯，政由方伯，齐、楚、秦、晋渐大。齐，太公吕望之后。楚之先，黄帝之后。周初有鬻熊，事文王、成王之时，封其子熊绎于楚，姓芈氏。秦，伯益之后，姓嬴氏。周孝王之时，有非子者，善养马，孝王封为附庸诸侯，邑于秦。晋之先唐叔虞，盖武王之子也。成王与唐叔虞戏，剪桐为珪，于是封叔虞于唐，国又号晋。更历春秋之世，此四国更相征伐，天子不能制。

这一段是史臣记春秋之始。此时幽王既为犬戎所杀，于是平王以戎势渐盛，丰、镐旧都与之逼近，恐被侵暴，不可久居，遂弃而避之，东迁都于洛邑。自都洛邑后，王室日益微弱，天子的号令不复行于诸侯。天下诸侯不听命于天子，而听命于大国之为方伯者，政令都由他出。于是齐、楚、秦、晋四国渐渐强大，各雄长一方。齐是太公吕望之后，周初佐武王为尚父，其后到桓公而霸。楚是黄帝之后，周初有鬻熊者，为文王之师，成王时封其子熊绎于楚地，姓芈氏，其后到庄王而霸。秦是虞臣伯益之后，姓嬴氏。周孝王时有非子者，善养马，孝王封之。其国甚小，朝贡之礼不能自通于王，但附大国而行，叫做附庸之国。邑居在秦地。其后至缪公而霸。晋是唐叔虞之后，叔虞为武王子，成王弟。成王戏剪桐叶为珪以与叔虞，史佚遂请封之于唐尧所都地方。以其南有晋水，国又号为晋。其后到文公而霸。这四国更历春秋之世，二百四十二年间互相征伐，周天子不能制焉。

夫平王避犬戎之难，周室东迁，而王纲不振如此。正如人家偶被小人侵侮，不能发愤自立，便抛弃了祖宗数百年的家业，避居别处。所以气势日益消索，就是自家平日管下的人，也不听命，其强悍者各自专擅，主人无奈他何。春秋之势，何以异此。是以有国家者，当以修德为本，揽权为要，不可一失其操柄，徒苟且目前，以至陵夷而莫之救也。

四十九年，鲁隐公元年也。鲁公，周公伯禽之后。天子微弱，赏罚不行。孔子修鲁史《春秋》，始于鲁隐公元年，盖寓褒贬于赏罚，以正一王之法。在位五十一年崩。平王崩，子之子林立。

《春秋》，是鲁国的史书。古者列国都有史书，以记事记言，其名各不相同。而鲁国之史名为“春秋”。

周平王四十九年，是鲁隐公之元年也。鲁公，是周公与伯禽之后也。此时周已东迁，天子微弱，赏罚之权不行于诸侯，臣子陵君父，夷狄侵中国，而王法渐废矣。孔子见得周道之衰，实自此始。而鲁隐公为周公之后，不能继其先世之功，以匡复王室，心甚伤之。于是因鲁国原有史书，名叫《春秋》，孔子就取而笔削之，修成一书，特起于鲁隐公元年。书中所载事迹，虽因鲁史的旧文，而书法之间，则往往自创新意，以褒贬寓赏罚。有功的，天子不能赏，孔子则用一字褒他，以寓赏功之意。如大夫而贤，则书其字之类是也。有罪的，天子不能罚，孔子则用一字贬他，以寓罚罪之意。如诸侯而恶，则书其名之类是也。使一王之法，虽不正于朝廷之上，而犹正于史册之间；乱臣贼子，虽能逃当时之典刑，而不能逃后世之公论，盖圣人拨乱反正之微权也。所以孟子说“孔子成《春秋》而乱臣贼子惧”，正谓此也。然有天下者，不能自操其赏罚，以致无位之圣人，为之寄赏罚于史书，亦可慨矣。

平王在位五十一年崩。太子先卒，太子之子名林继立，是为桓王。

桓王
庄王
釐王

三年，齐桓公始霸，会诸侯为盟主。桓公用管仲为政，四民不使杂处，制国为二十一乡，作内政而寄军令，谨正盐策。桓公专任管仲，号曰仲父。国事皆令问仲父，故管仲得以尽其材。故能九合诸侯，不以兵车，成霸功者，管仲之力也。

霸，是诸侯之长。盟，是约誓。盐策，是盐法。

周釐王三年，齐桓公初霸诸侯。那时周室衰微，夷狄强盛，桓公始约会列国诸侯，立盟誓，以尊周攘夷为事，而齐独强大，故桓公为盟会之主。桓公以国事委任贤臣管仲。管仲为政，大约以富国强兵为主，于是定制，使士农工商四样人，各居一处，不相混杂。其耳之所闻，目之所见，都是他本等职业，则心专而艺精。管仲欲修明军政，恐诸侯晓得，也做准备，便不可以得志于天下，于是分制国内之地，做二十一乡，每乡各立一长，领二千人，其中大小相统，什伍相司，只当做治国的政令，其实里面暗藏着军法。遇有征伐，则二十一乡之长各将所属以听调遣，不待临时佥派，而兵马自足，军政自定矣。齐地滨海，盐利为重。管仲令民以冬月煮盐，取而积之，至春农事方兴，煮盐有禁。这时粜盐与人，而盐价顿高。上专其利，是以齐之富强，过于列国，能为诸侯盟主。由是桓公益专任管仲，加以尊称，号曰仲父。国中政事无大无小，都听管仲处置，故管仲得以展尽其材，而谋无不遂，计无不成。所以桓公九次会合诸侯，不假兵车之威，自能使诸侯听命，以成其霸业者，皆管仲辅相之力也。

夫管仲，霸者之佐耳。桓公能信用之，遂成霸业如此。若使为帝王者，而能任帝王之佐，则其功业所就，岂小小哉！

惠王
襄王

元年，齐桓公会诸侯于葵丘。王使宰孔致胙于齐桓公，使无下拜。桓公曰："天威不违颜咫尺。"乃下拜登受。

葵丘，是地名。宰孔，是周之冢宰名孔。胙，是祭肉。八寸为咫。咫尺，是说甚近的意思。

周襄王之时，齐桓公方主盟称霸，大会诸侯于葵丘地方。束牲载书以明天子之禁，使诸侯各修其职，以尊周室，即今《孟子》上所载"五命"之词是也。襄王嘉齐桓公能主夏盟，尊周攘夷，乃使宰孔将祭文王、武王的胙肉赐与桓公。盖庙胙惟同姓之尊者，始得颁给，今以赐桓公，盖尊礼之也。王又以桓公年老，命他受赐之时，不必下拜。桓公对说："王虽命我不下拜，然朝使下临，就如瞻对天子一般，天威不远，近在咫尺之间，何敢不下拜乎？"乃拜赐于堂下，而登受于堂上，礼也。当时周室衰微，诸侯强大，而桓公独能守臣节，以尊天子。此所以诸侯宾服，而为五霸之首也。

顷王
匡王
定王

元年，楚庄王始霸。楚本子爵，夷王之世，已僭称王。厉王暴虐，乃去王号。东迁之后，王室微弱，遂僭号称王。

周定王之时，楚庄王侣始霸，主诸侯的盟会。楚国初封，本只是子爵，至夷王之世，楚子熊渠吞并小国，僭称王号。其后厉王暴虐，熊渠恐被征伐，乃去王号。至平王东迁之后，王室微弱，楚子熊通无所忌惮，遂自立为武王。周家诸侯之僭王，自楚始也。又四传至庄王始霸，于是终春秋之世，无岁无楚之兵矣。

三年，楚伐陆浑之戎，观兵于周郊。王使王孙满劳之。楚子问鼎之大小轻重，欲逼周取其鼎。满对曰："在德不在鼎。周德虽衰，天命未改，鼎之大小未可问也。"楚子羞惧而退。

陆浑，是地名，在今河南嵩县地方。鼎，是夏时所铸的九鼎，历代相传以为重器。

定王三年，楚伐陆浑之戎，遂到周家郊外，大陈其兵以示威强。定王因楚兵过周，使大夫王孙满迎而劳之。楚子问九鼎之大小轻重，意欲以兵威逼胁周家而取此鼎。王孙满对说："主天下者，在于有德足以受天命，不系于鼎之有无。夏德衰而商德盛，故鼎始移于商。商德衰而周德盛，故鼎始移于周。如今周德虽已渐衰，但文、武、成、康遗泽犹存，天命尚未改移，鼎之大小未可遽问也。"王孙满此言，其拒楚之意至矣。于是楚子羞惧，退兵而去，不敢取鼎。

当此时，周家至弱，楚国至强，然王孙满一言，即足以折其不轨之心如此。使为周王者，能修德自强，则楚岂敢复为僭王之举哉！惜乎周之不能也。

简王

灵王

三年，无终子嘉父，使孟乐如晋，因魏绛请纳虎豹之皮以和戎。晋悼公曰："戎狄无亲，不如伐之。"魏绛曰："诸侯新服，陈、郑来和，将观于我。我德则睦，否则携贰。"因陈和戎有五利。晋侯乃使魏绛盟诸戎。十年，郑人赂晋以歌钟、镈磬、女乐。悼公以其半赐魏绛，曰："子教寡人和诸戎狄，以正诸华，九年之中，如乐之和，无所不谐，请与子乐之。"二十一年，孔子生。在位二十八年崩，子贵立。

无终子嘉父，是戎狄之君长，名叫做嘉父。携贰，是离心改变的意思。

周灵王之三年，晋悼公方为诸侯盟主，以尊周攘夷为事，于是戎狄慕义，欲求通好。当时诸戎中，有无终国君名嘉父者，使其臣孟乐，来到晋国，持着他国中所出的虎豹之皮，托晋之贤臣魏绛，献与悼公，以求和诸戎。魏绛劝悼公从其所请。悼公说："戎狄无亲，难以恩结，不如伐之，未可与和。"魏绛对说："今君方取威定霸，诸侯新服于晋，陈、郑初来通和，正看我的德义何如。我若修德招怀远近，他便都来亲睦；我若灭德逞威，他便离心改变，不肯服从。君不可失此机会，绝戎好而弃诸侯也。”因详陈和戎的利益有五：戎狄聚处贵货财，轻土地，其土可交易而得，是一利；边鄙不惊，民安田野，农夫成功，是二利；戎狄事晋，四邻振动，诸侯威怀，是三利；以德抚戎，师徒不勤苦，甲兵不劳顿，是四利；远人既至，近者亦安，是五利。晋悼公闻言，欣然从之，就使魏绛盟约诸戎，与之讲和。自此，戎狄归顺，诸侯宾服，王室得安，晋国亦强。到周灵王之十年，郑人因感晋悼公有存郑之德，遂谢晋以歌钟、镈磬、女乐。前面魏绛所谓“我德则睦”者，至此验矣。晋悼公思魏绛之功，因以其乐之半赐之，说道：“子教寡人和诸戎狄，以正诸中华之未服者。到今九年之中，虽然戎狄怀柔，诸侯辑睦，如音乐之和，无所不谐，这都是子之力也。我岂可独享此乐，请与子共乐之。”周灵王二十一年，孔子生。盖天生圣人，万世道统所系，故作史者，谨书之。灵王在位二十八年崩。子贵继立，是为周景王。

景王
敬王

初，伍员与申包胥为友，皆楚人也。伍员父为楚平王所杀，员奔吴，与包胥别，员曰：“我必覆楚。”包胥曰：“我必复之。”伍员既奔吴，遂导吴伐楚；既入郢，遂鞭平王之尸。包胥乃如秦乞师，秦伯使就馆。包胥依于庭墙而哭，日夜不绝，饮食不入口七日。秦哀公为之赋《无衣》，乃为之出师。申包胥以秦师至，遂败吴师。吴师乃归，昭王复国。

郢，是地名，楚之国都也。

初时楚臣有伍员者，与申包胥为朋友，这二人本皆楚人也。伍员之父伍奢，因进谏于楚平王，为平王所杀，欲并杀其二子。而其次子伍员，逃奔于吴，将逃之时，与申包胥相别。伍员说：“我必要覆亡楚国。”盖但知父仇当报，而不能裁以君臣之大义也。申包胥说：“我必要兴复楚国。”盖惟知臣节当尽，而不敢徇其朋友之私情也。伍员既到吴，吴王听用其谋，遂劝吴王伐楚。及破楚而入其国都，那时楚平王已死，其子昭王逃避于外，伍员遂掘平王之墓，取其尸而鞭之。申包胥欲兴复楚国，思量唯有秦兵强盛，可以敌吴，乃往秦国借兵救楚。秦伯初时不欲救楚，使他且就宾馆中安歇。包胥自念国破君奔，不忍就馆，只依立于秦之庭墙而哭，日夜不绝声，饮食不入口者凡七日。秦哀公见他这等忠义，为之感动，而歌《无衣》之诗，以示出兵之意，乃许他借兵以救楚。申包胥带领秦兵，回到楚地，与吴师战而败之。吴师始去，昭王复归其国。申包胥复楚之言，至是验矣。

按楚信费无忌之谗说，而戮伍奢之忠，纵子常之贪利，而结蔡侯之怨，此吴师之所由来也。其受祸之惨，有不可言者。使无申包胥，则是时楚遂灭矣。国以一人亡，以一人兴，信哉！此用人者所当鉴也。

三十四年，孔子由鲁司寇摄相事。其初，人谤曰："麛裘而鞞，投之无戾；鞞之麛裘，投之无邮。"三月，政成化行，民诵之曰："衮衣章甫，实获我所；章甫衮衣，惠我无私。"

麛，是鹿子。麛裘，是以麛皮为裘，盖古时卿士大夫之服。鞞，是刀鞘，古人佩必用刀，取其于事能断也。戾字，解作罪字。邮，是过，与尤字义同。衮衣，是上公之服。章甫，是冠名。

周敬王三十四年，孔子由鲁司寇之官而权摄鲁国相事，欲以文、武、周公之道，施行于鲁，乃从而正纪纲，明教化，反其弊政。此时鲁国法度废弛已久，人皆习于因循苟且，一旦见孔子这等振作起来，遂不能堪，反而作为歌诗以谤讪之，说道："麛裘而鞞，投之无戾；鞞之麛裘，投之无邮。"这麛裘与鞞，都暗指孔子身上的服佩。说那服麛裘而佩鞞之人，深为民害，我欲投而去之，只是他无罪戾可指，无愆邮可乘耳。其反复言之者，恶之深而急欲去之也。然常人之情，难与虑始；圣人之心，大公至正，虽有此谤讪之言，孔子也不去理会他，只管依着道理法度行将去。及到三月之后，政事成就，教化大行，鲁国之人无不受其恩惠者。于是向前造谤之人，也都心悦诚服了，又作为歌诗以称诵之说道："衮衣章甫，实获我所；章甫衮衣，惠我无私。"这衮衣章甫，也指孔子身上的冠服。说这冠章甫而服衮衣之人，果能安辑我百姓，使我人人各得其所。他从前所行的政事，都是施恩惠于我，而非有所私也。其言之不一者，盖喜之甚，而爱之切也。

夫孔子以至圣之德，行帝王之道，其初犹不免招谤如此。可见成大事者，不和于众，而为人君者，欲用非常之人，则不可挠于群议矣。

元王

三年，越伐吴，灭之。初，越勾践为吴所败，栖于会稽。使大夫种行成于吴，吴王许之。勾践反国，乃苦身焦思，置胆于前，卧即仰胆，饮食即尝胆。身自耕作，夫人自织。折节下贤，厚遇宾客。赈贫吊死，与百姓同其劳苦。二十余年，其民生长可用，乃以伐吴。

栖，是屯聚。会稽，是山名，在今浙江绍兴府地方。行成，是讲和。折节，是屈体卑下的意思。

元王三年，越王勾践举兵伐吴，遂灭其国。初时，勾践曾与吴王夫差战败，国破家亡，只收得些残军败卒，保栖于会稽山上，使其大夫名种者，到吴王军中讲和，愿举国臣服于吴，求赦其死。那时吴王自恃兵力强盛，足以制服勾践，不思后患，就许他讲解而去。勾践幸得归国，外虽事吴，内实用范蠡、大夫种之谋，勤苦其身，焦劳其心，日夜思报吴仇。乃置胆于坐处，睡卧时便仰视之，饮食时便取尝之，示不敢忘其苦也。于是身自耕作，夫人自织，就是自家的衣食，也不敢以劳民。至于士有贤能的，则屈身卑下之，以结贤者的心。宾客从四方来的，则厚礼接待之，以接宾客的心。又爱养百姓每，赈济其贫穷，吊问其死丧，身与之同劳苦，以结百姓的心。十年生聚，十年教训，如此谋了二十余年，其民生长可用，乃用之以伐吴，杀了吴王夫差，卒灭吴国，而雪会稽之耻焉。

夫吴王以胜而骄，故灭；越王以败而惧，故兴。由是观之，胜亦可败，败亦可胜，只在此心矜骄畏惧之间而已。古语说："生于忧患，死于安乐。"又说："有以无故而失守，有以多难而兴邦。"岂不信哉！

吴王兵败，栖于姑苏。吴使人行成，请曰："孤臣异日得罪于会稽，孤臣不敢逆命，得与君王成以归。今君王诛孤臣，孤臣意者亦欲如会稽之赦罪。"勾践不忍，欲许之。范蠡曰："会稽之事，天以越赐吴，吴不取。

今天以吴赐越，越岂可逆天乎？且君王早朝晏罢，非为吴耶？谋之二十年，一旦弃之，可乎？且天与不取，反受其咎。”吴王乃自杀。勾践既败吴，乃以兵北渡淮，与齐、晋诸侯会于徐州，致贡于周。元王使人赐胙，命为伯，诸侯毕贺。元王在位九年崩，子介立。

姑苏，即今苏州府地方。

吴王夫差既败，收其残兵，保栖于姑苏之山，因使其大夫王孙雄求和于越，自称为臣，说道：“孤臣昔年尝举兵伐越，冒犯君王，得罪于会稽。那时君王使大夫种来讲和，孤臣不敢背逆命令，遂与君王讲和以归。今孤臣不道，得罪于君王，致君王举兵来伐，欲诛孤臣之罪。孤臣生死，惟命是听。意者亦望如会稽之事，得赦孤臣之罪，愿举国而为臣妾，幸君王怜而许之。”勾践闻吴人请和之辞，甚是卑屈，心中不忍，要许他和。大夫范蠡谏说：“不可。先年会稽之事，越为吴所败，是天以越赐吴矣，而吴不取，是逆天也。今日吴为越所败，是天又以吴赐越也，越岂可违天而不取乎？且君王二十年来，所以早朝晚罢、卧薪尝胆、苦身焦思者，为要报吴仇，而雪会稽之耻。今日若许他讲和，是谋之二十余年，而弃之一朝，殆养虎以贻患也。且顺天者存，逆天者亡。天固与之，人若弃而不取，必反招殃咎，不可许也。”勾践用范蠡之言，不与吴和，进兵逼之，吴王自杀而死。勾践既已平吴，乃举兵北向渡淮，号令齐国、晋国诸侯，会盟于徐州地方，又致贡献之礼于周天子。周元王畏其逼，亦使人赐勾践胙，又命他为诸侯之长。是时越兵横行于江、淮，诸侯都遣人贺之，勾践遂僭称霸王。

夫吴本太伯之后，于周为同姓，一旦为越所灭，周天子不惟不能正其罪，反从而致胙尊礼之焉。王室衰弱，至是极矣。计元王在位九年而崩。子介立，是为贞定王。

贞定王

十一年。初，齐桓公之世，陈公子完得罪于陈而奔齐，齐桓公使为工正。陈，舜之后也，武王封于陈为诸侯。完奔齐，更姓田，子孙盛多。其后齐乱，公室卑弱，诸大夫自相争夺，权归田氏。田氏好施，以家量贷于民，而以公量收之，民皆戴之。国内多篡弑，立君皆由田氏。有田恒者，弑齐简公。恒之子盘，号襄子，为齐相。至是，与三晋通使，尽以其兄弟宗人为都邑大夫。

量，是斗斛。

初，齐桓公之世，陈国有公子名完者，得罪于陈，恐见诛而奔齐。齐桓公爱其才，使他为工正之官，掌管百工。陈本虞舜之后代，周武王封之于陈为诸侯，以继舜后，因以陈为姓。至陈完奔齐，又改姓为田，子孙蕃盛众多。其后齐有崔杼、庆封之乱，公室卑弱，诸侯大夫自相争夺，惟田氏为强，宗国之大权遂归田氏矣。田氏欲邀买人心，以固其权位，乃多行私恩小惠，以结百姓之心。每放米谷借与百姓，都用自家的大斗斛出与他，到百姓将米谷还官，及各项纳粮，却只用官家的小斗斛收入。这是借君之物，以市己之恩，其奸计如此。百姓见齐君贪虐，而以田氏为有恩，皆感戴之。于是田氏益强，那时齐国内多篡弑之祸，凡立君皆由田氏主张。有田恒者，号成子，田完之六世孙也。因齐简公宠任阚止，心怀不平，遂杀阚止，并害简公，乃立平公而专其政。田恒死，其子名盘，号襄子，为齐宣公辅相。至是，见晋之三卿韩、赵、魏迫胁其君，与他同恶，乃通使者与之结好，以为外援。又尽用其兄弟及族人，做各都邑的大夫，于是齐国之中，处处都有田氏的人，而齐之地尽为田氏有矣。至其孙和，遂灭齐而自立为诸侯。

即此可见，人君威福之柄，一日不可下移。而欲常操其柄，又在人君正身修德，约己爱民，使主威常尊，而民心爱戴，则奸邪之臣，不得以行其窃夺之谋，而社稷永安矣。观田氏篡齐之事，岂非千古之永鉴哉！

卷之五

周纪

威烈王

二十三年，初命晋大夫魏斯、赵籍、韩虔为诸侯。

魏斯、赵籍、韩虔，这三人都是晋之强臣。

春秋时，晋国有范氏、中行氏、智氏及韩、魏、赵，是为六卿。到后来范、中行、智氏三家都为韩、魏、赵所灭，权势日渐重大，遂三分晋国之地，以威势逼胁周天子，求封为诸侯。天子微弱，不能讨正其罪，遂因而命之，与列国之君同等矣。周自平王东迁以来，王室卑微，诸侯强大，礼乐征伐之权不出于天子。然当其时，体貌犹存，名分固在，是以诸侯彼此吞灭者有之，尚未有以臣代君，以大夫而遂为诸侯者。至于三家分晋，割地自强，胁天子以请封，而天子不敢不从，则冠履倒置，纪纲扫地矣。故宋儒朱熹修《纲目》以继《春秋》之后，始于威烈王，特书“初命”二字，正说从前未有此事，所以垂戒万世也。

初，赵简子使尹铎为晋阳，请曰：“以为茧丝乎？抑为保障乎？”简子曰：“保障哉！”尹铎损其户数。

晋阳，是今山西太原地方。茧丝，是抽取蚕茧之丝。保障，是藩篱遮蔽的意思。

初时，赵籍之祖赵简子，名鞅，使其家臣尹铎治晋阳地方。尹铎请问说：“今往晋阳，将欲使我多取百姓的赋税，如抽取蚕茧之丝，至于尽绝而后已乎？抑使我爱养百姓，培植邦本，以为国家之藩篱保障乎？”尹铎此问，志在保障，不肯为茧丝。简子说：“保障哉！”正欲其固结民心，不为剥取民财也。尹铎至晋阳，减损百姓的户数，盖户口少，则赋税轻，民力自然宽舒，正所以行其保障之言也。

到后来，简子之子无恤，为智氏所攻，卒托于晋阳以免其难。只因能存心爱民，故后嗣遂蒙其利如此。况治天下者，可不以爱民为先，以聚敛为戒哉！

赵襄子漆智伯之头以为饮器。智伯之臣豫让，欲为之报仇，乃诈为刑人，挟匕首，入襄子宫中涂厕。襄子如厕，心动，索之，获豫让。左右欲杀之，襄子曰：“义士也，吾谨避之耳。”乃舍之。豫让又漆身为癞，吞炭为哑，行乞于市。其妻不识，其友识之，为之泣曰：“以子之才，臣事赵孟，必得近幸，子乃为所欲为，顾不易耶！何乃自苦如此？”豫让曰：“不可！既已委质为臣，而又求杀之，是二心也。凡吾所为者，极难耳。然所以为此者，将以愧天下后世之为人臣怀二心者也。”襄子出，豫让伏于桥下，襄子至桥，马惊，索之，得豫让，遂杀之。

赵襄子，是赵国之君。饮器，是溺器。匕首，是短刀。厕，是净房。委质，是委身以事君的意思。

赵襄子既杀了智伯，恨他前日攻围狠毒，将他头用漆漆了，做盛溺的净壶，以快其恨，盖亦过矣。智伯之臣，名豫让者，平日受智伯的恩，要替智伯报仇，谋杀襄子，不得其便。一日，襄子使刑徒之人，入宫涂饰厕房的墙壁。豫让就假扮做个刑徒，身中藏一把短刀，同众刑徒混入宫中涂厕，等待襄子上厕之时，就要行刺。襄子将去厕中，忽然心里惊动，疑有非常，把这涂厕的人逐一搜检，搜出豫让身中凶器来。左右之人就要杀他，襄子说：“他为主报仇，乃是忠义之士，不要杀他，我但谨慎防护躲避他便了。”乃释放了他。豫让报仇之志不已，恐人认得他的模样，乃用生漆涂在身上，遍身发起癞疮，又吞食木炭，使其声哑，把容貌声音尽皆改变，装做个乞丐的人，在街市上讨吃。他自家的妻子也认他不得了，只有一个朋友认的是豫让，怜其苦处，为之涕泣，因劝他说：“以你这等才能，若替赵襄子做个臣，必得亲近贵幸，得近之后，那时乘机下手，岂不容易，何故受这等苦楚。”豫让说：“不可！若依着你这等言语去干，虽是容易，然既已委着形质为人臣子，而又包藏祸心以图之，是为臣而有二心也。人臣怀二心以事君上，罪不可赦。我岂可犯此大不义乎？我自知所为的事，费力难成，然不肯舍难而就易者，将以明君臣之义，使天下后世之为人臣而怀二心者，闻我之事而羞愧耳。岂可先怀二心以事人哉！此所以宁处其难，而不为其易也。”后襄子出外，豫让又埋伏于其所经由的桥下，欲待其过而起刺之。襄子将到桥边，马忽惊跳，知道有人，使人搜寻，又拿得豫让，遂竟杀之。

按豫让感智伯之知遇，故虽智伯已死无后，而必欲为之报仇，至杀其身而后已，真可谓义士矣。然即此可见人君出入起居，必时时警备，以防意外之事。故上而天象之昭垂，下而人情之动语，内而心神意气之惨舒，外而舆马旗器之变异，莫不随事精察，烛于几微，而不少怠忽，诚欲保其身以保宗社也。有国者且然，况有天下者哉！

魏斯者，桓子之孙也，是为文侯。文侯以卜子夏、田子方为师，每过段干木之庐必式。四方贤士多归之。文侯与群臣饮酒乐，而天雨，命驾将适野。左右曰：“今日饮酒乐，天又雨，君将安之？”文侯曰：“吾与虞人期猎，虽乐，岂可无一期会哉！”乃往，身自罢之。

式，是在车上俯身致敬的模样。虞人，是掌管田猎之官。猎，是围取禽兽。

魏斯者，乃晋大夫魏桓子之孙也，是为文侯。文侯初即位，尊贤敬士，与图治理。其时卜子夏、田子方、段干木三人，皆怀才抱德之士，文侯乃招致子夏、子方，尊以师礼。而段干木隐居不出，文侯每过其门，则改容起敬，虽在车中，不敢安坐，必屈躬而凭其车上横木。其尊贤敬士如此。由是四方贤士闻其名者，多往归之。然文侯不但能尊礼乎贤人，而且不失信于臣下。一日与群臣饮酒欢乐，天又下雨，忽然传命掌驾者要往田野中去。左右止文侯说：“今日饮酒欢乐，天又有雨难行，可以暂止，君命驾何往乎？”文侯说道：“我曾与虞人有约，今日会猎，即令天雨，饮酒虽乐，岂可失信于彼，而不与一会期哉！”于是竟到田猎所在，亲命虞人，以雨罢猎。其重信而不荒于般乐，不忽于微贱如此。此魏之所以独强于三晋也。

文侯使乐羊伐中山，克之，以封其子击。文侯问于群臣曰："我何如主？"皆曰："仁君。"任座曰："君得中山，不以封君之弟，而以封君之子，何谓仁君！"文侯怒，任座趋出。次问翟璜，对曰："仁君也。"文侯曰："何以知之？"对曰："君仁则臣直。向者任座之言直，是以知之。"文侯悦，使翟璜召任座而反之，亲下堂迎之，以为上客。

中山，是国名。

魏文侯使其臣乐羊举兵伐中山之地，战胜取之，因以中山之地封其子名击者。文侯一日问于群臣说："人莫难于自知，我为人主，不知是何等主也？"时群臣众口一词，都称文侯说："是仁德之君。"独有任座对说："不然。人君必至公无私，方可称为仁君。今主君得中山之地，不以封其弟，而以封其子，是薄于待弟，而私厚其子。仁者不如是也，何得为仁君哉！"文侯见任座当面耻辱他，不觉发怒，任座恐惧，因趋出待罪。文侯次又问于翟璜说："我果何如主也？"翟璜对说："吾君真仁君也。"文侯说："汝何以知寡人为仁君？"翟璜对说："臣闻上有仁圣之君，则下有鲠直之臣。向时任座之言，直而不阿，必有仁君在上，所以能优容之，因此知君之为仁君也。"文侯闻翟璜之言，其心乃悦，因使翟璜召任座转来，亲下堂迎之，以为上客，而礼遇之。

夫文侯始因任座之直言，则不免于怒，继悟于翟璜之善对，遂迎之致敬以有礼焉。所谓"说而能绎"者也。文侯亦贤君哉！

文侯谓李克曰："先生尝有言曰：'家贫思贤妻，国乱思良相。'今所置非成则璜，二子何如？"对曰："居视其所亲，富视其所与，达视其所举，穷视其所不为，贫视其所不取。五者足以定之矣。"文侯曰："先生就舍，吾之相定矣。"

成，是魏成。璜，是翟璜。这二人都是魏之贤臣。

魏文侯欲立辅相，乃召其臣李克与他商量说道："先生平日曾有言说：'凡人家贫，则思量得个贤妻，共营家计；国乱，则思量得个良相，共理国事。'如今魏国初立，正是要求良相之时。我今所置立的辅相，不是魏成便是翟璜，这二子何如？还是何人可用？”李克不敢擅便拟定，但告文侯以观人之法，使他自择，对说：“凡欲观人者，当于其平居时，看他所亲近的是什么样人；于其富足时，看他能散财以济人之急否；于其显达时，看他所荐举的是什么样人；于其穷困时，看他能有所持守不肯妄为否；于其贫难时，看他能有所辞却不肯苟取否。把这五条参详考验，就足以定二子之高下矣。”此时魏成分禄养贤，所荐的都是贤士，正合着那“富视其所与、达视其所举”的两件。李克之论，也是暗荐他。文侯既闻此言，便自理会了，遂告李克说：“先生请归就舍馆，我之相已定矣。”其后果以魏成为相，而文侯所以称为贤君者，亦得魏成辅相之功为多。而李克所言五事，又万世人主择相者之准也。

李克出，翟璜曰：“君召卜相，果谁为之？”克曰：“魏成。”璜忿然曰：“西河守吴起，臣所进也；君内以邺为忧，臣进西门豹；君欲伐中山，臣进乐羊；中山已拔，无使守之，臣进先生。君之子无傅，臣进屈侯鲋。以耳目之所睹记，臣何负于魏成？”克曰：“魏成食禄千钟，什九在外，什一在内，是以东得卜子夏、田子方、段干木。此三人者，君皆师之。子所进五人，君皆臣之。子恶得与魏成比也？”璜再拜曰：“璜，鄙人也，失对，愿卒为弟子！”

西河，是郡名，在今山西汾州。邺，是邑名，在今河南彰德府临漳县。

李克与魏文侯论相而出，翟璜问李克说：“君召先生卜择辅相，果用了谁？”李克虽不见文侯说出姓名，然以所言五者定之，料得必是魏成了，遂对他说：“是魏成。”翟璜自负有功，不在魏成之下，忿然作色说：“我与魏成同仕于魏，自揣颇为尽心，且以我所荐举的人才言之，如西河郡守吴起，是我所荐也，起守西河而秦兵不敢东向。邺是大邑，近在内地，无可使治者，君以为忧，我荐西门豹，而邺遂大治。君欲伐中山，无人为将，我荐乐羊，竟取了中山。中山既得，无人可守，我又荐先生以守之。君之公子未有师傅，我又荐屈侯鲋以为之傅。凡此都是我的功绩，在人耳目之所共见而可记者也。我何不如魏成，而乃用魏成为相耶？”李克说：“荐贤固皆为国，而人才则有不同。魏成食禄虽有千钟之富，然未尝私积于家，都把来赒给贫乏，礼聘贤士，大率十分之中，有九分用在外面，只有一分自家用度。其厚于养士，而俭于自用如此，是以天下贤士皆归之。于东方得卜子夏、田子方、段干木，而荐之于君。这三个贤人道高德厚，君皆以师礼待之。子所进的五人，君皆以臣礼使之。夫以师礼待之者，赖以进德修业，以端出治之本，其功甚大，三人不为少。以臣礼使之者，不过使各治一郡，供一职而已，虽五人不为多也。子何得与魏成比哉？”翟璜听李克说的有理，自知失言，乃再拜谢罪说：“璜是个鄙陋之人，方才的言语，失于应对，这是我见识不到处，愿终身为弟子，请教于先生，以长我之见识，开我之鄙陋焉。”

夫人臣事君之忠，莫大于荐贤为国，而为宰相者，尤当休休有容，绝妒忌之私，开公正之路，使天下贤者皆集于朝廷，以共理国事，乃为称职。观李克向者五言，定相之说，与折服翟璜之语，可谓知人臣忠君之大，而人主择任宰相之道，于此亦可见矣。

起之为将，与士卒最下者同衣食，卧不设席，行不骑乘，亲裹赢粮，与士卒分劳苦。卒有病疽者，起为吮之，卒母闻而哭之。人曰：“子卒也，而将军自吮其疽，何哭为？”母曰：“往年吴公吮其父，其父战不旋踵，遂死于敌。吴公今又吮其子，妾不知其死所矣，是以哭之。”

起，是吴起。赢粮，是余剩的行粮。疽，是痈疽。吮，是以口咂之。旋，是回转。踵，是脚跟。

吴起为将，能抚恤士卒，他穿的衣服，吃的饮食，与士卒中最下等的一般。念士卒有风霜之苦，他睡卧也不设席褥；念士卒有奔走之劳，他行时也不骑坐车马；途中余下粮食，亲自收裹，不肯劳动下人。盖虽身为大将，而能与士卒同受劳苦，不分贵贱如此。士卒中曾有生痈疽的，吴起亲用口替他咂去脓血，使他容易痊可。那士卒之母，闻说此事，悲而哭之。旁人说：“你的儿子是个小军，今以将军之贵，亲替你儿子吮疽，你只该欢喜感戴，乃反哭泣何也？”其母对说：“我之所以哭者，哭吾子之将死也。往年其父生疽，吴公也曾吮之，其父感激吴公的恩德，不顾性命，替他出力报效，临阵时舍死向前，不肯退步，遂力战而死。如今吴公又吮其子，料他感恩效死，亦如其父。妾不知他死在何处矣，所以哭之。”

吴起之为将如此，此所以战无不胜，而用兵虽司马穰苴不能过也。

夫为将者，以恩结士卒之心，士卒且竭忠尽命。若人君驭将而能推心置腹，假之以事权，待之以恩信，则为将者感奋图报，又当何如哉！

安王

十五年，魏文侯薨，太子击立，是为武侯。武侯浮西河而下，中流，顾谓吴起曰:“美哉！山河之固，此魏国之宝也。”对曰:“在德不在险。昔三苗氏，左洞庭，右彭蠡，德义不修，禹灭之。夏桀之居，左河、济，右泰华，伊阙在其南，羊肠在其北，修政不仁，汤放之。商纣之国，左孟门，右太行，常山在其北，大河经其南，修政不德，武王杀之。由此观之，在德不在险。若君不修德，舟中之人，皆敌国也。”武侯曰:“善。”

浮，是泛舟。三苗，是国名。洞庭、彭蠡，二湖名。河、济，二水名。泰华，即西岳华山。伊阙、孟门、太行，皆山名。羊肠，坂名。

周安王之十五年，魏文侯薨，太子击嗣立，是为武侯。武侯一日泛舟于西河，顺流而下，当河之中流，观魏国的形势，回顾其臣吴起叹说:“美哉！这山河之险固，乃天造地设以壮我国家的，岂不是魏国之宝。”吴起恐武侯只恃了这险阻，不去修德，遂以正对说:“国家之所宝，只在君德，不在险阻。何以言之？昔虞舜时有三苗氏，其国在荆、扬之间，左有洞庭，右有彭蠡，非不险固。他却恃此而蠢玩逆命，德义不修，后来舜命禹征灭之而分北其众。夏王桀居于城，左有河、济，右有泰华，伊阙在其南，羊肠在其北，四面山河，非不险固。他却恃此而为暴虐，修政不仁，后来商汤举兵伐之，遂放桀于南巢。商王纣都于朝歌，左有孟门，右有太行，常山在其北，大河在其南，四面山河，非不险固。他却恃此而为暴虐，修政不德，后来周武王举兵伐之，遂杀纣于牧野。这等看来，果然只在君德，不在险阻。盖人君有德，则人心爱戴，虽无险而自固；若君不修德，失了人心，且莫说外面诸侯来伐，就是今日这眼前的人，同在舟中者，都是君之敌国，匹夫匹妇亦能胜予，虽有险阻，无所用之，可不惧哉！”于是武侯闻言而悟，称道他说得好，可谓能受善言者矣。

《易》称“王公设险以守其国”。山川险阻，亦有国者之所不废，但必有德以固结人心，然后其险可守，非谓险可弃而不用也。宋家失燕、云十六州之地，终为胡虏所乘，然则险亦何可弃哉！若能修德以守险，则根本固而国势尊矣。

魏置相，相田文。吴起不悦，谓田文曰："请与子论功可乎？"田文曰："可。"起曰："将三军，使士卒乐死，敌国不敢谋，子孰与起？"文曰："不如子。"起曰："治百官，亲万民，实府库，子孰与起？"文曰："不如子。"起曰："守西河而秦兵不敢东向，韩、赵宾从，子孰与起？"文曰："不如子。"起曰："此三者，子皆出吾下，而位加吾上，何也？"文曰："主少国疑，大臣未附，百姓不信，方是之时，属之子乎？属之我乎？"起默然良久，曰："属之子矣。"

魏武侯置立辅相，用田文为之。吴起自负有功，不得为相，心中不乐，与田文说："君之所以用子为相者，必以子之功多于我也。请与子比论功绩可乎？"田文说："可。"吴起遂问田文说："若统领三军，出去征战，能使士卒踊跃，舍死向前，每战必胜，而敌国惧怕，不敢谋我，这样本事，你比我何如？"田文说："我不如你。"吴起又问说："若内而统领百官，使大小称职，亲附万民，使上下同心，充实府库，使财用不乏，这样本事，你比我何如？"田文说："我也不如你。"吴起又问说："秦兵强盛，又与我西河接境，若守住西河，一面能使秦人恐惧，不敢东来犯我，而韩、赵二国，也都畏我之强，卑词厚礼，相率宾服，这样本事，你比我何如？"田文说："我也不如你。"吴起说："这三件事，子都在我之下，今君用子为相，位反居我之上，这是何故？"田文对说："虽然这三件功绩，我不如你，若论主上幼小，国家危疑，大臣每不肯亲附，百姓每不肯信从，当这时候，若能托孤寄命，主张国事，使臣民莫不信服，这等大事，不知将付托于子乎？还是付托于我乎？"吴起默然思想许久，才服了田文，说道："这样重任，须是你才当得，非我所能，吾君用子为相，信不差也。"

即此可见，富国强兵、效劳任职之事，凡有材力者皆可以勉而能。大臣处难为之际，而不动声色，措社稷于泰山之安，则非其德望器度，素能镇服乎人心者，不足以与于此。人君择相者，尚鉴兹哉！

二十五年，子思言苟变于卫侯曰："其材可将五百乘。"公曰："吾知其可将，然变也尝为吏，赋于民，而食人二鸡子，故弗用也。"子思曰："夫圣人之官人，犹匠之用木也，取其所长，弃其所短。故杞梓连抱，而有数尺之朽，良工不弃。今君处战国之世，选爪牙之士，而以二卵弃干城之将。此不可使闻于邻国也。"公再拜曰："谨受教矣。"

乘，是兵车。五百乘，用战兵五万人。子思，是孔子之孙。苟变，是卫国之臣。

周安王之二十五年，子思居于卫，一日言于卫侯说："君之臣有苟变者，其人甚有才能，可为五百乘的大将，宜即时用他。"卫侯说："苟变果是有材，我亦知其可用，只因他往日居官，征收百姓的赋税，乃取百姓的二鸡子而食之，其操守似欠廉洁。以此之故，我所以一向不曾用他。"子思说："天下无全材，有所长，或有所短，岂可一一责备。圣人之用人，随才器使，就如大匠之用木一般，但取其所长，不必较其所短。故杞梓二木，材之最美者也，假使二木有数人合抱的大材，中间却有数尺朽坏，在良工必不因数尺之朽，而并弃其连抱之材也。今君处列国战争之世，正要选用谋勇爪牙之士，乃以二卵的小节，轻弃了干城的大将，适足以为敌国之资而已。此不可使闻于邻国，恐邻国闻之而取轻也。"卫侯听得子思之言甚是有理，起身再拜说："寡人承教，谨已听受矣。"

大抵天下未尝无才，而亦少有全才，所贵人君各用其所长而已矣。周公有云："无求备于一人。"孔子亦云："及其使人也器之。"用人者宜留意焉。

卫侯言计非是，而群臣和者如出一口。子思曰："以吾观卫，所谓君不君、臣不臣者也。夫不察事之是非，而悦人赞己，暗莫甚焉；不度理之所在，而阿谀求容，谄莫甚焉。君暗臣谄，以居百姓之上，民不与也。若此不已，国无类矣。"子思言于卫侯曰："君之国事，将日非矣。君出言自以为是，而卿大夫莫敢矫其非；卿大夫出言自以为是，而士庶人莫敢矫其非。君臣既自贤矣，而群下同声贤之。贤之，则顺而有福；矫之，则逆而有祸。如此，则善安从生？《诗》曰：'具曰予圣，谁知乌之雌雄？'抑亦似君之君臣乎？"

和，是齐声附和的意思。

卫侯一日在朝堂上，与群臣论事，他所言的计策，本等不是，而卫之群臣，都阿顺卫侯的意思，在他面前齐声说好，如出于一人之口，并无敢言其不是者。此时子思在卫，慨叹说道："以我看，卫国之君臣，乃古人所谓君不君、臣不臣者也。夫为君者，审察事之是非而不执己见，使事无差错，才是明君。若不管是非，只喜人称赞，以致误事，其昏暗不明孰甚焉。此所以谓之君不君也。为臣者，量度理之所在，而不肯逢迎，使君无过举，才是忠臣。若不顾道理，只阿谀其君，以求自容，其谄佞不忠孰甚焉。此所以谓之臣不臣也。君虽暗，而有忠臣以救其过；臣虽谄，而有明君以烛其奸，犹或可也。君暗臣谄，以居于百姓之上，则所行之事，必大拂乎民心，民其谁与哉！使知所改图，犹可免于祸也。若如此不改，则过日益积，民日益离，卫之国将败亡而无遗类矣。我岂可以无言哉！"子思于是告于卫侯说："君之国事，将日非矣。君说出的言语，自家便以为是，而下面的卿大夫，无敢救正其非；卿大夫说出的言语，自家便以为是，而下面的士庶人，无敢救正其非。君臣既皆自以为贤矣，而群下之人，又同声以称谀其贤。称谀其贤，则顺意而有荣宠之福；救正其失，则拂意而有黜罚之祸。如此则上下相蒙，而无悔悟自新之机矣，善何从生哉！《诗经》上说：'具曰予圣，谁知乌之雌雄？'盖言人俱自以为圣人，则谁能别其言之是非，如乌鸟之雌雄相似而难辨也。此诗人伤时之言，抑以似君之君臣乎？君宜改其好谀之心，而求忠直以自助可也。"

夫称谀之言，人情所喜，而其祸乃至于此，则听言者可徒以顺己为悦哉！史臣记子思之告卫侯，所以告万世也。

威王召即墨大夫，语之曰："自子之居即墨也，毁言日至。吾使人视即墨，田野辟，人民给，官无事，东方以宁。是子不事吾左右以求助也！"封之万家。召阿大夫，语之曰："自子守阿，誉言日至。吾使人视阿，田野不辟，人民贫馁。昔日赵攻鄄，子不救；卫取薛陵，子不知。是子厚币事吾左右以求誉也。"是日烹阿大夫及左右尝誉者。于是群臣悚惧，莫敢饰非，务尽其情。齐国大治，强于天下。

即墨、阿、鄄，俱邑名；薛陵，是地名，俱在今山东境内。

齐威王初即位之时，不理政务，凡事废弛，国势衰弱。到了三年以后，忽然奋发图治。一日召即墨大夫来，面谕他说道：“自从你到即墨地方，我左右的人，都说你做官不好，毁谤之言，日日闻于吾耳。及至我使人到你即墨境内查看，却见得田地开辟，没有荒芜的；人民富足，没有贫苦的；官事修举，没有废坠的。你东方一带，甚是宁静，全与那毁谤的言语相反。这是你以正自守，不结纳吾左右以求扶助也。贤能如此，岂可不赏！”乃加封万户以旌奖之。又召阿邑大夫来，面责他说道：“自从你治阿以来，我左右的人，都说你是好官，称誉之言，日日闻于吾耳。及至我使人到阿邑境内察看，却见得田地荒芜，人民穷饿。前时赵国攻鄄，在你邻近地方，你也不去救援；卫国取了薛陵，你尚然不知，全与那称誉你的言语相反。这是你不干实事，专用厚币结纳吾左右以求名誉也。罪过如此，岂可不诛！”于是当日就烹了阿邑大夫，并左右之尝称誉其贤者。从此以后，齐之群臣，人人震悚恐惧，不比前时。凡在外做官的，及左右进言的，无敢怀诈饰非，各务尽其真情。所以齐国大治，而于天下诸侯，最为强盛也。

即此见人君之为治，不在多术。赏一人当其功，则千万人以劝；刑一人当其罪，则千万人以惩。觉察一毁誉，而毁誉之言不敢进矣。

显王

十四年，齐威王、魏惠王会田于郊。惠王曰：“齐亦有宝乎？”威王曰：“无有。”惠王曰：“寡人国虽小，尚有径寸之珠，照车前后各十二乘者十枚。岂以齐大国而无宝乎？”威王曰：“寡人之所以为宝者，与王异。吾臣有檀子者，使守南城，则楚人不敢为寇，泗上十二诸侯皆来朝。吾臣有盼子者，使守高唐，则赵人不敢东渔于河。吾吏有黔夫者，使守徐州，则燕人祭北门，赵人祭西门，从而徙者七千余家。吾臣有种首者，使备盗贼，则道不拾遗。此四臣者，将照千里，岂待十二乘哉！”惠王有惭色。

田，是田猎。郊，南城。高唐、徐州，都是县邑名。径寸之珠，是围圆中径过一寸的大珠。

周显王十四年，齐威王、魏惠王相与约会田猎于汶上的郊邑。相见间，惠王问说："你齐国中有什么宝贝？"威王说："没有什么宝贝。"于是惠王自夸说："寡人之国，虽然褊小，尚有径寸的大珠，其光明可以照车前后各十二乘者，共有十枚。以齐国之大，何独无宝？"夫惠王所宝，在于珠玉玩好，此等物，何足为国之轻重而宝之，见亦陋矣。威王对说："寡人之所以为宝者，与王不同。盖王以珠玉为宝，吾则以贤才为宝。吾齐国之臣，有檀子者，使他守南城地方，则楚人近我南边的，不敢来侵伐为寇，那泗水上十二个小国诸侯，都来朝于齐。吾之所宝，檀子其一也。又有盼子者，使他守高唐地方，则赵人近我西边的，不敢东来取鱼于河，恐惊动我境上。吾之所宝，盼子其一也。又有黔夫者，使他守徐州地方，则燕人近我北边的，畏我兵出北门，赵人畏我兵出西门，都去祭告祈祷于神，求免齐之侵伐；两国界上的百姓，从而徙居于徐州者，凡七千余家。吾之所宝，黔夫其一也。又有种首者，使他备国中的盗贼，他的令行禁止，盗贼都变为良民，就是道路上偶有遗失的物件，人也不敢拾取，况有攘窃劫夺者乎？吾之所宝，种首其一也。王所宝的珠，前后止照得十二乘。若论我这四个臣，保国安民，折冲御侮，其威名所及，将远照千里之外，何止十二乘哉！这个比王之所宝何如？"于是惠王自知失言，默然有惭色。

夫齐威王不以径寸之珠为宝，而以贤臣为宝，此与《大学》所引《楚书》"惟善以为宝"意思正同，亦可谓知所重者矣。此所以为战国之贤君也。

韩昭侯有敝袴，命藏之。侍者曰："君亦不仁者矣，不赐左右而藏之。"昭侯曰："吾闻明主爱一颦一笑，今袴岂特颦笑哉！吾必待有功者。"

袴，是下体之衣。颦，是微笑。

韩昭侯有一件穿旧了的袴衣，分付左右的人收藏之。左右侍臣说："仁德之君，必乐于好施。今观吾君，一旧袴衣，也舍不得赏赐左右之人，还要收藏，这等样吝啬，岂是仁德之君乎？"昭侯说："我闻明主行赏，必加于有功。不但赏赐人衣物，便是一颦一笑，启口之间，也不肯轻易发出。其颦也必有所为而颦，其笑也必有所为而笑。今袴虽敝，是我服御之物，岂特一颦一笑而已哉！我所为藏之者，将以等待有功的人，然后赏赐之耳。”

盖赏罚乃人君威福之柄，赏当其功，而后人知所劝。若不论有功无功，冒滥行赏，则得之者不以为重，而他人亦不知所劝。昭侯之藏裤，岂吝此一物之微哉！其后宋太祖常解自己所着貂裘，以赐征西将士，正昭侯所谓以待有功也。

三十三年，邹人孟轲见魏惠王，王曰：“叟，不远千里而来，亦将有以利吾国乎？”孟子曰：“君何必曰利，仁义而已矣。”初孟子师子思，尝问教民之道何先，子思曰：“先利之。”孟子曰：“君子所以教民，亦仁义而已矣，何必利？”子思曰：“仁义固所以利之也。上不仁，则下不得其所；上不义，则下乐为诈也。此为不利大矣。故《易》曰：‘利者，义之和也。’又曰：‘利用安身，以崇德也。’此皆利之大者也。”

邹，是鲁邑名，在今山东境内。叟，是年高有德之称。

周显王三十三年，邹邑中有个贤人，叫做孟轲，他传受孔子之道，所学以仁义为主，论治以尧、舜为法，而战国诸侯皆不能用，故孟轲隐居不见。及魏惠王卑礼厚币，招聘贤者，乃自邹至魏，见魏惠王。惠王见了孟轲，尊而称之说：“自邹至魏，路程千里。叟，今不以千里为远，来到吾国，岂是徒然，或者也要施展平生的抱负，使我财富兵强，于国有利乎？”孟子对说：“君何必说利，治国之道，只是仁义尽之矣。”然孟子之言仁义，不是从今说起。初时孟子从孔子之孙子思受业，尝问子思说：“牧养百姓之道，何者为先？”子思说：“先要利民。”孟子又问说：“君子所以教民，只是仁义便了，何必曰利？”子思答说：“我所谓利，正从仁义中来。且如上不仁，则必残害其民，而下民不得其所；上不义，则必以智术御民，而下民仿效，乐为诈伪。上下如此，必至危亡，其为不利莫大矣。所以《易经》上说：‘利者，义之和也。’言物惟有利，则各得其所，不相侵害，乃为义之和洽。又说：‘利用安身，以崇德也。’言施用利而身安，乃所以为崇德之资。这两句都是说仁义之利，乃利之大者，而非如富国强兵之小利也。”

即子思、孟子之所授受，见孟子之言仁义，乃其平生学问，原是如此。人君欲用贤者之道，其无使舍所学而从我哉！

赧王

三年，燕人共立太子平，是为昭王。昭王于破燕之后即位，吊死问孤，与百姓同甘苦，卑身厚币以招贤士。谓郭隗曰："齐因孤之国乱而袭破燕，孤极知燕小力少，不足以报。然诚得贤士与共国，以雪先王之耻，孤之愿也。先生视可者，得身事之。"郭隗曰："古之人君，有以千金使涓人求千里马者，马已死，买其骨五百金而返。君大怒。涓人曰：'死马且买之，况生者乎？马今至矣。'不期年，千里之马至者三。今王必欲致士，先从隗始，况贤于隗者，岂远千里哉！"于是昭王为隗改筑宫，而师事之。于是士争趋燕。乐毅自魏往，剧辛自赵往。昭王以乐毅为亚卿，任以国政。

孤，是诸侯自称之词。

周赧王之三年，燕国之人因燕王哙为齐所杀，乃共立其太子名平者，是为昭王。昭王当破败后，虽即君位，势甚衰弱，欲收拾人心，以图兴复。民有死亡的，则吊恤他；有孤苦的，则存问他。薄于自奉，而急于济人，与百姓每同受甘苦。又自卑下其身，厚具礼币，以招致四方的贤士。尝与其臣郭隗商议说："齐人因我燕国有子之之乱，而袭破我燕国，乃我之深仇。我今承此破败之后，极知国小力弱，不足以报复齐仇。然若得贤士与之共谋国事，转弱为强，以洗雪我先王之耻，实我之愿也。先生替我访求四方有才德之士，可与共谋国事者，我情愿屈身以师事之。"郭隗对说："闻得古时曾有人君，将千金的重价，使人去寻买日行千里的良马。及到一个地方，那千里马已死，这使臣就用五百金买那马的骨头回来。其君大怒说：'我着你寻千里马，你买这马骨回来何用？'使臣对说：'这正是求马之术。夫以良马之骨，犹不惜重价而买之，何况活马乎？四方之人，听得吾君好马如此，则凡有良马者，必将献于君矣，岂待求哉！'不出一年，果然有三匹千里马来到，此买马骨之所致也。今王若欲四方贤士来归，可用此术以招致之，就把我郭隗当做个贤士，尊敬起来，如那买马骨的一般。四方之人，听得吾君这等敬贤好士，莫不愿为王臣。凡才德过于我者，皆将闻风而至矣，岂以千里为远哉！"昭王就依他说，特为郭隗改造一所宫馆，以师礼敬事他。于是四方之士，闻知昭王好贤，都争先来到。如乐毅自魏国来，剧辛自赵国来。而乐毅尤有才智，昭王用为亚卿之官，任以国政，后来果赖其力，破齐而复燕，乃昭王之好士所致也。

夫燕昭以丧败之遗，而得一二策士之效，遂能转弱为强，兴复其国如此，况处全盛之势，而能尽用天下之贤者哉！

赵王得楚和氏璧，秦昭王欲之，请易以十五城。赵王以问蔺相如，对曰："秦以城求璧，而王不许，曲在我矣。我与之璧，而秦不与我城，则曲在秦。臣愿奉璧而往使，秦城不入，臣请完璧而归。"相如至秦，秦王无意偿赵城。相如乃绐秦王，复取璧，遣使者怀归赵，而以身待命于秦。秦王贤而弗诛，礼而归之。赵王以相如为上大夫。

和氏，是卞和，曾得一璧献与楚王，当时号为至宝。绐，是哄人的意思。

战国诸侯，皆务以珠玉为宝。赵惠文王得楚人卞和氏之璧，秦昭王闻知，欲得之，使人与赵说，愿以十五座城池与赵换此璧。赵王畏秦之强，不敢不与，又恐其得璧之后，不肯与城，因与其臣蔺相如商议，还是与他好，不与他好。相如对说："秦王以城求璧，王若不与，是我的理亏了；与了他璧，他若不与我城，是他的理亏了。宁可使他理屈，不可使我的理屈，还是与他为是。王若怕他失信，臣愿亲将此璧送至秦国。秦若不把城子与赵，臣请全璧而归，决不白送了他。"赵王依相如说，就使他奉璧到秦。秦王得璧到手，果然无以城偿赵之意。相如料知其意，乃设计哄秦王，取回此璧，密遣一使者将这璧藏在身边，预先送回赵国，却自家单身待命于秦，任从秦王如何处置。秦王见相如有智谋，不辱君命，也不忍杀，反以礼相待，遣而归之。相如归赵，赵王嘉其能全国之宝，增主之威，就用他为上大夫。

然相如之完璧，不是爱惜此宝，但欲因此折服秦王，使之不敢有加于赵耳。以一智计之士，犹足为国之重轻，况于贤人君子乎！

乐毅围二邑，三年未下。或谗之于燕昭王曰："乐毅智谋过人，伐齐，呼吸之间，克七十余城。今不下者两城尔，非其力不能拔，欲久仗兵威，以服齐人，南面而王尔。"昭王于是置酒大会，引言者斩之，遣国相立乐

毅为齐王。毅惶恐不受，拜书以死自誓。由是齐人服其义，诸侯畏其信，莫敢复有谋者。

乐毅既败齐兵，入其国都，乘胜长驱，齐城无不下者，独有莒与即墨二邑为齐坚守，燕兵围了三年，尚未服降。乐毅既拥兵在外日久，有人在燕昭王面前谗谮他说道："乐毅有过人的智谋，攻无不克。看他前日伐齐，呼吸之间，就克了七十余城，今未克者止是莒与即墨耳。以他的智力，岂不能拔此两城，却乃攻围三年而不下者，他的意思，盖欲自为齐王，恐人心一时未服，故顿兵在此，久仗威力，渐收人心，待那齐国百姓都归向他了，然后据有齐地，南面而为王耳，岂有意为燕者哉！"昭王平素信任乐毅，知道乐毅是忠臣，绝无此心。乃设酒大会群臣，引出那谗谮的人，当众臣面前，数他罪过，即时斩了，就遣相国大臣，立乐毅为齐王。毅见昭王这等推心任他，不为谗言所间，愈加感激，曲命惶恐，不敢承受，但敬拜奉书，以死自誓，期于捐躯报主，不敢负也。由是齐国臣民，见他君不负臣，臣不负君，都服燕之义；各国诸侯，见他臣不疑君，君不疑臣，都畏燕之信，无敢复有设为计谋，离间其君臣者矣。

向非昭王知臣之深，信臣之笃，乐毅虽贤，恐不能自保。而田单之反间，又岂待继世而后行哉！此燕之已灭而复兴者，固由乐毅之忠，尤本昭王之明也。

赵王以李牧为将，伐燕，取武遂、方城。李牧者，赵之北边良将也。尝居代雁门，备匈奴，以便宜置吏。市租皆输入莫府，为士卒费。日击数牛飨士，习骑射，谨烽火，多间谍。为约曰："匈奴即入盗，急入收保，有敢捕虏者斩！"匈奴每入，烽火谨，辄入收保不战，如是数岁，亦不亡失。匈奴皆以为怯。边士日得赏赐而不用，皆愿一战，于是大破杀匈奴十余万骑，灭襜褴，破东胡。单于奔走，十余岁不敢近赵边。

武遂、方城，是燕国二邑名。代雁门，是代地的雁门县，在赵国北边上。匈奴，即今之达虏。将军所居，以帐幕为府署，叫做莫府。烽火，是狼烟，边上所烧以传报警急的。间谍，是军中探听事情的人。襜褴、东胡，都是虏人部落之名。单于，是匈奴君长之号。

赵王用其臣李牧为将，率兵伐燕，遂取了燕家武遂、方城之地。这李牧乃是赵家北边上一个好将官，他曾统兵在代雁门地方，防备匈奴，赵王知其贤而重任之。凡边上一应军务，及举用将吏，都许他以便宜行事，不从中制他。关市上的租税钱粮，就都上纳在他幕府中，以供士卒的费用。李牧就用这钱粮，每日杀牛市酒，犒赏军士，使军士每时时演武学射，谨慎墩台上传报的烽火，多置军中探听的人。都布置停当了，就分付众军士说："今后胡虏要来犯边，你每就急忙走入城堡，收敛保聚，只使他野无所掠便了，却不许轻与之战。有敢违我的将令，擅自出去捉拿虏人的，定行斩首。"于是军士每都遵依着李牧的约束。但是匈奴进边就举起烽火，递相传报，无有疏虞。各城堡都预先知道了，便入收保，不与他战。如此数年，虽不曾斩获首级，自己的人马亦无所损伤。这正是李牧的计，盖佯输示弱以诱之耳。匈奴见他如此，都说李牧怯懦，不敢和他厮杀，意气渐骄。边上士卒，日受赏赐，又不用着他，蓄养的气力精锐了，都情愿出去与匈奴一战。李牧知士卒之可用，乃出其不意，举兵而攻匈奴，杀了他十余万人，遂灭襜褴，破东胡。那单于畏惧奔走，从此十余年，再不敢犯赵国的边地。

盖李牧不耻小败，不求小胜，蓄威养锐，以乘敌人之懈，故能一举而成大功，真良将也。然亦由赵人任之专、信之笃，故其计得行。若一有费用，便从中阻之，一不出战，便从中促之，未展谋猷，先见掣肘，虽良如李牧，亦安能为哉！所以说，"将能而君不御者胜"，正此之谓也。

秦纪

秦，是国名。初周孝王时，始封非子于秦，为伯爵。平王东迁，秦襄公始尽有岐雍之地，至孝公益大，遂霸诸侯。及始皇遂兼并六国，自立为帝，仍以秦为国号。

始皇帝

王初并天下，自以为德兼三皇，功过五帝，乃更号曰皇帝。命为制，令为诏。“自今以来，除谥法。朕为始皇帝，后世以计数，二世、三世，至于万世，传之无穷。”

谥法，是身后象其德行而追谥之，如文王称文，武王称武，幽王称幽，厉王称厉之类。

秦王政既灭齐、楚、燕、赵、韩、魏之国，尽并有天下之地，自以为其德之盛，可以兼乎古之三皇，其功之高，则过于古之五帝，自开辟以来，只有他一个，于是兼三皇五帝之号而自称为皇帝。凡传命于群臣的言语，叫做制。凡出令于天下的说话，叫做诏。又谓古人死而有谥，是子议其父，臣议其君也。自今以后，不用古人追谥之法，只以世代相传。如我是一代创始之君，就称为始皇帝，到第二世就称为二世皇帝，第三世就称为三世皇帝，从此数将去，直至于万世，传之无穷焉。秦始皇之意如此。

夫天位至重，天命不常，有德则兴，无德则亡。是以自古圣帝明王，兢兢业业。尧之命舜，舜之命禹，都说四海困穷，天禄永终，虽一身犹不敢保，况敢预必其国祚之长远乎？始皇以诈力并六国，天下之人方且敢怒而不敢言，乃侈然自谓兼三皇、过五帝，而欲传之万世，岂不谬哉！此秦之所以速亡也。

丞相绾等言：“燕、齐、荆地远，不为置王，无以镇之，请立诸子。”始皇下其议。廷尉斯曰：“周文、武所封子弟同姓甚众，然后属疏远，相攻击如仇雠，周天子弗能禁止。今海内赖陛下神灵，一统皆为郡县，诸子功臣，以公赋税重赏赐之，甚足易制。天下无异意，则安宁之术也。置诸侯不便。”始皇曰：“天下共苦战斗不休，以有侯王。赖宗庙，天下初定，又复立国，是树兵也，而求其宁息，岂不难哉！廷尉议是。”于是分天下为三十六郡，郡置守、尉、监。收天下兵聚咸阳，销以为钟鐻，金人十二，各重千石，置宫庭中。

廷尉，是掌刑的官，即是今之大理寺卿。守、尉、监，都是各郡的官名。咸阳，是秦之国都。鐻，是乐器，亦钟之类。一百二十斤为石，千石是十二万斤。

秦始皇既定天下，丞相王绾等奏说：“天下之地，惟燕、齐、荆三国离京师甚远，若不立个国王，则无以镇服人心，恐生他变。请以皇帝所生诸子，分封为王，以守其地。”秦始皇将王绾所言，发下与群臣会议。那时群臣都以王绾之言为是，独有廷尉李斯议说：“周家文王、武王初定天下，要建立宗藩，以夹辅王室，所分封子弟，及同姓为公侯伯子男甚众。到后来族属疏远，不念同姓之亲，反举兵相攻击，如仇雠一般。周天子衰弱，通禁止他不得，天下大乱，以至于亡。诸侯王之害如此。今海内幸赖陛下神圣威灵，削平六国，归于一统，不如把天下都分为郡县，设流官以治之。其皇帝诸子及功臣，不必封为侯王，只以公家赋税钱粮重加赏赐，甚是富足，其势又易制。以天下共奉一人，则人无异心，此国家安宁长久之术也。若重置诸侯，则一统之势，复成分裂，各私其土，各擅其兵，他日又有列国分争之祸矣，甚为不便。”始皇有取于李斯之议，说道：“天下共苦战斗不息，只因有诸侯王。今赖宗庙之灵，天下初定，若又建国立王，是从新树起兵端也，而求天下之宁息，岂不难哉！廷尉说的甚是。”于是遂分天下为三十六郡，每郡各置郡守一人总管郡事，即如今知府之官；又置郡尉一人专管兵马，与郡守体统相似，即今之同知；又置监临之官，以御史为之，监察诸郡之事，即今巡按御史之职。大小相司都由朝廷除授黜陟，不得世守其土，而古来帝王封建诸侯之法，自此尽废矣。又恐民间私藏兵器，挟以为乱，乃收而聚之咸阳，把铜铁都销熔了，铸做极大的钟鐻，及金人十二座，各重十二万斤，置在宫庭中，使人无兵器，则不敢为乱。

这都是秦始皇自为保守之计。盖其心以为侯王不立，则天下无乱人矣。孰知后来并起而亡秦者，乃出于闾巷田野之匹夫。又以为兵器尽销，则天下无乱具矣。孰知后来豪杰一呼，斩木亦可以为兵，揭竿亦可以为旗。可见人君之欲安天下者，惟在乎仁义之固结，而不在于法制之把持也。

二十八年，始皇东行郡县。上邹峄山，立石颂功业。上泰山阳，至颠，立石颂德。从阴道下，禅于梁父，遂东游海上。方士徐市等上书，请得与童男女入海，求三神山不死药。始皇浮江，至湘山祠，逢大风，几不能渡。上问湘君何神，对曰：“尧女舜妻。”始皇大怒，使伐湘山树，赭其山。

邹峄山，在今山东兖州府邹县地方。泰山，在今山东济南府泰安州地方。禅，是除地为坛以祭也。梁父，是山名。三神山，是海中三山，一名蓬莱，一名方丈，一名瀛洲。湘山在今湖广岳州府湘阴县地方。赭，是赤色。

秦始皇之既立为帝，巡行天下，先已巡陇西北地。至二十八年，又东行郡县。登邹峄山，立碑刻铭于其上，称颂自家的功业。又登泰山之阳，至于山顶，亦立碑于其上，称颂自家的盛德。乃从山北阴道下来，为禅而祭于梁父之山，遂东游于海上。时有方士徐市等，欺诳始皇说："今东海中有蓬莱、方丈、瀛洲三座神山，都是仙人之所居，其中有长生不死之药。请得斋戒，与童男童女共入海求之。"始皇误信其言，遂遣徐市发童男女数千人，入海求神仙，已而卒无所得，竟为方士所欺。始皇东游之后，又渡淮而南，巡行楚地，浮于大江。至洞庭湘山祠，猝然遇着大风，几不能渡。始皇问于博士说："这上面的祠宇，称是湘君祠，湘君是前代何神？"博士对说："昔黄帝有二女，一曰娥皇，一曰女英，为虞舜之妻，后来葬于此地，所称湘君即其神也。"始皇以渡江遭风危险，疑是山神阻之，因此大怒，遣刑徒三千人，斩伐那湘山的树木，尽赤其山，以泄其忿焉。

这一段前面是始皇侈心于封禅，后面见始皇惑志于神仙。史臣详记其事，所以深著其骄泰之失，垂万世之鉴戒也。

三十三年，始皇巡北边。卢生入海还，因奏录图书曰："亡秦者，胡也。"始皇乃遣蒙恬发兵三十万人，北伐匈奴，收河南地为四十四县。筑长城，因地形，用制险塞，起临洮至辽东，延袤万余里，威振匈奴。

图书，是符谶之书。临洮，是今陕西岷州卫。辽东，即今辽阳地方。延袤，是四方连接的意思。

始皇三十三年，又巡行北边。前此曾遣燕人卢生入海求神仙，至是卢生从海上回来，奏上他所录的图书，说道："亡秦的是胡也。"始皇疑胡是胡虏，乃遣将军蒙恬发兵三十万人，北伐匈奴，以除胡虏之患。尽取了黄河以南的地土，分做四十四县，今宁夏地方是也。于是大起丁夫，营筑长城，自西至东，随其地形之高下远近，都堵截了，以控制那北边上险阻阨塞之处。这城西起陕西临洮，东至辽东地方，接连一万余里，兵威振动于匈奴。然匈奴自此虽远遁，边患宁息，而中国之民力则疲矣。

按图书所言，胡乃胡亥，是秦二世皇帝之名。秦至二世而亡，故征见于图书如此。始皇不务修德爱民，以延国祚，乃劳民动众，伸威于万里之外，一旦祸起萧墙，土崩瓦解，虽有城池险阻，谁与守之哉！

三十四年，丞相李斯上书曰："异时诸侯并争，厚招游学。今天下已定，法令出一，百姓当家则力农工，士则学习法令。今诸生不师今而学古，非当世，惑乱黔首，相与非法教之制；闻令下，则各以其学议之，入则心非，出则巷议，夸主以为名，异趣以为高，率群下以造谤。如此弗禁，则主势降乎上，党与成乎下。禁之便。臣请史官非秦记皆烧之。非博士官所职，天下有藏《诗》、《书》、百家语者，皆诣守、尉杂烧之。有偶语《诗》、《书》者弃市，以古非今者族。所不去者，医药、卜筮、种树之书。若欲有学法令者，以吏为师。"制曰："可。"

黔首，是黑发之民，与《书》称黎民相似。

秦始皇三十四年，丞相李斯奏说："向时列国诸侯并起争战，得士者强，失士者弱，所以诸侯每争以厚礼招四方游学之士，以为谋臣。那时候不得不然。到今天下已定，法度号令出于一人，百姓每当家，则专务农业，为士的要通世事，则专学律令，天下要务，不过如此。今日诸儒生每，却乃不师今时之法，而学古人之说，讥诮时事，惑乱黎民，相与非朝廷法教之制。每闻朝廷有命令颁布于下，便各以其所学评论可否，入则非于其心，出则议于里巷，矜夸主上以取名，矫情立异以为高，倡率众无知小民以造谤。士风如此，不行禁止，到久后，则威福之柄不在朝廷，而主势降于上，朋比之习浸以成俗，而党与成乎下，不可不为之虑也。臣请于史官之所纪载，非本朝典故，皆烧毁之。非文学博士官之所职掌，天下有擅藏《诗》、《书》及百家诸子之言者，皆着他出首，在本管守、尉官司处杂烧之。若有两人对谈《诗》、《书》者，便是违悖明旨，当戮之于市。引古说以非今法者，为大不道，当加以族诛。可存留的惟医药、卜筮、栽种之书，乃日用之不可缺者。若欲明习律令，便以通律令的官吏为师。如此，则天下无异议，而朋党不兴，主威常尊矣。彼游学之徒，安所用之！"于是始皇以李斯所奏为当，降旨准行，而坑儒焚书自此始矣。

始皇以为咸阳人多，先王之宫廷小，乃营作朝宫渭南上林苑中。先作前殿阿房，东西五百步，南北五十丈，上可以坐万人，下可以建五丈旗。周驰为阁道，自殿下直抵南山，表南山之颠以为阙；为复道，自阿房渡渭，属之咸阳，以象天极、阁道，绝汉抵营室也。隐宫刑徒者七十余万人，乃分作阿房宫。

咸阳，是秦始皇的国都。汉，是天河。营室，是室宿。

秦始皇以为咸阳都城中人多，而秦之先王所建的宫廷狭小不称，乃营建朝宫于渭水之南上林苑中。先起前面一座殿，叫做阿房殿。这殿的规制，自东至西，横阔五百步，自南至北，入深五十丈，上面坐得一万人，下面竖立得五丈高的旗。只这一座殿，其高大深阔如此，其他可知矣。周围四边，俱做可驰走的阁道，自殿下直至南山，就南山顶上竖立阙门；其北首砌一条复道，直跨过渭水，接着咸阳都城。以为天上有阁道六星，渡过天河，接着室宿，故把渭水当做天河，而跨河营造，如在天上一般。其侈靡如此。这宫室中所用造作徒刑之人，多至七十余万，其广可知。又分作阿房宫。其劳民伤财如此。

夫自古帝王皆以民力为重，不忍轻用，知民心之向背，乃天命去留所系也。始皇竭天下之财力，以营宫室，极其壮丽，自谓可乐矣。而民心离叛，覆灭随之，竟为项羽所焚，悉成煨烬，可鉴也哉！

侯生、卢生相与讥议始皇，因亡去。始皇闻之，大怒曰："卢生等，朕尊赐之甚厚，今乃诽谤我。诸生在咸阳者，吾使人廉问，或为妖言以乱黔首。"于是使御史悉案问诸生，诸生传相告引，乃自除犯禁者四百六十余人，皆坑之咸阳。始皇长子扶苏谏曰："诸生皆诵法孔子，今上皆重法绳之，臣恐天下不安。"始皇怒，使扶苏北监蒙恬，军于上郡。

廉，是访察。蒙恬，是臣名。

秦始皇焚烧《诗》、《书》之后，时有儒生侯生、卢生这两人，相与讥议始皇所为的不合道理，又恐得罪，因逃去躲避。始皇闻之大怒，说道："儒士卢生等，朕尝尊敬加礼他，待之甚厚，今乃背德忘恩，反诽谤我。这诸生每聚居于咸阳，我使人访察他，或造为妖言以煽惑百姓，罪在不宥。"于是使御史悉案问诸生。那诸生每互相讦告，攀扯连累，凡犯诽谤之禁者，四百六十余人，皆坑杀于咸阳地方。始皇长子名扶苏者，谏始皇说："今此诸生，都是诵习孔子之言，取法孔子之行，学好的人。主上今皆以重法惩治他，臣恐天下人心从此疑畏不安，非国之福也。"始皇不听扶苏之言，反加嗔怒，因遣扶苏往边上去做蒙恬的监军，在上郡地方，以疏远之。

夫自古帝王之治天下，未有不以崇儒重道为先务者。始皇乃独反其道，至使《诗》、《书》悉为灰烬，衣冠尽被屠戮，为罪可胜言乎？其不二世而底于灭亡，宜矣。

二世皇帝

元年秋，阳城人陈胜，阳夏人吴广，起兵于蕲。是时，发闾左戍渔阳九百人，屯大泽乡，胜、广皆为屯长。会天大雨，道不通，度已失期，乃召令徒属曰："公等皆失期，当斩。且壮士不死则已，死则举大名耳。王侯将相宁有种乎？"众皆从之。乃诈称公子扶苏、项燕，为坛而盟，称大楚。胜自立为将军，广为都尉，入据陈。

阳城、阳夏、蕲、陈，都是秦时县名。阳城、蕲，即今凤阳府宿州地方。阳夏，即今河南开封府太康县地方。陈，即今河南陈州地方。渔阳，是秦时郡名，即今顺天府蓟州地方。大泽乡，是乡名，即今徐州丰县地方。闾左，古时闾里民居，以富强的住在右边，贫弱的住在左边。戍，是守边。都尉，是掌兵的官。

秦二世皇帝即位元年之秋，阳城人陈胜，阳夏人吴广，相与起兵于蕲县以叛秦。盖因秦虐用其民，刑法严峻，差役繁多，只为筑长城、征匈奴这两件事，把天下百姓坑死在边上的，不知其数。初时佥发天下殷实大户住在里闾之右的，去当军守边。到后来大户已尽，并那贫民下户住里闾之左的，也都发遣。因此天下人苦极了，都有离叛之心。此时，发楚地闾左百姓戍守渔阳的有九百人，行到地名大泽乡，权在那里屯住。陈胜、吴广两人做管军的头目。适遇天雨，道路阻滞行不得。陈胜、吴广两个计算路程到渔阳时，已是违了期限，恐坐死罪，遂起心谋反，召其同行的徒众，告之说道："你每都误了限期，论军法该处斩，此一去定然是死了。

然做好汉的，不死便罢，既拼一死，不如大家反了，舍命干一件大事，以成功名，却不是好？那王侯将相岂有种类生成，也是人人做得的。你每若肯依随我举大事，则王侯将相之贵，可以立致矣，空死何为？”那九百人既苦当军之劳，又怕到边上死了，就都依从了陈胜、吴广之言，齐心造反。陈胜、吴广恐自己名号卑微，不足以鼓动人心，思量：秦公子扶苏，原是秦始皇的长子，为二世所杀，天下多未知其真死；项燕是楚国的名将，为秦兵所杀，楚人至今怜他，又有说他逃在别处，不曾死的，今若假这两人的名目起兵，天下必多闻风而应者。于是遂诈称为扶苏、项燕，筑台说誓，告天起兵，号称大楚。陈胜自家做了将军，把吴广做都尉。初，始皇把天下的兵器都销了。陈胜、吴广初起事时，都是空手，或斫木头，或用锄柄，就杀将起来。所向皆无不克，引兵攻破陈县，入而据之。于是天下百姓，多杀其官吏，以应楚而攻秦，故秦之亡自陈胜、吴广始也。

夫秦之发兵戍边，本为防胡，然天下之乱，乃不在于胡虏，而反在于戍卒。秦之销兵，本为止乱，然以斩木揭竿之人，遂能乱天下而不可制。可见保邦之道，安民为本。若能布德施惠，轻徭薄赋，使民皆爱戴其上，而不生离叛之心，则虽有陈胜、吴广之雄，亦何所借以生乱哉！秦不知此，而以无道失天下，一夫作难而四海土崩。《书经》上说“可畏非民”，诚可畏也。

刘邦，字季。为人隆准龙颜，左股有七十二黑子。爱人喜施，意豁如也。常有大度，不事家人生产作业。常徭咸阳，纵观秦皇帝，喟然太息曰：“嗟乎！大丈夫当如此矣。”

这一段是记汉高祖初起的事，说汉高祖姓刘名邦，字季，是沛县人也。他生的相貌异常，鼻准高大。人的额角叫做颜。他的额生得高耸广阔，如龙额一般。左腿上有七十二个黑子。其为人慈而爱人，喜好施与人财物，无所吝惜，意气豁达。有大度量，不理论家常营生置产的勾当，以为一身一家之事，都是小事，非大丈夫之所屑为也。盖天厌秦乱，笃生真主，故其容貌志气，自与寻常不同。

常应当差役，到秦都咸阳里，适遇始皇帝出行，放人观看。高祖也混在众人中观看，见秦始皇车驾威仪，盛美赫奕，乃喟然太息说：“嗟乎！大丈夫生在天地间，当如此矣。”盖秦为无道，天下将亡，群雄并起争逐，故豪杰见之而生心也。如使上无失政，下无叛民，虽有豪杰，乐为使用，其谁敢萌异志哉！故人君之修德凝命，所以镇服人心，而止乱于未形也。

秦始皇帝常曰：“东南有天子气。”于是因东游以厌之。季即自疑，亡匿，隐于芒、砀山泽间。吕后与人俱求，常得之。季怪问之，吕后曰：“季所居，上常有云气，故从往，常得季。”沛中子弟闻之，多欲附者。

厌，音叶，是镇压销伏的意思。季，是汉高祖的字。芒、砀，是秦时二县名。

高帝在民间时，便有许多奇异的事。当初秦始皇既定天下，常占四方的云气，说道：“东南方光景非常，乃是天子之气。”恐有异人出于其下，于是亲自出去东游，到这所在，要当了这天子之气，以镇压销伏之。那时汉高祖尚在微贱，听得这说话，便自家惊疑说：“这天子之气，莫非应在我身上。”恐有人踪迹他，遂逃躲于芒、砀地方山谷草泽之中，以全身远害。高祖去时，也不与妻子说知，其妻吕后常同着人去跟寻，便寻着他。高祖心里疑怪，问他说：“你为何就寻得着？”吕后对说：“你这躲避的去处，上头常有异样的云气。我认着这云气，跟寻将来，便寻着了。”那时沛郡中少年子弟每，听得这说话，知道高祖不是凡人，后来必有天子分，多归心而依附之者。所以高祖起兵之时，四方之人，皆响应乐从。

盖天命素定，人不能违。然而高祖本宽仁大度，知人善任，故天人协应，历数攸归，不专恃此征应而已。汉家四百年基业，默兆于田野之间，岂偶然哉！

刘季被酒，夜径泽中。有大蛇当径，季拔剑斩蛇。后人来至蛇所，有老妪夜哭曰：“吾子，白帝子也，化为蛇当道，今赤帝子斩之。”妪因忽不见。后人告刘季，季乃心独喜自负，诸从者日益畏之。

老妪，是老妇人。

高祖一日饮酒醉了，夜间由捷径小路走，大泽中有一条大蛇，拦在路上，人不敢行。高祖乘着酒醉，就拔剑斩断那条蛇，行将过去。随着他在后面行的人，来到死蛇所在，见一年老妇人，夜间哭着说："我的儿子是白帝子，化而为蛇，在这道路上，今被赤帝子斩了，以此悲痛。"老妪说了这话，就忽然不见。盖西方属金，金之色白，秦都西雍，祠白帝，故白帝子应在秦皇帝。唐尧尚赤，汉是唐尧之后，故赤帝子应在汉高祖。赤帝子斩白帝子者，乃汉代秦之兆也。当时同行之人，闻见此事，以为怪异，传与高祖。高祖听说，知天命在己，有此异兆，心中独自欢喜自负。而跟随高祖之人，亦以此知他不是凡人，日加敬惮之矣。

夫自古帝王之兴，往往有非常之兆，其迹似怪，而要亦至理。盖天命之去暴归仁，无从可见，故假之物事，露其机缄，以示神器有归，使人心知向，而举大事者不疑也。班彪谓高祖之兴有五，其一曰"神武有征应"，盖以是哉！

项梁者，楚将项燕子也。尝杀人，与兄子籍避仇吴中。籍少时学书不成，去学剑又不成，项梁怒之。籍曰："书足以记名姓而已，剑一人敌，不足学，学万人敌。"于是项梁乃教籍兵法。籍长八尺余，力能扛鼎，才器过人。会稽守殷通，闻陈涉起，欲发兵以应涉，使项梁将。梁乃使籍拔剑斩守头，佩其印绶。门下大惊扰乱，籍所击杀数十百人，一府中皆慑服，莫敢起。梁乃举吴中兵，使人收下县，得精兵八千人。梁为会稽守，籍为裨将，徇下县。籍是时年二十四。

扛，是两手举起来。会稽，是秦时郡名，即今南直隶苏州、浙江一带地方。

秦二世时，陈涉倡乱，豪杰并起。有项梁者，本是下相县人，乃楚将项燕之子。楚亡，项燕战死，项梁逃在民间。尝杀了人，恐为仇家所害，与他侄儿名籍的躲避在吴中会稽地方。这项籍就是项羽，后来为西楚霸王。项籍少小时，项梁曾教他学习书写不成，弃去；学使刀剑，又不成。项梁恼怒，嗔怪他每事都不得成就。项籍说："那书写不过略识几个字，记得人的姓名便了。至于刀剑，纵使会使，也只敌得一个人，此何足学。我所学的，必是敌得过万人才好。"于是项梁知其才略不凡，乃教籍以为将用兵之法。项籍身长八尺有余，又多气力，能举得千百斤的重鼎，其才能器局，远过于常人。那时会稽的太守，叫做殷通，闻陈涉等起兵攻秦，欲发兵与他连合，知道项梁是将家子，召他为将领兵。梁意要自家起事，不肯为人使用，乃使项籍跟随进府，就坐上拔剑斩了殷通之首。项梁就带了他的印绶，号令府中人。一时府里门下的吏卒，大惊扰乱，只项籍独自一个就杀了门下数十百人，一府中都恐惧畏伏，莫敢与他相斗，尽服从了。梁乃起吴中兵，又使人召募所属下县，共得精兵八千人。梁自家做了会稽太守，着项籍做副将，循行抚定所属县分，领兵渡江西击秦。项籍这时才二十四岁。史称其有拔山之力，盖世之气，亦一时之雄也。然德不足而力有余，岂足为天下生灵之主哉！此所以终不能成大事也。

卷之六

汉纪

汉，是有天下之号。高祖初为汉王，后即帝位，遂仍旧号。这一篇书，载汉家一代的事迹，故称为“汉纪”。

高帝

太祖高皇帝，姓刘氏，名邦，字季，沛县人。初以泗上亭长起兵，诛暴秦、灭项籍，而有天下。在位八年，以其功德高厚，为汉家一代之始祖，故庙号高祖皇帝。

冬十月，沛公至霸上。秦王子婴，素车白马，系颈以组，封皇帝玺、符、节，降轵道旁。诸将或言诛秦王，沛公曰：“始怀王遣我，固以能宽容。且人已降，杀之不祥。”乃以属吏。

霸上，是地名，在今陕西西安府。组，是印绶。

史臣记：汉高祖未即帝位，初为沛公时，奉楚怀王之命，举兵伐秦，以冬十月，先诸将入关破秦，到霸上地方。是时秦王子婴即位才四十六日，见人心离叛，事势穷蹙，遂驾素车，乘白马，颈项上系着组绶，将传国的宝玺与发兵的兵符及使臣所持的节都封了，献上沛公，投降于轵道之旁。时跟随的诸将劝沛公说：“秦为无道，天下怨之久矣。今既破了秦关，得了秦王，正该杀了他，以泄天下之忿。”沛公说：“不可。始初楚怀王命将伐秦，不遣别人，乃独遣我，固以我宽大能容人故也。且用兵之道，不杀已降。今子婴已降，又从而杀之，不祥，亦非怀王当初遣我之意也。”乃将秦王付与所在官司收管，以待怀王之命而处置焉。

此沛公之仁也。其后项羽入关，遂杀子婴、坑降卒、烧秦宫室。秦人以是怀沛公之恩，而怨项羽之虐。则楚汉成败之机，盖已决于此矣。

沛公西入咸阳，诸将皆争走金帛财物之府分之。萧何独先入收秦丞相府图籍藏之，以此沛公得具知天下厄塞、户口多少、强弱之处。

沛公既入关破秦，遂引兵西入咸阳京城。诸将每贪秦财物，都争先走去府库中，将金帛财物取而分之。惟有萧何独自先入秦丞相府里，急忙收拾那地图册籍等书藏之，其他财物一无所取。因此，沛公按这图籍，得以备知天下形势险阻，及户口或多或少，殷实消乏的去处。所以后来用兵，晓得某处可攻、某处可守；均派粮差，知道某处户口殷实、某处户口消乏，皆赖萧何收藏图籍之功也。

即此可见，萧何志虑高远，迥出于寻常之外。汉高祖所以能成帝业，何之力居多。史称其为一代宗臣，岂不信哉！

沛公见秦宫室、帷帐、狗马、重宝、妇女以千数，意欲留居之。樊哙谏曰：“沛公欲有天下耶？将为富家翁耶？凡此奢丽之物，皆秦之所以亡也，沛公何用焉？愿急还霸上，无留宫中。”沛公不听。张良曰：“秦为无道，故沛公得至此。夫为天下除残贼，宜缟素为资。今始入秦，即安其乐，此所谓‘助桀为虐’。且忠言逆耳利于行，毒药苦口利于病，愿沛公听樊哙言。”沛公乃还军霸上。

沛公既破秦入咸阳，见秦家宫室雄丽，一应供具帏帐等物，极其齐整，凡狗马珍宝之类及侍奉的宫人美女，各有千数之多。沛公见了这等富贵，不免动心，便要留在那里住下。其臣樊哙恐他溺于侈乐，误了大事，进谏说：“请问沛公，此一来，要并有天下，成帝王之业乎？或只是图些享用，做个富家翁而已乎？若只要做个富家翁，便留在这里住也罢；若是要并天下而为帝王，则当鉴秦之所以亡，而反其所为才是。凡此奢靡华丽之物，皆秦剥民财力所为，秦人因此失了人心，以至亡国。今岂可复效其所为而用之乎！愿急引军回霸上去，不可留住于此。”沛公一时不能听樊哙之言，张良又谏说："秦家只因所为无道，残虐其民，故沛公得以除暴救民为名，而至于此。夫既要替天下人除去残贼，吊民伐罪，哀怜百姓的困苦，当如丧礼一般，以缟素为资。今方入秦，就安享其奢靡之乐，全无哀痛之心，则是秦之虐固与夏桀无异，而公之所为又与秦无异，乃古人所谓'助桀为虐'者耳，岂吊民伐罪之师哉！且忠直之言，耳里听着虽不顺意，然却有益于行事。譬如毒药，口里吃着，其味虽苦，然却能去病。今樊哙之言，乃是忠言，不可不听也。"沛公就听张良、樊哙之言，还军霸上。

夫帝王之举动乃天下所观瞻，若动有可议，谁肯归戴？汉高祖初入秦宫，遂动心于富贵，几乎误了大事。及一闻张良、樊哙之言，遂整军霸上，以待诸侯之至。此等举动何等光明正大，故秦民因此信其果为除害而来，而敌国谋臣亦以此知其志不在小。视彼项羽收其宝货、妇女以东，而秦民遂大失望者，胜负岂待辨哉！然使非张良、樊哙之言，则汉高未免有过举矣。故史臣记此一段，以见二臣能谏之忠、汉高从谏之善，乃转祸为福之一大机也。

十一月，沛公悉召诸县父老、豪杰，谓曰："父老苦秦苛法久矣！诽谤者族，偶语者弃市。吾与诸侯约，先入关者王之，吾当王关中，与父老约法三章耳：杀人者死，伤人及盗抵罪。余悉除去秦法，诸吏民皆安堵如故。凡吾所以来，为父老除害，非有所侵暴，无恐！且吾所以还军霸上，待诸侯至而定约束耳。"乃使人与秦吏行县、乡、邑，告谕之。秦民大喜，争持牛、羊、酒、食献飨军士。沛公又让不受，曰："仓粟多，非乏，不欲费民。"民又益喜，唯恐沛公不为秦王。

父老，是百姓年高的。豪杰，是地方中的好汉。安堵，是安如墙堵，不迁动的意思。

沛公既破秦入关，这年冬十一月将还军霸上，乃尽唤关中年老的百姓并地方上的好汉都来，分付他说道："秦家暴虐无道，法令琐碎，你这父老人等被害久矣。那秦家的法度好生利害，但是诽谤君上政令的，便诛及三族，有两人对说《诗》《书》的，便戮于市曹，其烦苛惨刻如此。起初众诸侯相约，但有能先入关破秦的，便封为秦王。我今先入关破秦，当王关中，与你众百姓做主。如今先与你父老每相约，我的法度没有许多，只是三条：杀人的，着他抵死偿命；伤人的、与做盗贼的，各问以应得罪名。此外但是秦家那琐碎的法度，都一切除去不用，你众官吏百姓每都照旧各安分守职，不必迁动。我这一来，只要为你每除害，不是来侵暴百姓的，你每休得怕惧。我如今暂且收了军马，还屯霸上，等待众诸侯都到了时，面定前日王关中的约束耳。”乃使人与秦家原设的官吏循行各县、乡、村邑里，分投晓喻，使那未到的小民也通知道这意思。于是秦中百姓无不欢喜，争持牛、羊、酒、食献与沛公，犒飨军士。沛公又辞让不受，说道：“今仓廪中粮食尽多，不至乏绝，不要破费了你百姓的钱米。”那百姓每听得这话，愈加欢喜感戴，只恐怕沛公不得做秦王。

夫汉高初入关时便得民心如此，盖秦为无道，百姓方患苦之，而高祖一旦代之以宽，如大旱之得时雨，有不欢忻而仰戴者哉！《书》曰：“抚我则后，虐我则仇。”故秦之严刑而多杀者，适所以驱民使归汉耳。汉家四百年的基业，在此三章约法中矣。

汉王怒，欲攻项羽，周勃、灌婴、樊哙皆劝之。萧何谏曰：“虽王汉中之偏，不犹愈于死乎？夫能诎于一人之下，而信于万乘之上者，汤、武是也。臣愿大王王汉中，养其民以致贤人，收用巴、蜀，还定三秦，天下可图也。”汉王曰：“善！”乃遂就国，以何为丞相。

三秦，是章邯、司马欣、董翳三人分王秦地，故号三秦。

始初楚怀王与众诸侯相约，但有能先入关破秦者，便封他做秦王。其后高祖独先破秦，当为秦王。项羽后到，却倚他兵力强盛，背约失信，不肯着高祖做秦王。乃三分秦地，把秦家三个降将章邯、司马欣、董翳都封为王，镇守秦地。却将高祖封在汉中四川地方，叫做汉王。汉王因此嗔怪项羽处事不公，负约爽信，发怒欲举兵而攻之。其时周勃、灌婴、樊哙三个都是武将，没见识，不能审度时势，只管劝高祖举兵攻项羽。独有萧何进谏说道：“楚强汉弱，力势不敌，今若攻楚，必致败亡。汉中地方虽是偏僻，还得生而为王，不强如兵败而死乎？大凡成大事的，要忍小忿。古昔帝王有能审己量力，暂诎一人之下，竟能创业垂统，伸于万乘之上者，如殷汤事桀、周武王事纣是也。往事如此，可以为法。臣愿大王权且退一步，去汉中地方布德施惠，抚养百姓，招致四方贤人，收用巴、蜀士卒。

待君之根本已固，兵食已足，那时却举兵回来，平定三秦，收复关中地方，天下大事从此可图也。今乃不忍一朝之忿，而欲轻生以攻楚，不亦谬乎？”汉王听了这话，说萧何的见识远大，说得有理，便依从他说，去到汉中权为汉王，而以萧何为丞相，与图国事。其后高祖到汉中，果能任用三杰，还定三秦，遂灭楚而有天下，皆萧何“养民致贤”之一语启之也。

汉王至南郑，诸将及士卒皆歌讴思东归，多道亡者。信亡去。何闻信亡，不及以闻，自追之。人有言王曰：“丞相何亡。”王大怒，如失左右手。居一二日，何来谒王。王且怒且喜，骂何曰：“诸将亡者以十数，公无所追；追信，诈也！”何曰：“诸将易得耳，至如信者，国士无双。王必欲长王汉中，无所事信；必欲争天下，非信无可与计事者。顾王策安决耳！”王曰：“吾亦欲东耳，安能郁郁久居此乎！”乃召信拜大将。何曰：“王素慢无礼，今拜大将，如呼小儿，此乃信所以去也。王必欲拜之，择良日，斋戒，设坛场，具礼，乃可耳。”王许之。诸将皆喜，人人各自以为得大将。至拜大将，乃韩信也，一军皆惊。

南郑，是地名，即今陕西汉中府南郑县。亡，是逃走。信，是韩信。

汉王既用萧何之言，就国汉中，行到南郑地方。诸将及军士多是东方丰、沛等处的人，离家日久，个个思量东归，唱的歌曲都是思乡的意思，多有在半路里就逃去了的。那时韩信做治粟都尉，见汉王不能用他，也随着众人去了。萧何平日晓得韩信才略可任大事，猛听得说韩信也走了，心里忙迫，不及奏知汉王，就自家去追赶他。军中不知萧何是追韩信，只说萧何也逃去。有人告于汉王说：“丞相萧何走回去了。”汉王大恼怒，见失了辅佐，就如失了左右两手一般。住一二日间，萧何回来参见汉王。汉王又怒又喜，问说：“你如何也撇了我走回去？”萧何对说：“臣不是逃走，乃是追赶韩信来。”汉王骂说：“我手下管兵的将领，逃去了十数人，不曾见你去追赶，乃独追一韩信，这是你支吾欺我之言！”萧何对说：“诸将都是庸才，便去他十来个有何难得。至如韩信，智勇才略，天下无双。大王若只是长在汉中做王，却也用不着韩信；若是要东向争取天下，则除了韩信，无可与谋此大事者。故臣一闻其逃，不及奏知，急去赶将回来，恐失此人耳。但不知如今大王的意思何如。还是要王汉中？还是要争天下？”汉王说：“项羽违约，封我于汉中，我甚不乐。我的意思亦欲东向而争天下耳，岂能郁郁久居此处乎！”乃用萧何之言，就着人去呼唤韩信来，拜为大将。萧何说：“大王平素待人傲慢无礼，如今要拜一个大将，把取天下的大事付与他，却乃如此轻易，恰似呼唤小儿一般。这等待人无礼，人如何肯用命？此韩信所以不乐而去也。王若真个要他做大将，须选择个好日子，大王自家斋戒致敬，筑立坛场，备具礼仪，方才成个拜大将的道理，韩信才肯尽力为用。”于是汉王听许，一一都依着萧何的言语。那时诸将听得汉王将举行拜将的殊礼，却不知所拜的是谁，都暗地欢喜，人人自负说：‘这大将莫非是我做？’及至拜大将时，乃是韩信，一军之人无不惊讶。

盖韩信在先未遇时，曾乞食于漂母、受辱于胯下，人素轻贱他。只有萧何知道他是个豪杰，荐于高祖。一旦加之以殊礼，拜之为大将，故人以为惊讶。其后果能定三秦，举燕、赵，破楚灭项，助成帝业。可见非常之功，非常人所能任；而非常之才，亦非常人所能知。韩信以一逃亡小卒，若不遇汉高英雄之主、萧何知人之相，则将终身困穷而已。夫欲图大事、建大功者，岂可以名誉资格求天下之豪杰也哉！

汉王南渡平阴津，至洛阳新城。三老董公遮说王曰：“臣闻顺德者昌，逆德者亡。兵出无名，事故不成。故曰：‘明其为贼，敌乃可服。’项羽为无道，放杀其主，天下之贼也。夫仁不以勇，义不以力。大王宜率三军之众，为之素服，以告诸侯而伐之。”于是汉王为义帝发丧，袒而大哭，哀临三日，发使告诸侯曰：“天下共立义帝，北面事之，今项羽放杀义帝江南，大逆无道。寡人亲为发丧，兵皆缟素，悉发关中兵，收三河士，南浮江、汉以下，愿从诸侯王击楚之杀义帝者！”

平阴津，是平阴县的渡口。新城，是洛阳县的乡名。三老，是掌管一乡教化的老人。三河，是河南、河东、河内。

汉王既用萧何之计，用韩信为大将，引兵还定三秦，出关、下河内，遂南渡平阴津，到洛阳新城地方。那时项羽方杀了义帝，自立为西楚霸王，于是新城乡有个三老叫做董公，拦着路献个计策与汉王，说道：“臣闻取天下在有仁义之德，顺此德的便昌盛，逆此德的便灭亡。兵之胜负，在德之顺逆。若出兵而无名，大事如何得成？所以说：‘明其为贼，敌乃可服。’必须仗天下之大义，立个名号，显得那敌人是贼，我为天下声其罪而讨之，则顺在于我，逆在于彼，不待交兵，而胜负已分矣。今项羽大逆无道，放杀其主，这正是天下之贼也。我的勇力虽不如他，然以仁义临之，仁不在勇，义不在力，顺逆一分，强弱都不论了。今大王正宜倡率三军，同服缟素，因以赴告于诸侯，而讨项羽弑君之罪，则兵出有名，大事可成矣。”于是汉王用其计，为义帝发丧成服，乃遍告诸侯说道：“往时，天下诸侯共立楚怀王以为义帝，奉他做主，我与项羽都是义帝的臣子。今项羽乃放逐义帝于江南而杀之，此所谓乱臣贼子，人人得而诛之者也。寡人今亲为义帝发丧，使军士每都穿着缟素孝服，尽发关中兵马，收集三河士卒，南浮江、汉而下，愿随着诸侯王讨伐那楚国弑义帝的篡贼，以报君父之仇，明君臣之义焉。”

从此，汉王举动名正言顺，理直气壮，而汉兵之出，始堂堂于天地间矣。项羽虽强，岂能与之为敌哉！此不独能摧服群雄，而正人心以培国祚，实基于此。皆董公一言启之也。

汉王谓陈平曰：“天下纷纷，何时定乎？”陈平曰：“项王骨鲠之臣，亚父、钟离昧、龙且、周殷之属，不过数人耳。大王诚能出捐数万斤金，行反间，间其君臣，以疑其心。项王为人，意忌信谗，必内相诛。汉因举兵而攻之，破楚必矣。”汉王曰：“善！”乃出黄金四万斤与平，恣所为，不问其出入。平多以金纵反间于楚军，宣言：“钟离昧等为项王将，功多矣，然而终不得裂地而王。欲与汉为一，以灭项氏而分王其地。”项羽果不信钟离昧等。

骨鲠，是刚直不顺人意，如骨之鲠人一般。亚父，是范增，项羽尊他叫做亚父。反间，是造捏虚词、离间人的意思。

汉王自睢水战败退守荥阳，与项羽相持日久，不能取胜，因谋于陈平说：“如今天下纷纷争斗，不得休息，不知何时才得灭楚，平定天下。你有甚奇计可施否？”陈平对说：“汉所以不能胜楚者，只因项王尚有心腹得力的臣帮助他故耳。臣料项王手下骨鲠忠直之臣其实不多，如范增、钟离昧、龙且、周殷等辈，不过数人而已。大王若肯不吝数万斤之金抛舍出来，把去行反间之术，离间了他的君臣，使他自相猜疑，必至离心。项王为人心多疑忌，好听谗言，一闻反间之语，必然君臣生疑，内里自相诛杀。那时汉却乘机举兵攻之，破楚必矣。”汉王说：“此计甚好！”即捐出黄金四万斤与陈平，任他将去使用，更不稽查其出入。陈平乃多把这金去买嘱项王左右，广行反间于楚，到处传播说道：“钟离昧等为项王将，运筹出力，功劳多矣。然到今不得分土受封，枉受许多勤苦。以此心怀怨望，要与汉家连结为一，共灭项氏，把楚地分了，各自为王。”这是陈平反间的说话，要去激怒项王。项王听得这话，果然心疑钟离昧等，只道他真有反意。自此凡有计谋都不信用，盖已中陈平之计矣。楚之败亡实决于此。

此虽陈平诡计，亦本项王意忌信谗，有以致之。向使项王君臣相信，不听谗言，如燕昭王之于乐毅，魏文侯之于乐羊，则虽有陈平之智，亦安所施哉！古语有云：“木必先腐而后蠹生之，人必先疑而后谗入之。”用人者可不鉴哉！

夏五月，帝置酒洛阳南宫。上曰：“彻侯诸将，毋敢隐朕，皆言其情，吾所以有天下者何？项氏之所以失天下者何？”高起、王陵对曰：“陛下嫚而侮人，项羽仁而爱人。然陛下使人攻城略地，因以与之，与天下同其利；项羽妒贤嫉能，有功者害之，贤者疑之，此其所以失天下也。”上曰：“公知其一，未知其二。夫运筹帷幄之中，决胜千里之外，吾不如子房；镇国家，抚百姓，给饷馈，不绝粮道，吾不如萧何；连百万之众，战必胜，攻必取，吾不如韩信。三者皆人杰，吾能用之，此吾所以取天下者也。项羽有一范增而不能用，此所以为我擒也。”群臣悦服。

高祖既灭项羽，即帝位。一日置酒宴群臣于洛阳之南宫，因问群臣说：“众诸侯及诸将每，在我面前不要隐讳，各陈你每所见，且说我所以得天下者何故？项羽所以失天下者何故？”内中高起、王陵二人齐对说：“陛下天性好简嫚轻侮人；项羽仁而爱人，待人有礼。然人所以肯尽力于陛下者，以陛下能不吝爵赏。使人攻打城池、略取土地，既得了，就封那有功之人，与天下同享其利。因此人人尽力，以图功赏，所以能得天下也。项羽则不然，妒贤嫉能，有功者不但不赏，反忌其能而害之，贤者疑而不用。因此人人怨望，不肯替他出力。此项羽所以失天下也。”高祖说:“公等说的虽是,然但知其一,未知其二。我所以取天下者,全在能用人故也。夫运筹画策不出帏幄之中,而能料敌制胜于千里之外,这样智谋,我不如张子房;镇守国家,抚安百姓,供给军饷不致乏绝,这样才干,我不如萧何;统百万之兵,用之有法,战则必胜,攻则必取,这样勇略,我不如韩信。这三个人都是一时豪杰,非常之才。我着张子房常在左右,运筹画策为吾谋臣;着萧何镇守关中,供给粮饷;着韩信做大将,领兵征讨。得此三人之力,所以能取天下也。项羽只有一个谋臣范增,而每事猜疑,不能信用,是无一人之助矣。此所以被我擒获也。”群臣闻高帝之言,无不忻悦敬服。

夫用人者常裕,而虚怀者然后能用人。若论勇猛善战,汉高不及项羽远甚,所以胜之者,以能用人耳。而所以能用人者,由其自谓不如人也。夫以匹夫取天下,天下莫不归服,而犹自谓不如其臣,此汉高之所以大过人欤!

张良素多病,从上入关,即道引,不食谷,杜门不出,曰:“家世相韩,及韩灭,不爱万金之资,为韩报仇强秦,天下振动。今以三寸舌为帝者师,封万户侯。此布衣之极,于良足矣。愿弃人间事,欲从赤松子游耳。”

道引,是修养家运气之术。

张良为人素多疾病,自从高祖入关之初,便就学修养之术,导引运气,不食五谷。及至佐高祖平定天下之后,一日自家称说:“我本是韩国之人,父祖以来,五世为韩相国,世受国恩。不幸宗国为秦所灭,我不爱惜万金之产,悉以家财募求力士,椎击始皇于博浪沙中,为韩报仇。那时虽误中副车,不曾伤得始皇,然以秦皇之强而我椎击之,威加万乘,义复强仇,天下之人谁不振动!其后遇着真主龙典,我止凭三寸之舌运谋画计,毕竟灭了强秦,赞成汉业。天子待我以师礼,封我以万户,位为列侯。布衣荣遇,至此已极。我平生只要报仇雪恨,济世安民,今已心满意足矣,此外更复何求!惟愿遗弃了人间功名、富贵之事,随着赤松子同游于方外耳。”赤松子,是上古仙人之号,良盖假托之辞也。

夫张良有大功于汉,高祖方尊礼之,何天下甫定,遂托于神仙之事而去乎？盖良以五世相韩之故，志复不共戴天之仇，其仕汉也，以为韩也，韩仇既报，遂浩然有归志焉。故后人论之曰：张良始终为韩。又曰：留侯君臣义重。其真知良之心哉！

始剖符，封诸臣为彻侯。萧何封酂侯，所食邑独多。功臣皆曰："臣等身被坚执锐，多者百余战，小者数十合。今萧何未尝有汗马之劳，徒持文墨议论，反居臣等上，何也？"帝曰："诸君知猎乎？追杀兽兔者，狗也；而发踪指示兽处者，人也。今诸君徒能得走兽耳，功狗也；至如萧何，发踪指示，功人也。"群臣皆莫敢言。

剖，是分；符，即是如今封功臣的铁券，两块相合，一块赐与功臣，一块藏在内府存验，所以叫做剖符。彻字，解做通字，以其功通于王室，故谓之彻侯。酂，是县名。

高帝既定天下，论功行封，群臣争功不能决，至即位之次年，始剖分符券，封诸功臣等为通侯。以萧何之功最高，先封为酂侯，食邑八千户，比诸功臣独多。诸功臣心里不服，都说："臣等身自披着坚甲、执着利兵，亲去攻城陷阵，多者百余战，少也有数十合，受了许多辛苦，才挣得个功次。萧何并未曾有汗马战斗的功劳，只以文墨议论为事。今论功行赏，乃反居臣等之上，何也？"高帝要折服群臣之心，乃设个比喻问他说："诸君晓得田猎之事乎？夫打猎之时，赶杀兽兔者固在于猎犬；若解放那猎犬，发其踪迹而指示以野兽所在，使之追杀者，则由于人。故杀兽者狗，而使狗者人也。狗之功，非人之比明矣。今诸君只靠勇力厮杀，虽有攻城略地、斩将搴旗之功，不过如猎犬能追得走兽耳。至如萧何，则居中调度，运谋画策，使诸将各效其能，就与猎者发踪指示一般，其功人也。诸君之功，岂得与萧何比哉？"群臣闻了高帝此言，乃自知其功不如萧何，莫敢复有争论者，而萧何之功遂巍然为一代功臣之冠矣。

盖萧何能用人，诸将则为人所用，顾用人者功虽大而无迹，为人所用者功虽小而易见，非高帝取喻于田猎，何以服天下之心哉！此万世论功者之准也。

上已封大功臣二十余人，其余日夜争功不决。上在洛阳南宫，从复

道望见诸将，往往相与坐沙中偶语。上曰：“此何语？”留侯曰：“陛下不知乎？此谋反耳！”上曰：“天下属安定，何故反乎？”留侯曰：“陛下起布衣，以此属取天下；今为天子，而所封皆故人，所诛皆仇怨。故即相聚谋反耳。”上忧之，曰：“为之奈何？”留侯曰：“上平生所憎，群臣所共知，谁最甚者？”上曰：“雍齿与我有故怨，数窘辱我。我欲杀之，为其功多，故不忍。”留侯曰：“今急先封雍齿，则群臣人人自坚矣。”于是上乃置酒，封雍齿为什方侯，而急趣丞相、御史定功行封。群臣罢酒，皆喜曰：“雍齿尚为侯，我属无患矣！”

什方，是地名，即今四川成都府什邡县。

高祖既定天下，论功行赏，已先封萧何、曹参等有大功的二十余人为侯。其余诸将，因各人开报功次，查算多少，议论不决，未得行封。高祖一日在洛阳南宫中，从阁上望见外面诸将每时常有三三两两，在洛水边沙地上空阔无人处并坐着说话。高祖心下生疑，问左右说：“这将官每时常在那背地里说些甚么？”留侯张良对说：“陛下起自布衣，不阶尺土，用此辈众人之力，攻城略地，取有天下。今既为天子，当替天行道，赏必当功，罚必当罪，不以私喜怒与其间，方才人心悦服。今所封的虽是有功，然都是平日亲厚的人，其余皆未得封；所诛杀的大率是素有仇怨的人，未必尽当其罪。众将每因此心怀疑惧，恐未必得封，而或横被诛杀，故相聚谋为反叛耳。”高祖听得张良之言，甚以为忧，遂问张良说：“今人心危疑如此，当何计以安之？”张良对说：“请问主上平素所憎恶，群臣又皆知主上恶他的，第一是谁？”高祖说：“这诸将中雍齿与我旧有怨隙。我曾着他守丰邑，他叛我降魏，又屡次窘逼困辱我，我心里极恨他，只要杀之。但因他复降之后，屡立战功，所以不忍。这是群臣所共知者。”张良说：“既如此，宜急先封了雍齿，诸将见主上记功不记仇，虽一时未及尽封，他每也都自安心，不复疑惧矣。”高帝听用其言，即置酒会群臣，封雍齿为什方侯，一面催促丞相、御史作速考定群臣的功次，以行封爵。诸将每饮宴既毕，皆欢喜相告说：“雍齿素与主上有怨，今尚且以功得封为侯，至公如此，何况我等无雍齿之怨，岂没我之功，而不加封爵哉？迟早定有处分，不必忧虑矣。”

夫汉高以初定之天下，而当诸将之怀疑，使驾驭失宜，变生肘腋，为患非细。所幸急听张良之策，一封雍齿而众心遂安，较之反谋既成，而后勒兵扑灭者，利害劳逸何如哉！此可见消患者贵于未形，而惟至公乃足以服天下也。

帝悉去秦仪，法为简易。群臣饮酒争功，醉或妄呼，拔剑击柱，帝益厌之。叔孙通说上曰："夫儒者难与进取，可与守成。臣愿征鲁诸生，与臣弟子共起朝仪。"帝曰："得无难乎？"叔孙通曰："五帝异乐，三王不同礼。二者因时势、人情，为之节文者也。臣愿采古礼，与秦仪杂就之。"上曰："可试为之，令易知，度吾所能行为之。"

高帝平定天下之后，因秦时所制的礼仪法令甚是烦琐，乃一切除去不用，凡事务从简易。但当此之时，初罢战争，朝廷之中皆武夫壮士，不知尊卑体统。群臣饮宴中间，彼此争功，至有酒醉狂叫，拔剑击柱者。高帝看见，心里也甚是厌恶之。于是博士叔孙通因奏说："臣闻世乱思得猛士，时平必用文儒。若要攻城略地，进取天下，诚非文儒所能；若要讲明礼度，保守成业，则非文儒不可。今上下之分不明，人心怠肆，不知礼法，岂长久之道。臣愿征召鲁国的诸儒生，与臣门下的弟子数十人，共起立一代朝仪，使人知尊卑上下之等，则体统立而朝廷尊矣。"高帝说："这古礼只恐如今难行。"叔孙通对说："昔五帝生不同时，所作的乐也各不同。如少昊作《大渊》之乐，颛顼作《六茎》之乐，帝喾作《六英》之乐，尧作《大章》，舜作《大韶》，这便是五帝异乐。三王生各异世，所行的礼也各不同。如夏则尚忠，商则尚质，周则尚文，这便是三王不同礼。盖礼、乐这两件，但随时势人情而为之节文。或太过，则节损之；或不及，则文饰之。缘情而立，初非强人以难行之事也。臣愿博采古先的礼仪与秦时的礼仪，酌古准今，相杂而成朝仪，不必拘定古礼。"于是高帝许之说："你可试做来与我看，务从简便，使人容易得知，又须度量我所能行者乃可耳。"

孔子曰："能以礼让为国乎，何有？"人而无礼，大乱之道。但俗儒不达制礼之本意，好是古而非今，务为高远迂阔之论，遂使人主苦其难而厌之。叔孙通谓礼乐因时势人情而为之节文，可谓知礼乐之本者矣。

七年冬十月，长乐宫成，诸侯群臣皆朝贺。诸侯王以下至吏六百石，以次奉贺，莫不震恐肃敬。礼毕，复置法酒。诸侍坐殿上，皆伏，抑首，以尊卑次起上寿，无敢谨哗失礼者。于是帝曰："吾乃今日知为皇帝之贵也！"乃拜叔孙通为太常。

长乐，是宫名。六百石，是汉时第八等官员俸禄之数。法酒，是礼法之酒。上寿，是献酒祝寿。

汉家因秦之正朔，以十月为岁首，行朝贺礼。高帝既用叔孙通之言，新定朝仪。至七年冬十月新起长乐宫工完，正当诸侯群臣都来朝贺之时，遂举行叔孙通所制的朝仪。上自诸侯王大臣，下至六百石品官，都以次引入殿廷中，行朝贺礼，莫不震恐肃敬，一一都依着他的仪注行。朝贺礼毕，又置法酒于殿上，诸侯群臣侍坐的，都俯身低首，不敢仰视，各照尊卑的品级，以次起来奉酒上寿，不得搀越。从初朝至酒罢，并没有一人喧哗失礼的。于是高祖喜而叹说："我在位七年，今日方知做皇帝尊贵如此。"乃拜叔孙通为太常，使专掌礼仪之事。

汉家一代典礼，皆自叔孙通始也。然其所制，皆就高帝之所能行者而为之，故真意虽存，而礼文颇略，后世讥之以为野焉。

十年，戚姬有宠于上，生赵王如意。上以太子仁弱，欲废之而立赵王。大臣争之，皆莫能得。御史大夫周昌廷争之强，上问其说。昌为人吃，又盛怒，曰："臣口不能言，然臣期期知其不可！陛下欲废太子，臣期期不奉诏！"上欣然而笑。

吃，是人说话謇涩。期，是必。重说期期，是口吃之声。

高帝初立吕后之子为太子，至即位之十年，戚夫人方有宠，生个儿子，封为赵王，名叫如意。高帝甚爱他，常嫌太子慈仁而柔弱，无英明之资，恐不可为天下主，欲废之，而改立赵王为太子。夫以无罪而易太子，这是高帝差处。当时诸大臣皆执大义谏争，高帝溺于戚姬之爱，不能自断，谏者虽多，都未见听从。有御史大夫周昌，平素刚直敢言，当大廷中面争甚力，高帝因问他太子所以不可易之故，要他说将来。周昌为人口吃，说话迟难，心里又甚恼怒，越发气急，说不出来，因对说："臣口吃不能言，然心里必必知其不可。陛下若欲废太子，臣必必不敢奉诏。"高帝见周昌口吃如此，不觉欣然而笑，而废立之意，亦为之中止。

夫高帝溺爱宠姬，欲易太子，几乎动摇国本，固为过举矣。然能容周昌诸臣之强谏，竟割一己之私情，以从天下之公议，非其明达大度而能之乎？所以史臣称之曰："从善如不及，纳谏如转圜。"此类是也。

陆贾时时前说称《诗》《书》，帝骂之曰："乃公居马上得之，安事《诗》《书》！"贾曰："马上得之，宁可以马上治之乎？且汤、武逆取而顺守之，文武并用，长久之术也。"帝曰："试为我著秦所以失天下、吾所以得之者，及古成败之国。"陆生乃粗述存亡之征，凡著十二篇。每奏一篇，帝未尝不称善，号其书曰《新语》。

乃公，是高帝自称，譬如俗说尔父也。

高帝既定天下，其臣陆贾时常在高帝面前，称述古时《诗》《书》上的说话。高帝平时不喜《诗》《书》，因骂陆贾说道："我东征西战，只在马上得了天下，要那《诗》《书》何用！"陆贾对说："世乱用武，世治用文。这天下虽是马上得来，如今还可以马上治之否？昔者汤放桀、武王伐纣，初皆用武而以逆取天下。既得天下之后，便立纲陈纪，制礼作乐，用文以顺守之，故能绥定大业，传之永世。可见文武并用，乃长治久安之道也，安可弃《诗》《书》而不事哉！"高帝乃以陆贾之言为然，因命之说："既是如此，你试替我做一篇书，著秦所以失天下者如何，我所以得天下者如何，及自古以来成败之国，备述其故，朕将览焉。"陆生乃略述古今兴亡事迹，著为一书，为道基、述事等一十二篇。每奏一篇，高帝辄称善嘉纳，以这说话，他从来未闻，遂名其书曰《新语》。不知陆贾所述，亦皆《诗》《书》中道理，固非创新为之者也。

然高帝虽不事《诗》《书》，而其雄才大智，实旷代之英主；其创造大业，规模宏远，亦自有与《诗》《书》暗合者。顾当时号为儒生者，皆迂阔俗儒，所言皆《诗》《书》之糟粕，泥古而难通。故高帝见辄嫚骂，甚至溺冠以辱之。惟陆贾颇达时宜，卑论侪俗，故高帝悦之。然贾亦非真儒，其所著书，不过战国纵横之余论，其于帝王经纶天下之大经大法，实未有闻也。若以高帝之英明雄略，能留心于学问，而又得豪杰真儒以佐之，则其功业又岂止于是而已哉！

上从破布归，疾益甚，愈欲易太子，张良谏不听。叔孙通谏曰："晋献公以骊姬之故，废太子，立奚齐，晋国乱者数十年。秦以不蚤定扶苏，令赵高得以诈立胡亥，自使灭祀，此陛下所亲见。今太子仁孝，天下皆闻之。陛下必欲废適而立少，臣愿先伏诛，以颈血污地！"帝曰："吾直戏耳！"叔孙通曰："太子，天下本。本一摇，天下振动。奈何以天下戏乎！"时大臣固争者多，上知群臣心皆不附赵王，乃止不立。

高帝每常欲废太子而立赵王，自破了黥布回来，疾病渐加，思为身后之计，越发要改立太子。虽亲信如张良者谏他，亦不肯听从。此时太子几危，于是太子太傅叔孙通舍死进谏，说道："古时晋献公有太子申生甚贤，到后来宠爱骊姬，生少子奚齐，献公信骊姬之谗，遂废太子申生，而立奚齐为太子。其后献公死，奚齐为其臣里克所杀，晋国大乱者数十年。近时秦始皇也只因不早定长子扶苏为太子，却使他监兵于外，以致身死之后，奸臣赵高得以诈称遗诏，杀扶苏而立少子胡亥，自取灭亡，宗庙绝祀。此乃陛下所亲见的，可为明鉴。今太子德性仁孝，未有过失，天下皆闻知之。一旦无故见废，臣恐人心不服，变故必生，而奚齐、胡亥之祸将复见于他日矣。陛下若必欲废嫡子而立少子，臣愿先伏诛戮，以颈血污地，不忍见其乱也。"高帝说道："我不是真个要废太子，特戏言耳。"叔孙通对说："太子是天下的根本，根本一摇，天下为之震动，奈何把天下来作戏！"高帝闻叔孙通此言，心里感动。又当时大臣谏争者多，高帝知群臣之心皆不附赵王，恐立了生变，乃止不立，而太子遂安，实叔孙通强谏之力也。

尝考叔孙通先时事秦，每阿谀苟容；及其事汉，乃能以死力争，而定太子之位。可见人臣之忠佞，亦观上之意向何如耳。语曰："主圣臣直。"岂不信哉！

吕后问曰："陛下百岁后，萧相国既死，谁令代之？"上曰："曹参可。"问其次，曰："王陵可，然少戆，陈平可以助之。陈平知有余，然难独任。周勃重厚少文，然安刘氏者必勃也，可令为太尉。"吕后复问其次，上曰："此后亦非乃所知也。"

高祖与群臣同起艰难，开创基业，群臣的优劣知得最真，任用各当。

及至末年有疾，吕后恐有不测，国事付托，贵于得人，乃从容问说："见今萧何一时称为贤相，倘陛下到百岁后，那时萧何或又不在了，谁人可以替他？"高祖说："曹参好。"吕后又问："曹参之下，还有谁可以为相？"高祖说："王陵亦可，但其性太直，不知通变，当兼用陈平以帮助之。陈平为人多智谋，然机变不测，难以独任。若用陈平，又须兼用周勃。周勃持重谨厚，虽少文采，然沉毅有力量，若国家一旦有事，能戡乱靖难以安定我刘氏之社稷者，必此人也。可使为太尉之官，管领兵马以备缓急之用。"吕后又问这四人之外，还有谁好。高祖说："自此以后，人才固难预拟，恐那时你亦年高去世，不得知矣。"高祖与吕后商议之言如此。

大抵宰相须才德兼全，守正而又能达变者，乃称其职。汉初宰相，惟萧何才德皆优，为一代宗臣。曹参之才虽不及何，而能谨守成法，无所变更，抑其次也。此外如王陵之正直，陈平之智谋，周勃之厚重，则各有所长，不能兼备。惟高帝知人善任，裁截而用之，故终孝惠、孝文之世，戡定祸乱，致治升平，皆此数人之力。可见人才难得，为君者诚得才德兼全之人而用之固善，如不得其人，则舍短取长，并用相济，亦足以建功立事。此人主择相之法也。

初，高祖不修文学，而性明达，好谋能听，自监门戍卒，见之如旧。初顺民心，作三章之约。天下既定，命萧何次律令，韩信申军法，张苍定章程，叔孙通制礼仪。又与功臣剖符作誓，丹书铁契，金匮石室，藏之宗庙。虽日不暇给，规模弘远矣。

这一段是史臣总叙高祖的事实。说高祖始初以马上得天下，不事《诗》《书》，未尝修习文学之事。然其天性聪明洞达，遇事好与人谋画，闻人之言，即便听从。虽下而监门小军那样卑贱的人，才一见面就如故旧一般。待之有恩，人心无不感悦。初时见百姓每苦秦苛法，乃顺民之心，与秦父老约法三章，曰：杀人者死，伤人及盗抵罪。及天下既定，以三章之约不足以惩奸，乃命萧何次第律令，作律九章；又命韩信申明军法；命张苍定立各项法度章程；命叔孙通创立各项礼仪。又大封功臣，与他剖符立誓，为山河带砺之盟，以丹书之于铁券之上，盛之以金匮石室，而藏之宗庙之中。这都是高祖立国规模，其大者如此。虽在位不久，其于法制品节之详，犹有未能一一整齐处，然其大纲已正一代之规模体统，亦可谓弘大广远而不可及矣。汉之所以垂四百年之基业者，良有自哉。

班彪《王命论》曰："盖在高祖，其兴也有五：一曰帝尧之苗裔，二曰体貌多奇异，三曰神武有征应，四曰宽明而仁恕，五曰知人善任使。加之以诚信好谋，达于听受；见善如不及，用人如由己；从谏如顺流，趣时如向赴；当食吐哺，纳子房之策；拔足挥洗，揖郦生之说；寤戍卒之言，断怀土之情；高四皓之名，割肌肤之爱；举韩信于行阵，拔陈平于亡命；英雄陈力，群策毕举。此高祖之大略，所以成帝业也。"

班彪，是汉光武时人。曾作《王命论》一篇，明帝王之兴，皆天所命，不可以智力强求，以警惧当时之称王僭号、窥窃神器者。其论中一段说道："人只见汉高祖起自布衣，遂有天下，不知他乃天所命的，非是容易。盖在高祖之兴，有五件过人处：第一件，他是帝尧之苗裔，盖唐尧之后有刘累，事夏孔甲，为御龙氏，传至高祖仍姓刘。是高祖乃帝尧后代子孙，非凡族也。第二件，他体貌多奇异，隆准龙颜，左股有七十二黑子，生来就与寻常人不同。第三件，他神武有征应。初起时，当径斩白蛇；入关时，五星聚东井。及所居上有云气，龙虎成五采，识者已知其当兴。第四件，他有宽明仁恕之德，人心都归向他。第五件，他认的人，又善于任使，各当其才。既有这五件，又加以诚于好谋，明于听受。见人之善，求之若不及；用人之善，视之若已出。其从谏也，如水之顺流，无少逆拂；其趣时也，如响之应声，无少迟误。在荥阳时，先误听郦生计，欲立六国后，张良发八难，极言其不可。那时高祖方食，即吐哺骂郦生，不用其言，而纳子房之策。其见事疾捷如此。在陈留时，郦食其求见，高祖方洗足，不为礼。郦生说：'今欲灭无道秦，不宜以倨傲接见长者。'高祖便自家认不是，辍洗而揖谢之，延之上坐。其屈已下士如此。起初高祖以家在关东，欲定都洛阳，一闻戍卒娄敬之言，说洛阳不如关中，即日车驾西都长安，更无一些怀恋故土的意思。其果断刚决如此。起初溺爱赵王，欲立为太子，换了惠帝，张良因请起商山四皓来，与太子游。高祖素闻这四人的名，见了大惊，以为太子能招致贤人，必然可以付托天下，遂定立惠帝，而遣赵王之国。其为宗社远图，而不牵于私爱如此。韩信是个小卒，高祖举之于行伍之间，而拜为大将；陈平自楚逃来，高祖拔之于亡命之中，使之骖乘。其用人不疑如此。所以那时英雄之人都为他用，各尽其力；贤智之士都为他谋，各献其策。五载之间遂成帝业，非偶然也。”

这是班彪《王命论》中，称述高祖许多好处，以见其兴王之由。然所谓苗裔、体貌、征应，虽帝王之一验，而非其本也。就中最紧要的，只是“宽明仁恕”“知人善任”“用人如己”“从谏如流”数语得以尽之。这几件，不独是开创之大略，守成业而保天命者，亦所当取法也。

惠帝

孝惠皇帝，名盈，乃高祖之长子。在位七年，谥曰孝惠。汉家世世称孝，谓能世守先业之故也。

帝怪相国不治事，参曰：“陛下自察圣武孰与高帝？”上曰：“朕安敢望先帝！”又曰：“陛下观臣能，孰与萧何贤？”上曰：“君似不及也。”参曰：“陛下言之是也。高帝与萧何定天下，法令既明。陛下垂拱，参等守职，遵而勿失，不亦可乎？”帝曰：“善！”参为相国三年，百姓歌之曰：“萧何为法，较若画一。曹参代之，守而勿失。载其清净，民以宁一。”

惠帝即位之初，曹参既代萧何为丞相，凡事都遵依着萧何的行，无所改变。惠帝见曹参如此，心里疑怪，道他为相国，天下这许多事，为何都不理会？曹参因问帝说：“陛下自家看聪明圣武，比高帝如何？”惠帝说：“朕怎敢上比先帝！”曹参又问：“陛下看臣才能，比前任的萧何如何？”惠帝说：“卿似不如萧何。”曹参因说：“陛下这话说的是。陛下果然不如高帝，臣果然不如萧何。夫以高帝之圣武，萧何之贤能，共起布衣，平定天下。东征西伐，经历过多少人情事变；熟思审处，立下法令以贻后人。既已明白停当，无可改变，今日但安享其成，陛下垂衣拱手于上，臣等奉法守职于下，一一都遵依着前面的行，不至失坠就好了，何用多事而纷更之乎？”于是惠帝乃以曹参之言为然，更不疑怪他。曹参为相国三年，海内治安，百姓乐业，民间做成歌谣说道：“萧何为法，较若画一。”言萧何定的法度，较然明白，甚是齐整也。“曹参代之，守而勿失。”言曹参代何为丞相，谨守他的法度，无所失坠也。“载其清净，民以宁一。”言他能守法勿失，清净不扰，而民亦有所遵守，都安宁而齐一也。

然当是时，天下甫定，又当高帝、萧何开国之初，纪纲法度，事事齐整，为曹参者，只宜安静守法，与民休息，盖审时度势，不得不然也。若承平日久，人心怠玩，法度废弛，则又当修举振作一番，乃为久安长治之道。若不审于时势之宜，因循偷惰，旷日废职，而借口于曹参之安静，则将至于颓靡废坠而不可救矣。此又为君为臣者之所当知。

冬，太后议欲立诸吕为王，问右丞相陵，陵曰:“高帝刑白马盟曰:‘非刘氏而王，天下共击之。’今王吕氏，非约也。”太后不悦。问左丞相平、太尉勃，对曰:“高帝定天下，王子弟；今太后称制，王诸吕，无所不可。”太后喜。罢朝，王陵让陈平、绛侯曰:“始与高帝喋血盟，诸君不在邪？今高帝崩，太后欲王吕氏，诸君纵欲阿意，何面目见高帝于地下乎？”陈平、绛侯曰:“于今，面折廷争，臣不如君；全社稷，定刘氏后，君亦不如臣。”陵无以应。

太尉，是汉时掌兵之官。盟，是约誓。喋血，是盟时取牲血涂之口旁，相与发誓，以坚其约也。

惠帝既崩，吕太后临朝称制，改建元年。是年冬，议欲立他家的子弟为王，恐大臣不肯听从，因试问右丞相王陵。王陵对说:“比先高帝与群臣杀白马而立盟誓说:‘后来若有不是刘家的子孙得立为王者，便是乱臣贼子，天下共兴兵诛之。’高帝之约如此。今封吕氏为王，岂不背约？臣窃以为不可。”吕太后听王陵这等说话，心中不喜，又问左丞相陈平与太尉周勃。这两人知吕后之意已定，徒然分辩无益，且故意应承说道:“高帝定天下，王刘氏子弟；今太后临朝称制，王吕氏子弟，各封同姓，有何不可？”吕太后见二人听从，甚喜。朝罢，王陵因怪责陈平、周勃说道:“在先与高帝喋血为盟时曾说:‘非刘氏而王者，天下共击之。’那时你每岂独不在耶？今高帝去世未久，口血未干，言犹在耳，何忍就背了盟约、阿顺太后的意思，欲王诸吕？且你每纵阿意取容于此时，他日何面目见高帝于地下乎？”陈平、绛侯对说:“当这时节，据理守法、面折廷争，我两人不如你；到后来用计策，诛僭乱，保全社稷而安定刘氏，那时节恐你又不如我等了。”王陵知他二人自有算计，不是阿意，遂默然无以应之。

夫三子所言，正变不同，要其心忠于刘氏则一而已。然王陵之守正、陈平之多智、周勃之安刘，高帝在前已都看定了。当诸吕擅权之时，若不得此三人，则汉之社稷岂不危哉！故人主欲为子孙长久之计者，唯在贻之以贤臣而已。

陈平患诸吕，力不能制，恐祸及己，尝燕居深念。陆贾往，直入坐曰：“天下安，注意相；天下危，注意将。将相和调，则士豫附；士豫附，则天下虽有变，权不分。君何不交欢太尉？”平用其计，两人深相结，吕氏谋益衰。

初，吕太后欲立诸吕为王，陈平不得已权且依顺。及诸吕既王之后，遂擅权用事，气焰日盛，有图危刘氏之心。陈平心里忧虑，自度力不能制他，恐一旦乱起，宗社不安，祸及其身，每退朝闲居时，独自一个坐着寻思，求所以安社稷之计，而不知所出。那时太中大夫陆贾是个极有见识的人，一日去候见陈平，只见陈平正在那里坐着思想。陆贾也不待通报，径走到里面坐着，因问陈平说：“丞相这等深思，岂非患诸吕之难制乎？今有一个计策献与丞相。因言国家文武之权在将相两人。方天下太平无事，人之所注意者在于相；及至有事之时，人之所注意者在于将。国家之有将相如左右手一般，若为将与为相的彼此和调，同心共济，则文武之士便都和豫而归附，无有观望疑贰之心。士既豫附，则上下同心，气势自壮。那时天下就有变动，我这里将相协和，事权归一，呼吸转移，号令措置都在我掌握中矣。今丞相当国，太尉周勃为将典兵，只怕太尉不与丞相同心，便有掣肘。为今之计，莫若先致私款，与太尉交好，这便是将相调和了。纵是诸吕有他谋，你二人同心合力，制之何难？”于是陈平听用陆贾计策，交欢于周勃。两人深相结纳，文武之士都齐心归附。吕氏诸人知道朝廷有人，也畏惧而不敢动，反谋从此益衰。其后左袒一呼，诸吕就戮，卒仗太尉之力，由陆贾发其端也。若陆贾者，真智士哉！

吕禄、吕产欲作乱，惮绛侯、朱虚等，犹豫未决。绛侯使郦寄绐说吕禄以兵属太尉。太尉入军门，行令曰：“为吕氏右袒，为刘氏左袒！”

军中皆左袒。太尉遂将北军，分部悉捕诸吕男女，无少长皆斩之。

犹，是犬名。犬随人行，每豫在前，待人不得，又回迎候，故人之处事无决断者，谓之犹豫。绐，是欺哄。袒，是脱袖露肩。汉时兵制有南北军，北军专主巡徼京师者也。

吕太后既没，吕禄、吕产没有倚靠，自知名器不正，恐祸及己，欲要谋为叛逆，又怕绛侯周勃、朱虚侯刘章等都是有本事的，恐一动便为所制，因此迟疑犹豫而不决。绛侯乃先其未发，设计令吕禄等平素相厚的人叫做郦寄，哄吕禄说道："你如今握着重兵，大臣每都心里怀疑，恐一旦祸起，不如解去将印，把兵权付与太尉，则人心自安，吕氏可以长保富贵矣。"吕禄信其言，遂解将印授与周勃。周勃既得了兵权，始入军门，遂下令说道："你众军士每，如今要向刘家，还是要向吕家？若是要向吕家的，便袒其右肩；向刘家的，袒其左肩。"于是一军中人都是左袒。周勃见得人皆为汉，无有二心，遂帅领北军，分头差人将吕后家的人尽数拿了，不论男女长幼尽皆斩之。从此吕氏之祸始息，汉之社稷始安，皆陈平之谋，周勃之力也。

然使吕太后当时不立诸吕为王，不使之掌握兵权，干预朝政，则其祸亦未必至于此。是吕后之所以厚其族人者，实乃所以深祸之也。岂非千古之鉴戒哉！

卷之七

汉纪

文帝

太宗孝文皇帝，名恒，高祖第四子。初封为代王，大臣既诛诸吕，迎而立之。在位二十三年，谥号孝文，庙号太宗。

元年，有司请早建太子，曰："豫建太子，所以重宗庙社稷，不忘天下也。古者殷、周有国，治安皆千余岁，用此道也。今子启最长，纯厚慈仁，请建以为太子。"乃许之。

文帝即位之元年，诸大臣有司以此时初诛诸吕，人心未定，故劝文帝蚤立太子，以安人心，说道："太子是天下之本，宗庙社稷所系，故须豫先建立，正其位号，这不是私其子，盖将使祖宗之祀有托、百神有主、天下苍生有依，乃所以重宗庙社稷而不忘天下也。且如古者殷自玄王相土，至汤有天下；周自后稷、公刘，至文、武有天下，以世相继，治安皆千有余岁，享国长久，由太子早建而国本素定故也。今皇子启年最长，其德性纯厚而慈仁，又最贤。夫立嫡、立长、立贤，于理为顺，就请立以为太子。庶足以上奉宗社之灵，下慰苍生之望。"初时文帝不听，后乃许之。

按《史记》，文帝当群臣请立太子时，坚不肯从，曰："吾不欲以天下私其子。"其后群臣上请，至再至三，然后听许。此文帝谦让之德，过于后世人主远矣。但此时初诛诸吕，人心未定，若不早正国本，则无以系属人心而奠安国祚。况自古以继嗣不定，而祸乱国家者多矣。如秦始皇帝不早立扶苏，致有赵高之谋、胡亥之乱，而国随以亡。此近事之可鉴者也。然则有司之亟请于文帝，岂谀词过计哉！

帝益明习国家事，朝而问右丞相勃曰："天下一岁决狱几何？"勃谢不知。又问："一岁钱谷出入几何？"勃又谢不知，汗出沾背。上问左丞相平。平曰："有主者。陛下即问决狱，责廷尉；问钱谷，责治粟内史。"上曰："君所主者何事也？"平谢曰："宰相上佐天子，理阴阳，顺四时，下遂万物之宜，外镇抚四夷诸侯，内亲附百姓，使卿大夫各得任其职焉。"帝称善。于是绛侯自知其能不如平，乃谢病，请归相印，上许之。平专为丞相。

廷尉，是汉时平刑的官，即是今之大理寺。治粟内史，是掌钱谷的官，即今户部提督仓场官。

文帝即位之初，留心治道，把国家的政事一一都讲求明白。一日临朝时，忽然问右丞相周勃说："如今一年之间，天下决断过的狱囚共有多少？"周勃对说："不知道。"帝又问："一年之间，国家用度的钱粮数目共有多少？"勃又对说："不知道。"周勃见连问两事，俱不能对，心上惶恐，不觉的流汗沾湿了背脊。帝乃问左丞相陈平。陈平对说："这两件事，各有该管的衙门。陛下若问决狱，便该责成掌刑的廷尉；若问钱粮出入，便该责成治粟内史。此二者皆非臣之职也。"帝遂问说："卿所管的，却是何事？"陈平对说："陛下不以臣为不肖，使待罪宰相。宰相之职，上则辅佐天子，使其君为圣君；燮理阴阳，使寒暑有常；顺序四时，使气候不差；下遂万物之宜，使飞走动植各得其所；外则镇抚四夷诸侯，使四夷都来朝贡，诸侯无不服从；内则爱养百姓，使民皆安土乐业，亲附其上；表帅百僚，使卿大夫各尽其职，分理朝廷的政务。此皆宰相之事，臣所知也。若夫刑狱钱谷，则自有主者，非臣所知。"文帝听说，称陈平所言有理。于是绛侯周勃自知其才能不及陈平，乃称病不出，请解相印，致仕而归。文帝允其所辞，以陈平专为宰相。

夫宰相之事，陈平虽未必能尽然其所言，则可谓深识治体者。宰相得人，则一人元良，群贤汇集，民安物阜，外宁内谧，人主所以垂拱无为，而天下自治。所以古语说："相道得而万国理。"此明主之所以重择相也。

上闻河南守吴公治平为天下第一，召以为廷尉。吴公荐洛阳人贾谊，帝召以为博士。是时贾生年二十余。帝爱其辞博，一岁中，超迁至太中大夫。贾生请改正朔，易服色，定官名，兴礼乐，以立汉制，更秦法。帝谦让未遑也。

文帝初立，闻知河南郡太守吴公政治和平，为天下第一，就召他入为廷尉。吴公在河南时，他所属洛阳县有个秀才，叫做贾谊，甚是博学，吴公爱之。及为廷尉，就荐举于朝，说他可大用。文帝因召贾谊来，授以博士官职。那时贾生年少，才二十余岁。文帝爱其文词博洽、学识通明，知是个经济之才，要大用他，只这一年内便超迁做太中大夫。汉朝博士官比六百石，太中大夫比千石，是不拘常格，超升五级了。贾生见文帝这等拔用他，一心报效，知无不言。汉家因秦法，以十月为岁首，今请改正朔，用正月；汉家火德，服色尚赤，今说是土德，请改尚黄；汉家左右丞相、太尉等官，废置不常，今请定职官之名；汉家用叔孙通礼，《房中》《安世》乐，与古不同，今请兴礼乐之事。整顿这几件，以立汉家一代的制度，革去了秦时鄙陋之习。于是文帝谦让说："这议论固好，但我一时未暇为此，且姑待之。"

盖此时天下初定，百姓未安，文帝承高、惠、吕氏之后，躬修玄嘿，务与天下休息，不欲以多事扰民，故虽爱贾谊之辩博，而不遽行其说。若文帝者，可谓知为治之本者矣。

二年冬十一月癸卯晦，日有食之。诏："群臣悉思朕之过失，以启告朕。及举贤良方正、能直言极谏者，以匡朕之不逮。"

晦，是月尽之日。

文帝二年冬十一月晦日，适有日食之变。帝以日食者，阴胜阳、邪干正之象，必君德有亏，朝政有阙，故天见变异，以示儆戒，因此恐惧，务修德以回天变，乃下诏说："尔文武群臣，各宜尽情思量我已前的过失，启告我知道，使我得以着实修省。及天下有贤良方正、能直言极谏之士，尔廷臣但有所知，都荐举将来，使他陈说时务，极言过失，以匡正我之不及处，庶乎可以改过迁善，感天心而消灾变也。"

古语说：天心仁爱人君，每出灾异以儆戒之。盖王者父天母地，譬之人家父母少有些嗔怪的意思，为子者当恐惧敬畏，益修子道，则父母之心亦必变嗔怪而为喜悦。故自古圣帝明王，莫不克谨天戒，遇灾而警，故能享天心而召和气。今日食一事，未为大变也，而文帝即恐恐然反身修德，下诏求言，引咎自责如此，可谓克谨天戒者矣。故终文帝之世，灾变虽多，而致治最盛，岂非天鉴有德之明验欤！

贾山上书言治乱之道，借秦为喻，名曰《至言》。其辞曰："臣闻雷霆之所击，无不摧折者；万钧之所压，无不糜灭者。今人主之威，非特雷霆也；执重，非特万钧也。开道而求谏，和颜色而受之，用其言而显其身，士犹恐惧而不敢自尽，又况于纵欲恣暴，恶闻其过乎！震之以威，压之以重，虽有尧、舜之智，孟贲之勇，岂有不摧折者哉！如此人主不得闻其过，社稷危矣。昔者周盖千八百国，以九州之民养千八百国之君，君有余财，民有余力，而颂声作。秦皇帝以千八百国之民自养，力罢不能胜其役，财尽不能胜其求。其所自养者，驰骋弋猎之娱，天下弗能供也。今陛下使天下举贤良方正之士，天下皆欣欣然曰：'将兴尧舜之道、三王之功矣。'天下之士，莫不精白以承休德。今选其贤者，与之驰驱射猎，一日再三出，臣恐朝廷之懈弛也。陛下即位，亲自勉以厚天下，节用爱民，平狱缓刑，天下莫不说喜。臣闻山东吏布诏令，民虽老羸癃疾，扶杖而往听之，愿少延须臾毋死，思见德化之成也。今豪俊之臣、方正之士，直与之日日猎射，击兔伐狐，以伤大业，绝天下之望，臣切悼之！夫士修之于家而坏之于天子之庭，臣切愍之。"上嘉纳其言。上每朝，郎、从官上书疏，未尝不止辇，受其言。言不可用置之，言可用采之。

孟贲，是古之勇士。

是时文帝以日食下诏求言，于是颍阴侯有个骑士，叫做贾山，见文帝时常与近臣射猎，恐妨害政事，乃上一书，论天下所以平治乱亡的道理。以秦始皇恶闻其过，自取亡乱，就借秦事为譬喻。这书叫做《至言》，明其言之切至也。其书中一段，先说当广开言路的意思，说道："臣闻雷霆之所击，物无不摧折者；万钧之所压，物无不糜碎者。今为人主者其威甚于雷霆，而其势重于万钧，臣下谁不畏惧。纵是多方开导他，使之直言无隐，又和颜悦色，虚心听受，其言可用，就采而行之，且酬以官爵，显荣其身，这等优待他那草茅之士，干冒天威，尚且恐惧陨越，不敢尽言。又况纵欲以自快，恣暴以凌人，恶闻其过，而使之不敢指乎？震之以刑罚之威，压之以尊重之势，莫说是寻常人，就使智如尧、舜，勇如孟贲，也都摧折于天威之下矣，士孰敢以其身而试不测之怒哉！使人皆钳口结舌，缄默苟容，则人主之过失无由得闻，聪明日蔽于上，恶政日加于下，民不堪命，而社稷危矣。此秦之所以亡也，可不戒哉！在先周之盛时，九州之内，封建大小诸侯之国共一千八百处。当是时，以九州之民力，供养千八百国之君，而天子所有者，独王畿千里之地，宜乎用度不足矣，然却君有余财，民有余力，而歌颂之声交作于下。及到秦皇帝时，改封建而为守令，天下一统归于天子，以古时千八百国之民力，供养一人，宜乎有余，却乃民力罢敝，不足以供上之役使。民财匮竭，不足以供上之取用者，何故？盖古时为君者，嗜好减省，国家费用都有个一定的节度，无分外取办之扰，故上用常足，而民力易供。秦皇帝用度奢侈，其所以自养者，只驰骋射猎之乐，所费无穷，故虽以天下之财，不能供一人之用也。陛下监于往事，宜乎以周为法，以秦为戒矣。今乃不然。且陛下初时诏天下有司举贤良方正之士，天下之人都欣欣然喜而相告说："吾君举贤自辅，将兴举尧舜之道、三王之功矣。"所以天下怀材抱德之士，莫不思乘时自奋，勉竭忠诚，以赞成陛下的盛德。及至举到朝廷，却只与之驰驱射猎，一日而再三出。臣恐群臣见陛下所为如此，无复竭诚尽慎之心，而朝廷之事，将懈惰而废弛矣。陛下初从代邸来即帝位，亲自勉励，以加惠天下，裁节用度，爱养百姓。平讼狱，使无冤滞；缓刑罚，使无暴苛。一时初政，人心忻然，莫不欢喜。臣闻山东地方有司官吏宣布诏令，百姓每便是衰老羸瘦的、疲癃疾病的，也都扶着枴杖往而听之，都道圣主在上，太平指日可待，只怕我等老病将死，不及见之，愿得少延须臾，思见德化之成也。民心之望治如此。今陛下左右都是豪俊之臣、方正之士，正该与之讲议朝政，共成德化，以答天下仰望之心。却与他日日猎射，击兔伐狐，搏取禽兽，以伤帝王之大业，使天下的人失了指望，臣切为陛下惜也。且为士者，平素诵诗读书，修古致君泽民之道，其在家如此。一旦有司荐举，登于天子之庭，这正是他试用之时。乃舍其所学，而从事射猎，把他平生所学之事都废坏了，臣又为诸臣惜也。"于是文帝嘉纳其言，一一都依行。

文帝每视朝乘辇出来时，纵是郎吏侍从这等卑官，但上书疏，未尝不停了车驾，从容听受。所言的事如不可用，只留下不行，不加责怪；如所言可用，便采而行之，未尝轻忽。此贾山所以得行其说也。文帝之虚己听言，不遗微贱如此，岂非万世之所当法哉！

上所幸慎夫人，在禁中常与皇后同席坐。袁盎引却慎夫人。夫人怒，上亦怒。盎曰："臣闻'尊卑有序，则上下和'。今既已立后，慎夫人乃妾耳，岂可同坐！陛下独不见'人彘'乎？"上说，乃召语慎夫人，夫人赐盎金五十斤。

人彘，是吕后害戚夫人的事。初高帝宠幸戚夫人，欲立其子赵王为太子。高帝崩后，吕氏鸩杀赵王，将戚夫人断其手足、抉眼耳，放在厕中，名曰人彘，言其人而似猪形也。

文帝所爱幸的慎夫人，在禁中尝与皇后同席而坐。一日从帝游幸上林，郎署官亦照常并设两座。此时有中郎袁盎随从在旁，乃撤去了慎夫人的坐席，不使与皇后相并。慎夫人怒，帝亦怒。袁盎说："臣闻尊卑有序，则上下相安，自然和好。今陛下既已立了皇后，慎夫人虽爱幸，论名分，乃妾耳。嫡庶同席而坐，岂不失尊卑之序哉？且陛下独不见人彘之事乎？彼时吕后处戚夫人，虽极为毒恶，也因高帝宠幸戚夫人太过，以致吕后愤恨不平，遂遭惨祸。今日正主妾之分，明尊卑之礼，乃所以保全慎夫人，使宫闱和睦，永承宠眷也。"帝喜袁盎说得有理，乃召慎夫人来，以盎所言告之。慎夫人始悟盎之却坐，原是好意，因赐盎金五十斤。

夫万化之原，始于闺门，而齐家之道，在正名分。名分正则家齐，家齐而国可治矣。为人君者，最宜留意于斯。

贾谊说上曰："《管子》曰：'仓廪实而知礼节，衣食足而知荣辱。'民不足而可治者，自古及今，未之尝闻。汉之为汉，几四十年，公私之积，犹可哀痛。世之有饥穰，天之行也，禹、汤被之矣。即不幸有方二三千里之旱，国胡以相恤？卒然边境有急，数十百万之众，国胡以馈之？夫积贮者，天下之大命也。苟粟多而财有余，何为而不成？以攻则取，以守则固，以战则胜，怀敌附远，何招而不至？今驱民而归之农，使天下各食其

力，末技游食之民转而缘南亩，则畜积足而人乐其所矣。”上感谊言。春正月丁亥，诏开籍田，上亲耕以率天下之民。

文帝即位以来，躬行节俭，休养百姓。那时去战国未远，民多游食，不务农业。贾谊上疏劝文帝说道：“管仲有言：‘仓廪充实，则民有赖而知礼节；衣食给足，则民有耻而知荣辱。’盖礼义生于富足，民不足而可治者，自古及今未尝闻也。汉兴以来，将近四十年矣。此时官府公储及民间私蓄尚是空虚，甚可哀痛，幸得年谷屡登，天下无事，未有兵荒。然世之有饥荒与丰穰，乃天行之数，不可预必。就是夏禹、商汤，圣王治世，也曾被水旱来。如今岂能必得年年丰稔？脱或不幸，雨旸失调，有二三千里地方亢旱之灾，颗粒无收，那时要赈济这许多饥民，何处取给？又或猝然边上有事，调动数十百万军马，把守截杀，这许多粮饷又何处取给？夫积蓄存贮，所以备灾变，这是天下的大命脉，安危所系。若积粟既多，财用有余，天下的事那一件干不得？以攻则必取，以守则必固，以战则必胜，以之绥怀敌人，降附远夷，又何招而不至？可见治国之道，先于足食。只要钱粮充足，则事事可为。然欲足食，必先重农。今蓄积所以不充，只为民不务农之故。必须设法劝民，驱逐他尽归于农，使各自出力耕作，以为衣食之资，不复去做商贾工匠，徒靠手艺远出求趁。那末技游食之民都转而缘南亩，改变其业，各守本等的农务，则蓄积自然充足，而民亦安土乐业，不轻去其乡矣。此今日之急务也。”于是文帝感悟贾生所言，这年春正月丁亥日，就下诏开籍田，仿古时天子亲耕以供宗庙粢盛的意思。文帝亲自到籍田中，扶着耕犁，行三推之礼，以倡率天下之民，使百姓每闻知，说：“天子至尊，尚且亲耕，况我等小民，可不尽力？”是以不烦教令，不假刑威，而民争趋于农，由文帝以身先之也。

当时疮痍之民，一变而为富庶之俗。至其末年，太仓之粟，陈陈相因，充溢露积于外。贾生之言，信有验矣。

五月，诏曰：“古之治天下，朝有进善之旌、诽谤之木，所以通治道而来谏也。今法有诽谤、妖言之罪，是使众臣不敢尽情，而上无由闻过失也。将何以来远方之贤良？其除之！”

文帝二年初，既尝诏群臣极言过失，犹恐群臣之不肯尽言，又下诏说:“古者圣王之治天下,莫不以听言纳谏为急务。朝里面竖着进善之旌,使凡以善言来告者,都立于旌旗之下,以待诏问;又立诽谤之木,许人以朝廷之过失,写在木上,以图省改。所以然者,无非欲明目达聪,通治道而开言路也。及至秦为无道,但有尽忠直谏者,就说他诽谤朝廷、妖言惑众,加之以重罪,著为法律,到今尚因循未改。此群臣之所以畏威怀罪,不肯尽言,而上有过失,无由闻也。何以能招来天下贤良与直言敢谏之士?自今以后,除去了这一条律令,使人人得以尽言,无所忌讳。”

夫诽谤、妖言之禁,秦皇行之,而立见其亡;汉文除之,为一代贤君称首。历观往古,莫不皆然。可见兴亡治乱之几,在言路通塞之间而已矣。为人君者,宜以文帝为法。

九月,诏曰:“农者,天下之大本也,民所恃以生也。而民或不务本而事末,故生不遂。今兹亲率群臣,农以劝之,其赐民今年田租之半。”

文帝二年正月,既纳贾生之言,亲耕籍田,以率天下矣。这年九月,遂下诏说:“百姓的职业,有为耕农的、有为商贾的。朕看来,惟农事乃是天下的大根本。盖民生于食,食出于农,这是百姓每所赖以生养,而不可一日废者也。那商贾不过是末技耳。而今百姓每或不专力于本,而乃从事于末,为商贾者多,为耕农者少,五谷何由生?日食何由给?所以民生不遂。朕为此故,亲率群臣首耕籍田,以身劝率天下之民,使皆力于农事,庶本业不废,而民生有资。然民尽力以耕田最是劳苦,而又不能不取其租,若不体恤,反不如那做商贾的,得以坐享其利矣。朕甚悯之。今国家租税固有定额,然朕每事节省,亦自够用。今年的钱粮且只着百姓每办纳一半,其余一半尽行蠲免,以苏天下之民。”

夫文帝即位之初,国用浩繁,又屡岁下诏蠲免租税,宜其用之不足矣。而史称当时太仓之粟,红腐而不可食,京师之钱,贯朽而不可校,府库充溢,海内富庶。至于武帝用桑弘羊等,言利析秋毫,取利尽锱铢,宜其用之有余矣。而动见匮乏,卒致海内虚耗。盖其用之有节不节故也。可见足国者,不以厚敛为得计,当以节用为先务矣。

释之为廷尉。上行出中渭桥,有一人从桥下走,乘舆马惊,于是使

骑捕之，属廷尉。释之奏当："此人犯跸，当罚金。"上怒曰："此人亲惊吾马，马赖和柔，令它马，固不败伤我乎！而廷尉乃当之罚金！"释之曰："法者，天下公共也。今法如是，更重之，是法不信于民也。且方其时，上使使诛之则已。今已下廷尉，廷尉，天下之平也，一倾，天下用法皆为之轻重，民安所措其手足！"上曰："廷尉当是也。"

其后人有盗高庙坐前玉环，得，下廷尉治。释之奏当弃市。上大怒曰："人无道，盗先帝器，吾欲致之族，而君以法奏之，非吾所以共承宗庙意也。"释之免冠顿首谢曰："法如是，足也。今盗宗庙器而族之，假令愚民取长陵一抔土，陛下且何以加其法乎？"帝乃白太后，许之。

奏当，是法司议拟罪名的意思。跸，是驾出清道。长陵，是高帝葬处。两手掬物叫做抔。不敢斥言发掘陵墓，故只说取长陵一抔土。

文帝时，张释之为廷尉。一日圣驾出行，从中渭桥过，有一人在桥下行走，惊了驾辇的马。文帝使兵骑拿获，发与廷尉问罪。释之问拟冲突仪仗罪名，该纳金赎罪。奏上，文帝怒，说："此人亲惊吾马，幸得马还调良，不曾失事。假若是不驯熟的马，吃他这一惊，奔逸起来，岂不至败车而伤我乎？情重如此，而廷尉止拟罚金，何其轻也！"释之对说："法者，高帝所定，布之天下，与共守之。天子不敢以喜怒为重轻，人臣亦不敢承上意以出入。今犯跸之罪，论律只该罚金，而欲更为加重，是法可由人增减，而百姓不以为信矣。且当犯跸之时，上若立遣人杀之，法虽不当，与臣无干。今既发下廷尉，付之法司，臣居法司之官，只知守法而已，岂敢随上意以为轻重乎？夫朝廷之设廷尉，正要详审刑狱，使情法得中，轻重平允。若廷尉之法一偏，则天下从而效尤，必将任情用法，故为轻重，受冤之人不止一犯跸者而已矣。民安所错其手足乎？"文帝闻言而悟，说："廷尉问拟的是。"允其所奏。

其后又有人偷盗高帝庙中神座前供御的玉环，吏卒捕获那为盗之人，送下廷尉问拟罪名。释之奏说："此人盗宗庙服御物，依律该处斩。"文帝大怒说："这人无理，乃敢盗我先帝的庙器，朕欲将他全家处死，诛灭其宗族。你却只照常法奏拟，何以重宗庙而慰先灵！非朕所以敬奉宗庙之意矣。"释之乃免冠顿首谢说："窃盗之罪，不至于死。今以盗宗庙器问拟死罪，已是尽法处了，岂可复加？今人盗宗庙一器便诛及宗族，设或有等无知愚民，盗取高帝陵墓上一抔土，此时陛下愤山陵之侵损，必欲重处此人，又当万倍于盗庙器者矣，不知更有何法，可加于族诛之上者乎？”于是文帝感悟，乃禀白于母薄太后，而听许之，竟从张释之所拟。

夫释之为朝廷持法，而不徇人主之喜怒；文帝能容释之之持法，而不任一己之喜怒，皆古今美事，可以为后世法。故史臣记之如此。

上议以贾谊任公卿之位，大臣多短之，曰：“洛阳之人，年少初学，专欲擅权，纷乱诸事。”于是天子后亦疏之，不用其议，以为长沙王太傅。后帝思谊，召至入见。上方受厘坐宣室，因感鬼神事，而问鬼神之本。谊具道其所以然之故，至夜半。帝前席。既罢，曰：“吾久不见贾生，自以为过之，今不及也。”乃拜为梁太傅。

厘字，解作福字，受厘是祭神毕而受福胙也。宣室，是殿名。

文帝爱贾谊之才，欲任以公卿之位。其时大臣周勃、灌婴等，嫌其多事，常短毁之于文帝面前，说道：“洛阳贾生，年少初学，未更世事，恃他有些才华，便要专擅事权，纷更变乱高帝的成法，此人不可大用。”于是文帝从此遂疏远之，不复用其所言，而出为长沙王太傅，盖欲老其才而用之也。其后文帝忽又思谊，遣使召来，既至入见。此时祭祀才罢，文帝坐在宣室中，饮福受胙，因此想起鬼神一事。问及鬼神的来历，贾谊乃具道其所以然之故以对，谈论之久，至于夜半。帝听之，喜而不厌，促席向前，听其议论。既退，叹说：“吾许久不见贾生，自以学问进益，胜过他了，今听其言，还觉不如。”乃拜为梁王太傅。梁王，是文帝第二子，帝甚爱之，故用文学之臣为之师傅也。

夫帝当天下初定之时，诸吕方平之后，清净无为，与民休息，固其所也。谊以多事承之，是以不见任用。至其通达国体，辩博有辞，帝未尝不爱其才，而叹服之。用人取善，两得之矣。

十年，将军薄昭杀汉使者。帝不忍加诛，使公卿从之饮酒，欲令自引分，昭不肯；使群臣丧服往哭之，乃自杀。

引分，即引决，是自尽的意思。

文帝十年，将军薄昭，乃薄太后之弟，文帝之母舅也，尝恃宠而骄，擅杀朝廷差遣的使臣，法该抵死。文帝以母后之故，不忍教他受戮于市曹，乃使公卿大臣都到他家饮酒，与之诀别。欲令薄昭自家引罪，晓得该死，寻个自尽便了。薄昭恃在外戚，还望文帝赦他，却不肯就死。文帝又使群臣都穿了孝服，往他家哭之。薄昭然后知帝意必不肯赦，乃不得已而自杀。

看文帝处这件事，甚是刚断，又且从容。内不伤母后之意，外必伸朝廷之法，可谓得情法之中矣。然犹有未尽者，恨不能防之于早。古语说："婴儿之患，常伤于饱；贵臣之患，常伤于宠。"故人君之待外戚，其裁抑之者，乃所以保全之也。文帝不早为薄昭置贤师傅，而使之典兵干政，至于骄而犯法，恩不能庇，悔将何及哉？然后知向之所以过宠之者，适足以杀之而已矣。后世人主爱厚外戚，而欲长保其富贵者，当鉴于斯。

齐太仓令淳于意，有罪当刑，诏狱逮系长安。其少女缇萦上书曰："妾父为吏，齐中皆称其廉平。今坐法当刑，妾伤夫死者不可复生，刑者不可复属，虽后欲改过自新，其道无由也。妾愿没入为官婢，以赎父刑罪，使得自新。"天子怜悲其意，诏除肉刑。

诏狱，即今锦衣卫镇抚司狱也。逮，是押送罪人。肉刑，是割体断趾之刑。

齐太仓令淳于意犯罪当刑，被提至长安，系诏狱。淳于意无子，止生五女。其少女缇萦，伤父之陷于刑罪，无与辩理，乃随父到长安，上书奏说："妾父在齐中做官，齐中之人都称其清廉平恕。今不幸而误陷于罪，坐法当刑。妾伤夫已死之人，不可再生，受刑身毁，不能再续，纵有悔悟之心，要更改前非，从新行好，而形体已毁，自新无路，岂不可惜？然法有赎罪之例，而妾父做官素清廉，又无以为赎罪之资，妾情愿收没入官为奴，以赎父刑罪，使得以改过自新。"文帝览缇萦所奏，悲怜其情意之苦，又有感于其言，而知肉刑之惨刻如此也，乃下诏除去肉刑之法，以笞代之。

夫文帝除肉刑，可谓至仁，及其用法，虽亲无赦，似又有不专于仁者，何也？盖立法贵宽，不可无好生之意；而行法贵断，不可有姑息之心。仁义并行，宽猛互用，治天下之大法如是矣。

上既躬修玄默，而将相皆旧功臣，少文多质，惩恶亡秦之政，论议务在宽厚，耻言人之过失。化行天下，告讦之俗易。吏安其官，民乐其业，畜积岁增，户口浸息。风流笃厚，禁罔疏阔。罪疑者予民，是以刑法大省，至于断狱四百，有刑错之风焉。

玄，是清净。默，是简重。禁罔，是法禁似网罗一般，所以叫做禁罔。错，是置而不用。

文帝承高惠吕氏之后，知百姓每方离了战争之苦，要在休养生息，不可以多事扰民，一切务在安静。既躬修玄默之道，以身化民，无所作为，不尚词说。那时为将相的，如周勃、灌婴、张苍等，都是高帝时开国的功臣，少文饰，多质朴。又亲见秦家以暴虐致乱亡，心里厌恶他，以为惩戒，凡百议论，务在宽大仁厚。人有过失，务为包容，不肯对人明说出来，恐羞辱了他。其宽厚如此，是以化自朝廷，行于天下，那百姓每也都变为忠厚，兴于礼让。旧时进本告状，讦发人阴私，那样偷薄的风俗尽改变了。故当是时，吏安其官，民乐其业；钱粮蓄积，每岁增加；民间户口，日渐蕃息。下之风流笃厚，而无薄恶；上之禁网疏阔，而无烦苛。凡人犯罪，有可轻可重，疑而未决的，便都饶了他，不必一一深求，尽入于法。是以彼时刑罚大省，至于一岁天下有司所决断的轻重狱囚，只有四百而已。民不犯法，刑无所用，盖有刑错之风焉。

前代惟周成王、康王时，刑错不用，今文帝亦庶几乎此。与成、康比隆，而其本则上修玄默，下务宽厚，有以致之。汉家四百年之命脉，其培于此矣。

十四年冬，匈奴老上单于十四万骑入朝那、萧关，杀北地都尉，遂至彭阳。上亲劳军，自欲征匈奴。皇太后固要，乃止。于是以张相如为大将军，击之，逐出塞即还。

单于，是北虏酋长的称号。老上，是单于的名。朝那、彭阳，是县名；北地，是郡名，俱在今陕西地方。都尉，是管军之官。

文帝十四年冬，匈奴背和亲之约，其老上单于帅领十四万人马从朝那、萧关进，抢杀了北地的都尉，遂深入至彭阳一带地方。文帝不忍见百姓之被害如此，遂发愤整兵，亲自犒劳军士，要御驾亲征。群臣谏止，不听；皇太后再三劝住，才罢不行。于是以张相如为大将军，领兵截杀，驱逐虏骑出边塞之外，即班师而还。

古称王者之于夷狄，来则御之，去不穷追。三代而后，如汉文者，其庶乎此。武帝好大喜功，勤兵远讨，岂不称雄？而海内虚耗，盗贼蜂起，几致大乱。人君欲知安攘之计，观汉二帝，则得失之效昭然可睹矣。

上辇过郎署，问冯唐曰："父家安在？"对曰："臣大父赵人。"上曰："昔有为我言赵将李齐之贤，战于巨鹿下。今吾每饭意未尝不在巨鹿也。"唐对曰："尚不如廉颇、李牧之为将也。"上拊髀曰："嗟乎！吾独不得廉颇、李牧为将。吾岂忧匈奴哉？"唐曰："陛下虽得廉颇、李牧，弗能用也。"上怒，让唐。唐曰："上古王者之遣将也，跪而推毂，曰：'阃以内，寡人制之；阃以外，将军制之。军功爵赏皆决于外。'李牧是以北逐单于，破东胡，灭澹林，西抑强秦，南支韩、魏。今魏尚为云中守，其军市租尽以飨士卒，匈奴远避，不敢近塞。虏曾一入，尚率车骑击之，所杀甚众。上功幕府，一言不相应，文吏以法绳之，其赏不行。陛下赏太轻，罚太重。魏尚坐上功，首虏差六级，陛下下之吏，削其爵，罚及之。由此言之，陛下虽得廉颇、李牧，弗能用也！"上说。是日，令唐持节赦魏尚，复以为云中守，而拜唐为车骑都尉。

署，是官舍。郎署，是郎官所居的去处。巨鹿，是秦、汉时郡名，在今真定及顺德府地方。人身两股叫做髀，拊髀，是以手拍其股。阃，是门限。云中，是郡名，即今大同地方。大将所居的去处叫做幕府。

文帝一日乘辇从郎官署中经过，此时冯唐为郎署长，文帝见他年老，因以父老呼之。问说："父老，你家住何处？"冯唐对说："臣的祖公是赵国人。"文帝说："昔朕为代王时，一日正进膳，有尚食监高祛向我说：'赵国的大将李齐甚是贤能，曾与秦兵战于巨鹿之野。观其用兵取胜，真乃是个良将。'朕常思慕其人，至今每遇进膳，就想起李齐的事来，我的意思常如在巨鹿地方，未尝忘也。"冯唐对说："李齐虽好，然赵国良将还有个廉颇，曾在邯郸拒秦兵；又有个李牧，曾在代州雁门关拒匈奴。这两人为将更有本事，李齐尚不如他。"那时匈奴屡次犯边，杀了北地都尉，边事方急，文帝正要求个良将用之，一闻冯唐之言，便以手自拍其髀，叹说："朕如今怎能勾得那廉颇、李牧来用？若得这般人为将，着他统兵在边上备虏，又何忧匈奴之为患哉！"冯唐因见文帝留意将帅，这时有个云中太守魏尚，方以微罪废弃，要把言语激发文帝，荐他起来，故意说道："莫说今日没有廉颇、李牧，就是有廉颇、李牧这般人，只怕陛下也不能任用他。"文帝因冯唐当面耻辱他，也不觉发怒，怪责不是。冯唐对说："臣谓陛下之不能任用良将，非敢妄言，盖有所见。臣闻上古王者遣将出征之时，必跪而亲推其车毂以命之说：'凡在阃以内的事物，悉听寡人处置；阃以外的事务，悉听将军节制。凡一应论功行赏的事，都任将军自家主张，取决于外，寡人不从中制也。'盖以将权不重，则号令不行；动有掣肘，则事机错误。故上古王者之遣将如此。赵用李牧，惟其能这等信之专、任之笃，所以李牧为将，凡事都由得自己，便于展布，故能北边驱逐单于，破东胡，灭澹林；西面挫抑强秦，南面抵当住韩、魏二国，赵国称强焉。今陛下之用将能如是乎？且如前日魏尚做云中太守，他军市中收的租税，一毫不入己，尽用之犒赏士卒，所以士卒尽力，而匈奴远避，不敢犯边。止曾进边一次，魏尚统领人马截杀，所斩获甚多。其功如此，臣以为宜蒙厚赏。只因报功幕府，一两个字不相照对，那文官便说他报功不实，以法律纠正其罪，而罢其赏不行。臣以为陛下赏则太轻矣，而罚又太重也。夫魏尚当时不曾犯了大罪，止因报功册上混开了六颗首级，此其情固可原，而功亦难泯。陛下不但格其赏不行，又送下法司问罪，至于削其官爵而罚及之，此殆与上古王者之遣将异矣。何以为立功者之劝哉！即此看来，可见陛下虽得廉颇、李牧，不能用也。"文帝听冯唐这番说话，深自感悟，心中喜悦。即日令冯唐持节赦了魏尚，复职为云中太守，而拜唐为车骑都尉，以嘉其能直言敢谏焉。其后细柳劳军，委任周亚夫，可谓得用将之道，其有悟于冯唐之言者深矣。

春，诏广增诸祀坛场、珪币，且曰："吾闻祠官祝厘，皆归福于朕躬，不为百姓，朕甚愧之。夫以朕之不德，而专飨独美其福，百姓不与焉，是重吾不德也。其令祠官致敬，无有所祈。"

筑土为坛，除地为场，是祭神的去处。玉器为珪，段帛为币，是祭神的礼物。祝厘，是祷神求福。

文帝十四年春，下诏说："一应祀典，神祇坛场狭小的，比旧时都要充广，珪币缺少的，比旧时都要增加，以致敬于神，不可亵渎。"又诏书内一款说："吾闻祠祭官凡祭祀之时，祝文上的说话，都祈祷神福归于朕躬，不为百姓，朕心里甚是惭愧。这福必须有德，然后能飨。今以朕之不德，而欲专飨其福，独擅其美，私厚于一身，那百姓每都不得预，这乃是加朕的罪过，而重其不德也。今后一应祭祀，只着祠官致敬尽礼，无得仍前归福朕躬，有所祈祷。"

孔子说："敬鬼神而远之。"文帝诏广增坛场、珪币而无所祈，可谓能敬而远者矣。然有天下者不以一己之富寿康宁为福，而以百姓之和平安乐为福，此文帝所以不欲专飨而必与百姓共之也。历观前代人君，其好祷神祈福者，莫如秦始皇，乃身致乱亡之祸以及子孙，至今笑其愚；其不欲祷神祈福者，莫如汉文帝，乃身享治平之福以及子孙，至今颂其美。可见人君之所以为福者，在德而不在祷矣。此又主百神者之所当知。

后元年诏曰："间者数年不登，又有水旱疾疫之灾，朕甚忧之。愚而不明，未达其咎。意者朕之政有所失，而行有过与？乃天道有不顺，地利或不得，人事多失和，鬼神废不享与？何以致此？将百官之奉养或废，无用之事或多与？何其民食之寡乏也？夫度田非益寡，而计民未加益，以口量地，其于古犹有余，而食之甚不足者，其咎安在？无乃百姓之从事于末以害农者蕃，为酒醪以靡谷者多，六畜之食焉者众与？细大之义，吾未得其中，其与丞相、列侯、吏二千石、博士议之。有可以佐百姓者，率意远思，无有所隐。"

文帝十七年，改为后元年。因连岁灾伤，下诏说道："近来数年，五谷不收，今又有水旱疾疫之灾，百姓困苦，朕甚忧虑。然变不虚生，必有所以致之者。但我愚暗不明，不晓得过失所在。想是朕之政令有所阙失，而行事或有过差欤？抑或上而不能顺天之道，下而不能尽地之利，明而人事乖戾失和，幽而鬼神怠废不祀欤？果何由而致此灾变也？朕又思想，莫不是百官之俸禄或缺，以致侵渔百姓；无用之兴作或多，以致滥费民财欤？不然，何其民食之寡乏如此也？夫料度如今的田地，比古时不见加少；算计如今的人民，比古时不见加多。若以户口较量田地之数，不但比古时一般，觉得如今田地尚宽广有余，宜乎民食充足矣，而乃甚患不足者，其过咎毕竟安在？莫非古时力本者多，用度有节，如今百姓却每每从事于商贾末艺，以妨害农功者太盛欤？或是造为酒浆，以糜费米谷者太多欤？又或是豢养六畜，而食人之食者太众欤？凡此小大的事理，我反复思之，未得其当，故特诏下御史大夫，可与丞相、列侯、吏二千石以上及博士等官，大家商议。但有可以消弭灾变，佐助百姓之急者，各任你每意见，为国家深远思虑，明白开陈，无所隐讳可也。”

夫天灾流行，虽明君在上，不能必无。惟文帝不诿于适然之数，而反躬自责，博求所以弭灾之道，此所以虽有灾变，不为民害也。当是时，百姓殷富，户口蕃息，有由然哉。

班固赞曰：“文帝即位二十三年，宫室、苑囿、车骑、服御，无所增益。有不便，辄弛以利民。尝欲作露台，召匠计之，直百金。上曰：“百金，中人十家之产也。吾奉先帝宫室，常恐羞之，何以台为？”身衣弋绨，所幸慎夫人衣不曳地，帷帐无文绣，以示敦朴为天下先。治霸陵皆瓦器，不以金银铜锡为饰。因其山，不起坟。南越尉佗自立为帝，召尉佗兄弟以德怀之，佗遂称臣。与匈奴结和亲，后而背约入盗，令边备守，不发兵深入，恐烦百姓。吴王不朝，赐以几杖。群臣袁盎等谏说虽切，常假借纳用焉。张武受赂金钱觉，更加赏赐以愧其心。专务以德化民，是以海内富庶，兴于礼义。断狱数百，几致刑措，呜呼仁哉！”

班固，是汉朝史臣，尝作《汉书》，于《文帝本纪》之末，赞美他许多好处，说道：“文帝即位以来，通计二十三年，所居的宫室、所游的苑囿、所乘坐摆列的车马、所服御的衣裳器物，一一都遵守先世之旧，无所增加。若这苑囿地土等项，虽是旧时所有，或有不便于民的，便都从宽减省，以从民便，宁可使百姓得些便益，不肯厚于自奉，以妨民也。一日要在骊山上造一露顶高台，叫工匠来估计那所费的价值，说该用百金。百金是一千六百两。文帝说：‘这百金资财，在民间中等人家，可勾十家的产业。今我承继着先帝的宫室，常恐享用过分，玷辱了这去处，又要那台何用？岂可兴此无益之工，而破费民间十家之产乎？’因此就停止了工作。其爱惜财用如此。文帝自家所尚的袍服，止用弋绨。弋，是黑色。绨，是粗厚的缎匹。只取耐穿，不尚华采。当时有个慎夫人，是文帝所宠爱的。他穿的也是朴素的衣服，长不拖地；用的帷幕帐幔，也都不用文绣。自家敦尚朴素，以为百姓每倡率，使天下风俗都化为俭朴。其寻常服御如此。生前预造陵寝在霸水上，叫做霸陵。这霸陵里面摆设的，都是瓦器，不用金银铜锡等物装饰。依着那山势便做葬处，不复筑土为坟，劳费民力。其山陵制度如此。南越王赵佗恃其强大，自称南越武帝，占据着海南地方，抗拒中国。文帝不行诛讨，乃召其宗族兄弟，在中国的都与他官爵赏赐，以恩德怀服其心。其后赵佗感激，就去了帝号，自称藩臣，终身不敢倍汉。先年曾与匈奴单于和亲，约以长城为界，不相侵犯，后来匈奴背约，常时入边抢掠。文帝也不与他计较，只着各边将士提备防守，驱逐出边便罢，不曾发兵深入，惟恐损伤了百姓生命，多费了兵马钱粮。其制御夷狄如此。吴王濞称病不朝，已有反谋，文帝道他年老，乃赐之几杖，免其来朝，并不曾发觉他的奸诈。群臣袁盎、晁错、贾谊等或上疏谏诤，或因事论说，虽常触犯忌讳过于切直，也都宽容，假借纳用其言，并不曾嗔怪他。将军张武曾受人馈送的金钱，事颇发觉，文帝只说他家贫，反赏赐他财物，使他心里惭愧，自知省改，并不曾播扬他的过失。其优待臣下如此。那时行出来的政事，说出来的议论，专要休养生息，以德化民，不用刑罚。是以四海之内财力丰富，户口蕃庶，人人兴起于礼义，乐为善而耻犯法，遂致风俗淳厚，刑罚减省。一岁中总计天下有司决断的轻重狱囚，不过数百，庶几有古时刑错不用之风焉，其真可谓仁德之君哉！”

这是班固总论文帝之德，而以“仁”之一字称之。然尝考文帝之为君，见事极其明察，行法极其刚断，而史臣只以仁称之者，盖其明而不失之苛细，断而不伤于刻薄，皆有慈爱恻怛之意行乎其间，所以能固结人心，培养国脉。汉家四百年之天下，皆基于此。后世人主宜以文帝为法。

卷之八

汉纪

景帝

孝景皇帝，名启，是文帝之子。在位十六年。

三年，梁孝王来朝。时上未置太子，与王宴饮，从容言曰："千秋万岁后，传于王。"王辞谢。虽知非至言，然心内喜。太后亦然之。詹事窦婴引卮酒进曰："天下者，高祖之天下，父子相传，汉之约也。上何以得传梁王！"太后由此憎婴，王以此益骄。

景帝与梁孝王，同是窦太后所生，甚相友爱。景帝即位之三年，梁孝王自本国来朝。那时景帝未曾册立太子。一日与梁王宴饮于宫中，因酒酣，从容与梁王说："朕千秋万岁之后，把天下传与王。"梁王起来辞谢。虽晓得景帝此言，未可便为定准，但心里也自家暗喜。窦太后听说，亦信以为然。那时有詹事窦婴，是窦太后的从侄，在宫中侍宴，恐此言一出，或开争乱之端，乃斟上一杯酒，捧进与景帝谏说："今之天下，非主上之天下，乃高祖所传之天下也。既承继高祖的基业，便须遵守祖训。彼父终子继，世世相传，不用兄弟继立。此高祖之约也。主上虽友爱梁王，何得违背祖训，而擅与之以天下哉！"太后正喜间，忽被窦婴间阻，因此憎恶窦婴，除了他的门籍，不许再入朝参。梁王因此自负他后日有天下之分，越发骄纵，车服宫室都僭拟天子，又阴杀朝廷议臣袁盎等，几取杀身亡国之祸，皆景帝一言有以误之也。

大抵事有定分，则人无争心。况以天下相传，苟无一定之约，而得以私爱行于其间，鲜不起争而召乱矣。汉家父子相传之约，盖亦有见于此。景帝溺爱轻许，以骄梁王之心，及其罪状彰露，乃从而穷治之，使母子兄弟之爱，几于不终。所以史佚说："天子无戏言。"岂不信哉！

初，楚元王好书，与鲁申公、穆生、白生俱受《诗》于浮丘伯。及王楚，以三人为中大夫。穆生不嗜酒，元王每置酒，常为穆生设醴。及子夷王、孙王戊即位，常设，后乃忘设焉。穆生退，曰："可以逝矣。醴酒不设，王之意怠。不去，楚人将钳我于市。"遂谢病去。

醴，是甜酒。钳，是犯罪囚奴，以铁钳其颈。

初高帝有异母弟刘交，封于楚，后谥为元王。元王甚贤，雅好书史。少时曾与鲁人申公、穆生、白生这三人共拜一儒者浮丘伯为师，从而受业，讲习《诗经》。后来刘交从高帝征伐有功，封为楚王，就用这三人做楚国中大夫之官，甚加敬礼，时常置酒筵宴他三人。因穆生性不好酒，不能多饮，每置酒时，特为穆生别设一样甜酒与他饮，此后遂以为常。到元王子夷王名郢客，孙王名戊，三世继立，都依着这旧规行，每宴必设醴酒。王戊即位之后，渐渐骄慢。一日宴会，忘记设了。穆生宴罢退去，便说道："我如今就该告休长往矣。盖醴酒不设，虽是小节，然因此见王的意思已懈怠了，不着我辈在意，日后轻视，何所不至？我若不去，必且得罪，他日楚人将钳我之颈，驱役于市上，做囚奴而后已。到那时求去迟了。"遂称病辞谢而去。

其后王戊与七国谋反，申公谏正，王戊发怒，遂将申公罚在市上，穿着赭衣舂米。然后知穆生之超然远举，真智士矣。《易》所称"见几而作，不俟终日"者，其穆生之谓乎！后之礼贤者，当以王戊为戒，慎毋始勤终怠，而使君子有去志哉。

武帝

世宗孝武皇帝，名彻，是景帝之子。在位五十四年，庙号世宗。

建元元年冬十月，诏举贤良方正、直言极谏之士，上亲策问以古今治道。广川董仲舒对曰："臣观天人相与之际，甚可畏也。自非大亡道之世，天尽欲扶持全安之，事在强勉而已。强勉学问，则闻见博而智益明；强勉行道，则德日起而大有功。道者，所由适于治之路也，仁义礼乐皆其具也。故圣王已没，而子孙长久安宁数百岁，此皆礼乐教化之功也。"

广川，是汉县名，在今景州地方。历代天子即位，只纪元年、二年、三年、四年，原无年号。至武帝即位之初，特起一年号，叫做"建元"。自后每朝都有年号，实始于此。

建元元年冬十月，下诏有司，着荐举各地方上所有德行贤良、操履方正、能直言极谏的士人，都到阙下。武帝亲自发一策题，试问他说："古今治道，兴废不同，果是天命，抑由人事？"那时独有广川县人董仲舒对的策好，说道："臣观天人一体，此感彼应，毫发不爽。有道的，天便眷佑；无道的，天便弃绝。其相与之际，甚是可畏。然天心仁爱。人君若非无道之甚，必不可悛改的，天还留意于他，屡出灾异，以示警惧，要他省改，无不欲扶持而全安之。故乱者可治，废者可兴，其事只在人君夙夜强勉，以承天意而已。能强勉于学问，读书穷理，以明此道，则闻见日渐广博，而智虑越发开明；能强勉于修为，反躬实践，以行此道，则君德日渐崇起，而功用自然弘大。强勉之有益如此。且这道理，由之则治，不由之则乱，乃是人君所由以到那治处的路头。其具则仁义礼乐四者是也。自古圣王只以此四者之道，教化天下，传及子孙。故身虽已没，而子孙长久安宁，至数百岁。如夏家四百，商家六百，周家八百，这都是礼乐教化的功效。"

盖此道常在人心，历世不忘，是以享国长久，非天命之有所私厚也。然则仁义礼乐之道，岂非万世人君之所当务者哉？尝观春秋、战国以来，申、韩、苏、张之说，盈满天下。至秦而焚书坑儒，三代之礼乐教化，荡然无复存者。汉高不事《诗》《书》，文帝又修玄默，是以王道废缺，礼乐不兴。仲舒此策，词若迂缓，而意实醇正。汉家经学，自此兴起，不可谓非其功矣。

"夫周道衰于幽、厉，非道亡也，幽、厉不由也。至于宣王，思昔先王之德，兴滞补敝，明文、武之功业，周道粲然复兴。此夙夜不懈行善之所致也。为人君者，正心以正朝廷，正朝廷以正百官，正百官以正万民，正万民以正四方。四方正，远近莫敢不一于正，而亡有邪气奸其间者。是以阴阳调而风雨时，群生和而万民殖。诸福之物，可致之祥，莫不毕至，而王道终矣。”

董仲舒对策又说：“国家之盛衰，只看人君所行的政事何如。前代长久隆盛的，莫过于周。及传至幽王、厉王，周道遂衰。其实道未尝亡，只是幽、厉肆行暴虐，不肯率由先王之道耳。至于宣王，思昔先王之德，奋发有为，兴其废滞，补其敝坏，以昭明文、武之功业，周家治道遂灿然中兴。此乃夙夜不怠，力行善政之所致也。由此观之，人君欲国家长盛而不衰者，可不以兴道致治为务哉！然治道不可外求，全在人君之一心。诚使为人君者，先能自正其心，虚明光大，不为一毫私意所蔽，则行出来的政事、发出来的号令，必皆合天理、当人心，而可以正朝廷矣。朝廷正，则必能进贤退不肖，使群臣皆奉公守法，竭力效忠，可以正百官矣。百官正，则礼乐教化四达不悖，以正万民，以正四方，无远无近，荡荡平平，自无一人一处之不归于正者矣。君德既正，天心自协，至和薰蒸，无有邪气于乎其间。是以阴阳均调，而风雨时若；群生和乐，而万民滋殖。凡世间诸福之物、可致之祥，莫不备至，而王道大成矣。”

盖天之与人本同一气，人事正，则正气应之，善祥之所由集也；人事不正，则邪气应之，灾异之所由臻也。然其本，则在人君之一心而已。所以古语说：“君心为万化之原，至诚赞天地之化育。”意盖如此。董仲舒对武帝三策，其正心一言，实万世帝王为治之本。人君果能体而行之，则二帝三王之盛，岂难致哉！

“今陛下贵为天子，富有四海，居得致之位，操可致之势，又有能致之资，行高而恩厚，知明而意美，爱民而好士，可谓谊主矣。然而天地未应，而美祥莫至者，何也？凡以教化不立，而万民不正也。夫万民之趋利也，如水之趋下，不以教化堤防之，不能止也。古之王者明于此，故南面而治天下，莫不以教化为大务。立太学以教于国，设庠序以化于邑，渐民以仁，摩民以谊，节民以礼，故其刑罚轻而禁不犯者，教化行

而习俗美也。"

董仲舒对策又说:"王道固在正心以正朝廷、百官、万民、四方,而诸福皆至矣。然也有圣人在下,势位卑贱,而不得致的。如今陛下贵为天子,富有四海,所居的是得致之位,所操的是可致之势,且有圣德,又是能致之资。即位之初,观其施为,高出世主一等,而恩泽又深厚,智识明达,而意思又美好,怜爱百姓,而好慕贤士,可谓不世出之主矣。然而阴阳或未必调,风雨或未必时,诸福之物或未必至,这是何故?只为教化不立,而万民不正,故太平之业,犹未致也。夫常人之情,见利则趋,就如水之趋下一般。水性趋下,必须堤防障御。人情趋利,若不把教化来做个堤防,怎能勾得住?古时王者,晓得这道理,故居南面而治天下,莫不以教化所系者大,而专力于此。在京师中,则立太学以教于国;在各郡国,则设庠序以化于邑。这太学与庠序里面,都设师儒之官,取民之俊秀者而教之。用仁去渐染他,用义去摩厉他,用礼去节制他。所以民都兴于仁义礼乐,不用严刑重罚,而民自不犯法禁。由上之教化素行,而下之习俗淳美故也。"

由是观之,欲致诸福,在行王道;欲行王道,必先教化。治天下者,当知所务矣。

"圣王之继乱世也,扫除其迹而悉去之。窃譬之琴瑟不调,甚者必解而更张之,乃可鼓也;为政而不行,甚者必变而更化之,乃可理也。故汉得天下以来,常欲治而至今不可善治者,失之于当更化而不更化也。古人有言曰:'临渊羡鱼,不如退而结网。'今临政愿治,不如退而更化。更化则可善治,善治则灾害日去,福禄日来。"

董仲舒对策又说:"王道之先务,固在于教化矣。况秦废教化而任威刑,汉承其后,不可不变。自古圣王承继乱世之后,必须鉴其失而矫其弊。把那乱世所行的事,一切扫除革去,乃可以新天下之耳目,建太平之事业。譬如弹琴瑟的,若弦不和调到那极处,必须解下这弦来,从新安上,方才弹得;若为政的,前面的行事,如今若坏到极处,必须从新更改,厘正一番,方才治得。所以汉家自高帝得天下以来,历惠帝、文帝、景帝,都要天下治平,而至今不可善治者,其失只在于时当更化而不能更化，尚仍秦之旧故也。古人有言：‘临着渊水，羡慕那游鱼，徒羡何益？不如退去结网，来打取这鱼。’如今临政治民，愿治功成就，徒愿何益？不如革去旧弊，从新更化。盖结网则可以得鱼，更化则可以善治。既能善治，则阴阳调、风雨时、群生和、万物殖，天灾人害日渐消去，嘉祥美福日益招来。此国家之所以兴，非独天命，皆人事所致也。”

这是仲舒第一策，劝武帝更改秦法，图新治理的意思。然继治世者其道同，继乱世者其道异。武帝承秦之乱，风俗雕敝，故仲舒陈更化之言。若承继治世、守祖宗之鸿业，则又当率旧章、遵成宪，而不可妄意纷更矣。

“圣王之治天下也，爵禄以养其德，刑罚以威其恶，故民晓于礼义而耻犯其上。武王行大谊，平残贼，周公作礼乐以文之，至于成、康之隆，囹圄空虚四十余年。此亦教化之渐，而仁义之流也。今陛下并有天下，而功不加于百姓者，殆王心未加焉。曾子曰：‘尊其所闻，则高明矣；行其所知，则光大矣。高明光大，不在乎他，在乎加之意而已。’愿陛下设诚于内而致行之，则三王何异哉！夫不素养士而欲求贤，譬犹不琢玉而求文采也。养士之大者，莫大乎太学。太学者，贤士之所关也。数考问以尽其材，则英俊宜可得矣。遍得天下之贤人，则三王之盛易为，而尧、舜之名可及也。”

囹圄，是牢狱。

初，董仲舒所对头一篇策，既已称旨，武帝又出一策题问他说：“殷人执五刑以惩奸恶，然周之成、康不用刑而天下治，秦人用严刑而天下乱，所以不同者何故？”于是董仲舒又对说：“臣闻圣王之治天下也，以学校教化为先务。其率教而有德者，则与之爵禄以养其德；不率教而陷于恶者，则用刑罚以威其恶。夫其教化素行，而德刑并用如此。所以那时的百姓，都晓得礼义，而耻于为恶以犯其上之法。殷人之所以能胜奸恶者，盖以教化为先，而用刑以辅之，非专恃五刑之效也。周武王遭纣之乱，不得已行大义，伐纣而并诛其党，以除天下之残贼。所谓刑乱国用重典，不得不然也。及天下既平，周公即制礼作乐，修明教化之具，以润色太平。驯至成、康二王之时，治道隆盛，刑措不用，牢狱中空虚，没有囚系者四十余年。盖亦本于教化之所渐染，仁义之所周流，化行于上而俗美于下故耳。岂刑威之所能致哉？教化之功，一至于此。今陛下并有天下，殊方绝域，莫不服从，虽三代盛时，无以过矣。然而教化之功，未加于百姓，不能与三王并隆者，只是陛下之心，未曾加意于此焉耳。昔曾子尝说：'人能于所闻的道理，尊信而不疑，则德日进于高明矣；于所知的道理，力行而不懈，则业日积于光大矣。可见高明光大，不在乎他，只在一加意尊行之间而已。'今陛下发策，追慕成、康刑措之隆，其于三王之教化，亦既闻而知之矣。臣愿陛下就把这个治道，立实心于内，而极力以行之，不为慕古之空言，则教化修明、风俗淳美，太平之业可以坐致矣，又与三王何异哉？夫治天下之道，莫要于用贤。而贤才之在天下，又贵于素养。若平时不能作养那为士的，一旦便求其有用，正如美玉未曾雕琢，便要求其文采，岂可得哉？故欲求贤，必先养士。三代之时，内设太学以教于国，外设庠序以化于邑。然庠序之教，止于一方，人才尚少。若论养士之大者，莫如太学。盖太学聚天下贤士而教之，乃贤才所由进用的门路。若从这里加意作养，时常考试询问他，以尽其材能，成其德业，则英俊之士宜可得矣。既遍得天下的贤人而用之，由是以天下之才，治天下之事，则三代的盛治可以易致，而尧、舜的盛名，亦可几及也。"

这是仲舒第二策，劝武帝先教化而后刑罚，兴太学以养人才，可谓得王道之要务。至于"尊所闻""行所知"二语，尤为紧切。盖天下事，非知之难，惟行之难。武帝所慕者成周之治，而所行者亡秦之政，欲以比隆于古，不亦远乎！故仲舒此言，真深中武帝之病。而后世人主有志于慕古者，毋若武帝之空言哉！

"道者，万世亡敝；敝者，道之失也。夏尚忠，殷尚敬，周尚文者，所继之救，当用此也。道之大原出于天，天不变，道亦不变。是以禹继舜，舜继尧，三圣相授而守一道。亡救敝之政，故不言其所损益也。由是观之，继治世者其道同，继乱世者其道变。今汉继大乱之后，若宜少损周之文致，用夏之忠者。"

仲舒既对了第二策，武帝又出一策题问他说："三王之教，所尚不同，莫非是道有异乎？"于是仲舒又对说："这道是古今天下所共由的，就使行之万世，岂有弊病？其有弊病，乃是后来人肆意妄行，失了这道故也。如夏禹开国之初，崇尚忠厚，到后来风俗变得都骄恣了，故殷汤继之，不得不改尚敬畏。敬畏之久，又变得忒质朴了，故周文、武继之，不得不改尚礼文。是文以救敬之弊，敬以救忠之弊，矫偏归正，损益就中，事当如此。至于道，则岂有异哉！盖这道之大原，乃从天出，自然而然。天至今不变，则道亦不变，自古圣王不过顺天道而推行之耳。是以禹承继舜，舜承继尧，这三个圣人，以圣继圣，递相传授，守着一个道理，无有弊病。既无弊病，何用救正？故尧、舜、禹之间，不闻有损益厘革的事，正以其道之同故也。这等看来，可见圣人承继治世之后，其道则同。如夏继虞，虞继唐是也。承继乱世之后，其道则变。如周继殷，殷继夏是也。今汉继秦大乱之后，周家所尚的仪文，已流荡浇薄到极处了。今日正该渐渐减损周家的仪文，崇尚夏家的忠厚，以救正之，然后教化可行而风俗可易。此乃继乱世之道，不得不如此也。”

大抵世变之日趋于文，如江河之日趋于下。在周末世，孔子已叹其过于文，而欲从先进，况汉世乎？仲舒斯言，真救时之论也，抑非特汉世为然。自汉以来，虚文日盛，实意渐漓，司教化之责者，宜三复于斯言矣。

“《春秋》大一统者，天地之常经，古今之通谊也。今师异道，人异论，百家殊方，指意不同，是以上无以持一统。臣愚以为诸不在‘六艺’之科、孔子之术者，皆绝其道，勿使并进。然后统纪可一，而法度可明，民知所从矣。”

六艺，即《易》《书》《诗》《春秋》《礼》《乐》之六经。

董仲舒又对策说：“《春秋》之义，天下诸侯皆统于天子，禀其制度，无敢违异，叫做大一统。这乃是天地之常经，古今之通义，不可一日不明者也。如今学术分裂，民无适从；师之所传，各为一道；人之所持，各为一说。六经之外，殆有百家，方术各异，指意不同。纷纷然争立门户，此是彼非，各欲行其所学。所以为人上者，被诸家的议论说乱了，亦无以主张国是而成一统之治，斯大乱之道也。臣愚以为，天下所当诵习者，止是孔子所删述的六经，其余诸家不在六艺之科、孔子之术的，如申不害、韩非为刑名家，苏秦、张仪为纵横家，如此等类，都是邪说，该一切禁绝之，勿使并进。凡师之所以为教，弟子所以为学，有司所以荐举，朝廷所以取人，都只以孔子六艺为主。然后统纪可一，而法度可明，百姓每始知所适从矣。”

盖汉家承秦之后，士习申、韩、苏、张之术者，皆在所举。故仲舒第三策篇终，讲禁绝之，使圣道不杂于功利，六经不晦于异端，此其所以为醇儒也。至今百家灭息，而孔子之六艺如日中天。若仲舒者，不独有功于汉，亦有功于万世者哉！

及为江都相，事易王。王，帝兄，素骄，好勇。仲舒以礼匡正，王敬重焉。尝问之曰："越王勾践与大夫泄庸、种、蠡伐吴灭之，寡人以为越有三仁，何如？"仲舒对曰："夫仁人者，正其谊，不谋其利；明其道，不计其功。是以仲尼之门，五尺之童羞称五伯，为其先诈力而后仁义也。由此言之，则越未尝有一仁也。"

勾践，是越王的名。泄庸与文种、范蠡，都是越王的臣。五伯，是齐桓公、晋文公、宋襄公、楚庄王、秦缪公。

董仲舒对策之后，武帝除授他做江都国相，出事江都易王刘非。易王，是景帝之子，武帝的兄，平素骄贵，又好勇力。仲舒既为国相，时常以礼法辅导匡正之，易王因此感动，也知敬重他。一日问仲舒说："昔春秋时，越王勾践发愤苦志，欲报吴仇，与其大夫泄庸、文种、范蠡三人共图之，竟用这三人的计策，举兵伐吴，遂灭其国。越王自此强于天下，得与中国之会盟，三人之功大矣。昔孔子称微子、箕子、比干，是殷时三个仁人。寡人观泄庸、种、蠡霸越吞吴，功业不小，说越也有三仁，不知何如？"董仲舒对说："王把仁许这三臣，不过取其功耳。殊不知所谓仁人者，其存心处事，但知有道理，不知有利钝。义之所在，就守正而行之，更无一毫图利之心；道之所在，则秉公而明之，绝无一毫计功之念。纯乎天理，一无所为而为，这才是仁者之心。少涉私意，便是伯道，乃仁人之所深耻者。所以孔子之门，就是五尺童子稍知道理的，也羞称五伯之功，只为他专尚诈力，假借仁义以济其私欲故也。夫五伯之功，犹为圣门所羞称如此。今观泄庸、种、蠡，功既不高于五伯，而任术逞力，灭人国家，覆人宗祀，其专尚诈力，不顾仁义，比之五伯，殆又甚焉。这等看来，越何尝有一仁乎？”

按是时江都王骄恣不奉汉法，观其羡慕于阴谋并国之臣，则其邪心已萌，故仲舒明正道以阴折之。所谓以礼匡正，即其事也。后其子建竟以谋反诛，岂非贻谋不善，世济其恶，以致此哉！若仲舒所论五伯义利之辨，尤足以见其学术之纯正，汉世儒者所不及也。

上雅向儒术，丞相窦婴、太尉田蚡俱好儒术，推毂赵绾为御史大夫，王臧为郎中令。绾请立明堂以朝诸侯，且荐其师申公。天子使使束帛加璧、安车驷马以迎申公。既至，天子问治乱之事。申公年八十余，对曰：“为治者不在多言，顾力行何如耳！”是时，天子方好文词，见申公对，默然。然已招致，则以为太中大夫，舍鲁邸，议明堂、巡狩、改历、服色事。

推毂，是推举引荐人，如推转车毂一般。鲁邸，是京师中设有鲁王府第处，如今之诸王馆。历，是历书。

武帝平时，向慕儒者的学术。那时丞相窦婴、太尉田蚡也都好儒术。君臣意合，于是窦婴、田蚡共荐举当时名儒赵绾做御史大夫，王臧做郎中令。赵绾以古时天子有明堂之制，顺四时月令之宜，以朝诸侯、听政事，奏请立之。但其制度，一时考究未明，以其师申公是当时名儒，博通今古，乃荐之于武帝，请召用之。申公，即是前时与楚元王同学者，此时归老在鲁国。武帝特遣使臣，将币帛一束，加上玉璧，以为聘礼，用蒲轮安车，驾驷马而迎之。申公到京，武帝就延见他，访问治乱之事。申公年八十余，已老耄了，言语质直，就对说：“为治也不在多言，只看其力行何如耳。能着实去行，便可以致治；议论徒多，反生惑乱，无益也。”这时武帝正好文辞，见申公对说如此，意向不同，故默然不喜。然心里思量，既已招致他来了，不好就遣去，只着他做太中大夫，暂安下在鲁国府中，与赵绾、王臧等，商议明堂的制度，及天子巡狩郡国、改正朔、易服色等事，其实无重用之意矣。

夫申公虽非醇儒，然“力行”一言，切中武帝之病，乃为治者所当体验也。武帝徒慕儒者之名，而不能用，此岂真能好儒者哉！然束帛加璧，安车驷马，实一时礼贤之盛举，亦后世所仅见者也。

六年，武安侯田蚡为丞相。蚡骄侈，治宅甲诸第，田园极膏腴；市买郡县物，相属于道，多受四方赂遗。其家金玉、妇女、狗马、声乐、玩好，不可胜数。每入奏事，坐语移日，所言皆听，荐人或起家至二千石，权移主上。上乃曰："君除吏尽未？吾亦欲除吏。"尝请考工地益宅，上怒曰："君何不遂取武库？"是后乃稍退。

田蚡，是皇太后之弟，武帝的母舅，初封为武安侯。

汉初丞相皆以列侯为之。武帝即位之六年，以武安侯田蚡为丞相。蚡恃其贵戚，习为骄侈。营造第宅，必穷极壮丽，比别人家的房屋独为华美，论甲乙次第，他为诸第之最；买置田园，都拣择上等肥美之地，极其膏腴，以为奉养游观之所；时常遣人市买各郡县中货物，往来道路，络绎不绝。又贪而好利，多受四方贿赂馈赠之物，所以其家蓄积的金银宝玉，与妇女、狗马、声乐、玩好之物极多，不可记算。其奢侈如此。蚡又以太后之故，得出入宫禁，时常入宫奏事。武帝便与他坐了说话，留连许多时候才出，但有所言无不听从。蚡所荐举的人，不拘资次，或从草野中，径与他做食二千石俸的大官。渐渐使主上的威福之柄都下移了，武帝因此渐不能堪。一日因见他选的官太多，乃责问他说："你自家选的官吏尽了不曾？我如今也要选些官吏！"盖责其专擅不知有朝廷也。田蚡又曾讨要少府考工的官地，盖造房屋。武帝发怒说："你这等求讨再无厌足，何不把国家藏兵器的武库都占了去罢！"盖甚言其不可，以折其骄恣之心也。田蚡自后方才惧怕，稍稍退抑。

这一段见武帝之刚明，能制抑外戚，使之不敢为非。然原其本，失在用他做丞相、秉国政。彼富贵骄奢之人，识见短浅，一旦操握权柄，欲其不为非岂可得哉？昔文帝时，后弟窦广国有贤行，文帝欲用之为相，后竟以外戚之故遂舍之而用申屠嘉。故窦氏得长保其富贵，而朝廷亦不至于寡恩。若文帝之防微杜渐，则又过于武帝远矣。

东海太守汲黯为主爵都尉。始，黯为谒者，以严见惮。河内失火，延烧千余家，上使黯往视之，还报曰："家人失火，屋比延烧，不足忧也。臣过河南，贫人伤水旱万余家，或父子相食。臣谨以便宜，持节发仓粟以振贫民。请归节，伏矫制之罪。"上贤而释之。

东海郡的太守，姓汲，名黯。武帝闻其在地方，守己爱民，廉能卓异，遂升他做主爵都尉之官。汉时主爵都尉，列于九卿。汲黯以太守而为九卿，盖因其贤而超迁之也。史臣因叙汲黯之为人说道，起初汲黯做谒者之官，主引奏赞礼之事，常在朝廷左右，以严正为武帝所敬惮。曾因河内郡失火，延烧了千余人家，武帝使汲黯持节往那里验看火灾。汲黯还朝复命说道："这是百姓人家不谨，偶然失火，房屋连接因而延烧，非关天灾，不足忧也。臣经过河南地方，见贫民遭水旱之灾，饥饿流离者，至万有余家，甚者或父子相杀而食之。灾变至此，深为可忧。臣目击百姓困苦，宜行赈济，若待奏闻朝廷，恐缓不及事。谨从权宜，辄自持节发仓中米粟以赈济之。然未奉明旨，擅便行事，臣之罪大矣。今请纳还使节，退而伏受矫诏之罪。"武帝听说，喜汲黯能宣布主恩，全活民命，反以为贤而宥之。

按《春秋》之义，大夫由疆，有可以利国家者，专之可也。今水旱为灾，人民相食，汲黯即以便宜发粟，救万姓之命，消不测之变，可谓得《春秋》之义矣。然非遇明哲之君，鲜不以专擅而得罪者。而武帝乃能嘉其功而恕其罪，不拘责之以文法，其雄才大度，亦于此可见。故观汲黯之事，可为人臣任事者之法；观武帝之赦汲黯，可为人君任人者之法。

其在东海，治官理民，好清净。其治务在无为，引大体，不拘文法。黯为人性倨少礼，面折不能容人之过。时天子方招文学儒者，上曰："吾欲云云。"黯对曰："陛下内多欲而外施仁义，奈何欲效唐、虞之治乎？"上默然，怒，变色而罢朝，公卿皆为黯惧。上退，谓左右曰："甚矣汲黯之戆也！"群臣或数黯，黯曰："天子置公卿辅弼之臣，宁令从谀承意，陷主于不义乎？且已在其位，纵爱身，奈辱朝廷何？"黯多病，庄助为请告。上曰："汲黯何如人哉？"助曰："使黯任职居官，无以逾人。然至其辅少主，守城深坚，招之不来，麾之不去，虽自谓贲、育亦不能夺之矣！"上曰："然。古有社稷之臣，至如黯，近之矣！"

数，是责其罪。请告，是给假。守城深坚，是说人有持守，临大节而不可夺，譬如为将者，固守城池，深沟坚壁，不可攻夺的意思。贲、育，是孟贲、夏育，二人古之有勇力者。

汲黯在东海郡做太守时，凡临治官事，统理百姓，只好清净简默，与民相安。其治务在顺着那人情事理之自然，无所作为，不欲多事纷扰。一切设施措置，止是引用大体，不拘那琐屑事例。其为官如此。然汲黯为人，生性倨傲，少有礼文。但闻的人有过失，便当面挫折他，不能含容在心里，必说出而后已。那时武帝方招致天下文学儒臣，会聚在殿廷，讲图治理。武帝是个好名之君，每与群臣议论，必高谈仁义，远慕唐、虞。动辄说我要如此，我要如此，其实不能躬行。汲黯当众人面前，唐突对说："古者帝王之治天下，皆以正心诚意、无私寡欲为本。今陛下心里，声色货利种种私欲，纷扰于中，外面却要行仁义。这等样，却怎么学得那尧、舜圣君，而成唐、虞之治乎？"武帝因汲黯当众耻辱他，心不能堪，默然不语，发怒变色，因此罢朝。公卿大臣以黯触犯忌讳，祸且不测，都替他惊恐。武帝平素却知道他为人，退去宫中，对左右说："汲黯为人何其直戆之甚，一至于此！"及群臣朝退，或戒责汲黯，说他言语太直，面斥主上，非事君之礼。汲黯说道："天子置公卿辅弼之臣，凡事正欲其直言尽谏，以共成君德。岂是要依阿从谀，顺承意旨，陷主上于不义乎？且已在其位，做朝廷的官，须是守正直道，方为称职。若唯务自爱其身，缄默避祸，自己一身虽是全了，却不玷辱了朝廷官职？"夫汲黯之面诤，虽若伤于太激，而其刚方正直之节，则有大过人者，故武帝因此亦有取焉。他平日多病，一日因有疾，同僚官庄助替他请假调理。上因问庄助说："你评论汲黯之为人何如？"庄助对说："汲黯之为人，可大受而不可以小知。若使他寻常任职居官，其才能也不见有过人处。若着他辅佐少主，当危疑之际，正色立朝，城守深固，一切祸福利害都动摇他不得。人欲招之，未必能来；欲麾之，亦不能去。其操守坚定，确然不移，就是孟贲、夏育那样勇力，亦不能夺其志而易其守矣。此汲黯之所长也。"武帝说："此论诚然。古有社稷之臣，为国家所倚赖，国在与在，国亡与亡。至如汲黯之忠直，近于古之社稷臣矣。"

夫武帝能容汲黯之戆直，且称为社稷臣，可谓有知人之明矣。然立朝未几，而即出之于淮阳，不竟其用，则亦何贵于能知哉？《大学》说："见贤而不能举，举而不能先，慢也。"正武帝之谓矣。

二年，李少君祠灶却老方见上。上尊之。少君言："祠灶则致物，而丹砂可化为黄金，寿可益，蓬莱仙者可见。见之，以封禅则不死。”于是天子始亲祠灶，遣方士入海，求蓬莱安期生之属。海上燕齐迂怪之士多更来言神仙事矣。

却老，是养生延年之术。封禅，是祭泰山之礼。加土于山上，叫做封；设坛于山下，叫做禅。安期生，是古之仙人。

武帝元光二年，此时即位已八年，颇好祈祷鬼神之事。有个方士李少君，平日会使些妖术惑人，闻武帝好鬼神，乃奉献祭灶祈福、却老延年的方术。武帝甚尊信他。少君说道：“祭灶，则可以召致鬼物，点化丹砂便成黄金。把这金炼成灵丹服食之，使人添寿，而东海蓬莱山中的仙人，也可与相见。既见了仙人，因而行封禅之礼，则仙道可成，而长生不死矣。”又说他曾游海上，见安期生。于是武帝慕其术，始亲自祭灶烧炼黄金，又遣方士入海，求蓬莱仙人安期生之类。那海上燕、齐等处，妖言怪术的人见武帝好神仙，都欲欺哄朝廷，希图富贵，多更迭而来，争谈神仙之事矣。

大抵人主之心，不可轻有所好。所好一见，则小人即以其术投之，逢迎煽惑，无所不至。武帝只为好鬼神、信方术、求长生，而方士邪人遂乘其间。自少君以祀灶之说进，其后少翁、栾大、公孙卿之属纷纷求售。虽其术后皆无验，并以诬罔被诛，而君德为之亏损，海内为之虚耗，末年痛悔，亦无及矣。然则人主之于好尚，可不谨哉！

匈奴入上谷，杀掠吏民。遣将军卫青出上谷，公孙敖出代，公孙贺出云中，李广出雁门，各万骑击胡。卫青至龙城，得胡首虏七百人。公孙贺无所得。公孙敖、李广皆为胡所败。唯青赐爵关内侯。青虽出于奴虏，然善骑射，材力绝人。遇士大夫以礼，与士卒有恩，众乐为用，有将帅材，故每出辄有功。天下由此服上之知人。

上谷，即今宣府。代，即今代州。云中，即今大同府。雁门，即今朔州。龙城，是匈奴中地名。

武帝元光六年，匈奴入犯上谷地方，官吏百姓每都被其杀戮抢掠。武帝乃遣四个将军，分路出去。车骑将军卫青出上谷，骑将军公孙敖出代郡，轻车将军公孙贺出云中，骁骑将军李广出雁门，各领一万人马，往塞外征剿胡虏。独有卫青从上谷出去，直到龙城地方，斩获首级并俘虏共七百人，得胜回来。那公孙贺虽不曾败，也无所得。公孙敖与李广都被胡虏杀败了，公孙敖折了七千余军，李广被虏人捉去，全军尽没，单身逃回。以此只有卫青赐爵为关内侯，赏其功也。卫青本是平阳侯家人，出身微贱。然而他平日会骑射，材力过人。一旦贵显，又能接遇士大夫以礼，极其谦谨；抚士卒以恩，致其体恤。那众士卒每都欢喜替他出力，真有将帅之材。所以每次出塞，便有功绩。当时武帝识他于微贱之中，拔用他为将，不待左右荐引，不拘寻常资格，天下由此都服武帝能知人也。

夫材有可用，虽奴隶不弃，真知独断，迥出常情，此可为用人之法。然四将出塞，劳师远征，丧卒几二万，获虏仅七百，得不偿失，此可为黩武之戒。

元朔元年冬，诏曰：“朕深诏执事，兴廉举孝，庶几成风，绍休圣绪。夫十室之邑，必有忠信，今或至阖郡而不荐一人，是化不下究，而积行之君子壅于上闻也。且进贤受上赏，蔽贤蒙显戮，古之道也。其议二千石不举者罪！”有司奏：“不举孝，不奉诏，当以不敬论；不察廉，不胜任，当免。”奏可。

武帝元光元年，曾诏郡国举孝、廉各一人。到元朔元年，已经六载，并不见有举到者。这年冬月，又下诏说道：“孝弟是百行之本源，廉耻乃士人之美节。古先圣王每加意于此，以风化于下。朕前此也曾深切告诏郡国守令等官，务要兴起清廉官吏，荐举孝子顺孙。庶几使人有所激劝，勉而为善，以移风易俗，承继先圣的美业。今却都不举来。孔子说：‘十家的小邑，也有生质美好忠信之人。’况以天下之广，岂无贤人堪以应举的？今乃合一郡之中，通不举荐一人，是守令等官不能宣朝廷的德化，以究竟于下，而使积行之君子，壅蔽而不得上闻也。且朕闻人臣能荐进贤士的，该受上赏，若蔽塞贤路，不能荐进的，该被显戮。这是古道如此，如今何独不然？你廷臣每可议拟那郡国守令，食二千石俸的官员，不举孝廉者应得何罪！”于是有司会议奏说：“前有诏书，着各郡国举孝，却乃不行遵奉，便于诏书有违，当以不敬论罪。兴起廉能，扬清激浊，乃郡国守令之任。今不能察廉，便是不称其任，当以不职免官。”奏准俱依拟行。

按武帝此举，亦是良法。夫天下贤才，伏于草莽之中，朝廷岂能遍知？而郡国俗吏，但以簿书期会为事，又岂能以举贤为急务？今既责郡国以举贤，而又罪其不举者，则人人畏罪而思自尽，天下贤才岂有遗在草莽者哉！然非明核其所举之是非，而行连坐之法，又或有苟且塞责者，此不可不知也。

五年，公孙弘为丞相，封平津侯。丞相封侯自弘始。时上方兴功业，弘于是开东阁以延贤人，与参谋议。

平津，是乡名。

武帝元朔五年，以御史大夫公孙弘为丞相。汉初丞相必以列侯为之，今公孙弘起自儒臣，原无封爵，武帝乃封他为平津侯。此后遂为故事，凡拜相者必封侯，实自弘始也。此时武帝方欲制礼作乐，开边拓境，兴起功业。公孙弘自以遭遇异常，责任隆重，恐他识见有限，不足以谋国事、称上意，于是就丞相府东边，立个客馆，另开一阁门，以延见天下之贤人，与之参决谋议。其所得俸禄，多以供给宾客焉。

盖天下之事，非一人所能周知，故人君以之谋于宰相，而宰相又必以之谋于士大夫。集众思以广忠益，尽群议以开聪明，这才是大臣公忠体国之道。公孙弘之开阁延贤，庶几有得于是。但史称弘意忌，有隙必报，如出董仲舒，徙汲黯。则其所延者，未必皆贤人，而其所谋者，未必皆正论矣。后之相天下者，惟法弘之延贤，而戒其报怨焉，可也。

正月，上行幸缑氏，礼祭中岳太室。从官在山下，闻若有言“万岁”者三。诏加增太室祠。上遂东巡海上，行礼祠八神。公孙卿见大人，迹甚大。群臣言：“见一老父牵狗，忽不见。”上以为仙人也，宿留海上，还封禅。其封禅祠，夜若有光，昼有白云出封中。天子还，群臣上寿颂功德。天子既已封泰山，无风雨，而方士更言蓬莱诸神若将可得，于是上欣然庶几遇之，复东至海上望焉。上欲自浮海求蓬莱，东方朔曰：“陛下第还宫，静处以须之，仙人将自至。”乃止。遂去，并海上，北至碣石，巡至辽西，历北边，至九原，五月至甘泉。凡周行万八千里云。

缑氏，汉县名，在今河南府。中岳，是嵩山，其东一山名太室。八神，是八方之神。宿，音秀；留，音溜，是等待的意思。封，是加土。禅，是筑坛。泰山，是东岳。蓬莱、碣石，都是海中山名。九原，郡名，即今河套之地。甘泉，宫名。

元封元年正月，武帝信方士公孙卿之言，车驾亲到河南缑氏县地方，登中岳太室山，行祭礼。那扈从官员在山下的，都说恰才听得似有呼“万岁”者三声。这是各官影响附会，以希武帝之意，原非实事。武帝却便信了，就诏祠官加增太室山的祭礼给三百户，以奉祠事。遂往东去巡行海上，以礼祀八方之神。公孙卿持节候神人无验，因诳说，见神人长数丈，尚有足迹在地，甚大。群臣都附和他，也说适间见一老父牵狗，口称要见天子，忽然不见。武帝以众人的言语与公孙卿相合，就信以为诸臣所见者必仙人也，因留住海上，守候仙人来。久之竟无所见，乃回到泰山，加土于山上，筑坛于山下，祭天地诸神，行封禅礼。那封禅的去处，夜间若有光明，昼间又有白云，从所封处腾出。这也是群臣附会欺诳，以此为应验。武帝回还，群臣庆贺，奉觞上寿，都称颂天子的功德。世俗传说秦始皇封禅，沮风雨不得上。今武帝既上封泰山，无风雨，正合方士所谓有封禅则不死，可上接蓬莱神仙者。而海上方士乘机更言，蓬莱山诸神仙若就可立见一般。于是武帝愈惑，心下欣喜，觊望得遇神仙，复往海上等待候望焉。又要亲自渡海，去求蓬莱山仙人所居之处。以万乘之尊，而亲蹈风波不测之险，纵自轻，如天下何？当时侍臣有个东方朔，婉词谏说：“神仙只在人心，心静便得，躁便不得。陛下但回宫去，澄神息虑，静以待之，仙人将自至，何必远求蓬莱？”武帝才止不行，而其心犹未忘，遂去傍海而行。北至碣石，巡辽西，历北边，至九原，经过许多地方，自正月出去，到五月才回甘泉宫。凡行过一万八千里。其远如此，千乘万骑，劳费又可知矣。

上以名臣文武欲尽，乃下诏曰：“盖有非常之功，必待非常之人。故马或奔踶而致千里，士或有负俗之累而立功名。夫泛驾之马，跅弛之士，亦有御之而已。其令州郡察吏民有茂材异等，可为将相及使绝国者。”

泛驾，是马之奔逸，不循轨辙的。跅弛，是落拓不检，遗弃礼法的人。

武帝好大喜功，内兴制作，外征伐四夷，纷纷多事，尝欲求文武异才而用之。及在位日久，一时名臣文武之士或以年老物故，或以罪累见诛。看看凋落殆尽，不彀任使，乃于元封五年夏四月下诏，说道："自古圣帝明王，未有不待贤臣而建功业者。故人主欲建非常的大功，必得那非常的大才而任用之，然后功名可立。但要用此非常之人，却不可以寻常尺度去论他。譬如养马一般，有一样马，乘之即奔，立则踶人，虽则不甚驯良，却有绝力，能一日而致千里。有一样人，赋性豪荡，不拘小节，往往为流俗所讥刺，虽则不甚谨厚，却有异才，干得事，能立功名。夫泛驾之马，人但见其奔逸不循轨辙，便以为弃物；跅弛之士，人但见其落拓不循规矩，便以为弃人。殊不知，只要自家会驾御他，若御得其道，则马之泛驾者，不害其能千里也；士之跅弛者，不害其为有用也。如今天下的人，岂没有智勇殊绝之士，苦为绳墨所拘，罪累见废，而伏于下位，遗于草野，如千里之马，困于槽枥者乎？其令州郡等官，察吏民中，但有俊茂之才，超出等类，可以为将为相，及奉使远方绝国，不辱君命的人，便有些微过细累，不必苟责，都举荐将来，以备朝廷任使。"

按武帝雄才大略，锐于有为，其用人往往不拘常格。如公孙弘以海滨牧豕之人，数年而至宰相；卫青、霍去病以倿家仆隶而为大将军；卜式、桑弘羊、孔仅，发于商贾；张汤、赵禹，出于刀笔小吏。武帝驱策而使之，咸得其用，卒以鞭挞四夷，威加海内，亦可谓得用人之术矣。然天下自此日益多事，而士大夫皆驰骛于功名，不复知有名节行检之可贵，以致廉耻道丧，风俗败坏，则其所损亦岂浅浅哉！若古圣王之用才则不然，明教化以养之，表节行以励之，兴之以三物，辨之以九德，贵贤而贱能，先德而后艺，故其风俗醇美，人才茂盛。卿大夫有素丝羔羊之节，而兔罝之野人，皆可以为腹心干城。较之武帝之用舍，不可同日而语矣。后世人主，欲求贤以辅治者，当鉴于斯。

天汉元年，遣中郎将苏武与张胜、常惠使匈奴。单于使卫律召武，欲降之。律谓武曰："律前负汉归匈奴，幸蒙大恩，赐号称王，拥众数万，马畜弥山，富贵如此。苏君今日降，明日复然。空以身膏草野，谁复知之！"武不应。律曰："不听吾计，后虽欲复见我，尚可得乎？"武骂律曰："汝为人臣子，不顾恩义，畔主背亲，为降虏于蛮夷，何以汝为见！"

律知武终不可胁，白单于。单于乃幽武置大窖中，绝不饮食。天雨雪，武卧啮雪，与旃毛并咽之，数日不死。匈奴以为神，乃徙武北海上，使牧羝，曰:“羝乳乃得归。”别其官属常惠等，各置他所。

单于，是虏王的名号。窖，是地窖。羝，是公羊。乳，是生育。

武帝天汉元年，因匈奴遣使来通好，遂遣中郎将苏武与张胜、常惠等，往使匈奴以答其礼。及到了匈奴国中，那虏王单于却转加骄慢，不以礼相待。又使汉家先降顺的一个使臣，叫做卫律，呼召苏武，以兵威逼胁他，要他降顺。苏武抵死不从。卫律乃将好言语哄他说道:“我先年也为出差到此，只因惧罪不敢还朝，归顺了匈奴。幸蒙单于的大恩，就封我为丁灵王，统领着数万之众，马畜满山，其富贵如此。苏君你若是今日降顺了，明日也就是这等富贵，何等受用！若不降必遭杀戮，空把这个身子糜烂在草地里，有谁知道？死而无名，虽死何益？不如降顺的好。”卫律虽把这话去动他，苏武也只不答应。卫律又恐吓他说道:“你如今不早听吾计，到后面祸迫时，要再见我面，不可得了。”于是苏武大骂卫律说道:“汝本是汉家的臣子，忘恩失义，畔主背亲，为降虏于蛮夷，以苟全性命，偷取富贵，乃不忠不孝不义之贼也。这等的人，我要见你怎的！”卫律见苏武志节甚坚，知其终不可胁，乃将苏武的言语回报单于。单于大怒，乃囚闭苏武，放在个大窖里，绝不与他饮食，要饿杀之。苏武手中只是持着那使节，遇天下雪，就取雪和节上的旃毛并吞之，聊以充饥，捱到数日不死。匈奴见饿不死他，皆惊怪之，以为神灵，不敢加害。又迁徙苏武于北海之上，把一群公羊着他牧放。与他说:“待这公羊下羔儿时，才放汝归国。”夫公羊岂能生子？匈奴此言，所以示其终不得归之意也。又分别其同行官属常惠等，各安置他处，不得相近。

如此拘囚困苦者，凡十九年，而苏武持节牧羊，竟不肯屈。夫死生在前，不足以动其心，而艰苦久历，亦不能以变其节，古所谓“不辱君命，临大节而不可夺”者，其苏武之谓乎？

征和二年。初，上年二十九乃生戾太子，甚爱之。及长，性仁恕温谨。上嫌其才能少，不类己。皇后、太子宠浸衰，常有不自安之意。上觉之，谓大将军青曰:“汉家庶事草创，加四夷侵陵中国，朕不变更制度，后世无法；不出师征伐，天下不安，为此者不得不劳民。若后世又如朕所为，是袭亡秦之迹也。太子敦重好静，必能安天下。欲求守文之主，安有贤于太子者乎！闻皇后与太子有不安之意，可以意晓之。”大将军顿首谢。太子每谏征伐四夷，上笑曰：“吾当其劳，以逸遗汝，不亦可乎！”

征和二年，是武帝在位第五十年。武帝早年无子，至二十九岁时，才生一子，名据，立为太子。初生时，武帝以得子迟，甚怜爱之。及太子长成，生性仁恕温谨。武帝却嫌他才能短少，不似己这般雄才大略。从此太子之母卫皇后与太子的恩宠渐渐衰减，他母子心下疑虑，恐遭废黜，常不自安。武帝知道他这意思，一日对皇后之弟、大将军卫青说：“我汉家自高祖以来，凡事都只是草草创立，未得完美，又加以四夷侵陵中国，扰害边方，我若因循，不变更制度，兴起礼乐，则后世子孙何以观法？坐视四夷为患，不出师征伐，任其侵陵，无所惩创，则天下何由安宁？我为此故，内修外攘，纷纷多事，不得不劳动百姓。若使后世子孙又复如我所为，纷扰不已，便与当时秦家一般。盖秦家只因征伐不已，百姓劳扰，遂至于亡。我身后子孙若复如此，是蹈其覆辙矣。今太子敦厚简重，性好安静，必能保守天下。天下多事之后，要求个谨守成法之主，岂有过于太子者？闻得他母子心下不安，你可将我这意思去晓喻他知道，着他安心，勿生疑虑也。”大将军顿首拜谢。太子平日见武帝南北征伐，用兵于四夷，天下劳扰，往往进谏。武帝笑说：“如今四夷侵陵，必须征伐。劳动一番，才保得百年无事。我今身任了这劳苦事，经营停当，却把安逸太平之福遗下与汝，使汝坐享，却不是好？”

武帝此言，与所以晓喻卫青者其意相符。其谓身当其劳，而遗后世以安者，亦是本心。但人主于父子之间，不可轻露爱憎之端。此端一露，则奸人遂得而乘之。武帝只为嫌太子才能少，不类己。此念一萌，其后江充遂有所观望，以行其谗谋。而巫蛊之祸起，太子竟坐死，不能自明。然则人主于子，爱憎之际，可不慎哉！

吏民以巫蛊相告言者，案验多不实。上颇知太子惶恐无他意，会高寝郎田千秋上急变讼太子冤曰：“子弄父兵，罪当笞。天子之子过误杀人，当何罪哉！”上乃大感寤，召见千秋，谓曰：“父子之间，人所难言也，公

独明其不然。此高庙神灵使公教我，公当遂为吾辅佐。”立拜千秋为大鸿胪，而族灭江充家。上怜太子无辜，乃作思子宫，为归来望思之台于湖，天下闻而悲之。

巫蛊，是师巫咒诅之术。湖，是县名，即今河南阌乡县。

武帝末年，宫禁不严，妃嫔宫人都与外间师巫妇人交通，雕刻木人，祷祀祈福。其后宫人有彼此妒忌者，就说有人在背后咒诅主上。武帝信之，多所诛杀，遂成巫蛊之狱。谗臣江充因而诬陷皇太子，说太子也在宫中行咒诅之术。太子忿恨不能自明，因发兵捕斩江充。长安城中，因传说太子谋反。太子惧罪，走出湖县地方，自缢而死。由是穷治巫蛊之狱，无辜被诬者甚众。其后法司按问，通无指实，多有冤枉。武帝以此想起太子当初，也是被江充诬赖，无处分辩，逼迫至此，仓卒惧罪，原无反意，心里渐渐明白，知太子之冤。适有高祖庙寝殿里一个郎官，叫做田千秋，来上急变替太子申冤，说道：“今律法上，儿子盗弄父亲的兵器，罪止于笞。在平民且如此，况天子之子？纵是擅发武库兵，过误而杀人，何罪之有？乃加以谋反之名，使之抱痛而死，岂不冤哉？”于是武帝乃大感悟，即召田千秋面见，说道：“父子间的事，乃人所难言者。自从太子死后，谁人与他一言？今你独明言太子之无他意，这乃是太祖高皇帝在天之灵，不忍太子冤死，故使你来指教我的。你是祖宗贻我的忠良之臣，便当为我的辅佐。”于是就拜田千秋为大鸿胪，列于九卿；把江充的家族尽数诛戮，以泄神人之愤。武帝哀怜太子无罪而死，乃别建一宫，叫做思子宫。又于湖县筑一台，叫做归来望思之台。言己望而思之，庶太子之魂归来也。天下闻而悲伤之。

夫谗佞之臣，反覆倾险，以非为是，将无作有，虽明达之人，亦往往为其所惑。如伊戾之害宋太子痤，费无极之害楚太子建，江充之害戾太子。其意唯起于希宠避罪，而其祸乃至于戕害骨肉，倾覆国家。然楚、宋昏暗之君，被惑固宜。以武帝之刚明，亦遭其惨毒而不能察，虽纳千秋之说，灭谗臣之族，明太子之冤，然亦晚矣。夫大舜至仁，犹疾谗说之殄行；孔子大圣，亦恶利口之覆邦，况其他乎！后世人主，可不戒哉！可不察哉！

四年，上乃言曰："朕即位以来，所为狂悖，使天下愁苦，不可追悔。今事有伤害百姓，糜费天下者，悉罢之。"田千秋曰："方士言神仙者甚众，而无显功。臣请皆罢斥遣之。"上曰："鸿胪言是也。"于是悉罢方士候神人者。是后上每对群臣，自叹："向时愚惑，为方士所欺。天下岂有仙人，尽妖妄耳！节食服药，差可少病而已。"

武帝征和四年，在位五十余年矣。一旦觉悟前非，乃自家悔恨说道："朕即位以来，所行的事，多狂妄悖谬。如严刑、厚敛、征讨、土木、祷祀等项，致使天下的人忧愁困苦，不能聊生。深思既往之失，追悔无及。自今以后，凡事有伤害百姓的，滥费财赋的，尽行停止。"于是大鸿胪田千秋进说："今方术之士，言神仙者甚众，然求之数十年，绝无效验，其不足信明矣。臣请将那方士每，都罢斥遣去之，勿令左道惑人。"武帝说："鸿胪说的是。"于是悉罢遣诸方士之候求神仙者。自是之后，上每对群臣，辄自叹："向时愚昧迷惑，被方士每欺诳，妄意求仙。到今看来，天下岂有长生不死的人？凡所言的，都是妖妄耳。人但能节饮食，服药饵，培养元气，差可减少疾病而已，岂真有神仙不死者哉？"

夫武帝痛悔既往之非，一切更改，汉业赖此遂以不坠，固可称矣。然是时武帝行年已老，海内虚耗已极，而后知悔过，不亦晚乎？虽幸而不至于乱亡，然亦危矣。是以人君之图治，必朝警夕惕，无怠无荒。或举动一有不当，即如古帝王之从谏弗咈，改过不吝，庶可免于他日之悔也。

上乃下诏，深陈既往之悔，曰："有司奏请远田轮台，欲起亭隧，是扰劳天下，非所以安民也。朕不忍闻！当今务在禁苛暴，止擅赋，力本农。修马复令以补缺，毋乏武备而已。"由是不复出军，而封田千秋为富民侯，以明休息富养民也。又以赵过为搜粟都尉。过能为代田，其耕耘田器皆有便巧，以教民，用力少而得谷多，民皆便之。

轮台，是西域中地名。亭，是墩台。隧，是开通的道路。擅赋，是额外加派的粮差。马复令，是百姓领养官马，该免徭役的事例。

武帝往时，好大喜功，极意兴作。内则求神仙，治宫室；外则征伐四夷，招来西域诸国。把国家的钱粮都消耗了，百姓困苦，不得安生。到晚年，深悔他往日所为的不是，乃下诏书说道："朕前此纷纷多事，以致天下不安，方悔之无及。今有司官桑弘羊等，又奏请发兵募民，远去西域数千里外，开垦田亩，屯种于轮台地方，要就这荒远去处，筑墩台，开道路。若依他所请，未免又征调百姓，扰动劳苦，不得休息，非所以安天下之民。朕心恻然，何忍闻此？为今之计，天下既以虚耗，务在严禁有司官员苛刻暴虐，停止那不时擅兴的科派，使百姓每尽力于本等农业。纵是一时马少，只当修举旧例，着百姓每领养，免其杂差，其所派养马匹，但以补足旧额所缺之数，不致消乏武备便了，不必又别生事端，以致劳民动众。”这是武帝悔过的说话。自此之后，更不复出军征讨四夷。乃封丞相田千秋为富民侯，以明今日任用的本意，只要休息爱养天下之民，使之殷富而已。于是又以赵过为搜粟都尉。这赵过能行古代田之法。每田一亩，分作干沟三条，沟阔一尺，深一尺，叫做甽。就这甽里栽种，待禾苗长时，却将土爬平了，以壅其根，所以收成倍多。又恐怕地力或薄，不能年年收成，他这甽亩，每年更换一处，所以叫做代田。其用以起土、去草、耕耘的田器都有便利巧法，以教导百姓每依他使用，不费大力。用力虽少，得谷更多。百姓每都以为便，而从其教焉。武帝能用赵过，盖真有意于富民者矣。

夫武帝悔心一萌，而善政立见，虽曰已晚，然所以补海内之虚耗，固汉家四百年之人心，而不为亡秦之续者，赖有此耳。人主不能无过，而贵于改过，岂不信哉！

后元元年，时钩弋夫人之子弗陵，年数岁，形体壮大，多知。上奇爱之，心欲立焉。以其年稚，母少，犹豫久之。察群臣，唯奉车都尉霍光，忠厚可任大事，上乃使黄门画周公负成王朝诸侯以赐光。

奉车都尉，是官名。

武帝后元元年，戾太子既死。有个宠幸的赵婕妤住在钩弋宫，就号为钩弋夫人。他生得一子，名叫弗陵，怀身十四月才生。此时年方数岁，形体壮大，异于常人。又资性聪明，多智识。武帝以其类己，奇异而钟爱之，心里要立他为太子。只为他年纪幼小，其母钩弋夫人又方少年，恐怕后来或致母后干预朝政，又有吕氏之祸，因此犹豫不决，思量要求个托孤寄命的好大臣，以后事付托之。遍察群臣中，惟有奉车都尉霍光，平日侍从左右，小心谨慎，忠诚笃厚，堪以担当大事。乃使黄门待诏的画工，画周公背负着成王朝见诸侯的图，赐与霍光。盖默示以托孤之意，要他将来辅佐少主，而行周公之事也。

其后霍光果能拥立昭帝，尽忠辅政，折燕王盖主之逆谋。汉业赖以不坠，武帝之付托可谓得人矣。

卷之九

汉纪

昭帝

孝昭皇帝，名弗陵，是武帝之少子。在位十三年。

初，苏武既徙北海上，杖汉节牧羊，卧起操持，节旄尽落。及壶衍鞮单于立，国内乖离，于是卫律谋与汉和亲。汉使至，求武等，匈奴诡言武死。常惠私教使者谓单于，言:“天子射上林中，得雁，足有系帛书，言武等在某泽中。”使者如惠语以让单于。单于惊谢，乃归武。武留匈奴凡十九岁，始以强壮出，及还，须发尽白。

让，是怪责的意思。

初时苏武既被匈奴迁徙在北海上牧羊，他自以汉朝的臣子，当时持节奉使而来，今虽被匈奴这等屈辱困苦，他一心只在中国，不肯改变。手里持着汉节牧羊，睡时也持着，起来也持着，到久后节上悬的璎旄都脱落了，他还不肯抛弃，所以表其始终一节，无二心也。及匈奴壶衍鞮单于年少新立，又国内骨肉乖离，常恐汉兵袭他，于是卫律替单于谋与汉家求和亲，愿两国通好，不复侵扰边界。汉家遣使者至匈奴往答之，就与他讨要先差苏武等一班使臣。匈奴不肯放还，诈说苏武已死了。于是苏武的副使常惠，乃乘夜私见使臣，设一个计，教他对单于说:“我汉天子前日在上林苑中打猎，射得一只雁，那雁脚上系着一卷帛书，书上明写着苏武等，如今现在某泽中，你如何却说是死了？”使臣就依常惠的言语责问单于，单于不知是计，忽听得雁能传书，有这异事，乃相视大惊，只得从实谢罪，与使者说:“苏武等委的在某泽中。”乃放出苏武等，送他回还。苏武拘留匈奴凡十九年，初奉使时年方少壮，及还朝之日，须发已尽白了。其忠义之节，久而不变如此。

后来汉朝拜他为典属国，赐钱二百万，公田二顷，又图画其像于麒麟阁上，所以表扬忠义，而劝万世之为人臣者也。然苏武在虏中十九年，身居北海无人之境，其心岂望后来尚有还朝之日，图形汉阁，标名青史哉？但以人臣事君，有死无二，义当如此。就使当时丧身异域，埋名千古，而其心终不肯变，这才是真实的忠心，无所为而为之者也。为人臣者，当以此为法。

秋，罢榷酤官，从贤良文学之议也。武帝之末，海内虚耗，户口减半。霍光知时务之要，轻徭薄赋，与民休息。至是匈奴和亲，百姓充实，稍复文、景之业焉。

榷，是榷税。酤，是卖酒。

武帝之时，国家多事，财用不足，乃搜括天下的商税。凡民间一应商贩买卖的事，都是官府管领，榷取其利，无有遗漏。就是卖酒小生意，也要经由官府，上纳税课，谓之榷酤。夫以人君之尊，而与民争利如此，这是武帝的弊政。昭帝六年春，因天下举到贤良文学之士，乃下诏问他民间所苦的何事。那贤良文学等，都说官家自卖盐铁酒酤，极不便于民，请罢其法。是年秋，始罢监卖酒酤的官，听民间自行造卖，盖从贤良文学之议也。初武帝时，甲兵土木纷纷并起，徭役烦重，赋敛增多。至其末年，把海内的财力虚耗殆尽，户口人丁也减少了一半，天下几于乱矣。及霍光辅佐昭帝，采纳吏民之说，晓得当时政务的切要，只在休息养民一事。于是轻其徭役，以宽舒民力；薄其赋敛，以渐蓄民财。务与百姓每休息，不复去劳扰他。如此数年，海内安静无事，与匈奴相结和亲，不开边衅。于是百姓家皆有蓄积，安生乐业。当初文、景二帝富庶之业，至是乃稍稍复见焉。故武帝之后，汉之所以不亡者，大抵霍光辅佐之力也。

夫武帝劳扰其民，而天下几亡；昭帝一休息之，而天下复安。是可见人君之政，莫先于养民，不但为一时救乱之宜，而实万世为君者之所当念世。

元凤元年，上官桀之子安有女，即霍光外孙。安因光欲纳之，光以其幼，不听，安遂因帝姊盖长公主内入宫为婕妤，月余立为皇后，年甫六岁。于是桀、安深怨光而德盖主，知燕王旦以帝兄不得立，亦怨望，乃令人诈为燕王上书，欲共执退光。书奏，光闻之，不入。上问："大将军安在？"桀对："以燕王告其罪，不敢入。"有诏："召大将军。"光入，免冠顿首。上曰："将军冠！朕知是书诈也，将军无罪。将军调校尉未十日，燕王何以知之！"是时帝年十四，尚书、左右皆惊。而上书者果亡。后桀党与有谮光等，上辄怒曰："大将军忠臣，先帝所属以辅朕身，有毁者坐之！"自是桀等不敢复言。

尚书，是管文书的官。

昭帝即位第七年，改年号为元凤元年。那时左将军上官桀的儿子上官安，是霍光的女婿，他生得一女，即是霍光的外孙。上官安央托霍光将这女儿纳入后宫，希图做昭帝的后妃。霍光嫌他年纪忒小，配不得昭帝，不肯依从。这是霍光知礼守正的好处。上官安又去央托昭帝之姊盖国长公主，替他引进，纳入后宫，先做婕妤，一月之后，就立做皇后，年才六岁。于是上官桀、安父子深恨霍光，而感盖国公主之恩。又知燕王旦原是帝兄，不得立为天子，心里也怨恨霍光，遂与燕王暗地交通，相与排陷霍光。乃使人假充做燕王差来的人，上本劾奏霍光，说霍光擅添幕府的校尉，谋为不轨等事。趁着霍光告假休沐的这一日上本，他却与公主就中哄着昭帝准奏，共执退了霍光。这是上官桀等欺昭帝年幼，未能辨察，故相与设谋，共害忠良也。霍光既被劾，待罪于外，不敢入朝。然昭帝虽幼冲，却天性聪明，问左右说："大将军何在？怎么不见他来朝？"上官桀就对说："因燕王劾奏他罪恶，故不敢入。"昭帝即时使人宣霍光入朝。霍光见昭帝，取了冠帽，叩头请罪。昭帝说："将军戴起冠帽，朕知这本是假的，将军你有何罪？将军选调校尉未及十日，燕王离京师数千里，他怎么便得知？可见是假。"此时昭帝年才十四岁，乃能明察如此，尚书官及左右人等，莫不惊骇。那上本的人，果然惧罪逃去。其后上官桀的党类，但有谗谮霍光的，昭帝便发怒说："大将军是忠臣，先帝付托他辅佐朕身，敢有再毁他的，定坐以重罪！”自此上官桀等惧怕，不敢复言，而霍光始得以安意尽忠也。

夫以大臣辅少主，政自己出，谗谤易生，而又每事奉公守正，尤为奸邪小人所不悦。故周公辅成王，则有管蔡流言之变；霍光辅昭帝，则有桀安诈书之谋。幸赖成王终悟周公之忠，而昭帝则能立辨上官桀之诈，所以谗谤不行，忠勤得尽。若为二君者，少有不察，则不惟二臣不安其位，而周、汉之社稷亦危矣，可不畏哉！

宣帝

中宗孝宣皇帝，初名病已，后改名询，是武帝曾孙，戾太子之孙，史皇孙之子。在位二十五年，庙号中宗。

按古者宗庙之礼，祖有功而宗有德。凡建庙称宗者，世世享祀，亲尽不祧。西汉十一帝，自高祖开基之后，惟文帝称太宗，武帝称世宗，宣帝称中宗而已。皆以功德茂盛，故特建庙号，非若后世之一概称宗者也。

帝兴于闾阎，知民事之艰难。霍光既薨，始亲政事，厉精为治，五日一听事。自丞相以下，各奉职奏事，敷奏其言，考试功能。侍中、尚书功劳当迁，及有异善，厚加赏赐，至于子孙，终不改易。枢机周密，品式具备，上下相安，莫有苟且之意。

闾阎，是里巷的门。

初，宣帝本是戾太子之孙，戾太子既得罪自杀，子孙皆从坐。宣帝时在襁褓，故得全。后来流落民间，依着母家史皇亲存活。及昭帝崩，无嗣，霍光访求于民间，迎立为帝。宣帝一向生长在外，起于闾阎而登大位，所以尽晓得外面的事情及百姓每生理艰难的情状。及霍光既薨，宣帝始亲大政。即厉精图治，每五日一临朝，亲决政事。自丞相以下，各衙门官有事，都着他当面奏闻，一一敷陈其事，听他说某事当如何举行，某事当如何处置。到后来又考验功能，看他说的某事，曾否举行，处置的某事，果否停当，一一都核实考成，不使有欺罔之弊。那时官皆久任，不轻易迁转。侍中、尚书这样官，尤为亲近切要。凡积有年劳，应该迁转，或有奇才异能，任得国家大事的，都只厚加赏赐，或赉以金帛，或增其禄秩，至于荫及其子孙，自家却仍居此官，终不改易。又善立法制，凡各衙门事务，出入都有关防，完否都有稽查，枢机周密，无一些疏漏。每事都立个科条，定个规则，与人遵守，品式备具，无一些缺略。行之既久，上下相安，百官都奉法守职，莫敢有怀苟且之意，以虚文塞责者。汉之治功，至是称为极盛焉。

大抵民不安其生，由于官不称其职；官不称其职，由于人君不亲政事，而群臣苟且以塞责也。宣帝有见于此，故既试功能以考验之，又立法制以维持之，而当时遂有吏称民安之效。所以皋陶之告舜，必曰“率作兴事”，又曰“屡省乃成”。此真人君图治之要务也。

及拜刺史、守、相，辄亲见问，观其所由，退而考察所行以质其言，有名实不相应，必知其所以然。常称曰：“庶民所以安其田里，而亡叹息愁恨之心者，政平讼理也。与我共此者，其惟良二千石乎？”以为太守，吏民之本，数变易，则下不安；民知其将久，不可欺罔，乃服从其教化。故二千石有治理效，辄以玺书勉厉，增秩、赐金，或爵至关内侯；公卿缺，则选诸所表，以次用之。是故汉世良吏，于是为盛，称中兴焉。

汉时分天下为十二州，每州设刺史一员，督察州内所属的郡国，大略如今巡按御史之职。守，是郡守，即今之知府。相，是王国的辅相，即今之长史。二千石，指郡守国相说。这两样官，每岁食俸米二千石。玺书，是用宝的敕谕。关内侯，是小侯，无封国，但食租税于关内的。

宣帝长于民间，知百姓每的困苦。只因有司官不职，那郡守、国相，为各县官的表率，刺史又是监临官，这三样外官，所系尤重。所以每遇除拜刺史与郡守、国相，必引来面见，访询地方事情，问民疾苦，试看他所用以治民者，其道何如。既亲问了，又恐他说得虽好，而所行未必皆然，等他到任之后，又详细考察他所行的政事何如。若言行不相顾，徒有虚名而无实政的，都一一体访得实，人不能欺。其综核之精如此。宣帝尝叹说：“百姓每所以得安其田里，而无叹息愁恨之心者，以有司官刑政公平，狱讼得理也。我以一人之身，而居万民之上，天下事情，岂能一一周知？天下人民，岂能个个得所？全赖那郡国守相官替我分忧。如一郡之中，得一好太守，则一郡之民自安矣；一国之中，得一好国相，则一国之民自安矣。可不重乎？”又以为太守乃一郡吏民之纲领，若数数更易，则不惟送旧迎新，劳费百姓，且人无固志，凡事苟且，下人亦皆有欺玩之意，上下不能相安。必须行久任之法，百姓每知他将来在地方日久，民情吏弊，凡事都欺瞒他不得，乃肯服从他的教化，以令则行，以禁则止，而上下相安也。宣帝之意如此，所以当时做守相二千石官的，通要久任。若是历任未久，就有贤能功绩，也未便迁转他。但先降敕书奖励，或就彼加升官级，或赏赐金帛，或有赐爵至关内侯的，仍令在任管事。到做得年深了，遇朝里公卿有缺，即选那前日所旌表的好守相，次第超补。如黄霸以太守入为太子太傅，赵广汉以太守入为京兆尹是也。夫宣帝之留心守相如此，所以那时做官的，人人勉励，都实心替国家干事，百姓都得以安生乐业。汉家一代循良之吏，惟此时最盛，而天下太平，号称中兴之治焉。

尝考武帝时，民穷盗起，为吏者罕有可称。至宣帝时，乃循吏并出，是岂治民之才独产于宣帝之世哉？盖武帝东征西伐，不恤其民，而宣帝则知民事之艰难。武帝尊用酷吏，而宣帝则褒赏循吏。武帝于吏之巧文避法者不能察，而宣帝则综核名实。此其治效之所以异也。然则人主欲追宣帝之治者，可不知所务哉！

廷尉史路温舒上书曰：“陛下初登至尊，宜改前世之失，正始受命之统，涤烦文，除民疾，以应天意。臣闻秦有十失，其一尚存，治狱之吏是也。夫狱者，天下之大命也，死者不可复生，绝者不可复属。《书》曰：‘与其杀不辜，宁失不经。’今狱吏则不然，上下相殴，以刻为明，深者获公名，平者多后患。故治狱之吏皆欲人死者，非憎人也，自安之道，在人之死。太平之未洽，凡以此也。俗语曰：‘画地为狱，议不入；刻木为吏，期不对。’此皆疾吏之风，悲痛之辞也。唯陛下省法制，宽刑罚，则太平之风可兴于世。”上善其言。

初武帝时，治狱之吏，务为深刻。宣帝在民间深知其害。至是廷尉衙门有个掾史，叫做路温舒，上书说道：“今陛下始受天命，居至尊之位，当尽改前世的弊政，以正始受命的统纪，洗涤烦苛的文法，除去百姓的疾苦，以应上天眷命之意。臣闻昔日秦之所以亡者，其过失有十件，如废文学、好武勇、贱仁义、罪诽谤等事。自汉兴以来，把这些弊政，渐渐都改革了，只有一件至今尚存，则问刑官苛刻，不恤民命是也。这刑狱乃天下人性命所系，不可轻忽。一入于死，难以再生；肢体断了，岂可复续？所以《书经》上说：'与其杀无罪之人，使之含冤而死；宁可失经常之法，而从轻以生全之。'古人之重民命如此。今之问刑官则不然，只是要故入人罪，不肯替人申理。朝廷以此责之郡县，官长以此责之僚属，上下互相驱迫，皆务以刻为明。问事深刻的，反说他是有风力的好官，名誉顿起；平恕的，反说他罢软不称其职，多致后患，以此成风。故问刑官都百般锻炼，只要人死，他也不是与那罪人有仇而憎恶之，盖能入人于罪，才保得自家无罪。自安之道，在人之死，其势不得不为深刻。故冤抑之气，上干天和；太平之治，未得浃洽于天下者，坐此故也。俗语说：'把地上画做个牢狱，叫人进去，人也不敢入；把木头刻做个问刑的官，叫人去对理，人也不敢对。'这都是说如今做法司官的刻薄成风，不惜人命，盖疾恶而悲痛之辞也。臣愿陛下减省法制，勿为烦苛；宽缓刑罚，勿尚深刻。则狱吏之弊可渐涤除，太平之风可渐兴起矣。"宣帝览书，称道他说的好。自此斋居决事，刑狱称平矣。大抵有罪之人不可姑息，无罪之人不可亏枉。惟公而明，则得其情，而天下无冤民矣。

十二月，诏曰："间者吏用法，巧文浸深，使不辜蒙戮，朕甚伤之！今遣廷史与郡鞫狱，任轻禄薄，其为置廷尉平，秩六百石，员四人。其务平之，以称朕意！"于是每季秋后，请谳时，上常幸宣室，斋居而决事，狱刑号为平矣。

廷尉平，是官名，即今大理寺评事。宣室，是未央宫中殿名，乃斋戒的去处。谳，是审录罪囚。

宣帝有感于路温舒之言，这年十二月，下诏说道："近日郡县问刑官，决断罪囚，引用法律，多曲为附会，舞文弄法，日渐深刻，致使那无罪的人，枉被杀戮，朕心甚为怜悯。旧制遣廷尉掾史，出去与郡守推鞫狱囚。本要平刑，但廷尉史官小，任轻禄薄，恐体统不尊，有司或轻视他，势不能行。自今以后，为特设廷尉平之官，稍重其品秩，食俸六百石，定其员数，总置四人。专务平郡县刑狱，使适轻重之宜，以称朕哀矜无辜之意。"

于是每岁季秋后，审决之时，有司奏请各重罪犯人，有该处决的，有该减等的。宣帝不敢安处在宫中，常临幸宣室，就斋戒的去处，洗心涤虑，亲自裁决，重其事而不敢忽。问刑官见上留意于此，也都悉心详审。一时狱刑号称平允，无复有任情轻重者矣。

尝观汉世，尽心刑名，未有如宣帝者。既置廷尉平，以平郡县所鞫之狱；又斋居决事，以平廷尉所上之狱。分理于人，以详其法；亲决于己，以审其情。此所以狱无冤抑，而治称中兴欤！后世用刑者，宜取法于斯矣。

勃海太守龚遂入为水衡都尉。先是，勃海左右郡岁饥，盗贼并起，二千石不能擒制。上选能治者，丞相、御史举遂，上拜为勃海太守。召见，问："何以治勃海，息其盗贼？"对曰："海濒遐远，不沾圣化，其民困于饥寒而吏不恤，故使陛下赤子盗弄陛下之兵于潢池中耳。今欲使臣胜之邪，将安之也？"上曰："选用贤良，固欲安之也。"遂曰："治乱民犹治乱绳，不可急也。唯缓之，然后可治。臣愿丞相、御史且无拘臣以文法，得一切便宜从事。"上许焉，加赐黄金。乘传至勃海界，郡闻新太守至，发兵以迎，遂皆遣还，移书敕属县："悉罢逐捕盗贼吏。诸持锄钩田器者皆为良民，吏毋得问；持兵者乃为贼。"遂单车独行至府。盗贼闻遂教令，即时解散，弃其兵弩而持钩锄，于是悉平。遂乃开仓廪假贫民，选用良吏慰安牧养焉。遂见齐俗奢侈，好末技，不田作，乃躬率以俭约，劝民农桑。民有带持刀剑者，使卖剑买牛，卖刀买犊，曰："何为带牛佩犊！"劳来循行，郡中皆有畜积，狱讼止息。由是被召。

渤海，是郡名。水衡都尉，是官名。潢池，是积水的洼池。

宣帝地节四年，召渤海郡太守龚遂到京，将大用之。因他年老不堪公卿之任，遂拜为水衡都尉。盖取其官职亲近，事务清闲，所以优待之也。先年渤海及左右邻郡，连岁饥荒，有司不恤其民，盗贼处处生发，二千石官都不能擒制。宣帝忧之，命公卿大臣，各选举有才略堪做这郡太守者。那时丞相、御史都说龚遂可用，于是宣帝就拜他为渤海太守，召来面见。问他说："如今渤海郡盗贼甚多，我用你为太守，你有何方法，能使盗贼止息？"龚遂对说："盗贼之起，非出本心。其初都是陛下的赤子，只为这渤海郡在东海边，地方窎远，不得沾被圣化。又遇着岁荒，其民困于饥寒，有司官不加怜恤，那饥寒困苦的，无可告诉，不得已失身于盗贼，为一时苟活之计，致使陛下的赤子，偷弄陛下之兵于洼池中，以鼠窃狗偷为事耳，非真有他志也。今陛下命臣为太守，责臣以除盗，不知欲臣以兵剿而胜之邪，或以德抚而安之邪？”宣帝说：“我选用贤良太守，正要抚安百姓耳。但不知抚安之道何如？”龚遂对说：“臣闻治乱民，如解那结住的绳索一般，不可太急。绳子结了，须慢慢地理他，然后可解。百姓方乱，须慢慢地处他，然后可安。若急之，则愈加扰乱矣。臣愿丞相、御史且莫拘臣以文法也，勿责效于旦夕，但凡可以安民的，许臣得一切以便宜行事，庶几盗可化而民可安也。”宣帝见他说的有理，就依他所奏，仍赏他黄金以宠其行。

龚遂既受命，就驰驿到渤海郡界上。郡中闻有新太守到，发军马来迎接。龚遂一个也不用，都发放回去。一面行文书，戒敕所属各县，把捕盗的官吏尽行散遣。只晓谕百姓每说：“但是手里执着锄头镰刀并各样农器的，便是好百姓，官府不必问他；惟是执着刀枪弓弩的，才是盗贼，方许拿问。”于是龚遂坐着一辆车子，独自行到府中，也不要人马防护，这是示百姓以不疑也。那做盗贼的，闻得新太守教条如此，都即时解散，丢弃了刀枪弓弩，去持着钩锄田器，各安生理，变为良民，不须剿捕，都平静了。乃开仓廪，把有司蓄积的米谷假借与贫民为资。又选用郡中的好官，以慰安牧养之，使无失所。龚遂又见渤海是古齐地，齐俗奢侈，好做工商末技，不事田作，所以民穷盗起。乃躬行俭约，以倡率百姓，劝他务农田，治蚕桑，以为衣食之资。郡中百姓，但有带持刀与剑的，就教他卖了剑去买牛，卖了刀去买犊。且晓谕他说：“你这一口剑，就是一只牛，一口刀，就是一个犊。你为何将这牛与犊带在身上，有何用处？今变卖了去耕田，务本等生理，却不是好？”又亲自循行田亩中，劳来劝勉那务农的人，使他及时耕作。自是百姓感化，不敢为非，郡中渐渐都有蓄积。衣食足，礼义兴，狱讼止息，无复有为盗贼者矣。龚遂之治渤海，其功绩显著如此，宣帝征召他为水衡都尉，盖由此故也。

夫渤海之盗，前守以一郡之兵，制之而不足；龚遂以咫尺之书，散之而有余。可见弭盗之方，不在逐捕，而在抚循矣。然渤海之盗，起于年岁饥荒，百姓穷迫，故龚遂得以抚绥解散之。若强暴无赖之徒，不因饥寒，无所逼迫，而横行郡邑，劫掠人民，若以龚遂之法治之，则迂矣。遇着这等的，必须先用威以剿除之，后用恩以抚绥之而后可。

魏相上书谏曰："救乱诛暴，谓之义兵，兵义者王；敌加于己，不得已而起者，谓之应兵，兵应者胜；争恨小故，不忍愤怒者，谓之忿兵，兵忿者败；利人土地、货宝者，谓之贪兵，兵贪者破；恃国家之大，矜民人之众，欲见威于敌者，谓之骄兵，兵骄者灭。间者匈奴未有犯于边境，今闻欲兴兵入其地，臣愚不知此兵何名者也！今年计子弟杀父兄、妻杀夫者，凡二百二十二人，臣愚以为此非小变也。今左右不忧此，乃欲发兵报纤介之忿于远夷，殆孔子所谓'吾恐季孙之忧，不在颛臾而在萧墙之内也'。"上从相言。

萧墙，是门内的墙。

宣帝因匈奴尝侵扰西域屯田的军士，遂与将军赵充国等商议，要兴兵伐他。丞相魏相恐劳民动众，上书谏说："臣闻武不可黩，兵贵有名。彼因敌国之暴乱，乃出兵讨之，以救其乱，而诛其暴，这叫做义兵。兵出于义，则人心归服，可以为王。因敌国先来加兵于我，不得已，出兵以御之，这叫做应兵。兵出于应，则士气奋厉，可以取胜。若争恨小故，不忍其愤怒之心，而必出兵以报之，这叫做忿兵。兵出于忿，则轻举妄动，必至于伤败。若利敌人之土地、货宝，而出兵以夺之，这叫做贪兵。兵出于贪，则见利忘害，必至于覆破。若自恃其国家之大，矜其民人之众，而大兴师旅，欲以示威于敌国，这叫做骄兵。兵出于骄，则士卒苦其劳，敌国乘其敝，不至于灭亡不止矣。可见兵有顺逆，则事有成败，不可不慎也。近年以来，匈奴常通和好，未见有侵犯我边境，纵是争些屯田小事，亦不足介意。今闻朝廷之议，欲因匈奴衰弱，遂兴兵深入其地。臣愚不知此兵是出何名者也。以义兵，则匈奴之暴未著；以应兵，则边境之警未闻。其无乃近于骄忿之兵乎？且今年天下所奏刑狱的起数，计子弟杀父兄、妻杀夫的，凡二百二十二人。臣愚以为此非小可的变故，风俗败坏至此，深为可忧。今左右群臣皆不忧此，乃欲发兵报纤芥小忿于远夷，臣恐下伤人民之命，上干阴阳之和，外寇未平，内变先作。如孔子所说'吾恐季孙之忧，不在颛臾而在萧墙之内也'，可不惧哉？"于是宣帝感动，就从魏相之言，弃了屯田的地界与匈奴，不复争焉。

自古帝王制御夷狄之道，莫急于自治其内。若朝廷之上，纪纲振肃，邦国之间，风俗醇美，内地无虞，根本牢固，虽有夷狄外患，亦不足忧。若内治不修，百姓不安，虽无夷狄外患，亦为可虑。魏相不以匈奴为患，而惟以风俗为忧，深见远虑，戢兵保民，真可谓贤相矣。

魏相好观汉故事，及便宜奏章，数条汉兴已来国家便宜行事，及贤臣贾谊、晁错、董仲舒等所言，奏请施行之。相敕掾史按事郡国，及休告，从家还至府，辄白四方异闻。或有逆贼、风雨灾变，郡未上，相辄奏言之。与御史大夫丙吉同心辅政，上皆重之。

宣帝时，以魏相为丞相。魏相为人有治才，通达国体，他见得古今异宜，帝王迭兴，都有个立国规模。为后世子孙者，只当遵守他祖宗的法度，不宜远慕上古，徒务虚名而无实用。汉自高帝至今六世，中间阅历事变已多，一切因革损益，纤悉具备。在今日为君为臣的，只该讲求旧法，补偏救弊，自足以致太平，不必远有所慕。所以他平日只喜观汉家的故事，及先朝贤臣所条陈便民切要的章奏，把国家的事体，一一都讲究得熟了。及为丞相时，所条奏的，都是汉兴以来，一切便国宜民已行的故事，及文帝、武帝时贤臣贾谊、晁错、董仲舒等所上的章奏，一一奏请施行。既不务虚名而慕古，亦不出意见而喜新，但求以利国家而已。他又见得天下太平，朝廷易生骄逸，那四方非常之事，足为警戒的，恐有司未必尽报，朝廷无由得知。于是敕告丞相府中掾史，但是出去各地方勘事转来复命的，及给假回籍，从他家里回到衙门的，都着他陈说各地方所见异常的事。或有悖逆盗贼及风雨不调、水旱疾疫、灾变的事，各处有司官未及上闻，魏相先都知道了，已即奏过宣帝。因此有司不敢隐匿，四方民情疾苦得以上闻。他与御史大夫丙吉都是宣帝所任用者。魏相性严明，丙吉性宽厚，然两人一心尽忠于上，共辅朝政，彼此相济，绝无猜忌嫌疑之意。宣帝都敬重之。

这一段是叙魏相之贤。观其好观汉家故事，见他深识治体；观其奏白四方事情，见他留心民瘼；观其与丙吉宽严不同，而能同心共济，又见他能公忠体国，克己忘私。此魏相之所以为贤也。后之为臣者宜以之为法。

帝以萧望之经明持重，论议有余，材任宰相，欲详试其政事，复以为左冯翊。望之从少府出为左迁，恐有不合意，即称病。上闻之，使侍中金安世谕意曰："所用皆更治民以考功。君前为平原太守日浅，故复试之于三辅，非有所闻也。"望之即起视事。

汉时把京畿内分作三郡，一曰京兆，二曰左冯翊，三曰右扶风。这三郡，皆以辅翼京师，总叫做三辅。少府，是九卿官，管内府上用的钱粮。左迁，是降调。汉时以右边为上，左边为下，所以降官的叫左迁。宣帝时，有个文学贤臣萧望之，宣帝知其才，亲自擢用，三年间，超迁至少府卿。以他经术精通，持守端重，又咨访他国家大事，他能援古证今，论议有余，其材他日可以为丞相。但未知其政事何如，欲详悉试验他，然后大用。乃复除望之为左冯翊，把这繁难的地方着他做，以观其治民之才何如。这本是宣帝的美意，但望之以为少府卿又着他出去治郡，似与降调一般，因此望之心怀疑虑，恐有不合上意处，故有此转，即称病乞休。宣帝闻之，乃使侍中金安世到望之家，宣谕他说道："朕凡简用大臣，都先使他经历治民，以考其功能，而后用之。你前日虽曾做平原太守，不多时，历任日浅，功绩未曾表见，故今复试之于三辅，欲以详考其治民之材耳，非他有所闻而左迁之也。"于是望之才安，就去赴任管事。后为冯翊三年，果能称职，累迁至御史大夫。这一节，见宣帝不轻于任相如此。盖宰相上佐天子，处分天下事，非才德并茂、文学政事兼优者，不足以胜其任。故宣帝虽知望之之才，而犹必试之于三辅，可谓慎且重矣。

颍川太守黄霸，力行教化而后诛罚，务在成就全安之。长吏许丞老，病聋，督邮白欲逐之。霸曰："许丞廉吏，虽老，尚能拜起送迎，重听何伤！"或问其故，霸曰："数易长吏，送故迎新之费，及奸吏因缘，绝簿书，盗财物，公私费耗甚多，皆出于民。所易新吏又未必贤，或不如其故，徒相益为乱。凡治道，去其泰甚者耳。"霸以外宽内明，得吏民心，户口岁增，治为天下第一。征守京兆尹。

颍川，是汉郡名。长吏，是县令以下通称。许丞，是许县县丞。督邮，是郡守差去督察属县的官。京兆尹，即今府尹。

宣帝时，良吏最盛，以黄霸为首。黄霸做颍川郡太守，力行教化，不尚诛罚，务在成就、全安那百姓每，化导他为善，非甚不得已，不加刑罚。所属长吏，有个许县县丞，年老耳聋，督邮官访察回来，说这官老疾，该着他致仕回去。黄霸说:“这县丞是个清廉的好官，虽是年老，筋力未衰，尚能参见官长，拜起送迎。纵使耳聋重听，何害于事？着他照旧供职。”或问说:“这官已老，何故留他？”黄霸说:“夫长吏者，为民父母，不可轻率变动。若屡次更易，此往彼来，百姓每送这旧的，迎那新的，一切支应礼节，不无费用。又有一等奸猾吏胥，乘此交代之际，旧官已去，新官初到，出入文卷，都在其手，因而隐匿弃绝，侵盗财物，无可稽查。公私费耗甚多，都是民之膏血。及至换来的新官，又未必胜似旧的，或反不如前官，徒增这一番扰乱，有损无益。故有司官，苟非贪酷为民害的，纵是老疾，不必数易。凡治道只去其太甚者耳，岂可琐屑纷更？事在得已，且勿轻动。”黄霸之为治，外虽宽厚，内实精明，以此能得官吏百姓的心，个个都道他好。郡中户口，每岁增加，考其治绩，为天下第一。宣帝遂征召他，着权署京兆尹事。盖不次超擢，以旌其能，可谓得激劝之道矣。

夫自汉以来，称循吏者莫如黄霸。然霸之抚百姓，待属官如此，何尝以严峻为风力哉？至其论数易长吏，公私费耗之弊，又可以知守令之当久任矣。此任人者所宜深思也。

初，上闻褒有俊才，召见，使为《圣主得贤臣颂》。其辞曰:“夫贤者，国家之器用也。故人君者勤于求贤，而逸于得人。昔贤者之未遭遇也，图事揆策，则君不用其谋;陈见悃诚，则上不然其信。是故伊尹勤于鼎俎，太公困于鼓刀，百里自鬻，甯子饭牛，离此患也。及其遇明君、遭圣主也，运筹合上意，谏诤即见听，进退得关其忠，任职得行其术。故世必有圣知之君，而后有贤明之臣。故虎啸而风冽，龙兴而致云，蟋蟀俟秋吟，蜉蝣出以阴。《易》曰:‘飞龙在天，利见大人。’《诗》曰:‘思皇多士，生此王国。’故世平主圣，俊乂将自至;明明在朝，穆穆布列;聚精会神，相得益章;虽伯牙操递钟，逢门子弯乌号，犹未足以喻其意也。故圣主必待贤臣而弘功业，俊士亦俟明主以显其德。上下俱欲，欢然交欣，翼乎如鸿毛遇顺风，沛乎如巨鱼纵大壑。休征自至，寿考无疆，何必偃仰屈伸若彭祖，呴嘘呼吸如乔、松哉！”是时上颇好神仙，故褒对及之。

悃，是诚信。鼎俎，是烹调饮食的器具。世传伊尹善知五味，在微贱时，曾身负鼎俎为庖厨之事，后来成汤知其贤，举以为相。鼓刀，是摩刮其刀。世传太公未遇文王时，曾做屠户，宰杀牲口，后来文王知其贤，尊之为师尚父。百里，是百里奚。自鬻，是自卖。百里奚贫时，曾自卖与人，替人牧羊，后来秦穆公举以为相。甯子，是甯戚。饭牛，是喂牛。甯戚贫时做车户，在车下喂牛，叩牛角而歌。齐桓公听其歌词，知其非常人，举而用之，任以国政。伯牙，是古之善抚琴者。递钟，是琴名。逢门子，即逢蒙，古之善射者。乌号，是弓名。

初，宣帝闻益州人王褒，有俊美之才，善为文章，取他来京。宣入面见，命他做个圣主得贤臣的颂。王褒遂献颂一篇，其辞说道："夫贤才之人，能为人君建功立业，随用随效，就如工匠手中的利器一般。匠人无利器，则不能成工作之事；人君无贤臣，则不能建太平之业。所以为人君的，当其未得贤人之时，须旁招博访，卑身屈己。或求之于在朝，或求之于在野，只要得个贤臣与之共理，就如匠人寻求利器的一般，这时节何等勤劳！及其既得贤人之后，便把国家的政务，一一都付他干理，自家只是总个大纲，不必身亲劳苦。譬如工人得了利器，自然不费气力，这时节何等安逸。然则人君之欲致治者，莫贵于得贤明矣。然不惟人君贵于得贤，而贤人亦贵于得君。古昔贤人未遇明君之时，上之人都不知他。为国家图谋事功，揆度计策，则君不用其谋；披沥肝胆，陈露忠诚，以自效于君，则君不然其信。所以伊尹勤劳于鼎俎，太公久困于鼓刀，百里奚卖身，甯戚养牛，皆遭罹此患也。及其遇了明君，遭逢圣主，运筹画策，即合上意；谏诤过失，即见听纳；进退左右，则得通其忠；居位任职，则得行其术。如伊尹居保衡之重，太公受尚父之尊，百里奚之相秦国，甯戚之任齐政，载之青史，至今称之。夫此一贤人也，遇主则见用，不遇则见疑，身之穷通，名之荣辱，顾所遇何如耳。然自古贤臣易得，明君难遇。故世必有圣智之君，而后有贤明之臣。有了君，则自然有臣，就如虎啸而风声自然凛冽，龙兴而云气自然拥护，蟋蟀必待秋才吟，蜉蝣必待阴才出。这虫豸变化，也各有时候，况贤臣效用，岂不待圣明之时？所以《易经》上说：'飞龙在天，利见大人。'言人君以圣德而居尊位，正如神龙飞在天上。为臣的，遇这时节，利见这等的大人，以行其志而取功名。《诗经》上说：‘思皇多士，生此王国。’思，是语助辞。皇字，解做美字。言美哉此众多之贤士，都生在周文王的国中。这等看来，可见世道清平，主上明圣，那俊乂的贤士，感时思奋，自然出来效用。圣君明明在朝，贤臣穆穆布列，元首股肱，联合为一体，精神意气聚会于一堂。君得臣，而益见其圣；臣得君，而益见其贤。主既圣，臣又贤，以圣主而用贤臣，两下里情投意合，言听计从。便就是以善抚琴的伯牙，而操递钟之古琴；以善射的逢蒙，而弯乌号之良弓，也比不得那君臣相得的意思。故圣主的功业，不能独成，必须待贤臣而后弘大；俊士的德行，不能自见，必须待明主而后显著者也。君要得这样臣，臣也要得这样君，上下俱欲，欢然交欣，就如那鸿雁的毛羽，遇着顺风，翼然奋迅；大鱼在溪壑乘着顺水，沛然放纵，何功不可立？何事不可为？垂衣拱手，坐致太平，天地之休征自应，人君之寿考无穷，这就是长生的道理。又何必偃仰屈伸如彭祖，呴嘘呼吸如乔、松，然后可以得寿哉！”彭祖、王乔、赤松，都是古时仙人。偃仰屈伸、呴嘘呼吸，是导引运气之术。这时宣帝颇好神仙，故王褒应制作颂，篇终及此，所以寓讽谏之意焉。

二年，匈奴呼韩邪单于款五原塞，愿奉国珍朝。诏议其仪。丞相、御史曰：“宜如诸侯王，位次在下。”太傅萧望之以为：“宜待以不臣之礼，位在诸侯王上。”天子采之，令单于位在诸侯王上，赞谒称臣而不名。

款字，解做叩字。五原塞，是五原郡的边塞。

自汉兴以来，匈奴强盛，常与中国抗衡。至宣帝时，匈奴衰乱，呼韩邪单于与郅支单于争立，被郅支杀败，恐不能自保，乃谋事汉，以求中国之助。甘露二年，单于亲领人马，到五原郡的边塞，叩请边吏，说他愿奉国内珍宝来朝汉天子，比于藩臣。宣帝许之，先命公卿大臣议定他朝见的礼仪。那时丞相、御史议说：“先王之礼，先中国而后夷狄。今待虏酋宜如诸侯王之礼，但其位次须在诸侯王之下。”独太子太傅萧望之议说：“匈奴本是汉之敌国，政教所不加。今虽来朝，宜待以不臣之礼，位次在诸侯王上。”宣帝采用望之之议，令单于位在诸侯王上。当朝谒时，赞礼者只称臣而不称名，盖以客礼待之也。

自古边境之安危，常视胡运之盛衰。汉兴以来，德莫盛于文帝，威莫强于武帝，然不能使匈奴之臣服也。至宣帝时，乃称臣纳款，稽首来朝。虽由宣帝贤明、中国治安，然亦适当虏运之衰，故宣帝待以不臣之礼，以示非威德之所能致。盖天子之谦德也。自是终西汉之世，匈奴感恩归义，朝贡不绝，边境无事者数十年，岂非其礼让恩信，有以深结其心故哉！

上以戎狄宾服，思股肱之美，乃图画其人于麒麟阁，法其形貌，署其官爵姓名。唯霍光不名，曰大司马、大将军、博陆侯，姓霍氏，其次张安世、韩增、赵充国、魏相、丙吉、杜延年、刘德、梁丘贺、萧望之、苏武，凡十一人，皆以功德知名当世。是以表而扬之，明著中兴辅佐，列于方叔、召虎、仲山甫焉。

是时匈奴呼韩邪单于入朝，宣帝见塞外戎狄都来宾服，因此思想起一时辅佐的贤臣，为吾之股肱，运谋宣力，内修外攘，以致有今日。追念他的好处，不可泯灭，宴表而扬之，以明示四夷，永垂来世。乃使画工图画其人于未央宫中麒麟阁上，模仿他的形容体貌，佥署他的官爵姓名。第一个是霍光，独不书其名，上面只写说大司马、大将军、博陆侯，姓霍氏。因他曾受武帝顾托，拥立昭帝，其后又定策迎立宣帝，辅佐三朝，功德茂著，故尊重之，而不名也。其次是车骑将军富平侯张安世、前将军龙额侯韩增、后将军营平侯赵充国，都有定策宿卫，及征讨戎狄之功；丞相高平侯魏相、丞相博阳侯丙吉，有同心辅政之功；太仆建平侯杜延年、宗正刘德、少府梁丘贺、太子太傅萧望之，也都各随职业，尽忠效劳；典属国苏武，曾在匈奴中，持节一十九年，为戎狄所敬重。这十一个人，都有大功德于社稷，当世的人，都知其名。以此用图画表而扬之，要显见这中兴的辅佐，就比着周宣王时方叔、召虎、仲山甫三人一般。盖宣王是周家中兴之贤君，方叔、召虎、仲山甫，都是中兴之名臣，今所图画的十一人，亦可与他并美而无愧焉。

宣帝此举，一以不忘诸臣之功，见得宾服之有自；一以明示来朝之夷，见得中国之有人；一以流传于天下后世，见得当时君臣相与之盛，且以为后来辅佐者之劝。盖其意微矣。

卷之十

汉纪

元帝

孝元皇帝，名奭，是宣帝之子。在位十六年。

初元元年，上素闻王吉、贡禹皆明经洁行，遣使者征之。吉道病卒。禹至，拜为谏大夫。上数虚己问以政事，禹奏言:“古者人君节俭，什一而税，亡他赋役，故家给人足。臣愚以为如太古难，宜少放古以自节焉。”天子善其言，诏令诸宫馆希御幸者勿缮治，太仆减谷食马，水衡省肉食兽。

太仆，即今之太仆寺。水衡，即今之上林苑监。

王吉、贡禹两人当宣帝时，致仕回家。元帝素闻这两人都通经术，且操行廉洁，心甚重之。即位之初，特差使臣赍诏去行取来京。此时两人都已年老，王吉在路上病故，只贡禹到京。元帝除授他做谏大夫，常虚心问他以政事。贡禹奏说:“为政莫先于爱民，而爱民必先于节用。古时人君躬行节俭，宫室有限，服用朴素，宫女不过数人，御马不过数匹，所自奉的甚简。故其取民之财，每十分则税他一分；其用民之力，每一岁只使他三日，此外再无别项科敛差役烦扰百姓。所以当时的百姓家家富给，人人充足。后世宫室大广，服用太侈，宫人与御马太多，而百姓太困。臣愚以为今朝廷用度，欲尽如上古之制固难，然亦须略仿古制以自撙节，减损服御，停止工作，凡事皆务从省约以利贫民，庶几得节用爱人之意。”元帝喜他说的有理，遂下诏命诸离宫别馆，车驾不到的去处，不必修理。又命太仆衙门减去食谷的马，水衡衙门省去食肉的兽。他如革服官、省卫卒、弃宜春之苑、罢角抵之戏，这都是采用贡禹的言语，其所利于民者多矣。故元帝之于汉，虽为中材之主，而节俭一事，则实后世之所当法也。

永光元年秋，上酎祭宗庙，出便门，欲御楼船。薛广德当乘舆车，免冠顿首曰："宜从桥。"诏曰："大夫冠。"广德曰："陛下不听臣，臣自刎，以血污车轮，陛下不得入庙矣！"上不说。光禄大夫张猛进曰："臣闻主圣臣直。乘船危，就桥安，圣主不乘危，御史大夫言可听。"上曰："晓人不当如是邪！"乃从桥。

酎，是新熟的醇酒。汉家常以正月造酒，酝酿到八月间，才取以荐宗庙，叫做酎祭。

永光元年秋，元帝当酎祭宗庙，从长安城西便门出去，要就水路乘楼船以行。御史大夫薛广德拦着车驾，除下冠帽，叩头说道："车驾该从桥上去，不可乘船。"元帝未及听从，且着他戴了冠帽起来。广德一时急切奏说："陛下若不听臣，必要乘船，臣就自家刎死，把颈血来秽污了车轮。陛下不得洁净，难以入庙行礼矣。"元帝见他言语说得太直戆，心下不喜。于是光禄大夫张猛进前解说："臣闻自古以来，主上明圣，臣下乃敢直言。盖以主圣，则能宽容听纳，人臣得以尽言而无所忌讳故也。今论事理，乘船则风波危险，就桥则道路安稳，圣主举动务为安稳之图，不履危险之地。今广德恃圣主在上，言语虽欠婉曲，然意在爱君，不欲其乘危，似可听从。"元帝的意思方才回转，向张猛说："晓悟人的言语，都似你说得这等从容明白，岂不是好！何用急迫至于自刎，如薛广德所言耶？"乃从桥而行。

夫酎祭非无故而出，乘船亦未必皆危。而广德谏之，其迫切如此，盖以人主一身宗社生灵所系，不可顷刻而忘慎重也。又况逸游田猎，登高临深，车驰马骤，轻万乘之尊而忘不测之虑者哉！此忠臣之爱君，所以不惜尽言，而圣主之所必察也。

石显惮周堪、张猛等，数谮毁之。刘更生惧其倾危，上书曰："臣闻

舜命九官，济济相让，和之至也。众臣和于朝，则万物和于野，故《箫韶》九成，而凤凰来仪。至周幽、厉之际，朝廷不和，转相非怨，则日月薄食，水泉沸腾，山谷易处，霜降失节。由此观之，和气致祥，乖气致异。祥多者其国安，异众者其国危，天地之常经，古今之通义也。正臣进者，治之表；正臣陷者，乱之机也。夫执狐疑之心者，来谗贼之口；持不断之意者，开群枉之门。谗邪进则众贤退，群枉成则正士消。故《易》有否、泰，小人道长，君子道消，则政日乱；君子道长，小人道消，则政日治。今以陛下明知，诚深思天下之心，杜闭群枉之门，广开众正之路，使是非炳然可知，则百异消灭而众祥并至，太平之基，万世之利也。"

元帝时，用舍不明，邪正混进。光禄勋周堪、太中大夫张猛等，都以正直无私，为石显所倾陷。刘更生恐怕谗说得行、正人蒙祸，乃上书说道："臣闻虞舜之朝，命禹、稷、夔、龙等九人做九官，所用的都是君子。那时群贤同心，都济济然以德相让，略无猜忌的意思，何等和顺！众臣既和于朝，则和气感动，万物亦皆和于野。故《箫韶》之乐奏至九成，感得凤凰瑞鸟来仪于庭，而虞以之兴。至周幽王、厉王之际，尹氏皇父等用事，所用的都是小人。这小人与君子不和，积成仇隙，更相非谤，互相怨恨，必欲谋害忠良。那时天地之变交作，日月薄蚀而无光，水泉沸起而不安，山陵或崩陷而成谷，溪谷反填满了成山。又夏月降霜，不顺节令。天灾物变，聚于一时，而周以之亡。由虞、周之事观之，可见和气致祥，乖气致异。祥瑞多者，其国必安；灾异众者，其国必危。此天地之常经，古今之通义，未有能易者也。如今阴阳不调，灾异数见，皆小人倾陷君子，怨气充塞之所致也。蹈衰周之覆辙，而欲追有虞之盛治，岂不难哉！夫国家之治乱，系于邪正之进退。正臣进用，便是治平的标表。盖正人见用，则所引进者必皆正人，君子满朝，政事修举，国家岂有不治者乎？正臣陷害，便是乱亡的机括。盖正人既去，则奸邪从此得志，小人在位，政事废坏，国家岂有不乱者乎？然邪人所以能害正者，由上心多疑也。人君于贤人，既知他是忠正的，就该信任他。若心里又疑他未必是贤，或前或却，这叫做狐疑。那小人窥见主上如此不信任贤人，便来百般谗谮贼害他，君子何由得安其位？于那谗贼的人，既知他是小人，就该斥去他。却又优游姑息，不能断然去之，这叫做不断。那小人无所惩戒，越发放肆，都引类而来，是开群枉之门，而招之使进矣。君子、小人势不两立。谗邪既进，则众贤必退；群枉既成，则正士自消。所以《易经》中有否、泰二卦，阳为君子，阴为小人。三阴并进，小人的道长，君子的道消；阴胜过阳，则政日乱而为否。否者，闭塞而昏乱也。三阳并进，君子的道长，小人的道消；阳胜过阴，则政日治而为泰。泰者，亨通而昌盛也。邪正之消长，关乎世运之盛衰如此，为人君者，可不早辨而决断之乎？今以陛下这等聪明圣智，诚能深思天下人的心，都好正而恶邪。于是去谗必断，以杜塞群枉之门；任贤勿疑，以广开众正之路，使邪正是非炳然明白，而举错各当，勿致混淆。则政有治而无乱，世有泰而无否，百灾自然消灭，众祥莫不毕至。以施于天下，乃太平的基本；以贻于子孙，为万世的利益，岂不美哉！”

大抵君子、小人势不并立。君子恶小人坏败国家的事，故常欲去小人；小人恶君子攻发他的过恶，亦常欲害君子。顾人君所信任者何如耳。舜之世，不能无小人。然舜诛共工、驩兜，而惟禹、稷、夔、龙之徒是用，所以君子得位，而九官成济济之功。幽、厉之世，不能无君子。然幽、厉疏召公、芮良夫，而惟尹氏皇父之徒是用，所以小人得志，而谗口肆嚣嚣之祸。朝廷之乖和、国家之治乱，惟在君子、小人一进退之间而已矣。元帝恭俭儒雅，亦是汉家贤君。只缘邪正之际，优游不断，知萧望之、周堪、张猛之贤，而不能信用；知石显之奸，而不能斥退，致使君子被祸、小人擅权，而汉室遂衰。岂非万世之明鉴哉！

成帝

孝成皇帝，名骜，是元帝之子。在位二十六年。

刘向以王氏权位太盛，而上方向《诗》《书》古文，向乃因《尚书·洪范》，集合上古以来，历春秋、六国至秦、汉符瑞灾异之记，推迹行事，连傅祸福，著其占验，比类相从，各有条目，凡十一篇，号曰《洪范五行传论》，奏之。天子心知向忠精，故为凤兄弟起此论也，然终不能夺王氏权。

刘向，即是刘更生，后改名向，是汉之宗室。《洪范》，是《周书》篇名，箕子以天道告武王的说话。

成帝时，常有日食星陨、山崩水溢，各样灾异。刘向自以汉家同姓之臣，见得外戚王氏权位太盛，宗社将危，欲上书论谏。而此时成帝方留意于《诗》《书》古文，刘向乃借《诗》《书》以寓论谏之意。看得《尚书·洪范》篇，箕子为武王陈五行五事、休征咎征之应，正可以发明天道，感悟君心。于是就因这书中所说的休咎，采集上古以来，历春秋、战国至秦、汉时，史书所记祥瑞灾异之类，每件必推寻其行之得失，以原灾祥之所始。又连附以后来祸福，以究灾祥之所终。如某时有某灾异，是因某君臣行的某事不顺，其后果有某祸，皆明著占验，以见变不虚生。又以木火土金水之五行，貌言视听思之五事，加以皇之不极，分做十一门类。其说以为田猎不宿，饮食不享，出入不节，则有木不曲直之异；弃法律，逐功臣，易嫡庶，则有火不炎上之异；治宫室，犯亲戚，则有稼穑不成之异；好战攻，饰城郭，则有金不从革之异；简宗庙，逆天时，则有水不润下之异；貌不恭，则其罚常雨；言不从，则其罚常旸；视不明，则其罚常燠；听不聪，则其罚常寒；思不睿，则其罚常风；皇不极，则其罚常阴。每门类之下，各引古今灾异为证，以类相从，悉有条目。其书凡十一篇，叫做《洪范五行传论》，奏上成帝。盖欲成帝览前代之休咎，悟今日之得失，庶几遇灾知惧，裁抑外戚以应天意也。成帝本是聪明的人，又多读古书，心里也知刘向忠诚爱国，故意为王凤兄弟专权，特起此论。但内制于太后，外制于诸舅，终不能夺王氏之权。其后王立、王商、王根相继执政。至于王莽，遂篡汉室，而向之书，徒托诸空言而已。

永始元年，五侯子乘时侈靡，以舆马声色佚游相高。王曼子莽，因折节为恭俭，勤身博学，外交英俊，内事诸父，曲有礼意。凤死，以莽托太后及帝。久之，封莽为新都侯。爵位益尊，节操愈谦。振施宾客，家无所余。虚誉隆洽，倾其诸父矣。

五侯，是成帝的母舅王谭、王商、王立、王根、王逢时五人，成帝一日都封为列侯，故叫做五侯。

永始元年，那五侯家子弟，恃着朝廷的恩宠，门户方盛。乘此时，争尚侈靡，都以车马驺从、声乐女色、佚乐游宴为事，一个要胜似一个。独有王曼早故了，不曾得封。王曼的子王莽，是个极奸诈的人。他既孤贫，心里贪慕着五侯家的富贵，却故意矫情立异，以求名誉。乃自家屈体贬损，装做个恭谨节俭的模样，勤劳其身，从师问学，博通经传。外面结交英俊的贤士，内里承事伯叔诸父，都委曲而有礼意。此时他伯父王凤为大司马，秉朝政。王凤病时，王莽假意侍奉，极其恭谨。王凤感他这意思，临死时，把他付托与太后及成帝，要抬举他。以此成帝常记着在心上，数年后，就封王莽做新都侯。王莽得计，愈加矫饰，爵位越发尊重，他节操越发谦谨。家中但有财物，就把来施与宾客，专干那恤孤济贫的事，自家更无蓄积。那时人都被他瞒过了，人人称颂他的好处，王莽的虚名日益隆盛，一时遍洽中外，倾压其诸父之上矣。其后竟代王根为大司马，专擅朝政，遂篡汉室。

夫外戚之家习为侈靡，志在车马声色，此其常态耳。至于折节为恭俭以收众心，此其大奸不可测也。故王莽初时，以此欺哄其伯叔宾客，以致声名、取爵位。爵位既极，又以此欺哄天下的人，而倾夺汉室。此所谓渐不可长者。向使成帝于诸舅，止厚其恩赉，勿令秉政，使他无可希觊，虽有王莽之奸，亦何所施乎？善处外戚者，不可不深思也。

故槐里令朱云上书求见，公卿在前，云曰："今朝廷大臣，皆尸位素餐。臣愿赐尚方斩马剑，断佞臣一人头以厉其余！"上问："谁也？"对曰："安昌侯张禹！"上大怒曰："小臣居下讪上，廷辱师傅，罪死不赦！"御史将云下。云攀殿槛，槛折。云呼曰："臣得下从龙逢、比干游于地下，足矣！"御史遂将云去。于是左将军辛庆忌免冠，叩头殿下曰："此臣素著狂直。使其言是，不可诛；其言非，固当容之。"上意解。及后当治槛，上曰："勿易，因而辑之，以旌直臣！"

槐里，是汉时县名。素餐，是空食俸禄。尚方，是内府。讪，是谤。龙逢，姓关，是桀之臣；比干，是纣之臣，二人皆以直谏，为桀、纣所杀。

是时，王氏专权乱政，朝臣多趋附之。有安昌侯张禹以经学为帝师，乃成帝所尊信者。他也惧怕王家威势，遂曲意党护，与他结好以自保富贵，其负国之罪大矣。有原任槐里县令朱云，为人刚直敢言，恶张禹如此，乃上书求面见天子言事。公卿都侍立在前，朱云向前直说："如今朝廷大臣，个个尸位素餐，叨享朝廷的爵禄，无有肯尽忠于上者。臣窃愤恨之，愿赐内府斩马剑与臣，先斩断一个佞臣的头，以警其余。"成帝问："佞臣是谁？"朱云对说："是安昌侯张禹。"成帝大怒说："小臣无礼，居下谤上，当大廷中辱我师傅，其罪该死不赦！"侍班御史就拿朱云下殿。朱云攀扯殿前槛干，死不肯放。御史又拿得急，把槛干扯断了。朱云乃大叫说："昔桀杀关龙逢，纣杀比干，臣今亦以直言被戮，得从二臣游于地下，同为忠义之鬼，臣愿足矣！但不知圣朝后日何如耳！"御史遂拿朱云出去，罪且不测。于是左将军辛庆忌取去冠帽，叩头于殿下说道："此臣从来狂直。使他说的是，则不可诛；纵使说的不是，然其心只是为国，亦当优容之。"于是成帝怒意解释，朱云才得免死。到后来修理栏干，成帝吩咐说："这栏干不必改换，只把那坏了的修补起来，留个遗迹，使人知道是朱云所折，以旌表直言之臣。"

夫奸臣擅权，其初犹有忌惮之心，只因邪佞小人惧怕威势，贪图富贵，群然阿附，结成一党。至于忠臣义士，间或有发愤直言者，又不蒙听纳而反以得罪，则奸臣之势遂成，而人主孤立于上矣。所以为君者最要优容狂直之言，以潜消壅蔽之祸。今成帝知宥朱云，且辑槛以旌之，然不能疏张禹之宠、抑王氏之权，而汉之天下竟为王氏所篡，岂不深可恨哉！

哀帝

孝哀皇帝，名欣，定陶恭王之子也。成帝无嗣，召而立之，在位六年。

帝睹孝成之世，禄去公室，及即位，屡诛大臣，欲强主威以则武、宣。然而宠信谗谄，憎疾忠直，汉业由是遂衰。

哀帝在藩府时，见得成帝之时，外戚擅政，威福下移，权胜私门，禄去公室，皆以主威不立之故。及即位之后，屡次诛杀大臣，欲以尊强主威，仿效以前武帝、宣帝的行事。其志未尝不锐，而乃宠信谗谄之人，如侍中董贤等，皆以嬖佞而至三公；憎疾忠直之士，如丞相王嘉等，皆以直言蒙祸。以此举动，岂能使人心悦服？虽杀之而不畏矣。所以汉家基业从此遂衰，不可复振，王莽因得篡而代之。

夫济弱者不于威，而建威者在于德。哀帝承元、成之后，国势已弱，奸臣擅命，诚能正身修德，信任忠贤，秉至公以明赏罚，操威福以驭海内，则奸邪无敢肆其志而主威立矣。不知出此，而徒欲假诛杀以振之，尚可得乎？其致倾危，非不幸矣。

平帝

孝平皇帝，名衎，中山王之子。哀帝崩，无子，大臣迎而立之。在位五年，王莽弑之。

初，长沙定王发四世孙、南顿令钦生三男：縯、仲、秀。縯性刚毅慷慨，有大节。秀隆准日角，性勤稼穑。縯常非笑之，比于高祖兄仲。宛人李守，好星历谶记，尝谓其子通曰："刘氏当兴，李氏为辅。"及新市、平林兵起，南阳骚动，通从弟轶谓通曰："今四方扰乱，汉当复兴。南阳宗室，独刘伯升兄弟泛爱容众，可与谋大事。"通笑曰："吾意也！"遣轶往迎秀，与相约结，定谋议，归舂陵举兵。于是縯自发舂陵子弟，诸家子弟恐惧，皆亡匿。及见秀绛衣大冠，皆惊曰："谨厚者亦复为之！"乃稍自安。凡得子弟七八千人，与下江将王常及新市、平林兵合。于是诸部齐心，锐气益壮。

宛，是县名；舂陵，是乡名，都在今河南南阳府。

王莽既篡汉祚，暴虐无道，至其末年，天下叛之，盗贼并起。一伙在江夏新市地方，王匡、王凤为首，叫做新市兵；一伙在江夏平林地方，陈牧为首，叫做平林兵；一伙在荆州地方，王常为首，叫做下江兵。这时节，天下人心皆复思刘氏，于是光武皇帝乘时起兵，以兴复汉室。这一段是记光武初起兵时事。

初，景帝第六子名发，封于长沙，谥为定王。定王四世孙名钦，为南顿县令，生三子：长的名縯，字伯升；次的名仲；少的名秀。秀即光武皇帝。刘为人生性刚毅，慷慨有豁达大节，不治产业。光武状貌生得异常，鼻准隆高，额上有骨耸起，叫做日角，性却勤于稼穑，喜治产业，与縯不同。縯常讥议戏笑他，比他做高祖的兄刘仲一般。盖刘仲只知治生，无远大之志，故为高祖所笑。光武岂是这样人？乃处乱世，韬晦当如此。

那时宛县人李守，好习天文符命的书，豫先知道兴废。当王莽篡汉时，私对他儿子李通说："看图谶上，刘家气运还当中兴，我李家当为他的辅佐。"及至新市、平林兵起，迫近南阳，郡中骚动。李通有个同祖兄弟叫做李轶，对李通说："今四方扰乱，汉当复兴。汉家宗室在南阳郡的，只有舂陵乡刘伯升兄弟，散财结客，泛爱容众，可与他共图大事，兴复汉室也。"李通心下常记得他父亲的言语，便笑说："这乃是我的本心。"此时光武在宛县，李通就着李轶去迎接他来，与他相约结定谋议，回到舂陵地方，同起义兵。于是刘縯亲自佥发舂陵子弟为兵，那各家子弟心下怕惧，都逃躲了，不肯从他。及见光武穿着大红、戴着大帽，都惊异说道："他平生谨厚，不肯胡为。如今也做这等事，想是大事可成，但从他去不妨。"子弟每乃稍稍自安，出来应募，共得子弟七八千人。一面去招集各伙在山泽的，与下江将帅王常，及新市、平林的兵马，会合一处，以助声势。于是王常、王凤、陈牧等诸部齐心，南阳子弟锐气益壮矣。

夫南阳之人，刘以豪侠率之而亡匿，光武以谨厚倡之而服从，可见此时众心之所属，已在光武矣。济大事者，以人心为本，此汉室之所以复兴也。

更始遣将攻武关，三辅邓晔、于匡起兵应汉，开武关迎汉兵。诸县大姓亦各起兵称汉将，而长安旁兵四会城下。九月戊申，兵从宣平门入。火及掖廷、承明，莽避火宣室，旋席随斗柄而坐，曰："天生德于予，汉兵其如予何！"庚戌旦明，群臣扶莽之渐台。晡时，众兵上台斩莽首，分莽身，节解脔分，争相杀者数十人。传莽首诣宛，县于市，百姓共提击之，或切食其舌。

更始，是汉之宗室，名叫刘玄。王莽之末，汉兵并起，共立刘玄为天子，号更始皇帝。渐台，是太液池中的高台。脔，是肉块。

汉兵既大破王莽兵于昆阳，乘胜长驱，于是更始遣其大将军申屠建攻打武关，欲入关中。那时人心思汉，三辅地方豪杰有邓晔、于匡，两人共起义兵为汉兵内应，开武关迎纳汉兵。关中各县的大户也都起兵自称汉将，愿助汉兵共诛王莽。而长安旁近去处的义兵也四面齐至，会于长安城下。

九月戊申日，汉兵攻破宣平门入城，举火焚烧宫室，延及掖廷宫、承明殿。王莽走去宣室前殿避火，不知死在旦夕，尚且为魇镇之术，乃移席随北斗柄所指而坐，对群臣说："天生德于我，使我受命为天子，汉兵其奈我何？"其欺天罔人如此。至庚戌日平明，兵火愈迫，群臣扶王莽往太液池中的渐台，欲阻水以避之。汉兵遂围其台。至日晚时，众兵上台，斩了王莽的首级。众将士每将王莽的身尸碎割了，逐节而解，逐块而分，都拿去请功，因此相争相杀者至数十人。此时更始都于宛县，申屠建乃传送王莽首级至宛，枭之于市。百姓每都怨恨王莽，共取其头掷击之，或切食其舌。

自古乱臣贼子受祸之惨，未有如王莽者。盖汉家德泽尚在人心，王莽乃乘其孤寡，逞其奸诈，一旦夺而有之，是以人心共愤，义兵四合，不旋踵而遭屠戮之祸。此可以为万世篡贼者之戒矣。

更始将都洛阳，以刘秀行司隶校尉，使前整修宫府。秀乃置僚属，作文移，从事司察，一如旧章。时三辅吏士东迎更始，见诸将过，皆冠帻而服妇人衣，莫不笑之。及见司隶僚属，皆欢喜不自胜。老吏或垂涕曰："不图今日复见汉官威仪！"由是识者皆属心焉。

洛阳，在今河南府。刘秀，即光武皇帝。司隶校尉，是官名。三辅，是京兆、冯翊、扶风三郡。帻，是裹头的巾。

初，更始建都于宛，及取了洛阳，又要迁都于洛阳。此时光武尚在更始部下为将军，更始乃命他行司隶校尉的事，着他前去整理修葺洛阳的宫阙官府。汉家旧制，司隶校尉主督察三辅等地方，其僚属有从事史十二人，以司督察。光武既做这官，便设置僚属，作为文书，移与属县，其从事人员主司督察，一如旧制。那时三辅地方的官吏士卒，往东去迎接更始，见他手下各将帅过去的，只用巾帕包头，不戴冠帽，又穿着短窄的衣服，似妇人装束一般，莫不笑之。及见光武的僚属，其衣冠结束，都是旧时的制度，件件齐整，百姓每欢喜不自胜。其中老吏曾见旧日太平景象的，或感怆垂涕说道："不意今日扰乱之后，复得见前时汉家官属的威仪如此。"自是有见识的，都归心于光武，愿推戴之矣。

夫观当时百姓，一见汉官威仪，遂至于垂涕叹息，则人心思汉可知矣。宜汉之已废而复兴也。此虽光武之动依礼法，有以得人心，亦孰非其祖宗之遗泽，尚存而未泯哉！

更始拜刘秀行大司马事，持节北渡河，镇慰州郡。秀至河北，所过郡县，考察官吏，黜陟能否，平遣囚徒，除王莽苛政，复汉官名。吏民悦喜，争持牛酒迎劳，秀皆不受。

汉家以大司马秉朝政，官品最尊。此时更始已平河南，都洛阳，乃除授光武行大司马的事。就着他持了符节，渡河而北，循行各州郡，镇抚慰安之。这时王莽暴虐，官吏不才，赋繁刑重。光武既到河北，所过郡县，便引见那郡守县令以下各官吏，一一考察其行事。有贤能的，即升迁之；其不职的，便罢黜之。狱中囚徒，轻重罪名都审录过，拟议停当，即时发遣。尽除去王莽琐碎的法度，崇尚宽大。前此王莽妄拟成周改汉官名，如郡守改名大尹，县令改名县宰，似此等类，一切革去，复用汉家旧时官名。于是官吏百姓每个个欢喜，都争先来迎接，牵牛担酒，献上光武，以犒劳军士。光武不欲烦费百姓，都辞了不受。

昔高祖入关，除秦苛法，吏民争以牛酒迎献，高祖悉却不受，恐烦劳百姓。今光武循行河北，除莽苛政，吏民亦争以牛酒迎劳，光武亦却之。此可见光武之宽仁能得民心，同符于高祖，而帝王之施为气象，自与寻常不同也。

南阳邓禹杖策追秀，及于邺。秀曰："我得专封拜，生远来，宁欲仕乎？"禹曰："不愿也。但愿明公威德加于四海，禹得效其尺寸，垂功名于竹帛耳！"秀笑，因留宿。禹进说曰："今山东未安，赤眉、青犊之属动以万数。更始既是常才而不自听断，诸将皆庸人崛起，志在财币，争用威力，朝夕自快而已，非有忠良明智、深虑远图，欲尊主安民也。明公素有盛德大功，为天下所向服，军政齐肃，赏罚明信。为今之计，莫如延揽英雄，务悦民心，立高祖之业，救万民之命，以公而虑，天下不足定也。"秀大

悦，因令禹常宿止于中，与定计议。每任使诸将，多访于禹，皆当其才。

策，是马棰，即今之马鞭，古时以竹木为之，故谓之策。邺，是县名，即今彰德府地方。赤眉、青犊，是当时诸贼的名号。

南阳人邓禹，从小时就认得光武非常人，与他结识。光武初起南阳，邓禹未及随从。及光武领兵抚定河北，邓禹闻知，乃杖马策，慌忙追赶，渡河到邺县地方才赶上了。光武见他远来，问他说："我奉诏书，以便宜行事，得径自封爵除官。你今远来，莫非要官做么？"邓禹对说："不是要做官。只愿明公威德加于四海，禹随侍左右，亦得少效尺寸之劳。干些功业，他日书在竹帛上，流芳千载，不枉了平生所学耳！"光武喜笑，就留他同宿。邓禹因乘间劝光武说道："如今山东未安，盗贼群起，赤眉、青犊之类动辄啸聚数万人。更始既是常才，不能自家听断，而委政于下。他手下的诸将，又都自庸人暴起，所志不过图些财帛，争用威力以凌人，只求朝夕快意而已。何曾有个忠良明智之士，深虑远谋，欲上以尊君，下以安民者乎？君臣如此，其亡可立而待。明公素有盛德大功，为天下所归服；又军令整肃，赏罚明信，举动自与凡人不同。今能平定天下者，非公而谁？为今之计，莫如礼贤下士，延纳天下的英雄，除残去暴，务悦天下的人心，复立高帝之业，以救万民之命，却不是好？且以明公之才图取天下，天下不难定也。何必屈身于更始，虚用其力于无成之地哉？"光武听了大喜，因命邓禹常宿歇帐中，与他私定计议。每任用诸将，多访问于禹。凡禹所荐的，一一都当其才，其知人如此。

尝观萧何之劝高帝，有养民致贤人一言，高帝用之以成帝业。今邓禹亦劝光武以延揽英雄，务悦民心，其意正与之合。萧何有发踪指示之功，而邓禹亦能举用诸将，各当其才。此其所以为佐命之元功，而与萧何并称也欤！

大司马秀至蓟，会王子接起兵蓟中，以应王郎，城内扰乱。秀趣驾而出，不敢入城邑，舍食道傍。至芜蒌亭，时天寒烈，冯异上豆粥。至下曲阳，传闻王郎兵在后，从者皆恐。至滹沱河，候吏还白："河水流澌，无船，不可济。"秀使王霸往视之。霸恐惊众，欲且前，阻水还，即诡曰："冰坚可度。"官属皆喜。秀笑曰："候吏果妄语也！"遂前，比至河，

河冰亦合，乃令王霸护渡，未毕数骑而冰解。

蓟，是县名。芜蒌亭、下曲阳、滹沱河，都在今真定府地方。澌，是水上流冰。

这时光武为大司马，安辑河北，行到蓟县地方，适遇着邯郸王郎作乱。蓟中有个宗室王子刘接，起兵要与王郎连合，以此城内扰乱。光武急忙乘车走出，所过地方不敢复入城邑，只歇息在路边人家吃饭。行到芜蒌亭，时天甚寒冷，又无粮米，冯异煮豆做粥，进与光武充饥。又行到下曲阳县，听得王郎的车马在背后赶来，那从行的人个个惊恐。行至滹沱河，探候的吏回报说："河水里流下冰来，不曾冻合，没有船只，怎生渡得过去？"光武使其将王霸前去打探。王霸看了，果是难渡，恐怕惊了众人，不如权且说渡得，以安众人之心。且要诸将士都到河边，临着河水以为险阻，待那贼兵到时，众人见前面没走处，只索与他死战。这就是韩信背水阵的意思。于是回还，对众假说："河冰坚固，人马都过得去。"官兵听得这说话，个个喜欢。光武笑说："先间候吏的言语，果是谎说。"即便前去。及到河边，那河水真个也就冻合了，光武便着王霸监护众军渡过河去。刚刚渡得数骑人马到岸，冰已开了。此时光武甚见窘迫。

偶遇河冰，幸而得免，岂不是天意？然亦因光武能除暴安民，有此盛德，感格上天，故扶持保佑之如此。若不能修德，徒靠天命，欲侥幸于或然之数，岂有此理哉！

秀披舆地图，指示邓禹曰："天下郡国如是，今始乃得其一。子前言以吾虑天下不足定，何也？"禹曰："方今海内淆乱，人思明君，犹赤子之慕慈母。古之兴者在德薄厚，不以大小也。"

披，是阅视。舆地图，是天下地里之图。

那时天下郡国，多为盗贼所据。光武一日阅视天下地图，指示邓禹说道："天下郡国这等广大，如今才收复了河北数郡，是十分中才得了一分，怎能勾便得各处平定？你前日见我时，就说以我去图虑天下，指日可定，莫不忒看得容易了，此是何故？"邓禹对说："自汉室中衰，盗贼并起，四海之内，纷纷扰乱，只以劫掠为事，无有能替百姓每做主者。这时人心思想要得个圣明之君，以为依归，就如初生的孩儿要得个慈母，靠他乳哺一般。自古以来，兴王之君，只看他德之厚薄如何，不在地之大小。若是德厚，人心归之，虽无尺土，亦可以成大业；如其德薄，人心离散，虽有天下，亦必至于亡。今只宜论德，何必论地？”

前此邓禹曾劝光武延揽英雄，务悦民心，这就是修德的事，所谓天下不足定者此也。中兴诸将，识见未有能及此者。故邓禹战伐之功，虽不加于诸将，而独为一代元勋，岂非以其能识天下之要务哉！

五月，王霸追斩王郎。秀收郎文书，得吏民与郎交关谤毁者数千章。秀不省，会诸将烧之，曰：“令反侧子自安！”

反侧子，是反覆无定、怀二心的人。

更始二年五月，光武既连破王郎之兵，王郎战败逃走，王霸追击斩之。光武入邯郸，收王郎遗下的文书，捡得当时河北官吏百姓每与王郎往来交通及谤毁光武的言语，有数千纸。光武通不查看，即时聚会诸将，对众烧之，说道：“这书我若查他的姓名，未免人心疑惧。不如尽行烧毁，泯其形迹，使反侧之徒得以自安。”

盖帝王以天下为度，不修私怨，不计旧恶。况当时祸乱初平，人心未定，若复究其交通之罪，则将人人自危，而益生动摇之变矣。故光武之烧文书，一则能容人过，见他度量广大；一则务安人心，见他智虑深远。此所以能有天下也。

更始遣使立秀为萧王，悉令罢兵。耿弇进曰：“百姓患苦王莽，复思刘氏。今更始为天子，而诸将擅命，贵戚纵横，虏掠自恣，元元叩心，更思莽朝，是以知其必败也。公功名已著，以义征伐，天下可传檄而定也。天下至重，公可自取，毋令他姓得之！”萧王乃辞以河北未平，不就征，始贰于更始。

光武既诛了王郎，更始见他威名日盛，有疑忌之意。遂遣使者到河北，封他为萧王，就命他罢了兵，与将士每都回京师，盖欲借此以收其兵权耳。那时，光武的意思犹豫未决，欲从更始之命，罢兵回去，又恐失了河北地方，人心离散，汉室难以兴复。于是耿弇进谏说道：“当王莽篡汉时，政令烦苛，百姓每怨苦王莽，复思汉家，所以一闻汉兵之起，莫不争先归顺，望其能除暴救民也。今更始本是庸才，不可以为天下之主，又不能钤束群下。诸将每都专权擅令，不知有朝廷。后妃之家，恃宠使势，不循法度，纵横于京师。甚至虏掠人家财帛子女，放恣无忌，与盗贼一般。其暴虐害人，有甚于王莽者，所以元元之民，困苦无聊，都搥胸呼冤，反想起王莽之朝，以为不如彼时之为安。百姓离心如此，以此知更始决然成不得大事。虽欲辅之，亦何益乎？明公先破王莽百万之众于昆阳，今又平定了河北，功名已著，天下归心。若仗大义以行征伐，谁不响应？只消传一道檄文，分投告谕，而天下可定矣。天下至重，公本汉之宗室，可乘时自取，勿令异姓得之，绝了汉家的宗祀。”光武感悟，乃托辞说：“河北地方尚未平定，未可罢兵回朝。”不赴更始之召。始初，更始杀了光武之兄刘縯，光武一向隐忍，屈己而为之臣。至是见得天命人心，不在更始，乃与他分为两家，各自行事，不复用其命令矣。未几更始果败，而光武遂自河北即帝位焉。

大抵天下大器，非庸才所能堪，而人心已离，天命必去，不待成败之既形，而智者能预见之矣。观王莽已篡而诛，更始已立而败，其故皆由于失人心。而光武之德，为人心所归，卒能兴复汉业。孟子说：“得天下有道，得其民也；得其民有道，得其心也。”岂不信哉！

是时，诸贼铜马、铁胫、尤来、大枪、上江、青犊、富平、获索等各领部曲，众合数百万人，所在寇掠。秋，萧王击铜马于鄡，吴汉将突骑来会青阳，士马甚盛。铜马食尽，夜遁，萧王追击于馆陶，悉破降之，封其渠帅为列侯。诸将未能信，贼降者亦不自安。王知其意，敕令降者各归营勒兵，自乘轻骑按行部陈。降者更相语曰：“萧王推赤心置人腹中，安得不投死乎！”由是皆服，悉以降人分配诸将，众遂数十万，故关西号秀为铜马帝。

铜马、铁胫、尤来、大枪、上江、青犊、富平、获索，都是盗贼的名号。突骑，是冲锋的马军。渠帅，是贼首。

此时天下无主，盗贼纵横，于是铜马、铁胫、尤来、大枪、上江、青犊、富平、获索等贼，各领部曲，大众会合，约有数百万人，到处劫掠，扰害百姓。这年秋间，光武为萧王，领兵征剿铜马贼于鄡县。将军吴汉发幽州突骑，来会于青阳县，军马甚盛。那铜马贼以此不敢散出打抢，粮食尽了，乘夜逃去。光武统兵追赶到馆陶县地方，把这伙贼都杀败了，尽数投降。光武因他来降，赦而不诛，就收在部下为用，封其头领为列侯。一时诸将见这伙贼以战败来降，未知其诚伪，萧王如何就这等收用他，心里都疑而未信。那贼来投降的也自危惧，心下不安。光武知道他每这意思，乃下令着投降的各回本营，勒习兵马，光武独自一个骑着一匹马，径到各营中，按行部陈，观看营伍，示之以不疑。于是来降的人，转相传说："我等新来投降，意思好歹尚未可知，萧王就这等待我。他把一片赤心，推出来放在人的腹中，没有一毫猜忌。他以至诚待人如此，我等安得不倾心归向，愿为效死乎！"由是数万之众，无不悦服。光武乃尽以投降的人，分派在诸将营中，各自管辖。因此光武的军马众盛，至数十万。此时虽未称尊号，然从此威名大著，远近归心。关西百姓因他能收服铜马诸贼，遂号他为铜马皇帝，一时人心皆愿戴以为主矣。

卷之十一

东汉纪

光武帝

世祖光武皇帝，是景帝七世孙。举兵诛王莽，兴复汉室，为中兴一代之始祖，故庙号世祖皇帝。

还至中山，诸将请上尊号，王不听。行到南平棘，诸将固请之，王不许。耿纯进曰："天下士大夫，捐亲戚，弃土壤，从大王于矢石之间者，其计固望攀龙鳞，附凤翼，以成其志耳。今大王留时逆众，不正号位，纯恐士大夫望绝计穷，则有去归之思，无为久自苦也。大众一散，难可复合。"王深感曰："吾将思之。"

中山，即今定州；平棘，即今赵州，都属真定府。

光武此时为萧王，剿平群盗回到中山地方。诸将马武等料度更始必败，又见光武功德日盛，因劝光武即帝位，称尊号。名号既正，乃可以声罪讨贼。光武谦让不肯听从。又行到南平棘地方，诸将再三劝进，光武尚不肯从。于是耿纯进前说道："如今众将士每都是各处地方的人，所以抛舍了亲戚，离别了乡土，来从大王于战阵矢石之间，冒死而不顾者，他的算计也只指望大王一旦立为天子，他每就都是佐命之臣。如攀着龙鳞，附着凤翼，乘此机会立些功业，以成就平生的志气，也不枉了相从这遭。如今天时已至，而迟留不决；众心共戴，而违逆不从。不早正天子的位号，臣恐众将士每失了指望，差了计算，个个都灰心解体，思量回去了，何故久抛了乡土亲戚，空自在这里受许多辛苦，为着甚么？将见大众一散，难以再合，大王手下的谋臣猛将既都散去了，却与谁共取天下乎？”光武乃深自感悟，说道：“你这话也说的有理，待我仔细思量，再作区处。”

当是时光武所以逊避而不敢当者，以有更始在也。然更始虽在，不过徒拥虚名耳。天下祸乱，岂庸才所能平定乎？观三辅吏士，喜见威仪；王郎追急，滹沱冰合，人心天命，已属光武久矣。继汉家之统者，舍光武其谁？乃犹不得已而后从，此可见真主之气度，与寻常盗名器者，不可同日而语也。

行至鄗，召冯异，问四方动静。异曰：“更始必败，宗庙之忧在于大王，宜从众议！”会儒生强华自关中奉《赤伏符》来诣王，曰：“刘秀发兵捕不道，四夷云集龙斗野，四七之际火为主。”群臣因复奏请。六月，王即皇帝位于鄗南，改元，大赦。

鄗，是县名，即今真定府高邑县。

光武因诸将耿纯等劝即帝位，心里尚踌躇未决。行到鄗县，以将军冯异镇守孟津，必探听得长安中的消息，乃使人去召他来，密问他四方动静如何。冯异对说：“更始政事荒乱，必然败亡，汉家宗祀无托。大王既汉家宗室，又且功德隆盛，今宗庙之忧，在于大王，不可拘小节而忘大计。宜勉从众议，早正位号，以奉宗庙之统，以安亿兆之心。”正商议间，适有个书生姓强名华，自关中奉个谶书，叫做《赤伏符》，来见光武。那谶书上说道“刘秀发兵捕不道”，刘秀是光武的姓名，这句是说，光武起兵，剿灭那无道之人；“四夷云集龙斗野”，这句是说，四方兵起如云之聚，群雄战争，如龙斗于野一般；“四七之际火为主”，四七，是二十八，自汉高祖开国，至光武起兵，凡二百二十八年，故曰四七，汉以火德王天下，故曰火为主，这句是说，汉家天下，中间虽遭一厄，到二百二十八年之间，又有真主中兴，还是汉家作主。看这符谶，都是光武受命、汉家复兴之兆，于是群臣以光武名应图书，又再三劝进。六月，光武乃即皇帝位于鄗县之南，改年号做建武元年，大赦天下。

夫以光武之功德，又当更始垂亡，天下无主，其正尊位以系人心宜矣。但不必借《赤伏符》以为受命之征。盖谶记之书，乃圣人所不道，多出于方士妖人假造出来，不可尽信。光武既以《赤伏符》即位，遂加尊信，其后用王梁为司空，亦决之于谶语，而郑兴、桓谭，皆以非谶被谴，则惑之甚矣。后世妖书、妖言，实自此始，岂非盛德之一累哉！

二年，悉封诸功臣为列侯。阴乡侯阴识，贵人之兄也，以军功当增封。识叩头让曰："臣托属掖亲，仍加爵邑，不可以示天下。"帝从之。

贵人，是妃嫔的官号。掖，是掖庭，指后宫说。

建武二年，光武以天下初定，念诸将征伐之功，乃尽封众功臣邓禹、吴汉等为列侯。那时功臣里面有个阴乡侯，叫做阴识，是后宫贵人阴丽华的兄。前此已受封了，他有军功，又该加封。阴识乃叩头辞让说道："臣妹在后宫，臣既附托于掖庭为亲属，若再加爵邑之赏，人不说陛下是赏功，只说是偏厚亲戚，有所私于臣，恐不可以昭示天下，使人心服。"光武因他说得有理，就准其辞免。

夫外戚之家，不患不富贵，但患富贵太过，盛满难居耳。观前汉吕氏、霍氏及王莽家，皆以亲戚滥封，满门贵盛，终致祸败，大则乱国，小则破家。阴识之辞让，岂非有鉴于前车之覆辙乎？光武从之，亦所以爱厚而保全之也。

五年，帝使来歙持节送马援归陇右。隗嚣与援共卧起，问以东方事，曰："前到朝廷，上引见数十，每接燕语，自夕至旦，才明勇略，非人敌也。且开心见诚，无所隐伏，阔达多大节，略与高帝同。经学博览，政事文辩，前世无比。"嚣曰："卿谓何如高帝？"援曰："不如也。高帝无可无不可；今上好吏事，动如节度，又不喜饮酒。"嚣意不怿，曰："如卿言，反复胜邪！"

陇右，是地名，在今陕西巩昌、临洮等府地方。

光武即位之五年，此时西州上将军隗嚣尚占据陇右，使其宾客马援至洛阳朝见光武，以通归顺之意，且欲窥看光武之为人。光武既管待了马援，使来歙持节伴送他回陇右。隗嚣因马援初回，乃引他入卧内，与他同睡同起，私问他以东方事体。盖陇右在西，洛阳在东，故称京师为东方。马援对说："前到朝廷，主上引入相见，凡数十次。每接燕谈，辄自夜至明，亹亹不倦。窃见主上之才明勇略，皆非常人所能敌也。且开心见诚，把心腹的话都直说出来，无所隐伏。阔达多大节，有帝王之度，略与汉高帝相同。至如博览经学，通知古今，其政事与文章辩论，则近代帝王无可比者。”隗嚣问说：“卿看今上比高帝优劣何如？”马援说：“今上若比高帝，还不及些。高帝豁达大度，不拘小节，随时应变，无可无不可。今上好亲理吏事，一言一动，必循着规矩，不肯一些差错，又不喜饮酒，似不如高帝之雄略。”隗嚣见马援这说，以为褒美光武太过，意下不乐，乃应说：“如卿所言，动有节度，又不善饮酒，这正是帝王的美德，然则今上反更胜于高帝邪？”此时隗嚣虽遣使纳款，而其心实持两端，所以一闻马援以光武比高帝，便不乐如此。

以今论之，汉高帝天资极高，弘模大略，非光武所及，但不好学，故每事有粗疏处。光武之规模虽不及高帝，而博览经学，动合古法，故事事精密，少有过举。可见帝王聪明，虽得于天纵，而学问之功，亦不可无也。

冯异治关中，出入三岁，上林成都。人有上章言：“异威权至重，百姓归心，号为咸阳王。”帝以章示异，异惶惧，上书陈谢。诏报曰：“将军之于国家，义为君臣，恩犹父子，何嫌何疑，而有惧意！”

关中，即今陕西地方。咸阳，即今西安府。

征西将军冯异，既代邓禹镇守关中，剿除群盗，安集百姓。出入三年，光武一意委任他。关中有个上林苑，原是车驾游幸的去处，冯异屯兵在里面，百姓归附得多，便成一个大都会。那时朝中有人奏他说：“冯异在关中，专制一方，威权太重，百姓每的心都归服他，号他做咸阳王。关中地方只知有冯异，不知有朝廷。其得人心如此，势不可测，须用提防。”这正是谗邪小人离间冯异的说话。光武心里却信得冯异是忠诚为国的人，初不因人言而生猜忌，就把这章奏封去与冯异看。冯异见了惶惧不自安，即上书表白心事，自陈谢罪。光武手诏批答说：“将军于我国家，义虽有君臣之分，恩则犹父子之亲。将军忠义，朝廷备知。纵有人言，岂能离间？何嫌何疑，而怀恐惧之意哉！”这是光武慰安冯异的意思，所以保全功臣者至矣。

尝观韩信、彭越俱有开国之功，然高祖一闻疑似之言，便加诛戮，而光武乃能保全如此。虽冯异之谦让不伐，自与韩、彭不同，而光武之以礼御臣，过于高祖远矣。

冯异自长安入朝，帝谓公卿曰："是我起兵时主簿也，为吾披荆棘，定关中。"既罢，赐珍宝、钱帛，诏曰："仓卒芜蒌亭豆粥，滹沱河麦饭，厚意久不报。"异稽首谢曰："臣闻管仲谓齐桓公曰：'愿君无忘射钩，臣无忘槛车。'齐国赖之。臣亦愿国家无忘河北之难，小臣不敢忘巾车之恩。"留十余日，令与妻子还西。

披荆棘，是削平僭乱的意思。钩，是带钩。槛车，是囚车。巾车，是乡名。

此时冯异镇守关中年久，思慕朝廷，乃自长安入朝。光武见了冯异，因指示与公卿说："此人是我起兵时主簿也，相从最久。关中连经更始、赤眉之乱，盗贼纷起，道路不通，如荆棘一般。他能替我削平僭乱，芟除荆棘，以定关中，收复我祖宗的旧都，其功大矣。"朝罢，又特赐他珍宝、钱帛等物，传旨与他说："先年在河北为王郎所追，仓卒困饿之时，你于芜蒌亭进我豆粥，到滹沱河又进我麦饭，幸得免于艰危，致有今日。你这厚情，久未酬报，今特以此物相报。"夫光武之赐冯异，不专为一饭之德，盖念其相从于患难耳。冯异叩头谢恩对说："臣闻昔齐桓公与其弟子纠争国，此时管仲臣事子纠，将兵堵截桓公，不使入齐，射中桓公的带钩。及桓公既立，求管仲于鲁。鲁人把管仲缚在囚车里，解送与齐桓公。知他是贤人，亲解其缚，用以为相。其后管仲相桓公霸诸侯，齐国富强。乃告桓公说：'愿吾君无以今日佚乐，忘却前日射钩之危；臣无以今日显荣，忘却前日槛车之辱。君臣上下，常念念如在患难之中而后可。'管仲与桓公以此交相警戒，而齐国卒赖其福。臣昔为郡吏，替王莽坚守父城，偶出行至巾车乡，被汉兵拿获，荷蒙陛下圣恩，赦而不诛，以有今日。臣今亦愿国家不要忘了河北窘辱之难，而常兢业以图存；小臣亦不敢忘了巾车赦罪之恩，而必感激以图报，庶几无愧于齐之君臣矣。"光武留冯异住京师十余日，命他与妻子仍回长安镇守。

自古有国家者，每能忧勤于艰难多事之秋，而不能不侈肆于宴安无事之日。惟逸能思危，安能惟始者，然后可以履盛持盈，永保天命。故管仲之警桓公以射钩，冯异之动光武以河北，其意一也。然桓公竟以骄侈不终，而光武之恭俭忧勤三十年如一日，其贤于桓公远矣。

大司农江冯上言："宜令司隶校尉督察三公。"司空掾陈元上疏曰："臣闻师臣者帝，宾臣者霸。故武王以太公为师，齐桓以夷吾为仲父，近则高帝优相国之礼，太宗假宰辅之权。陛下宜修文、武之圣典，袭祖宗之遗德，劳心下士，屈节待贤，诚不可使有司察公辅之罪。"帝从之。

大司农、司隶校尉，都是官名。司农掌出纳钱谷之任，司隶校尉专以督察奸邪。

汉家以司马、司徒、司空为三公，即是宰相之职。其后王氏以外戚相继为大司马，专擅国政，王莽因之而移汉祚。到光武时，大司农江冯惩鉴前弊，建议奏说："三公位尊权重，他的罪过无人纠举，恐养成祸乱。今司隶校尉本是京师督察的官，可着他访察纠举三公的罪过，则大臣知所警畏，不敢为非。"这虽是防患的意思，然人君信任辅相，优礼大臣，岂宜如此？于是司空衙门有个掾史陈元，上疏说道："臣闻人君于臣，有大贤可为师的，能以师礼尊之，法其道德，便可以兴帝业；有次贤可为友的，能以宾礼敬之，资其谟议，便可以图霸功。故周武王以太公望为尚父，这便是师臣者帝；齐桓公以管夷吾为仲父，这便是宾臣者霸。若论近世，则我朝高祖也曾优厚相国之礼，如赐萧何剑履上殿，入朝不趋是也；太宗文帝也曾宽假宰辅之权，如容申屠嘉召治邓通是也。周家之典如彼，祖宗之德如此，今陛下只宜法周文王、武王，修其圣典，法我高祖、太宗，袭其遗德。劳心以下士，无有傲慢；屈节以待贤，无有猜疑。则宾师之礼既尽，帝王之治可兴。今既以为贤，立他为三公辅相，上佐天子，下统百僚。那司隶校尉，一有司官耳，乃又使之访察公辅的罪过，得以持其长短，成甚体统？尚何以为天子之股肱、百僚之师表乎？臣以为断不可如此。"光武因陈元说的有理，即从其言，而待辅相之礼加隆矣。

大抵人主任相，只当审择于未任之先，不可致疑于既任之后。前时王莽所以能为祸乱者，乃是信任外戚之过，非信任三公之过也。若缘此故一概猜疑，苛求备责，谗谮易生，虽有太公、管仲之贤，亦岂得行其志哉！贾生有言："陛九级上，廉远地，则堂高。"又曰："鼠近于器，尚惮不投。”而况贵臣之近主乎？待大臣者，所宜深思也。

赵王良从帝送歙丧还，入夏城门，与中郎将张邯争道，叱邯旋车。又诘责门侯，使前走数十步。司隶校尉鲍永劾奏：“良无藩臣礼，大不敬。”良贵戚尊重，而永劾之，朝廷肃然。永辟扶风鲍恢为都官从事，恢亦抗直，不避强御。帝常曰：“贵戚且敛手，以避二鲍。”

中郎将，是官名，主宿卫侍从之事。门侯，是守城门的官。辟，是举用。强御，是豪强抗拒的意思。

来歙领兵伐蜀，卒于军中，还葬洛阳。光武亲率群臣与他送殡出城。有赵王名良，随驾送殡，回来入夏城门，与中郎将张邯争路。赵王怒，喝令张邯退回车子，让他先入，又怪责城门官，不该先放张邯进城。城门官既叩头谢罪，赵王仍着他当马前走行数十步以辱之。那时司隶校尉鲍永，是个刚正执法的人，就劾奏说：“赵王良位在侯王，本是国家的藩臣，乃不尊朝廷，斥辱天子之命吏，无藩臣之礼，大不敬！”赵王是光武之叔，贵戚尊重，而鲍永乃敢据法劾奏之，朝廷之上因此都肃然敬畏，不敢犯法。鲍永又举扶风人鲍恢做都官从事。都官从事，是司隶的属官，专访察百官之过失。鲍恢为人也刚直敢为，百官但有犯法，即行举奏，就是势要人家，能抗拒有司的，他亦依法纠举，无所畏避。光武常戒谕皇亲外戚家说：“你每各人且当敛手以避那鲍永、鲍恢二人，不要犯法取他劾奏。”

夫人臣必能为君执法，而后朝廷之势尊；人主必能容其臣执法，而后朝廷之法行。今鲍永劾奏亲王，鲍恢攻击强御，光武不惟能容，且常举之以戒贵戚，此岂待贵戚之厚，不若一臣哉？盖容二臣者，所以正法也；正法者，所以尊朝廷也。使当时于执法之臣，一犯贵近，即从而加罪之，则人臣孰肯以身守法，而朝廷又安有肃然之治哉！史称光武明慎政体，总揽权纲，观于此益信矣。

帝以睢阳令任延为武威太守，亲见，戒之曰：“善事上官，无失名誉。”延对曰：“臣闻忠臣不私，私臣不忠。履正奉公，臣子之节。上下雷同，非陛下之福。善事上官，臣不敢奉诏。”帝叹息曰：“卿言是也！”

睢阳，是县名。武威，是郡名。雷同，是同声附和，如雷声之相应一般。

光武知道睢阳令任延是好官，升他做武威郡太守。召来面见，戒谕他说道："郡县官的名誉，全凭上司官荐举。你今去到地方，好生承事那监临的上司官，不可违拂了他的意思，以致损失了你的名誉。"这是光武故意试问任延，以观其意向何如。任延却以正对说："臣闻古语说：'忠臣不私，私臣不忠。'盖人臣实心为国为民，不顾自身的毁誉荣辱，这叫做忠。若只为身图，不顾国与民的休戚利害，这叫做私。二者相反，所以忠的便无私，私的便不忠，此必然之理也。故为臣者，所履而行的，必是正理；所奉而守的，必是公法。但观理法之是非，不徇上官之喜怒，这方是人臣的大节。若上官道可，我也道可，上官道不可，我也道不可，更不顾正理公法如何，同声附和，如出一口，似这等的人，虽是做了好官，要了名誉，却把国家的事都废坏了，百姓的困苦都不相关，岂陛下之福哉？今臣受国家厚恩，唯知奉公守法，上为国家，下为生民而已。毁誉祸福，岂暇顾哉！善事上官之言，臣实不敢奉命。"于是光武叹息说道："卿所言是也！"其后任延在武威，内搏豪强，外御羌虏，置水官以理沟渠，置校官以兴儒雅，列名循吏，真可谓不愧其言矣。

大抵郡县官务求声名，必善事上官；善事上官，必刻剥百姓。故上官好贿赂，则郡县必取民以馈遗之；上官好逢迎，则郡县必劳民以奔走之；上官好自尊大，则郡县必承望风旨，颠倒是非以阿顺之。于是监临官视此以为贤否，而举劾因之；铨曹视此以为优劣，而黜陟因之。故雷同者往往得美官，而履正奉公之士，为世所讥笑。吏治之日坏，有由然也。要必严敕监司督察之官，崇奖悃愊无华之吏，无为声名所眩然后可。

十三年，时异国有献名马者，日行千里。又献宝剑，价直百金。诏以剑赐骑士，马驾鼓车。上雅不喜听音乐，手不持珠玉。

骑士，是扈驾的马军。鼓车，是载鼓的车。

光武即位十三年，外国有以良马来献者，其马一日能行千里。又献宝剑，其价可值百金。光武虽以远人之意，受而不却，然未尝以之为宝。即以剑赐骑士悬带，以马驾鼓车，都不留自用。光武为人，素性不喜听音乐，手里并不曾持着珠玉为玩，其简淡俭约如此。

盖人君好尚虽微，关系甚大。凡珠玉狗马音乐等事，一有所溺，皆足以妨政害治，而贻生民之祸。汉武帝只为好大宛之善马，南越之珠玑玳瑁，而穷兵远讨，坏了多少生灵。唐明皇只为好《霓裳羽衣》之曲，终日流连，废却政事，天下几至于亡。故古之圣王，抵璧于山，投珠于渊，不畜珍禽奇兽，不近淫声乱色，所以防其渐也。若光武者，诚可为万世之法矣。

尝出猎，车驾夜还，上东门候郅恽拒关不开。上令从者见面于门间，恽曰："火明辽远。"遂不受诏。上乃回，从东中门入。明日，恽上书谏曰："昔文王不敢盘于游田，以万民惟正之供。而陛下远猎山林，夜以继昼，如社稷宗庙何！"书奏，赐恽布百匹，贬东中门候为参封尉。

上东门、东中门，都是洛阳城门。参封，是县名。

光武一日曾出去打猎，到夜深方回。那时城门已闭，光武至上东门，有个守门的官，姓郅名恽，闭门不开，不放车驾进入。光武只道他不认得，着左右随从的人，见面于门间，使他识认。郅恽对说："这等深夜，火光辽远，怎么辨得真伪？"终不开门。光武不得已，转从东中门进入回宫。至次日早，郅恽又上书谏说："昔日周文王不敢以出游打猎为乐，使那万民只供正经的赋税，未尝无故滥费。且陛下以万乘之尊，远猎山林，昼日不足，以夜继之。陛下纵自轻，其如社稷宗庙付托之重何？臣未见其可也！"书奏，光武深嘉其言，赏郅恽布百匹。反将那守东中门的官，降为参封县尉，盖罪其门禁之不严也。

夫当郅恽拒关时，他岂不认的是光武？但京城门禁，最宜严谨，深夜启闭，当备非常。故虽天子之诏，且不敢奉，况其他乎？光武之赏郅恽，诚悔其夜猎之过，而为社稷宗庙自爱重也。且郅恽以忤旨蒙赏，东中门候以顺旨被罚，惟论事之当否，不徇情之喜怒。赏罚如此，非明主其孰能之！

帝在兵间久，厌武事，且知天下疲耗，思乐息肩。自陇、蜀平后，非警急，未尝复言军旅。皇太子尝问攻战之事，帝曰："昔卫灵公问陈，孔子不对。此非尔所及。"

光武自起兵以来，身经百战，在兵间日久，已厌苦武事。又知道天下遭战争之苦，疲敝虚耗已极，都愿休兵罢战，得以息肩无事。只为隗嚣据陇右，公孙述据蜀中，二方未定，不得已用兵征讨。自嚣、述既灭，陇、蜀既平之后，即专意休息，非有警急的边报，未尝说起军旅，恐其生事以劳民。皇太子曾一日问及攻战之事，光武说："昔卫灵公问陈法于孔子，孔子以军旅之事，非为国之急务，不肯答他。今攻战事非尔所能及，可勿问也。"

盖兵乃凶器，战乃危事，圣人不得已而用之。若天下已定，而用武不已，则不惟国家多事，而民命亦不能堪矣。光武既平陇、蜀，不言军旅，实有得于先王偃武修文之意。其身致太平，不亦宜乎？

时诸郡各遣使奏事，帝见陈留吏牍上有书，视之云："颍川、弘农可问，河南、南阳不可问。"帝诘吏由，吏不肯服，抵言："于长寿街上得之"。帝怒。时皇子东海公阳年十二，在幄后言曰："吏受郡敕，当欲以垦田相方耳。"帝曰："即如此，何故言河南、南阳不可问？"对曰："河南帝城，多近臣；南阳帝乡，多近亲。田宅逾制，不可为准。"帝令虎贲将诘问吏，吏乃首服，如东海公对。上由是益奇爱阳。遣谒者考实二千石长吏阿枉不平者。

陈留、颍川、弘农、河南、南阳，都是汉时郡名。谒者，是近侍官。二千石，是郡守、国相。长吏，是正官。

此时光武方踏勘核实天下开垦地亩，照地起科，各郡太守都差人到京奏报地亩粮差的规则。陈留郡差一个吏来，他奏书板上写着两句说道："颍川、弘农可问，河南、南阳不可问。"光武偶然看了，不晓得这意思，就诘问那差来的吏："为何写这两句？"吏不敢承认，只支吾说："从洛阳长寿街上拾得这奏牍，不知其意。"光武恼怒。此时光武第四子，封东海郡公名阳的，年才十二岁，在御幄背后说："这吏是受他本府官分付，叫他把各处垦田的事体相比方耳。"光武问说："即如此，何故说河南、南阳不可问？"东海公对说："河南是京城地方，多有左右贵幸功臣田土；南阳是父皇的乡里，多有族属亲戚人家的田土。近臣近亲，这两样人家倚恃权势，占种地土往往违越法制，朝廷不知，人不敢言，所报数目不可为定准。所以说颍川、弘农与他郡中事体相同，可问；河南、南阳事体不同，不可问。”光武就着面前侍卫的虎贲郎将，诘问那差来的吏。那吏乃自首输服，说委的是这意思。光武见东海公聪明如此，越发奇爱他。因遣谒者官往各处地方，考察核实那郡守、国相、县令等官，但有阿谀奉承势要人家，及亏枉平民，不得均平的，都治以罪。

自古国家要立法度，必须先从左右贵戚人家为始。若这两样人家任从豪横放纵，无所稽查，朝廷法度如何得行？因循日久，僭乱之祸皆由此起，不独垦田一事为然也。东海公方在冲年便能知此，可谓资禀不凡者矣。其后竟立为太子，即位为孝明皇帝，岂非天启之哉！

陈留董宣为洛阳令。湖阳公主苍头白日杀人，因匿主家，吏不能得。及主出行，以奴骖乘。宣于夏门亭候之，驻车叩马，以刀画地，大言数主之失，叱奴下车，因格杀之。主即还宫诉帝，帝大怒，召宣，欲棰杀之。宣叩头曰：“愿乞一言而死。”帝曰：“欲何言？”宣曰：“陛下圣德中兴，而纵奴杀人，将何以治天下乎？臣不须棰，请得自杀！”即以头击楹，流血被面。帝令小黄门持之。使宣叩头谢主，宣不从；强使顿之，宣两手据地，终不肯俯。主曰：“文叔为白衣时，藏亡匿死，吏不敢至门，今为天子，威不能行一令乎？”帝笑曰：“天子不与白衣同！”因敕：“强项令出！”赐钱三十万，宣悉以班诸吏。由是能搏击豪强，京师莫不震栗。

洛阳，是县名。苍头，是家奴。楹，是柱。文叔，是光武的字。

光武时，陈留人董宣，做在京洛阳县令。光武之姊湖阳公主，有家奴白日行凶杀人，因藏躲在公主家里，官府拿他不得。一日公主出来游行，那家奴跟随在车上，董宣探知，先往夏门亭伺候他。公主车到，就拦驻了车，叩着马，不放过去，以刀画地，大声数责公主的过失，说他不该纵容家人，窝藏罪犯，乃喝奴下车，就亲手击杀之。公主即时回宫告诉光武，光武大怒，唤董宣来要打杀他。董宣叩头请说：“愿容臣一言而后死。”光武问说：“你要说甚么？”董宣对说：“陛下圣德中兴，当以法度治天下。若纵家奴杀人，不使偿命，是无法度了。家奴犯法，尚不能治，将何以治天下乎？臣不须棰杖，请得自杀。”就以头撞柱，流血满面。光武见他说得有理，急令小黄门持定他，不要他撞死，只着他与公主叩头谢罪便罢。董宣不从。光武使人将他头按下，董宣两手撑地，终不肯低头一叩。公主见光武有容董宣之意，从旁谮说："文叔做白衣庶人时，曾藏亡命的、匿死罪的，官吏畏文叔之威，也不敢上门拿人。如今做了天子，其威反不能行于一令，而任其杀家奴乎？"光武笑说："做天子却与白衣人不同。"盖布衣任侠使气，犹或可以妄为，若天子则法度所自出，若任意容私，是自家先坏了法度了，又何以正朝廷，而正万民？光武喜董宣如此鲠直，以其强了头项而不屈，遂称他做"强项令"。传旨着这强项令且出，既饶了，又赐钱三十万，以奖励之。董宣把钱尽分与手下诸吏，盖彰君之恩，欲诸吏皆效其所为，不畏强御也。董宣既受知于上，因此能搏击豪强，无所畏避，京师中莫不震栗，无敢倚势以犯法者。

光武这一事，与戒贵戚避二鲍的意同。夫亲王至尊，一与朝臣争道，则司隶得以劾其罪；公主至贵，一纵家奴杀人，则县令得以数其失，而为司隶与县令者，又或以见称或以受赏。然则国法安有不行，而人心安有不肃者乎？故终光武之世，宗藩贵戚皆知循礼守法，保其禄位，有由然矣。

二十一年，莎车王贤欲兼并西域，诸国愁惧。车师等十八国俱遣子入侍，愿得都护。帝以中国初定，北边未服，皆还其侍子，厚赏赐之。

莎车、车师，都是西域国名。贤，是莎车王名。都护，是总领属夷之官。

光武二十一年，莎车王贤恃其强大，要兼并西域诸国。诸国自度弱小，敌他不过，恐为所并，都忧愁惧怕，要借大汉的兵力以为助。于是车师、鄯善、焉耆等十八国，一时都遣其嗣子入侍汉庭，以为质当，情愿请朝廷都护官一员，出去镇抚西域诸国，使莎车不能侵害。光武自思中国祸乱方才平定，北边匈奴尚未归服，兵戈始息，防御尚多，何暇又远及西域？于是将那各国侍子都发遣回去，仍厚加赏赐，以答其来意。至于都护之请，则寝而不行，恐劳费兵力也。

夫西域诸国，武帝频年遣使出兵，糜费中国，以求其通而不得。今诸国自来纳款，质爱子，求都护，而光武不许。然武帝不免于虚耗，而光武不失为治平。由是观之，中国之轻重，固不在戎狄之去来，又何必徒敝吾民以事无益哉！

二十四年，匈奴八部大人共议立日逐王比为呼韩邪单于，款五原塞，愿永为藩蔽，捍御北虏。事下公卿，议者皆以为天下初定，中国空虚，夷狄情伪难知，不可许。五官中郎将耿国独以为宜如孝宣故事，受之，令东捍鲜卑，北拒匈奴，率厉四夷，完复边郡。帝从之。

大人，是虏中各部落的头领。鲜卑，是东胡国名。

光武时，匈奴中有个日逐王名比，是呼韩邪单于之孙，管领匈奴南边八个部落。这日逐王自以不得立为单于，常怀怨恨，欲与单于相图。至建武二十四年，那八个部落的头领，共议立比为呼韩邪单于，仍袭他祖公的名号。以他祖公呼韩邪尝依汉得安，如今也要自附于汉，以求中国之助。于是率众到五原郡塞上，自请称臣内属，愿永为汉之藩蔽，替中国堵截北虏。光武将这事情，下与公卿每会议。那时会议的都说："若受了匈奴之降，须用金帛赏赉他，万一他国内有难，又须出兵去救他。今天下初定，中国空虚，岂可复费中国之力，与夷狄作主？且夷狄狡诈，真伪难知，不可许也。"独有五官中郎将耿国议说："昔孝宣帝受呼韩邪之降，边境无事者数十年。自中兴以来，匈奴骄慢，屡为边患。今幸他国内分离，他的孙子又来纳款，宜如孝宣帝时故事受他，就使他近塞居住。东边捍蔽着鲜卑，北边抗拒着匈奴，以夷狄而御夷狄，最为中国之利。且以倡率勉励诸四夷，都效他这般归顺，又乘边境无事之时，得把那沿边诸郡被匈奴残破的，渐渐修复，却不是好？"光武以耿国之说为是，遂从其计，立日逐王为单于，号做南匈奴。于是匈奴遂分为二矣。

尝观西域诸国，各请内属，光武不受，今南匈奴请降，而光武受之，何也？盖先时中国初定，匈奴方强，故却西域之请，而专意北虏，所以安中国也。至此时匈奴有分争之衅，而我得以乘其敝，故受南匈奴之降，以共制北虏，亦所以安中国也。且西夷北虏，其势不同：西域之去来，不足为中国之轻重；而北虏之分合，则有关于边境之安危。故制御之策，不同如此。其后南北匈奴互相攻击，而中国晏然，累世无兵革之警，斯其效昭然可睹矣。

二十六年，初作寿陵。帝曰："古者帝王之葬，皆陶人、瓦器、木车、茅马，使后世之人不知其处。今所制地不过二三顷，无为山陵陂池，裁令

流水而已。使迭兴之后，与丘陇同体。"

建武二十六年，光武自家预先造下生坟，叫做寿陵。谓之寿者，盖取考终之意。光武说："上古时，帝王丧葬，其礼甚简。陵前摆列人物，都是土烧成的；冥器之类，都是瓦的；以素木为车，茅草为马，不用金银珠玉。其葬之薄如此。所葬之地，又都只因地势之高下，不另起山陵丘冢。所以然者，不但节省财力，亦欲后世之人，不知其处，免于发掘之患也。今我所制造的寿陵，其地不过用二三顷，不必太广，亦略仿古人之制，因山为高，因地为下，不必又筑土为山陵，凿地为陂池，止通沟渠，令可流水便罢。庶使继汉迭兴之后，虽朝代不同，此坟陵体制，与丘阜陇阪一般，人莫知其处，可以保全而无患也。"

夫死者，人情所忌讳也，而光武预作陵寝于生前。穷奢极费，以厚葬为礼者，秦、汉以来之敝俗也，而光武务从简俭。比那秦家骊山之制，用徒七十万，耗费天下财力，不数年而遭发掘者，何其愚之甚哉！以此益知光武见之明，而虑之远也。

臧宫、马武上书曰："匈奴贪利，无有礼信，穷则稽首，安则侵盗。今人畜疫死，旱蝗赤地，疲困乏力，不当中国一郡。今命将临塞，厚悬购赏，北虏之灭，不过数年。"诏报曰："黄石公记曰：'柔能制刚，弱能制强。舍近谋远者，劳而无功；舍远谋近者，逸而有终。故曰务广地者荒，务广德者强。'今国无善政，灾变不息，而复欲远事边外乎！诚能举天下之半以灭大寇，岂非至愿！苟非其时，不如息民。"自是诸将莫敢复言兵事者。

黄石公，是秦时有道之士，曾授书于张良，叫做《素书》。

光武二十七年，北匈奴屡被南匈奴抄掠，不能自安，也要与汉家和亲。那时汉朝有两个猛将，叫做臧宫、马武，齐上本说道："匈奴之性，惟知贪利，没有礼法与信义。穷迫时，则稽首投降；及安乐时，又侵犯为寇。不可以恩信结得。今闻虏中地面，人畜遭瘟疫多死，又有大旱蝗虫之灾，数千里尽成空地，一无所收，疲困乏力，不能当我中国的一郡。此天亡匈奴之时也。今若乘此时，遣将临边，悬厚赏之格，以告谕东胡、西羌诸国，使他左右夹攻，则北虏亡灭之期，不出数年耳。岂可舍而不诛，以养寇遗患乎？”光武下诏答他说道：“黄石公书上说：‘天下之事，柔者偏能制刚，弱者偏能制强。舍近而谋远者，徒劳而无功；舍远而谋近者，安逸而有终。所以说，务广辟其土地者，必致荒乱；务广施其德泽者，乃能强盛。’这几句都是黄石公的格言，大抵恶刚强而戒远图，真有国家者之所当念也。今我国内自无善政，天降灾变，也连年不息。方自忧之不暇，而又欲穷兵远讨，从事于边外乎？假如时势可为，就是用天下一半之力，以灭此大寇，岂不是我的至愿！苟非其时，不如且休息民力，保守中国，以遵黄石公守弱谋近之戒可也。”自此以后，诸将知光武有休兵之意，莫敢再言兵事者。

盖帝王之制御夷狄，于其来降，则以恩抚之，至其有侵犯之衅，亦不过预修武备，固守边疆，使之不能为大害而已。若忿其难驯，乘其衰敝，遂欲发兵深入其地，将见虏未必灭，而中国之疲耗，已不可胜言矣。光武引黄石公之说，以却臧、马二将之请，何其识明而虑远哉！

三十年，车驾东巡。群臣上言：“即位三十年，宜封禅泰山。”诏曰：“即位三十年，百姓怨气满腹，吾谁欺，欺天乎？曾谓泰山不如林放乎？何事污七十二代之编录！”于是群臣不敢复言。

封，是加土于山上。禅，是设坛于山下。泰山，是东岳山名。

自秦、汉以来，相传古者帝王在位年久，天下太平，则于东岳泰山上，行封禅祭天之礼，以告成功，而延福祚。自书传所记，曾封禅泰山者，有七十二君。这都是世俗夸诞之言，非圣帝明王兢业守位之道也。

光武即位之建武三十年，车驾出去巡狩东方。此时天下无事，群臣因而献谀说道：“自古帝王都曾封禅，今陛下即位三十年，功德茂盛，礼当封禅泰山，好趁此东巡而行之。”光武不许，说道：“封禅泰山，是因天下太平而告成功。今我即位虽三十年，当战伐疮痍之后，无德于民，百姓每未免愁苦，怨气满腹。若说太平，我将谁欺，敢要欺天乎？天如何欺瞒得？孔子说：‘曾谓泰山不如林放乎？’言林放尚能知礼之本，泰山必不享非礼之祭。今何必务此虚名，载在史书上，徒污辱那七十二代圣君所编的图录，以取天下后世讥笑乎！”于是群臣乃不敢复言封禅事矣。

按封禅之礼，不见于圣经，惟秦始皇尝为之。至于汉武帝信方士祷祀之说，登泰山，禅梁父，而侈心日肆，卒之海内虚耗，汉业几倾，安在其为太平有功乎？夫自古圣王兢兢业业，日慎一日，然后能永保天命。三代以后，惟汉文帝功德最盛，然观其临终遗诏说：“朕在位二十余年，嗣守先帝洪业，常恐其不克终。”是其心未尝敢一侈然自放也。而天下后世称文帝之德者不衰，又何必封禅以夸世俗哉！今光武之拒群臣，止是谦让未遑，尚未能明言其非礼也，故未几而又信谶文以行之，盖信道不笃之过也。

京师醴泉涌出，又有赤草生于水涯，郡国频上甘露。群臣奏言：“灵物仍降，宜令太史撰集，以传来世。”帝不纳。帝自谦无德，郡国所上，辄抑而不当，故史官罕得记焉。

光武之末年，京师有醴泉涌出，其味甘美，如酒醴一般；又有赤色瑞草，生于水滨，各处郡国常奏上有甘露之瑞。于是群臣奏说：“灵异之物频仍而降，这都是圣德所感，非偶然也。宜宣付史馆，令太史官撰集成书，以传示来世。”光武不听，每自谦己无功德可致祥瑞，凡郡国所进上的，辄抑止之而不敢当，往往不曾宣布。所以当时祥瑞虽多，然史官少得记载焉。

夫水泉雨露、草木鸟兽，或色味稍别，或形质特殊，此皆出于气化之偶然，不足为瑞。惟人主一好之，则天下之搜求假饰以中其欲者，纷纷而至。甚有指菌为芝，指雀为鸾者，记在史书，徒取后世之嗤笑耳。尝观汉文帝之世，不闻祥瑞而天下称治；至于武帝，白麟、赤雁、芝房、宝鼎之瑞，史不绝书，而竟无补于海内之虚耗。然则祥瑞果何益乎？光武抑祥瑞而不书，非独谦让，盖其所见者远矣。

帝每旦视朝，日昃乃罢，数引公卿、郎将讲论经理，夜分乃寐。皇太子见帝勤劳不怠，乘间谏曰：“陛下有禹、汤之明，而失黄、老养性之福。愿颐爱精神，优游自宁。”帝曰：“我自乐此，不为疲也！”虽以征伐济大业，及天下既定，乃退功臣而进文吏。明慎政体，总揽权纲，量时度力，举无过事，故能恢复前烈，身致太平。

这一段是史臣总叙光武的好处。

光武每日天明时，便出来临朝，直到日西时，才罢朝回宫。其勤政如此。罢朝之后，又时常引见公卿大臣及宿卫的郎将，与他讲论经书中的义理，直到夜半才去歇息。其勤学如此。皇太子见光武这等劳苦，恐过用了精神，每乘空进谏说："陛下励精图治，固有大禹、成汤之明，而形神过劳，恐失了黄帝、老子所以养性之福。愿且颐养爱惜自家的精神，使常安闲自在，何必这等朝夕勤苦？"光武说："我自喜欢与群臣讲论，考求经典，启发志意，以此为乐，不觉疲倦。"其勤劳出于天性如此。虽值衰乱，起于民间，百战而有天下，用征伐以成大业。及天下既定，便偃武修文，功臣退奉朝请，文吏进而用事。以武取之，以文守之，其文武并用如此。又且明慎政体，悉得其枢要；总揽权纲，无失其操柄。量其时之所宜，度吾力之所能，务在可行，不为迂阔。凡所举动，一无过差，故能恢复前烈，于高祖有光，而身致太平，成建武之盛治也。光武之为君如此。规模弘远，而节目精密，此所以能振炎运于中衰，而垂东汉二百年之统欤！

明帝

显宗孝明皇帝，名庄，是光武之子。在位十八年，庙号显宗。

冬十月，上幸辟雍，初行养老礼，以李躬为三老，桓荣为五更。礼毕，引桓荣及弟子升堂，上自为辩说，诸儒执经问难于前。冠带缙绅之人，圜桥门而观听者，盖亿万计。

辟雍，是古时太学之名，即今国子监。缙，是插；绅，是大带。插笏于带间，叫做缙绅。亿，是十万。

明帝即位之二年冬十月，车驾临幸太学，初行先王养老之礼。古时养老，于公卿中选年高有德的，号做三老。又选年高更历世事的，号做五更。天子以父师之礼事之，迎之以安车，授之以几杖，又亲自割牲、执酱、执爵，供奉他饮食。所以敬老尊贤，帝王之盛节也。自秦、汉以来，此礼久废，至明帝始举行之。以其贤臣李躬为三老，师傅桓荣为五更，而飨之于太学，凡一应迎送供奉的仪节，都照依古礼。行礼既毕，又引桓荣及其门下弟子，同上讲堂，明帝亲自与诸弟子辩论经义。诸弟子各手执经书，在帝座前质问疑难处，明帝一一与他讲解。此时大礼初行，人所创见，冠带缙绅之人，罗列在桥门外，观礼听讲者有亿万多人。其崇尚教化而感动人心如此。

自古帝王莫不以礼乐教化为急务，然三代而下，尊师重傅，好学崇儒，未有如明帝之甚者。固是他天性过人，又为太子时，曾受经于桓荣者十余年，所以道理讲明得多，慨然有慕古之志，至降天子之尊，宾礼老更，而不以为厌。故永平之治，粲然可观，岂非务学之效哉！

三年，立贵人马氏为皇后。后，援之女也，德冠后宫。既正位宫闱，愈自谦肃。好读书。常衣大练，裙不加缘。朔望诸姬主朝谒，望见后袍衣疏粗，以为绮縠，就视，乃笑。后曰："此缯特宜染色，故用之耳。"

大练，是粗厚的丝帛。绮，是文锦。縠，是绉纱。

明帝永平三年，册立后宫贵人马氏为皇后。后乃功臣马援的少女。光武时，选入太子宫，上事皇太后，下接同列，曲尽道理。其贞淑之德，在后宫为第一，故明帝以母后之命，立为皇后。既正中宫之位，尊贵已极，越发谦谨整肃，无一毫奢侈放纵的意思。平日无他嗜好，只喜好诵读书史。寻常穿的袍服，不尚华美，只是粗厚的纻丝绢帛之类，裙裳下边，不加缘饰。每月朔望，众妃嫔公主每都来朝谒，望见皇后袍服疏粗，只道是锦绮罗縠奇丽之物，及就而视之，乃笑道："这样粗衣，岂是皇后所服的？"马后不好自说是节俭，只权词解说："这丝帛虽粗，却耐得浣洗，好染颜色，故用以为衣服耳，岂可以为朴陋耶？"

大抵宫闱服御虽微，而风化所关甚大。自皇后安于俭朴，则六宫妃主必不敢以华靡相高，而凡戚里人家亦莫不敛饬矣。民间传闻，以为宫中尚然如此，又岂有不安于布素者乎？由是绮縠之物将无所用，淫巧之工自不肯为，天下物力必然滋殖。其所以助成德政者，岂小补哉！此马后之贤，所以为东汉首称也。

帝思中兴功臣，乃图画二十八将于南宫云台，以邓禹为首，次马成、吴汉、王梁、贾复、陈俊、耿弇、杜茂、寇恂、傅俊、岑彭、坚镡、冯异、王霸、朱祐、任光、祭遵、李忠、景丹、万修、盖延、邳彤、铫期、刘植、耿纯、臧宫、马武、刘隆。又益以王常、李通、窦融、卓茂，合

三十二人。马援以椒房之亲，独不与焉。

椒房，是皇后住的宫，以椒和泥涂壁，故名椒房。

明帝追思光武时中兴功臣，乃图画二十八将的形像于南宫之云台，传示后世。以邓禹之功最多，列居第一。其次马成、吴汉、王梁、贾复、陈俊、耿弇、杜茂、寇恂、傅俊、岑彭、坚镡、冯异、王霸、朱祐、任光、祭遵、李忠、景丹、万修、盖延、邳彤、铫期、刘植、耿纯、臧宫、马武、刘隆。这二十八人或从光武起南阳，或从光武定河北，都有佐命之功。此外又加添王常、李通、窦融、卓茂四人。盖王常、李通之推戴，窦融之归顺，卓茂之不仕王莽，皆有功德可称故也。凡所画的共三十二人。有伏波将军马援，南征北伐功劳甚多，本当在图画之列，只因他是马皇后之父，明帝不欲已有私外戚之名，故舍马援而不与焉。

夫马援平陇、蜀，征交趾，其功不在吴、贾诸臣之下，即使图形云台，藏名太室，天下后世孰议明帝之为私？而帝乃以外戚之故，遂不敢录，其亦避嫌之过矣。然帝能不私后家，终其世，后之兄弟未尝改官，而后亦能仰体此意，不为外家少求恩泽。此皆可为后世法也。

帝性褊察，好以耳目隐发为明，公卿大臣数被诋毁，近臣尚书以下至见提曳。常以事怒郎药崧，以杖撞之。崧走入床下，帝怒甚，疾言："郎出！"崧乃曰："天子穆穆，诸侯皇皇。未闻人君自起撞郎。"帝乃赦之。是时，朝廷莫不悚栗，争为严切以避诛责。唯钟离意独敢谏争，数封还诏书；臣下过失，辄救解之。

汉时尚书秩二千石，是掌管文书的官，与今尚书不同。郎，是直宿的郎官。

明帝天性褊急苛察，喜以耳目窥人隐微处，而发其阴私，以是为聪明。在朝公卿大臣，稍有过失，往往当面数说耻辱。近侍官员，自尚书以下，稍不如意，或以物掷击，或左右拖拿，殊不能优容。当时有个郎官叫做药崧，曾因事触忤明帝恼怒，自持杖去打他。药崧走入御床下躲避，明帝越发恼怒，急呼药崧快出来。药崧乃从床下说道："闻之古礼说：天子之容，穆穆然深远；诸侯之容，皇皇然和美。这才是上人的气象。几曾闻为人君的，乃自起持杖而击郎，无乃失穆穆皇皇之体乎？"明帝感悟，始赦其罪。此时朝廷上大小官员，无不悚惧战栗，惟恐稍有疏失，以至得罪；争为严切，求免罪谴，谁敢进谏？独有尚书姓钟离名意的，他敢上书谏争，说："当务宽大，不可严急如此。"纵是诏书已下，若事体不可的，往往封还不行。臣下但有过误，或被谴责，辄为从容救解之，使明帝释怒而后已，不敢阿谀承顺，以遂君之非。若钟离意者，亦可谓忠直矣。

自古君德贵明不贵察。明，如日月在天，万物皆照；察，如持火照物，用力劳而不免有蔽。盖其所见者小，而所失者大也。然人主恃聪明，则必流于察；喜苛察，则必伤于急；上愈急，则下愈欺。人无所措手足，且相率而为诞谩矣。又或乐宽大之名，而优游姑息，以至长恶容奸，废时失事，亦非所以为明也。古语云："宽猛相济，政是以和。"惟明君能辨之。

初，帝闻西域有神，其名曰佛，因遣使之天竺求其道，得其书及沙门以来。其书大抵以虚无为宗，贵慈悲不杀。以为人死精神不灭，随复受形。生时所行善恶，皆有报应。故所贵修炼精神，以至为佛。善为宏阔胜大之言，以劝诱愚俗。精于其道者，号曰沙门。于是中国始传其术，图其形像。而王公贵人，独楚王英最先好之。

天竺，是西域国名。沙门，即今之僧人。

这一段记佛法入中国的缘由。

初，明帝闻西域天竺国有神，名叫做佛。佛字，即是觉字，言众生迷失了本性，能觉悟的乃是佛也。明帝因此就遣使臣往天竺国去，求其道术，始得佛书，及其弟子为沙门的，同到中国来，从此中国始有佛法。这佛书上所说的，大略以虚无为主，言天地万物都是幻妄。他所崇尚，只要慈悲不肯杀生，所以常持斋素。说人死后，灵性还在，随即受形，又复托生。即是轮回之说。人生时所行，或善或恶，死去都有报应。善者升天堂，受快乐；恶者入地狱，受苦楚。即是因果之说。所以只要勤下功夫，守戒习静，修练自家的精神以至觉悟而为佛，方脱得生死轮回之苦。又善为宏阔胜大之言，以见佛力神通无边无量，古今世界，唯我独尊，使人一意信向他，以劝化引诱那世俗愚蒙的人，同归于善。就中有深得这道术的，号为沙门。沙门译做息字，言能正息妄念而为佛也。于是中国始传其道术，图其形像以奉事之，而铸像建寺，皆从此起。当时王公贵人，独有明帝的兄楚王英最先喜好，敬奉其道。然其后竟以谋反诛，则佛法之不足信亦明矣。

大抵古圣相传，只是此心，祸福之几，惟心所造。一念之善，福不求而自至；一念之恶，祸欲避而不能。自生人以来，未有易此者也。究观佛氏之说，其意也只是劝人为善，禁人为非。其言之精粹而近理者，则中国圣人如尧、舜、禹、汤、文、武、周公、孔子，已自说尽，初无异指。而其流之弊，乃至欲弃父母、离妻子、灭人伦、废本业，以求所谓佛者，斯大乱之道也。世人往往惑于其说，至于糜费财力，兴建塔庙，以广福田；毁坏身体，捐弃骨肉，图生净土。然毕竟世间几人成佛？几人为仙？岂如尧、舜、周、孔之道，明白正大，近足以正心修身，得天人之佑助，远足以平治天下，措斯世于康宁，顾不简易而切实欤？此学道者所当明辨也。

九年，帝崇尚儒学，自皇太子、诸王侯，及大臣子弟、功臣子孙，莫不受经。又为外戚樊氏、郭氏、阴氏、马氏诸子立学于南宫，号“四姓小侯”。置五经师，搜选高能以授其业。自期门、羽林之士，悉令通《孝经》章句。匈奴亦遣子入学。

期门、羽林，都是扈卫禁军的名号。

明帝崇尚儒学，自皇太子、诸王侯，及大臣的子弟、功臣的子孙，莫不教他从师受经，欲其通于学问，以为他日治天下国家之用也。又以贵戚之家，多不知书，往往溺于骄奢以失富贵，乃为皇亲樊氏、郭氏、阴氏、马氏四家诸年幼子弟，立个学馆于南宫，号“四姓小侯”。置五经之师，求选经术精通、行能高洁的人充之，与小侯每讲授学业。下至期门、羽林之士，虽是介胄武夫，也都着他习通《孝经》章句。其崇尚儒学如此。那时声教远被，匈奴君长也慕中国文明之化，遣子来入太学。而学校之盛至此极矣。自是礼乐修，明儒先辈出，济济洋洋，几同三代。至于东汉之衰，而余风未殄，则崇儒劝学之明验也。

十一年，东平王苍来朝，月余还国。帝遣使手诏赐东平国中傅曰：“日者问东平王：‘处家何事最乐？’王言：‘为善最乐。’其言甚大。今送列侯印十九枚，诸王子年五岁已上能趋拜者，皆令带之。”

东平王苍，是明帝同母弟。光武十一子，惟苍最贤，明帝极爱重之。中傅，是官名。

永平十一年，东平王苍从本国来朝，明帝留住月余方遣归国。既归，仍思念他，又手写一诏书，遣人持赐东平王辅导官中傅说道："近日东平王来朝，曾从容询问他：'你处家以何事最为快乐？'王答说：'只有为善一事，最为快乐。'夫藩王处富贵之极，苟纵其欲，何求不遂？而人之常情，所以快意适心者，不过是声色、财货、盘游、弋猎之娱而已。今王乃以为善为乐，而别无所好，可见他志向高迈，识度深远。其所以保国家而贻子孙之道，实在于此。其言包括甚大，非浅陋之见所能及也。今送列侯印一十九颗，但是王的子孙，年五岁以上，能趋走跪拜的，都着悬带此印，比于列侯以旌赏之。"

按东平王此语诚为格言。古语说："五色令人目盲，五音令人耳聋，五味令人口爽，驰骋田猎令人心发狂。"今世人之所谓可乐者，不过只是这几件。然至其流荡忘返，乐极生哀，或身婴疾患，而夭折其寿命；或荒废政务，而覆亡其国家。向之所谓乐者，乃天下之至苦耳。智者而能觉悟于此，制节谨度，清心寡欲，爱惜精神，动循礼法，则身体康健而有乔松之寿，国家治安而有圣哲之名。庆流子孙，声施万世，天下之至乐，孰大于是！奈何人之常情唯求取快于目前，而不能图虑于久远。往往弃此而取彼，至于堕落苦海，不能救拔，身殁名丧，虽悔何追？殊可悲也。然则东平之言，岂独为藩王者所当深思哉！

帝遵奉建武制度，无所变更，后妃之家不得封侯与政。馆陶公主为子求郎，不许，而赐钱千万，谓群臣曰："郎官上应列宿，出宰百里，苟非其人，则民受其殃，是以难之。"公车以反支日不受章奏，帝闻而怪之曰："民废农桑，远来诣阙，而复拘以禁忌，岂为政之意乎！"于是遂蠲其制。是以吏得其人，民乐其业，远近畏服，户口滋殖焉。

建武，是光武的年号。公车，是掌受章奏之官。反支日，是历书上禁忌的日子。汉家相传，凡遇反支日，便停封不奏事。

明帝在位凡十八年，所行的事都只遵守着光武立下的制度规模，无所更改。盖以光武圣德中兴，百凡制度都熟思审处，至明至备，为子孙者只当谨守成宪，不可妄意纷更也。又鉴于王氏五侯之祸，凡后妃贵戚人家，只是优之以恩礼，并不得辄封为侯爵，亦不许他干预朝政。光武之女馆陶公主，尝为其子求做郎官，入备宿卫。明帝不许，但赐钱一千万，又对群臣说:"天上太微垣中，有二十五个星，叫做郎位星，可见这郎官职位虽卑，然上应列宿，非同小可。出补外任，便是县令，宰制百里，一方生灵之命寄托于他，苟非其人，百姓每便受其祸，岂可容易与人？所以不敢轻许也。"公车官以每月反支日例有禁忌，不受章奏。明帝闻而嗔怪说:"百姓每抛弃了农桑，远到阙下，进本陈诉，指望即日替他奏闻，若复拘以禁忌，耽误了他的生理，岂是朝廷宣达下情的意思？"从此便除了这禁忌，虽反支日，也受奏章。明帝之留心政务如此，所以那时官无滥授，而皆得其人；民无废时，而皆乐其业。永平之治，内自京师，外达四海，无不畏服。民间户口日见蕃殖矣。

夫谨守法度，裁抑外家，慎重郎官，通达章奏，以至于吏称民安如此，此明帝之所以为明也。

卷之十二

东汉纪

章帝

肃宗孝章皇帝，名炟，是明帝之子。在位十三年，庙号肃宗。

是时承永平故事，吏政尚严切，尚书决事，率近于重。尚书陈宠以帝新即位，宜改前世苛俗，乃上疏曰："臣闻先王之政，赏不僭，刑不滥，与其不得已，宁僭无滥。往者断狱严明，所以威惩奸慝。奸慝既平，必宜济之以宽。夫为政犹张琴瑟，大弦急者小弦绝。陛下宜隆先王之道，荡涤烦苛之法，轻薄棰楚以济群生，全广至德以奉天心。"帝深纳宠言，每事务于宽厚。

永平，是明帝年号。棰，是竹片；楚，是荆条，这两件都是刑具。

明帝性喜苛察，俗吏争尚严切以称其意。至章帝即位之初，此时承永平年间故事，吏治还尚严切，尚书官决断众事，科罚人罪，大率务近于重，不肯从轻。尚书陈宠以帝新即位，宜改前世苛刻之俗，乃上本说道："臣闻先王之政，赏必当功，而不至于僭差；刑必当罪，而不至于滥及。这二者都不可过，然与其不得已而过，则宁可赏有僭差，不可刑有滥及。盖过于赏，犹不失为忠厚之心，而过于刑，则遂至伤生灵之命。故赏可过，刑不可过也。往时朝廷断狱，每过于严明者，盖以法度久弛，奸慝未平，故特用刑威以惩治之。所谓政宽民慢，则纠之以猛者耳。今奸慝既平，必宜轻省刑罚，而济之以宽，然后政为得中，人无冤滥。岂可复循前世之政，而以猛济猛哉？夫为政者，譬如张琴瑟一般，张琴瑟之弦，须缓急得宜，大小相调才好。若大弦忒紧，则各弦都要紧以应之，那小弦微细，必至断绝矣。然则为政者，上严密，则下何所容？上急促，则下必扰乱。其弊亦犹是也。今陛下宜隆尚先王宽仁之道，荡涤近世烦苛之法。将笞杖等刑一一轻减其数，以济活百姓每生命。推广好生之德，以奉顺上天之心。救时之政莫切于此。”章帝览陈宠所奏，深嘉纳之。于是除钳钻之刑，罢妖恶之禁，每事务从宽厚，而汉之法自是称平矣。

盖人君之治天下，以宽仁为本，而其仁天下，尤以刑狱为要。汉家法网，既伤于密，而永平之间，有司又承望上旨，争以酷刻为事。观楚王英一狱，株连者至数千人，则当时之刑，冤滥可见。故章帝承其后，不得不济之以宽也。光武、明帝以明作振之于前，章帝以敦大养之于后，此东汉之治所以为盛欤。

二年，太后兄、卫尉马廖，虑美业难终，上疏劝成德政，曰：“夫改政移风，必有其本。传曰：‘吴王好剑客，百姓多创瘢；楚王好细腰，宫中多饿死。’长安语曰：‘城中好高结，四方高一尺；城中好广眉，四方且半额；城中好大袖，四方全匹帛。’斯言如戏，有切事实。”太后深纳之。

卫尉，是官名。创字，与疮字同。结字，与髻字同。

章帝之母马太后，天性俭朴，内外从化，永平建初之间，助成朝廷美业，天下称其贤。至建初二年，太后的兄、卫尉马廖，恐其富贵既极，不能久持，盛美之业难以克终，乃上一疏，劝成德政，说道：“夫政出于朝廷，风行于郡国，或美或恶，改变移易，都有个本原，不可不慎也。古书说道：‘昔日吴王阖闾喜好击剑的武士，以其善斗也。此风一倡，那百姓每都去学剑，往往为剑刃所伤，身上多有疮痕。楚灵王喜好细腰的女子，以其善舞也。此风一倡，那宫中妇人，或减食以求腰细，而多至于饿死。’盖上有好者，下必有甚焉者也。今京师中也有俗语说道：‘京城之好尚，乃四方所观法。若城中喜用高髻，则四方之髻必至于一尺，比城中又高矣；城中喜画阔眉，则四方之眉必至于半额，比城中又阔矣；城中喜着大袖的衣服，则四方之袖必至于用全匹丝帛为之，比城中又大矣。’这样言语虽似戏谑，其实上行下效，理势必然，切于事理，非虚谈也。今诚能常持俭朴，无变初心，则德政可成，而美业可终矣。”太后闻其言，深加听纳，故终太后之世二十余年，俭朴如一日。诸舅兢兢，不敢少逾法度，朝廷政化大有裨益，而外家恩宠亦得保全。若马廖者，可谓识明而虑远者矣。

四年，校书郎杨终建言：“宣帝博征群儒，论定五经于石渠阁。方今天下少事，学者得成其业，而章句之徒，破坏大体。宜如石渠故事，永为后世则。”帝从之。诏太常：“博士、郎官及诸儒会白虎观，议五经同异。”帝亲称制临决，作《白虎议奏》。名儒丁鸿、楼望、成封、桓郁、班固、贾逵及广平王羡皆与焉。

石渠阁，是藏秘书的去处，在未央宫北。白虎观，是白虎门的楼观，在北宫。

章帝建初四年，校书郎杨终建议说道：“先朝孝宣皇帝曾广招众儒生每，就石渠阁上讲论五经同异，亲赐裁定，使诸说有所统一，学者知所遵守，其后稍稍以衰乱废业。中兴以来，天下治平无事，学者趁此时，正好从容讲求，以成就学业。而浅陋之徒各主其师说，章分句析，穿凿附会，以破坏大体。异说纷纷，都失了圣经的本意，学者不知所从。今宜如宣帝石渠故事，会集诸儒，与之论定，垂示永久，以为后世法则。”章帝依杨终所奏，就命太常官，率所属五经博士及各署郎官与众儒生每，会集在北宫白虎观里面，讲论五经中注释同异，将那诸家所说的参酌其是非。章帝亲自览诸家之说，传旨裁决务求至当，以归于一，使天下学者依此诵习，而不惑于异说。于是作《白虎议奏》凡四十篇，引经断义，即今所传《白虎通》是也。当时名儒如侍中丁鸿、太常楼望、少府成封、屯骑校尉桓郁、玄武司马班固、卫士令贾逵，与明帝第三子广平王刘羡，都在其中。自是五经训诂赖以仅存。其后宋儒得有所据，以为注释而发明大义，羽翼圣真，亦汉世诸君之力也。

大抵人君亲儒臣，讲经义，为益甚多。记诵博，则闻见广；思索勤，则智识开。专心致志，则内无放逸；体验扩充，则外有资助。审学术之邪正，可以辨人才；察事理之当否，可以决政务。以胜嗜欲，则养寿命之源；以希圣贤，则垂明哲之誉。其视声色玩好、射猎逸游之娱，无益而有损者，万不侔矣。故曰：“明君以务学为急。”治天下者，岂可以为粉饰太平之具，而不加之意哉？

八年，中郎将窦宪恃宫掖之势，以贱直请夺沁水公主园田。发觉，帝大怒，召宪切责曰：“深思前过夺主田园时，何用愈赵高指鹿为马乎！久念使人惊怖。国家弃宪，如孤雏腐鼠耳！”宪大惧，皇后为毁服深谢，良久乃得解。

章帝八年，有中郎将窦宪，是窦皇后的亲兄。那时章帝宠厚外戚，把窦宪兄弟都擢居贵近之职，亲幸无比。因此窦宪就倚恃皇后的声势，把贱价强买沁水公主的庄田。公主畏其势，不敢与他论价，章帝也被他瞒了，只说是两平交易，到后来这事发觉，才知他倚势强买。章帝大怒，召窦宪入宫，切责他说道：“昔赵高欺秦二世皇帝，当面指鹿为马，蔽主行私，而秦以之亡。如今你自家想前日欺谩着朝廷，强夺公主家庄田，比赵高指鹿为马之事相去几何？仔细思量起来，使人十分惊怕。想你所恃的，不过说你是皇亲外戚，不好行法耳。不知王法无亲，若将我祖宗的法度行起来，便弃舍了你一个窦宪，也只当孤雏腐鼠一般，何足介意！”窦宪闻帝之言，始大惶惧。皇后乃脱了冠服，替他再三谢罪，许久才得解释，姑饶了他。

观章帝此一事，可谓能裁抑贵戚矣。然竟不能加罪而宠任之如故，则为窦宪者将何所复惮乎？故其后窦氏专恣愈甚，势倾天下，几致大祸，实章帝之姑息，有以养其乱也。古人论君德，以刚为尚。若章帝者，岂非短于刚德之为累哉！

二年，诏曰：“夫俗吏矫饰外貌，似是而非，朕甚厌之，甚苦之。安静之吏，悃愊无华，日计不足，月计有余。如襄城令刘方，吏民同声谓之不烦，虽未有他异，斯亦殆近之矣！夫以苛为察，以刻为明，以轻为德，以重为威，四者或兴，则下有怨心。吾诏书数下，冠盖接道，而吏不加治，民或失职，其咎安在？勉思旧令，称朕意焉！”

章帝留心吏治，于元和二年，下诏书说道：“夫国家设立官长，本以为民，故为官的，必能爱养斯民，方为实政。如今世俗做官的，不务本等职业，只去粉饰那虚文外貌之间，要取名誉，虽若可喜，而其实无益于民。这等的官我甚厌之，甚苦之。若那安静之吏，只是诚心爱民，朴朴实实的做去，不事矫饰，外面全无才华可观，眼前虽不见他有赫赫的功绩，到久后与百姓相安，却受他的利益处甚多。课其治效，以日计之，虽若不足；以月计之，实为有余。这等的才是好官。如襄城县令刘方，吏民每与他相安，众口一词，都说他刑清事简，安静不烦。看他行政，虽未有别样卓异，然拟诸悃愊无华之吏，亦庶几近之矣。此我之所甚喜者也。夫俗吏之弊有四：以行事苛细，显他精察；以问事深刻，显他聪明；以轻出人罪，市他恩德；以重入人罪，逞他威严。若只这等做将去，那下民必被其害，而有愁怨之心。为民父母者，岂宜如此？我诏书累下，惓惓以四事为戒。赍诏的使者，冠盖相接于路，晓谕不为不勤矣。而为吏者，不见加修其政治，百姓每或至不遂其生理，其过安在？无乃视诏令为虚文，而不肯奉行之故欤？自今其勉思向来的诏令，加意奉行，以称我爱民望治之意焉。"

夫俗吏伤化，而能要显名；良吏便民，而类鲜近效。今章帝乃厌苦矫饰之为，而崇尚悃愊之政。如刘方无他异能，特以不烦之故，至蒙褒奖，可谓深知民生之休戚，灼见吏治之是非者矣。百世之下，读其诏令，犹可想见温厚恻怛之意。虽古之仁君，何以过哉！

博士鲁国曹褒上疏，以为宜定文制，著成汉礼。太常巢堪以为一世大典，非褒所定，不可许。帝知诸儒拘挛，难与图始，朝廷礼宪，宜以时立，乃拜褒侍中。玄武司马班固以为宜广集诸儒，共议得失。帝曰："谚言：'作舍道旁，三年不成。'会礼之家，名为聚讼，互生疑异，笔不得下。昔尧作《大章》，一夔足矣。"

《大章》，是帝尧所作之乐名。夔，是后夔，尧时典乐之官。

东汉自光武中兴，崇尚经术，然天下初定，日不暇给，明帝虽曾临幸辟雍，讲学行礼，而仪文制度尚多缺略，未经裁定。到章帝时，博士中有个鲁国人曹褒，上疏奏说："宜及时裁定文制，以著成汉家一代的典礼。"当时太常官巢堪奏说："制礼作乐，乃是一朝的大典，量曹褒一人之见，如何便定得？不可听从。"章帝晓得那众儒生每拘泥故常，无通达之见，起初创立时，难与他谋议。而朝廷上礼文宪典，委宜及时建立，不可因循，就拜曹褒为侍中之官，使他日直禁中，讲求礼制。那时玄武门司马班固也奏说："这事体重大，还该遍征诸儒，会集一处共议得失，方可裁定。"章帝说："今俗语有云：'若人家盖造房屋，在大路边，使往来的人各出意见，议论可否，纷纭不决，就造三年也成不得。'如今聚会着讲礼的，人自为说，家自为论，往往相争不定，就如告状对理的一般，这叫做聚讼。此以为是，彼以为非；此以为非，彼以为是。互生疑异，可否相持，徒使执笔主议的停阁而不得下。此与道旁作舍的何异？古时帝尧作《大章》之乐，止用一个后夔已自够了，何必多人？"

章帝此言，盖亦有见天下的事功，所以不得成就者，其失只在议论太多。如舜之好问好察，何尝不谋之于人？至于执两端而取中，则出于一心之独断，初未尝徒徇人言也。后世人臣，既无揆事之定见，又无任事之实心，每朝廷有大议，浅陋者，掇拾以塞其责；刚愎者，忿戾以执其偏；趋时者，承望而不尽其情；泥古者，迂阔而不适于用。或甲可乙否，而不肯相下；或前非后是，而不能坚持。诸说混殽，徒乱观听，以致朝廷的事，或方行而遽止，或已罢而复行，一切纷纷，有损无益。故申公谓："为治不在多言，顾力行何如。"议论多而成功少，此宋之所以亡也。图治者尚鉴兹哉！

和帝

孝和皇帝，名肇，是章帝第四子。在位十七年。

四年，窦氏父子兄弟充满朝廷。是时，宪兄弟专权，帝以朝臣上下莫不附宪，独中常侍郑众谨敏有心几，遂与众定议诛宪。帝以太后故，不欲名诛宪，迫令自杀。

和帝永元四年，此时国舅车骑将军窦宪，既将兵出塞，北破胡虏，成功而归，拜大将军，封武阳侯，威名益盛。他家父子兄弟都做显官，有权势。如叔窦霸为城门校尉；窦褒为将作大匠；窦嘉为少府；弟窦笃封郾侯，位特进；窦景封汝阳侯，为执金吾；窦环封夏阳侯，为光禄勋。其余为侍中等官的，尚不计其数。一门亲属，权贵显赫，充满朝廷。而窦宪兄弟，倚宫闱之势，挟征伐之劳，专擅朝权，肆无忌惮，遂生逆谋。和帝心里思量要处治他，但当时在朝大小官员都是党附窦宪的，没有可与商议此事者。独有个中常侍内官郑众，他平日却谨慎明敏，有心计，多智策。和帝就与他密定谋议，诛戮窦宪，把他朋谋为恶的人尽数拿了。只缘他是太后的亲兄，恐伤母心，不欲明正典刑。先收其大将军印绶，发遣就国，使人到国中，勒令自尽，而窦氏遂此败矣。

按和帝此举，制外戚，收威权，似有孝文诛薄昭、宣帝除霍氏之风。惜当时不得忠臣智士与之图谋，而独使中贵得以参帷幄之议。故贵戚虽除，而宦官之势遂盛，驯至十常侍，专恣乱政，而汉竟以亡。上失其道，大柄下移，以乱救乱，不败不止，有天下者可不戒哉！

安帝

孝安皇帝，名祜，是章帝孙，清河王庆之子。在位十九年。

尚书郎樊准以儒风浸衰，上疏曰："人君不可以不学。光武皇帝受命中兴，东西诛战，不遑启处，然犹投戈讲艺，息马论道。孝明皇帝庶政万几，无不简心，而垂情古典，游意经艺。每飨射礼毕，正坐自讲，诸儒并听，四方欣欣。又多征名儒，布在廊庙，每宴会则论难衎衎，共求政化。期门、羽林介胄之士，悉通《孝经》。化自圣躬，流及蛮荒。是以议者每称盛时，咸言永平。今学者益少，远方尤甚。博士倚席不讲，儒者竞论浮丽，忘謇謇之忠，习諓諓之辞。臣愚以为宜下明诏，博求幽隐，宠进儒雅，以俟圣上讲习之期。"太后深纳其言。

衎衎，是和乐的意思。謇謇，是直言。諓諓，是巧言。

安帝之初，尚书郎樊准见当时儒风渐衰，欲朝廷加意振作，乃上疏说道："为人君者，必亲近儒臣，讲明经典，庶几有益身心，有裨政治。若不知学问，则义理无所发明，兴亡无所鉴戒，如何做得明君圣主？所以人君不可以不学。先朝光武皇帝，承王莽篡汉之后，受天命而中兴。那时群雄四起，光武东征西战，连岁只在兵间，虽坐止之安，亦有不暇，这是何等扰攘的时节。然犹好学不倦，才投下干戈，就去讲解文艺，才歇下鞍马，就去谈论治道，而况于从容暇豫之时乎？孝明皇帝具英睿过人之资，庶政万几，无不亲自听断，一一简择于帝心，这是何等勤劳。然且留情于古人之训典，加意于六经之文艺，每次行飨老、大射礼毕，辄正坐自讲经书，诸儒辈皆环侍而拱听之。四方之人，传闻朝廷这等好学，都欣欣喜悦，有慕学之志。明帝又多征聘名儒，不次擢用，布列在廊庙之上。那时群贤满朝，便是遇着饮宴聚会，只相与论难讲习，衎衎然情意款洽，以共求治化之术。下至期门、羽林介胄的武士，也都能通知《孝经》大义。惟其化导之本，倡自圣躬，故其风教所流，不但中国从化，而且远及于蛮夷荒服之外，至使匈奴遣子就学。所以论者，每称盛时，都说永平年代，我祖宗列圣崇儒，劝学之效如此。近年以来，稍稍衰废。如今学者渐少，在远方尤甚。博士之官，本以讲授为职，今则空倚着讲席，全无生徒听讲。纵是号为儒者的，亦不复以通经学古为事，只去工些文字，雕章琢句，争论浮华，忘謇謇正直之忠言，而习戋戋巧好之虚辞，是何益于身心？何裨于政治？今圣上讲学有期，须用名儒为之辅导。臣愚以为宜早下明诏，广求山林幽隐之贤，宠进儒学博雅之士，置诸朝廷，以待圣上讲习之期。如此，则圣学既有所资，而儒风亦有所劝矣。”此时安帝尚幼，邓太后览疏，深加听纳。于是海内名儒稍稍响用矣。

大抵光武、明帝之时，人多务实，学为有用；其后士皆习尚浮华，徒务口耳，无益于身心。故樊准此疏，谓儒风浸衰，非为学者之寡也，乃实用者之寡也。人主欲得贤以图治者，宜留意焉。

顺帝

孝顺皇帝，名保，是安帝长子。在位十九年。

汉安元年八月，遣杜乔、周举、周栩、冯羡、栾巴、张纲、郭遵、刘班分行州郡，表贤良，显忠勤。其贪污有罪者，刺史、二千石，驿马上之；墨绶以下，便辄收举。乔等受命之部，张纲独埋其车轮于洛阳都亭，曰：“豺狼当路，安问狐狸！”遂劾奏大将军冀、河南尹不疑：“以外戚蒙恩，居阿衡之任，而专肆贪饕，纵恣无极，以害忠良，谨条其无君之心十五事，斯皆臣子所切齿者也。”书御，京师震竦。时皇后宠方盛，诸梁姻族满朝，帝虽知纲言直，不能用也。

二千石，是郡守、国相。绶，是悬带印信的组绶。古时官员印信都悬带在身上，其绶有紫的、绿的、黑的不同，各照品级。这县令郡丞等官，他的绶该用黑色，故叫做墨绶。都亭，即今驿馆。

汉时分天下为十二州，每州设一个刺史，以督察郡守、国相、县令等官。其后刺史多非其人，举劾不得其当，奸豪横行，盗贼并起。到顺帝汉安元年八月，又选侍中杜乔、周举，守光禄大夫周栩、冯羡、栾巴、张纲、郭遵、刘班这八个人，都是素有风力的，着他分投出去，巡行州郡，督察官吏。有贤能循良的，便旌表他；有忠实勤敏的，便显扬他，都荐来擢用。其贪污暴虐、罪状显著的，若是刺史二千石这等大官，使臣虽不敢擅处，许他差人驰驿到京劾奏，请旨黜免；其余墨绶以下县令等官，听从拿问，径自处置，然后奏闻，就是如今抚按官一般。于是杜乔等七人各领了敕旨，前往所属地方去讫，独有张纲不去，却将所乘的车轮埋在洛阳县公馆里面，以示不行。说道："朝廷要我等访察奸贪，搏击豪强，必将那大奸臣恶处治得几个，然后人知畏法。如今贵戚纵横，专权擅政，朝纲不振，时事日非，就如豺狼猛兽据了要路，放着这样人不能驱逐，却远去四方搜寻那贪官污吏，而问此区区狐狸之辈，岂不谬哉！"于是遂劾奏："皇后之兄大将军梁冀，及冀弟河南尹梁不疑，俱以外戚之故，荷国厚恩，身处阿衡之任，朝廷倚以取平，乃不务循理守法，而专肆贪饕，招权纳贿，纵恣无极，阴行刺杀，枉害忠良，他每心里全不知有朝廷。谨开列梁氏兄弟欺上无君的事迹一十五件，都是举朝臣子所切齿痛恨者，愿陛下察之。"书既奏进，一时京师臣民以张纲所言皆人所不敢言者，无不震动悚栗。然当是时，皇后宠眷方盛，诸梁姻族满朝，顺帝心里虽知道张纲的言语切直，而内牵于宫闱，外怵于邪党，毕竟不能从也。

夫人主总揽乾纲，威福在己，乃不胜其宠幸之私，而至于掣肘如此，亦可叹矣。卒之养成其祸，以至桓帝之世，梁氏竟以专恣诛，中外亲族无长少，皆戮于市，资产三十余万尽没入官，亦今日之宠幸误之也。待外戚者，可不戒哉！

是时，二千石长吏有能政者，有洛阳令任峻，冀州刺史苏章，胶东相吴祐。章为冀州刺史，有故人为清河太守。章行部，欲案其奸赃。乃请太守为设酒肴，陈平生之好甚欢，太守喜曰："人皆有一天，我独有二天。"章曰："今夕苏孺文与故人饮者，私恩也；明日冀州刺史案事者，公法也。"遂举正其罪，州境肃然。

顺帝时，天下刺史、守、相，秩二千石的，及各县的长吏，其搏击豪强，摘发奸宄，以才能见称者，有洛阳县令任峻，冀州刺史苏章，胶东国相吴佑。这三人都是有才能的官。苏章做冀州刺史，有个相知的故人，做清河郡太守，属他管下。那太守平日贪赃坏法，苏章按临所属地方，考察官吏之时，要查究他枉法赃私。以故人之情，不可遽绝，乃先请他相会，摆设酒肴，与叙述平生交好之情，甚是欢洽。那太守见苏章这等厚待他，不胜喜幸感激，说道："众人头上都只顶戴一个天，我今幸遇故人做上司，凡事有所庇覆，是我比众人独有两个天矣。岂非我之至幸乎！"苏章自称其字说："人有私情，官有公法。今夜苏孺文与故人饮酒，极其款洽者，私情也。明日是冀州刺史行事，止知有朝廷的公法，顾不得私情了。"到明日遂尽发其赃私，而明正其罪。于是一州境内，凡贪残之吏，豪强之家，知苏章之无私，莫不望风惧法，为之肃然。

按古刺史，即今巡按御史之职。御史若能奉公守法，则有司官岂敢放纵为非？有司清廉，则百姓自然安乐矣。朝廷选差御史，都得苏章这样人用之，天下何患不太平哉！

冲帝

孝冲皇帝，名炳，顺帝之子。在位一年。

质帝

孝质皇帝，名缵，是章帝玄孙，渤海孝王鸿之子。在位一年。

桓帝

孝桓皇帝，是章帝第六子，河间王开之孙，名志。在位二十一年。

元嘉元年十一月，诏百官举独行之士。涿郡举崔寔。诣公车，称病，不对策。退而论世事，名曰《政论》。其辞曰："凡天下所以不治者，常由人主承平日久，俗渐敝而不悟，政浸衰而不知。为天下者，自非上德，严之则治，宽之则乱。何以明其然也？近孝宣皇帝明于君人之道，审于为政之理，故严刑峻法，破奸宄之胆，海内清肃，天下密如，算计见效，优于孝文。及元帝即位，多行宽政，卒以堕损，威权始夺，遂为汉室基祸之主。政道得失，于斯可鉴。昔孔子作《春秋》，褒齐桓，懿晋文，叹管仲之功，夫岂不美文、武之道哉？诚达权救敝之理也。故圣人能与世推移，而俗士苦不知变，以为结绳之约，可复治乱秦之绪；干戚之舞，足以解平城之围。夫熊经鸟伸，虽延历之术，非伤寒之理；呼吸吐纳，虽度纪之道，非续骨之膏。盖为国之法，有似治身，平则致养，疾则攻焉。夫刑罚者，治乱之药石也；德教者，兴平之粱肉也。夫以德教除残，是以粱肉治疾也；以刑罚治平，是以药石供养也。方今承百王之敝，值厄运之会，自数世以来，政多恩贷，驭委其辔，马骀其衔，四牡横奔，皇路险倾，方将拑勒鞬辀以救之，岂暇鸣和銮，清节奏哉！昔文帝虽除肉刑，当斩右趾者弃市，笞者往往至死。是文帝以严致平，非以宽致平也。"山阳仲长统尝见其书，叹曰："凡为人主，宜写一通，置之坐侧。"

公车，是收天下文书的所在。结绳之约，是上古时风俗。古时未有文字，凡立契约，只用绳子打结为记。干戚之舞，是虞舜的乐舞。舜尝舞干羽于两阶，而有苗来格。平城之围，是汉高祖的事。高祖尝被匈奴围于平城，七日乃得脱。熊经鸟伸，是修养家导引之术。呼吸吐纳，是修养家炼气之术。骀字，解做脱字。衔，是马勒。牡，是牡马。古时以四马驾一车，呼做四牡。皇路，是大路。辀，是车前曲木，钩衡以驾马者。和、銮，都是铃名。和在车轼，銮在马镳。马走则马銮鸣，銮鸣则和应而有节奏。

东汉自和帝以后，主威陵替，国纪不张，外戚中官擅权用事。到桓帝元嘉元年十一月，诏百官举天下独行之士。涿郡以崔寔应诏，荐举将来。崔寔诣公车，自称有疾，不能对策。退而作论一篇，讥切时事，叫做《政论》。说道："自昔人君，孰不欲常治而无乱。然天下所以不治者，常由人君承继先世，坐享太平，为日已久，遂生骄逸，风俗渐以敝坏，而上不悟，政事渐以衰废，而上不知，因循苟且，玩愒颓惰，不务讲求所以因时达变，振衰起敝的道理，以至于乱亡而不可救。夫为天下者，其道止有二端，不是宽，便是严。惟至德之世，无宽严之名，自非上德，则宽不如严，往往严的便治，宽的便乱。盖天下人心，全在这纪纲法度，以维持其涣散。而继世之后，多优游姑息，养成祸乱，所以常要励精振作，以严治之，而后不至于乱。怎见得是如此？但看本朝孝宣皇帝，明于君人之道，审于为政之理，综核名实，责任考成。有功的必赏，而卑贱不遗；有罪的必罚，而贵势不免。故严刑峻法，儆惕人心，内外奸宄，震慑破胆，都有所惩创，不敢为非，而海内清肃，天下宁静。如今算计他的明白效验，比于文帝之躬修玄嘿，与民休息者，反似过之。这便是严之则治。及元帝即位，多行宽政，优游姑息，或知其贤而不能用，或知其恶而不能去。嬖宠用事，贵戚擅权，遂致纪纲陵替，威福下移，人主操柄始为奸臣所夺。至于王莽，遂篡汉室，究其祸原，实由于此。这便是宽之则乱。夫严莫如宣帝，而天下愈治；宽莫如元帝，而天下愈乱。由是观之，政道之得失，不必远求，近观二帝，亦可为明鉴矣。昔周之衰，齐桓公、晋文公以兵威纠合诸侯，其去文王、武王之道远矣。然孔子作《春秋》，常褒称齐桓公，嘉美晋文公，又叹管仲之功，以为民到于今受其赐。夫孔子岂不知美文、武之道哉？亦以周道既衰，王纲不振，夷狄内侵，诸侯莫制，而齐桓、晋文能尊周室，攘夷狄，以明上下之分，故孔子犹有取焉。诚达于权宜，救乎时敝之理也。故圣人能与世推移，因时立政，而世俗之士，每苦于泥古，不识变通。以为上古结绳之约，可复用之以治乱秦之绪；虞廷干戚之舞，可复用之以解平城之围，岂不迂哉！然则当衰乱之世，而惟欲德教之是用，宽政之是行者，何以异此。今以养身喻之。夫屈伸俯仰，如熊之经，如鸟之伸，以调其形，这虽是延寿之术，却不是治伤寒的方法；一呼一吸，吐故纳新，以调其气，这虽是引年之道，却不是接骨的药膏。若不问其病势之所急，但以此为良方，而概用之，则误矣。那为国之道，也如养身一般。当身子和平的时节，常常用粱肉以致养，若卒然有疾病，少不得用药石以攻之。这两件都各有所宜。夫为政者之有刑罚，即是治衰乱的药石；德教，是养太平的粱肉。粱肉虽不可以一日缺，而以之治病，则非所宜。药石虽可以疗病，而平居不可以常服。若用德教去除残贼，则过于姑息，是犹以粱肉治病，病不可除矣；用刑罚去治太平，则伤于惨刻，是犹以药石养生，反戕其生矣。所以善养身者，贵识攻补之宜；善为政者，贵审宽严之用。知用宽而不知用严者，犹知有补而不知有攻也。岂达权救敝之理哉！且自古及今，天运人事，相为循环，历代帝王，起初立法无有不善，到后来不免有敝。如今正承百王之敝，又遇着天运厄塞的时节，自和帝、安帝、顺帝，数世以来，朝政不纲，主威日替，权幸之臣，有罪不坐，豪猾之民，犯法不诛。多以恩贷，惟事姑息，就似乘车的一般。这纪纲法度，庆赏刑威，乃人君御天下之衔辔也。今国政废弛于上，人心纵恣于下，如驭马的人，失了韁辔，驾车的马，脱了衔口，以致四牡横奔，无可控制。纵是大路，亦成倾险，势必倾覆。到这时节，方将约结其衔勒，缠束其辀衡以救之，尚恐不及，又何暇鸣和銮，清节奏，雍容如平日哉！今当纪纲废坠，上下陵夷之时，必须用严，方可救济，若复从宽纵，将至于长恶容奸，国势衰替而不可复振矣。昔文帝之世，号称治平，人见他除去古时肉刑，只说是一切从宽，不知那时肉刑虽除，然罪该斩截右趾的，改为弃市，杀于市曹，该斩左趾及割鼻的，改为笞五百、笞三百，笞数既多，往往至死。名虽轻刑，其实杀之，盖将使人不敢轻易犯法，以全其命。是文帝之治平，乃以严致之，非以宽致之也。今欲致文帝之治，乃不法其严，而法其宽，岂善学文帝者哉！”那时山阳郡人，姓仲长名统者，见了崔寔这书，喜其识达时务，叹息说道：“凡为人主的，宜将这书全写一通，置于坐侧，时常省览，庶不蹈衰世之风，而可保治平之盛也。”

按崔寔论治，主于尚严，固一时救敝之言，非万世通行之道。但后世之论治者，不明于宽严二字之义，故其论各有所偏，而不能无弊。夫所谓宽，非纵弛之谓也。包含敦大，赦过误，蠲烦苛，这个叫做宽。严，非暴戾之谓也。厉精明作，振纪纲，齐法度，这个叫做严。宽中有严，严中有宽，如春生秋杀，相代而成岁功，雨露雪霜，并效而行化育。二者阙一不可。故《中庸》论圣德，以发强刚毅，宽裕温柔并言。这是尧、舜以来相传的治体。世儒不知此义，才说要宽，便因循姑息而流于纵弛；才说要严，便严刑峻法，而伤于暴戾。而人之常情，每乐放纵而惮绳检，乃又创为宁可过于宽，不可过于严之说。是谓天道可使阳过乎阴，昼多于夜，春夏长于秋冬也，将何以成岁功而行化育乎？昔周公之告成王曰："敦大成裕，明作有功。"必如是而后无弊，论治者审于斯。

灵帝

孝灵皇帝，名宏，是河间孝王之曾孙。桓帝无子，迎而立之，在位二十二年。

献帝

孝献皇帝，名协，是灵帝次子。强臣董卓废少帝辩而立之，在位三十年。

初，涿郡刘备，中山靖王之后也。垂手下膝，顾自见其耳。有大志，少语言，喜怒不形于色。尝与公孙瓒同师事卢植，由是往见瓒，瓒以为平原相。备少与河东关羽、涿郡张飞相友善，以羽、飞为别部司马，分统部曲。备与二人，寝则同床，恩若兄弟。而稠人广坐，侍立终日，随备周旋，不避艰险。

涿郡，即今涿州。平原，即今德州。河东，即今平阳府解州等地方。

这一段是记刘先主的事迹。说先主姓刘名备，是涿郡人，乃汉景帝子中山靖王刘胜的后代子孙，流落在民间。他生有异相，手臂垂下过膝，自家回顾，便看见其耳。平日有大志，要安定天下，简默沉静，无多言语，心有喜怒，不发露在颜色上。当初曾与辽西人公孙瓒，同拜涿郡卢植为师。东汉之末，董卓擅权，天下大乱，豪杰并起。此时公孙瓒为降虏校尉，屯军在右北平，先主既与他有旧，就去投他，瓒收留他做平原国相。先主少时与河东解县人关羽、涿郡人张飞相好，结拜为兄弟。先主既为平原相，就着关羽、张飞做别部司马，分管其众。先主与这两人情意绸缪，就是睡卧时，也不相离，同在一个床榻上，其恩爱如至亲兄弟一般。他二人也一心尽忠于先主，却不以兄弟结义之情，失了上下相临之礼。平居虽是这等忘形相爱，若是公庭聚会，在稠人广众之中，便终日侍立在旁，不少怠倦，出去时跟随着来往，一步不离，虽在艰难险阻之中，未尝辞避，其忠义如此。今世俗相传桃园结义，即此是也。夫先主本帝室之胄，而有英雄之姿，关羽、张飞皆万人之敌，而负忠义之气，然又情投意合，誓同死生，上下一心，至诚无间，此所以能跨有荆、益，而兴蜀汉之业也。

初，操壮关羽之为人，而察其心神无久留之意，使张辽以其情问之。羽叹曰:“吾极知曹公待我厚，然吾受刘将军恩，誓言共死，不可背之。吾终不留，要当立效以报曹公乃去耳。”辽以羽言报操，操义之。及羽杀颜良，拜书告辞而奔刘备于袁军，左右欲追之，操曰:“彼各为其主，勿追也。”

初时曹操曾破刘先主于徐州，擒获关羽以归。曹操见关羽英雄出众，每壮其为人，礼待之甚厚，要重用他。但察他心神动静，还眷恋旧主，似未肯久留为用。以其将张辽素与他相好，乃使往见之，以试探其意如何。关羽叹息，从实对张辽说:“我极知曹公待我甚厚，非不感激，奈我先受刘将军厚恩，与他发过誓盟，愿同生死，不可负背他，更事别主。我终不留于此，但曹公之恩，我岂肯遽忘，须要立些功效，以报答曹公，方才辞去耳。”张辽把关羽的言语，回报曹操，曹操见关羽这等忠义，越发敬重他。及袁绍遣大将颜良来攻曹操，其锋甚锐，关羽替曹操迎敌，单刀匹马，刺杀颜良于万众之中，既以此报曹操的恩，遂写一封书，拜辞曹操。那时闻刘先主正在袁绍军中，就径自奔寻去了。曹操的左右人等，多欲领兵追赶，曹操止他说:“人各有主，他也是各恋其主，终强留他不得，不必追也。”俗说关公千里独行，便是这件事。

夫刘先主之在当时，兵破势穷，寄身河北，其视曹操之势，安危成败，相去何如。然关羽宁为故主死，而不肯为曹氏留，艰险不避，始终一心。此所以忠义贯于古今，精灵充于宇宙，而后世有叛君事仇，自托于去就之智者，视此可以深愧矣。

十二年初，琅琊诸葛亮寓居襄阳隆中，每自比管仲、乐毅。时人莫

之许也，惟颍川徐庶与崔州平谓为信然。刘备在荆州，访士于襄阳司马徽。徽曰："儒生俗士，岂识时务？识时务者在乎俊杰，此间自有伏龙、凤雏。"备问为谁，曰："诸葛孔明、庞士元也。"徐庶见备于新野，备器之，庶谓备曰："诸葛孔明，卧龙也，将军岂愿见之乎？"备曰："君与俱来。"庶曰："此人可就见，不可屈致也。将军宜枉驾顾之。"备由是诣亮，凡三往，乃见。

献帝建安十二年，此时天下扰乱，曹操挟天子以令诸侯，孙权藉父兄之业据有江东。刘先主新败于曹兵，往荆州依刘表。这里有个贤士，姓诸葛名亮，他本是琅琊郡人，寓居在荆州襄阳县隆中地方。他常自比做管仲、乐毅。管仲，是齐桓公的谋臣，能九合诸侯，一匡天下。乐毅，是燕昭王的谋臣，能复燕国，报齐仇。诸葛亮自负有王佐之才，若遇着齐桓、燕昭这等君，知而用之，也能匡济天下，兴复汉室，做得这两人的事业，故以自比。当时众人莫有能知他的，见他自比管、乐，都不信许，只有颍川郡徐庶与崔州平，这两人认得他是奇才，果然干得管仲、乐毅的事，非是浪说。及先主在荆州时，访问这地方的贤士于襄阳人司马徽，徽对说："那儒生俗士每徒事章句，岂能通达世故？要求通达世故的，须是英俊豪杰，非常之人才可。这里自有伏龙、凤雏，两个俊杰。"先主问是谁，司马徽对说："诸葛孔明乃伏龙，庞士元乃凤雏。"孔明是诸葛亮的字，士元是庞统的字。其后徐庶来见先主于新野县中，先主深器重他，徐庶也说："诸葛孔明是个卧龙，虽在潜藏，实能变化，将军可要见此人否？"先主说："既如此，你可与他同来。"徐庶说："这人只可到他家里就见，怎么呼唤得他来。将军还该枉驾去求见他才是。"先主依徐庶的言语，便亲自到亮家里，连去三次，才得相见。就与先主谋据荆、益二州，结好孙权，同拒曹操，以次平定天下。后来行事，一一如其所言，真可谓识时务之俊杰矣。

观此可见孔明在草庐中，都把那天下的事，先在心上经画得停当了，故蜀汉四十年之业，与孔明相为始终。有孔明，则日兴，无孔明，则日废，是汉室不可无孔明也。然遇先主，则建三分鼎足之业，不遇先主，将终为南阳之耕夫，是孔明不可无先主也。其两相成如此，而又必本于相知。盖主能知臣，然后信之而不疑，任之而不贰，虽亲密如关羽、张飞，不能间其交；臣能知主，故感激而驰驱，尽瘁以图报，虽富强如曹操、孙权，不能移其志。惟相知，故相得；惟相得，故相成。此三代而下，言君臣之契，鱼水之投者，必称先主、孔明，而至于今，犹以为美谈也欤。

曹操密遣蒋干往说周瑜，干乃布衣葛巾，自托私行诣瑜。瑜出迎之，立谓干曰："子翼良苦，远涉江湖，为曹氏作说客邪？"因延干与周观营中，行视仓库军资器仗讫，还饮宴，因谓干曰："丈夫处世遇知己之主，外托君臣之义，内结骨肉之恩，言行计从，祸福共之。假使苏、张更生，能移其意乎！"干但笑，终无所言。还白操，称瑜雅量高致，非言辞所能间也。

孙权的大将周瑜，既破曹操之兵于赤壁，曹操大惧，他帐下有个宾客，姓蒋名干，是周瑜的旧交，乃密遣他往见周瑜，说他来降。蒋干乃穿布袍，戴葛巾，只托做故人自来相访，使吴人不疑。周瑜已知他来意了，出营相迎，立便呼蒋干的表字说道："子翼好生受苦，远涉江湖，不避风波之险，莫非是替曹氏做说客邪？"因延入蒋干，与他遍观营寨中的军马，又行看仓库钱粮，及刀兵器械等物，以示其严整，夸其富贵。既一一看了，乃请他回到帐中饮宴。因对蒋干说："君臣相遇，自古为难。丈夫处世，幸遇知己之主，外面虽托为君臣之分，内里情意相结，实与骨肉之恩一般。以言则必用，以计则必从，上下一体，休戚利害，无不同之。遇主如此，自当感恩图报，有死无二，莫说常人离间不得，便是苏秦、张仪那样舌辩能言的人此时再生，亦岂能反移其意乎？"周瑜此言，所以拒绝蒋干者至矣。蒋干既被周瑜说破，只得笑应，终不敢露出一言而去。回报曹操，盛称周瑜识量弘雅，志趣甚高，君臣义重，非言辞所能离间也。

夫以周瑜之才，不思为汉家出力，扶衰持危，而乃事窃据之孙权，固为不得其正矣。然能报恩于知己，尽心于所事，不以祸福动其心，亦人臣之大节也。而所以使周瑜若是者，又孙权言行计从，骨肉之恩，有以结之。吴之君臣如此，其卒成鼎足之业，不亦宜乎！

后汉纪

昭烈帝

昭烈皇帝，即刘先主，名备。在位三年。此时天下三分，曹操据中原，为魏；孙权据江东，为吴；先主在益州蜀地，闻曹操子曹丕篡汉，遂即位于蜀。《纲目》以其本帝室之胄，而仗大义以讨汉贼，功虽未成，名义甚正，故以接汉家正统。

诸葛亮佐备治蜀，颇尚严峻，人多怨叹者。法正谓亮曰："昔高祖入关，约法三章，秦民知德。今君假借威力，跨据一州，初有其国，未垂惠抚，且客主之义，宜相降下，愿缓刑弛禁，以慰其望。"亮曰："君知其一，未知其二。秦以无道，政苛民怨，匹夫大呼，天下土崩。高祖因之，可以弘济。刘璋暗弱，德政不举，威刑不肃；蜀土人士，专权自恣，君臣之道，渐以陵替。宠之以位，位极则贱；顺之以恩，恩竭则慢。所以致敝，实由于此。吾今威之以法，法行则知恩；限之以爵，爵加则知荣。荣恩并济，上下有节，为治之要，于斯而著矣。"

诸葛亮佐先主治蜀，颇尚严刑峻法。蜀人法度久废，骤见严峻，多有怨叹者。蜀郡太守法正谏说："昔日汉高祖破秦入关，与秦民相约，法令只有三章，尽除烦苛，秦民以此感恩归服。今君假借威力，跨据一州，才有了蜀地，未垂恩惠，抚恤百姓，而先以严急，何以使蜀人知德乎？且我兵初至蜀地为客，蜀土人士为主，以客临主，凡事且宜将就，以相降下乃可。今蜀人当兵戈之后，正望我能抚恤他，愿且轻缓刑罚，宽弛禁令，以慰安蜀人仰望之心。"诸葛亮答说："治有时宜，不可执一。你说高祖入关，崇尚宽大，只知这一件道理，不知又有一件道理。如今与高祖时不同，当初秦始皇暴虐无道，其政苛刻，其民怨苦，故戍卒一呼，天下响应，如土崩坏，不可收拾。是秦本以苛急失了天下，高祖承其后，便当反其所为，用宽弘以济大业。今蜀主刘璋，昏暗懦弱，每事姑息，德政废而不举，威刑玩而不肃；蜀土人士不畏法度，专权恣意，各行其私。君反受制于臣，臣不听命于君，上下之道，日渐陵替。虽以爵位宠荣他，然官忒冒滥，到那极处，无复可加，他反看得轻贱了，不以为荣；虽以恩赉随顺他，然赏忒容易，到那尽处，无复可施，他反骄慢怨望起来，不以为恩。夫刑赏者，人主之操柄。失其操柄，何以为国？所以致敝，实由于此。是刘璋本以宽纵坏了国家，我今承其后，亦当反其所为，用严峻以救之。明敕法纪，示以威严，使刑当其罪，不可幸免，然后察其情理，或赦宥，或旌赏，他才知得是恩泽而不敢骄慢；爱惜爵赏，都有个限制，使赏当其功，不可妄觊，然后量其勤劳，或序迁，或超擢，他才知得是宠荣，而不敢轻贱。可见有威严然后有荣恩，有恩威然后有上下。荣恩并济，上下有节，则操柄在我，不至下移，纪纲正而名分尊，为治之要，于斯显著矣。”

诸葛孔明此言，诚为识时务、知政体者，然所以行之，则有本焉。夫水至平，而邪者取法；鉴至明，而丑者忘怒。孔明开诚心，布公道，集众思，广忠益，既有此平明之心。故其用法虽严，乃能使廖立垂泣，李平致死，贤愚佥忘其身，而人心无不服也。真可为万世相天下者之法矣。

刘备以零陵蒋琬为广都长。备尝因游观，奄至广都，见琬众事不治，时又沉醉，备大怒，将加罪戮。诸葛亮请曰：“蒋琬，社稷之器，非百里之才也。其为政以安民为本，不以修饰为先。愿主公重加察之。”备雅敬亮，乃不加罪。仓卒，但免官而已。

零陵，是郡名，即今湖广永州府。广都，是县名，即今四川成都府双流县。

刘先主用零陵郡人蒋琬做广都县长。先主曾一日因出行游观，忽然到广都县，看见他县中众事都废阁不治，那时蒋琬又正值沉醉，先主大怒，怪他好酒废事，将加刑戮。诸葛亮素知蒋琬之才，乃请于先主说道：“蒋琬志量远大，他日可当重任，乃是社稷的伟器，却不是治百里为县令之才也。且其为政，专以安民为本，但民得安便了，不去修饰虚文，以求名誉。愿主公重加察之，未可以其事之不治，而遽罪之也。”先主平素敬信诸葛亮，乃因其言，不加蒋琬以罪，仓卒之间，姑且罢免其官而已。

后来蒋琬果能继诸葛亮为相，镇抚中外，汉之社稷赖之。可见人才大小，各有所宜。若以大才而小任，则不尽其用；或因小过而轻弃，则终泯其能。使蒋琬不遇孔明，将不免于罪戮矣，岂不深可惜哉！所以用人者，当因才授任，舍短取长，勿以一切律人，亦勿以一眚弃人，然后贤才无遗滞之忧，而职事有各称之效也。治一国且然，而况于治天下者乎？

后帝

后皇帝，名禅，昭烈之子。在位四十一年。蜀汉先后共四十四年，而为魏所并。

“先帝创业未半，而中道崩殂。今天下三分，益州疲敝，此诚危急存亡之秋也。然侍卫之臣不懈于内，忠志之士忘身于外者，盖追先帝之殊遇，欲报之于陛下也。诚宜开张圣听，以光先帝遗德，恢弘志士之气，不宜妄自菲薄，引喻失义，以塞忠谏之路也。亲贤臣，远小人，此先汉所以兴隆也；亲小人，远贤臣，此后汉所以倾颓也。先帝在时，每与臣论此事，未尝不叹息痛恨于桓、灵也。臣本布衣，躬耕南阳，苟全性命于乱世，不求闻达于诸侯。先帝不以臣卑鄙，猥自枉屈，三顾臣于草庐之中，咨臣以当世之事，由是感激，遂许先帝以驱驰。后值倾覆，受任于败军之际，奉命于危难之间，尔来二十有一年矣。先帝知臣谨慎，故临崩寄臣以大事也。受命以来，夙夜忧惧，恐付托不效，以伤先帝之明。故五月渡泸，深入不毛。今南方已定，兵甲已足，当奖率三军，北定中原，庶竭驽钝，攘除奸凶，兴复汉室，还于旧都。此臣所以报先帝而忠陛下之职分也。至于斟酌损益，进尽忠言，则攸之、祎、允之任也。愿陛下托臣以讨贼兴复之效，不效，则治臣之罪，以告先帝之灵。责攸之、祎、允等之慢，以彰其咎。陛下亦宜自谋，以咨诹善道，察纳雅言，深追先帝遗诏。臣不胜受恩感激。今当远离，临表涕零，不知所言。”遂行。

南阳，是郡名，即今河南南阳府。泸，是水名，在今四川泸州，春夏有瘴气，人不敢渡。不毛，是蛮夷中不生草木之地。

汉后主建兴五年，丞相诸葛亮出军汉中，欲伐魏以图中原，临行时上表说道：“先帝与臣，本图恢复中原，削平僭乱，重兴汉室，这事业未曾做得一半，便中道崩殂了。如今天下三分，北有曹魏，东有孙吴，未能混一。我止得益州一隅之地，又当百姓疲敝，强不如魏，富不如吴。他这二方都思量吞并我，这是何等危迫存亡不能自保之际。然内而左右侍从之臣，不懈其志，外而忠义志节之士，不顾其身，以图转危为安，易亡为存者，盖先帝平日优礼贤士大夫，深得其心，至今犹追想其恩遇之隆，图报无由，以陛下是先帝亲子，都要就陛下身上，效些功劳，以报答先帝之殊恩，故内外同心有如此耳。今陛下当思基业之重，时势之艰，内外旧臣所以报效之意，正该信任不疑，凡一切官府的事，都与他谋议，务开广圣听，以光显先帝遗下的恩德，益成其所未成。且以恢弘志士之气，使他无所疑虑，尽心竭力，智者为之谋，勇者为之死，才不负贤士大夫仰望的本意。岂可妄以爱憎，自处菲薄，引喻不当，违忤正言，以闭塞忠谏之路哉！且国家之兴衰，系于君子小人之进退，这二者相为消长，不可并立。能亲信贤臣，斥远小人，用舍停当，则政事自然修举，此先汉高祖、文、景、武、宣诸帝所以兴隆也；若亲近小人，疏远贤臣，用舍颠倒，则政事必然昏乱，此后汉桓、灵二帝所以倾颓也。追思桓、灵之时，如单超、曹节等，专权擅政，浊乱海内，本是小人所当疏远者，他反尊信之，惟言是听；如李固、陈蕃等，刚方正直，忠于国家，本是贤臣所当亲信者，他反诛戮之。又立为党禁，残害善良，以致群小得志，窃弄朝权，董卓乱之于前，李傕、郭汜乱之于后，曹操、孙权等遂乘时窃据，把天下都败坏了，深可叹恨。先帝在时，每与臣论此事，未尝不叹息痛恨于桓、灵二帝也。今可不以为鉴戒哉！臣本是布衣贫贱之士，遭世之乱，隐居南阳，以耕田为业，但求苟活性命于乱世而已，并不求声名闻达于诸侯，以希图富贵。不意先帝偶闻臣名，不以臣为卑贱鄙陋，乃轻自妄屈，三次访臣于草庐之中，必求相见。及一见，即问臣以当世之事，情投意合，言听计从。臣因此受知感激，遂许身先帝，愿与戮力驱驰。未几值曹操南破荆州，先帝仓皇逃避，几至倾覆，臣于此时受委任于败军之际，奉使命于危难之间，往说孙权，共拒曹操，驱驰艰险，不敢自爱，幸而竟济大难，以报先帝知遇之恩。自此以来，二十有一年矣。臣事先帝既久，先帝察臣益深，知臣平素谨慎，任事不苟，故临崩顾命，特把讨贼兴汉的大事，付托与臣，非轻授也。臣自受命以来，夙夜忧惧，恐才小力弱，有负委任，不见功效，以伤先帝知人之明。故勉强奋厉，不敢惮劳，五月渡泸，当炎暑，冒瘴气，提军深入塞外不毛之地，七擒孟获，遂平南夷，收其地所出金漆牛马等物以给军资。今南方已定，兵甲已足，正当乘此时，奖劝率励三军之众，北伐曹魏，平定中原，庶竭臣驽钝之力，攘除奸凶之徒，兴复汉室，仍还洛阳旧都。此臣所以报答先帝之恩遇，而尽心于陛下之职分当如此也。至于宫中府中，一切事务，刑赏与夺，斟酌停当，损其太过，益其不及，归于平明，进尽忠言，献可替否，匡辅主德，这乃是侍中郭攸之、费祎，侍郎董允等的责任。三人任其内，以佐主治民；臣任其外，以讨贼兴复。各当专责，以佐其成。臣愿陛下专托臣以讨贼兴复之效，若不能诛灭曹魏，兴复汉室，是臣上负先帝，罪何可辞，则当治臣之罪，以告先帝之灵。若攸之、祎、允等，不能尽忠斟酌，慢弃职业，是其仰负陛下，咎将谁诿，亦当责诸臣之慢，以明著其失职之咎。然有言而不尽，其过在臣；尽言而不听，其过在君。陛下亦宜反己自谋，以咨诹善道，察纳雅言，无塞忠谏之路，深追先帝遗诏，所以付托于臣，及简拔攸之、祎、允等的意思，使皆得以尽其职。此又臣之望于陛下者也。臣不胜受恩感激之至。今当远离，临表涕零，不知所言。”表既上，于是率师前往汉中伐魏。

观孔明此表，惓惓忠爱之意溢于言外。后儒谓其言与《伊训》、《说命》相表里，良不为过。至论君子小人之用舍，关乎先汉后汉之兴亡，于君德治道，尤为切要。其后孔明既没，蒋琬、董允亦相继以亡，而黄皓、陈祗等用事，遂亡其国。然后知孔明之言，深中后主之病，实万世之龟鉴也。

卷之十三

晋纪

武帝

世祖武皇帝，姓司马，名炎。其祖懿，父昭，世执魏政，至炎遂篡魏平吴而有天下。初封晋王，故国号晋，在位十一年。

晋初置谏官，以傅玄为之。玄以魏末士风颓敝，上疏曰："臣闻先王之御天下，教化隆于上，清议行于下。近者魏武好法术而天下贵刑名，魏文慕通达而天下贱守节，其后纲维不摄，放诞盈朝，遂使天下无复清议。陛下龙兴受禅，弘尧、舜之化，惟未举清远有礼之臣以敦风节，未退虚鄙之士以惩不恪，臣是以犹敢有言。"晋主嘉纳其言，然亦不能革。

武帝既代魏而有天下，乃广开求言之路，初置谏官，使之专论朝政得失。选择群臣中，以傅玄素称刚直，遂用他为此官。傅玄见魏朝末年教化不明，士风颓败，思有以救正之，乃上疏说道："臣闻先王统御天下，以教化为急务，倡天下以礼义之风，而养之以廉耻之节。教化既崇于上，则清议自行于下。人人皆知重名教，畏清议，而败礼伤化之士自无所容，治隆俗美，皆由于此。近者魏武帝不知教化之务，只好用法术以制天下，所进用的都是刑名之吏，于是天下之人都尚刑名以应之。文帝又喜慕通达，不拘拘于小节，所进用的都是浮薄之士，于是天下之人都以放达相高，反以谨守名节者为贱，而教化之具尽废。所以后来朝廷上，纪纲法度不复管摄，而放诞不简。如何晏、王弼之流，满于朝野，谈论虚无，遗弃礼法，遂使天下之人争慕效之，以名教为不足贵，以清议为不足恤，而教化之衰，风俗之败，至此极矣。今陛下圣德龙兴，受魏之禅而有天下，能力行恭俭，以求广尧、舜之化，固可谓得其要矣。但好恶用舍之间，乃人心之劝戒所系。陛下即位以来，不曾见举一个清操远识以礼自守之臣，以敦尚风节，也不曾见退一个虚名鄙行之士，以惩戒人臣之不恪者。好恶未彰，而劝戒无法，然则人心风俗安能遽变乎！臣所以犹敢有言，愿陛下留意于此。"晋武帝嘉纳其言，以为切于时务，但当时承魏之敝，习俗已成，帝亦不能痛革之。

其后晋世士大夫皆崇尚玄虚，清谈废事，荡然放纵于礼法之外，以为旷达，遂以亡国。可见教化诚国家之急务，风俗为治忽之所关，而欲行教化以移风俗，又在人主。但率之于上，立之以表仪，示之以好恶，而后天下可渐化也。今武帝之初，虽矫情于恭俭，未几自恃升平，荒于游宴，而忘经国之远虑矣。虽欲移风易俗，其可得乎？此图治者之所以贵端在其本也。

诏曰："昔在汉末，四海分崩，刺史内亲民事，外领兵马。今天下为一，当韬戢干戈，刺史分职，皆如汉氏故事。悉去州郡兵，大郡置武吏百人，小郡五十人。"交州牧陶璜上言："州兵未宜约损，以示单虚。"仆射山涛亦言："不宜去州郡武备。"帝不听。及永宁以后，盗贼群起，州郡无备，不能禽制，天下遂大乱，如涛所言。然其后刺史复兼兵民之政，州镇愈重矣。

交州，即今广东雷州、廉州及安南一带地方。仆射，是官名。

晋武帝太康元年，此时吴国既平，天下混一，武帝便说太平无事了，因思汉末董卓、曹操等，皆以州兵强盛，胁制朝廷，欲矫其弊，乃下诏说道："汉家初置刺史，只着他督察郡县官吏。到东汉末年，四海分裂，各州刺史把郡县的职事都自专制，内既亲理民事，外又统领兵马，各据一方，朝廷不能制，遂致乱亡。如今天下僭乱尽平，合为一家，岂可复蹈其弊，正该韬戢干戈，偃武修文。凡刺史分职，只主督察官吏，如汉家故事。尽除去州郡兵马，大郡只置武吏百人，小郡五十人，刺史都不得管领。"于是交州牧陶璜上言："交州与广州东西数千里，与诸夷接界，此二州兵马恐不该减损，以示单薄虚弱，而生蛮夷之心。”那时仆射山涛也说：“不独交、广二州，天下州郡的兵马，乃是国家的武备，若无武备，万一盗贼窃发，何以制之？恐乱由此起，都不该裁革。”武帝不听，毕竟都革了。其后才过得三十余年，到惠帝永宁以后，内则诸王相残，外则五胡纭扰，盗贼纷纷，乘时并起，这州郡中兵马既撤，都无准备，虽有武吏百数十人当得甚事？看着那盗贼横行，莫能擒捕制御，天下由此大乱，果如山涛所言。到后来诸州刺史又复兼领兵马，而州镇之权越发偏重，海内分裂又甚于东汉之末，仅及百五十余年而晋亡矣。此武帝贻谋不善之所致也。

古语云：“天下虽安，忘战必危。”又云：“人无远虑，必有近忧。”其晋武之谓乎！

三年，帝问司隶校尉刘毅曰：“朕可方汉之何帝？”对曰：“桓、灵。”帝曰：“何至于此？”对曰：“桓、灵卖官钱入官库，陛下卖官钱入私门，以此言之，殆不如也。”帝大笑曰：“桓、灵之世，不闻此言，今朕有直臣，固为胜之。”

太康三年，晋武帝亲祀南郊。礼毕，从容访问司隶校尉刘毅说：“卿试看朕可比汉朝那一个皇帝？”武帝自负是开创之君，或比得高祖、光武，次亦不出文、景、明、章之下。刘毅平生直戆，适见武帝平吴之后，怠于政事，任用外戚杨骏，交通请谒，公行贿赂，就对说：“陛下可比汉家桓帝、灵帝。”武帝惊骇说：“这两个昏乱亡国之君，朕虽不德，何至如此？”刘毅对说：“臣非妄言，有所指证。昔桓帝、灵帝自家把朝廷的官爵卖与人做，得钱以入官库，为国家的公用；今陛下却被那贵戚权臣把朝廷的官爵卖与人做，得钱以入私门，为他的私用。这等看来，还似不如桓、灵。”武帝乃大笑说：“桓、灵之世，君昏政乱，在朝都是面谀的人，几曾闻有这等言语！今刘毅面折朕过，是朕有直臣。主明则臣直，岂不远过于桓、灵之世乎？”

尝观晋史，武帝恭俭明达，足称贤主，虽其末年任用匪人，岂可遽以桓、灵为比？刘毅此言，指斥太甚，常情所不堪，而武帝乃能优容，略无怒色，传之当时，益见其盛德，载在史册，至今为美谈。此后世人主之所当法。然于卖官一事，竟置而不问，卒亦未见其疏杨骏，抑私门，彼复何惮而不为也？徒有纳谏之虚名，而无用谏之实意，虽美何益！此又后世人主之所当戒。

惠帝

孝惠皇帝，名衷，是武帝第二子。在位十七年。

七年九月，以尚书右仆射王戎为司徒。戎为三公，与时浮沉，无所匡救，委事僚寀，轻出游放。性复贪吝，园田遍天下，每自执牙筹，昼夜会计，常若不足。家有好李，卖之恐人得种，常钻其核。凡所赏拔，专事虚名。阮咸之子瞻，尝见戎。戎问曰："圣人贵名教，老、庄明自然，其旨同异？"瞻曰："将无同。"戎咨嗟良久，遂辟之。时人谓之"三语掾"。

惠帝七年九月，升尚书右仆射王戎为司徒，居三公之任。那时贾后专政于内，贾谧等擅权于外，王戎虽为三公，只随波逐流，与时上下，以图容身保位而已，并不曾直言正色有所匡救，把府事都委与僚属管理，常轻身出去遨游放荡，无复拘简。其性又贪婪鄙吝，所置园庄田产遍于天下，每自家执着牙筹，日夜算计帐目，常如不足。家中有一种好李，发卖与人，恐人得了这种，分夺其利，临卖时常钻破李核，使人再种不得。其贪吝至于如此。三公以荐贤为职，他凡所称赏荐拔的，专一采取虚名，不论实行。有阮咸之子阮瞻，尝谒见王戎。王戎问他说："历代圣人，崇尚名教，要人遵守礼法；老子、庄周却发明自然无为之教，只要任意率真，不以礼法自拘束。这两样教门，其旨意同乎？异乎？"此时放达之士祖述老、庄，而礼法之士每深嫉之，两家各争是非，故王戎发问及此，有混同儒、老之意。那阮瞻正是个尚老庄的人，会得王戎的意思，乃含糊答说："这两家道理得无相同。"王戎甚喜其言，叹美良久，就举他做三公府中的掾属。当时人见他因这"将无同"三字便得了美官，遂号他做"三语掾"。其轻于取人又如此。

盖自魏、晋以来，士大夫祖尚老、庄，崇奖浮薄，其自处则抑名教而贵玄虚，其取人则采虚名而略实行。至于惠帝之时，其风益盛，其习愈靡，以不拘名分者为旷达，不修职务者为高雅。丧容止之仪，纵耳目之欲，则谓之任真；托虚无之论，悖哀乐之情，则谓之忘累。废时失事，败礼伤化，无所不至，甚者以国家之治乱兴亡亦举而委之自然之数焉。驯至五胡乱华，中原板荡，王戎诸人不但得罪于名教，抑且倾覆人国家，诚万世之所当鉴戒也。

九年，太子洗马江统以为戎、狄乱华，宜早绝其原，乃作《徙戎论》以警朝廷，曰："夫夷、蛮、戎、狄，地在要荒。禹平水土，而西戎即叙。其性气贪婪，凶悍不仁。四夷之中，戎狄为甚。弱则畏服，强则侵叛。当其强也，以汉之高祖而困于白登，孝文军于霸上。及其弱也，以元、成之微而单于入朝。此其已然之效也。是以有道之君牧夷狄也，惟以待之有备，御之有常。虽稽颡执贽而边城不弛固守，强暴为寇而兵革不加远征。期令境内获安，疆场不侵而已。魏兴之初，与蜀分隔，疆场之戎，一彼一此。武帝徙武都氐于秦川，欲以弱寇强国，捍御蜀虏。此盖权宜之计，非万世之利也。今者当之，已受其敝矣。夫关中土沃物丰，帝王所居，未闻戎狄宜在此土也。非我族类，其心必异。而因其衰敝，迁之畿服，士庶玩习，侮其轻弱，使其怨恨之气毒于骨髓。至于蕃育众庶，则坐生其心。以贪悍之性，挟愤怒之情，候隙乘便，辄为横逆。而居封域之内，无障塞之隔，掩不备之人，收散野之积，故能为祸滋蔓，暴害不测。此必然之势，已验之事也。犬马肥充，则有噬啮，况于夷狄，能不为变！但顾其微弱，势力不逮耳。夫为邦者，忧不在寡而在不安。以四海之广，士民之富，岂须夷虏在内然后取足哉！此等皆可申谕发遣，还其本域，慰彼羁旅怀土之思，释我华夏纤介之忧。惠此中国，以绥四方。德施永世，于计为长也。"朝廷不能用。

武都，是郡名，即今陕西巩昌府阶州地方。秦川，是地名，即今陕西西安凤翔等府地方。

晋惠帝元康九年，此时秦雍氐、羌齐万年反，将军孟观始讨平之。太子洗马江统因思汉、魏以来，氐、羌、胡、羯、鲜卑来降的，都杂处在中原地方，以致扰乱我华夏，这乃是腹心之患，宜趁此时，驱遣出塞，以早绝其原。乃作《徙戎论》一篇，以警动朝廷，说道："夫东夷、南蛮、西戎、北狄，古时列在四方远处，叫做要服、荒服，言但以约束羁縻之，而荒忽无常也。昔夏禹平水土，而于西戎，止就而序之。盖以诸夷性气贪婪好利，凶悍不仁，本与中国不同。而四夷之中，惟戎、狄在西北者，其贪悍尤甚，从来叛服不常，顾其势力强弱何如耳。有时衰弱则畏服来降，有时强盛则侵叛为患。我中国帝王遇着他强盛的时节，就是汉高祖这等英武也被他诈诱，围困于白登；汉文帝这等仁明也被他侵犯，出军于灞上。及至遇着他衰弱的时节，就是汉元帝、成帝这等衰微，而匈奴酋长如呼韩邪之类，也都称臣来朝。可见戎、狄之叛服，不足为我中国之重轻，历观往事，其明验如此。所以有道之君，其牧夷、狄也，如畜禽兽。款待他必有准备，不因其服而纵弛；制御他必有常法，不因其叛而穷黩。他虽稽颡执贽畏服于我，而边城不废固守，待之有备也；他虽强暴为寇，侵叛于我，而兵革不烦远征，御之有常也。其意只要峻出入之防，明要荒之制，使中国自为中国，夷、狄自为夷、狄，境内之民获安，疆埸无所侵扰便了。何可幸戎、狄之来服，便容他居我内地，以启乱华之阶，而忘中国之备哉！至魏朝初兴，天下未一，西边与蜀国隔界，那时内附的西戎，如羌、氐之类，有在彼界上的，有在此界上的。魏武帝恐蜀人招引武都氐、戎，助兵入寇，乃迁徙他入居秦川，散居关中地方。其意欲以外弱寇敌之党援，内壮国家之藩屏，藉此氐、戎，以打御蜀虏。此盖一时权宜之计，实非万世经人之利也。武帝只以御寇为急，不暇远虑，而祸本实种于此。到如今蜀国既亡，天下混一，这祸患却是我国家当之，往年杀害官吏，近日反叛朝廷，已受其敝矣。夫关中土地肥饶，物产丰盛，乃自古帝王建都之所，未闻戎、狄之类可居此土也。盖戎、狄犬羊，原非我的族类，则其心决然与我不同，岂肯安心帖服我中国？只因其衰敝，迁入畿甸内地，以为不足复虑。百姓每与他杂居既久，也有玩忽之心。又见其寡弱，或从而欺侮之，使他怨恨之气深入于骨髓。到后来生育众多，渐渐强盛，遂坐生叛乱之心。以其贪悍之性，怀挟愤怒之情，一旦候隙乘便，辄为横逆。而又居封疆之内，无边塞之隔，从而掩袭我素不防备之人，收掠我散在四野之积，故能为祸滋长蔓延，暴害发于不测。此必然之势，而亦已验之事也。今可不深监而预防之哉！宜徙诸羌于先零、罕开之地，徙诸氐于阴平、武都之界，庶几华夷不杂而祸原可绝也。且戎之当徙，不止氐、羌。今并州之胡，分为五部，户至数万。幽州句骊，户落孳息，且以千计。譬如犬马，豢养太过，至于肥充，其气骄盈，则有噬啮之患，况于夷、狄居我内地，能不为变乎？但顾其初衰微寡弱，势力不逮耳。今日渐蕃盛，将不可测。夫为国家者，其所忧患不在人民寡弱，而在社稷不安。今天下一统，土地这等广大，士民这等殷富，本自众盛，何须那夷虏在内，然后取足哉？此等既无益于中国，而适足贻患，都该再三晓谕，着有司发遣，给以行粮，使还旧土。在彼客居此地，不无怀土之思，既有以慰其心；在我华夷杂处，不无纤芥之隙，又有以释其忧。保惠此中国，以安靖彼四方，绝将来之祸，贻永世之德，其为计不亦长便乎？”当时朝廷上下，只苟安目前，都无忠谋远虑，虽江统之论深切著明如此，毕竟不能用也。

前此郭钦亦尝言于武帝之时，而不见听。夫武帝自其身艰难开创，尚虑不及远，况后世乎！其后仅一再传，而胡酋刘渊果以五部倡乱，羯则石勒，氐则苻洪，羌则姚弋仲，鲜卑则慕容廆，迭起乱华。终晋之世，海内纷扰，以至于亡。郭钦、江统之言，于是乎验矣。

鲁褒作《钱神论》以讥之，曰：“钱之为体，有乾坤之象。亲之如兄，字曰孔方。无德而尊，无势而热。排金门，入紫闼。危可使安，死可使活，贵可使贱，生可使杀。是故忿争非钱不胜，幽滞非钱不拔，怨仇非钱不解，令闻非钱不发。洛中朱衣，当涂之士，爱我家兄，皆无已已。执我之手，抱我终始。凡今之人，惟钱而已。”

晋惠帝昏愚，政在臣下。权势贵戚之家，皆交通贿赂，凡事非钱不行。于是南阳人鲁褒作《钱神论》以讥笑之，其文说道：“铜钱之为物虽微，而其形体外圆内方，有乾坤之象。世人亲爱之如亲兄一般，以钱孔四方，遂字之曰孔方。这物虽无道德而极其尊，人皆贵重之；虽无权势而极其热，人皆趋附之。他能排进天子的金门，直入公卿的紫闼。事之危急的，有了钱去营求，则危者可安也；人之该死的，有了钱去营求，则死者可活也。虽是尊贵的人，要摆布他也不难，只有了钱，则贵者亦可贱矣；虽是生活的人，要杀害他也不难，只有了钱，则生者亦可杀矣。忿怒争讼的事，不论是非，若非钱则必不取胜；幽晦淹滞的人，不论贤否，若非钱则必不超拔。怨恨仇雠，非钱则不能和解；令名美誉，非钱则不能自发。

钱之功用，其大如此。如今洛阳城中，穿朱衣、当要路的贵人，都爱我孔方家兄，无有止极。执他之手，怀抱他终始，不肯相离。其爱钱如此。大抵凡今之人，也不管甚么道理，也不知甚么法度，惟知有钱而已。此钱之所以为神也。”

自古观人国者，但见纪纲整肃，上下清白，便知其国之盛；但见权势恣横，贿赂公行，便知其国之衰。古人有云：“国家之败，由官邪也；官之失德，宠赂章也。”今观鲁褒之论，晋之朝贵，惟钱是爱，而钱得以移其贵贱死生之权，则其国事可知矣。欲不亡，得乎！

初，太弟颖表匈奴左贤王刘渊为冠军将军。渊子聪，骁勇绝人，博涉经史，善属文，弯弓三百斤。弱冠游京师，名士莫不与交。颖以聪为积弩将军。渊从祖右贤王宣，谓其族人曰：“自汉亡以来，我单于徒有虚号，无复尺土；自余王侯，降同编户。今吾众虽衰，犹不减二万，奈何敛手受役，奄过百年！左贤王英武超世，天苟不欲兴匈奴，必不虚生此人也。今司马氏骨肉相残，四海鼎沸，复呼韩邪之业，此其时也！”乃相与谋，推渊为大单于。

左右贤王，都是匈奴的官名。冠军、积弩，都是将军的官号。弱冠，是二十岁。匈奴称单于，即中国称天子的意思。

这一段是记五胡乱华之始。

初，惠帝弟成都王颖镇邺时，奏荐匈奴降人居晋阳的，有左贤王刘渊可用，以他为冠军将军，监五部军事，领兵在邺。渊有子名聪，生性骁勇，远过常人，又博涉经史书籍，善作文词，有气力，弯弓重三百斤，才兼文武。弱冠时，游于京师，凡有名的士大夫都与他交游。颖又以聪为积弩将军，父子都被亲用。渊的从祖右贤王刘宣，对他族人说：“我匈奴本与汉家约为兄弟，何等尊宠。其后呼韩邪单于降汉，自汉亡以来，徙居塞内，曾为单于的，如今空有名号，实无尺寸之地；其余王侯都无封爵，下与平民同编户籍，以供差役，其屈辱如此。今吾部落虽衰，犹不减二万，足以自奋，岂可束手受制于人，听其役使？奄忽之间，过了百年，与草木同朽乎！吾观左贤王英姿武略，超绝一世，天若无意兴起我匈奴，必不虚生此人，既生此人，便是天意有在。今晋室诸王自相屠戮，骨肉相残，内难既作，海内纷纷，盗贼并起，就似鼎中沸汤一般。天下祸乱乃英雄之资，我等当同心协力，推戴左贤王，兴复呼韩邪的故业，正在此时，岂可坐失机会而甘心于人下哉！”遂相与谋议，共推刘渊为大单于，使其党诣邺告之。渊乃设计辞颖，脱身北归，至左国城，自立为汉王，未几又僭称大号。其子刘聪继之，日益猖獗，以至洛京不守，怀、愍蒙尘，而晋室遂东矣。

按刘渊父子虽是骁雄，然在武帝时，羽翼未成，诚如郭钦、江统之言，申谕而发遣之，使还其旧土，后虽为患，不过侵犯我边境而已。失此不图，使二百年余孽安处中国，包藏祸心，习知我虚实强弱，一旦乘隙，相扇而动，千百成群，遂不可制，以成滔天之祸。驯至北魏、辽、金，以极于有元，而天下胥为夷矣。盖刘渊之乱，其滥觞也。后之处降胡者，尚思履霜坚冰之戒，而防其渐哉！

怀帝

孝怀皇帝，名炽，是武帝第二十五子，惠帝之弟。在位六年，为匈奴刘聪所虏。

十一月，以王衍为司徒。衍说太傅越曰：“朝廷危乱，当赖方伯，宜得文武兼资以任之。”乃以弟澄为荆州都督，族弟敦为青州刺史。语之曰：“荆州有江、汉之固，青州有负海之险，卿二人在外而吾居中，足以为三窟矣。”

荆州，即今湖广等处地方。青州，即今山东等处地方。

怀帝永嘉元年十一月，此时东海王司马越为太傅，专擅朝政，以王衍素有重名，就用衍为司徒。王衍因劝太傅越说道：“今朝廷危乱，正该倚赖各州刺史。这是古时方伯之官，外镇四方，内卫王室，须得能文能武兼禀全才的人，以居此官，缓急方可得力。”因荐其弟王澄做荆州都督，族弟王敦做青州刺史。王澄是个浮华之士，王敦是个凶狠之徒，朝廷如何倚赖得他？此是王衍假公济私，要植亲党以保禄位耳。因私下对王澄、王敦说道：“吾等遭此危乱之时，常恐身家不能自保。今荆州境内，有江、汉二水，可依以为固。青州背后，就是大海，可恃以为险。你二人在外，各据要地，我居其中，秉执朝权，尔以我为腹心，我以尔为羽翼，谁复有能害我者？此足以为三窟而保全身家矣。”

窟是土穴。兔性最狡，穿地为穴，若止是一处，恐怕人以水灌，或以火熏，无处可逃，故连做三个巢穴，彼此相通，以为藏躲脱走之地。王衍设此譬喻，自以为得计矣。岂知忠臣忘家徇国，国安则家安，未有不顾国之危乱，而身家可保者也。到后来王澄纵酒废事，遂为王敦所杀。敦又以谋反败死。而王衍竟死于石勒排墙之下，虽有三窟，何足恃哉！此可以为人臣负国不忠、背公植党者之戒矣。

五年，东海王越薨，王衍等奉越丧还葬东海。石勒帅轻骑追之，无一人得免者。执太尉衍等，坐之幕下，问以晋故。衍具陈祸败之由，云计不在己。且自言少无宦情，不豫世事，因劝勒称尊号，冀以自免。勒曰：“君少壮登朝，名盖四海，身居重任，何得言无宦情邪！破坏天下，非君而谁！”

怀帝即位之五年，羯胡石勒，举兵入寇，逼进京师。东海王越时为太傅，不护守京师，却领兵出镇许昌。怀帝恶其专擅，密诏大将军苟晞讨越。越因此忧愤成疾而薨。临薨时，把后事托与太尉王衍。衍奉其丧柩回东海国中安葬，被石勒帅领轻骑追至苦县地方，围住晋兵，将士十余万人尽被擒获，无一人得脱者。石勒拿住王衍，叫他坐于帐下，问以晋家变乱的缘故。王衍备细陈说晋室祸败都由宗室争权、骨肉相残，以致宗社倾危，朝廷坏乱，实不干我等大臣之故。且我少时宦情甚薄，不愿做官，所以一切世事懒得干预。王衍这说话，只是惧怕石勒杀他，要推罪免祸的意思。又劝石勒早称帝号，以逢迎其意，冀免于死，其不忠甚矣。勒见衍言词虚妄，因折他说道：“世间有那不爱名位的人，方可说的无宦情。汝自少登朝，名盖四海，位至三公，负这等大名，居这等重任，如何说道无宦情邪！今天下事全是你每坏了，所以致此祸败者，不是你却是谁？”因命左右牵出，至夜，使人推墙压之而死。

夫人臣之义，食其禄则当任其事。王衍为晋大臣，义同休戚，当国家多难，固宜效忠戮力，死生以之，却乃平时则崇尚虚谈，隳废国事，及至临难则甘心媚虏，俯首乞怜。虚名无实之士，其误人国家如此。人君于任人之际，可不慎所择哉！

周顗奔琅邪王睿，睿以为军咨祭酒。前骑都尉桓彝亦避乱过江，见睿微弱，谓顗曰："我以中州多故，来此求全，而单弱如此，将何以济！"既而见王导，共论世事，退谓顗曰："向见管夷吾，无复忧矣！"诸名士相与登新亭游宴，周顗中坐叹曰："风景不殊，举目有江、河之异。"因相视流涕。王导愀然变色曰："当共戮力王室，克复神州，何至作楚囚对泣邪！"众皆收泪谢之。

睿，是晋元帝名，元帝初封为琅邪王。军咨祭酒、前骑都尉，都是官名。中州，指洛阳说。管夷吾，即管仲。新亭，在今应天府江宁县地方。中国叫做神州。楚囚，是借春秋时钟仪留晋的故事，以见羁旅异乡的意思。

晋怀帝永嘉五年，匈奴刘聪的军马攻陷洛阳，怀帝被执，又西据了长安。此时海内大乱，独有琅邪王睿镇守建业，江东稍安。于是中州名士周顗遂奔江东，来投琅邪王睿，睿就收用他做军咨祭酒。又有前骑都尉桓彝，也是从中州避乱过江，因见琅邪王兵力微弱，恐难倚赖，私下对周顗说："我本为中州兵乱，特来这里避乱全身，不料江东事势单弱如此，将何以存济而得免于祸！"心下疑虑。后来得见王导，与他共论时事。王导是琅邪王的谋臣，先劝琅邪王潜图兴复，收人望，振法度，别名器，凡所施为，都有次第，言论风旨，慷慨动人。桓彝不觉敬服，既退，与周顗说："当时齐国只得一个管夷吾，便能攘夷狄、兴周室，向见王导，即今之夷吾也。江东虽微弱，有这人在，吾复何忧？"诸名士每暇日相邀出登新亭，临江游宴，周顗到半坐时，感叹说道："昔洛都游宴，多在河滨，今新亭乃临江渚，风景都是一般，只举目之间，未免有江、河之异。故国丘墟，胡尘阻绝，使人对景伤怀。"于是彼此相顾，不觉泪下。那时王导独愀然变色说道："诸名士在此正当并力一心，共扶王室，削平祸乱，克复神州，才是大丈夫的事业。何至区区似楚囚一般，羁旅无聊，相对涕泣，徒悲何益耶！"诸名士乃猛然警省，都收泪而谢之。

此亦王导激励人心之一机也。可见国势之强弱，只在贤才之有无。

晋元帝当丧败之余，收乌合之众，只得一王导，遂能系属人心，立国江左，而延晋室百年之命脉。况以天下之大，而驱策一时之英杰，将何事不可为，何功不可立哉！

愍帝

孝愍皇帝，名业，武帝之孙，吴孝王晏之子。在位四年。长安破，降于刘聪。

元帝

中宗孝元皇帝，名睿，宣帝司马懿之曾孙，琅邪王觐之子。怀、愍蒙尘，晋室无主，睿从琅邪起兵，兴复晋室，即位于建康，是为东晋。在位六年。

初，范阳祖逖，少有大志，与刘琨俱为司州主簿。同寝，中夜闻鸡鸣，蹴琨觉曰："此非恶声也。"因起舞。及渡江，睿以为军咨祭酒。逖居京师，纠合骁健，言于睿曰："晋室之乱，非上无道而下怨叛也。由宗室争权，自相鱼肉，遂使戎狄乘隙，毒流中土。今遗民既遭残贼，人思自奋，大王诚能命将出师，使如逖者统之以复中原，郡国豪杰必有望风响应者矣。"睿素无北伐之志，以逖为奋威将军、豫州刺史。

范阳即今涿州。司州，今河南府。

愍帝之时，有范阳人祖逖者，从少时即慷慨有担当世事的大志，素与刘琨相厚，两人同做司州的主簿。一夕同处歇卧，到半夜的时分，忽然听的鸡叫，祖逖此时正思量着天下的大事，睡不着，就以足去蹴刘琨醒来，与他说道："半夜鸡鸣，虽不是时候，然唤人早起，不致失觉，亦于人有益，非不祥之声也。"因披衣起舞，有不胜踊跃奋发的意思。后来逖避乱过江，元帝以逖为军咨祭酒。逖住在京师，专一纠集那骁健的勇士，加意抚恤，欲得其用。一日，劝元帝说道："举大事者，全在人心。我观晋室之乱，非干在上的行政无道，而在下的怨叛离心也。只因那宗室诸王树党专权，骨肉分争，自相鱼肉，遂使戎狄之人，若刘聪、石勒辈，乘此衅隙纷纷并起，侵扰中土，荼毒生灵。即今晋室遗民，自遭残害以来，各为其父兄子弟之仇抱恨积怨，欲奋身讨贼，只是没人倡率之耳。大王诚能遣命将帅，兴发师旅，使勇敢忠义如我这样的人统领前去，恢复中原，那郡国的豪杰，一闻此举，必然望风而来，随声而应矣。何乱之不可克乎？”

祖逖此言，深为有见。争奈元帝素性优柔，只想保守江东，无志北伐，乃命逖为奋威将军、豫州刺史，着自募兵马而行，竟不能出师以图大举。于此便见元帝立国规模本来狭小，原无远略，所以终其身仅能偏安一隅。而长、淮以北，尽委腥羶，寸土尺疆，不能收复，忘宗社丘墟之恨，孤豪杰向义之心，岂不可慨也哉！

陶侃为广州刺史。侃在广州无事，辄朝运百甓于斋外，暮运于斋内。人问其故，答曰："吾方致力中原，过尔优逸，恐不堪事，故自劳尔。"

广州，即今广东广州府等处地方。甓，是砖，世俗误以为瓮。斋，是退居的去处。

陶侃先在荆州，为王敦所忌，左迁广州刺史。陶侃在广州，破杜弘、诛王机、擒温邵，叛乱悉平。威名既立，州中无事，然陶侃却有远志，不以无事自安，每退居私室，早晨自家运砖百块于斋外，晚间又运将进来。人见他每日如此，不知其故，从而问之。陶侃答说："今王室陵夷，盗贼群起，中原多事，我要替朝廷出些气力，平定天下，若因此州无事，便过于偷安，任意恣情，优游逸乐，一向自在惯了，却恐精力懈弛，不复堪任劳苦的事，所以早晚运甓，不放此身安闲，以习劳苦尔。"

大抵人之志意，能兢惕，则日明；好偷惰，则日昏。人之精力，常练习，则愈强；务安逸，则愈弱。《易》曰："天行健，君子以自强不息。"陶侃之运甓，盖亦欲兢惕其志意，而练习其精力，有大《易》自强不息之义焉。当时人士，崇尚清谈，遗弃世事，以衔杯为高致，以勤事为俗流，而陶侃独不安于暇逸如此，可谓卓尔不群者矣。

明帝

肃宗明皇帝，名绍，是元帝长子。在位三年。

三年五月，以陶侃为征西大将军、都督荆湘雍梁四州诸军事、荆州刺史。荆州士女相庆。侃性聪敏恭勤，终日敛膝危坐，军府众事，检摄无遗，未尝少闲。常语人曰："大禹圣人，乃惜寸阴，至于众人，当惜分阴。岂可但逸游荒醉？生无益于时，死无闻于后，是自弃也！"尝造船，其木屑竹头，侃皆令籍而掌之，人咸不解所以。后正会，积雪始晴，厅事前余雪犹湿，乃以木屑布地。及桓温伐蜀，又以侃所贮竹头作丁装船。其综理微密，皆此类也。

东晋时，将湖广、四川接境一带地方，分做四州。荆，是今荆州汉、沔等处。湘，是今长沙、常德等处。雍，是今襄阳、陨阳等处。梁，是今汉中、顺庆等处。

晋明帝太宁三年五月，以陶侃为征西大将军，都督荆、湘、雍、梁四州军事，领荆州刺史。前时陶侃曾有功德于荆州，百姓每都感戴他，愿得他管领这地方。及至重来荆州，士民儿女无不欢庆，其得人心如此。陶侃生性聪察警敏，谦恭勤劳，终日衣冠，敛膝危坐，纵在闲居，绝无惰容。而军府中事无大小，一日之中，都简摄无遗，绝无一件废阁。精勤职务，未尝少闲。晋时风俗，率以游宴醉酒为高，他独不然，尝对人说："昔大禹圣人，克勤于邦，一寸光阴，尚且爱惜。况今之人，万万不及大禹，就是一分，也该爱惜。百年之内，能够几何？岂可逸游荒醉，把这光阴虚度了！自家身上，全不理会，生无益于时，死无闻于后，枉过一世，分毫事业不能成就，岂不是自弃乎？"尝造船只，剩下的木屑竹头，都着簿籍记了数目，收掌在官，不肯抛弃。人都不晓得他的意思，只说这零碎物件，收藏他有何用处？到后来正月元旦，府中官僚都聚会称贺，那厅事前残雪沾湿，就把这木屑铺在地上才好接见宾客，此时木屑也有用了。及穆帝永和中，桓温造船伐蜀，就把陶侃所藏的竹头作了丁装船，此时竹头也有用了。其经理诸事，精微细密，都是这样，不可悉举，即此亦可想见其为政矣。

夫王衍诸人，高旷清远，不屑世事，固以陶侃为鄙琐；陶侃勤敏微密，不遗小物，亦以王衍等为虚浮。二者正相反，然天下卒败坏于王衍而兴复于陶侃，可见虚谈者不适于用，而勤事者乃能有成。人君取人之际，当知所审择矣。

成帝

显宗成皇帝，名衍，是明帝长子。在位十七年。

康帝

康皇帝，名岳，是成帝同母弟。在位二年。

穆帝

孝宗穆皇帝，名聃，是康帝之子。在位十七年。

范宁，好儒学，性质直。尝谓王弼、何晏之罪，深于桀、纣。或以为贬之太过。宁曰:“王、何蔑弃典文，幽沉仁义，游辞浮说，波荡后生。使缙绅之徒翻然改辙，以至礼坏乐崩，中原倾覆。遗风余俗，至今为患。桀、纣纵暴一时，适足以丧身覆国，为后世戒，岂能回百姓之视听哉！故吾以为一世之祸轻，历代之祸重；自丧之恶小，迷众之罪大也。”

魏晋以来，士大夫崇尚清虚，儒者《诗》《书》六艺之学，久废不讲。至是新野人有范宁者，独能考究经籍，专心儒学，而性又质直，不能委曲随时。尝以首倡清谈起自王弼、何晏两人，因说这两人的罪恶比之桀、纣尤为深重。或有人说:“桀、纣暴虐无道，身弑国亡，古今称为凶恶之人。今把王弼、何晏比他，莫不贬之太过些？”范宁答说:“圣贤垂世立教，全凭那典谟文章、仁义礼乐，以为维持世道之具，不可一日而缺者。王、何二人，把典谟文章当做古人的糟粕而轻弃之，把仁义礼乐当做道德的渣滓而泯没之，专一祖述老、庄的言语，高谈虚无。其游漫之辞，浮诞之说，使那后生每心志摇荡，随波逐流。缙绅士大夫亦皆翻然变其旧辙，务以放旷为高，把世事理乱兴衰全不经管，以致礼度败坏，音乐崩缺，遂有五胡乱华、中原倾覆之祸。其遗风余俗，传至于今，百姓每视听习熟，恬然不以为非；将来之患，尚无止极。其风俗败坏，人心陷溺，都由王、何二人倡之。若桀、纣虽是暴虐无道，然不过纵恶于一时，其丧身亡国之祸，传之后世，适足以为作恶的鉴戒，岂能鼓惑百姓每的耳目，而回其视听如此哉！所以我说桀、纣之祸，止害的一世，其祸犹轻；王、何之祸，历代犹受其害，其患为尤重也。桀、纣之恶，止丧的他自家一身，其恶犹小；王、何之恶，众人皆被他迷惑，其罪为尤大也。"

夫魏、晋清谈之祸，虽自王、何两人倡之，然亦由当时纪纲不振、教化不明，故邪说易行，人心易惑。诚使朝廷之上纪纲振肃，而国无异政；学校之间，教化修明，而士无异学，则道德以一，风俗以同，邪说何由而得肆哉！有君师政教之责者，当鉴于兹。

哀帝

哀皇帝，名丕，是成帝长子。在位四年。

废帝

废帝，名奕，是哀帝同母弟。在位六年，为强臣桓温所废。

简文帝

太宗简文皇帝，名昱，是元帝少子。在位二年。

孝武帝

烈宗孝武皇帝，名曜，是元帝之孙，简文帝第三子。在位二十四年。

二年，是时朝廷方以秦寇为忧，诏求文武良将可以镇御北方者。谢安以兄子玄应诏。郗超闻之，叹曰："安之明，乃能违众举亲；玄之才，足以不负所举。"

晋自元帝以来，偏安江左，中原地方尽为苻秦所据。秦王苻坚，既东平慕容，西取蜀汉，北克凉、代，九州之地已有其七，恃其强盛，有并吞江左之意。此时晋室兵力微弱，边境数被侵扰，朝廷上下，方以秦寇为忧。乃下诏遍求文武全才的好将帅，可以镇守备御北方、抵敌秦寇者，付托他以兵事。时谢安为宰相，就举他的侄儿谢玄以应诏命。遂拜谢玄为建武将军，监江北诸军事。中书郎郗超，素与谢玄不和，然曾因共事，知其才能。听得谢安荐举他，因叹说："知人固难，能副所知亦不易。况至亲之间，人多畏避嫌疑，不敢推举。今谢安之明，乃能不徇众情，独举其侄，不以私亲为嫌；谢玄虽是年少，未曾经事，然他的才能足以胜此重任，异日必能成功，不负谢安之荐举也。"

观郗超心服谢安之举如此，则其得人可知矣。其后谢玄屡立边功。及苻坚大举入寇，玄以五千骑破秦兵数十万于淝水之上。超所谓不负所举者，岂不信哉！大抵人臣有体国之公心，则形迹有所不必拘，嫌疑有所不必避，然后能为国家得人于爱憎毁誉之外。自昔名臣，有举其子者，祁奚之举祁午是也；有举其仇者，解狐之举荆伯抑是也。故曰内举不避亲，外举不避仇，可谓至公矣。近世若吕蒙正之荐夷简、文彦博之荐唐介，亦得古人遗意。推此可以为荐举之法。

十四年十一月。初，帝既亲政事，威权已出，有人主之量。既而溺于酒色，委事于琅邪王道子。道子亦嗜酒，日夕与帝酣歌为事。又崇尚浮屠，穷奢极费。左右近习，争弄权柄，交通请托，贿赂公行，官赏滥杂，刑狱谬乱。

道子，是晋宗室，封为琅邪王。浮屠，是佛。

孝武帝即位初年，褚太后临朝摄政。及帝既冠，始亲政事，总揽威权，爵赏刑罚，都自己出，又委任谢安、王彪之等，外平寇乱，内理国事，甚有人君的度量，可为贤主。及到后来耽溺酒色，恣意荒淫，遂不亲理政事，把朝政都委之于琅邪王司马道子，着他管理。这道子为人性亦好酒，不能管理政务，日里夜间，只是与帝纵酒，以酣饮狂歌为事而已。帝又听信邪说，崇尚佛教，在于内殿去处修建精舍，招引僧人住居其中，倾竭资财，奢侈费用，略不顾惜。左右近习之人，遂得以操弄权柄，擅作威福，由是政出私门，交通干托，凡那营求干办的，明白用钱馈送，贿赂公行。遂使无才者得以冒官，无功者得以冒赏，而官赏滥杂；有罪者幸逃法网，无辜者反被诛戮，而刑狱谬乱。国事大坏，人心怨咨，晋室之亡，实决如此。

夫帝始亲政事，何等精勤；一旦溺于酒色，委政道子，遂致迷缪。可见人君一心，难于清明，而易于蛊惑。是以大禹以旨酒垂戒，成汤以女谒省躬，皆所以防情欲之流而绝祸乱之本也。君天下者，可不戒哉！

安帝

安皇帝，名德宗，是孝武帝太子。在位二十二年。

恭帝

恭皇帝，名德文，是安帝同母弟。在位二年，而禅于宋。

宋纪

武帝

高祖武帝，姓刘，名裕，彭城人。初起布衣，为刘牢之参军，从破孙恩有功。后倡义平桓玄之乱，威名日盛。因灭南燕并秦，遂封宋公。进爵为王，而受晋禅，国号宋。在位三年。

二年，宋王欲受禅而难于发言。六月，宋王至建康。傅亮讽晋恭帝禅位于宋，具诏草呈帝，使书之。帝欣然操笔，谓左右曰："桓玄之时，晋氏已无天下，重为刘公所延，将二十载。今日之事，本所甘心。"遂书赤纸为诏。逊于琅邪第。王为坛于南，即皇帝位。立太子义符为皇太子。

建康即建业，是今应天府。晋元帝渡江，遂都于此。初，刘裕既平桓玄之乱，复兴晋室，立琅邪王德文为晋恭帝。恭帝立二年，此时刘裕自立为宋王，虽出镇寿阳，实专擅威福，朝廷徒拥虚位而已。裕久蓄代晋之意，要恭帝把天位让与他，却自家难于发言，乃先遣中书令傅亮到京谋事，亮劝晋征裕辅政。六月，刘裕被征至建康，傅亮就劝晓恭帝以当禅位的意思。因具一诏稿，呈与帝看，使帝亲写发下施行。恭帝知道事势已去，无可奈何，只得听从，遂欣然执笔，对左右说："昔安帝时，桓玄为乱，晋氏已失了天下，赖得刘公倡义起兵，诛桓玄，复晋室，延至于今，将二十载。这都是刘公之功，今日就把天位让他，本自甘心，不须逼迫。"便亲书赤纸为诏，禅位于宋，自家逊避，出居琅邪邸第。于是刘裕乃筑坛于南郊，告祭天地，即皇帝位，立太子义符为皇太子，而晋家百五十年之祚，遂移于宋矣。

夫篡逆大恶，天道好还。晋司马氏本篡魏而有天下，乃假托于禅受之名，故其后世，强臣陵夺，亦复如是。今观刘裕之所以取德文，即向日司马炎之所以取曹奂者也。先后一辙，报施不爽，可以为永鉴矣。历宋而齐、梁、陈、隋，朝君臣，暮仇敌，君如弈棋，国如传舍，才得便失，远者五六十年，近者二三十年，皆由君德不纲，强臣擅命所致。然则国之权纲，人主其可一日不揽，而使下移于强臣，以成陵替之渐哉！

少帝

少帝，名义符，是高祖长子。立一年，废为营阳王。

文帝

太祖文皇帝，名义隆，是高祖第三子。在位三十年，为太子劭所弑。

魏主为人，壮健鸷勇。临城对陈，亲犯矢石，左右死伤相继，神色自若。由是将士畏服，咸尽死力。明于知人，或拔士于卒伍之中，惟其材用所长，不论本末。听察精微，下无遁情。赏不遗贱，罚不避贵，虽所甚爱之人，终无宽假。常曰："法者，朕与天下共之，何敢轻也。"然性残忍，果于杀戮，往往已杀而复悔之。

此时晋、宋相承，立国江左；长、淮以北，皆没于夷，天下中分，称南北朝。南则宋、齐、梁、陈，北则魏拓跋氏，后分为宇文周、高齐，至隋代周而混一焉。魏本鲜卑部落，其太祖拓跋珪起代地，子明元帝嗣，孙太武帝焘。太武北伐柔然，西伐夏主赫连昌，所向皆克，声威大振。这一段是纪他刚明果断的去处。

鸷，是鸟名，其性最猛。说魏主为人躯体壮健，生性鸷勇。每行军用兵，攻打城池，或两军对阵，他亲自出战，冒犯矢石而不畏，左右的将士，或为矢石所中，相继死伤，他神色也只照常，略不慌惧。将士每见他这等胆略，都输心畏服，个个拼死，与他出力，因此所向无不成功。又明于知人，凡智谋勇略之士，间或从行伍中简拔出来任用，只是论其材能所长，因材器使，至于出身始末来历、高低贵贱，更不论他。其听察下情，详审精微，臣下每一言一动，分毫不能欺隐。凡有功当赏的，便是微贱的人，也不肯遗落；有罪当罚的，便是尊贵的人，也不容避免。不但贵人，虽是素所亲爱的人，一旦有罪，亦必尽法处之，到底不饶。尝说道："这法，不是我一人的法，乃我与天下人公共的法。若徇了我一人的私情，便违了天下人的公论。我何敢以私情而轻纵之哉！"其至公无私如此。但其资性残忍，诛戮太暴，遇人有罪过，不复推问情实，即时拿去杀了，每到既杀之后，察知冤枉，方才追悔，已无及矣。

夫古先圣王用刑，虽罪在必诛，犹必三奏五复，不厌其详，诚以人命至重，不可不慎也。今观魏太武知人能用，信赏必罚，亦可谓识治体者，独其果于杀戮，未免伤于惨刻之私，岂非刚断有余，而宽仁不足者哉！

宋主性仁厚恭俭，勤于为政。守法而不峻，容物而不弛。百官皆久于其职，守宰以六期为断。吏不苟免，民有所系。三十年间，四境之内，晏安无事，户口蕃息。出租供徭，止于岁赋。晨出暮归，自事而已。闾阎之内，讲诵相闻；士敦操尚，乡耻轻薄。江左风俗，于斯为美。后之言政治者，皆称元嘉焉。

江左，即江东，是今南直隶浙江一带地方。元嘉，是宋文帝的年号。这一段，史臣记宋文帝的好处。

文帝天性仁厚恭俭，勤于为政。谨守法度，虽是严明，却不伤于峻急；含容待物，虽是宽厚，却不失于纵弛。又行久任之法，百官皆久于其职，外面郡守县宰，尤生民所寄，必历两考，定以六年为限，限满然后迁转。盖官吏迁转不常，则民心无所系属，今皆久任，无有视官如传舍，而苟且以觊速迁者。那百姓每知其久，亦且倾心服从，专一听信，不复涣散。故文帝即位以来，三十年间，虽海内分裂，兵戈扰攘，而江左四境之内，独能保境息民，晏安无事，休养生息，户口蕃多。民间出租税、供徭役，止是每年常额，并无不时征派、琐碎扰民。百姓每晨出暮归，都只干办自家的生理，更无他事。所以衣食饶足，礼义自兴，闾阎之内，家习诗书，讲诵之声达于里巷。为士的都敦崇操尚，以行谊为先；居乡的都渐被忠厚，以轻薄为耻。魏、晋以来，江左风俗为之一变，足称淳美。自后谈说政治者，皆以文帝元嘉之际为称首焉。

夫江左经六朝之乱，当百战之余，社稷递迁，人民离散，仅一宋文帝躬行节俭，留心民事，而其效遂如此。本其所由，只缘守宰久任，是以政治可观。可见天下无不可行之法，亦无不可为之时，况夫世方全盛而能守法任人，尚何太平之不可致哉！

孝武帝

世祖孝武帝，名骏，文帝第三子。初封武陵王，起兵诛太子劭，遂即帝位。在位十一年。

宋主为人，机警勇决。学问博洽，文章华敏，省读书奏，能七行俱下。又善骑射，而奢欲无度。自晋氏渡江已来，宫室草创，宋兴，无所增改。至是始大修宫室，土木被锦绣。侍中袁因盛称高祖俭素之德。宋主曰：“田舍公得此，已为过矣。”

武帝为人，机智警敏，处事刚断。其学问广博该洽，无所不通。作为文章，词既华藻，才又敏捷。每读书史，或省览章奏，一目之间，七行俱下。其聪明才辩如此。又有武略，善骑射，可谓英主矣。但志意骄奢，纵欲无度。建康自晋元帝渡江已来建都于此，其宫室规模，一时草创，不暇恢弘。及宋高祖受禅而兴，亦只仍其旧制，无所增益更改。至是武帝嫌其狭小，乃大兴工役，拆毁旧时宫室，从新盖造，墙壁栋宇都用锦绣妆饰，土木壮丽，大异昔时。侍中袁尝见高祖时传留的葛布灯笼、麻结绳拂之类，因盛称高祖节俭朴素之德，贻谋子孙之善，欲以感悟宋主。宋主反嘲笑说："高祖起自田野，本是个庄家老。有这等受用，已为过分矣。今日之事，岂可同哉！"

夫自古创业之君，身履艰难，而知其成之不易，故尝俭用厚积以诒后人，其为虑至深远也。为子孙者，不能绎思先德而敬守之，乃至讥诮其祖为田舍翁，悖逆甚矣。是以传及子业，即有篡弑之祸，岂非荒坠厥绪、自取灭亡者哉！

明帝

太宗明帝，名彧，是文帝第十一子。初封湘东王，及太子业被弑，为大臣所迎立。在位七年。

苍梧王

苍梧王，名昱，是明帝长子。在位五年，为萧道成所弑。

魏显祖勤于为治，赏罚严明；慎择牧守，进廉退贪。尤重刑罚，大刑多令复鞫，或囚系积年。群臣多以为言。上曰："滞狱诚非善治，不犹愈于仓卒而滥乎？夫人忧苦则思善，故智者以囹圄为福堂。朕特苦之，欲其改悔而加矜恕尔。"

魏显祖名弘，是太武孙、文成帝之子。显祖乃魏之贤君，嗣位以来，勤于为治，赏必当功，罚必当罪，严而且明。慎择州牧郡守，必得贤牧寄以民事，又时加访察，进其清廉的，退其贪污的，所以吏称民安。尤重刑罚，以其为民命所系也。每有大刑，虽论定了，多令法司重复鞫讯，恐有冤枉，或至幽囚拘系，积年不决。群臣多以为言。显祖说:“淹滞狱囚，诚非善治，然与其杀不辜，宁失不经，比那一时仓卒而滥及者，岂不为犹愈乎！死者不可复生，若乘快而误杀，悔之何及？且人之常情，忧苦困郁，则恐惧思省，而善念自生，故明智的人，以囹圄为福堂。囹圄是牢狱，如何反看做福堂？正以其拘系于此，则忧苦而思善，可以转祸为福故也。今所以久系者，正要这等困苦他，使他省改，追悔前日之非。我便也矜怜他，原情宽宥，开其自新之路耳。”

此时南朝有宋文帝久任守宰，北朝有魏显祖慎重刑狱。夫偏安之政多苟且，而宋文独能责成；夷狄之性多残暴，而魏主独能矜恕，皆可谓贤矣。况为中国之主，当全盛之时，又岂可忽吏治、轻民命，而有愧于二君也哉！

顺帝

顺帝，名准，是明帝第三子。初为萧道成所迎立，寻被弑，宋遂亡。

齐纪

高帝

太祖高帝，姓萧，名道成，汉相萧何二十四代孙。起建康令，破贼有功，威名日甚，进爵为齐王，遂篡宋。国号齐，在位四年。

武帝

世祖武帝，名赜，是高帝长子。在位十一年。

明帝

高宗明帝，名鸾，是高帝兄道生之子，在位五年。

九月，魏主谓陆叡曰："北人每言北俗质鲁，何由知书。朕闻之，深用怃然。今知书者甚众，岂皆圣人！顾学与不学尔。朕修百官，兴礼乐，其志固欲移风易俗。朕为天子，何必居中原？正欲卿等子孙渐染美俗，闻见广博。若永居恒北，复值不好文之主，不免面墙尔。"

魏主名宏，献文皇帝之子。恒，即今北岳恒山，在大同府浑源州地方。

齐明帝元年九月，魏主以北人不知向学，欲迁都洛阳，以变其俗。一日，与恒州刺史陆叡说道："人性不甚相远，今北人常说北方土俗，质朴愚鲁，无由通晓诗书。朕闻此言，甚是怃然不乐。即今天下之人，知书者甚多，岂皆聪明特达，生来就是圣人！只在学习与不学习而已。学，则质鲁者可变而为聪明；不学，则聪明者亦流而为质鲁。朕今辨名定分，整饬百官，考古证今，制作礼乐，因欲改移北土质鲁之风，变为中原文明之俗。所以今日汲汲要迁都洛阳，意固有在，非为朕自己一身。盖朕既已为天子，何必入居中原而后为尊！只要汝等子孙渐染美俗，以变化其气质，广闻博见，以开扩其心胸，其意为此故尔。设使世世住居恒山迤北，又遇着为人主者不好文学，耳不闻诗书之言，目不接礼义之事，譬如面墙而立，一窍不通，一物无见，质鲁之俗，果何自而变哉！"

夫魏主本以戎狄之君，僻处朔野，其于礼乐教化，令非素具，事不习闻。乃能慨然修古帝王之业，据鞍论道，遣使求书，禁胡服胡言，立太学小学，卒能用夏变夷，化民成俗。况抚一统之规，承熙洽之运，而能修文德以绥太平，其致治之美，又当何如也哉！

东昏侯

东昏侯，名宝卷，是明帝第三子。在位二年，为萧衍所废。

和帝

和皇帝，名宝融，明帝第八子。在位一年，禅位于梁。

梁纪

武帝

高祖武帝，姓萧，名衍，是汉萧何之后。仕齐为雍州刺史。齐主宝卷无道，信任群小，诛戮大臣。衍遂举兵内向，废宝卷，立和帝。于是加衍大司马，封梁公，进爵为王。而受齐禅，国号梁。在位四十八年。

魏殿中尚书崔亮为吏部尚书。亮奏为格制，不问士之贤愚，专以停解月日为断，沈滞者皆称其能。洛阳令薛琡上书言："黎元之命，系于长吏。若以选曹唯取年劳，不简贤否，义均行雁，次若贯鱼，执簿呼名，一吏足矣。数人而用，何谓铨衡！"书奏，不报。其后甄琛等继亮为吏部尚书，利其便己，踵而行之。魏之选举失人，自亮始也。

殿中尚书，是官名。停解，是考满去任，及为事停职解官等项。

《北史》记魏明帝时，用殿中尚书崔亮为吏部尚书，专主铨衡。魏家旧制，文武官都着六年考满，考满后，在外的六年叙用，在内的四年叙用，于其中又品第优劣，分为九等，量才升授，不拘次序先后，常把后面的人拔起，那前面的人都壅滞了，不得升转，颇生嗟怨。及崔亮为吏部，遂权宜设法，定下个资格事例。凡待选的人，不问贤愚优劣，只据他除授考满停职解官的月日以为资序。若年资浅的，就是贤能，也不得升补；年资深的，就是不贤，也依序升用。以此淹滞者都喜其便己，而称颂其能；而有识之士，则不以为然。于是洛阳令薛琡上书说道："朝廷选择长吏，为民父母，百姓每的性命都系属于他，可不慎重！若为选曹者止论年月，以积久为功劳，不复简择其贤否，只挨次选用，如雁之行列、鱼之贯串一般，执着簿籍，照次呼名，这只消一个掾吏就够了，要那尚书何用？且吏部之职，名为铨衡，谓其能评品人才，进贤退不肖，如权衡之称物，轻重不爽也。若不论贤愚，挨次点名，数着便用，这等谩无轻重称量，又如何叫做铨衡？此当今弊政，不可不厘正者也。”书既奏上，不见批答。其后甄琛等继亮为吏部尚书，亦以人才难知，任己意为进退，恐不足以服天下之心，不如只循资擢用，己不劳而物无议，甚是简便，遂守崔亮之法，跟着他行。而魏朝选举失人，实自崔亮始矣。

然北魏以来，历唐及宋，这停年资格，至今尚踵行之而不废，何也？盖世变久而情伪滋，使资格尽废。待选的，或矫饰声名，或窥伺隙窦，适以启侥幸之门；主选的，或交通请托，或公行贿赂，适以资奸利之弊。则年格亦何可废哉！但序迁所以待中人，而超擢所以拔异才。天下异才少而中人多，诚于资格之中，而寓考核之实。凡任满者，勿概署以称职，必明开其优劣，而简拔其卓异，亦庶乎不蹈崔亮之失矣。

九月，梁主幸同泰寺，设四部无遮大会。释御服，持法衣，行清净大舍，素床瓦器，亲为四众讲《涅槃经》。群臣以钱一亿万奉赎，表请还宫。三请，乃许。

梁武帝惑于佛教，倾心侍奉，亲自幸同泰寺，建设斋醮，聚集僧俗人众，叫做四部无遮大会。脱去衮服，穿了僧衣，受清净戒行，把自家身子，舍在寺中。卧的是素床，用的是瓦器，屏去了天子的奉养，修斋持素，件件与出家人一般。又亲升讲堂法座，为僧俗大众讲《涅槃经》。佛家说，人死去精神常存，但示寂灭而已，叫做涅槃，故有《涅槃经》。武帝信之，故亲讲与众人听。文武群臣见武帝迷惑，舍身在寺里，无可奈何，乃共出钱十万，献在佛前，赎出武帝来，上表请帝还宫听政。武帝初时不肯，恳请三次，然后许之。

夫人主一身，天地祖宗之所付托，社稷生民之所倚赖。虽战兢以保守之，犹恐有伤；虽恭敬以奉持之，犹恐或亵。况于轻万乘之尊，从夷狄之教，弃其身如卖僮，或舍或赎，若非己有，此其四体且不能保，而何以保天下乎！卒之侯景构乱，饿死台城，奉佛者可以为永鉴矣。

梁贺琛启陈四事，言奢侈、赋役之弊，梁主切责之。梁主为人孝慈恭俭，博学能文，阴阳、卜筮、骑射、声律、草隶、围棋，无不精妙。勤于政务，冬月四更竟，即起视事，执笔触寒，手为皴裂。自天监中用释氏法，长斋断鱼肉，日止一食，惟菜羹、粝饭而已。或遇事繁，日移中则嗽口以过。身衣布衣，木绵皂帐，一冠三载，一衾二年。后宫贵妃以下，衣不曳地。性不饮酒，非宗庙祭祀、大飨宴及诸法事，未尝作乐。虽居暗室，恒理衣冠；小坐、盛暑，未尝褰袒。对内竖小臣，如遇大宾。然优假士人大过，牧守多侵渔百姓，使者干扰郡县；又好亲任小人，颇伤苛察；多造塔庙，公私费损；江南久安，风俗奢靡，故琛奏及之。

天监，是梁武帝初即位的年号。释氏，就是佛。木绵，即今绵花。

梁散骑常侍贺琛上书，条陈四事：一件是牧守贪残，使臣骚扰；一件是风俗奢靡；一件是百司奏事，诡竞求进；一件是兴造非急，征求可缓。大略都是说那时用度奢侈、赋役繁重的弊病。梁武帝大怒，下诏切责，为其触犯忌讳故也。武帝为人，孝慈恭俭，博学能文，又通晓各样技艺，如阴阳避忌、卜龟筮卦、驰马射箭、声音乐律、草书隶字、围棋，无不精妙，是个聪明的人。且勤于政务，虽在寒冬时节，每日四更尽时便起视事，执笔批答，触冒寒气，手皮冻破了，也不休息。其勤如此。自天监年间，信用佛法，长持斋素，断绝鱼肉，日止一膳，只是菜羹粗饭而已。或遇事繁，不暇进膳，日已过中，但用净水嗽口便了。所尚袍服，止用布素，不御丝帛；所设帏帐，只用绵布，染成黑色，不尚华采。一顶冠帽，可戴三载；一件衾被，可盖二年。后宫贵妃以下，衣不拖地。其俭如此。又性不喜饮酒，自非宗庙祭祀、大飨礼宴及设斋供佛等事，未尝动用音乐。就是独处暗室中，也常常整理衣冠，绝无惰容；暂时憩息，当盛暑之际，也不曾揭衣露臂，以取凉快。对里面宦竖、外边小臣，也如遇大宾，不敢轻忽。其恬澹恭敬如此。武帝有这许多好处，宜乎能身致太平而为明主矣。只缘他崇尚佛教，专主慈悲，其待士人极其优厚，宽假太过，有罪不问，以致外面州牧郡守有司官，多侵渔百姓，肆无忌惮。公差出去的官员，所过地方，需索供应，扰动郡县。所以贺琛说，牧守贪残，使臣骚扰。又喜亲任小人，论奏纷纷，吹毛求疵，争为苛察，以觊信用。所以贺琛说，百司奏事，诡竞求进。又广用资财，多造塔庙，以供奉佛，官民钱谷，费用耗损。所以贺琛说，兴作非急，征求可缓。又江南数十年间，地方无事，上下偷安，渐成奢侈。所以贺琛说，风俗侈靡。这四件事，深中武帝之病。帝不能用，反加诘责，如讳疾忌医，卒至于危亡而莫救，岂不可惜哉！

看这一段，可见帝王之治天下，有大德，有小行。正朝廷以正百官，正百官以正万民，亲贤远佞，纳谏听言，振纪纲，明赏罚，节财用，爱百姓，执事理之要而坐运天下，此大德也。粗衣澹食，勤事修容，此小行也。细行虽不可以不谨，而天下所以治乱安危，实不全系于此。若大德有亏，则小行何补？且为治有体，日出视朝，日中听政，岂必四更即起，皴手执笔而后为勤？膳羞有节，服御有度，岂必终日一食，三年一冠而后为俭？且自身日用，所省几何？而塔庙岁兴，糜费无极。若使恰邪竞进，守宰贪残，风俗奢侈，则人主虽布衣粝饭，适足自苦，无益于民也。至于卜筮、骑射、书隶、围棋之类，又方术小技，虽士人之有大志者，犹不屑为之，况于帝王乎？今观梁武帝之所长者，通是细行，而大德全亏。故虽劳心苦形，至于白首，而终无救于台城之祸。然则人主之学，其可不务识其大哉！

梁主敦尚文雅，疏简刑法，自公卿大臣，咸不以鞫狱为意。奸吏招权弄法，货赂成市，枉滥者多。时王侯子弟，多骄淫不法。梁主年老，厌于万几。又专精佛戒，每断重罪，则终日不怿。或谋反逆，事觉，亦泣而宥之。由是王侯益横，或白昼杀人于都街，或暮夜公行剽掠。有罪亡命者，匿于主家，有司不敢搜捕。梁主深知其弊，而溺于慈爱，不能禁也。

这一段是纪梁武帝慈爱弛刑，致生祸乱的事。

武帝素好书史，敦尚文雅，而于刑名法律之事，都疏简阔略，一意宽纵。自公卿大臣而下，都承顺风旨，务为宽大，把审鞫狱囚的事，尽行停阁，漫不为意。遂使奸吏得以操窃权柄，舞弄文法。有罪者用钱买免，而货赂成市；无辜者牵连诬害，而枉滥众多。王侯子弟，倚恃贵势，多骄纵淫佚，不循礼法。武帝年既衰老，怠于政事。又信奉佛戒，慈悲不杀，每断死罪重囚，常尽日不乐。或谋反叛逆重情，事既发觉，亦哀怜涕泣，赦而宥之。由是王侯无所忌惮，愈益骄横，或白昼在于都市，持刃杀人；

或暮夜聚众劫财，公行剽掠。犯罪在逃的人，藏在窝主家里，有司踪迹至门，亦不敢搜寻捕捉。豪强恣横，一至于此。武帝明知其弊由宽纵所致，而溺于慈爱，不忍加刑，毕竟不能禁制也。

夫古之帝王，若舜之钦恤，禹之泣罪，何尝不以好生为心哉！然舜诛四凶，禹戮防风，则其好生之心，乃以矜愚民，非以惠奸慝也。武帝溺于佛教，欲戒杀以造福，遂至叛逆大恶，亦宥而弗诛，杀人重辟，概置之不问。纵弛如此，天下安得而不乱乎？其后侯景构难，大江南北积尸遍野，所造者福耶？祸耶？明主当有以辨此矣。

简文帝

太宗简文帝，名纲，是武帝第三子。在位二年，为侯景所弑。

元帝

世祖孝元皇帝，名绎，是武帝第七子。初封湘东王，及简文帝被弑，即位于江陵。在位三年，降于西魏。

敬帝

敬帝，名方智，是元皇帝第九子。在位二年，禅位于陈。

陈纪

武帝

高祖武皇帝，姓陈，名霸先，字兴国，吴兴长城人。初仕梁，为始兴太守。讨侯景之乱，奉晋安王为帝。王僧辩又纳贞阳侯渊明为帝，而废晋安王为皇太子。霸先袭僧辩杀之，复正晋安王位，因以丞相自进爵为陈公，遂篡梁而有天下，国号陈。在位三年。

文帝

世祖文帝，名蒨，是武帝兄始兴王之子。初封为临川王，及武帝崩，承遗诏入即帝位。在位七年。

废帝

废帝，名伯宗，是文帝长子。在位二年。懦弱不振，政归安成王顼，寻被废为临海王。

宣帝

高宗宣帝，名顼，是始兴王第二子。废帝既黜，以太后诏即帝位。在位十四年。

后主

后主，名叔宝，高宗长子。在位七年，荒淫无度，为隋所灭。

隋主不喜辞华，诏天下公私文翰并宜实录。治书侍御史李谔，亦以当时属文，体尚轻薄，上书曰："魏之三祖，崇尚文词，忽君人之大道，好雕虫之小艺。下之从上，遂成风俗。江左齐、梁，其弊弥甚。竞一韵之奇，争一字之巧。连篇累牍，不出月露之形；积案盈箱，尽是风云之状。世俗以此相高，朝廷据兹擢士。禄利之路既开，爱尚之情愈笃。于是闾里童昏，贵游总丱，未窥六甲，先制五言。故其文日繁，其政日乱。良由弃大圣之轨模，构无用以为用也。今朝廷虽有是诏，如闻外州远县，仍踵弊风。"诏以谔所奏，颁示四方。

雕虫，是雕刻虫豸，譬喻文字工巧纤细的意思。丱，是童子的丫髻。六甲，即今六十甲子，古时八岁入小学，学六甲书记之事。

隋主杨坚，性尚敦朴，不喜辞华。既代周而有天下，诏谕天下，凡朝廷表章，官府公移，士人撰述，一应公私文翰，都着从实叙录，不得徒逞浮词。那时有个治书侍御史叫做李谔，也见当时文章体制崇尚轻薄，宜痛革其弊。乃上书说道："昔魏之三祖，武帝曹操、文帝曹丕、明帝曹叡都崇尚文词，专攻诗赋，君人为治的大道却不知留心，只好那雕虫小艺。夫上之所好，下必从之。始于朝廷，达于里巷，波荡风靡，遂以成俗。晋宋以来，立国江左，历齐及梁，其弊愈甚。排比声律，竞一韵之奇；剪裁对偶，争一字之巧。制作繁多，连篇累牍，积案盈箱，其中所言，不过是描写那月露的形容，妆点那风云的状态而已，于身心何与？于理道何关？沿习既久，世俗以此相高，朝廷以此取士，止据浮词，选擢在位，加以爵禄。此路既开，人见这几句浮词可以得富贵，越发爱尚，好之愈笃。于是闾里间童幼昏蒙之人，贵宦家游闲总角之子，年方稚艾，未曾通晓六甲名目，便去操笔学做五言诗句。所以浮华荡心，浑朴尽散。其文日繁，其政日乱。此无他故，良由其废弃古先大圣之轨模，凡羲皇、舜、禹之典，伊、傅、周、孔之说，不复关心，别造一种无用之词，把来当做实用。父兄以是期望，师友以是传习，下以是希用，上以是取人，此政之所以日乱也。近日朝廷虽有诏书，谕天下公私文翰，并宜实录，然未必就能改观易听。如闻外州远县，仍踵弊风。盖有司官未必着实举行，仍举浮辞，不先实行。宜加采察，令法司纠劾然后可。"隋主嘉纳之，诏以李谔所奏，颁示四方。然习俗已成，毕竟不能革也。

大抵朝廷有教化，然后士人有风俗。隋主虽有美意，而不学无术，何以转移士风。汉董仲舒尝劝武帝罢黜百家，推尊孔氏，故武帝表章六经。西汉文章，遂称尔雅，庶几与三代同风，至今犹赖之。此可见崇经术而罢词赋，诚有国家者之急务也。

十二月，隋军临江，高颎谓薛道衡曰："今兹大举，江东必可克乎？"道衡曰："克之。尝闻郭璞有言，江东分王三百年，复与中国合。今此数将周，一也。主上恭俭勤劳，叔宝荒淫骄侈，二也。国之安危在所寄任，彼

以江总为相，唯事诗酒，三也。我有道而大，彼无德而小，量其甲士不过十万，西自巫峡，东至沧海，分之则势悬而力弱，聚之则守此而失彼，四也。席卷之势，事在不疑。”颎忻然曰：“得君言，成败之理，令人豁然。”

陈后主叔宝祯明二年十二月，隋主举兵伐陈，命晋王广、秦王俊、清河公杨素、元帅韩擒虎等统兵五十余万，分道并进。前临大江，长史高颎与郎中薛道衡计议说：“用兵之道，贵在万全。今番大举人马，去伐江东，可保必胜乎？”道衡答说：“必然胜之。我尝闻的郭璞推算历数说，江东地方，分据为王三百年，当复与中国合而为一。今建康自晋元帝渡江立国，历宋、齐、梁以至于陈，三百年之数，已将尽矣。以气运推之，知我必取胜，一也。我主恭俭勤劳，务修德政，有道则宜兴；陈叔宝溺于声色，荒淫骄侈，无道则宜亡。以君德论之，知我必取胜，二也。国事安危，系于所倚任的大臣，倚任得人则安，不得其人则危。彼以江总为相，依任的是狎邪小人，唯令侍宴后庭，赋诗饮酒，不理政务。以国政度之，知我必胜，三也。我既有道，又是大国；彼既无德，又是小邦。量彼战士，不过十万，我以五十余万之众，西起巫峡，东至沧海，阵势联络，数千余里。彼欲分兵拒战，则势悬力弱，众寡不支；欲并力守城，则顾此失彼，缓急不救。以兵力较之，知我必取胜，四也。以此观之，我件件当胜，彼件件当败。今日之举，乘胜直前，可以席卷江东，尽为我有，事在必克，更有何疑？”高颎闻其言大喜，乃欣然说：“兵家胜负，难以预期，得汝之言，将彼已之情、成败之理，说的件件透彻，使我心下豁然，洞知胜算，便当决策渡江，无容别虑矣！”其后隋兵渡江，陈人望风瓦解。建康既破，陈后主逃于枯井之中，隋兵出而执之，国遂以亡，竟不出乎薛道衡之所料。

夫自古伐人之国者，往往待时而举，观衅而动，故国有衰弱眊乱之形，未有不为敌所乘者。叔宝承偏安之末运，抚散亡之余卒，其衰弱之形，不待智者而后见矣。而君臣方且溺志于宴安，纵情于诗酒，弃长江之险而无备，迫眢井之祸而不知。孟子谓“不仁之君，安其危，利其灾，乐其所以亡”，其叔宝之谓矣！覆辙之鉴，有国者所宜深省也。

隋纪

文帝

高祖文皇帝，姓杨，名坚，弘农华阴人。是周之国舅，初封隋公。周天元暴虐，传位于太子阐，坚因乘其孤危，篡而取之，国号隋。在位二十四年。

十年。上性猜忌，不悦学。既任智以获大位，因以文法自矜，明察临下。常令左右觇视内外，有过失则加以重罪。又患令史赃污，私使人以钱帛遗之，得犯立斩。每于殿廷捶人，一日之中，或至数四；又常于殿廷杀人。兵部侍郎冯基固谏，上不从。然亦寻悔，宣慰冯基，而怒群臣之不谏者。

令史，是各省台属吏。

隋文帝开皇十年，此时陈国既平，天下混一。然隋主起自将家，生性猜疑忌克，不喜问学以讲究古帝王行事，昧于人君大体。初时既任智术，以篡周而得大位，因谓智术可恃，吏事可师。遂用文移法律自家矜喜，任其所长，以聪明苛察临驭下人。常遣左右近习，出去窥视内外诸臣，但有过误差失，就发其阴私，不论大小，便加以重罪，要见得人都瞒他不过。又怕各衙门令史贪赃作弊，私地里故使个人把钱帛去送他，若是受的，立时拿来杀了。时常在殿廷中行杖挞人，一日之间，或至数四，不可谏止。又常怒甚，就在殿廷中杀人。殿廷固非杀人之地，况古帝王但遇死刑，必三复奏，岂可造次如此？兵部侍郎冯基极力进谏，隋主不听，竟于殿廷杀之。少顷怒消，又复追悔，乃宣召冯基，特加奖慰，而嗔怪当时在廷诸臣不曾谏诤的。不知反己而徒责人，虽悔何及哉！

看来隋主急于殿廷捶人、杀人，都是暴怒。然其多怒，由于多疑，多疑又由于不学。向使隋主留意《诗》《书》以广其识，讲明义理以养其心，则猜疑尽释，暴怒潜消。躬俭素以先天下，谁敢不廉？明法度以示天下，谁敢不惧？推诚以照物，何待觇而后知？虚心以纳谏，何待失而后悔？此可见学之为益甚大，而隋主开国之初，乃不务学而任术，其行事如此，宜其运祚之弗长也。

炀帝

炀皇帝，名广，是文皇帝第二子。在位十三年，为宇文化及等所弑。以其好内远礼，故谥为炀帝。

四年。帝无日不治宫室，两京及江都，苑囿亭殿虽多，久而益厌。每游幸，左右顾瞩，无可意者。不知所适，乃备责天下山川之图，躬身历览，以求胜地可置宫苑者。诏于汾州之北，汾水之源，营汾阳宫。

两京，是东京、西京。江都，在今南直隶扬州府地方。汾州，在今山西地方。

炀帝即位之四年，天下承平，民物殷盛。炀帝恃其富强，恣意奢侈，乃大兴土木之役，修治宫室，经年累岁无日不然。于西京作仙林宫，于东京作显仁宫，于江都作迷楼及毗陵等宫，其林苑园囿，亭台殿阁，所在皆有。虽是甚多，然只是初时看着欢喜，到后来看得厌了，也便不以为美。每遇游幸的时节，左右观看，都中不得他的意思。正不知走向何处才可以适意取乐，乃尽索天下山川图画，一一亲览，择个山环水绕的胜地，可以盖造宫室、筑治苑囿者。独有汾州之北，汾河之源，其地川面宽平，山水清胜，堪以建宫，乃诏于此地，营离宫一所，叫做汾阳宫，以备游幸焉。

夫炀帝以一君之身，其所汲汲于自奉者，不过居处游观之娱而已。乃至积累岁之经营，览九州之形胜不足以供其一快。西起秦宫，东开洛苑，朝泛江渚，暮筑汾阳。遂使海内骚然，百姓罢敝，故工役未息而盗贼群起矣。于此见人君一心，其奢欲之端若甚微，而慆淫之祸则甚大。故帝尧堂高三尺而不饰，汉文台费百金而不为，非其财力不足，诚不忍以万民之苦，而易吾一日之乐也。有天下者，其鉴之哉！

有二孔雀自西苑飞集宝城朝堂前，亲卫校尉高德儒见之，奏以为鸾。时孔雀已飞去，无可得验，于是百官称贺。诏以德儒诚心冥会，肇见嘉祥，拜朝散大夫。

隋炀帝无道，好人谄谀。偶有两个孔雀，从西苑里飞来栖集于宝城朝堂之前。孔雀，乃是人间常有的，不足为异。鹰扬府亲卫校尉高德儒，蓦然见了，便奏说是鸾凤出现。那时孔雀既已飞去，无可证验，于是百官每迎合朝廷的意思，都说果是鸾鸟，一齐称贺。炀帝甚喜，下诏说这祥瑞之物，众人都不曾看见，却是高德儒一念至诚，默然与嘉祥会遇，前此未有，今始见之，遂超升德儒四级，拜为朝散大夫。

夫国家官爵，本以待人臣之有德有功者。今德儒指野鸟为鸾，与指鹿为马何异？炀帝以官爵赏之，是赏谀也。彼希富贵者，复何惮而不为谀哉！于是菌可指为灵芝；祲可指为庆云；彗星出，说是除旧布新；日食云遮，说是当食不食。甚至以是为非，以非为是，以贤为否，以否为贤，国欲不亡得乎？其后唐太宗破西河郡，执高德儒，即指此事数其罪而斩之。夫邪佞小人，昏主之所褒赏，明主之所诛戮者也。观此，可以识国家兴亡之机矣。

内史郎虞世基以帝恶闻贼盗，诸将及郡县有告败求救者，世基辄迎损表状，不以实闻。但云："鼠窃狗盗，郡县捕逐，行当殄尽，愿陛下勿以介怀。"帝良以为然，或杖其使者，以为妄言。由是盗贼遍海内，陷没郡县，帝皆弗之知也。

内史郎，是官名。

炀帝自即位以来，巡游征伐，岁无虚日，百姓怨叛，盗贼群起。而帝方自以为治平无事，纵欲偷安，恶闻寇乱。于是内史郎虞世基揣知帝意，欲以希旨取容，凡遇盗贼生发，拒敌官兵，攻围郡县，诸将及各有司有遣人告败求救者，世基辄先使人迎至中途，邀取表章，将所奏报的贼数，减多为少，不以实闻。及到帝前，但掩饰说："今之盗贼，不过鼠窃狗偷，何能为患？有司捕捉驱逐，行当殄灭无遗，陛下幸宽圣怀，不须介意。"帝惑于其言，不复加察，深以为然。反杖责遣来的使者，以为虚张贼势，无实妄言。由是上下相蒙，盗贼得志。李密起河南，杜伏威起山东，林士弘起江南，刘武周起代北，薛举起天水，萧铣起江陵。干戈纷纷，遍于海内，所至郡县，尽皆失没。天下破坏如此，而世基蒙蔽于内，无由上闻，帝皆不得而知之也。其后宇文化及引兵犯御，帝尚不知变所由起，犹疑其子齐王暕所为。海内之乱，至死终不能明，壅蔽之祸，其真可畏也哉！

大抵奸臣能壅蔽人主之聪明者，亦人主之意向，先有所惑于中也。昔秦二世时，盗起关东，请事者留司马门三日，而赵高不见，及对二世，则言"此小寇，无能为也"。世基之欺炀帝，盖亦赵高之故智耳。然二世惟可欺以鹿马，故高之计得行；炀帝惟可欺以鸾雀，故世基之奸得遂。诚使为人君者，秉虚明之鉴，不眩似以乱真；持正大之情，不好谀而恶直，则臣下何所容其壅蔽之奸哉！

恭帝

恭帝，名侑，是炀帝之孙。初封代王。唐公李渊举兵进克长安，尊炀帝为太上皇，奉帝即位。帝寻禅位于唐。

初，唐公李渊生四男：建成、世民、玄霸、元吉。世民聪明勇决，识量过人，见隋室方乱，阴有安天下之志。倾身下士，散财结客，咸得其欢心。晋阳宫监裴寂，与刘文静同宿，见城上烽火，寂叹曰："贫贱如此，复逢乱离，将何以自存！"文静笑曰："时事可知，吾二人相得，何忧贫贱！"文静见李世民而异之，深自结纳，谓寂曰："此非常人，豁达类汉高，神武同魏祖，年虽少，命世才也。"

这一段是纪唐高祖与太宗起兵的缘由。

初，唐高祖李渊是陇西世家，隋时袭父封为唐公。娶窦氏生四男子，长的是建成；次的即太宗，叫做世民；又次的是玄霸；少的是元吉。这四子中独有太宗生得聪明睿智，勇敢决断，识见度量，远过常人。在炀帝时，土木繁兴，巡游无度，征伐不息，盗贼并起。太宗因见隋室方乱，私地里图谋，有济世安民的大志。思量要起义兵，兴帝业，必以延揽英雄为本，乃倾身谦下，以礼接贤士，分散家财，以结纳宾客，但是四方贤俊来的，个个得其欢心。那时高祖留守太原，是晋阳地方，炀帝置有行宫，设宫监官以守之。其宫监裴寂，与晋阳令刘文静相好，夜间同宿，见城上举烽火，传报声息，裴寂叹说："我辈做这等官，禄薄位卑，又遇着这等时节，世乱民离，将何以自存济？"文静笑说："如今的世事，已是看见了，天下将乱，正是豪杰奋起之时。我与你二人相得，彼此同心，审择所从，互相推引，何患不富贵！"后来文静既从高祖，因见太宗龙姿天表，意气超常，不觉惊异，遂委心托命，深自结纳，因对裴寂说："这非是寻常的人。观其豁达大度，推诚不疑，恰似汉高祖；其神谋武略，算无遗策，又似魏武帝。年纪虽小，乃是命世之才，真英主也。我等可以依归矣。"

其后高祖起义晋阳，太宗削平群盗，遂有天下，皆刘文静、裴寂二人启之。然亦由当时隋政不纲，百姓愁苦，故英雄豪杰，得借以为资。若使朝廷之上，德政修举，闾里之间，民生乐业，则虽有十太宗、百刘文静、裴寂，不过驱使为吾用耳，何能为哉！然则人君制治保邦之道，惟在安民而已。

裴寂等乃请尊天子为太上皇，立代王为帝，以安隋室。移檄郡县，西河郡不从渊命，渊使世民将兵击西河。郡丞高德儒闭城拒守，攻拔之。执德儒至军门，世民数之曰："汝指野鸟为鸾，以欺人主，取高官。吾兴义兵，正为诛佞人耳！"遂斩之。自余不戮一人，秋毫无犯，各慰抚使复业，远近闻之大悦。建成等引兵达晋阳，往还凡九日。渊喜曰："以此行兵，虽横行天下可也。"遂定入关之计。渊开仓以赈贫民，应募者日益多。裴寂等上渊号为大将军。

西河郡，即今山西汾州地方。

唐公李渊谋举义师，遣人借突厥兵马为助。突厥要渊自为天子，乃肯出兵。渊以为不可，命将佐更议名号。晋阳官监裴寂等乃定议，请尊隋炀帝为太上皇，迎炀帝的孙代王侑，立为天子，以安隋室。渊然其言，就代为书檄，发下郡县，征调人马。独有西河郡抗拒渊命，不肯听从。渊使其子世民等，领兵去击西河。兵至城下，郡丞高德儒闭门拒守，不肯降顺。世民领兵攻破其城，将德儒拿至军门，数责其罪说道："汝为人臣，不能直道事君，妄指孔雀野鸟以为祥鸾。欺诳主上，躐取高官，乃朝廷之佞人，国之巨贼。我今兴举义兵，正要诛除你这邪佞小人，以安社稷，汝尚不自知罪乎！”遂斩首示众。自余官吏军民无罪的人，一个也不肯妄杀，其财货子女，秋毫也无所侵犯，下令安慰抚恤，使其各还生理。由是远近闻知，都道唐公除害安民，人人感悦。西河郡既下，建成等引兵回晋阳，计其往还，刚得九日。唐公欢喜说道：“行兵取胜，若似这等神速，虽横行天下，有何难哉！”遂与诸将定计西向，谋取长安。此时晋阳精兵已近数万。唐公又开仓发粟，赈济贫民。由是丁壮来应招募者益多，旬日之间，军众大集。裴寂等乃上唐公官号为大将军，诸将佐以下，皆受命而行事焉。

夫隋以残刑重敛困天下，天下之民，叛隋已久。唐公当举义之初，首诛佞臣，自余不戮一人，谕使复业，真可谓隋民之汤、武矣！虽其尊炀帝、立代王，假借名号，未为正大，然亦足以见神器至重，有不敢遽窥之心。及江都之变既闻，海内之乱愈炽，然后受禅而登帝位，盖会其时之易为耳。古语有言：“天下嗷嗷，新主之资也。”又曰：“摧枯朽者易为力。”观于唐室之兴，讵不信哉！

渊帅诸军济河，关中士民归之者如市。世民所至，吏民及群盗归之如流。世民收其豪俊以备僚属。渊女李氏适柴绍者，亦将精兵万余会世民于渭北，与柴绍各置幕府，号“娘子军”。隰城尉房玄龄谒世民于军门，世民一见如旧识，署记室参军，引为谋主。玄龄亦自以为遇知己，罄竭心力，知无不为。世民引兵顿于阿城，胜兵十三万，军令严整，秋毫不犯。

隰城，即今山西汾州孝义县。阿城，是秦阿房宫城，在今陕西渭南县。

这一段是记唐高祖、太宗入关破隋的事。此时隋炀帝幸江都，四方盗起，关中无主。唐高祖李渊自太原起兵，既克河西，下霍邑，乃亲率众军渡河而西，以向关中。那关中士民，苦隋之虐政，思得真主，见高祖来，都争先归附，就如到市上去的一般。其子太宗世民，分军徇渭水之北，所到地方，官吏百姓每与那结聚为盗的，也都归附如水之流，止遏不住。其得人心如此。太宗就其中看有豪杰好汉，便收取他以备僚佐属官之用，资其谋略，以济事功。高祖有女李氏，嫁与柴绍为妻的，也从鄠县散家财，聚徒众，得精兵一万多人，亲自率领，与太宗会遇于渭北。其夫柴绍，先从高祖，李氏却不与他合在一处，乃各自领兵开府，叫做娘子军，以李氏为将故也。临淄人房玄龄，仕隋为隰城尉，及太宗徇渭北，玄龄杖策至军门求见。太宗一见，知其为豪俊之士，便与他情投意合，恰如旧时曾相熟识一般。因铨注他在幕下做记室参军，掌书檄，赞计画，引为谋主。凡军中事，都与他商议，极其信任。后来遂用他为宰相，平定天下。玄龄此时亦自以为遭遇知己之主，尽心竭力，但是知道的，都着实去做，无一毫推避。其君臣相得如此。太宗引渭北军，驻扎在阿房宫城，其精壮人马有十三万。收集既多，而号令约束严肃整齐，经过去处各守纪律，无有纤毫侵犯百姓者。其行军有法如此，所以得人心之归也。

大抵高祖之有天下，由太宗为之子；而太宗之取天下，由房玄龄为之臣。观太宗每下城邑，玄龄独先收人物，致之幕府，及有谋臣猛将，皆与之潜相申结，各尽其死力，可谓得大臣以事君之道矣。此所以为贞观之贤相欤！

卷之十四

唐纪

高祖初封唐王，其后遂以为有天下之号。这书记唐家一代的事，故称《唐纪》。

高祖

高祖神尧皇帝，姓李氏，名渊，陇西成纪人。其父李昞，以功封唐国公。渊袭封为太原留守，乘隋之乱，举兵进克关中，遂代隋而有天下。在位九年。谥为神尧，庙号高祖。

唐万年县法曹孙伏伽上表，以为："隋以恶闻其过亡天下，陛下龙飞晋阳，远近响应，未期年而登帝位，徒知得之之易，不知隋失之之不难也。臣谓宜易其覆辙，务尽下情。"上省表大悦，下诏褒称，擢为治书侍御史，赐帛三百匹。

万年县，即今陕西西安府咸宁县。法曹，是县尉之官。

唐高祖初即位，颇有失政，万年县法曹孙伏伽首先上表进谏，说道："人君得天下易，保天下难。试观隋家天下，何等全盛，只因炀帝骄矜刚愎，遂非文过，恶闻直言，遂致积恶日深，丛怨日甚，所以把天下失了。陛下应兴王之运，龙飞晋阳，义师一举，远近归心，其应如响，攻下汾霍，进克长安，未及一年，遂登帝位，只见得取天下这等容易，却不知隋之失天下亦不难也。若知隋所以失天下，又复效其所为，这便是蹈其覆辙，同归于乱而已。以臣之愚，谓宜鉴于亡隋之弊，改途易辙。凡君德有愆违，朝政有阙失，务广开言路，使人人得以自尽，事事得以上闻，庶下情上通，上泽下究，而保天下不难矣。”表中指陈高祖失政三事：一件不宜受民间私献，一件不宜陈百戏散乐于玄武门游戏，一件太子诸王左右不宜滥用匪人。高祖览表大悦，乃下诏褒奖，称道他至诚慷慨，据义直言，因不次超拔，擢为治书侍御史，着他专掌法令，仍赏以绢帛三百匹，以旌其直焉。

夫自隋以来，言事者轻则斥，重则诛，以致忠臣结舌而不敢尽，直士丧气而不获伸久矣。高祖即位之初，首纳伏伽之谏，至不吝高爵厚赏以宠异之，盖不惟有受善之诚，而因有以作敢言之气。士怀忠抱义者，孰不感激而思奋哉！此所以能延揽贤杰，而开有唐三百年之基也。

有犯法不至死者，唐主特命杀之。监察御史李素立谏曰:“三尺法，王者所与天下共之也。法一动摇，人无所措手足。陛下甫创鸿业，奈何弃法！臣忝法司，不敢奉诏。”唐主从之。自是特承恩遇，命所司授以七品清要官。所司拟雍州司户，唐主曰:“此官要而不清。”又拟秘书郎，唐主曰:“此官清而不要。”遂擢授侍御史。

古时用三尺竹简，写法律于其上，叫做三尺法。

唐高祖初年，有一人犯法，以律论之，罪不该死。高祖心里恼他，不依律断，特命戮之于市。那时有个监察御史李素立进谏说:“这三尺律书，乃王者所与天下公共的法，下自庶民，上及朝廷官府，都该遵守，虽天子至尊，也不容以一人之喜怒，而自为轻重。若是可轻可重，无一定之规，这法便可动摇了。法一动摇，那用法的都得任意以行其私，小民举手投足便犯法禁，复何所措其手足哉！况陛下初创大业，将垂法于后人，岂可先自废弃了这法，使后嗣何所遵守？臣忝为法司，分当执法。此人法不该死，虽有特诏，不敢奉行。”高祖听从其言。

自是素立特承恩遇，眷顾非常。唐朝监察御史是从八品，高祖命该衙门升授他做七品清高又有事权的官。该衙门拟升他做雍州司户，是京兆府官，掌户籍驿传等事。高祖说:“这官虽当要路，有事权，却繁冗而不清。”又拟做秘书郎，是秘书省官，掌四库图籍。高祖说:“这官虽是清高，却闲散而不要。”遂升授他为侍御史。侍御史，从七品台官，掌纠举百僚，推鞫狱讼，官秩既清高，又有事权，故特授此官以宠异之。夫素立之执法，高祖之听言，以定国家之法典，以开朝廷之言路，高祖君臣两得之矣。

唐主考第群臣，以李纲、孙伏伽为第一。因置酒高会，谓裴寂等曰：“隋氏以主骄臣谄亡天下，朕即位以来，每虚心求谏，然唯李纲差尽忠款，孙伏伽可谓诚直，余人犹踵弊风，俯眉而已，岂朕所望哉！”

唐高祖欲激劝臣下，使之进谏，尝考校群臣的优劣，分别等第，以太子詹事李纲、治书侍御史孙伏伽为第一。一日置酒殿上，大会群臣，与尚书右仆射裴寂说道：“隋家天下，只因为君者志意骄盈，不肯听谏，为臣者甘心卑谄，不肯尽忠，所以上下相蒙，养成祸乱，遂致灭亡。朕自即位以来，惩隋之弊，凡百举动，不敢自以为是，每虚心求谏，冀闻直言。然群臣之中，止是李纲能随事箴规，颇尽忠款，孙伏伽论事慷慨，可谓诚直。除此二人之外，其余诸臣谄谀顾忌，犹踵习亡隋之弊风。凡遇事有当言者，都只低头缄默，俯眉而已，无有吐一词、建一议者，岂朕所以虚心求谏之意哉！尔等自今必须以李纲、孙伏伽为法，斯为不负朕之所望也。”

夫人君听谏为难，知人为尤难。盖切直之谏，虽庸主犹或勉从，而人品邪正之分，非至明者不能洞察也。唐高祖虚心尽下，不惟有听谏之诚，而某也忠直，某也依可，又能因迹考心，甄别不爽，则君子既得以目见，小人又无以自容。听言之道，莫善于此，人主所宜取法也。

刘武周降将寻相等多叛去。诸将疑尉迟敬德，囚之军中，屈突通、殷开山言于世民曰：“敬德骁勇绝伦，今既囚之，心必怨望，留之恐为后患，不如遂杀之。”世民曰：“不然，敬德若叛，岂在寻相之后邪！”遽命释之，引入卧内，赐之金，曰：“丈夫意气相期，勿以小嫌介意。吾终不信谗言以害忠良，公宜体之。必欲去者，以此金相资，表一时共事之情也。”已而世民以五百骑行战地，登魏宣武陵。王世充帅步骑万余猝至，围之。单雄信引槊直趋世民。敬德跃马大呼，横刺雄信坠马。世充兵稍却，敬德翼世民出围。世民、敬德更帅骑兵还战，出入世充陈，往返无所

碍。屈突通引大兵继至，世充兵大败，仅以身免，斩首千余级。世民谓敬德曰："公何相报之速也！"赐敬德金银一箧，自是宠遇日隆。

唐太宗既破刘武周，他部下的大将尉迟敬德与寻相等都来降，其后寻相等又逃叛去了，只有敬德未去。诸将恐他也要逃叛，把他拿了囚系在军中，于是屈突通、殷开山二人向太宗谗谮他说："敬德为人骁勇绝伦，今既被囚系，心里必然怨望，留着他在此，恐生歹意，将来为祸不小，不如杀了他，永绝后患。"太宗说："诸将差矣。敬德若有叛意，便当与寻相一同去了，岂肯留到今日，坐待擒缚？我看他决无此意。"即时传令，释放了敬德，引他到卧房内，取些金银赏他，说："丈夫处世，当磊磊落落，以意气相期许，莫把小小嫌隙，放在意下。我素知你是个忠良之臣，无有二心，纵是众人要谗害你，我终不听信而加害也。你当体谅我的心，相与戮力匡时，共成大业，不可自生疑虑。你若必要去，我也不敢强留，就把这金银资助你做路费，以表一时共事之情也。"由是敬德感激，誓死相从。一日太宗征郑主王世充于洛阳，领五百马军出去观看交战地方，适登北魏宣武帝陵上，远览形势。不期王世充帅领步卒马军一万多人，忽然奔到，把太宗围住了。世充有一骁将，姓单名雄信，手持丈八长枪，径奔太宗。事势危急，敬德策马大呼，从旁一枪，刺雄信落马。世充兵见雄信被刺，稍稍引退。敬德以身遮蔽太宗，杀透重围。既出之后，又复与太宗领着马军杀入世充阵中，如此往来数次，并无敢有阻挡之者。少顷之间，大将屈突通统领大军继至，把世充的军马杀的大败奔溃，世充仅得单身脱走，斩获首级一千余颗，得胜而回。这是敬德单身救主的第一功。于是太宗对敬德说："公之报恩何其速也！"遂赏敬德金银一箱，以酬其劳。自此恩礼眷顾，日盛一日，而敬德因得展尽才略，以树功名，后来遂为佐命功臣，封鄂国公。以此见太宗之善用人也。

大抵人君御下，莫善于推诚，莫不善于蓄疑。推诚者，虽其寇仇，亦将归心；蓄疑者，虽其亲信，亦将解体。陈平，楚之降将，汉高祖一日得之，遂以为护军，捐金四万斤，不问其出入；光武推赤心置人腹中，铜马群盗来降，单骑按行诸部，示以不疑，故能驾驭豪雄，兴建大业；项籍以盖世之才，拔山之力，乃意忌信谗，虽其骨骾之臣，如钟离昧、范增之伦，皆以谗见疏，故终以取败。观高祖、光武、唐太宗之所以兴，项籍之所以亡，则推诚之与蓄疑，其得失之效，相去远矣。

唐主以秦王世民功大，前代官不足以称之，特置天策上将，位在王公上。冬十月，以世民为天策上将，开天策府，置官属。世民以海内浸平，乃开馆于宫西，延四方文学之士，出教以王府属杜如晦、记室房玄龄、虞世南、文学褚亮、姚思廉、主簿李玄道、参军蔡允恭、薛元敬、颜相时、咨议典签苏勗、天策府从事中郎于志宁、军咨祭酒苏世长、记室薛收、仓曹李守素、国子助教陆德明、孔颖达、信都盖文达、宋州总管府户曹许敬宗，并以本官兼文学馆学士，分为三番，更日直宿，供给珍膳，恩礼优厚。世民朝谒公事之暇，辄至馆中，引诸学士讨论文籍，或夜分乃寝。乃使库直阎立本图像，褚亮为赞，号十八学士。士大夫得预其选者，时人谓之“登瀛州”。

唐武德四年，此时太宗尚为秦王。高祖以太宗首建大谋，削平海内，其功勋甚大，前代官爵都不足以称其功，特为他置一官，叫做天策上将，其位加于诸王公一等。乃于冬十月，拜太宗为天策上将，开天策府，于府中设置官属。太宗既受此官，见得海内渐次平定，当亲近儒臣，乃开馆于宫西，延引四方有文学之士，使居其中，亲出教令，以王府属官杜如晦、记室官房玄龄、虞世南、文学官褚亮、姚思廉、主簿李玄道、参军蔡允恭、薛元敬、颜相时、咨议典签苏勗、天策府从事中郎于志宁、军咨祭酒苏世长、记室薛收、仓曹李守素、国子助教陆德明、孔颖达及信都县人盖文达、宋州总管府户曹许敬宗，共十八人，皆以各人本官兼文学馆学士，分为三番，每日六人，更日直宿，供给珍馐饮膳，恩礼极其优厚。太宗每日朝谒了毕，公事闲暇，辄至馆中，引见诸学士，相与讨论文籍，讲明义理，或至夜分方才就寝，其亲密如此。又使库直官阎立本图画诸学士的像貌，使褚亮题写像赞，号称十八学士。士大夫得预此选者，时人谓之“登瀛州”。瀛州，是海外山名，道家说，是神仙所居，以比诸学士荣遇，就如登仙也。

夫太宗当天下甫定之初，即开馆延贤，讲论经籍，真可谓右文之令主矣！是以当代夸之以为盛事，后世传之以为美谈焉。

八月己未，突厥颉利可汗寇并州，遣兵寇原州。唐主谓群臣曰："突厥入寇而复求和，和与战孰利？"太常卿郑元曰："战则怨深，不如和利。"中书令封德彝曰："突厥恃犬羊之众，有轻中国之意，若不战而和，示之以弱，明年将复来。臣愚以为不如击之，既胜而后与和，则恩威兼著矣。"唐主从之。

突厥，是北虏。可汗，是虏中酋长之号。并州，即今山西太原府。原州，即今陕西固原州。

唐高祖武德五年八月己未日，突厥酋长号颉利可汗者，引十五万骑，由雁门入犯并州地方，又分兵往掠原州地方。高祖与群臣计议说："今突厥入寇，本该与他战，乃又遣使来讲和，又似该与他和。和与战，二者那件便益？"太常卿郑元说："战未免伤损人马，纵使得胜，彼亦仇恨，结怨愈深，不如休兵，与他讲和为便。"中书令封德彝说："讲和固好，然必须先战而后可和。盖突厥贪悍喜斗，如犬羊一般，彼自恃其众多，轻视我中国，所以敢来为寇。若不与一战，就听讲和，显是中国怯弱，不敢与他厮杀，他越发无忌惮了，今虽讲解而去，明年又将复来，边患何时而息？臣愚以为不如因其入寇，出兵击之，彼骄我奋，其势必胜，战既得胜，彼必惧怕我中国，不敢轻视，然后却与他讲和。既畏战胜之威，又感和好之恩，恩威兼著，和乃可久。"高祖听从封德彝之言。其后边将连破突厥，然后遣郑元责颉利以负约，说之讲和，可谓得制御夷狄之术矣。

大抵不战而和，则制和在彼；战而后和，则制和在我。致人而不致于人，要使中国常操其柄，且因我之战，可以益固其和心，因彼之和，可以益修吾战备。御虏之策，莫善于此，筹边者所当知也。

上引诸卫将卒习射于显德殿庭，谕之曰："戎狄侵盗，自古有之。患在边境小安，则人主逸游忘战，是以寇来莫之能御。今朕不使汝曹穿池筑苑，专习弓矢，居闲无事，则为汝师；突厥入寇，则为汝将，庶几中国之民可以少安乎！"于是日引数百人教射于殿庭，上亲临试，中多者赏以弓、刀、帛，其将帅亦加上考。群臣多谏，上皆不听，曰："王者视四海如一家，封域之内，皆朕赤子。朕常推心置其腹中，奈何宿卫之士亦加猜忌乎！"由是人思自励，数年之间，悉为精锐。

武德九年，此时天下已平，兵革不用，太宗引诸宿卫将士，在于显德殿前，演习射艺，因省谕之说道："有中国则有夷狄，夷狄侵盗，自古为然，不足为患。所患者，只在夷狄不来侵扰，边境稍宁，此时为君的恃其治平，安逸游乐，忘却战伐之事，不复堤备，一旦虏寇乘间而来，那时措手不及，无以御之，深足为患。今海内宁靖，汝辈安闲，朕不用汝辈之力，穿池筑苑，以供役使，专教汝辈演习弓矢。平居闲暇无事，则操练教习，为汝之师；万一突厥入寇，则统领出征，为汝之将，庶乎有备无患，中国之民可以稍安。"于是每日引领卫士数百人教射于殿庭之前，太宗亲临比试，有那中箭多的，即便赏以弓矢、刀剑、绢帛等物，其所部将帅，亦考列上等，论功优处。此时文武群臣见得殿庭之间，操弓挟矢，甚非体面，又恐万一狂夫窃发，所系非轻，多上章谏止者。太宗皆不之听，说道："王者父母天下，看着四海就如一家，凡在封疆之内的，都是朕之赤子一般。朕常推这一片实心，置在人之腹中，更无一毫猜忌，奈何守卫士卒常在禁地的，也加猜嫌疑忌乎！"由是将士闻之，都感激太宗诚信，思自奋励。不出数年，个个武艺精熟，意气敢勇，尽为锐卒，皆太宗教训鼓舞之功也。

夫天下虽安，忘战则危。人君之武备，诚有不可一日而不讲者。但朝堂非教射之地，人主非教射之师。古者蒐苗狝狩，各以其时，未闻日事简练以为威；泽宫洛水，各以其地，未闻引集殿庭以为便；广厦细旃，以近有德，未闻狎卫士以为不疑。况舞干可以格有苗，櫜弓可以靖时夏，人主之所当务，尤在增加其文德，有不必专意于武功者。审治体者，当辨于兹。

房玄龄尝言："秦府旧人未迁官者，皆嗟怨曰：'吾属奉事左右，几何年矣！今除官，反出前宫、齐府人之后。'"上曰："王者至公无私，故能服天下之心。朕与卿辈日所衣食，皆取诸民者也。故设官分职，以为民也，当择贤才而用之，岂以新旧为先后哉！必也新而贤，旧而不肖，安可舍新而取旧乎！今不论其贤不肖而直言嗟怨，岂为政之体乎！"

太宗初封秦王，故称秦府。其兄建成先为太子，称前宫。弟元吉封齐王，称齐府。至是太宗从秦王立为天子，那旧时在秦府中服事的人，都指望从龙之后，超升官职，却久不得升，心中不无觖望。于是中书令房玄龄奏说:“这秦府旧人未得升迁的，都是背后嗟怨说道:‘我等幸在藩邸中奉事主上，日侍左右，经今多少年岁了，枉自受了许多辛苦，不曾沾一些恩典。今除授官职，反居前太子宫中及齐王府中人之后，我等旧人，倒不如那新来的，何也？’”太宗说:“为人君的，凡事须一秉至公，无一毫偏私，方才服得天下的心。况朕与卿等每日穿的、吃的，都是民间赋税，件件取给于百姓。今日设官分职，正是为着百姓，要使他得所，必须选择那有德有才的去做，天下始受其福。用之先后，乃在贤不肖，不在新旧，岂以新旧为先后哉！若必新的果贤，有益于百姓，就是前官、齐府人，也该用;旧的不肖，无益于百姓，就是我秦府人，也不该用。又何可只论新旧，舍贤而取不肖乎！今你不论其贤与不肖，只说旧的嗟怨，要加意于他，以满其望，便是任情轻重，偏私不公。为政之体，岂宜如是？此我所以不敢把朝廷的官职私厚我秦府旧人也。”

太宗此言，真可谓知治体者矣！盖朝廷为官择人，不为人择官。故能称其职，虽仇不可弃;不能称其职，虽亲不可私。如魏徵、王珪，都是太子府中人，苟弃而不用，何以成贞观之治哉！至于房玄龄，实秦府旧人，乃首擢以为相，天下不得议其私。可见王道至公，有意任旧而不择贤人，固不可;有意避嫌而故弃旧人，亦不可。诸葛亮曰:“吾心如秤，不能为人作轻重。”此可为用人之法。

上于弘文殿聚四部书二十余万卷，置弘文馆于殿侧，精选天下文学之士虞世南、褚亮、姚思廉、欧阳询、蔡允恭、萧德言等，以本官兼学士，令更日宿直。听朝之隙，引入内殿，讲论前言往行，商榷政事，或至夜分乃罢。又取三品已上子孙充弘文馆学生。

这一段是纪太宗重道右文的事。四部书，是经、史、子、集，分作甲、乙、丙、丁四类，故为四部。

太宗见得帝王修身治天下的道理，无一件不载之于书，乃于弘文殿中，聚集四部书，约有二十余万卷，以备观览。因开馆于弘文殿旁，叫做弘文馆。妙选天下能文有学之士，使居其中。选得记室官虞世南、文学官褚亮、姚思廉、给事中欧阳询、参军蔡允恭、著作郎萧德言等六人，皆各以本官兼弘文馆学士，分为两班，使之轮日直宿。每日听朝毕，遇有间隙之时，即延引诸学士入至内殿，将古昔帝王嘉言善行载在经籍者，与诸学士一一讲论，务考究其成法；朝廷见行的政事，有疑难不决者，与诸学士件件商确，务参酌以时宜。或讲论未明，商确不的，便坐至夜分，方才停止，也不以为劳。其延访之勤如此。又以秘书藏在内殿，外人得见者少，乃取朝官三品已上的子孙，充弘文馆学生，着他习读秘书，讲究今古，因以储养人才，而为他日之用焉。

大抵人君以武功定天下者，多不事诗书，而国事草创之初，亦或未遑教化。太宗当在秦府时，已尝开馆延贤，即位未几，乃又广收图籍，专精讨论，下至大臣子孙，并使肄习，其于诗书教化之际，惓惓如此，君德岂有不盛，治道岂有不隆者哉！

上与群臣论止盗，或请重法以禁之。上哂之曰："民之所以为盗者，由赋繁役重，官吏贪求，饥寒切身，故不暇顾廉耻耳。朕当去奢省费，轻徭薄赋，选用廉吏，使民衣食有余，则自不为盗，安用重法邪！"自是数年之后，海内升平，路不拾遗，外户不闭，商旅野宿焉。

太宗一日与群臣计议说："盗贼为患，何术以禁止之。"有一臣议说："盗贼肆行而无忌者，由法轻故也。今请益严其法，凡为盗的俱从重论，使人不敢犯，盗将自止。"太宗乃微笑他说："民虽至愚，指之为盗，未有不羞耻者。今乃甘心为此，岂得已哉！良由在上的，用度不肯节省，往往加派于民，赋税繁多，徭役重大，那不才官吏，贪赃需索，又侵渔其间，以致百姓每废弃生理，变卖产业，衣食不给，一时迫于饥寒，遂不暇顾廉耻，相率而为盗耳。今朕只该反身节欲，自宫中以至于官府，去其奢侈，省其费用，本源既清，自可无暴征横敛，由是轻徭役，不尽民之力，薄赋税，不夺民之财。又选用清廉官吏，分理郡县，爱养百姓，使其安生乐业，衣食有余，则自然知有廉耻，不肯为盗，又何用重法以禁之乎！"太宗只如此行去，才数年后，四海之内，渐跻太平，道路上或有遗失物件，也无人拾取，人家外面门户，晚间都不用关闭，那做商贾与行路的，或投不得店家，就在野地里歇宿，亦绝无盗贼之警，可谓升平之极矣。

此可见人君欲止盗，不在重法，只在轻徭薄赋而已。然非朝廷之上，费用减省，郡县之间，官吏清廉，虽欲轻徭薄赋，岂可得乎？彼贪官污吏，每假朝廷催科之急，以自恣其囊橐之私，故国赋日增，则国用日侈，而民生日蹙，至于民穷盗起，而后救之，则晚矣。然则太宗选用廉吏一言，尤弭盗者所当留意。

上又尝谓侍臣曰："君依于国，国依于民。刻民以奉君，犹割肉以充腹，腹饱而身毙，君富而国亡。故人君之患，不自外来，常由身出。夫欲盛则费广，费广则赋重，赋重则民愁，民愁则国危，国危则君丧矣。朕常以此思之，故不敢纵欲也。"

太宗深鉴前代昏主纵欲败度，不恤小民，以致丧身亡国之祸，尝与侍臣说道："君之与民，本同一体，君之安危系于国，国之安危系于民，民安而后国安，国安而后天位可以常保。故君虽贫不可以剥民而求富，若刻剥乎民，以奉养乎君，就如割自己之肉，以充自己之腹。腹虽因啖肉而饱，却不知肉尽而身亦随以亡；君虽因剥民而富，却不知民贫而国亦随以乱。故人君之祸患，不在夷狄盗贼自外而来，常由纵耳目，快心志，自身而出。夫耳目心志其欲无穷，欲心既盛，则将穷奢极侈，无所不为，其费用必广。费用既广，则常赋不足以供，必将额外科求，其赋敛必重。赋重，则民不堪命，而有愁苦之心。民愁，则国本以摇，而有危殆之势。国既危，则君不能以独安，而丧亡无日矣。原其初，只由纵欲一念所致，其祸真可畏也。朕常以此内自思省，惟恐侈心一萌，贻祸不小，故宁樽节以省费，不敢纵欲以病民，庶几保民以保国，保国以保身焉。"

大抵人君纵欲而不恤民，只缘不见得有亡国之祸耳。若夏桀知亡，必不尚琼宫之华；商纣知亡，必不贪鹿台之富。唯蔽于欲而不悟，故陷于祸而不知。人主诚能清心明理，见祸于未形，则一切肆情纵意之事，自然知所警惕，而不肯为矣。《书》曰："怨岂在明，不见是图。"此在居安思危者所当知也。

上谓裴寂曰："比多上书言事者，朕皆粘之屋壁，得出入省览，每思治道，或深夜方寝。公辈亦当恪勤职业，副朕此意。"

太宗即位之初，日夜留心治理，一日对司空裴寂说："近来群臣多有进上章奏，陈说政事的，其条件甚多，朕恐一时览过，未得其详，无益于治，所以凡有章奏，都将来粘在屋壁上，使出入之际，常在目前，得以思省观览，反复详审。但有切于身心的，便自家体察，有关于政治的，便随事施行，未尝轻忽过了。朕又每每思量平治天下的道理，或至夜深，方去歇息。卿等为朕的辅佐，亦当各效忠诚，恪勤职业，以称朕今日所以孜孜求治的意思，庶几上下同心，而治理可得也。”夫太宗之勤于政理如此，其致贞观之治也宜哉！

上励精求治，数引魏徵入卧内，访以得失。徵知无不言，上皆欣然嘉纳。

太宗鉴于隋朝以恶闻其过亡天下，于是奋厉精神，勤求治理，兢兢业业，常恐所行或不当于人心。乃时常召引谏议大夫魏徵，进入卧房内，密地里访问他朝廷近日所行，那件停当，那件差失。盖使他进在内殿，可以从容尽言，又有事关机密，不敢显言的，亦得以密切上陈也。魏徵是个忠直的臣，又感激太宗亲信他的意思，于是一切政事但知道的，无不尽言。其行得是的，便说是以将顺其美；或行得不是的，便说不是以匡救其失。无有隐讳，无有避忌。太宗都欣然无忤，一一嘉奖而听纳焉。

大抵人君挟崇高之势，虽行有得失，而过每难于上闻；人臣怀畏惧之情，虽意欲箴规，而言每难于自尽。故明圣之主，务开之使言，引之卧内，以示其亲；赐之嘉纳，以行其说。然后忠直之臣，得以自遂，过失日闻，而人主益见其明圣。若太宗者，可以为后世法矣。

上患吏多受赇，密使左右试赂之。有司门令史受绢一匹，上欲杀之，民部尚书裴矩谏曰：“为吏受赂，罪诚当死；但陛下使人遗之而受，乃陷人于法也，恐非所谓道之以德，齐之以礼。”上悦，召文武五品以上告之曰：“裴矩能当官力争，不为面从，傥每事皆然，何忧不治！”

司门令史，是执掌门籍之官。民部尚书，即今户部尚书。

此时天下初定，法令疏简，各衙门官吏，多有贪赃坏法者。太宗深以为患，要设法禁止，乃暗地里叫左右的人，假托事故，将钱帛去馈送各衙门官吏，以试验之。有个司门令史官，受了绢一匹，太宗就要拿来杀了，民部尚书裴矩进谏说道：“为吏贪赃坏法，加以死刑，诚当其罪；但置人于法，必须由他自作自犯，乃服其心。今陛下使人将钱送他，他贪图接受，分明是赚哄他入法网之中，而故陷之于死地也，恐非圣人所谓道之以德，齐之以礼者也。盖王者禁人为非，必先正身修德，引导之于前；导之而不从，又有纪纲法度整齐之于后。岂有设计用术，诱人犯法，而加之罪者乎！”太宗嘉纳其言，乃宣召文武五品已上的大臣，告之说：“人臣于君上之过，力争者少，面从者多。裴矩因朕要杀受绢的令史，当朝堂之上，能持正据法，尽力谏诤，不肯唯唯诺诺，务为面从。傥朕每事所行，都得人匡正如此，则举措必然合宜，人心必然悦服，何忧天下不太平乎！”

按隋文帝患令史赃污，尝私使人以钱帛遗之，得犯立斩，于时谗构横生，枉滥殊甚。太宗亲承其弊而不能变，又从而效之，岂不误哉！然隋文帝不用冯基之言，太宗能听裴矩之谏，而兴亡顿殊如此。论治者宜于此究心焉。

太宗

太宗皇帝，名世民，高祖第二子。年十八劝高祖起义晋阳，削平群盗，代隋而有天下。初封为秦王，后高祖以其功大，遂立为太子，因传位焉。在位二十三年，庙号太宗。

贞观元年正月，上宴群臣，奏《秦王破阵乐》。上曰：“朕昔受委专征，民间遂有此曲，虽非文德之雍容，然功业由兹而成，不敢忘本。”封德彝曰：“陛下以神武平海内，岂文德之足比？”上曰：“戡乱以武，守成以文，文武之用，各随其时。卿谓文不及武，斯言过矣！”德彝顿首谢。

此时高祖自称太上皇，传位太宗。太宗即位，改年号为贞观。贞观元年正月，太宗大宴群臣，乐工承应，奏《秦王破阵之乐》。太宗与群臣说道：“朕往时为秦王，蒙父皇委任，得专征伐，往往以身先士卒，摧破强敌，故民间有秦王破阵的歌曲。今因而润色，以为乐章，用一百二十人，被甲执戟而舞，虽发扬蹈厉，不似文德之雍容，然实用此以取天下，今日功业由此成就，何敢忘其所自。故制为乐舞，庶使后世观者，知朕创业之艰难也。"那时尚书右仆射封德彝进说:"陛下以神武定海内,削平祸乱,弘济苍生,区区文德,岂足比拟。"太宗面折他说:"天下方乱,戡定固须用武;王业既成,持守尤当用文。文武两件,不可偏废。而时变不同,故或用武,或用文,各随其时耳,非有轻重于其间也。卿乃谓文不及武,岂天下独可以武治乎!这话差矣。"于是封德彝自知失言,叩头谢罪。

自古说文武并用,长久之术。如天道阴阳一般,春夏虽阳气用事,然未尝无阴;秋冬虽阴气用事,然未尝无阳:二者相济而后不偏。故陆贾对汉高帝说:"马上得之,岂可以马上治之?"夫戡乱之时,固宜用武,亦必济之以文;守成之时,固宜用文,亦必济之以武。昔成、康之世,治定功成,而周、召二公,犹惓惓以克之长虑。守成者不可不深思也。

上以兵部郎中戴胄忠清公直,擢为大理少卿。上以选人多诈冒资荫,敕令自首,不首者死。未几,有诈冒事觉者,上欲杀之。胄奏:"据法应流。"上怒曰:"卿欲守法而使朕失信乎?"对曰:"敕者出于一时之喜怒,法者国家所以布大信于天下也。陛下忿选人之多诈,故欲杀之,而既知其不可,复断之以法,此乃忍小忿而存大信也。"上曰:"卿能执法,朕复何忧!"胄前后犯颜执法,言如涌泉,上皆从之,天下无冤狱。

大理少卿,是掌法之官。

太宗以刑狱至重,掌法贵于得人,乃选择群臣之中,见兵部郎中戴胄居官忠清公直,堪为法司,遂擢用他为大理寺少卿。此时士人选官者,多诈冒恩荫,滥授爵级,太宗深恶其弊。乃降敕禁革,凡官员诈冒者,准令自首免罪,不首者论死。未及几时,遂有犯诈冒事觉者,太宗就要拿去杀了。戴胄奏言:"诈冒官爵者,据法止该流徙远方,罪不该死。"太宗怒说:"卿所言者虽是法,但朕已有敕旨,信不可失,今卿要守法,岂可使朕失信乎?"戴胄答说:"敕书失信是小事,法令失信是大事。盖敕书之颁,出于一时之喜怒,喜则从轻,怒则从重,不可为常;至于法令一定,喜不可得而减,怒不可得而加,乃国家所以布大信于天下,确乎其不可移者也。陛下恶选官诈冒者多,激于一时之怒,故要杀之,既而知非正法,复断之以本等罪名,此乃忍一时之小忿,而存国家之大信,所失者小,所全者大也。岂可任情而废法,乃为不失信乎!"太宗感悟,因褒美之说:

“朕所忧者，常恐行法不当，人心不服。卿能执法如此，则轻重不得那移，小民知所遵守，朕复何忧！”戴胄自为大理，凡太宗用刑有不当处，前后犯言谏争，言如涌泉，一无所隐。太宗鉴其忠直，所言都允从之。自是法令画一，天下刑狱悉归平允，无有冤枉之民焉。

于此可见戴胄能持正守法，而不挠于人主之威；太宗能虚己受言，而不泥于已成之说，君明臣直，两得之矣。但国法固所当重，而王言亦不可轻。惟详审于制法之初，使法立而可守；慎重于申命之日，使令出而惟行。则有法以为整齐之具，有敕以寓鼓舞之权，固有交相为用而不相悖者，何至有偏废之患哉！此议法者所当知也。

上令封德彝举贤，久无所举。上诘之，对曰：“非不尽心，但于今未有奇才耳。”上曰：“君子用人如器，各取所长。古之致治者，岂借才于异代乎？正患己不能知，安可诬一世之人！”德彝惭而退。

太宗以致治在得贤，而贤人或伏于下僚，或遗于草野，朝廷不能尽知，乃诏朝臣各举所知，以备简用。尝命右仆射封德彝着他举荐贤才，他只应承了，终无所举。太宗问其故，德彝对说：“臣非不尽心访求，但一时未有奇才可应诏命者耳。”太宗责他说：“人的才能，各有所长。君子用人，就如用器皿一般，大的大用，小的小用，各取所长，岂可苛求责备？且天之生贤，何代无之？一世之才，自足以供一世之用。古来致治之主，都赖贤臣，岂是从异代假借来用？也只取于当世而已。今正患自家识见浅陋，不能知贤，何可尽诬一世之人，以为无贤可举乎！”于是德彝羞愧而退。

尝观贤不肖之相引，各以其类，故惟贤然后能知贤，亦惟贤而后能举贤。德彝本邪佞小人，何可以此望之！盖小人不乐进贤，其情有三：忌其形己之短，是一件；恶其不为己之党，是二件；恐其以正直触忤人主，为己之累，是三件。至于不知而不举，此其罪犹薄也。然则知人之难，又何以责于封德彝哉！可见人主之明尤在辨奸，奸之远而贤者进矣。

上谓太子少师萧瑀曰：“朕少好弓矢，得良弓十数，自谓无以加，近以示弓工，乃曰：‘皆非良材。’朕问其故，工曰：‘木心不直，则脉理皆邪，弓虽劲而发矢不直。’朕始悟向者辨之未精也。朕以弓矢定四方，识

之犹未能尽，况天下之务，其能遍知乎！”乃命京官五品以上更宿中书内省，数延见，问以民间疾苦，及政事得失。

太宗因评论弓矢，而有感于治道。一日，对太子少师萧瑀说：“朕自少喜好弓矢，尝挑选好弓十数，收藏爱惜，自谓材干坚劲，造作精工，无以复加。近日取出以示弓匠，弓匠看了，乃说这十数张弓都不是美材。朕问其故，弓匠对说：‘弓之好歹，全以木心为主。木心正直，则脉理皆直，而发箭亦直。若木心不直，则根本之地，先已不正，那脉络纹理，都一顺偏邪去了，纵然筋胶缠束，极其坚劲，终是发箭歪邪，难以中的，如何叫做好弓？’朕闻其言，方才觉悟，我向者辨认弓矢徒识其粗，未识其精也。夫朕以弓矢平定天下，弓乃手中常用之物，于其邪正好歹，辨识犹未能尽。况于天下这等广阔，民情世务这等繁冗，以朕一人之身，耳岂能尽闻，目岂能尽见乎！”乃命京朝五品以上官员，分为班次，在于中书内省，轮日直宿，时常引至御前，问以治道。凡闾阎小民，或衣食不足，或赋役不均，一一问其疾苦；朝廷政事，某件所行者是，某件所行者非，一一问其得失。盖惟恐幽隐细微的去处，识见不到，易致过差，故虚心博访如此。

夫工人所论者弓矢，而太宗遂有悟于治道，于此见至理可触类而旁通，人君当随事以致察。故周武王因刀剑而作省躬之铭，齐桓公因斫轮而得读书之喻，皆善观物理者也。然以太宗之明敏，能因识弓未尽，悟义理之无穷，而不能因木心不直之言，悟讽谏之有在，则信乎听言察理之难矣。

有上书请去佞臣者，上问：“佞臣为谁？”对曰：“臣居草泽，不能灼知其人。愿陛下与群臣言，或阳怒以试之。彼执理不屈者，直臣也；畏威顺旨者，佞臣也。”上曰：“君，源也；臣，流也。浊其源而求其流之清，不可得矣。君自为诈，何以责臣下之直乎！朕方以至诚治天下，见前世帝王好以权谲小数接其臣下者，常窃耻之。卿策虽美，朕不取也。”

太宗时有一人上书，请斥去朝臣之邪佞者，太宗问说：“今朝臣邪佞的是谁？”其人对说：“臣伏在草泽，岂能明知朝臣中那个是邪佞，只在陛下自察。愿陛下与群臣谈论间，或假做恼怒，试看众人如何。那执守理法，不屈意以徇上之怒的，便是直臣；若畏雷霆之威，不敢执奏，而阿顺旨意的，便是佞臣。这辨之也不难。”太宗说道：“譬之流水，君是源头，臣是流派。水之清浊，都在源头出处，若本源浑浊，乃要末流清澈，不可得矣。今阳怒以试群臣，是君自为诈也，又何以责臣下，使去诈佞而为正直乎！朕方要推赤心置人腹中，以至诚治天下，彼此都无猜疑才好。尝见前代帝王，如魏武帝之流，好用权谋诡诈、小小术数接遇臣下的，以为此非王道，常窃羞耻而不为。今你这试佞的计策，虽是巧妙，朕却自有个荡荡平平的道理，不依此行也。”

按太宗此言，深得为君之大体。夫君德贵明不贵察。明生于诚，其效至于不忍欺；察生于疑，其弊至于无所容。盖其相去远矣。是以自古哲王，冕旒蔽目而视不下于带，黈纩塞耳而听不属于垣，凡以养诚心而存大体也。不然，则耳目所及，其能几何？而天下大奸，必有遗于权数之外者矣。太宗“至诚”一语，实万世御臣之法。

上与侍臣论周、秦修短，萧瑀曰：“纣为不道，武王征之。周及六国无罪，始皇灭之。得天下虽同，失人心则异。”上曰：“公知其一，未知其二。周得天下，增修仁义；秦得天下，益尚诈力。此修短之所以殊也。盖取之或可以逆得，而守之不可以不顺故也。”瑀谢不及。

修字，解作长字。

太宗尝与侍臣评论前代兴亡之由，说道：“周家享国八百余年，秦传至二世而亡，运祚长短，何不同如此？”太子少师萧瑀答说：“国运之修短，系于人心之得失。周之时，商纣无道，毒痡四海，武王吊民伐罪，为天下除害，故人心归之。秦之时，周命未改，六国相安，本无可灭之罪，始皇恃其强暴，因而殄灭宗周，吞并六国，大失人心。其得天下虽同，安人心则异，所以周享国之长，而秦享国之短也。”太宗说：“公但知其一，未知其二。夫周与秦虽同以征伐得天下，然周得天下之后，却能增修仁义，而德泽有加；秦得天下之后，乃益崇尚诈力，而残刻愈甚。是其得天下虽同，其守天下则异，所以运有修短不同，实由于此。盖守天下与取天下不同。取天下者，时当戡定祸乱，容可兼用智力，稍违事理；及得天下而守之，时当整饬太平，则宜纯用仁义。于道理不可不顺，周逆取而顺守之，故其享国也长；秦既以逆取之，又以逆守之，欲享国之长，岂可得乎？”萧瑀闻言大服，顿首称谢，自谓识见不能到此也。

按周、秦修短之论，萧瑀固为失之，太宗亦未为得也。盖周武顺天应人，固不可谓之逆取，而始皇以不道取天下，亦岂能以顺守之？二说胥失之矣！窃谓周之立国，谟烈之贻，所以佑启者远；世德之求，所以继述者善。四友十乱之臣，所以辅佐者，良是以祖孙一德，臣主一心。享国久长，有由然也。秦尚法律而弃《诗》《书》，疏扶苏而宠胡亥，逐拂士而任斯、高，父子君臣，同恶相济如此，岂能久乎？论周、秦者，宜于此合而观之始得。

魏徵再拜曰:“臣幸得奉侍陛下，愿使臣为良臣，勿为忠臣。”上曰:“忠、良有以异乎？”对曰:“稷、契、皋陶，君臣协心，俱享尊荣，所谓良臣。龙逄、比干，面折廷争，身诛国亡，所谓忠臣。”上说，赐绢五百匹。

良臣，是能称其职，不负委任的。忠臣，是能尽其心，不避诛戮的。

魏徵既谏太宗以君臣之间，宜尽诚相与，不当存形迹，太宗悔悟，于是魏徵再拜说道:“臣幸得奉事陛下，遭遇圣明，愿只使臣做个良臣，莫使臣做忠臣。”太宗问说:“忠臣、良臣都是一般，有何分别？”魏徵对说:“这两样臣都好，只是遭遇不同，却关系人主的明暗、国家的治乱。如唐、虞之时，稷契、皋陶，遇尧、舜圣明，君臣同心，可否相济，臣安守职业，君坐致治平，四海推戴，万世传颂，共享尊荣之福，这便叫做良臣。夏、商之时，龙逄、比干，遇桀、纣昏暴，不忍坐视，欲行匡正，当面辩折，当廷谏诤，以致忤旨触怒，身受诛戮之惨，而无救于国之败亡，这便叫做忠臣。良臣上下俱受其福，忠臣上下俱受其祸，所以但愿为良臣，不愿为忠臣也。”于是太宗喜悦，赐绢五百匹以褒宠之。

观魏徵此言，非不知忠、良之一道，盖以意主于警动人君，使省身克己，立于无过之地；虚己受人，不违廷诤之言。则人臣无忠义之名，国家亦何至有危亡之祸乎？若人臣之义，事不避难，为忠为良，随所遇而安之，又何择焉！然观稷契、皋陶，身勤其职，而利在国家，名归主上；龙逄、比干，无补于国之亡，益显其君之过，而身享其名。则知为良臣者，乃其本心，而为忠臣者，非其得已也。又岂可以忠、良过于分别，议魏徵之言哉！

上神采英毅，群臣进见者，皆失举措。上知之，每见人奏事，必假以辞色，冀闻规谏。尝谓公卿曰：“人欲自见其形，必资明镜；君欲自知其过，必待忠臣。苟其君愎谏自贤，其臣阿谀顺旨，君既失国，臣岂能独全！如虞世基等谄事炀帝以保富贵，炀帝既弑，世基等亦诛。公辈宜用此为戒，事有得失，无惜尽言！”

太宗为人，神采英毅可畏，群臣有事入奏，望见他颜色者，都恐怖仓皇，举止失措。太宗晓的如此，后来每见人奏事，必霁威严，降辞色，屈意假借，以开导引诱，求闻规谏之言，其务尽下情如此。尝与公卿大臣说道：“人之面貌不能自见，必资明镜，乃见其形；君之过失，不能自知，必待忠臣，乃知其过。设使为君者，自矜才智，不纳忠言；为臣者，阿意逢迎，惟知顺旨，将见主骄国乱，为君者必不能保其社稷。君既失国，为臣者岂能独保其身家！就以隋家观之，如内史侍郎虞世基等，因炀帝恶闻直言，曲意奉承，极其卑谄，只图谀悦取容，保全富贵，及宇文化及作乱，炀帝被弑，世基等一并就诛，此时身且不保，富贵安在？公等在今日莫说朝廷清明，可以相安无事，宜以隋之君臣为鉴。凡朕所行的政事，某件停当，某件差错，务要一一尽言，无所吝惜。庶乎在朕得知其过，在公等得尽其忠，君臣始相保，岂不美哉！”

夫人臣莫不愿忠，而言每难于自尽者，惟恐犯颜色、触忌讳而已。今既假之以辞色，而导之使谏，又申之以鉴戒，而劝之使忠，则小臣不萌畏罪之心，而大臣不怀持禄之念，国家之福，莫大于此。若太宗者，真可以为万世人君之法矣。

上谓公卿曰：“昔禹凿山治水而民无谤讟者，与人同利故也。秦始皇营宫室而民怨叛者，病人以利己故也。夫靡丽珍奇，固人之所欲，若纵之不已，则危亡立至。朕欲营一殿，财用已具，鉴秦而止。王公以下，宜体朕此意。”由是二十年间，风俗素朴，衣无锦绣，公私富给。

这一段是记太宗以节俭倡率群下的事。太宗尝对公卿大臣说道：“昔日大禹为司空时，用许多人力，凿山通道，以疏治洪水，劳民亦甚矣，然而民皆欢忻趋事，无有毁谤怨讟者，盖知禹不是为自己的事，诚以那时洪水滔天，必须疏凿然后民得安居粒食，要与百姓每同其利，故人都知道劳我乃是利我，所以虽劳而不怨也。秦始皇营造阿房等宫，其用民力，也不过是凿山治水这等劳苦，然而民皆怨愤离叛者，盖秦皇不是为百姓，只为自己要广大宫室，乃至竭民财力，不恤天下之困穷，以侈一人之居处，所以民不堪命而怨叛也。夫宫室、衣服，件件要靡丽珍奇，人情谁不愿欲？但一人之身，居处用度，所需几何，但取适体便了。若纵其情欲而不知止极，为琼宫瑶台，则必为锦衣玉食。为锦衣玉食，则必极声色玩好。内荡其心志，外竭其财力，民心怨叛，而危亡立至矣。此秦之往事可鉴者也。朕尝欲营造一殿，估计财用，都已完备，便可兴工，因鉴于秦事，不欲启此祸端，即时停止。凡尔王侯公卿以下，各宜体悉朕这防患的意思，务要屏绝靡丽，斥远珍奇，以赞成节俭之治，不可相与骄奢而自纵也。”太宗谕公卿如此，自是以后，君臣上下，悉事俭约，二十年间，海内风俗尽变而为素朴。所穿衣服，惟用布帛，绝无锦绣。民知樽节，物力自然有余，那官府帑藏，与民间私蓄，公私所在，无有不丰富给足者。此节俭倡率之效也。

昔汉文帝惜十家之产，基址既成，而一台不筑。今太宗亦鉴秦人之敝，财用既具，而一殿不营。盖樽节于一身者甚小，而功利之及一世者甚大；窒遏一时之欲者甚微，而培养数百年之根本者甚著。愿治之主，宜知所务矣。

上谓侍臣曰：“吾闻西域贾胡得美珠，剖身以藏之，有诸？”侍臣曰：“有之。”上曰：“人皆知笑彼之爱珠而不爱其身也。吏受赇抵法，与帝王徇奢欲而亡国者，何以异于彼胡之可笑邪！”魏徵曰：“昔鲁哀公谓孔子曰：‘人有好忘者，徙宅而忘其妻。’孔子曰：‘又有甚者，桀、纣乃忘其身。’亦犹是也。”上曰：“然。朕与公辈宜戮力相辅，庶免为人所笑也！”

西域，即今西番地方。受赇，是贪赃的官吏。

太宗一日问于侍臣说道：“吾闻西域国中有贩宝的胡人，得了宝珠，恐怕收藏不密，乃剖开自己的身子，将珠藏在里面，有此事乎？”侍臣答说：“诚有此传闻之言。”太宗说：“今人闻说此事，无不笑其愚者，说他止知爱珠而不知爱惜性命也。以我看来，世之为官吏者，因接受赃私，而触犯刑法；为帝王者，因纵恣奢欲，而丧亡国家，其见小利而不顾大害，比之贾胡剖身藏珠，岂不同一可笑乎！”谏议大夫魏徵答说：“陛下此言，比方最为切当。臣闻昔者鲁哀公曾与孔子说道：‘人有性好遗忘者，一日搬家，将他妻撇下了，也不记得，其好忘一至于此。’孔子答说：‘这还未甚，更有甚于此者，如桀、纣之荒淫暴虐，至于丧身而不悟，是将自家的身子也忘记了。’则那徙宅忘妻者，又何足怪乎！桀、纣之忘身，甚于徙宅忘妻，正如陛下所言，帝王徇奢欲而亡国，无异于剖身藏珠者也。”太宗嘉纳其言说：“公所言者良是，朕与公等同有国家之责，当时常照管此身，尽心竭力，交相辅导，务期保身保国，庶免为后人所讥笑焉！”

夫人虽至愚，未有不爱其身者；虽至狂惑，未有忘其身者。惟此心一为奢欲所诱，使人贪冒而无忌，流荡而失归，故剖身不足以喻其愚，亡妻不足以比其惑也。惟夫明主研几于未动，窒欲于未萌，远伐性之斧斤，防迷心之鸩毒，是以常敬畏，则常保爱，常警惕，则常不忘，身享尊荣之体，国被太平之福也。君天下者，尚其念之。

鸿胪卿郑元使突厥还，言于上曰：“戎狄兴衰，专以羊马为候。今突厥民饥畜瘦，此将亡之兆也，不过三年。”上然之。群臣多劝上乘间击突厥。上曰：“新与人盟而背之，不信；利人之灾，不仁；乘人之危取胜，不武。纵使其种落尽叛，六畜无余，朕终不击。必待有罪，然后讨之。”

这一段是记唐太宗以诚信待夷狄的意思。

此时北虏突厥衰乱，十五部皆叛，又值饥荒，鸿胪卿郑元出使突厥回返，对太宗说道：“戎狄之俗，不食五谷，专恃羊马为生，故其兴衰，只看那羊马如何。羊马蕃盛，是他兴的时候；羊马消耗，是他衰的时候。今见突厥国中，人民饥馁，羊马瘦损，这正是他衰弱将亡的证验，算来不过三年，必为我擒。”太宗道他说的是。朝中群臣，因此多劝太宗趁这时候，出兵击破突厥。太宗说：“王者之待夷狄，当以至诚，不可见小利而失大信。今我初与突厥盟誓，不相攻击，他既不来犯我，乃无故兴兵，背了盟约，便是不信；他国中人饥畜瘦，这是天灾，所当悯恤，今乃幸其如此，遂因以为利，便是不仁；他有将亡之兆，这等危急，我乃乘其危而击之，纵能取胜，不过欺他衰弱，非我兵力能制其死命也，便是不武。今莫以他羊马一时稍损，便谓可击，就使种类部落都已离叛，羊马等畜，无复存留，朕终不出兵击他。盖王者之师，声罪致讨，今突厥不曾犯边，有何罪恶可指为名？必待其背盟侵犯，自取灭亡，然后兴师以讨其罪。岂不名正言顺，堂堂乎为帝王之义举哉！”

太宗此言，深得中国之大体，使外夷闻之，亦当心服；边将知之，不敢邀功。此所以终能雪耻除凶，致颉利之请朝，而贻边境无穷之利也。

二年，上问魏徵曰："人主何为而明，何为而暗？"对曰："兼听则明，偏信则暗。昔尧清问下民，故有苗之恶得以上闻；舜明四目，达四聪，故共、鲧、驩兜不能蔽也。秦二世偏信赵高，以成望夷之祸；梁武帝偏信朱异，以取台城之辱；隋炀帝偏信虞世基，以致彭城阁之变。是故人君兼听广纳，则贵臣不得壅蔽，而下情得以上通也。"上曰："善！"

贞观二年，太宗问魏徵说道："自古帝王有明哲者，有昏暗者，却是何为而明，何为而暗？"魏徵答说："君德之昏明，系于下情之通塞。明君公耳目于天下，而兼听众人之言，所以闻见广博，而日进于聪明；昏君寄耳目于嬖幸，而偏信一人之言，所以聪明壅蔽，而遂流于昏暗。昔者帝尧虚怀访治，下问小民，故当时恃险不服，如有苗那样的叛国，随即上闻，而不能逃征讨之师；舜明四方之目，达四方之聪，故当时蠹国害民，如共工、鲧、驩兜那样的凶人，随即败露，而不能免放殛之罪。这是兼听则明的证验。秦二世偏信赵高，群臣莫敢言事，遂成望夷宫弑逆之祸；梁武帝偏信朱异，纳了东魏叛臣侯景，自取台城饥死之辱；隋炀帝偏信虞世基，以为盗贼不足忧，后宇文化及引兵犯御，尚自不知，卒死于彭城西阁之下。这是偏信则暗的证验。以此观之，人君之患，全在偏听。若能兼听群言，广纳众善，则耳目众多，那嬖幸之臣不得专权擅宠，以壅蔽人主之聪明，而凡民情休戚，国事安危，件件得以上闻矣。"太宗以其所言深切治体，遂称美而嘉纳之。

大抵君德固以兼听为明，而兼听尤以虚心为本。所谓虚者，高明广大，无一物以遮隔之，如太虚然，乃所谓虚也。间之以嗜欲则非虚，参之以意见则非虚。人君平日，必须讲学穷理，诚意正心，以预养其静虚之体，然后本源澄澈，而视听不淆。不然，中无受善之地，而外饰兼听之名，虽发言盈庭，何益于治哉！此明主所当留意也。

上谓侍臣曰："人言天子至尊，无所畏惮。朕则不然，上畏皇天之鉴临，下惮群臣之瞻仰，兢兢业业，犹恐不合天意，未副人望。"魏徵曰："此诚致治之要，愿陛下慎终如始，则善矣。"

这一段是记太宗君臣相警戒的说话。

太宗一日对侍从等官说："常人只说为天子的，以一人居天下之上，极其尊崇，凡事皆得自由，无所畏惧忌惮。朕的意思却不是这等，盖天子上奉皇天，下临群臣，顶戴的便是皇天，无一处不鉴临，我何敢不畏惧！环列的便是群臣，无一人不瞻仰，我何敢不敬惮！每思君德或未尽修，庶政或未尽举，上莫逃于鉴观，下莫掩于瞻视，兢兢业业，戒谨恐惧，如临深渊，如履薄冰，尚恐怕所行或悖天理，不合皇天之意，或拂人情不副众人之望，获罪于上下而不自知，殊未尝无所畏惮也。"魏徵对说："人君为治，最患恃其尊贵，上不畏天之谴责，下不惮人之非议，以致骄奢纵逸无所不为。今陛下上畏皇天，下惮群臣，如此敬慎，天下自然太平，诚致治之要也。但人情靡不有初，鲜克有终。臣愿陛下常存兢兢业业的心，日慎一日，到久后时，亦如今日，则天常眷佑，人常爱戴，这等才好。毋使倦心一萌，渐不克终，以负今日之言也。"

按太宗这段说话，与大禹告帝舜儆戒之谟相同，不独寻常人主，当置于座右，盖自古聪明圣哲之君，益多儆惧忧危之意。其德愈盛，其心愈下，其业愈广，其意愈谦，其时虽无虞，其自视常若天怒人怨，而危亡之立至者。此二帝三王所以长治久安，而万世称隆也。若桀、纣狂愚，谓人莫己若，谓天不足畏，遂以一人纵于民上，自取灭亡，为后世笑。有天下者，可不戒哉！

颉利表请入朝，上谓侍臣曰："向者突厥之强，控弦百万，凭陵中夏，用是骄恣以失其民。今自请入朝，非困穷，肯如是乎？朕闻之，且喜且惧。何则？突厥衰则边境安矣，故喜。然朕或失道，他日亦将如突厥，能无惧乎！卿曹宜不惜苦谏，以辅朕之不逮也。"

此时突厥颉利可汗以部落多叛，要内附中国，乃上表请求入朝。太宗与侍臣说道："向日突厥强盛的时节，他部下挽弓骑射之卒，约有一百万人，凭恃其众，欺陵我中国，意得志满，因此骄纵，残害十五部落，大失众心。今自求归附，非其众叛亲离，力困势穷，安肯降顺如此？朕闻此事，又且欢喜，又且警惧。所以欢喜为何？盖边境不安，全是此虏为害。今突厥衰弱，不来侵犯，则边境小民，得以安宁矣，岂不可喜！所以警惧为何？盖突厥失民，由于骄恣无道所致。朕或行政失道，他日民心背叛，国势衰微，也将与突厥今日一般，岂不甚为可惧乎！卿等宜体朕此意，凡朕有识见不周，举动不一的去处，须要苦言极谏，以助朕之不及，不可缄默自全，陷朕于失道之地也。"

大抵人主抚有天下，莫不喜盛强而惧衰弱。然衰弱之形，每伏于盛强之日，故人能惧祸于已然，而不能惧祸于未然也。唯圣王忧深而虑远，早见而豫图，当盛即忧其衰，处强即虑其弱，是以兢业常存，而盛强可常保也。《易经》有示危者，保其安者也，乱者有其治者也。太宗因突厥入朝而惧，其意实本于此。

太常少卿祖孝孙，作唐雅乐。上曰："礼乐者，盖圣人缘物以设教耳，治之隆替，岂由于此？"御史大夫杜淹曰："齐之将亡，作《伴侣曲》；陈之将亡，作《玉树后庭花》。其声哀思，行路闻之皆悲泣，何得言治之隆替不在乐也？"上曰："不然。夫乐能感人，故乐者闻之则喜，忧者闻之则悲，悲喜在人心，非由乐也。将亡之政，民必愁苦，故闻乐而悲耳。今二曲具存，朕为公奏之，公岂悲乎？"右丞魏徵曰："古人称'礼云礼云，玉帛云乎哉！乐云乐云，钟鼓云乎哉！'乐诚在人和，不在声音也。"

《伴侣曲》《玉树后庭花》，都是乐曲名。

初，唐高祖命太常少卿祖孝孙定乐律，孝孙以为梁、陈之音多吴、楚，周、齐之音多胡、夷，于是斟酌南北，考以古声，为有唐一代之正乐，叫做雅乐。至是奏之。太宗因与群臣议论说："自古圣人治定制礼，功成作乐，不过托之仪文器数，以制人之情，宣人之和，设行教化而已，若论政治之隆盛衰替，岂由于此？"御史大夫杜淹说："近代齐后主将亡，作《伴侣曲》；陈后主将亡，作《玉树后庭花》。这两般歌曲，其声音凄切，正所谓亡国之声哀以思。那时行路的人听得，也都悲哀流涕。可见乐音有邪正，而人心之哀乐随之，如何说治之隆替不由于此？"太宗说："你这话不是。盖乐的声音能感动人，故喜乐的人听得便喜，悲忧的人听得便悲，这悲与喜乃在人心，不在于乐。你说齐、陈二曲，能使行路悲泣，盖以国之将亡，其政暴乱，那百姓每愁苦无聊，心里先自悲切，所以一闻乐声便不觉悲痛耳。如今这两般歌曲都在，朕试取来奏与你每听，看你每悲也不悲？可见哀乐只在人心，不由于乐也。”尚书右丞魏徵进说：“古人有言：‘礼云礼云，玉帛云乎哉！乐云乐云，钟鼓云乎哉！’这是说礼乐自有个本原，那玉帛、钟鼓，乃仪文器数之末，未可便叫做礼乐，可见乐只在人心和乐，不在声音，诚如圣谕。”

这太宗、魏徵之言，诚为探本之论。自古说：“至乐无声，而天下和。”又云：“心和则气和，气和则形和，形和而天地之和应之，此乐之所由起也。”向使宽政缓刑，轻徭薄赋，四海之内，欢欣鼓舞而颂声作，天下之乐，莫大于此。不然，则虽日奏以《咸英》《韶頀》，亦何补于治哉！世儒不达，而拘拘于累黍尺度之间，以求所谓十二律者，陋矣。

上谓侍臣曰：“赦者小人之幸，君子之不幸。一岁再赦，善人喑哑。夫养稂莠者害嘉谷，赦有罪者贼良民。故朕即位以来，不欲数赦，恐小人恃之轻犯宪章故也。”

这一段是记太宗慎重赦宥的事。喑哑，是忿气不得伸说。稂莠，是害苗的草。

太宗一日与侍臣说道：“赦宥罪过，固是朝廷旷荡之恩，但刑法之设，本为禁治小人，保安君子，若颁放诏赦，则为恶者得以脱网，良善者不免受害，此乃小人之幸，君子之不幸也。纵有时而赦，亦只可偶一行之。设使一年之间，两次放赦，则小人得志横行，而良善之人吞声忍气，就如喑哑的一般，有屈而不得伸矣。岂非君子之人不幸乎？盖君子之有小人，就如嘉谷之有稂莠。治田者必锄去稂莠，那田苗才得茂盛，若留着稂莠，则草盛苗荒，反为嘉谷之害矣。治百姓者，必须除去奸恶，那良民始得安生，若释放有罪，则强欺弱，众暴寡，反为良民之贼矣。所以朕自即位初年大赦之后，至今以来，不欲频数放赦，正恐小人恃有此恩典，以为脱罪之地，遂恣行暴横，轻犯刑章。则赦宥愈频，犯法者愈众，不但君子以为不幸，便是那为恶的也无所惩创改悔，亦非小人之福也。朕所以不欲数赦者为此。”

按《舜典》有云："眚灾肆赦。"盖言人有过误不幸而犯罪者，则放赦之，其余不概赦也。后世大赦之令，不问罪之大小，情之轻重，一概赦除，甚至著以为令，国有大庆则赦，行大礼则赦，失议赦之本意矣。却不知恩可以矜愚民，不可以惠奸宄；令可以权一时，不可以为常制。执此以议赦，则法既不弛，恩又不滥，自然刑清而民服矣，何至以赦为禁哉！

上曰："比见群臣屡上表贺祥瑞。夫家给人足而无瑞，不害为尧、舜；百姓愁怨而多瑞，不害为桀、纣。后魏之世，吏焚连理木，煮白雉而食之，岂足为至治乎！"尝有白鹊构巢于寝殿之上，合欢如腰鼓，左右称贺。上曰："我常笑隋帝好祥瑞，瑞在得贤，此何足贺！"命毁其巢，纵鹊于野外。

两株树其干与枝连合为一，叫做连理木。

太宗说："近见群臣屡上表章，称贺祥瑞，盖见一希有之物，遂以为治世之征也。然治莫如尧、舜，乱莫如桀、纣。若为君者能寡欲省费，使天下百姓每饱暖安乐，就是那时无一件祥瑞，也不妨为尧、舜；若纵欲广费，使天下百姓每忧愁怨恨，就是那时遍天下尽皆祥瑞，也不免为桀、纣。且如后魏之世，处处都产连理的木与白色的雉鸡，瑞物极多，当时吏人只把连理木当柴焚烧，烹煮那白雉而食之。其瑞物之多如此，然此时窃据分争，生民涂炭，岂是至治之世？可见世之治乱，不系于祥瑞之有无，则今日纵有祥瑞，何必称贺？"史臣因记那时曾有白鹊结构窝巢在寝殿上，其巢两个合而为一，有合欢之形，又两头大，中间小，恰似那乐器中腰鼓的模样，左右侍臣都说道："世间少有白鹊，又少有合欢之巢，今在寝殿，实为祥瑞，理当称贺。"太宗说："我尝笑隋炀帝酷好祥瑞，其时卫尉高德儒遂指野鸟为鸾以欺之，君愚臣谄，卒以亡国。夫国之祥瑞，在于得贤。尧、舜得岳牧、元凯，故成唐、虞之治；桀、纣有龙逄、比干而不能用，故丧夏、商之业。人君得贤才是可贺的事，若一鹊之奇，一巢之异，何关于国而称贺哉！"遂令撤毁其巢，纵放那鹊于野外，以示不尚祥瑞之意。

按太宗"瑞在得贤"一言，可谓超世之见。盖天之生贤不数，君之求贤甚难。得，则政事理，百姓安，而天下治平；不得，则政事隳，百姓困，而天下扰乱。贤才之得不得，关天下之治乱，这才是真正的祥瑞。然非人主有知人之明，则得者未必贤，贤者未必得，譬之指菌为芝，视麟为怪，其失远矣，此又不可不知。

突厥寇边，朝臣或请修古长城，发民乘堡障。上曰："突厥灾异相仍，颉利不惧而修德，暴虐滋甚，骨肉相攻，亡在朝夕。朕方为公扫清沙漠，安用劳民远修边塞乎！"

太宗时，突厥颉利拥兵犯边，朝中群臣或请修葺古时所筑的长城，发民丁乘守沿边屯堡亭障，以备虏寇。太宗说："今突厥国中，盛夏降霜，六畜多死，灾异相因。其酋颉利，不务恐惧修省，以德禳灾，乃更为暴虐，日甚一日，又与其亲族突利可汗内相攻伐，此其灭亡近在朝夕，岂能久存？朕方选将厉兵，乘此天亡之时，为你每灭此残虏扫清沙漠之地，使华夷一家永无边患，又何用重劳民力，远修边塞乎！"

这是太宗审时度势，自信其兵力足以制之，故其言如此。若论守国御夷之道，则修城垣、乘障塞，乃其先务。故周平猃狁，城彼朔方，诗人美之；秦筑长城，虽毒民于一时，而使匈奴不敢南向，万世得因以为利。此乃中国之备，不因夷狄之盛衰以为兴废者也。筹边者宜留心焉。

十月，上以瀛州刺史卢祖尚才兼文武，征入朝，谕以"交趾久不得人，须卿镇抚"。祖尚拜谢而出，既而悔之，辞以疾。上遣杜如晦等谕旨，祖尚固辞。上大怒曰："我使人不行，何以为政！"命斩于朝堂，寻悔之。他日，与侍臣论齐文宣帝何如人。魏徵对曰："文宣狂暴，然人与之争事，理屈则从之。"上曰："然。向者卢祖尚虽失人臣之义，朕杀之亦为太暴。由此言之，不如文宣矣！"命复其官荫。徵容貌不逾中人，而有胆略，善回人主意，每犯颜苦谏。或逢上怒盛，徵神色不移，上亦为之霁威。

贞观二年十月，太宗以交趾边郡兼领诸蛮州，非文武全才，不能镇抚，遍求其人，得瀛州刺史卢祖尚才兼文武，堪任此职，遂征召他入朝，亲谕他说："交趾地方，久不得人，须卿往彼镇压抚安之。"祖尚领命，拜谢而出，既而自悔，不欲行，推说有疾去不得。太宗必欲他去，遣廷臣杜如晦等宣谕旨意，祖尚再三左辞，终不肯行。太宗大怒说："君为臣纲，随其所使，无不从命，才是政体。今我要使一人，而人不听命，后将何以治人！”遂斩卢祖尚于朝堂，以警戒百官，少顷又复追悔，已无及矣。一日，与侍臣论北齐文宣帝是何等人主。魏徵答说：“文宣帝贪酒嗜杀，虽是个狂暴之君，然事有不可，臣下或与他争辩，若自己理屈，便肯听从。如青州长史魏恺改光州不行，以其辩说有理，竟不加罪。这一节也可取。”太宗说：“委的是如此。朕因此自反，往时卢祖尚违命不肯行，虽失人臣之义，然其罪不至死，朕遽杀之，未免太暴。由此言之，朕似不如文宣矣！”遂命复卢祖尚原官与恩荫，以示悔过之义焉，从魏徵之说也。魏徵的容貌，虽不过与寻常人一般，而有胆气才略，善转回人主的意思，每每触犯颜色，苦心谏诤。或遇太宗怒盛，群臣震恐，魏徵神色不变，举止自若，太宗亦往往为之霁止威严以从之。

此虽魏徵回天之力，而从谏弗咈，则太宗之明达，尤常情所难也。然人臣事主，贵于有忠爱之实意，积至诚以感动之，则虽刚暴昏暗之主，亦未有不可以理喻者，况明哲如太宗者乎！尝考魏徵本传，言其忠谏恳至，尝劝太宗力行仁义，以君不及尧、舜为耻，则其忠爱之诚，孚于上者久矣。岂徒以其有胆略而已乎？故人君以从谏为圣，事君以勿欺为本。

上曰：“为朕养民，唯在都督、刺史。朕常疏其名于屏风，坐卧观之，得其在官善恶之迹，皆注于名下，以备黜陟。县令尤为亲民，不可不择。”乃命内外五品以上，各举堪为县令者，以名闻。

都督，是唐时各路总管官名，如今之巡抚都御史。刺史，是唐时各州太守官名，如今之知府。

太宗说：“国以民为本，为朕惠养斯民，使之得以安生乐业者，唯在各路都督与各州刺史。这两样官，职在宣布朝廷恩德，督察守宰，最为紧要。故朕尝记录其姓名于便殿屏风上，坐卧观览，时加察访，得其在官所行的事迹，或善或恶，都各填注于本官名下以备将来，恶者罢黜之，善者升用之，使有所劝戒。至于县令之职，于百姓尤为亲近，得其人，则一县百姓都受其福，不得其人，则一县百姓都受其害，尤不可不慎加简择。”于是命内外五品以上官，各将平日所知，其才力操守堪为县令的，俱列其名，奏闻朝廷，以备选授。

这一段是记太宗慎重民牧的意思。《书》曰:“德唯善政，政在养民。”又曰:“民为邦本，本固邦宁。”然天子端居九重之中，爱民虽切，其势不能独治，须要方面守令之官，宣德布化，然后治功可成。太宗深察治本，用心于选贤养民如此，又定为制，凡都督、刺史，皆天子临轩册授，受命之日对便殿，赐衣物，所以宠任责成者，可谓至矣。贞观之治，岂偶致哉!